LA GRANDE CATHERINE
ET POTEMKINE

DU MÊME AUTEUR

Staline, la cour du Tsar rouge, éditions des Syrtes, 2005
Le Jeune Staline, Calmann-Lévy, 2008,
Grand Prix de la biographie politique
Sashenka (roman), Belfond, 2010
Jérusalem, Calmann-Lévy, 2012

SIMON SEBAG MONTEFIORE

LA GRANDE CATHERINE ET POTEMKINE

Une histoire d'amour impériale

Traduit de l'anglais par
Raymond Clarinard

calmann-lévy

Titre original anglais :
CATHERINE THE GREAT & POTEMKIN,
THE IMPERIAL LOVE AFFAIR

Première publication : *Prince of Princes : the Life of Potemkin*,
Weidenfeld & Nicolson, Londres, 2000

Couverture
Maquette : Nicolas Trautmann
Illustration de une : Georg Christoph Grooth, *Portrait de Catherine La Grande et du prince Petr Fedorovich* (1740-1745), détail. © Odessa Fine Arts Museum, Ukraine/Bridgeman Art Library.
Illustration de quatrième : anonyme, *Portrait du prince de Tauris, Grigori Aleksandrovitch Potemkine,* Museum of History and Art, Tcherepovets (Russie). © FineArtImages/Leemage.

ISBN 978-2-7021-4464-0

À Santa

Note de l'auteur

Dates : elles sont indiquées selon l'ancien calendrier julien utilisé en Russie, qui avait onze jours de retard sur le nouveau calendrier grégorien utilisé en Occident. Dans certains cas, les deux dates sont données.

Argent : 1 rouble valait 100 kopecks. Environ 4 roubles = 1 livre sterling = 24 livres françaises dans les années 1780. À cette époque, un gentilhomme anglais pouvait vivre avec 300 livres par an, un officier russe avec 1 000 roubles.

Distances et mesures : 1 verste correspond à 1,06 kilomètre. Une déciatine, mesure agraire, équivaut à 5 121 ou 6 821 mètres carrés, selon les localités.

Prologue

Mort dans la steppe

« Prince des princes. »

Jeremy Bentham à propos
du prince Potemkine

« Pour lit, la terre ; pour toit, l'azur
Pour murs toute Mère Nature ?
N'es-tu pas le rejeton du plaisir et de la renommée
Ô splendide prince de Crimée ?
N'as-tu pas soudain été précipité
Du faîte des honneurs jusqu'au cœur de la steppe ? »

Gavril Derjavine, *La Cascade*

Le 5 octobre 1791, peu avant midi, le lent défilé des carrosses, encadrés de valets en livrée et d'un escadron de cavaliers en uniforme des cosaques de la mer Noire, fit halte à mi-chemin sur une piste de terre battue, au flanc d'un coteau désolé au beau milieu de la steppe de la Bessarabie. C'était un endroit étrange pour que le cortège d'un grand homme y marque l'étape. Il n'y avait pas une taverne en vue, pas même une maison de paysan. Le grand carrosse-lit, tiré par huit chevaux, fut le premier à s'arrêter. Les autres, probablement quatre en tout, ralentirent et s'immobilisèrent aux côtés du premier, dans l'herbe, alors que les valets et les cavaliers se précipitaient afin de voir ce qu'il se passait. Les passagers ouvrirent en grand les portes de leurs carrosses. Quand ils entendirent le désespoir dans la voix de leur maître, ils se hâtèrent jusqu'à lui.

« Il suffit ! dit le prince Potemkine. Il suffit ! Il ne sert à rien de continuer maintenant. » Le carrosse-lit était occupé par trois médecins épuisés et une comtesse menue aux pommettes saillantes et aux cheveux auburn qui entouraient à présent le prince. Ce dernier gémissait, en sueur. Les docteurs demandèrent aux cosaques de transporter leur imposant patient. « Sortez-moi du carrosse... », exigea Potemkine. Quand il donnait un ordre, son entourage obéissait ; après tout, il gouvernait la Russie depuis longtemps, fût-ce virtuellement. Les cosaques et les généraux se rassemblèrent autour de la porte ouverte et commencèrent, avec des gestes lents et délicats, à en extirper le géant souffrant.

La comtesse l'accompagna hors du carrosse tout en lui tenant la main et en tapotant son front fiévreux, tandis que des larmes coulaient sur son visage au petit nez retroussé et aux lèvres pleines. Un couple de paysans moldaves, qui s'occupaient du bétail dans le champ d'à côté, s'approcha, curieux. Les pieds nus du prince apparurent en premier, puis ses jambes et sa robe de chambre à demi ouverte. Une vision qui, en fin de compte, n'était pas si incongrue que cela, Potemkine était connu pour accueillir les impératrices et les ambassadeurs pieds nus et en robe de chambre ouverte. Mais cette fois, c'était différent. Il avait toujours cette beauté slave, léonine, cette épaisse crinière considérée autrefois comme la plus belle chevelure de l'empire et ce profil grec sensuel qui lui avait valu le surnom d'« Alcibiade » du temps de sa jeunesse. Mais ses cheveux étaient désormais parsemés de gris et tombaient sur son front fiévreux. Il était toujours aussi gigantesque, tant en hauteur qu'en largeur. Tout chez lui était démesuré, colossal, original, mais à l'issue d'une vie de débauche, d'imprudence et d'ambition acharnée, son corps avait enflé et ses traits s'étaient flétris. Il n'avait plus qu'un œil, tel un cyclope ; l'autre était blessé et aveugle, lui donnant des airs de pirate. Sa poitrine était large et velue. Véritable force de la nature, on aurait dit quelque animal magnifique désormais réduit à un tas de chair tremblant et agité de spasmes.

Cette apparition surgie de la steppe sauvage n'était autre que Son Altesse Sérénissime le prince du Saint-Empire romain germanique, Grigori Alexandrovitch Potemkine, probable époux de l'impératrice de Russie, la Grande Catherine, et assurément l'amour de sa vie, son meilleur ami, le codirigeant de son empire et le partenaire de ses rêves. Il était prince de Tauride, maréchal, commandant en chef de l'armée russe, grand hetman de la mer Noire et des Cosaques d'Ekaterinoslav, grand amiral des flottes de la mer Noire et de la Caspienne, président du collège de la Guerre, vice-roi du Sud et éventuel futur souverain de Pologne ou d'une autre principauté de sa propre création.

Le prince, ou le Sérénissime comme il était connu dans tout l'Empire russe, régnait avec Catherine II depuis près de deux décennies. Ils se connaissaient depuis trente ans et avaient vécu ensemble durant une vingtaine d'années. En dehors de cela, le prince échappait, et échappe du reste toujours, à toutes les tentatives de classification. Jeune homme plein d'esprit, il avait été remarqué par Catherine, qui l'avait convoqué pour en faire son amant en un moment de crise. Quand leur liaison prit fin, il demeura son ami, son partenaire, son ministre et devint son corégent. Elle le craignait, le respectait et l'aimait toujours, mais leur relation était tumultueuse. Elle l'appelait son « colosse », son « tigre », son « idole », son « héros », le « plus grand excentrique ». Il était le « génie » qui avait formidablement étendu son empire, créé la flotte russe de la mer Noire, conquis la Crimée, remporté la guerre contre les Turcs et fondé des villes célèbres comme Sébastopol et Odessa. Depuis Pierre le Grand, la Russie n'avait plus connu d'homme d'État paré d'un tel succès, tant dans ses ambitions que dans ses actes.

Le Sérénissime prenait ses propres décisions politiques, parfois inspirées, parfois délirantes, et il s'était bâti son propre monde. Si son pouvoir dépendait de son partenariat avec Catherine, il pensait et agissait comme un des potentats souverains d'Europe. Potemkine éblouissait ses gouvernements et sa cour par ses accomplissements grandioses, son érudition et son raffinement, tout en les choquant par son arrogance et sa débauche, son indolence et son luxe. Le haïssant à la fois pour son pouvoir et son inconstance, ses ennemis saluaient malgré tout son intelligence et sa créativité.

À présent, ce prince aux pieds nus titubait dans l'herbe, soutenu par ses Cosaques. Ils se trouvaient dans un endroit spectaculaire, perdu, qui n'était pas même situé sur la route principale reliant Jassy[1] à Kichinev[2]. En ce temps-là, c'était le territoire du sultan ottoman, que Potemkine venait de conquérir. Même aujourd'hui, l'endroit est difficile à trouver mais, en deux siècles, il a à peine changé. Ses hommes allongèrent Potemkine sur un petit plateau longé par un chemin de cailloux en pente raide d'où le regard portait à des lieues à la ronde. Sur la droite, la campagne s'étirait en un moutonnement vallonné, ponctué de tertres broussailleux et émeraude dans le lointain, couverte de l'herbe haute des steppes aujourd'hui presque disparue. Sur la gauche, des hauteurs boisées se perdaient dans la brume.

1. Aujourd'hui Iaşi, en Roumanie.
2. Chisinau, dans l'actuelle République de Moldavie.

Droit devant, l'entourage de Potemkine voyait le chemin descendre puis remonter sur une colline plus haute couverte d'arbres sombres et d'épais buissons, avant de s'enfoncer dans le creux de la vallée. Potemkine, qui aimait parfois conduire lui-même son carrosse la nuit sous la pluie, avait arrêté son cortège dans des lieux dont la beauté n'avait d'égale que la sauvagerie.

Son entourage bariolé s'y trouvait à sa place. L'escorte de Potemkine en ce jour, mélange d'exotisme et de modernité, était le reflet même de ses contradictions : « Le prince Potemkine est l'emblème de l'immense Empire russe, écrivait le prince de Ligne qui le connaissait bien. Lui aussi est fait de déserts et de mines d'or. » Sa cour – car il avait tout du monarque, même si Catherine, pour le taquiner, parlait de sa « basse-cour », à mi-chemin entre la cour royale et la ferme – se déploya peu à peu dans la steppe.

Beaucoup de ses suivants étaient déjà en larmes. La comtesse, la seule femme présente, portait une de ces robes russes flottantes à manches longues que prisait son amie l'impératrice, mais ses bas et ses chaussures étaient à la dernière mode française, commandés à Paris par le Sérénissime en personne. Les bijoux qu'elle emportait avec elle comprenaient des diamants inestimables de la collection sans égale de Potemkine. Venaient ensuite les généraux et les comtes, en manteaux et uniformes, avec leurs écharpes, leurs médailles et leurs tricornes qui n'auraient pas juré dans la garde à cheval à Londres ou dans n'importe quelle cour du XVIIIe siècle. Mais ils étaient accompagnés d'une foule d'atamans cosaques, de roitelets orientaux, de boyards moldaves, de pachas ottomans renégats, de domestiques, de clercs, de soldats, ou encore des évêques, des rabbins, des fakirs et des mollahs dont Potemkine aimait tant s'entourer. Rien ne le détendait plus qu'une discussion sur la théologie byzantine, les coutumes de certaines tribus de l'Est comme les Bachkirs, ou l'architecture palladienne, la peinture flamande, la musique italienne, les jardins anglais...

Les évêques arboraient les lourdes aubes de l'orthodoxie, les rabbins les boucles emmêlées du judaïsme, les renégats ottomans les turbans, les pantalons et les pantoufles de la Sublime Porte. Les Moldaves, sujets orthodoxes du sultan ottoman, étaient vêtus de caftans parés de bijoux et de hautes coiffes cerclées de fourrure et incrustées de rubis, les simples soldats russes portaient les chapeaux « Potemkine », les manteaux, les bottes souples et les pantalons en peau de daim choisis pour leur côté pratique par le prince lui-même. Enfin, les Cosaques, pour la plupart des Zaporogues, connus pour être autant marins que cavaliers, étaient affublés de farouches moustaches et allaient têtes rasées, à l'exception d'un toupet sur le sommet du crâne, qui redescendait sur le côté en une longue queue-de-cheval, un peu comme des personnages jaillis du *Dernier des Mohicans*. Ils étaient armés de courts poignards courbes, de pistolets gravés et de longues lances. Ils considéraient la scène avec tristesse, car Potemkine les chérissait.

La comtesse était la nièce de Potemkine, Alexandra Branicka, une femme de trente-sept ans, hautaine et rusée, mais aussi une force politique redoutable à part entière. Les liaisons de Potemkine avec l'impératrice et une cohorte effrontée de femmes nobles et de courtisanes avaient choqué jusqu'aux courtisans français, leur rappelant le Versailles de Louis XV. Avait-il vraiment fait de ses cinq nièces à la beauté légendaire ses maîtresses ? Aimait-il la comtesse Branicka plus que toutes les autres ?

La comtesse ordonna aux serviteurs d'étaler un riche tapis persan sur l'herbe. Puis, suivant ses recommandations, ils y allongèrent précautionneusement le prince Potemkine. « Je veux mourir dans le champ », murmura-il alors qu'ils l'installaient. Il avait passé ces quinze dernières années à parcourir l'immensité russe aussi vite que le pouvait un homme de ce siècle : « Une traînée d'étincelles suit son prompt voyage », écrivit le poète Gavril Derjavine dans *Cascade,* son ode à Potemkine. Aussi, comme il seyait à un homme en mouvement perpétuel qui séjournait à peine dans ses innombrables palais, le Sérénissime ajouta qu'il ne voulait pas mourir dans un carrosse. Il voulait dormir dans la steppe.

Ce matin-là, Potemkine demanda à ses Cosaques bien-aimés de lui construire une tente improvisée à l'aide de leurs lances, de couvertures et de fourrures. C'était une idée caractéristique du personnage, comme si le dépouillement d'un petit camp cosaque allait être susceptible de le soulager de tous ses maux.

Les médecins, un Français et deux Russes, se rassemblèrent, inquiets, autour du prince allongé et de la comtesse soucieuse, mais ils ne pouvaient pas faire grand-chose. Catherine et Potemkine disaient souvent que les docteurs étaient plus habiles aux cartes que dans l'exercice de leur art. L'impératrice avait coutume de plaisanter sur son médecin écossais qui, selon elle, achevait la plupart de ses patients avec l'habituelle panacée qu'il prescrivait pour toute affection, un traitement ravageur à base de lavements et de saignées. Les docteurs redoutaient d'être montrés du doigt si le prince venait à décéder, car les accusations d'empoisonnement étaient monnaie courante à la cour impériale russe. Quant à l'excentrique Potemkine, il était tout sauf un patient coopératif. Il ouvrait toutes les fenêtres partout où il se trouvait, se faisait asperger d'eau de Cologne, dévorait des oies salées de Hambourg entières qu'il faisait passer avec des litres de vin. Et voilà qu'il se lançait dans ce voyage pénible à travers la steppe.

Le prince était vêtu d'une luxueuse robe de chambre en soie doublée de fourrure que lui avait envoyée l'impératrice de la lointaine Saint-Pétersbourg, à deux mille verstes de là. Ses poches intérieures étaient gonflées des liasses de lettres secrètes de l'impératrice, dans lesquelles elle consultait son partenaire, bavardait avec son ami et décidait de la politique de son empire. Elle détruisit la plupart de ses missives mais, fort heureusement pour nous, lui, par romantisme, conserva bien des lettres de sa souveraine près de son cœur.

À la lecture de cette correspondance qui s'étale sur vingt ans, on prend la mesure de ce que fut leur partenariat, qui lia sur un pied d'égalité et avec un incroyable succès deux personnalités politiques et deux amants. Une relation étonnante à la fois par sa modernité, son intimité ordinaire, et le calcul stratégique qu'elle représentait. Leur liaison amoureuse et leur alliance politique sont sans égales dans l'Histoire, même si l'on pense à Antoine et Cléopâtre, Louis XVI et Marie-Antoinette, Napoléon et Joséphine ; elle se distingue autant par ses accomplissements que par la passion qu'elle trahit, son humanité et sa puissance. Comme tout ce qui concerne Potemkine, sa vie avec Catherine est jalonnée de mystères : Contractèrent-ils un mariage morganatique ? Ont-ils eu un enfant ensemble ? Partageaient-ils vraiment le pouvoir ? Est-il vrai qu'ils se sont mis d'accord pour rester unis tout en ayant chacun d'autres liaisons ? Potemkine choisissait-il de jeunes amants pour l'impératrice et l'aida-t-elle à séduire ses nièces et à faire du palais impérial son harem familial personnel ?

Au gré de sa maladie et de ses voyages, Catherine lui adressait des messages bienveillants et des recommandations dignes d'une épouse, lui envoyait des robes de chambre et des manteaux de fourrure, le gourmandait quand il mangeait trop ou qu'il oubliait ses médicaments, le suppliait de se reposer et de guérir, puis elle priait Dieu de ne pas lui enlever son bien-aimé. Il pleurait à la lecture de ces lettres.

Au moment où ses hommes l'allongeaient sous une tente de fortune dans la steppe, les courriers de l'impératrice galopaient dans deux directions à travers la Russie, changeant de chevaux dans les relais impériaux. L'un arrivait de Saint-Pétersbourg afin de remettre la dernière lettre de Catherine au prince, et l'autre venait de Moldavie, apportant celle du prince à Catherine. Il en allait ainsi depuis longtemps, et l'un et l'autre se languissaient toujours de nouvelles récentes de l'être aimé. Mais, ces derniers temps, les lettres s'étaient faites plus tristes.

« Prince Grigori Alexandrovitch, mon cher ami, écrivait-elle le 3 octobre, j'ai reçu vos lettres du 25 et du 27 aujourd'hui, il y a de cela quelques heures et je confesse qu'elles m'ont extrêmement inquiétée [...]. Je prie Dieu pour qu'Il vous redonne la santé bientôt. » Quand elle avait écrit ces lignes, elle n'avait éprouvé qu'un tourment modéré, parce qu'il fallait habituellement dix jours pour que les lettres venant du sud atteignent la capitale, bien que cela pût être fait en sept jours à bride abattue. Dix jours plus tôt, Potemkine semblait en voie de guérison, d'où le calme de Catherine. Mais quelques jours avant que sa santé s'améliore, le 30 septembre, ses lettres étaient presque désespérées. « Mon inquiétude en ce qui concerne votre maladie ne connaît pas de limites, écrivait-elle. Au nom du Ciel, s'il le faut, prenez tout ce que les docteurs vous proposent pour apaiser votre état. Je supplie Dieu de vous donner de l'énergie et la santé le plus tôt possible. Au revoir mon ami [...]. Je vous envoie un manteau de fourrure [...]. » Tout cela ne servit à rien car, bien que le manteau ait été envoyé en avance, aucune de ces lettres ne le trouva à temps.

Quelque part au cours des deux mille verstes qui les séparaient, les courriers durent se croiser. Catherine n'aurait pas été aussi optimiste si elle avait lu les lettres de Potemkine rédigées le 4 octobre, le jour où il s'était mis en route. « Matiouchka[1], la Plus Charitable, dicta-t-il à son secrétaire, je n'ai plus l'énergie d'endurer mes tourments. La seule échappatoire est de quitter cette ville et je leur ai ordonné de m'emmener à Nikolaïev. Je ne sais pas ce qu'il adviendra de moi. Votre sujet le plus loyal et le plus reconnaissant. » La missive était rédigée par la main du secrétaire mais, de manière touchante, au bas de la lettre, Potemkine avait gribouillé d'une écriture tremblante, raide et nerveuse : « La seule issue est de partir. » Ce n'était pas signé.

Le dernier jeu de lettres de Catherine lui était parvenu le jour précédent, dans le petit sac du courrier le plus rapide de Potemkine, le brigadier Bauer, l'aide de camp dévoué qu'il envoyait souvent jusqu'à Paris pour lui rapporter des bas de soie, à Astrakhan pour une soupe de sterlet, à Saint-Pétersbourg pour des huîtres, à Moscou pour en ramener une danseuse ou un joueur d'échecs, à Milan pour une partition, un virtuose du violon ou un chariot de parfums. Bauer avait

1. Petite Mère.

voyagé si fréquemment et si loin pour les caprices de Potemkine qu'il avait demandé avec humour qu'on lui attribuât ces mots en guise d'épitaphe : « Cy gît Bauer sous ce rocher, Fouette, cocher ! »

Alors qu'ils se rassemblaient dans la steppe autour de Potemkine, officiers et courtisans réfléchissaient sans doute aux répercussions qu'aurait cette scène pour l'Europe, pour leur impératrice, pour la guerre inachevée contre les Turcs, pour les possibilités d'action contre la France révolutionnaire et la Pologne rebelle. Les armées et les flottes de Potemkine avaient conquis d'énormes portions du territoire ottoman sur les rives de la mer Noire et dans la Roumanie actuelle : le grand vizir du sultan espérait négocier la paix avec lui. Les cours d'Europe – du jeune Premier Lord au Trésor imbibé de porto à Londres, William Pitt, qui n'avait pas réussi à arrêter la guerre de Potemkine, au vieux chancelier hypocondriaque, le prince Wenzel von Kaunitz, à Vienne – suivaient attentivement l'évolution de la maladie du Sérénissime.

Ses plans pouvaient bouleverser la carte du continent. Potemkine jonglait avec les couronnes comme un clown dans un cirque. Ce visionnaire lunatique se ferait-il roi ? Ou était-il plus puissant en tant que consort de l'impératrice de toutes les Russies ? S'il était couronné, serait-ce comme roi de Dacie, en Roumanie d'aujourd'hui, ou roi de Pologne, où ses domaines étendus lui permettaient déjà d'être un potentat féodal ? Sauverait-il la Pologne ou la morcellerait-il ? Tandis qu'il était allongé dans la steppe, les nobles polonais se rassemblaient secrètement pour attendre ses ordres mystérieux.

Ces questions dépendaient de l'aboutissement de cette chevauchée désespérée depuis la ville de Jassy, frappée par les fièvres, jusqu'à la cité neuve de Nikolaïev, actuellement en Ukraine, à l'intérieur des terres, là où le malade souhaitait être emporté. Nikolaïev était sa dernière création. Il avait fondé bien d'autres villes, comme le héros dont il avait imité les exploits, Pierre le Grand. Potemkine avait conçu chacune d'entre elles, les traitant amoureusement comme une maîtresse chérie ou une précieuse œuvre d'art. Nikolaïev était une base navale et militaire sur les rives du Boug, où il s'était fait construire un palais dans un style turco-moldave, rafraîchi par une brise constante qui le soulagerait de sa fièvre. C'était un long voyage pour un mourant.

Le convoi était parti la veille. Il avait passé la nuit dans un village sur la route et était reparti à 8 heures. Au bout de cinq verstes, Potemkine était si mal en point qu'il avait été transféré dans le carrosse-lit. Il arrivait tout de même à rester assis. Cinq verstes plus loin, ils s'étaient arrêtés.

La comtesse lui tenait doucement la tête. Au moins, elle était là, car ses deux meilleures amies étaient des femmes. L'une était sa nièce préférée, l'autre, bien sûr, était l'impératrice elle-même, qui se rongeait les sangs à plus d'un millier de kilomètres de là en attendant de ses nouvelles. Dans la steppe, Potemkine tremblait, suait et se lamentait, saisi de convulsions douloureuses. « Je brûle, disait-il. Je suis en feu ! » La comtesse Branicka, que Catherine et Potemkine appelaient « Sachenka », l'enjoignit de se calmer, mais « il répondit que la lumière s'assombrissait à ses yeux, il n'y voyait plus et était seulement capable de comprendre les voix ». La cécité était un symptôme d'une chute de tension, fréquente lors de l'agonie. Frappé par une fièvre paludéenne, une probable insuffisance du foie et une pneumonie, après des années de travail acharné et compulsif, de voyages frénétiques, de tension nerveuse et d'un hédonisme débridé, son puissant métabolisme avait fini par céder. Le prince demanda aux médecins : « Avec quoi pouvez-vous donc me guérir maintenant ? » Le docteur Sanovski répondit qu'il « ne lui restait plus qu'à placer ses espoirs en Dieu ». Il tendit une icône de voyage à Potemkine qui avait épousé à la fois le scepticisme ironique des Lumières françaises et la piété superstitieuse de la paysannerie russe. Potemkine était encore assez fort pour la prendre. Il l'embrassa.

Un vieux Cosaque, de garde non loin de là, remarqua que le prince s'en allait peu à peu et le fit savoir avec le respect et la sensibilité face à la mort que l'on rencontre chez ceux vivant sur les marches, si près de la nature, habitués à la sentir rôder parmi eux. Potemkine posa l'icône. Branicka prit les mains du prince dans les siennes. Puis elle l'enlaça. Au moment suprême, ses pensées revinrent naturellement à sa chère Catherine, et il souffla : « Pardonnez-moi, Mère-souveraine miséricordieuse. » Puis il mourut. Il avait cinquante-deux ans.

Le cercle resta figé autour de la dépouille, dans le silence abattu qui accompagne toujours le départ d'un grand homme. La comtesse Sachenka reposa délicatement sa tête sur un oreiller, puis porta les mains à son visage et s'effondra, en pâmoison. Certains pleuraient à chaudes larmes, d'autres s'agenouillaient pour prier et levaient les mains au ciel. D'autres encore s'étreignaient pour se réconforter. Les médecins contemplaient fixement le patient qu'ils n'avaient pu sauver, d'autres regardaient son visage dont l'œil unique était toujours ouvert. À gauche et à droite, des groupes de boyards ou de marchands moldaves restaient assis à observer la scène tandis qu'un Cosaque s'efforçait de maîtriser un cheval qui se cabrait comme s'il avait senti comment « le globe terrestre avait tremblé », ébranlé par cette « disparition prématurée et soudaine ! ». Tous sans exception, soldats et Cosaques, vétérans des guerres de Potemkine, sanglotaient. Ils n'avaient même pas eu le temps de finir d'installer la tente de leur maître.

Ainsi mourut l'un des hommes d'État les plus célèbres d'Europe. Ses contemporains, quoique conscients de ses contradictions et de ses excentricités, l'admiraient. Tous les visiteurs qui se rendaient en Russie souhaitaient rencontrer cette force de la nature. Il était toujours, par la simple puissance de sa personnalité, le centre de l'attention : « Quand il était absent, il était l'unique sujet de conversation ; quand il était présent, il attirait tous les regards. » Ceux qui le rencontraient n'étaient jamais déçus. Jeremy Bentham, le philosophe anglais qui séjourna sur ses terres, l'appelait le « prince des princes ».

Le prince de Ligne côtoya tous les géants de son époque, de Frédéric le Grand à Napoléon, et donna de Potemkine la description la plus exacte : « [L']homme le plus extraordinaire que j'aie jamais rencontré [...] ennuyeux au beau milieu du plaisir ; malheureux d'être trop chanceux ; excédé de tout, aisément dégoûté, morose, inconstant, un philosophe profond, un ministre compétent, un politicien sublime ou à l'image d'un enfant de dix ans [...]. Quel est le secret de sa magie ? Du génie, encore et toujours du génie ; des compétences naturelles, une excellente mémoire, une grande élévation de l'âme ; de la malice sans l'objet de blesser, de l'artifice mais point de ruse [...] l'art de conquérir chaque cœur dans ses bons moments, beaucoup de générosité [...] un goût raffiné, et une connaissance parfaite de l'âme humaine. » Le comte de Ségur, qui connaissait Napoléon et George Washington, avouait : « De toutes les personnalités, celle qui m'a le plus frappé, et qui fut la plus importante à bien connaître pour moi, fut celle du fameux prince Potemkine. Son caractère tout entier était le plus original à cause d'un mélange inconcevable de grandeur et de mesquinerie, de paresse et d'activité, d'ambition et d'insouciance. Un tel homme aurait été remarquable partout de par son originalité. » Lewis Littlepage, un visiteur américain, rapporta que l'« étonnant » Sérénissime était plus puissant en Russie que le cardinal Wolsey, le comte d'Olivares et le cardinal de Richelieu ne l'avaient jamais été dans leurs pays respectifs.

Alexandre Pouchkine, né huit ans après cette mort dans la steppe de Bessarabie, était fasciné par Potemkine et recueillit les récits de ses nièces vieillissantes qu'il eut l'occasion d'interroger. Le prince, disait-il souvent, « avait été touché par la main de l'Histoire ». Dans leur flamboyance et leur incarnation de la « russité », les deux hommes étaient complémentaires. Vingt ans plus tard, Lord Byron écrivait encore sur lui, qu'il appelait l'« enfant choyé de la nuit ».

Conformément à la tradition russe, les yeux d'un défunt doivent être fermés et recouverts d'une pièce. Les paupières des grands devaient être scellées par des pièces d'or. Potemkine était « plus riche que certains rois » mais, comme beaucoup de fortunés, il n'avait jamais d'argent avec lui. Aucun des puissants de son entourage n'en avait non plus. Il dut y avoir un moment gênant où chacun se mit à fouiller dans ses poches, à tapoter sa veste, tout en appelant les laquais : en vain. On manda donc les soldats.

Le Cosaque grisonnant qui avait assisté à l'agonie de Potemkine sortit une pièce de cinq kopecks. Ainsi l'œil du prince fut-il fermé d'une humble piécette de cuivre. L'absurdité de son trépas entra immédiatement dans la légende. Peut-être fut-ce le même vieux Cosaque qui, reculant d'un pas, marmonna : « Il a vécu sur l'or, il est mort sur l'herbe. »

Des années plus tard, ce *bon mot**[1] était encore colporté tant à la cour que dans les casernes. Un jour, à Saint-Pétersbourg, la peintre Élisabeth Vigée-Lebrun interrogea une princesse âgée sur la mort de Potemkine : « Hélas, ma chérie, ce grand prince qui avait tellement de diamants et d'or, est mort sur l'herbe ! » rétorqua la douairière, comme s'il avait eu le mauvais goût de mourir sur sa pelouse. Pendant les guerres napoléoniennes, l'armée russe marchait en entonnant des chansons sur la mort de Potemkine « sur la steppe, couché sur un manteau ». Le poète Derjavine goûta tout ce que le décès de cet homme grandiose avait eu de romantique dans cette nature sauvage et désolée, « telle une brume à un carrefour ». Deux observateurs se trouvant à différentes extrémités de l'empire, le comte Fédor Rostopchine (célèbre pour avoir incendié Moscou en 1812) dans la ville voisine de Jassy, et un émissaire suédois, le comte Curt Stedingk, dans la lointaine Saint-Pétersbourg, eurent exactement les mêmes mots : « Sa mort fut aussi extraordinaire que sa vie. »

Il fallait prévenir l'impératrice sur-le-champ. Sachenka Branicka aurait pu le lui dire puisqu'elle la tenait déjà au fait de l'état de

1. Tous les mots en italique suivis d'un astérisque sont en français dans le texte.

santé du prince, mais elle était trop bouleversée. Un aide de camp fut donc dépêché pour informer Vassili Popov, le secrétaire dévoué et énergique de Potemkine.

Sur place, il y eut un dernier geste, symbolique. Alors que le convoi désemparé repartait vers Jassy, quelqu'un dut vouloir marquer l'endroit où le prince était mort afin que l'on puisse y ériger un monument à sa gloire. Il n'y avait pas de pierre. Des branches d'arbre n'auraient pu résister au vent. C'est alors que l'hetman (le général cosaque) Pavel Golavaty, qui connaissait Potemkine depuis trente ans, réclama la lance d'un de ses cavaliers zaporogues. Avant de rejoindre l'arrière-garde de la procession, il chevaucha jusqu'au petit plateau et planta la lance dans la terre à l'endroit exact de la mort du prince. Une lance cosaque pour indiquer le lieu où Potemkine était tombé avait quelque chose d'aussi symbolique que la flèche que Robin des Bois était censé avoir tirée pour désigner sa future sépulture.

Entre-temps, Popov avait appris la nouvelle. Il écrivit aussitôt à l'impératrice : « Nous avons reçu un coup terrible ! Ma souveraine miséricordieuse, le prince sérénissime Grigori Alexandrovitch n'est plus. » Popov expédia la lettre par le biais d'un jeune officier de confiance à qui il fut ordonné de ne prendre de repos que quand il aurait transmis l'effroyable nouvelle.

Sept jours plus tard, à 18 heures le 12 octobre, ce courrier, vêtu respectueusement de noir, et couvert de la poussière de la route, apporta la lettre de Popov au Palais d'hiver. L'impératrice s'évanouit. Ses courtisans crurent qu'elle avait eu une attaque. On convoqua ses médecins pour lui administrer une saignée. « Des larmes et du désespoir », c'est en ces termes qu'Alexandre Khrapovitski, le secrétaire privé de Catherine, décrivit sa réaction. « À 8 heures, ils la saignèrent, à 10 heures, elle alla se coucher. » Elle était effondrée, même ses petits-enfants ne furent pas admis auprès d'elle. « Ce n'était pas l'amant qu'elle pleurait, écrivit un tuteur impérial suisse qui comprenait leur relation. C'était l'ami. » Elle ne parvint pas à trouver le sommeil. À 2 heures du matin, elle se leva pour écrire à son confident, Friedrich Melchior Grimm, philosophe loyal et pointilleux : « Un coup fatal vient juste de m'être porté. À 6 heures, un messager a apporté la nouvelle tragique que mon élève, mon ami, presque mon idole, le prince Potemkine de Tauride, est mort en Moldavie après un mois de maladie. Vous ne pouvez imaginer comme je suis brisée… »

De bien des façons, l'impératrice ne s'en remit jamais. L'âge d'or de son règne prit fin avec Potemkine. Mais il en alla de même de la réputation du prince. Catherine déclara à Grimm, en cette terrible nuit d'insomnie, griffonnant à la lueur d'une chandelle dans ses appartements du Palais d'hiver, que les succès de Potemkine avaient toujours déconcerté les « bavards » jaloux. Si, en vie, ses ennemis n'avaient pu vaincre le prince, à sa mort, ils réussirent. Son corps était encore chaud qu'une légende mauvaise enflait déjà à propos de son étrange personnalité, légende qui, deux siècles durant, ternit ses accomplissements.

Catherine serait étonnée et horrifiée de découvrir que, de nos jours, son « idole » et « homme d'État » est surtout connu pour une calomnie et un film. On se souvient de lui, le fondateur de tant de villes, à cause du terme diffamatoire de « Villages Potemkine ». Mais aussi pour le film *Le Cuirassé Potemkine,* qui narre l'histoire d'une mutinerie de marins annonciatrice des révolutions qui, longtemps après sa mort, détruisirent la Russie qu'il aimait. Ainsi la légende de Potemkine a-t-elle été construite par les ennemis nationaux de la Russie, les courtisans jaloux et le successeur instable de Catherine, Paul Ier, qui se vengea non seulement en calomniant la réputation de l'amant de sa mère, mais aussi en injuriant sa dépouille. Au XIXe siècle, les Romanov, aux commandes d'une bureaucratie collet monté, rigide et militariste, se nourrissaient de la gloire de Catherine, tout en étant outrés par sa vie privée, en particulier par ce rôle de « demi-tsar » qu'avait joué Potemkine. Leurs successeurs soviétiques partageaient leurs scrupules et exagérèrent encore leurs mensonges, bien qu'on ait récemment découvert que Staline, ce passionné d'histoire, admirait secrètement Potemkine. « À quoi tenait vraiment le génie de la Grande Catherine ? » lança-t-il lors d'une fameuse discussion sur l'histoire avec son acolyte préféré, Andrei Jdanov, à l'été 1934. Staline répondit lui-même à sa question comme suit : « Sa grandeur, c'est d'avoir su choisir le prince Potemkine et d'autres amants et représentants officiels aussi doués pour gouverner l'État. » L'auteur a découvert cette anecdote au cours de ses recherches pour son livre Staline, la cour du Tsar rouge. Il a pu s'entretenir avec Youri Jdanov, le fils d'Andrei, plus tard gendre du dictateur, aujourd'hui âgé de plus de quatre-vingts ans, qui avait été témoin de cette scène quand il était enfant. Même les plus distingués des historiens occidentaux voient encore en Potemkine un clown débauché capable de prouesses sexuelles plutôt qu'un homme d'État historique[1]. Pour toutes ces raisons, le prince n'a pas trouvé la place qu'il méritait dans l'Histoire. La Grande Catherine, ne pouvant se douter de ces calomnies à venir, pleura son ami, son amant, son soldat, son homme d'État et, probablement, son mari pour le restant de sa vie.

Le 12 janvier 1792, Vassili Popov, le factotum du prince, revint à Saint-Pétersbourg en mission spéciale. Il transportait les trésors les plus chéris de Potemkine, les lettres secrètes de Catherine, celles traitant de leurs amours et de leurs affaires d'État. Elles étaient toujours regroupées en liasses. Certaines d'entre elles étaient, et sont encore, tachées des larmes d'agonie de Potemkine tandis qu'il les lisait et les relisait en sachant qu'il ne poserait jamais plus son regard sur Catherine.

L'impératrice reçut Popov. Il lui tendit les lettres. Elle congédia tout le monde, sauf Popov, et ferma la porte. Ils se mirent à pleurer ensemble. Cela faisait presque trente ans qu'elle avait vu Potemkine pour la première fois, le jour même où elle s'était emparée du pouvoir et était devenue impératrice de toutes les Russies.

1. Ainsi, en 1994, un professeur d'histoire grandement respecté de l'université de Cambridge résumait les capacités politiques et militaires de Potemkine en affirmant, point de vue amusant mais totalement injustifiable, qu'il « manquait de confiance en lui partout ailleurs que dans la chambre à coucher ».

I

POTEMKINE ET CATHERINE

1739-1762

1

Un garçon de province

« Je préférerais apprendre que vous avez été tué plutôt que de savoir que vous vous êtes couvert de honte. »

I. N. Engelhardt, *Mémoires*
(Recommandation d'un noble à son fils avant son départ pour l'armée)

« Quand je serai grand, se serait vanté le jeune Potemkine, je serai soit homme d'État, soit archevêque. » Des rêves dont ses camarades d'école ne manquèrent sûrement pas de se gausser, car s'il était né dans une famille respectable de province, celle-ci n'avait ni nom, ni fortune. Son parrain, qui le comprenait, grommelait à qui voulait bien l'entendre que l'enfant « connaîtrait de grands honneurs – ou perdrait la tête ». Dans la Russie de l'époque, il n'y avait qu'une façon d'atteindre les sommets rapidement, c'était de s'assurer la faveur du monarque. Et cet obscur provincial n'avait encore que vingt-deux ans qu'il s'était déjà débrouillé pour rencontrer deux impératrices régnantes.

Grigori Alexandrovitch Potemkine naquit le 30 septembre 1739[1] dans le petit village de Tchijova, à peu de distance de l'ancienne cité fortifiée de Smolensk. Les Potemkine possédaient une modeste propriété peuplée de quatre cent trente serfs. La famille était loin d'être riche, mais évidemment pas miséreuse non plus. Quant à leur statut

1. Comme tout ce qui l'entoure, la date de sa naissance est auréolée de mystère, le doute planant au sujet de l'âge auquel il serait parti vivre à Moscou et aurait été accepté dans la garde. L'année 1742 a également été retenue, et avancée par son neveu Samoïlov. Les dates et les archives militaires se contredisent sans que le débat soit d'un intérêt particulier. 1739 reste la date la plus probable.

médiocre, ils le compensaient par un comportement jugé étrange même selon les critères des marches pourtant sauvages de l'Empire russe. Les Potemkine formaient un clan nombreux, d'origine polonaise et, comme toute la noblesse, ils s'étaient inventé un arbre généalogique à la véracité douteuse. Moins la noblesse était d'importance, plus l'arbre en question avait tendance à être grandiose, si bien que les Potemkine prétendaient descendre de Telesin, prince d'une tribu italiote qui avait menacé Rome vers 100 av. J.-C., et d'Istok, seigneur dalmate du XIe siècle de notre ère. Après des siècles d'un mystérieux anonymat, une branche issue de ces princes d'Italie et de Dalmatie aurait refait surface dans les environs de Smolensk, affublée d'un nom décidément fort peu latin, « Potemkine », ou « Potempski », sa version polonisée.

La famille fit preuve d'une grande habileté quand il s'agit de naviguer dans les eaux agitées entourant les tsars de Moscovie et les rois de Pologne, qui tous lui attribuèrent des terres dans les environs de Smolensk. Le patriarche était Hans-Tarassy (prénom censé dériver de Telesin) Potemkin, et il eut deux fils, Ivan et Illarion, dont furent issues les deux branches de la famille. Grigori venait de la branche cadette d'Illarion. Les deux lignées donnèrent nombre d'officiers subalternes et de courtisans. Du temps de l'arrière-grand-père de Potemkine, la famille était passée au service exclusif de la Moscovie, qui avait entrepris de reprendre peu à peu à l'Union polono-lituanienne ces terres ayant autrefois appartenu à la principauté de Kiev.

Par mariage, les Potemkine devinrent des piliers de la noblesse de Smolensk, elle-même dotée d'une identité polonaise particulière. *Dvoriantsvo* était le terme traditionnellement utilisé pour désigner la noblesse russe, tandis que les nobles de Smolensk, eux, se définissaient comme *szlachta,* à l'instar de leurs frères de Pologne. De nos jours, Smolensk est profondément enfoncée en territoire russe mais, à la naissance de Potemkine, la ville était encore située à la frontière. En 1739, l'Empire russe s'étendait déjà de Smolensk à la Chine en couvrant toute la Sibérie, et de la Baltique au nord jusqu'aux contreforts du Caucase dans le sud. Mais il ne s'était pas encore emparé de ce joyau qu'il désirait tant, la mer Noire. Smolensk n'avait été conquise par le tsar Alexis, le père de Pierre le Grand, qu'en 1654, et s'était auparavant trouvée sous contrôle polonais. Culturellement, la noblesse locale restait polonaise. Le tsar Alexis la confirma donc dans ses privilèges, autorisa le régiment de Smolensk à élire ses officiers (bien que ceux-ci n'aient pas eu le droit de conserver leurs liens avec la Pologne), mais décréta que la génération suivante devrait épouser des femmes russes et non polonaises. Il est possible que le père de Potemkine ait porté les pantalons bouffants et la longue tunique des nobles polonais et qu'il ait parlé polonais chez lui, mais à l'extérieur il devait sans doute arborer l'uniforme plus germanique d'un officier de l'armée russe. Potemkine grandit ainsi dans un environnement en partie polonais, qui lui laissa en legs des liens avec la Pologne plus étroits que la plupart des autres membres de la noblesse russe. Un attachement qui aurait plus tard son importance : il se fit naturaliser polonais, sembla parfois se considérer comme tel et caressa l'idée de revendiquer le trône de Pologne.

Il n'eut qu'un aïeul célèbre (bien qu'issu de la branche d'Ivan), Pierre Ivanovitch Potemkine, chef militaire de talent, ultérieurement ambassadeur du tsar Alexis et de son successeur, le tsar Fédor, respectivement père et frère de Pierre le Grand. Ce Potemkine-là ne fut apparemment à lui seul qu'une source constante d'ennuis diplomatiques.

En 1667, alors gouverneur local et *okolnitchi* (un rang important à la cour moscovite), il fut envoyé en Espagne et en France en tant que premier ambassadeur de Russie. En 1680, il devint émissaire spécial de Moscou dans plusieurs capitales européennes. L'ambassadeur Potemkine fit littéralement tout ce qui était en son pouvoir pour garantir le respect du prestige de son maître dans un monde qui ne voyait encore dans le tsar de Moscovie qu'un barbare. Les Russes, pour leur part, étaient xénophobes et méprisaient les Occidentaux non orthodoxes, lesquels, selon eux, ne valaient guère mieux que les Turcs. À une époque où tous les monarques étaient extrêmement sensibles aux titres et à l'étiquette, les Russes se sentaient obligés de l'être encore plus.

À Madrid, l'ambassadeur, barbu et drapé dans un lourd manteau, exigea que le roi d'Espagne se découvre chaque fois qu'était cité le nom du tsar. Quand le roi replaça son chapeau, Pierre Potemkine voulut savoir pourquoi. L'affaire s'envenima quand les Espagnols remirent en question les titres du tsar, et les tensions s'aggravèrent quand ils les mentionnèrent dans le désordre. Sur le chemin du retour vers Paris, il se disputa une fois de plus pour une histoire de titres, manqua en venir aux mains avec les agents de la douane, refusa de payer l'octroi sur ses icônes enchâssées de joyaux ou ses vêtements moscovites ornés de diamants. Les accusant en pestant de chercher à le surtaxer, il les traita de « sales infidèles » et de « maudits chiens ». Louis XIV, tenant à se concilier cette puissance européenne naissante, lui présenta personnellement ses excuses pour ce malentendu.

La deuxième mission de l'ambassadeur à Paris se déroula dans un climat tout aussi pénible. Puis il fit voile pour Londres, où il fut reçu par Charles II. Ce fut, semble-t-il, la seule audience de sa carrière diplomatique à ne pas finir en bouffonnerie. Quand il se rendit à Copenhague et y trouva le roi du Danemark souffrant, cloué au lit, Pierre Potemkine réclama un divan afin que l'ambassadeur du tsar puisse s'allonger au côté du monarque pour négocier à armes égales. À son retour, le tsar Fédor était mort, et la régente Sophie réprimanda Potemkine pour son extravagance et son excès de zèle[1]. Manifestement, ce tempérament grincheux se retrouvait dans les deux branches de la famille.

Le père de Grigori Potemkine, Alexandre Vassilievitch Potemkine, était une brute excentrique et galonnée, du genre à transformer le quotidien dans une garnison de province du XVIIIe siècle en une épreuve aussi pénible que pittoresque. Authentique ganache, à moitié fou, ancien militaire, il était d'une impulsivité infernale et toujours prompt à prendre la mouche. Dans sa jeunesse, il avait servi dans l'armée de Pierre le Grand durant la Grande guerre du Nord, et avait pris part à la bataille décisive de Poltava en 1709, qui avait vu le tsar défaire Charles XII, l'envahisseur suédois, sauvant du même coup sa ville neuve de Saint-Pétersbourg et l'ouverture de la Russie sur la Baltique. Puis il s'était battu lors du siège de Riga, contribuant à la capture de quatre frégates suédoises. Décoré pour cet exploit, il avait ensuite été blessé au côté gauche.

Après la guerre, l'ancien combattant se retrouva affecté au sein de la bureaucratie militaire, et fut chargé d'effectuer de fastidieux recensements dans les lointaines provinces de Kazan et d'Astrakhan, avant de prendre le commandement de modestes garnisons. On sait peu de chose de sa personnalité et de sa carrière mais, selon une anecdote connue, il aurait été convoqué devant une commission de l'École de guerre après avoir demandé à partir en retraite du fait de ses blessures. Comme le voulait la coutume, il commença à se dévêtir pour exhiber ses cicatrices quand il aperçut, parmi les membres de la commission, un homme qui avait servi sous ses ordres en tant que

---

1. Quand Grigori Potemkine, qui ménagerait encore moins les susceptibilités occidentales, se hissa au sommet à Saint-Pétersbourg, il fut jugé bon de lui trouver un ancêtre réputé. On dénicha un portrait de l'irascible ambassadeur, xénophobe et ergoteur, datant du temps du Roi-Soleil et de Charles II. Le tableau, peut-être un cadeau de l'ambassade d'Angleterre, fut exposé dans l'Ermitage de la Grande Catherine.

sous-officier. Aussitôt, il se rhabilla et pointa vers lui un doigt accusateur : « Comment ? *Lui*, m'examiner *moi* ? Je ne le souffrirai *point*. Je préfère encore rester en service, aussi graves que soient mes blessures ! » Puis il sortit en claquant la porte et s'en fut servir deux pénibles années de plus. Il ne prit sa retraite qu'en 1739, perclus de douleurs, avec le grade de lieutenant-colonel. La même année, il eut un fils.

La réputation de tyran domestique du vieil Alexandre Potemkine n'était plus à faire. Sa première épouse était encore en vie quand le vétéran remarqua Daria Skouratova, sans doute sur le domaine de Bolchoïa Skouratova, près de Tchijova. Née Daria Vassilevna Kondireva, elle était déjà veuve, à vingt ans, de Skouratov, le défunt propriétaire des lieux. Le colonel Potemkine l'épousa sur-le-champ. Ni l'un ni l'autre de ces maris vieillissants ne devaient être particulièrement engageants pour une aussi jeune femme, mais la famille Skouratov dut se réjouir de lui avoir trouvé un nouveau foyer.

La jeune épouse eut alors un choc. Ce n'est que quand elle fut enceinte de son premier enfant, une fille nommée Marfa Elena, qu'elle s'aperçut que le colonel Potemkine était toujours marié à sa première femme, qui vivait au village. Lequel village était sans doute parfaitement au courant du secret du colonel. Daria dut avoir le sentiment d'avoir été le dindon de la farce devant ses propres serfs. La bigamie était bien sûr à l'époque tout aussi contraire aux édits de l'Église et de l'État que de nos jours, mais des endroits comme Tchijova étaient si isolés, les archives si anarchiques, et l'homme exerçait alors un pouvoir si incontesté sur la femme que les histoires de gentilshommes bigames étaient monnaie courante en province. À peu près au même moment, le général Abraham Hannibal, grand-père abyssin de Pouchkine, convolait avec sa deuxième épouse tandis que la première souffrait mille maux dans un cachot, jusqu'à ce qu'elle consente à entrer au couvent. Un de ses fils réédita ensuite son exploit. Il n'était pas toujours nécessaire d'avoir recours à la torture pour convaincre des femmes russes éconduites de prendre le voile, permettant ainsi à leurs époux de se remarier. Daria rendit visite à la première épouse et, en larmes, la persuada d'entrer au couvent afin que son propre mariage puisse être considéré comme légitime.

On dispose d'assez d'informations sur ce deuxième mariage pour pouvoir dire qu'il fut excessivement malheureux. Alexandre Potemkine ne cessait de mettre sa femme enceinte. Elle eut cinq filles et un fils, Grigori, qui fut son troisième enfant. Mais son seigneur et maître était d'une jalousie maladive. Comme la jalousie provoque souvent ce qu'elle redoute justement le plus, la jeune épouse ne manquait pas d'admirateurs. Une source nous apprend que, au moment de la naissance de Grigori, le colonel Potemkine se méfiait particulièrement de son cousin alors en visite chez lui, Grigori Matveevitch Kizlovski. Ce haut fonctionnaire expérimenté, venu de Moscou, devait être le parrain de Grigori. On peut supposer que le garçon fut baptisé en son hommage. Mais était-il son père naturel ? Nous ne le savons tout simplement pas. Certes Potemkine semble avoir hérité de son père son caractère maniaco-dépressif, souvent morose. Cependant, il aima aussi Kizlovski comme un père après la mort du colonel. Admettons donc cela : même en ce XVIIIe siècle adultère, les enfants étaient parfois bien ceux de leurs pères officiels.

Nous en savons beaucoup plus sur la mère de Potemkine que sur son père parce qu'elle a assisté à l'ascension de Grigori au rang de premier homme de l'empire. Daria avait du charme, elle était efficace et intelligente. Un portrait réalisé beaucoup plus tard nous montre une vieille dame avec un chapeau, le visage dur, fatigué mais matois, un nez fort et épais, et le menton pointu. Ses traits sont plus rudes que ceux de son fils, bien qu'il ait été censé lui ressembler. Quand elle sut qu'elle était enceinte pour la troisième fois en 1739, le destin parut lui sourire. Les gens de Tchijova prétendent encore aujourd'hui qu'elle avait fait un rêve où elle avait vu le soleil se détacher du ciel et tomber droit sur son ventre, et qu'elle s'était réveillée à ce moment précis. Agrafina, la rebouteuse du village, l'interpréta comme l'annonce d'un fils. Mais le colonel n'en trouva pas moins le moyen de saccager son bonheur. Lorsqu'elle fut à terme, Daria se prépara à accoucher dans la *banya,* les bains publics de Tchijova, sans doute assistée de ses servantes. Son mari, selon l'histoire que racontent encore les habitants, passa toute la nuit à boire de l'alcool de baies. Les serfs attendaient eux aussi – ils voulaient un héritier mâle, après deux filles. Quand Grigori naquit, les cloches de l'église sonnèrent. Les serfs dansèrent et burent jusqu'à l'aube. Le lieu de sa naissance était approprié, car la banya du Palais d'hiver deviendrait un jour le lieu de ses rendez-vous galants avec la Grande Catherine.

Les enfants de Daria vinrent au monde dans une maison qui ployait sous le poids d'une ombre, celle de la paranoïa paternelle. Le mariage avait perdu son vague vernis romantique depuis que Daria avait eu vent de la bigamie de son époux. Et les accusations d'infidélité dont il l'abreuvait aggravèrent cette situation : il était si jaloux que, quand leurs filles se marièrent, il interdit à ses gendres de baiser la main de Daria, sous prétexte que le contact de lèvres mâles sur une peau douce ne pouvait que conduire inexorablement au péché. Après la naissance de son héritier, le colonel reçut entre autres la visite de son cousin Sergueï Potemkine, qui l'informa que Grigori n'était pas son fils. Les motivations de Sergueï n'avaient rien de philanthropique : il tenait à ce que ce soit sa famille qui hérite des biens. Le vieux soldat entra dans une colère noire, exigea l'annulation du mariage et déclara que Grigori était un bâtard. Daria, voyant déjà les portes du monastère se refermer sur elle, fit mander Kizlovski, l'homme du monde poli et mesuré, parrain de l'enfant. Il arriva de Moscou en toute hâte et convainquit l'époux à moitié sénile de renoncer à sa demande de divorce. Ainsi la mère et le père de Grigori se retrouvèrent-ils à jamais liés l'un à l'autre.

Durant ses six ou sept premières années, l'environnement immédiat de Grigori Potemkine se résuma au village de son père. Tchijova se dressait sur la Tchivo, un ruisseau creusant une petite ravine boueuse et escarpée dans de vastes étendues sans relief. Il se trouvait à plusieurs heures de voyage de Smolensk, elle-même distante de Moscou de trois cent cinquante verstes. Et il fallait couvrir huit cent trente-sept verstes pour atteindre Saint-Pétersbourg. En été, il y régnait une chaleur écrasante, et les hivers étaient cruels, s'abattant avec un vent mordant sur le paysage uniforme. La campagne était belle, riche et verdoyante. C'était, et c'est toujours, une terre sauvage, s'étirant à perte de vue, un endroit fascinant et passionnant pour un enfant.

À bien des égards, ce village était un microcosme de la société russe : l'État russe de l'époque se distinguait par deux faits essentiels. Le premier était le besoin instinctif, constant, qu'avait l'empire d'étendre ses frontières dans toutes les directions possibles. Tchijova était situé sur sa frontière occidentale, dans une région agitée. Le second est la dichotomie entre la noblesse et le servage. Le village natal de Potemkine était marqué par cette dualité, dont la trace est encore perceptible, même si le village a pratiquement disparu aujourd'hui.

Bâtie sur une légère élévation au-dessus du ruisseau, la première maison de Potemkine était un manoir en bois modeste, doté d'un seul étage et d'une belle façade. Il n'aurait pu offrir de plus grand contraste avec les demeures de riches magnats placés plus haut dans l'échelle sociale. Ainsi, plus tard au XVIIIe siècle, le domaine du comte Cyrille Razoumovski, plus au sud, en Ukraine, « ressemblait davantage à une petite ville qu'à une gentilhommière [...] avec quarante ou cinquante dépendances [...] sa garde, de nombreux cortèges de serviteurs, et toute une fanfare de musiciens ». À Tchijova, la seule dépendance du manoir était probablement le bâtiment des bains où Grigori était né, qui se dressait sans doute à l'aplomb du ruisseau et de son puits. Cette banya faisait partie intégrante de la vie russe. Les paysans des deux sexes s'y baignaient ensemble[1], ce qui choqua un maître d'école français en visite puisque « les personnes de tous âges et des deux sexes en usent ensemble et l'habitude de voir tout dévoilé à un âge précoce émousse les sens ». Pour les Russes, la banya est une extension de la maison, un lieu chaleureux, de rencontre et de détente.

En dehors des difficultés liées au mariage de ses parents, Grigori grandit probablement dans un environnement agréable, aussi rudimentaire qu'il ait pu être. Nous disposons du récit de l'enfance d'un garçon de la petite noblesse dans la province de Smolensk. Né trente ans plus tard, Lev Nikolaïevitch Engelhardt était un parent de Potemkine, et il consigna son expérience, sans doute très similaire, de la vie dans un village voisin. Il était autorisé à gambader en chemise paysanne et pieds nus : « Physiquement, mon éducation ressemblait au système décrit par Rousseau – le "bon sauvage". Or, je sais que ma grand-mère non seulement ignorait tout de cette œuvre, mais qu'elle avait de la grammaire russe elle-même une connaissance des plus incertaines. » Un autre auteur de Mémoires, également proche de Potemkine, se souvenait : « Le plus riche propriétaire terrien local ne possédait que mille âmes » et « il avait [...] un ensemble de cuillères en argent qu'il donnait à ses hôtes de marque, laissant aux autres le soin de se débrouiller avec des cuillères d'étain ».

Grigori, ou Gricha, comme on l'appelait, était l'héritier du village mais aussi, en dehors de son vieux père, le seul homme dans une famille de femmes – cinq sœurs et sa mère. Il était probablement l'objet de toutes les attentions et cette atmosphère familiale doit avoir influencé son caractère, car il veillerait ensuite à rester le point de mire de tous jusqu'à la fin de sa vie. Tout au long de sa carrière, il se décrivit comme l'« enfant choyé de la fortune ». Il lui fallait sans cesse se démarquer, dominer. Ayant vécu entouré de femmes, il était tout à fait détendu en leur compagnie. À l'âge adulte, ses amis les plus proches étaient des femmes – et sa carrière dépendit de sa relation avec l'une d'elles en particulier. Cette vie fruste, enjolivée par les

1. Cette pratique continua jusqu'en 1917. Quand ses ennemis dénoncèrent devant Nicolas II l'habitude qu'avait Raspoutine de se baigner avec les femmes qui suivaient ses préceptes, le dernier tsar répondit que c'était là la coutume des gens du peuple.

jupons de ces dames, ne pouvait pas durer. La plupart de ses sœurs épousèrent bientôt de respectables cousins de la noblesse de Smolensk (à l'exception de Nadejda, qui mourut à dix-neuf ans). En particulier, les mariages d'Elena Marfa à Vassili Engelhardt et de Maria à Nicolas Samoïlov donneraient naissance à des nièces et neveux qui allaient jouer un rôle important dans la vie de Potemkine.

Un noble russe ne pouvait avoir d'autre métier que de servir l'État. Né dans la maison d'un officier qui avait servi avec Pierre Ier à Poltava, Gricha fut éduqué dans l'idée qu'il était de son devoir de servir l'empire, que seule cette voie le mènerait à la réussite. Les exploits de son père durent sans doute tenir lieu de décor à l'imagination de l'enfant. L'honneur de l'uniforme était tout en Russie, surtout pour la petite noblesse provinciale. En 1721, Pierre le Grand avait établi un tableau définissant la hiérarchie au sein de l'armée, de la fonction publique et de la justice. Tout homme qui atteignait le quatorzième rang militaire ou le huitième rang civil entrait automatiquement dans la noblesse héréditaire – la *dvoryanstvo.* Mais Pierre avait également imposé le service militaire obligatoire à tous les nobles, et ce pour toute leur vie. Au moment de la naissance de Potemkine, la noblesse avait commencé à contourner cette obligation humiliante, mais le service militaire restait la voie royale vers la fortune. Potemkine manifesta un intérêt pour la prêtrise. Il descendait d'un archimandrite du XVIIe siècle, et son père l'envoya donc dans une école religieuse à Smolensk. Mais, en réalité, il avait toujours été destiné à l'armée.

Juste en dessous de la maison, au bord du ruisseau, se trouvait le puits qui, encore aujourd'hui, porte le nom de Catherine. D'après la légende, Potemkine y aurait amené l'impératrice pour lui montrer son lieu de naissance. Il est probable que, enfant, il y puisa lui-même de l'eau, car la vie de la petite noblesse était à peine plus facile que celle de leurs serfs les mieux lotis. À sa naissance, Potemkine fut certainement confié à une nourrice dans le village. Ainsi, littéralement ou non, ce prototype du bon sauvage fut nourri au sein de la campagne russe, autant élevé par les paysannes que par sa mère et ses sœurs ; il dut apprendre les complaintes mélancoliques que les serfs chantaient le soir et les jours de fête. Les danses qu'il connaissait étaient celles des paysans, exubérantes et gracieuses, plutôt que les menuets dansés lors des soirées des propriétaires terriens locaux. Il connaissait probablement la rebouteuse du village aussi bien que le prêtre.

Il était aussi à l'aise dans les foyers chauds, malodorants des serfs – où flottait une atmosphère confinée mêlant les parfums et saveurs de la *kacha*, la bouillie de sarrasin, du *chtchi*, le bouillon de choux épicé, et du *kvas*, la bière jaune et amère qu'ils buvaient à côté de la vodka et l'hydromel – qu'au manoir. À en croire la tradition, il aurait vécu simplement. Il jouait avec les enfants du prêtre, menait paître les chevaux avec eux et battait le foin avec les serfs.

À Tchijova, l'église orthodoxe dite de Notre-Dame se trouvait dans la partie du village occupée par les serfs (et les ruines du bâtiment qui lui a succédé sont encore visibles). Potemkine y passait beaucoup de son temps. Les serfs étaient eux-mêmes dévots : chacun, « outre l'amulette consacrée qu'il a au cou depuis le baptême, porte une petite représentation de son [...] saint patron, gravée sur du cuivre. Soldats et paysans ont coutume de la sortir de leurs poches, de cracher dessus et de la frotter [...], puis de la poser en face d'eux et, tout à coup, de se prosterner ». Quand un paysan entrait dans une maison, il était normal qu'il demande où se trouvait « Dieu », avant de se signer devant l'icône.

Potemkine grandit dans un mélange de piété et de superstition paysanne. Il avait été baptisé à l'église du village. De nombreux propriétaires fonciers pouvaient s'offrir les services d'un précepteur étranger pour leurs enfants, de préférence un Français ou un Allemand – ou parfois un vieux Suédois prisonnier de guerre, capturé pendant la Grande guerre du Nord, comme la famille de propriétaires terriens pauvres dans *La Fille du capitaine,* la nouvelle de Pouchkine. Les Potemkine, eux, n'en avaient même pas les moyens. On raconte que le prêtre local, Semen Karzev, et son sacristain, Timofeï Krasnopevzev, lui apprirent l'alphabet et les prières qui devaient déclencher chez lui une fascination durable pour la religion. Gricha apprit également à chanter et à aimer la musique, une autre caractéristique de sa vie d'adulte : le prince Potemkine ne se déplaçait jamais sans son orchestre et des piles de nouvelles partitions. Selon une légende, des décennies plus tard, l'un de ces sages du village monta à Saint-Pétersbourg et, apprenant que son élève était désormais l'homme le plus important à la cour, rendit visite au prince, qui le reçut chaleureusement et lui trouva un travail en tant que conservateur du *Cavalier de bronze*, la statue de Pierre le Grand par Falconet.

Les quatre cent trente serfs mâles et leurs familles vivaient autour de l'église, de l'autre côté du village. Les serfs, ou les « âmes », comme on les appelait, étaient évalués en fonction du nombre d'hommes. La richesse d'un noble ne se mesurait pas en argent comptant ou en hectares, mais en âmes. Sur une population de 19 millions d'habitants, on recensait environ 50 000 nobles de sexe masculin et 7,8 millions de serfs. La moitié d'entre eux étaient des paysans attachés à des familles nobles ou à la famille impériale, tandis que l'autre moitié était composée de paysans appartenant à l'État lui-même. Seuls les nobles pouvaient posséder légalement des serfs, mais un pour cent seulement d'entre eux détenaient plus de mille âmes. Ce serait sous le règne de Catherine que les domaines des grands seigneurs, qui pouvaient posséder des centaines de milliers de serfs, atteindraient le paroxysme de leur luxe pittoresque. Ils disposeraient alors même d'orchestres de serfs, et de serfs peintres d'icônes et de portraits raffinés. Le comte Cheremetev, le plus riche propriétaire de serfs du pays, détenait un théâtre serf avec un répertoire de quarante opéras. Le corps de ballet du prince Youssoupov se vantait d'être composé de centaines de ballerines serves. Le comte Skavronski (un parent de Catherine Ire qui épousa une des nièces Potemkine) était tellement obsédé par la musique qu'il interdisait à ses serfs de parler : ils devaient chanter en récitatif. De tels cas étaient rares. Quatre-vingt-deux pour cent des nobles étaient pauvres comme Job, possédant moins de cent âmes. Les Potemkine se situaient au milieu de l'échelle, ils comptaient parmi les quinze pour cent qui en possédaient entre cent un et cinq cents.

Les serfs de Tchijova étaient les possessions absolues du colonel Potemkine. Pour les décrire, les auteurs français de l'époque utilisaient le mot « esclaves ». Ils avaient beaucoup en commun avec les esclaves noirs du Nouveau Monde, sauf qu'ils étaient de la même race que leurs maîtres. C'était là toute l'ironie du servage, car si les serfs en Russie au moment de la naissance de Potemkine étaient des biens meubles tout en bas de la pyramide sociale, ils étaient également la ressource de base de l'État et du pouvoir de la noblesse. Ils formaient l'infanterie russe lorsque l'État levait une armée. Les propriétaires fonciers envoyaient les malheureux sélectionnés qui servaient alors toute leur vie durant. Les serfs payaient les impôts que les empereurs russes utilisaient pour financer leurs armées. Pourtant, ils étaient aussi au cœur de la richesse d'un noble. L'empereur et la noblesse se battaient pour s'assurer leur contrôle, tout en les pressurant le plus possible.

Les âmes étaient généralement héréditaires, mais elles pouvaient aussi être accordées à des favoris par des empereurs reconnaissants ou achetées à la suite d'annonces dans les journaux, comme des voitures d'occasion de nos jours. Ainsi, en 1760, le prince Mikhaïl Chtcherbatov qui, plus tard, dénoncerait les mœurs de Potemkine, vendit trois filles à un autre noble pour trois roubles. Pourtant, les maîtres étaient fiers de leur paternalisme vis-à-vis de leurs serfs. « Le fait même que leur personne soit un bien leur assure l'indulgence de leurs maîtres. » Le domaine du comte Cyrille Razoumovski comptait plus de trois cents domestiques, tous des serfs, évidemment (à l'exception du chef français et probablement d'un tuteur français ou allemand pour ses fils), y compris un majordome, un valet de chambre en chef, deux nains, quatre coiffeurs, deux servants pour le café, et ainsi de suite. « Mon oncle, dit sa nièce, il me semble que vous avez beaucoup de serviteurs dont vous pourriez fort bien vous passer. – En effet, répondit Razoumovski, mais eux ne pourraient se passer de moi. »

Il arrivait que les serfs aiment leurs maîtres. Quand le grand chambellan, le comte Chouvalov, fut contraint de vendre une propriété à trois cents verstes de Saint-Pétersbourg, il fut réveillé un matin par un chahut dans la cour de sa demeure dans la capitale. Une foule de ses serfs, qui avaient fait tout le chemin depuis la campagne, y étaient rassemblés. « Nous étions très heureux sous votre autorité et ne souhaitons point perdre un si bon maître, lui déclarèrent-ils. Alors, avec l'argent de chacun de nous [...], nous sommes venus vous apporter la somme dont vous avez besoin afin de racheter la propriété. » Le comte embrassa ses serfs comme des enfants.

Lorsque le maître approchait, constata un Anglais, les serfs s'inclinaient presque jusqu'à terre ; quand l'impératrice se rendit dans des régions éloignées, un diplomate français nota que les paysans se mettaient à genoux. Pour un propriétaire foncier, les serfs étaient sa force de travail, son capital, parfois son harem, et assurément sa seule responsabilité. Pourtant, il vivait toujours dans la crainte qu'ils se révoltent et l'assassinent dans son manoir. Les soulèvements paysans étaient monnaie courante. Si la plupart des propriétaires se montraient relativement humains à l'égard de leurs serfs, ils n'étaient qu'une infime minorité à concevoir que l'esclavage n'était pas l'état naturel du serf.

Quand des serfs s'échappaient, les maîtres pouvaient les récupérer par la force. Des chasseurs de serfs touchaient des primes pour s'acquitter de cette sinistre besogne. Même les propriétaires les plus raisonnables châtiaient régulièrement leurs serfs, souvent à l'aide du knout, l'épais fouet de cuir russe, mais ils n'étaient certainement pas autorisés à les exécuter. « Paysans, serviteurs et tous les autres doivent être punis en considération de leurs offenses à la cravache, écrivait le prince Chtcherbatov dans ses instructions à ses intendants en 1758. Veuillez procéder avec prudence afin de ne pas commettre d'assassinat ou de blessure. Ainsi donc ne frappez point à la tête ou les jambes ou les bras avec un bâton. Mais quand une telle punition survient qui nécessite le recours au bâton, alors, ordonnez-lui de se pencher et frappez-le sur le dos, ou mieux, avec une cravache sur le dos et plus bas, car le châtiment sera plus douloureux, mais le paysan ne sera pas estropié. »

C'était ouvrir la porte à tous les abus. Catherine, dans ses *Mémoires*, se souvenait que la plupart des maisonnées à Moscou recelaient « des colliers de fer, des chaînes et autres instruments de torture pour ceux qui commettent la moindre infraction ». La chambre à coucher d'une vieille dame de la noblesse, par exemple, abritait « une sorte de cage sombre dans laquelle elle gardait une esclave qui la coiffait. Le mobile [...] en était que cette vieille haridelle voulait masquer au monde qu'elle portait de faux cheveux ».

Le pouvoir absolu dont jouissait le propriétaire sur ses serfs dissimulait parfois des exactions dignes de Barbe-Bleue. Les pires furent commises par une femme, mais peut-être est-ce seulement parce qu'elle était une femme que quelqu'un osa seulement se plaindre. Il est certain que les autorités la couvrirent pendant longtemps. Or cela ne se produisit pas dans quelque province éloignée, mais à Moscou même. Daria Nikolaïevna Saltykova, âgé de vingt-cinq ans et surnommée la « mangeuse d'hommes », *lioudoïed,* était un monstre qui prit un plaisir sadique à torturer des centaines de ses serfs, les battant à coups de bûches et de rouleaux à pâtisserie. Elle tua cent trente-huit de ses servantes, visant plus particulièrement leurs organes génitaux. Quand elle fut enfin arrêtée au début de règne de Catherine, l'impératrice, qui dépendait du soutien de la noblesse, dut se montrer prudente dans le châtiment qu'elle lui infligea. Elle ne pouvait pas être exécutée, car l'impératrice Élisabeth avait aboli la peine de mort en 1754 (sauf pour trahison), de sorte que Saltykova fut enchaînée à l'échafaud à Moscou pendant une heure avec une pancarte autour du cou disant : « tortionnaire et meurtrière ». Toute la ville défila pour venir la voir : les tueurs en série étaient rares à cette époque. La mangeuse d'hommes fut ensuite enfermée à vie dans un monastère-prison souterrain. Sa cruauté était toutefois l'exception plutôt que la règle.

Tel était le monde de Gricha Potemkine, et c'était à cela que ressemblait la vie dans les campagnes russes. Il ne perdit jamais les habitudes qu'il avait acquises à Tchijova. On peut l'imaginer courant dans les prairies jonchées de foin avec les enfants de serfs, mâchonnant un navet ou un radis – comme il le ferait plus tard dans les appartements de l'impératrice. Il n'est pas surprenant qu'à la cour de Saint-Pétersbourg, voltairienne et raffinée, il ait toujours été considéré comme l'enfant de la terre russe par excellence.

En 1746, cette existence idyllique prit fin lorsque son père mourut à l'âge de soixante-quatre ans. À six ans, Gricha Potemkine hérita du village et de ses serfs, mais c'était un piètre legs. Sa mère, veuve pour la seconde fois à quarante-deux ans et mère de six enfants, ne pouvait espérer joindre les deux bouts à Tchijova. Adulte, Grigori se comporterait avec l'extravagance insouciante de ceux qui se souviennent d'avoir connu des difficultés financières – bien qu'il ne se fût nullement agi de misère. Plus tard, il accorda le village à sa sœur Elena et à son mari Vassili Engelhardt. Ils firent construire une maison sur le site du manoir de bois et une église magnifique dans la partie du village habitée par les serfs, à la gloire du Sérénissime, le glorieux fils de la famille.

Daria Potemkine était une femme ambitieuse. Grigori ne ferait pas carrière dans ce hameau isolé, perdu comme une aiguille dans la vaste botte de foin qu'était la Russie. Elle ne disposait pas de relations dans la nouvelle capitale, Saint-Pétersbourg, mais elle comptait sur quelques appuis dans l'ancienne. Bientôt, la famille se retrouva sur la route de Moscou[1].

Les clochers furent la première chose que Gricha Potemkine aperçut de l'ancienne capitale. Enfoncée au cœur de l'Empire russe, Moscou était le pivot de tout ce qui s'opposait à Saint-Pétersbourg, la somptueuse nouvelle métropole de Pierre le Grand. Si la Venise du Nord était une fenêtre sur l'Europe, Moscou était une trappe donnant sur les entrailles de l'antique Russie et ses tendances à la xénophobie. Sa grandeur sombre et solennelle inquiétait les Occidentaux à l'esprit étriqué : « Ce qui est particulièrement voyant et laid à Moscou, ce sont les clochers, écrivit une Anglaise à son arrivée, des blocs carrés de briques aux couleurs différentes et des flèches dorées [...], cela leur confère un aspect fort gothique. » En effet, bien que bâtie autour de l'austère forteresse médiévale du Kremlin et des bulbes aux teintes

1. Aujourd'hui, il ne reste pas grand-chose du côté Potemkine du village, sauf le puits de Catherine et la cahute de deux paysans octogénaires qui vivent de leurs ruches. Du côté des serfs, il ne subsiste que les ruines de l'église. À l'époque communiste, racontent les habitants, les commissaires parquèrent le bétail dans l'« église Potemkine », mais toutes les bêtes tombèrent malades et moururent. Les gens du coin continuent de creuser à la recherche d'une caverne d'Ali Baba qu'ils surnomment l'« Or de Potemkine ». Mais tout ce qu'ils ont trouvé, ce sont les dépouilles de femmes du XVIIIe siècle, sans doute des sœurs de Potemkine, dans le cimetière.

vives de la cathédrale Saint-Basile, ses ruelles étroites, sinueuses et obscures étaient aussi impénétrables que les superstitions de la vieille orthodoxie. Pour les gens de l'Ouest, cette ville n'avait rien d'occidental du tout. « Je ne peux pas dire que Moscou me fasse penser à autre chose qu'un grand village ou l'assemblage de nombreux villages. » Un autre visiteur, contemplant les nobles remparts et les chaumières, eut le sentiment que la ville avait été « jetée là en désordre ».

Le parrain de Potemkine (et peut-être son père naturel), Kizlovski, président à la retraite du Kamer-Collegium[1], responsable à Moscou du ministère en charge de la cour (les ministères créés par Pierre étaient appelés des *collegia* ou collèges), prit la famille sous son aile et aida Daria, qu'elle ait été sa maîtresse ou tout simplement sa protégée, à s'installer dans une petite maison sur la rue Nikitskaïa. Gricha Potemkine fut inscrit au lycée rattaché à l'université avec le propre fils de Kizlovski, Sergueï.

L'intelligence de Potemkine fut très tôt reconnue. Il avait une excellente oreille, était doué pour les langues, et ne tarda pas à exceller en grec, en latin, en russe, en allemand et en français, et à se débrouiller en polonais, et il fut rapporté plus tard qu'il pouvait comprendre l'italien et l'anglais. Sa fascination première était l'orthodoxie : déjà, enfant, il débattait de la liturgie avec le supérieur du couvent grec, Dorofeï. Le prêtre de l'église de Saint-Nicolas encourageait sa soif de connaissance des cérémonies religieuses. Gricha jouissait d'une mémoire remarquable, que beaucoup remarqueraient par la suite, et qui lui permit d'apprendre par cœur de longs extraits de la liturgie grecque. À en juger par ses connaissances et sa mémoire en tant qu'adulte, peut-être l'apprentissage lui parut-il trop facile et la concentration fastidieuse. Il était prompt à s'ennuyer et ne craignait personne : il était déjà réputé pour ses épigrammes et ses imitations de ses professeurs. Pourtant, il se lia d'amitié avec Ambroise Zertis-Kamenski, ecclésiastique de haut rang qui devint plus tard métropolite de Moscou.

Le garçon servait la messe en tant qu'enfant de chœur mais, même là, soit il se plongeait dans la théologie byzantine, soit il brûlait de commettre quelque méfait retentissant. Lorsque Gricha se présenta devant les invités de son parrain déguisé en prêtre géorgien, Kizlovski lui dit : « Un jour, vous ferez vraiment ma honte parce que je n'ai pas su vous éduquer en tant qu'aristocrate. » Potemkine se considérait déjà comme différent des autres : il deviendrait un homme

1. Institution administrative en charge de la collecte des impôts.

d'exception. On dispose de nombre de ses réflexions personnelles sur son propre avenir : « Si je suis général, je commanderai des soldats, si je suis évêque, ce seront des prêtres. » Et il promit à sa mère que quand il serait riche et célèbre, il ferait détruire les maisons délabrées où elle avait vécu et y ferait construire une cathédrale[1]. Toute sa vie durant, il garda le souvenir heureux de cette époque.

En 1750, à onze ans, il se rendit à Smolensk, sans doute escorté par son parrain, afin d'être recensé pour le service militaire. Il revêtit son uniforme pour la première fois, sentant le poids d'un sabre à son côté, entendant crisser ses bottes, engoncé dans sa vareuse, arborant les fiers emblèmes de son arme ; c'était un souvenir que chérissaient tous les enfants-soldats de la dvoryantsvo. Les enfants de la noblesse s'engageaient à des âges absurdes, parfois dès cinq ans, servant comme soldats surnuméraires, pour contourner le service militaire à vie obligatoire imposé par Pierre le Grand. Quand ils entraient vraiment dans l'armée à la fin de l'adolescence, ils avaient techniquement servi pendant plus de dix ans et étaient déjà officiers. Les parents inscrivaient leurs fils dans les meilleurs régiments, ceux des gardes, tout comme les nobles anglais s'« inscrivaient à Eton ». À Smolensk, Gricha témoigna devant l'Office héraldique des services rendus par sa famille et de sa noblesse, détaillant ses prétendues origines romaines, et son lien avec l'irascible ambassadeur du tsar. Le bureau provincial enregistra son inscription, lui donnant l'âge de sept ans, mais, puisque les enfants étaient habituellement inscrits à onze ans, il s'agit probablement d'une confusion bureaucratique. Cinq ans plus tard, en février 1755, il y revint pour un deuxième conseil de révision et fut affecté provisoirement à la garde à cheval, l'un des cinq régiments d'élite de la garde. Puis il s'en retourna à ses études.

Il s'inscrivit ensuite à l'université de Moscou, où il se distingua en grec et en histoire ecclésiastique. Il s'y fit des amis qu'il garderait jusqu'à la fin de ses jours. Les élèves portaient l'uniforme – un manteau vert à parements rouges. L'université elle-même venait tout juste d'être fondée. Denis von Vizin, un contemporain de Potemkine, a raconté dans sa *Confession franche de mes affaires et pensées* comment son frère et lui avaient été parmi les premiers étudiants. Comme

1. Il finança effectivement la construction de l'église ronde de Nikitskaïa (la Petite Nikitskaïa), qui fut rebâtie par ses héritiers. Mais il avait toujours en tête son grand projet de cathédrale quand il mourut. Les historiens qui estiment qu'il épousa Catherine II à Moscou considèrent que la cérémonie a pu avoir lieu dans cette église.

Potemkine, c'étaient des enfants de la noblesse désargentée qui ne pouvaient pas s'offrir de précepteurs privés. Il régnait le chaos le plus total dans cette nouvelle université. « Nous étudiions sans aucun ordre [...], se souvenait-il, en raison de la négligence des enseignants et de l'abus de boisson. » Von Vizin affirmait que l'enseignement des langues étrangères était soit catastrophique, soit inexistant. Les archives concernant Potemkine disparurent dans l'incendie de 1812, mais il y découvrit certainement beaucoup de choses sur la vie, peut-être grâce à ses amis du clergé.

Cette anarchie pédagogique était sans importance parce que Potemkine, dont on dit plus tard qu'il n'avait jamais rien lu, adorait au contraire la lecture. Quand il se rendait chez des proches à la campagne, il passait tout son temps dans la bibliothèque et il n'était pas rare de le trouver endormi sous la table de billard, un livre à la main. Un jour, Potemkine demanda à un de ses amis, Ermil Kostrov, de lui prêter dix livres. Quand Potemkine les lui rapporta, Kostrov eut peine à croire qu'il eût pu lire tant de choses en si peu de temps. Potemkine lui répondit qu'il les avait lus du début à la fin : « Si vous ne me croyez pas, examinez-les ! » fit-il. Kostrov fut convaincu. Quand un autre étudiant du nom d'Afonine prêta à Potemkine la *Philosophie naturelle* récemment publiée par Buffon, Potemkine revint le lendemain et surprit Afonine par sa mémoire impressionnante des détails de l'œuvre.

Potemkine attira alors l'attention d'un autre puissant protecteur. En 1757, les talents de Gricha en grec et en théologie lui valurent la médaille d'or de l'université, ce qui impressionna l'un des grands de la cour impériale à Saint-Pétersbourg. Ivan Ivanovitch Chouvalov, le fondateur érudit et conservateur de l'université de Moscou, était jeune, il avait le visage rond et doux, aux traits délicats. Et, pour un homme de son importance, il était d'une modestie hors du commun. Chouvalov était l'amant de l'impératrice Élisabeth, de dix-huit ans son aînée, et l'un de ses plus proches conseillers. Le mois de juin suivant, Chouvalov ordonna à l'université de désigner ses douze meilleurs élèves et de les envoyer à Saint-Pétersbourg. Potemkine et onze autres firent le voyage vers la capitale, où ils furent accueillis par M. Chouvalov en personne, qui les escorta au Palais d'hiver pour y rencontrer l'impératrice de toutes les Russies. C'était la première visite de Potemkine à Saint-Pétersbourg.

Même Moscou devait ressembler à quelque trou perdu comparée à Saint-Pétersbourg. Sur les rives marécageuses et les îles de l'estuaire de la Neva, territoire qui appartenait encore à la Suède, Pierre le Grand avait fondé son « paradis » en 1703. Quand il avait finalement vaincu Charles XII à Poltava, sa première réaction avait été de se dire que Saint-Pétersbourg était définitivement en sécurité. La ville devint la capitale officielle de l'empire en 1712. Des milliers de serfs moururent aux travaux de soutènement et d'assèchement de ce vaste chantier tandis que le tsar en poursuivait la réalisation à marche forcée. Plus de quarante ans plus tard, c'était déjà une belle ville d'environ cent mille habitants, aux rives frangées de palais élégants : au nord se dressaient la forteresse Pierre-et-Paul et le palais de briques rouges qui avait appartenu au favori de Pierre, le prince Menchikov. Presque en face de ces bâtiments s'étendaient le Palais d'hiver, l'Amirauté et d'autres demeures aristocratiques. Ses boulevards étaient étonnamment larges, comme s'ils avaient été percés pour des géants, mais leur rectitude germanique était étrangère à l'âme russe, tout à fait à l'opposé des rues tortueuses de Moscou.

Les édifices étaient grandioses, mais la plupart n'étaient qu'à moitié achevés, comme tant d'autres choses en Russie. « C'est une bien belle ville aux rues fort larges et longues, écrivit un visiteur anglais. Tout ici est sur une trop grande échelle, non seulement la ville mais la manière de vivre. Les nobles semblent rivaliser d'extravagances de toutes sortes. » Tout n'était que contraste. À l'intérieur, les palais étaient « décorés des meubles les plus somptueux venus de tous les pays mais on atteint un salon où le sol est orné des plus beaux parquets par un escalier d'une rare grossièreté, puant de saleté ». Même ses palais et ses danses ne pouvaient dissimuler complètement la nature de l'empire que gouvernait la cité : « D'une part, on trouve la mode élégante, les robes magnifiques, les repas somptueux, les fêtes splendides et des théâtres égaux à ceux qui ornent Paris et Londres, commenta un diplomate français. De l'autre, il y a les marchands en costume asiatique, les domestiques et les paysans vêtus de peaux de mouton et portant de longues barbes, des bonnets de fourrure, des mitaines et des haches suspendues à leurs ceintures en cuir. »

Le nouveau Palais d'hiver de l'impératrice n'était pas encore terminé, mais il était néanmoins magnifique – une salle était dorée, peinte, dotée de chandeliers et bondée de courtisans, la suivante était abandonnée aux courants d'air et aux infiltrations, presque laissée aux éléments et jonchée d'outils de maçon. Chouvalov guida les douze lauréats dans les salles de réception où Élisabeth accueillait les émissaires étrangers. Là, Potemkine et ses camarades furent présentés à l'impératrice.

Élisabeth avait alors près de cinquante ans et en était à la dix-septième année de son règne. C'était une grande femme blonde aux yeux bleus, solidement charpentée. « Il était impossible en la voyant pour la première fois de ne pas être frappé par sa beauté, se souvenait la Grande Catherine. C'était une grande femme qui, bien que très grosse, n'était pas le moins du monde défigurée par sa taille. » Élisabeth, comme son homonyme anglaise du XVIe siècle, avait été élevée dans l'ombre glorieuse d'un père souverain et dominateur, puis avait passé sa jeunesse dans ce néant dangereux qui séparait le trône des oubliettes. Cela avait affiné ses instincts politiques naturels, mais on ne saurait aller plus loin dans la comparaison avec Elizabeth d'Angleterre. Elle était impulsive, généreuse et frivole, mais aussi rusée, vindicative et impitoyable. Elle était bien la fille de Pierre le Grand. Cette cour élisabéthaine était donc dominée par l'exubérance et la vanité de l'impératrice, dont l'appétit pour les fêtes et les vêtements de prix était prodigieux. Elle ne portait jamais deux fois les mêmes vêtements. Elle a changé de robes deux fois par jour, et ses courtisanes l'imitaient. À sa mort, son successeur trouva dans le Palais d'été une garde-robe contenant quinze mille robes.

À la cour, le théâtre français restait une nouveauté rare et étrangère. Le divertissement favori était les bals travestis donnés par l'impératrice, où chacun devait s'habiller comme le sexe opposé : cela débouchait sur toutes sortes de jeux de mains entre ces messieurs en jupons et corsets et ces dames ressemblant à de « jeunes pages mal fagotés », surtout les plus âgées. Il y avait une raison à cela : « La seule qui ait eu l'air à l'aise, et tout à fait un homme, était l'impératrice elle-même. Comme elle était grande et puissante, le vêtement masculin lui convenait. Elle avait la jambe la mieux tournée que j'eus jamais vue sur aucun homme. »

Même les prétendus plaisirs de cette cour élisabéthaine étaient marqués par les luttes d'influence politique et la peur des caprices impériaux. Quand l'impératrice ne put se débarrasser de la poudre dans ses cheveux et dut se raser la tête pour s'en défaire, elle ordonna à toutes les dames de la cour de se raser aussi. « En larmes, [elles] obéirent. » Jalouse d'autres beautés, elle fit couper les rubans de l'une avec des ciseaux et les boucles de deux autres. Elle ordonna même qu'aucune femme de sa cour n'imite sa coiffure du jour. Quand sa beauté commença à se flétrir, elle alterna entre les dévotions orthodoxes et l'application frénétique de cosmétiques. La politique était un jeu risqué, même pour les femmes de la noblesse en vue. Au début de son règne, Élisabeth ordonna qu'une jolie courtisane, la comtesse Natalia Lopoukhina, ait la langue coupée simplement pour avoir vaguement bavardé au sujet d'un complot – et pourtant, c'était cette souveraine au cœur tendre qui avait également aboli la peine de mort.

Elle associait piété orthodoxe et vigoureuse légèreté de mœurs. Les amours décomplexées d'Élisabeth étaient légion. Elle eut beaucoup plus d'amants que Catherine. Elle puisait parmi les médecins français et les choristes cosaques, mais aussi dans ce riche vivier de la virilité locale qu'était la garde. Son grand amour, surnommé l'« empereur de Nuit », était un jeune Ukrainien à demi cosaque, qu'elle avait d'abord remarqué alors qu'il chantait dans la chorale. Il s'appelait Alexis Razoum, et fut bientôt anobli en Razoumovski. Avec son frère cadet Cyrille, un berger adolescent, il fut couvert de richesses et devint comte, un des nouveaux titres germaniques importés par Pierre le Grand. En 1749, Élisabeth prit un nouvel amant, Ivan Chouvalov, âgé de vingt-deux ans, et une autre famille se trouva élevée au rang serti de diamants des grands de ce monde.

Au moment où le jeune Potemkine visitait Saint-Pétersbourg, la plupart de ces grands étaient les descendants d'une nouvelle aristocratie inventée par Élisabeth et son père. Il ne pouvait y avoir de meilleure publicité pour les avantages de la vie à la cour. « Ordonnances, choristes, marmitons des cuisines de la noblesse », comme le disait Pouchkine, obtenaient titre et fortune au mérite ou simplement en s'attirant les faveurs du monarque. Ces hommes nouveaux servaient aux plus hauts échelons de la cour et de l'armée aux côtés des anciens nobles moscovites et des clans, qui étaient issus d'antiques familles régnantes : les princes Golitsyne, par exemple, étaient des descendants du grand-duc de Lituanie Gedemin, les Dolgorouki de Riourik.

Ainsi Potemkine découvrit-il un monde d'impératrices et de favoris qu'il serait en fin de compte appelé à dominer. Le père d'Élisabeth, Pierre Ier (le Grand), avait célébré sa conquête de la Baltique en se déclarant *imperator* ou empereur en 1721, en plus du titre traditionnel de tsar, terme qui dérivait lui-même du césar romain. Mais Pierre avait également garanti un siècle d'instabilité en décrétant que les dirigeants russes pourraient choisir leurs propres héritiers sans consulter l'avis de quiconque : c'est ce que l'on a appelé l'« apothéose du régime autocratique ». La Russie ne se doterait d'une loi sur la succession que du temps de Paul Ier, qui régna de 1796 à 1801. Pierre ayant torturé à mort son propre fils et héritier – le tsarévitch (le fils du tsar) Alexis – en 1718, et puisque ses autres fils étaient morts, c'est sa veuve roturière qui lui succéda en 1725 en tant qu'impératrice Catherine Ire, soutenue par les régiments de la garde et une camarilla des plus proches amis du tsar défunt. Ce fut la première d'une lignée de dirigeantes ou d'enfants-rois, symptôme d'un grave manque d'héritiers mâles adultes.

En cette « ère des révolutions de palais », les empereurs montaient sur le trône portés par des factions de courtisans, de nobles et de militaires de la garde, en poste à Saint-Pétersbourg. À la mort de Catherine Ire en 1727, le petit-fils de Pierre le Grand, le fils de l'Alexis assassiné, régna en tant que Pierre II pendant deux ans à peine. Quand il mourut[1], la cour de Russie offrit le trône à la nièce de Pierre, Anne de Courlande, qui régna avec Ernst Biron, son favori allemand haï de tous, jusqu'en 1740. Puis un bébé, Ivan VI, monta sur le trône, sous le contrôle de sa mère, Anna Léopoldovna, la duchesse de Brunswick, en tant que régente. Les Russes n'appréciaient guère que le trône soit occupé par des enfants, des Allemands ou des femmes. Les uns et les autres étaient plus qu'ils n'en pouvaient supporter.

Le 25 novembre 1741, à l'issue d'une série de révolutions de palais pendant l'année que dura le règne d'Ivan VI, toujours enfant, la grande-duchesse Élisabeth, âgée de trente et un ans, prit le pouvoir dans l'Empire russe avec seulement trois cent huit gardes – et expédia l'enfant empereur dans une cellule de la forteresse de Chlisselbourg. Ce mélange d'intrigues de palais et de coups d'État prétoriens donna le ton de la politique russe pour les cent ans qui suivirent. Ce qui ne laissait de déconcerter les étrangers – en particulier au siècle des Lumières où la politique et le droit faisaient l'objet d'une analyse presque obsessionnelle. D'aucuns en conclurent que la monarchie russe n'était ni élective ni héréditaire. C'était une monarchie d'« occupation ». La Constitution russe, pour paraphraser Madame de Staël, *était* le caractère de l'empereur. La personnalité de l'autocrate *était* le gouvernement. Et le gouvernement, ainsi que le dit le marquis de Custine, était une « monarchie absolue tempérée par l'assassinat ».

Ce règne des femmes créa une version particulière des favoris à la cour de Russie. Chouvalov, le protecteur de Potemkine, était le dernier en date de l'impératrice. Un favori était un associé de confiance ou un amant, souvent d'origine modeste, distingué par un monarque

1. Le jeune empereur, qui avait fait revenir la cour à Moscou, décéda dans un palais des faubourgs où sont aujourd'hui installées les archives de l'École de guerre (RGVIA), qui abritent la plupart des documents concernant Potemkine.

en fonction d'un choix personnel plutôt que de la noblesse de sa naissance.

Tous n'aspiraient pas au pouvoir. Certains se satisfaisaient de devenir de riches courtisans. Mais en Russie les impératrices avaient besoin d'eux parce que seuls les hommes pouvaient commander aux armées. Ils étaient particulièrement bien placés pour devenir ministres, des favoris qui gouvernaient le pays pour leurs maîtresses[1].

Lorsque Chouvalov, qui n'était encore âgé que de trente-deux ans, présenta Gricha Potemkine, qui n'avait que dix-huit ans, à l'impératrice désormais obèse et malade, le jeune homme attira l'attention sur lui par sa maîtrise de la langue grecque et de la théologie. En récompense, l'impératrice ordonna que Potemkine soit promu caporal dans la garde, même si à ce jour il n'avait encore rien accompli de particulièrement militaire. Elle offrit probablement aux jeunes gens un prix, un gobelet de verre avec sa silhouette gravée[2].

Le passage de Potemkine à la cour semble lui avoir fait tourner la tête car, une fois de retour à Moscou, il ne se concentra plus sur ses études. Peut-être l'ivresse et l'indolence des professeurs avaient-elles contaminé les étudiants. En 1760, le linguiste qui avait remporté la médaille d'or et avait été présenté à l'impératrice fut expulsé pour « paresse et absence ». Des années plus tard, alors qu'il était déjà prince, Potemkine se rendit à l'université de Moscou, où il retrouva le professeur Barsov, qui l'avait expulsé. Il lui demanda s'il se souvenait de leur rencontre précédente. « Votre Altesse le méritait », répondit Barsov. Fidèle à son habitude, le prince apprécia cette réplique, embrassa le vieux professeur et devint son protecteur.

L'expulsion de Potemkine était en quelque sorte un désastre. Son parrain et sa mère estimaient que les jeunes hommes peu connus comme Gricha ne pouvaient se permettre d'être aussi paresseux.

1. Le rôle des favoris s'était développé au XVIIe siècle avec des ministres comme Olivares en Espagne, Richelieu et Mazarin en France, qui n'étaient pas des amants du roi, mais des politiciens compétents choisis pour gérer des bureaucraties de plus en plus lourdes. Quand Louis XIV décida de régner par lui-même à la mort de Mazarin en 1661, cette mode prit fin. Mais les gouvernantes russes, à commencer par Catherine Ire en 1725, la remirent au goût du jour.

2. Au Musée d'histoire de Smolensk, on peut justement voir un gobelet en verre de ce genre, qui aurait appartenu à Potemkine. L'histoire raconte que lorsque la Grande Catherine passa par Smolensk, elle s'en servit pour porter un toast.

Heureusement, il était déjà enrôlé dans la garde, mais il n'avait même pas de quoi se payer le voyage à Saint-Pétersbourg, preuve évidente que sa famille le désapprouvait, voire qu'elle lui avait coupé les vivres. Il s'éloigna de sa mère : du reste, c'est à peine s'ils se fréquentèrent plus tard. L'impératrice Catherine II fit d'elle une dame de compagnie, et elle était fière de son fils – mais désapprouvait ouvertement sa vie amoureuse. Il ne quittait donc pas seulement le giron familial, il partait de son propre chef. Il emprunta 500 roubles, une somme considérable, à son ami Ambroise Zertis-Kamenski, désormais métropolite de Mojaïsk. Potemkine affirma souvent avoir voulu le lui rendre avec intérêts, mais l'homme de Dieu fut sauvagement assassiné avant que Potemkine n'accède au pouvoir. Il ne le remboursa donc jamais.

La vie d'un jeune garde était faite d'inaction, de décadence et coûtait excessivement cher, mais il n'y avait pas de chemin plus sûr vers la grandeur. Potemkine arrivait à point nommé. La Russie participait à la guerre de Sept Ans contre la Prusse, tandis qu'à Saint-Pétersbourg l'impératrice Élisabeth était mourante. Au sein de la garde, les intrigues allaient bon train.

À son arrivée à Saint-Pétersbourg, Potemkine se présenta au quartier général de son régiment de la garde à cheval, petit village de casernes, de maisons et d'écuries construites autour d'une cour carrée le long de la Neva, près du couvent de Smolny. Le régiment disposait de sa propre église, de son hôpital, de ses bains et d'une prison. Derrière s'étendait une prairie pour nourrir les chevaux et orchestrer des défilés. Les plus anciens régiments de la garde – comme le Préobrajenski et le Séménovski – avaient été fondés par Pierre le Grand, d'abord sous forme d'unités avec lesquelles jouer quand il était enfant. Puis ils étaient devenus ses forces personnelles, d'une loyauté à toute épreuve dans la lutte âpre qu'il livra au corps des mousquetaires de l'État, les Streltsi. Ses successeurs en ajoutèrent d'autres. En 1730, l'impératrice Anne fonda celui de Potemkine, le régiment de la garde à cheval.

Les officiers de la garde étaient tout à fait incapables de résister aux « séductions de la métropole ». Quand ces play-boys adolescents n'étaient pas occupés à faire la fête, ils menaient une guérilla parfois mortelle, dans les bals et les ruelles, contre le corps des Cadets installé dans le palais Menchikov. Tant de jeunes gens se retrouvaient ainsi criblés de dettes, ou épuisés par la fréquentation constante des prostituées du quartier Metchtchanski, ou par le jeu de whist ou faro, que les parents les plus près de leurs sous préféraient envoyer leurs fils dans un régiment ordinaire, comme le père de *La Fille du capitaine,* qui s'exclame : « Pétroucha n'ira pas à Pétersbourg. Qu'y apprendrait-il ? À dépenser de l'argent et à faire des folies. Non, qu'il devienne un soldat et non un fainéant de la garde ! »

Potemkine se fit rapidement connaître comme l'un des casse-cou les plus téméraires de la garde. À vingt-deux ans, il était grand – plus d'un mètre quatre-vingts –, large d'épaules et très séduisant. Potemkine « avait l'avantage de posséder la plus belle chevelure de toute la Russie ». Son apparence et ses compétences étaient si frappantes qu'il fut surnommé Alcibiade, un compliment remarquable en cette époque néoclassique[1]. Les gens instruits étudiaient Plutarque et Thucydide, de sorte que le caractère de l'homme d'État athénien était une référence familière pour beaucoup – synonyme d'intelligence, de culture, de sensualité, d'inconstance, de débauche et de gloire. Plutarque s'extasiait ainsi sur la « brillance » et la « beauté physique » d'Alcibiade. Potemkine attira immédiatement l'attention par son esprit incisif. C'était un excellent imitateur, un don qui l'entraînerait bien au-delà du monde de la comédie. Il suscita bientôt l'admiration des canailles les plus séduisantes dans les rangs de la garde, les Orlov, qui l'emporteraient à leur suite dans les intrigues de la famille impériale.

Les gardes avaient pour mission de protéger les palais impériaux, d'où leur importance politique. Se trouvant dans la capitale et à proximité de la cour, « les officiers ont davantage de chances de se faire connaître », notait un diplomate prussien respecté. Ils étaient les coqueluches de la ville, « admis aux tables de jeux, aux danses, aux soirées et aux représentations théâtrales de la cour à l'intérieur de ce sanctuaire ». Grâce à leurs fonctions au palais, ils avaient une connaissance détaillée des grands et des courtisans, avec lesquels ils entretenaient une familiarité irrévérencieuse, et se sentaient personnellement impliqués dans les rivalités au sein de la famille impériale elle-même.

Tout au long des mois durant lesquels l'impératrice Élisabeth oscilla entre la vie et la mort, des groupes de gardes se mêlèrent de plus en plus de plans envisageant de modifier la succession afin d'exclure le grand-duc Pierre, honni, pour le remplacer par son épouse, la grande-duchesse Catherine, très populaire.

---

1. Alcibiade était célèbre pour ses mœurs bisexuelles – Socrate aurait été au nombre de ses amants –, mais rien ne porte à croire que Potemkine ait jamais partagé ses goûts sexuels. Au XVIIIe siècle, une autre personnalité était surnommée Alcibiade : le comte Armfeld, favori du roi Gustave III de Suède et plus tard ami du tsar Alexandre, dit l'« Alcibiade du Nord ».

Gardant les palais impériaux, Potemkine avait maintenant le loisir d'observer la silhouette romantique de la grande-duchesse Catherine, qui allait bientôt régner à part entière en tant que Catherine II. Elle n'avait jamais été belle, mais possédait des qualités de loin supérieures à celles de ce vernis éphémère : la magie indéfinissable de la dignité impériale associée à l'attrait sexuel, une gaieté naturelle et un charme irrésistible qui touchait quiconque la rencontrait.

La meilleure description de Catherine à cet âge avait été fournie quelques années plus tôt par Stanislas Poniatowski, son amant polonais :

> Elle avait atteint ce moment de la vie où une femme à qui la beauté fut accordée sera à son avantage. Elle avait les cheveux noirs, un teint radieux et frais, de grands yeux bleus expressifs, de longs cils noirs, un nez pointu, une bouche à embrasser [...], une silhouette mince, grande plutôt que petite. Elle se mouvait vivement mais avec beaucoup de noblesse et avait une voix agréable et un rire plein de bonne humeur.

Potemkine ne l'avait pas encore rencontrée – mais, juste au moment où il arrivait à Saint-Pétersbourg, elle avait entrepris de cultiver ses liens avec les gardes, qui admiraient son ardeur et haïssaient son mari, le prince héritier. C'est ainsi que le jeune provincial de Tchijova se trouva dans une position idéale pour se joindre à la conspiration qui la placerait sur le trône – et les rapprocherait.

Catherine elle-même entendit un général lui déclarer des sentiments enflammés, que partagerait bientôt le jeune Potemkine : « Voilà une femme pour qui un honnête homme souffrirait avec grâce plusieurs coups de knout. »

2

Le garde et la grande-duchesse : le coup d'État de Catherine

« Dieu seul sait comment il est possible que ma femme soit enceinte. »

Pierre, grand-duc, dans
Catherine la Grande, *Mémoires*

La future Catherine II, dite la Grande, n'était pas russe du tout, mais elle vivait à la cour d'Élisabeth depuis l'âge de quatorze ans. Elle avait fait tout son possible pour se comporter, comme elle le disait, « afin que les Russes m'aiment ». Sans avoir encore réalisé grand-chose, cette grande-duchesse âgée de trente-deux ans était une politicienne habile, calculatrice et une actrice accomplie. Elle nourrissait l'ambition inébranlable de régner un jour sur l'Empire russe, un rôle pour lequel elle était admirablement qualifiée.

Elle était née princesse Sophia de Zerbst-Anhalt le 21 avril/2 mai 1729 à Stettin. Son morne destin de fille d'une maison princière germanique mineure changea du tout au tout en janvier 1744, quand l'impératrice Élisabeth parcourut le Saint-Empire romain germanique, cette agence matrimoniale de la royauté européenne, afin d'y trouver une fille à marier à l'héritier qu'elle venait de désigner, Karl-Peter-Ulrich, duc du Holstein. Ce dernier était son neveu et, par conséquent, un petit-fils de Pierre le Grand, et il venait tout juste d'être proclamé grand-duc Pierre Fédorovitch de Russie et héritier du trône d'Élisabeth. Pour toutes sortes de raisons, autant politiques, dynastiques que personnelles, le choix de l'impératrice se porta sur Sophia, qui se convertit à l'orthodoxie et devint Ekaterina Alexeïevna, Catherine. Puis elle épousa Pierre le 21 août 1745, vêtue d'une robe modeste et les cheveux non poudrés. Les observateurs remarquèrent l'excellence de son russe et son attitude calme et réservée.

Catherine ne tarda pas à comprendre que Pierre n'avait pas l'étoffe d'un mari, ni d'un tsar de Russie. Elle constata, non sans inquiétude, qu'il était « très infantile », qu'il manquait de « jugement » et « n'était pas épris de la nation sur laquelle il était appelé à régner ». Ce ne fut pas un mariage heureux ou romantique. Le fait que Catherine parvint à y survivre de manière aussi avantageuse est la preuve de sa force de caractère.

Pierre était déjà effrayé par la cour russe et peut-être sentait-il que le rôle qui lui était dévolu dépassait largement ses compétences. Bien qu'il fût le petit-fils de Pierre le Grand, qu'il régnât sur le duché du Holstein et, par ailleurs, qu'il ait été l'héritier de la Russie et de la Suède, Pierre était né sous une mauvaise étoile. Quand il était enfant, son pauvre père l'avait confié à l'intendant de la cour du Holstein, personnage pédant et cruel qui l'affamait, le battait et le faisait s'agenouiller des heures durant sur des petits pois secs. Il devint un adolescent paranoïaque obsédé par l'exercice militaire, qu'il infligea d'abord à ses poupées, puis, plus tard, à ses soldats. Tour à tour en manque d'affection et gâté par la flagornerie, Pierre se transforma en une créature troublée et misérable, bouffie de haine envers la Russie. Une fois bien installé à la cour de Saint-Pétersbourg, il se cramponna désespérément à sa croyance en toutes les choses germaniques, plus exactement prussiennes. Il méprisait la religion russe, lui préférant le luthérianisme. Il dédaignait l'armée russe tout en vénérant avidement Frédéric le Grand, qu'il considérait comme un héros. Il ne pouvait s'empêcher de faire preuve de manque de bon sens et de sensibilité, si bien que Catherine se résolut à appliquer le plan suivant : « (1) plaire au grand-duc, (2) plaire à l'impératrice, (3) plaire à la nation ». Peu à peu, le troisième point devint plus important que le premier.

Les traits déjà peu séduisants de Pierre avaient été défigurés par la variole peu de temps après l'arrivée de Catherine. Elle le trouvait désormais « hideux », bien que son comportement blessant fût encore pire. La nuit de leurs noces, il ne la rejoignit pas, une humiliation pour toute jeune mariée. À l'occasion des migrations saisonnières de la cour du Palais d'été au Palais d'hiver de Saint-Pétersbourg, de Peterhof sur le golfe de Finlande, et de Tsarskoïé Selo à l'intérieur des terres, vers le sud et Moscou et vers l'ouest et la Livonie, elle se consolait en lisant les classiques des Lumières – par la suite, tout au long de sa vie, on la vit toujours un livre en main – mais aussi en chevauchant énergiquement. Elle avait dessiné une selle spéciale afin de pouvoir prétendre monter en amazone en présence de l'impératrice et changer ensuite quand elle était seule. Bien que l'on fût encore loin de notre passion contemporaine pour la psychologie, quand on lit ses *Mémoires*, on a la nette impression que l'ère de la *sensibilité** percevait clairement les implications sexuelles de cet exercice frénétique.

Catherine était sensuelle et charmeuse, peut-être de façon inconsciente, mais se retrouva prise au piège d'un mariage stérile et non consommé avec un homme puéril et repoussant. De plus, elle était entourée d'une cour perfide peuplée des jeunes hommes les plus beaux et les plus raffinés de Russie. Plusieurs tombèrent amoureux d'elle, y compris Cyrille Razoumovski, le frère du favori de l'impératrice, et Zakhar Tchernichev, son futur ministre. Elle était observée à chaque instant. La pression était devenue particulièrement gênante, puisqu'elle devait à la fois se montrer fidèle et concevoir un enfant. Confrontée à une telle existence, Catherine développa une passion pour les jeux de hasard, surtout le faro, ce qui était le lot de bien des femmes privilégiées mais malheureuses de l'époque.

Au début des années 1750, le mariage, de mal aisé, était devenu désastreux. Catherine avait toutes les raisons de ruiner la réputation de Pierre, mais elle fit cependant preuve de pitié et de bonté envers lui, jusqu'à ce que, par son comportement, il mette ses jours en danger. À cet égard, ses réflexions sur l'arriération et la brutalité de son époux n'avaient rien d'exagéré, le mariage n'avait toujours pas été consommé. Pierre souffrait peut-être d'une malformation physique, comme ce fut le cas de Louis XVI. C'était en tout cas un ignorant au développement tardif. Les détails du mariage auraient de quoi refroidir le cœur de n'importe quelle femme. Catherine était allongée seule dans son lit, pendant que son piètre mari jouait avec ses poupées et des soldats, ou parfois grattait les cordes d'un violon près d'elle. Il gardait ses chiens dans sa chambre à elle et la faisait se tenir au garde-à-vous pendant des heures avec un mousquet.

La plupart de ses flirts ne donnèrent rien, mais Serge Saltykov, alors âgé de trente-six ans et rejeton de la vieille noblesse moscovite, était différent. Il était « beau comme l'aube » selon Catherine, mais, en lisant entre les lignes, on sent qu'il avait quelque chose d'un séducteur de bas étage. Elle avait un faible pour lui. Il fut probablement son premier amant. Étonnamment, il semblerait que son entourage ait tout fait pour y veiller – l'impératrice voulait un héritier, et peu importait qui pouvait en être le père.

Après une fausse couche, Catherine se trouva de nouveau enceinte. Le 20 septembre 1754, le jour même où naquit Paul Pétrovitch, l'héritier, l'impératrice l'éloigna de sa mère. Catherine était en larmes, « cruellement abandonnée » des heures durant dans ses linges souillés et trempés de sueur : « Personne ne se souciait de moi. » Elle se réconforta en lisant l'*Esprit des lois* de Montesquieu et les *Annales* de Tacite. Saltykov fut renvoyé.

Qui fut le père du futur empereur Paul Ier, dont descendit le reste de la dynastie des Romanov, jusqu'à Nicolas II ? Était-ce Saltykov ou Pierre ? On peut choisir de croire Catherine quand elle affirma que le mariage n'avait jamais été consommé, tout comme il est fort possible qu'elle ait voulu rabaisser Pierre, sans oublier le fait que plus tard elle envisagea de déshériter Paul. Ce dernier, en grandissant, devint laid et avait un nez retroussé, or Saltykov, surnommé « *le beau Serge** », était admiré pour son apparence. Mais Catherine décrit, non sans malice, la laideur du frère de Saltykov. Il est fort probable que Saltykov ait été le père biologique de Paul.

Il était possible d'éprouver de la pitié pour Pierre, si mal armé face aux subtilités venimeuses des intrigues de la cour, mais il était impossible d'aimer ce tyran ivre et orgueilleux. Un jour, Catherine trouva un énorme rat pendu dans les appartements de Pierre. Quand elle lui demanda ce qu'il faisait là, il rétorqua que le rongeur avait été accusé d'un crime et qu'il méritait la peine capitale conformément à la loi militaire. Son « crime » était d'avoir grimpé sur la forteresse en carton de Pierre et d'avoir mangé deux sentinelles faites de pommes de terre. Une autre fois, il s'effondra devant Catherine et lui confia qu'il savait que la Russie le mènerait à sa perte.

À en croire les *Mémoires* de Catherine, c'est seulement quand sa folie et son entêtement les mirent, Paul et elle, en danger que cette jeune mère innocente commença à envisager son avenir. Elle laisse entendre que son accession au trône eut un caractère pour ainsi dire prédéterminé. Ce fut loin d'être le cas. Catherine complota pour usurper le trône avec une noria de conspirateurs durant les années 1750, du chancelier d'Élisabeth en passant par l'émissaire anglais. Alors que la santé d'Élisabeth se détériorait et que Pierre se mettait à boire, tandis que l'Europe était à la veille de la guerre de Sept Ans et que les rouages de la politique russe se grippaient, elle avait la ferme intention de s'en sortir, en parvenant au sommet si besoin était.

Sa vie privée, elle, se relâcha, maintenant qu'elle avait donné un héritier à l'empire. Elle commença à apprécier le plaisir d'être une femme attirante dans une cour qui vibrait d'intrigues amoureuses, comme elle l'expliqua elle-même :

> Je viens de dire que j'étais attirante. Par conséquent, un tiers du chemin vers la tentation était déjà fait, et il est tout à fait humain dans une telle situation de ne point s'arrêter à mi-chemin. Car tenter et être tentée sont étroitement liés [...]. Peut-être la fuite est-elle la seule solution, mais il est des situations où toute fuite est impossible, car comment s'échapper [...] dans l'atmosphère d'une cour ? [...] Et si vous ne fuyez pas, rien n'est plus difficile [...] que d'éviter quelque chose qui fondamentalement vous attire.

En 1755, lors d'un bal à Oranienbaum, au palais du grand-duc près de Peterhof, Catherine rencontra Stanislas Poniatowski, âgé de trente-trois ans, le secrétaire polonais du nouvel émissaire anglais. Poniatowski était le représentant de la puissante faction prorusse de Pologne, dirigée par ses oncles, les frères Czartoryski, et leur cousinage, connu sous le nom de « Familia ». Mais il était aussi l'incarnation accomplie du jeune homme du monde cultivé des Lumières, avec une pincée d'idéalisme romantique et de mélancolie. Ils tombèrent amoureux. C'était la première fois qu'elle vivait une liaison amoureuse où les sentiments étaient passionnément réciproques.

Une série d'escarmouches entre Britanniques et Français en amont de l'Ohio déclencha les événements qui provoquèrent la guerre de Sept Ans, un conflit planétaire qui s'étendit du Rhin jusqu'au Gange, de Montréal à Berlin. Si la Russie s'y trouva impliquée, c'est à cause de la haine qu'Élisabeth éprouvait pour le nouveau pouvoir prussien et pour Frédéric le Grand, dont les plaisanteries sur sa sensualité enrageaient l'impératrice. Dans cette vaste ronde diplomatique, les grandes puissances changèrent soudain de partenaires en un dramatique ballet qui mit fin à l'ancien système des alliances et resta célèbre sous le nom de « Révolution diplomatique ». Quand la musique cessa en août 1756, la Russie, alliée de l'Autriche et de la France, entra en guerre contre la Prusse financée par des subventions anglaises (bien que la Russie n'ait pas été en guerre contre l'Angleterre). Les armées russes envahirent la Prusse-Orientale en 1757. La guerre empoisonna la politique à la cour et condamna l'histoire d'amour de Catherine et Poniatowski, qui était évidemment dans le camp anglais et se vit en fin de compte contraint de partir. Catherine était enceinte de ses œuvres : Anna Pétrovna naquit en décembre 1757 et fut elle aussi récupérée et élevée par Élisabeth en personne.

Catherine vécut alors la crise la plus dangereuse de son existence de grande-duchesse. Après une victoire sur la Prusse le 19/30 août 1757, lors de la bataille de Gross-Jägersdorf, le maréchal Apraxine, avec qui Catherine entretenait une relation amicale, entendit dire qu'Élisabeth était tombée malade. Il laissa les Prussiens se replier en bon ordre et retira ses propres armées, pensant probablement que l'impératrice allait mourir et que Pierre III ferait la paix avec son héros Frédéric le Grand. Or, l'impératrice ne mourut pas et, comme tous les tyrans, elle était extrêmement sensible quant à la question de sa fin. En temps de guerre, de telles idées pouvaient constituer une trahison. Le parti favorable à l'Angleterre fut neutralisé et de grands soupçons pesèrent même sur Catherine, surtout après que son mari terrifié l'eut dénoncée. La grande-duchesse se retrouvait seule et courait un véritable danger. Brûlant sa correspondance, elle attendit, puis joua ses atouts avec une remarquable maîtrise.

Catherine provoqua une confrontation : le 13 avril 1758, comme elle le raconte dans ses *Mémoires*, elle demanda à rentrer chez elle auprès de sa mère, exploitant la tendresse qu'avait Élisabeth pour elle et son dégoût croissant pour son neveu. L'impératrice décida d'interroger personnellement Catherine. Dans une scène dramatique digne de l'antique Byzance, Catherine assura sa propre défense devant la souveraine, tandis que Pierre grommelait des accusations. Elle usa de son charme, campa les ingénues indignées et multiplia les manifestations de gratitude et d'affection, ce qui avait le don de désarmer l'impératrice. Quand ils se séparèrent, Élisabeth murmura : « J'ai bien d'autres choses à te dire… » Catherine sut qu'elle avait gagné et fut particulièrement soulagée d'entendre par une servante qu'Élisabeth était écœurée par Pierre : « Mon neveu est un monstre. » Quand l'affaire se fut tassée, Catherine et Pierre firent en sorte de coexister dans une certaine cordialité. Pierre s'était trouvé une maîtresse réputée pour son aspect quelconque, Élisabeth Vorontsova, la nièce du chancelier. Aussi tolérait-il la liaison de Catherine avec Poniatowski qui était revenu pour quelque temps. Finalement, le Polonais, toujours amoureux de Catherine, se vit contraint de partir de nouveau et, une fois de plus, elle se retrouva seule.

Deux ans plus tard, Catherine remarqua Grigori Orlov, un lieutenant des gardes d'Izmailovski qui, après s'être distingué en étant blessé trois fois par les Prussiens à la bataille de Zorndorf, était revenu à Saint-Pétersbourg avec pour mission de garder un noble prisonnier de guerre prussien, le comte Schwerin. Pierre, qui adorait tout ce qui était prussien, afficha son amitié avec Schwerin. C'est probablement ainsi que Catherine fit la connaissance d'Orlov, bien que la légende prétende qu'elle l'ait admiré pour la première fois depuis sa fenêtre alors qu'il était de garde.

Grigori Grigoriévitch Orlov était beau, grand et doué, écrivit un diplomate anglais, de « tous les avantages de la silhouette, de la contenance et des manières ». Orlov était issu d'une famille de géants, les cinq frères étaient tous aussi gargantuesques. Bien qu'il eût un visage angélique, il avait aussi un côté brave soudard enjoué qui plaisait à tous : « C'était un homme simple et direct, sans prétention, aimable, populaire, honnête et d'humeur plaisante. Il ne faisait jamais de tort à quiconque » et était d'une force incroyable. Quand Orlov se rendit à Londres quinze ans plus tard, Horace Walpole garda le souvenir de son charme plus grand que nature : « Orlov le Grand ou plutôt l'Énorme est là. [...] Il danse des danses titanesques et fait une cour gigantesque. »

Orlov était le fils d'un gouverneur de province et non de la très haute noblesse. Il descendait d'un officier des Streltsi qui avait été condamné à être décapité par Pierre le Grand. Quand ce fut son tour de mourir, le grand-père d'Orlov monta jusqu'au billot puant et donna un coup de pied dans la tête de l'homme qui venait d'être exécuté avant lui pour l'écarter de son chemin. Le tsar en fut si impressionné qu'il lui accorda son pardon. Orlov n'était pas particulièrement intelligent, « très beau », indiqua Breteuil, l'émissaire français, à son ministre Choiseul à Paris, « mais [...] très bête ». À son retour en 1759, Orlov fut nommé aide de camp du comte Pierre Chouvalov, grand maître de l'artillerie, le cousin du protecteur de Potemkine à l'université. Orlov réussit bien vite à séduire la maîtresse de Chouvalov, la princesse Elena Kourakina. Heureusement pour Orlov, Chouvalov mourut avant de pouvoir se venger.

Au début de 1761, Catherine et Orlov tombèrent amoureux. Après la sincérité quelque peu précieuse de Poniatowski, Grigori Orlov lui offrait sa vigueur physique, une gentillesse d'ours et, surtout, une influence politique qui allait bientôt s'avérer utile. Dès 1749, Catherine avait réussi à apporter à son mari le soutien de ces officiers de la garde qui lui étaient dévoués. Elle venait maintenant de s'assurer de celui des frères Orlov et de leur joyeuse bande. Le plus impressionnant, en termes de capacité et de cruauté, était Alexis, le frère de Grigori. Il ressemblait fort à Grigori, excepté le fait qu'une cicatrice lui barrait le visage et qu'il était d'une « force brutale et sans cœur », ces qualités qui faisaient des Orlov une puissance avec laquelle il fallait compter en 1761.

Orlov et ses compagnons de la garde ébauchaient déjà divers plans audacieux pour placer Catherine sur le trône fin 1761, même si ce fut sans doute en des termes vagues. L'enchaînement précis des événements reste flou, mais c'est aussi à peu près à ce moment-là que le jeune Potemkine entra pour la première fois en contact avec les Orlov. D'après une source, ce serait la réputation d'homme d'esprit de Potemkine qui aurait attiré l'attention de Grigori Orlov, même s'ils partageaient d'autres intérêts, tous deux étant connus pour être de grands séducteurs et des joueurs effrénés. Ils ne devinrent jamais vraiment amis, mais Potemkine évoluait désormais dans la même sphère.

Catherine avait besoin de tels alliés. Dans les derniers mois de la vie d'Élisabeth, elle ne se faisait plus guère d'illusions quant au grand-duc Pierre, qui parlait ouvertement de divorcer de Catherine, d'épouser sa maîtresse Vorontsova et de renverser les alliances de la Russie pour sauver son héros Frédéric de Prusse. Pierre représentait un danger pour elle, pour son fils, pour son pays, et pour lui-même. Elle comprenait clairement quels étaient ses choix :

> *Primo,* partager le destin de Sa Majesté quel qu'il soit ; *secundo,* être exposée n'importe quand à tout ce qu'il pourrait entreprendre pour, ou contre, moi ; *tertio,* prendre une route indépendante de telles éventualités. [...] Il était question soit de mourir avec (ou à cause de) lui, soit de me sauver moi-même, mes enfants, et peut-être l'État, de ce naufrage [...].

Au moment précis où Élisabeth entrait dans la phase finale de son déclin et où Catherine avait besoin d'être prête à se sauver « de ce naufrage », voire à mener un coup d'État, la grande-duchesse découvrit qu'elle était enceinte de Grigori Orlov. Elle dissimula soigneusement son ventre, mais politiquement elle se retrouvait hors de combat.

À 16 heures, le 25 décembre 1761, l'impératrice Élisabeth, âgée de cinquante ans, était maintenant si faible qu'elle n'avait plus la force de vomir du sang. Elle ne faisait que rester allongée à convulser dans son lit, respirant lentement et gémissant, les membres gonflés comme des ballons, à demi pleins de fluide, dans ses appartements impériaux du Palais d'hiver, monument baroque inachevé de Saint-Pétersbourg. Les courtisans, frémissant d'anticipation, pris entre l'espoir et la peur de ce que sa mort pourrait signifier pour eux, étaient rassemblés à son chevet. Le décès d'un monarque régnant était encore plus public qu'une naissance royale. C'était une affaire officielle qui suivait sa propre étiquette, car le trépas de l'impératrice était aussi le moment de la passation du pouvoir sacré. Les odeurs de sueur, de vomi, de déjections et d'urine devaient se mêler à la douceur des bougies, au parfum des femmes et à l'haleine alcoolisée des hommes. Le confesseur d'Élisabeth était à ses côtés, mais elle ne récitait plus ses prières avec lui. La succession du grand-duc Pierre, dégarni et le visage grêlé, âgé maintenant de trente-quatre ans, et plus que jamais mal à l'aise avec la culture et le peuple russes, fut approuvée sans grande joie. Le nouveau tsar inquiétait, et beaucoup reportaient déjà leurs espoirs sur Catherine. Bien des grands savaient que l'héritier n'était manifestement pas taillé pour son nouveau rôle. Il leur fallait procéder avec prudence, au nom de leurs carrières et de leurs familles. À la cour, la clé de la survie avait toujours été le silence, la patience et la vigilance.

À l'extérieur du palais, les gardes faisaient le guet par un froid glacial, assistant, tendus, au transfert de pouvoir, mais conscients et fiers de leur propre rôle de faiseurs de tsars. C'était surtout parmi les casse-cou de l'entourage des Orlov, dont Potemkine, que l'on croisait ceux qui rêvaient d'agir. Néanmoins, la relation de Catherine avec Orlov, et avant tout le secret bien gardé de sa grossesse de six mois, n'étaient connus que d'un cercle restreint. Il était déjà assez difficile pour des membres de la cour de dissimuler une grossesse, mais cela l'était encore plus pour des princesses impériales. Catherine y parvint, même dans la chambre exiguë et bondée où se mourait l'impératrice.

Les deux vétérans favoris d'Élisabeth, le chaleureux et athlétique Alexis Razoumovski, le chanteur cosaque devenu comte, et l'esthète au visage rond Ivan Chouvalov, le protecteur de Potemkine à l'université, seulement âgé de trente-quatre ans, assistaient leur souveraine avec une tendre inquiétude. Le prince Nikita Troubetskoï, le procureur général du Sénat, massif comme un taureau, représentait les plus anciennes familles de la noblesse russe. L'héritier, le grand-duc Pierre, brillait par son absence. Il était occupé à boire avec ses séides allemands, à l'extérieur de la chambre, avec un manque de dignité et de tact qui lui valut d'être haï. Mais son épouse Catherine, qui aimait et détestait à la fois l'impératrice, se trouvait, elle, ostensiblement à son chevet depuis déjà deux nuits, sans dormir, les larmes aux yeux.

Catherine était l'image même de l'affection et de la sollicitude pour celle qui était à la fois sa tante et son impératrice. Qui, en s'émerveillant de ses larmes sincères, aurait pu deviner que, quelques années plus tôt, elle avait malicieusement cité Poniatowski à propos d'Élisabeth : « Quelle plaie ! Elle épuise notre patience ! Ne pourrait-elle mourir plus tôt ? » Les Chouvalov, à la suite de bien d'autres, avaient déjà approché Catherine pour évoquer un changement de l'ordre de succession en sa faveur et celle de son fils, le grand-duc Paul, mais en vain. Tous ces intrigants avaient été déchus ou étaient partis. Seule Catherine avait survécu, toujours plus près du trône.

L'impératrice cessa de bouger. On fit mander le maladroit grand-duc au moment où Élisabeth était sur le point de mourir. Il se présenta aussitôt. Dès qu'elle eut rendu son dernier soupir, les courtisans s'agenouillèrent devant Pierre III. Il partit promptement, se dirigeant aussitôt vers le Conseil pour en prendre le contrôle. Catherine rapporte qu'il lui aurait intimé de rester auprès de la dépouille jusqu'à nouvel ordre. Les dames de compagnie d'Élisabeth avaient déjà commencé à s'activer autour du cadavre, nettoyant les déchets de la mort, essuyant la sueur sur son cou et son front, lui mettant du rouge aux joues et fermant à jamais ses yeux bleus brillants.

Tout le monde pleurait, car Élisabeth, malgré ses frivolités et ses cruautés, avait été une souveraine aimée. Elle avait beaucoup fait pour redonner à la Russie sa place de grande puissance européenne, telle que l'avait laissée son père. Razoumovski se rua dans ses appartements pour donner libre cours à son chagrin. Ivan Chouvalov était submergé par des « pensées hypocondriaques » et se sentait impuissant. Le robuste procureur général ouvrit grand les portes de l'antichambre et annonça, des larmes roulant sur son visage ridé : « Sa Majesté impériale s'est endormie auprès de Dieu. Dieu sauve notre gracieux souverain l'empereur Pierre III. » La proclamation suscita des murmures, mais la cour n'était plus que « pleurs et lamentations ». Dehors, les gardes de service « avaient l'air sombre et découragé. Les hommes parlaient tous en même temps, mais à voix basse. [...] Ce jour-là eut [ainsi] un aspect presque sinistre, le deuil transparaissant sur tous les visages ».

À 19 heures, les sénateurs, les généraux et les courtisans jurèrent allégeance à Pierre III. On entonna un *Te Deum* d'actions de grâces. Alors que le métropolite de Novgorod le sacrait solennellement, le nouvel empereur Pierre III, dépassé par la gloire, était fou de joie et ne faisait rien pour le dissimuler, se comportant outrageusement et « faisant l'idiot ». Plus tard, les cent cinquante nobles dirigeant l'empire se rassemblèrent pour un festin dans la galerie pour célébrer cette nouvelle ère, à trois salles de la chambre où était allongé le cadavre impérial. Catherine, en pleurs, à la fois femme de *sensibilité** et actrice politique au cœur de pierre, joua son rôle. Elle portait le deuil de l'impératrice et vint veiller la dépouille trois jours plus tard. Entre-temps, les appartements surchauffés avaient dû être envahis par la puanteur.

En Prusse, les troupes russes venaient de s'emparer de la forteresse de Kolberg et occupaient l'est du pays, alors qu'en Silésie un autre corps d'armée progressait avec les unités des alliés autrichiens de la Russie. Frédéric le Grand n'en avait plus pour longtemps. La route de Berlin était ouverte. Seul un miracle pouvait le sauver, et ce fut la mort d'Élisabeth. Pierre ordonna un cessez-le-feu immédiat et proposa des négociations de paix à un roi de Prusse étonné et soulagé. Frédéric était disposé à céder l'est de son royaume à la Russie, mais il n'en eut même pas besoin[1]. Au lieu de cela, Pierre se prépara à lancer sa propre guerre privée contre le Danemark, afin de reconquérir le Schleswig pour son duché germanique du Holstein.

Lors des funérailles d'Élisabeth, le 25 janvier 1762, l'empereur Pierre III, le moral au beau fixe, inventa un jeu pour faire passer la journée plus vite : il traînait derrière le corbillard, lui laissait quelques mètres d'avance et se mettait à courir après pour le rattraper, entraînant derrière lui les courtisans les plus âgés, chargés de porter sa longue traîne noire. « Les critiques sur le comportement scandaleux de l'empereur eurent tôt fait de se répandre. »

Ces critiques se tournèrent naturellement vers son épouse. À l'heure même du décès d'Élisabeth, Catherine reçut un message du prince Cyrille Dachkov, de la garde, qui disait : « Donnez-en l'ordre et nous vous sacrerons. » Dachkov était un autre représentant de ce cercle qui, parmi les gardes, se composait de héros de la guerre de Sept Ans, comme les frères Orlov. Catherine, enceinte, découragea la trahison. Ce qui est remarquable, à propos du coup d'État qu'elle finit par déclencher, ce n'est pas qu'il fut couronné de succès, car toute conspiration dépend essentiellement de la chance, mais bien qu'il ait été déjà entièrement planifié six mois plus tôt. Catherine parvint tant bien que mal à l'empêcher d'éclore avant de s'être totalement remise de son accouchement.

---

1. Ce fut le « miracle de la maison de Brandebourg », qui fut source de tant d'espoirs pour Hitler et Goebbels en 1945, dans le bunker de la chancellerie à Berlin, quand ils crurent que la mort du président Roosevelt allait provoquer une rupture entre les Alliés. Frédéric, exultant, avait lancé : « La Messaline du Nord est morte. » Et il avait acclamé le « cœur véritablement allemand » de Pierre III.

Le nouvel empereur lui-même fut sans le savoir responsable à la fois du moment et de l'intensité de la conjuration. Au cours de son règne d'à peine six mois, Pierre trouva le moyen de s'aliéner toutes les forces clés de la société politique russe. Pourtant, ses mesures étaient loin d'être barbares, quoique souvent imprudentes. Par exemple, le 21 février 1762, il abolit la chancellerie secrète, tant redoutée, même si ses organes survécurent masqués, en tant qu'Expédition secrète sous l'égide du Sénat. Trois jours plus tôt, l'empereur avait promulgué son manifeste sur la liberté de la noblesse qui délivrait les nobles du service obligatoire de Pierre le Grand.

Ces mesures auraient dû lui assurer une certaine popularité, mais ses autres actions semblaient délibérément conçues pour susciter l'hostilité des intérêts les plus puissants de la Russie. L'armée en était le plus important : durant la guerre de Sept Ans, elle avait vaincu Frédéric le Grand, percé jusqu'à Berlin et poussé la magnifique machine militaire prussienne au bord de la destruction. Or, non seulement Pierre III avait conclu la paix avec la Prusse, mais il s'était en outre débrouillé pour prêter à Frédéric le corps d'armée qui avait aidé les Autrichiens. Pire encore, le 24 mai, Pierre adressa un ultimatum au Danemark, au nom du Holstein, dont le but était de provoquer une guerre fort éloignée des intérêts de la Russie. Il décida de prendre personnellement le commandement de ses forces.

Pierre se moquait des gardes, les traitant de « Janissaires », cette infanterie d'élite turque qui faisait et défaisait les sultans ottomans, et décida qu'il fallait en disperser une partie. Dans les rangs de la garde, les complots redoublèrent. Le sergent-major Potemkine lui-même, qui connaissait déjà vaguement les Orlov, demanda à s'y joindre. Ce qui se déroula de la façon suivante : un homme du cercle d'Orlov, un capitaine des gardes de Préobrajenski, convia un ami d'université de Potemkine, Dmitri Babarykine, à « entrer dans leur société ». Babarykine refusa, il désapprouvait leur « vie dissolue » et la liaison de Grigori Orlov et Catherine. Mais il confia sa répugnance à son ami d'université. Potemkine demanda « sur-le-champ » à ce que Babarykine l'introduise auprès du capitaine Préobrajenski, et rejoignit immédiatement la conspiration. Ce premier acte politique semble tout à fait lui correspondre – habile, courageux, ambitieux et agissant sous le coup de ses émotions, ce qui allait devenir sa marque. Pour un jeune provincial, c'était vraiment un moment passionnant pour être membre de la garde.

Pendant ce temps, Pierre plaçait sa famille du Holstein à des postes de grande importance. Son oncle (et celui de Catherine) Georg-Ludwig von Holstein-Gottorp fut nommé membre du Conseil, colonel commandant la garde à cheval et maréchal. Ce Georg-Ludwig avait autrefois batifolé avec une Catherine encore adolescente, avant qu'elle ne parte pour la Russie. Par pure coïncidence, quand il arriva du Holstein le 21 mars, on assigna comme ordonnance au prince Georg-Ludwig le sergent-major Potemkine. Ce dernier n'était pas homme à hésiter à se mettre en avant : grâce à ce poste, et alors que le régime sombrait, il était bien placé pour tenir informés les conjurés. Ses magnifiques talents de cavalier furent remarqués par le prince Georg-Ludwig, qui le promut sergent de la garde. Un autre prince du Holstein fut nommé gouverneur général de Saint-Pétersbourg et commandant de toutes les troupes russes sur les rives de la Baltique.

Peu de temps auparavant, l'impératrice Élisabeth avait accepté de laïciser la plupart des terres de l'Église orthodoxe, mais à peine monté sur le trône, le 21 mars, Pierre publia un oukase, un décret impérial, pour faire main basse sur ces biens immobiliers. Ses bouffonneries et son manque de respect lors des funérailles d'Élisabeth avaient prouvé qu'il n'avait que mépris pour l'orthodoxie, outre son absence d'éducation. Par toutes ses décisions, il choqua l'armée, inquiéta la garde, insulta les gens de foi et gaspilla les victoires de la guerre de Sept Ans.

La colère qui régnait à Saint-Pétersbourg était telle que Frédéric le Grand, qui avait le mieux tiré parti des folies de Pierre, redoutait que l'empereur ne soit détrôné alors qu'il quittait la Russie pour diriger la campagne danoise. Il avait été stupide d'exaspérer l'armée, idiot de vexer l'Église, tout simplement bête d'insulter la garde. Mais provoquer les trois en même temps tenait probablement du suicide. Toutefois, le complot, interrompu à la mort d'Élisabeth par la grossesse de Catherine, ne pouvait se dérouler sans chef. Pierre lui-même le savait, il y avait trois prétendants possibles au trône. À sa manière malheureuse et malhabile, le tsar se disposait peut-être à les éliminer de la succession, un par un… mais il ne fut pas assez rapide.

Le 10 avril 1762, Catherine donna naissance au fils de Grigori Orlov, baptisé Alexis Grigoriévitch Bobrinski, son troisième enfant. Même quatre mois après le début du règne de Pierre, seul un petit cercle de gardes était au courant de la liaison de Catherine et Orlov. Son amie la princesse Ekaterina Dachkova, une conjurée du coup d'État et l'épouse d'un des fidèles de la garde, n'était pas non plus dans le secret. Pierre, lui, donnait en tout cas clairement l'impression qu'il ne se doutait de rien. Cela nous en dit long sur la façon dont les complots restèrent secrets. Personne ne le tenait informé. Il était incapable d'avoir recours à ces pouvoirs secrets dont ont besoin les autocrates.

Catherine s'était remise de son accouchement au début du mois de mai, mais elle hésitait encore. L'empereur ivre clamait sans cesse plus bruyamment qu'il allait divorcer et se marier avec sa maîtresse, Élisabeth Vorontsova. Cela finit par décider Catherine. Elle confirma à Poniatowski, dans sa lettre du 2 août 1762, que le coup d'État était en discussion depuis six mois. Maintenant, il devenait réalité.

Le successeur « légitime » de Pierre n'était pas son épouse, mais son fils le grand-duc Paul, désormais âgé de six ans. Beaucoup de conspirateurs se joignirent au coup d'État en pensant que ce serait lui qui serait proclamé empereur, avec sa mère dans le rôle de régente. Des rumeurs disaient que Pierre voulait obliger Saltykov à reconnaître qu'il était le vrai père de Paul, ce qui lui aurait permis de se séparer de Catherine et de démarrer une nouvelle dynastie avec Vorontsova.

On a généralement tendance à oublier qu'il y avait un autre empereur en Russie : Ivan VI, à jamais enfermé dans les entrailles de Chlisselbourg, à l'est de Saint-Pétersbourg, sur les rives du lac Ladoga, depuis qu'il avait été détrôné par Élisabeth alors qu'il n'était encore qu'un bébé, en 1741. Il avait à présent plus de vingt ans. Pierre vint rendre visite à ce tsar oublié dans son cachot humide et découvrit qu'il était mentalement retardé, bien que ses réponses aient eu l'air relativement intelligentes. « Qui êtes-vous ? » demanda l'empereur Pierre. « Je suis l'empereur », fut la réponse. Lorsque Pierre le questionna sur comment il pouvait en être si sûr, le prisonnier rétorqua qu'il le tenait de la Vierge et des anges. Pierre lui donna une robe de chambre. Ivan la mit dans un élan d'enthousiasme, en courant dans son cachot comme un « sauvage dans ses premiers habits ». Inutile de préciser que Pierre fut soulagé de voir qu'un au moins de ses éventuels ennemis ne pourrait jamais régner.

C'est par la faute de Pierre lui-même que le complot, à l'origine ourdi par quelques gardes audacieux, se mua en une coalition mortelle contre lui. Le 21 mai, il annonça qu'il partirait de Saint-Pétersbourg pour mener en personne ses soldats contre le Danemark. Alors qu'il prenait ses dispositions pour que ses armées entament leur marche vers l'ouest, il quitta la capitale pour son palais d'été préféré, à Oranienbaum, près de Peterhof, d'où il se préparerait pour la guerre. Nombre de soldats ne souhaitaient pas s'embarquer dans une expédition si impopulaire.

Quelques semaines plus tôt, Pierre fit en sorte de signer son propre arrêt de mort. À la fin du mois d'avril, l'empereur organisa un banquet pour célébrer la paix avec la Prusse. Il était ivre comme à son habitude. Il adressa un toast à la famille impériale, autrement dit, lui-même et ses oncles du Holstein. Catherine ne se leva pas. Pierre le remarqua et se mit à hurler, exigeant de savoir pourquoi elle ne s'était ni levée ni n'avait trinqué. Elle répliqua sagement qu'elle était elle aussi un membre de la famille. Alors l'empereur beugla : *« Doura ! »*, « Idiote ! », et se rassit à table. Les courtisans et les diplomates se turent. Catherine rougit et éclata en sanglots, puis retrouva son calme.

Cette nuit-là, Pierre aurait ordonné à son aide de camp d'arrêter Catherine afin de la faire enfermer dans un monastère, ou pire. L'homme se précipita chez le prince Georg-Ludwig von Holstein, qui comprit ce qu'un tel acte avait de dangereux. L'oncle de Pierre, dont l'ordonnance n'était autre que Potemkine, le persuada d'annuler cet ordre.

L'existence personnelle et politique de Catherine, tout autant que la vie de ses enfants, étaient désormais particulièrement menacées. Elle n'avait d'autre choix que de se protéger. Durant les trois semaines qui suivirent, les Orlov et leurs affidés, dont Potemkine, ne ménagèrent pas leur peine pour pousser les gardes à se soulever.

Le plan prévoyait d'arrêter Pierre quand il partirait d'Oranienbaum pour sa stupide guerre contre le Danemark et de l'emprisonner dans la tombe fortifiée de Chlisselbourg avec le tsar simplet, Ivan VI. Selon Catherine, trente ou quarante officiers et quelque dix mille hommes étaient prêts. Trois conjurés parmi les plus importants se trouvèrent ainsi réunis, mais, jusque dans les tout derniers jours, ils ne surent presque rien de l'engagement de chacun. Catherine était leur seul lien. Si bien que, de façon presque comique, chacun d'entre eux était persuadé qu'il allait être le seul à mettre Catherine sur le trône.

Orlov et ses gardes, dont Potemkine, étaient les muscles et les organisateurs du coup d'État. Il y avait des officiers conjurés dans chaque régiment. Potemkine avait pour mission de préparer les gardes à cheval. Mais deux autres groupes étaient nécessaires non seulement pour le succès du coup d'État, mais aussi pour assurer le règne de Catherine II par la suite.

Ekaterina Dachkova, née Vorontsova, était sûre d'être la seule à avoir permis à ce coup d'État d'avoir lieu. Cette gamine fluette de dix-neuf ans, mariée à l'un des grands soutiens de Catherine dans la garde, se voyait comme un Machiavel en jupons. Elle était un lien utile avec la grande aristocratie. L'impératrice Élisabeth et le grand-duc Pierre avaient été respectivement marraine et parrain lors de son baptême. Elle était l'incarnation du microcosme incestueux de la cour, car elle n'était pas seulement la nièce du chancelier de Pierre III, Mikhaïl Vorontsov, et du gouverneur du grand-duc Paul, Nikita Panine, plus tard ministre des Affaires étrangères de Catherine, mais aussi la sœur de la « stupide et laide » maîtresse de l'empereur. Elle était horrifiée par le goût de cette dernière en matière d'empereurs. L'attitude de Dachkova est la preuve que les attaches familiales ne suffisent pas toujours à garantir la loyauté politique. Les Vorontsov étaient au pouvoir, mais cette Vorontsova-là conspirait pour les détrôner. « La politique est une matière qui m'intéresse depuis mon plus jeune âge », écrivait-elle dans ses *Mémoires* présomptueux et délirants qui, avec les propres écrits de Catherine, constituent les meilleurs témoignages sur cette époque.

Nikita Ivanovitch Panine, l'oncle de Dachkova, était le troisième acteur clé de la conspiration. En tant qu'Ober-Hofmeister et gouverneur du grand-duc Paul, il contrôlait un pion crucial. Ainsi, Catherine avait besoin du soutien de Panine. Quand Pierre III envisagea de déclarer que Paul était illégitime, il menaça le pouvoir de Panine comme Ober-Hofmeister. Panine, âgé de quarante-deux ans, paresseux, potelé et très habile, était loin d'être un fonctionnaire zélé. Sa personnalité, avec son insouciance bouffie et sa peau lisse, n'est pas sans rappeler celle d'un eunuque. Selon la princesse Dachkova, Panine était un « pâle valétudinaire [...] n'affichant qu'une aisance de façade, il avait passé toute sa vie dans les cours, extrêmement soigné dans sa tenue, portant une perruque empesée avec trois boucles méticuleusement poudrées qui lui pendaient dans le dos, on aurait cru quelque figurine en carton-pâte d'un vieux courtisan du règne de Louis XIV ». Néanmoins, Panine n'approuvait pas la tyrannie débridée des tsars, en particulier la « débauche d'ivrogne la plus dissolue » de Pierre III. Comme bien des membres de la haute noblesse éduquée, Panine espérait créer une oligarchie aristocratique à la chute de Pierre. Il était un opposant vertueux au favoritisme, mais l'élévation de sa famille devait beaucoup aux caprices impériaux[1]. Dans les années 1750, l'impératrice Élisabeth avait fait montre d'un certain

1. La fortune de la famille Panine dépendait d'un mariage avec la nièce du favori de Pierre le Grand, le prince Alexandre Menchikov, qui avait lui-même débuté comme pâtissier.

intérêt pour Nikita Panine et peut-être avaient-ils eu une brève liaison avant le règne du favori, Ivan Chouvalov, qui lui avait valu d'être relégué à une mission diplomatique en Suède. Quand Panine revint en 1760, il n'était pas corrompu par la politique d'Élisabeth et convenait donc à toutes les factions. Ainsi, Catherine et Panine souhaitaient tous deux détrôner Pierre, avec une divergence conséquente sur certains détails. Catherine souhaitait gouverner par elle-même, alors que Panine, Dachkova et d'autres estimaient que le grand-duc Paul devait être couronné empereur. « Une conspiratrice pleine de jeunesse, écrivit la princesse Dachkova, avait peu de chances de gagner sur-le-champ la confiance d'un politicien prudent comme monsieur Panine », mais cette cabale mal aisée, aux intérêts si différents, était désormais nouée.

Le 12 juin, Pierre quitta Saint-Pétersbourg pour Oranienbaum. À seulement huit verstes de là, au Peterhof, Catherine attendait dans sa villa d'été, *Mon Plaisir*.

Le 27 juin, la conjuration fut soudain en proie à la confusion quand le capitaine Passek, un des conspirateurs au sein de la garde, fut dénoncé et arrêté. Pierre III allait avoir connaissance du complot. Bien que les nobles aient rarement été soumis à la question, la menace existait malgré tout. Passek allait certainement parler.

Les Orlov, Dachkova et Panine se rassemblèrent pour la première et dernière fois lors d'une réunion de crise, pendant que Potemkine et les autres attendaient leurs instructions. Les impitoyables Orlov, d'après Dachkova, étaient bouleversés, mais « pour calmer les appréhensions [...] ainsi que pour montrer que je n'étais pas personnellement effrayée par le danger, je désirai qu'ils répétassent à leurs soldats l'assurance, puisque cela venait directement de moi, que je recevais quotidiennement des comptes-rendus de l'impératrice [...] et qu'ils devaient garder leur calme ». Sachant qu'une seule erreur pouvait coûter la vie à ces hommes, la fanfaronnade suffisante de cette princesse encore adolescente n'avait en réalité pas grand-chose de rassurant.

Elle ne fut pas impressionnée par les grossiers Orlov, trop vulgaires et arrogants à son goût. Elle dit à Alexis Orlov, principal organisateur du coup d'État et surnommé *« le Balafré* »*, de chevaucher jusqu'à Mon Plaisir sur-le-champ. Cependant, Grigori Orlov hésita entre aller chercher Catherine cette nuit-là, ou attendre le lendemain. Dachkova prétendit avoir décidé pour eux : « Je n'essayai pas d'étouffer cette colère que je ressentais envers ces frères [...] qui hésitaient quant aux ordres que j'avais donnés à Alexis Orlov. "Vous avez déjà perdu du temps, leur dis-je. Quant à votre crainte d'alarmer l'impératrice, mieux vaut la ramener à Saint-Pétersbourg en pâmoison que l'exposer au risque [...] de partager l'échafaud en notre compagnie. Dites à votre frère de chevaucher le plus rapidement possible, sans perdre un instant de plus [...]." »

L'amant de Catherine finit par accepter. À Saint-Pétersbourg, les conjurés avaient reçu l'ordre de soulever la garde. Au beau milieu de la nuit, Alexis Orlov partit à bord d'une voiture pour ramener Catherine de Mon Plaisir, accompagné d'une poignée de gardes qui galopaient à ses côtés, ou bien suivaient dans un autre carrosse. Le sergent Potemkine était parmi eux.

À 6 heures du matin, ils arrivèrent à l'extérieur de Mon Plaisir. Alors que Potemkine attendait près du carrosse, les postillons prêts à jouer du fouet pour lancer l'attelage, Alexis Orlov s'élança dans l'extension spéciale ajoutée au pavillon et fit une entrée fracassante dans la chambre de Catherine, réveillant ainsi la maîtresse de son frère.

« Tout est prêt pour la proclamation, fit Alexis Orlov. Vous devez vous lever. Passek a été arrêté. » Catherine n'eut pas besoin d'en entendre plus. Elle s'habilla rapidement et simplement de noir. Le coup d'État devait réussir aujourd'hui ou jamais. S'il échouait, ils monteraient tous à l'échafaud.

Alexis Orlov aida Catherine à grimper dans son carrosse, jeta sa houppelande sur elle et ordonna aux postillons de parcourir au plus vite les dix-huit kilomètres jusqu'à Saint-Pétersbourg. Quand le carrosse s'éloigna, Potemkine et un autre officier, Vassili Bibikov, bondirent à l'arrière pour protéger leur précieux chargement. Il y a toujours eu un doute sur l'endroit où se trouvait exactement Potemkine durant ces heures, mais cette version, évoquée ici pour la première fois, fut relatée par l'Anglais Reginald Pole Carew, qui par la suite connut bien Potemkine et l'entendit probablement de sa bouche.

Catherine portait encore son bonnet de nuit en dentelle. Ils croisèrent un carrosse venant de la capitale. Par un heureux hasard, il transportait son coiffeur français, Michel, qui sauta dans son carrosse et la coiffa sur le chemin de la révolution, bien qu'elle ne fût pas encore poudrée quand elle arriva. Plus près de la capitale, ils rencontrèrent le petit carrosse de Grigori Orlov lancé dans l'autre direction. Catherine, suivie d'Alexis et de son coiffeur, changea de transport. Peut-être Potemkine fit-il de même. Les carrosses se dirigèrent droit sur la caserne des gardes d'Izmailovski, où ils trouvèrent « douze hommes et un tambour ». C'est par des débuts aussi modestes que s'élancent parfois les grands empires. « Les soldats, raconta plus tard Catherine, encore haletante, se précipitèrent pour me baiser les mains, les pieds, la traîne de ma robe, m'appelant leur sauveur. Deux d'entre eux [...] amenèrent un prêtre avec un crucifix et entreprirent de me prêter serment. » Leur colonel et ancien admirateur de Catherine, le comte Cyrille Razoumovski, hetman d'Ukraine, lui baisa les mains, un genou à terre.

Catherine remonta dans le carrosse et, guidé par le prêtre et les soldats, le cortège prit le chemin du cantonnement des gardes de Sémionovski. « Ils venaient à nous en criant "Vivat !". » Elle s'embarqua dans une tournée d'inspection qui se changea en procession triomphale. Mais tous les gardes n'étaient pas en faveur du coup d'État. Le frère de Dachkova et neveu du chancelier de Pierre III, Simon Romanovitch Vorontsov, résista et fut arrêté. Au moment où Catherine se trouvait entre le palais Anitchkov et la cathédrale de Kazan, le sergent Potemkine réapparut à la tête de sa garde à cheval. Les hommes acclamaient leur impératrice avec un enthousiasme frénétique. Elle connaissait peut-être déjà son nom en tant que l'un des organisateurs du complot, car plus tard elle loua le lieutenant Khitrovo et un « subalterne de dix-sept ans du nom de Potemkine » pour « leur discernement, leur courage et leur action » en ce jour, bien que la plupart des autres officiers de la garde à cheval aient eux aussi soutenu le coup d'État. En vérité, Potemkine avait vingt-trois ans.

Le convoi impérial, renforcé de milliers de gardes, se dirigea vers le Palais d'hiver, où le Sénat et le Synode étaient déjà rassemblés pour rendre public le manifeste déjà imprimé de Catherine et prêter serment. Panine arriva au palais avec le grand-duc Paul, toujours vêtu de sa chemise de nuit et d'un bonnet de coton. La foule grossissait à l'extérieur à mesure que la nouvelle se répandait. Catherine apparut à la fenêtre et les gens l'acclamèrent. Pendant ce temps, les portes du palais étaient ouvertes et ses couloirs, comme lors d'un bal submergé par des resquilleurs, étaient pleins à craquer de soldats, de prêtres, d'ambassadeurs et de citadins, tous venus prêter allégeance à la nouvelle souveraine, ou plus prosaïquement mus par la curiosité.

La princesse Dachkova arriva peu de temps après Panine et le grand-duc : « J'ordonnai à ma femme de chambre de m'apporter ma robe de soirée et me rendis en toute hâte au Palais d'hiver [...]. » L'apparition d'une princesse adolescente surexcitée habillée sur son trente et un ne fit qu'ajouter au tumulte. Tout d'abord, elle ne parvint pas à se frayer un chemin. Puis, quand on la reconnut, la foule était de toute façon si dense qu'elle ne put pas se faufiler à l'intérieur.

Finalement, les soldats, un à un, firent passer la jeune fille menue au-dessus de leurs têtes comme une poupée. Avec un « cri d'approbation », ils la « reconnurent comme leur amie commune ». Tout cela eût suffi pour monter à la tête de n'importe qui, et ce fut évidemment son cas. « À la longue, la tête me tournant, mes vêtements chiffonnés [...] je me précipitai jusqu'à Sa Majesté. »

L'impératrice et la princesse s'embrassèrent, mais, bien que le coup d'État se fût déjà emparé de Saint-Pétersbourg, Pierre avait toujours l'avantage. Ses armées, dans la proche Livonie, prêtes pour la guerre contre le Danemark, pouvaient aisément écraser la garde. Et il y avait la forteresse de Kronstadt, toujours sous son contrôle, qui commandait les approches maritimes vers Saint-Pétersbourg. Catherine, sur les conseils de Panine, des Orlov et d'autres anciens officiers comme le comte Cyrille Razoumovski, dépêcha l'amiral Talyzine afin qu'il s'assure du ralliement de Kronstadt.

Il fallait maintenant capturer l'empereur en personne. L'impératrice ordonna aux gardes de se préparer à marcher sur Peterhof. Ayant peut-être en mémoire l'impératrice Élisabeth portant fort bien les vêtements d'homme, Catherine réclama un uniforme de garde. Les soldats se hâtèrent de se débarrasser des uniformes prussiens que Pierre III leur avait imposés et remirent leurs anciennes vareuses. Si ses hommes se défaisaient de leurs vêtements, Catherine ferait de même. « Elle emprunta un uniforme au capitaine Talyzine[1], écrivit Dachkova, je m'en procurai un autre auprès du lieutenant Pouchkine, deux jeunes officiers de nos tailles respectives [...] l'ancien uniforme des gardes de Préobrajenski. »

Pendant que Catherine recevait ses fidèles au Palais d'hiver, Pierre arriva, comme convenu, à Peterhof pour célébrer la fête de Saint-Pierre et Saint-Paul avec Catherine. Mon Plaisir était désert. La robe de soirée de Catherine, abandonnée sur son lit, était comme un augure presque spectral. Son épouse, en se dépouillant de ses vêtements, avait endossé une nouvelle personnalité. À cette vue, Pierre III s'effondra : il resta là sans rien faire, à boire et sangloter.

Le seul de ses courtisans à garder son sang-froid fut un maréchal octogénaire, le comte Burhard von Münnich, vétéran allemand des révolutions de palais de 1740-1741, récemment rentré d'exil. Münnich proposa de marcher immédiatement sur Saint-Pétersbourg,

1. Le cousin de l'amiral Talyzine.

comme l'aurait fait son grand-père, mais le tsar n'avait rien d'un Pierre le Grand. Il envoya des émissaires à Saint-Pétersbourg pour tenter de négocier ou d'arrêter Catherine, mais tous firent défection, les uns après les autres. Le chancelier Mikhaïl Vorontsov, qui était monté sur le traîneau d'Élisabeth lors du coup d'État de cette dernière, vingt ans plus tôt, se porta volontaire et rejoignit immédiatement Catherine, s'agenouillant devant elle. Déjà découragé et dérouté, l'entourage de Pierre, de moins en moins nombreux, parcourut tristement les huit verstes qui le ramenaient jusqu'à Oranienbaum. Le grisonnant Münnich finit par persuader l'empereur qu'il devrait s'emparer de la forteresse de Kronstadt pour contrôler la capitale. Des estafettes furent envoyées en éclaireurs. Quand la goélette de Pierre arriva à Oranienbaum aux environs de 22 heures, en cette nuit argentée, le tsar, ivre, dut être aidé pour monter à bord par sa maîtresse, Élisabeth Vorontsova, et par le vieux maréchal. Trois heures plus tard, il se présentait au large de Kronstadt.

Münnich fit savoir aux soldats en faction à Kronstadt que l'empereur se trouvait face à eux, mais ils crièrent en retour : « Il n'y a plus d'empereur ! » Ils ajoutèrent qu'ils ne reconnaissaient plus que Catherine II. Il était trop tard : l'amiral Talyzine avait atteint Kronstadt juste à temps. Pierre perdit tout contrôle de lui-même et des événements. Il s'évanouit dans sa cabine. À son retour à Oranienbaum, le monarque brisé et saoul, qui avait toujours pressenti sa destinée, ne souhaitait plus qu'abdiquer et rentrer vivre dans le Holstein. Il décida de négocier.

À Saint-Pétersbourg, Catherine assembla ses gardes à l'extérieur du Palais d'hiver. C'est à ce moment exaltant, inoubliable, que Potemkine rencontra la nouvelle impératrice pour la première fois.

3

Première rencontre : l'impératrice et son soupirant imprudent

« Les gardes à cheval s'en vinrent, dans une frénésie de joie telle que je n'ai jamais vue, pleurant et criant que le pays était enfin libre. »

Catherine la Grande à Stanislas Poniatowski, 2 août 1762

« De tous les souverains d'Europe, je pense que l'impératrice de Russie est la plus riche en diamants. Elle nourrit pour eux une sorte de passion ; peut-être est-ce là sa seule faiblesse… »

Sir George Macartney à propos de la Grande Catherine

Catherine II, fraîchement acclamée impératrice, portant d'un air canaille l'uniforme de capitaine de la garde de Préobrajenski qu'elle avait emprunté, apparut à la porte du Palais d'hiver dans la nuit du 28 juin 1762, accompagnée de son entourage, et tenant un sabre dégainé dans ses mains nues. Dans le bleu incandescent des « nuits blanches » de Saint-Pétersbourg, elle descendit les marches jusqu'à la place bondée et marcha vers son étalon pur-sang gris, nommé Brillant. Elle sauta en selle avec l'aisance d'une cavalière accomplie – ses années d'exercice acharné n'avaient pas été vaines.

Les douze mille gardes qui s'étaient ralliés à sa révolution étaient massés autour d'elle sur la place, prêts à se lancer dans la « Marche sur Peterhof » pour renverser Pierre III. Tous durent dévisager cette jeune femme de trente-trois ans, à l'aube de sa maturité, avec sa longue chevelure auburn, ses yeux bleu vif bordés de cils noirs, si à l'aise dans son uniforme, en cet instant capital de son existence. Parmi eux, Potemkine, à cheval, attendait impatiemment l'occasion de se distinguer.

Les soldats se mirent au garde-à-vous, avec la perfection des unités d'élite – mais la place était loin d'être silencieuse. Il y régnait un chaos qui tenait davantage de la vie animée d'un campement que de la raideur étudiée d'un défilé. La nuit bruissait du cliquetis des sabots, du hennissement des chevaux, du tintement des éperons et des épées, des oriflammes claquant au vent, des toux, des murmures de milliers d'hommes. Beaucoup de soldats attendaient là depuis la veille dans une atmosphère de carnaval. Certains d'entre eux avaient bu – les tavernes avaient été pillées. Les rues étaient jonchées d'uniformes de style prussien abandonnés, comme au lendemain d'une soirée costumée. Rien de tout cela n'avait d'importance, parce que chaque homme savait qu'il était en train de faire l'Histoire : ils se gorgeaient de la vision enchanteresse de cette jeune femme qu'ils portaient sur le trône et tous devaient être emportés par une véritable ferveur.

Catherine prit les rênes de Brillant et on lui tendit son sabre, mais elle se rendit compte qu'elle avait oublié d'attacher une dragonne à la poignée. Elle dut en chercher une du regard car son hésitation fut remarquée par un garde à l'œil vif qui, plus tard, la comprendrait mieux, plus instinctivement, que quiconque. Toujours à cheval, il se fraya un chemin sur la place et s'approcha d'elle, puis il ôta la dragonne de son propre sabre et la lui tendit avec une révérence. Elle le remercia. Elle ne put manquer d'observer sa taille de géant, sa splendide crinière de cheveux d'un brun roux et son long visage intelligent au menton fendu, cette apparence qui lui avait valu d'être surnommé Alcibiade. Grigori Potemkine n'aurait pu se signaler à son attention d'une manière plus audacieuse, ni à un moment plus mémorable, mais c'était précisément là un de ses talents.

La princesse Dachkova, également vêtue d'un élégant uniforme de garde, monta sur son cheval juste derrière l'impératrice. Cette « révolution en jupons » comportait clairement un élément de mascarade. Il était temps de passer à l'action afin de frapper à l'aube : Pierre III était toujours en liberté, était encore l'empereur, du moins nominalement, et se trouvait à Oranienbaum, à une nuit de marche. Alcibiade, lui, n'avait pas quitté l'impératrice.

Catherine prit la dragonne de Potemkine, l'attacha à son sabre et poussa Brillant en avant. Potemkine voulut éperonner sa monture pour rejoindre ses hommes, mais son cheval avait été entraîné à avancer, genou contre genou, en formation d'escadron pour la charge.

La bête refusa obstinément de faire demi-tour, si bien que, pendant plusieurs minutes, alors que le sort de l'empire dépendait de l'instant, Potemkine, peinant à maîtriser son cheval têtu, se retrouva obligé de bavarder avec la nouvelle impératrice. « Cela la fit rire. [...] elle remarqua son apparence [...] elle lui parla », rapporta Potemkine à un ami alors qu'il était devenu le corégent de Catherine, et ainsi il se vit « jeté dans la carrière des honneurs, de la richesse et du pouvoir – tout cela grâce à une monture fraîche ».

Tous les témoignages concordent sur la façon dont il rencontra Catherine, mais diffèrent dans les détails : était-ce la dragonne qui était en jeu, ou l'aigrette d'une coiffe, une sultane ? Quoi qu'il en fût, pour le superstitieux Potemkine, ce qui compta le plus fut ce cheval qui ne voulait pas quitter l'impératrice, comme si la bête avait pressenti leur destin commun : ce « hasard heureux », disait Potemkine. Mais ce n'était pas le hasard qui l'avait poussé à avancer pour lui offrir sa dragonne. Connaissant les artifices de Potemkine, son amour de la comédie et son talent pour l'équitation, il est tout à fait possible que ce ne soit pas le cheval qui ait retardé son retour dans les rangs. Enfin, la bête obéit à son cavalier et regagna sa place au galop.

La longue colonne d'hommes, marchant autour de deux cavalières en uniformes masculins, s'ébranla dans la nuit claire. Des fanfares militaires se mirent à jouer, les hommes entonnèrent des chansons de marche. Parfois, ils sifflaient et criaient : « Vive notre petite mère Catherine ! »

À 3 heures du matin, les forces de Catherine firent halte à Krasni-Kabak pour se reposer. Elle se coucha sur un étroit lit de paille, à côté de Dachkova, mais ne put trouver le sommeil. Les Orlov avaient continué avec leur avant-garde. Le reste de la troupe repartit deux heures plus tard et fut accueilli par le vice-chancelier, le prince A. M. Golitsyne, avec une nouvelle offre de Pierre. Mais il n'y avait plus rien à négocier, en dehors d'une abdication inconditionnelle. Le vice-chancelier prêta serment à Catherine.

Bientôt, la nouvelle leur parvint qu'Alexis Orlov avait pris possession sans combat des deux résidences d'été, Oranienbaum et Peterhof. À 10 heures, Catherine entra à Peterhof en tant qu'impératrice souveraine : vingt-quatre heures seulement s'étaient écoulées depuis qu'elle était partie, portant encore son bonnet de nuit en dentelle. Son amant Grigori Orlov, accompagné de Potemkine, se trouvait déjà à proximité d'Oranienbaum, où il contraignit Pierre à signer son abdication inconditionnelle. Une fois son nom apposé sur le document, Grigori Orlov le rapporta à l'impératrice. Potemkine resta en arrière pour surveiller cette enveloppe vide qui avait été empereur. Dégoûté, Frédéric le Grand, dont on peut dire que Pierre III lui avait sacrifié son empire, fit remarquer que « l'empereur s'est laissé chasser du trône comme un enfant est envoyé au lit ».

L'ex-empereur fut guidé jusqu'à sa voiture, accompagné de sa maîtresse et de deux aides. La voiture était encadrée par des gardes. Potemkine se trouvait parmi eux. Les troupes qui se rassemblaient tout autour rallièrent le convoi et le saluèrent par des hourras, au cri de « Vive l'impératrice Catherine II ! ». À Peterhof, Pierre rendit son épée, son cordon de Saint-André et son uniforme des gardes de Préobrajenski. Il fut emmené dans une pièce qu'il connaissait bien, où Panine passa le voir : l'ancien tsar tomba à genoux et pria qu'on ne le sépare pas de sa maîtresse. Lorsque cela lui fut refusé, Pierre, épuisé et en pleurs, demanda s'il pouvait prendre son violon, son nègre Narcisse et son chien Mopsy. « Je considère comme l'un des grands malheurs de ma vie d'avoir dû voir Pierre en cet instant-là, se souvint Panine plus tard, le plus grand malheur de ma vie. »

Avant qu'il ait pu être conduit à son domicile permanent à Chlisselbourg, une berline fermée avec des gardes sur les marchepieds transféra, sur ordre d'Alexis Orlov, l'ex-empereur à son domaine de Ropcha (à environ une trentaine de kilomètres à l'intérieur des terres). Potemkine n'est pas mentionné parmi les membres de cette garde, mais il était à Ropcha un peu plus tard, ce qui signifie qu'il était probablement présent. Catherine accorda à son mari son violon, son nègre et son chien. Elle ne le revit jamais.

Quelques jours plus tard, la princesse Dachkova entra dans le cabinet de Catherine et fut « étonnée » de voir Grigori Orlov « étalé de tout son long sur un divan », consultant des documents d'État. « Je lui demandai de quoi il retournait. "L'impératrice a ordonné que je les ouvre", me répondit-il. » Le nouveau régime avait pris le pouvoir.

Le 30 juin, Catherine II revint dans la capitale en liesse. Maintenant qu'elle l'avait emporté, il était temps pour elle de payer pour sa victoire. Potemkine compta parmi les bénéficiaires spécifiés par l'impératrice elle-même : sans doute n'avait-elle pas oublié l'incident de la dragonne. Il lui en coûta un total de plus d'un million de roubles, sur un budget annuel de 16 millions. Ses partisans obtinrent de généreuses récompenses pour leur rôle dans le coup d'État : la garnison de Saint-Pétersbourg toucha une demi-année de salaire – soit 225 890 roubles. Grigori Orlov s'en vit promettre 50 000 ; Panine et Razoumovski reçurent des pensions de 5 000 roubles. Le 9 août, Grigori et Alexis Orlov, Ekaterina Dachkova et les dix-sept principaux conjurés obtinrent soit 800 âmes soit 24 000 roubles chacun.

Grigori Potemkine fit partie des onze jeunes conspirateurs qui reçurent 600 âmes ou 18 000 roubles. Il apparaît sur d'autres listes rédigées de la propre écriture de Catherine : sur l'une d'elles, les commandants des gardes à cheval présentent leur rapport, laissant entendre que Potemkine serait promu aspirant. Catherine écrivit de sa main : « doit être lieutenant », aussi fut-il promu sous-lieutenant, et elle lui promit 10 000 roubles de plus. Catherine maintint le chancelier Vorontsov à son poste, mais fit de Nikita Panine son Premier ministre. La coterie de Panine avait rêvé d'une régence pour Paul, sous la férule de l'oligarchie aristocratique, mais les Orlov et leurs gardes défendaient le pouvoir absolu de Catherine, et c'était l'unique raison de leur présence au sein du gouvernement. Toutefois, les Orlov caressaient un autre projet : le mariage entre Grigori Orlov et l'impératrice. Ce projet se heurtait à un obstacle qui n'avait rien d'insurmontable : Catherine était déjà mariée.

Pierre III, Narcisse et Mopsy se trouvaient toujours à Ropcha, sous la surveillance d'Alexis Orlov et ses trois cents hommes, dont Potemkine. Orlov tint Catherine au courant de cette situation embarrassante dans une série de lettres chaleureuses, informelles, mais sinistres. Il y mentionnait Potemkine, un autre signe que Catherine le connaissait, ne serait-ce que vaguement. Mais surtout il y tournait Pierre en dérision, le traitant de « monstre ». On devine une menace lugubre dans les missives d'Orlov, comme s'il cherchait à obtenir l'assentiment de Catherine pour son acte avant même de l'avoir commis.

Elle ne dut pas être surprise d'apprendre, vers le 5 juillet, que Pierre avait été assassiné. Les détails restent aussi obscurs que l'acte lui-même. Tout ce que nous savons, c'est qu'Alexis Orlov et sa soldatesque firent ce qu'ils avaient à faire, et que l'ancien empereur finit étranglé.

Cette mort rendait service à tous. En vie, les monarques déchus représentaient toujours un danger pour leurs successeurs, dans un pays infesté de prétendants. Même morts, il leur arrivait de se relever. La simple existence de Pierre III sapait l'assise de l'usurpation de Catherine. Elle jetait également une ombre sur les plans des Orlov. Son assassinat n'eut rien d'une erreur. Potemkine fut-il impliqué ? Comme il devait se voir accuser de tous les péchés imaginables dans sa carrière ultérieure, il est important de souligner que jamais son nom ne fut mêlé à l'assassinat de Pierre, et cela ne peut signifier qu'une chose : il n'y joua aucun rôle. Mais il était présent à Ropcha.

Catherine versa des larmes amères – sur sa réputation plutôt que sur Pierre : « Ma gloire est gâchée, la postérité ne me pardonnera jamais. » Dachkova, choquée, n'en pensait pas moins à elle-même. « C'est une mort trop soudaine, madame, pour votre gloire et la mienne. » Catherine était consciente des avantages de cet acte. Personne ne fut châtié. En fait, Alexis Orlov serait appelé à jouer un rôle éminent dans les trente prochaines années. Mais il fit tristement connaître Catherine en Europe comme une régicide adultère.

Le corps de l'empereur fut exposé dans un cercueil ordinaire au couvent Alexandre Nevski pendant deux jours, dans un uniforme bleu du Holstein, sans décorations. Une cravate dissimulait sa gorge meurtrie et un chapeau avait été placé bas sur son visage pour masquer le noircissement causé par la strangulation.

Catherine retrouva son sang-froid et publia une déclaration, qui fut la risée du continent, par laquelle elle attribuait la mort de Pierre à une « colique hémorroïdaire ». Ce diagnostic absurde, quoique nécessaire, allait devenir un euphémisme pour le meurtre politique en Europe. Quand Catherine invita plus tard le philosophe d'Alembert à lui rendre visite, il plaisanta avec Voltaire qu'il préférait ne pas faire le voyage car il était sujet aux hémorroïdes, une affection manifestement très dangereuse en Russie.

Traditionnellement, les tsars de Russie étaient couronnés à Moscou, la vieille capitale orthodoxe. Pierre III, avec son mépris pour son pays d'adoption, n'avait pas pris la peine d'être couronné du tout. Catherine, l'usurpatrice, n'entendait pas commettre le même impair. Au contraire, un usurpateur devait suivre à la lettre le rituel de la légitimité, quel qu'en soit le coût. Catherine ordonna donc la préparation d'un somptueux couronnement traditionnel dès que possible.

Le 4 août, le jour même où il fut promu sous-lieutenant sur l'ordre personnel de l'impératrice, Potemkine fit partie des trois escadrons de gardes à cheval qui partirent pour Moscou assister au couronnement. Sa mère et sa famille y résidaient encore et purent accueillir le fils prodigue, car il était parti en disgrâce et revenait comme membre de la garde d'une impératrice à son couronnement. Le 27 du même mois, le grand-duc Paul, âgé de huit ans, pilier unique et légitime du nouveau régime, accompagné de son gouverneur Panine, de vingt-sept voitures et deux cent cinquante-sept chevaux, quitta à son tour la capitale, suivi de Grigori Orlov. L'impératrice partit cinq jours plus tard, avec une suite composée de vingt-trois courtisans, soixante-trois voitures et trois cent quatre-vingt-quinze chevaux. Le vendredi 13 septembre, le tsarévitch et Catherine arrivèrent à Moscou, cette ville de bulbes et de tours, incarnation de la vieille Russie, et qu'elle avait toujours détestée. Elle ne s'y sentait pas aimée et, un jour, y était tombée gravement malade. Ses préjugés ne purent qu'être confortés lorsque le petit Paul y contracta une fièvre, qui ne cessa que le jour de la cérémonie proprement dite. Le dimanche 22 septembre, dans la cathédrale de l'Assomption au cœur du Kremlin, l'impératrice fut couronnée « sérénissime et toute-puissante princesse et dame Catherine II, impératrice et autocrate de toutes les Russies », en présence de cinquante-cinq dignitaires orthodoxes debout formant un demi-cercle. Comme Élisabeth avant elle, elle prit délibérément la couronne qu'elle coiffa afin de souligner que c'était d'elle-même qu'elle tenait sa légitimité, puis elle saisit le sceptre dans sa main droite et l'orbe dans sa main gauche, et la congrégation tomba à genoux. Le chœur se mit à chanter tandis que retentissaient des coups de canon. Le métropolite de Novgorod l'oignit avant de lui administrer la communion.

Catherine retourna à son palais dans un carrosse doré, flanqué de gardes à cheval démontés, dont Potemkine, tandis que des pièces d'or étaient jetées à la foule. Sur son passage, les gens s'agenouillaient. Plus tard, quand vint le temps des récompenses et des honneurs liés au couronnement, le nouveau régime commença à prendre forme : Grigori Orlov fut nommé aide de camp personnel de l'impératrice, et les cinq frères, avec Nikita Panine, furent élevés au titre de comtes de l'Empire russe. Le sous-lieutenant Potemkine, alors de service au palais, apparaît une fois dans ces listes : il reçut un service d'argenterie et quatre cents âmes de plus dans la région de Moscou. Le 30 novembre, il fut nommé *Kammerjunker*, ou gentilhomme de la chambre, avec autorisation de rester dans la garde, tandis que d'autres nouveaux Kammerjunkers devaient quitter l'armée et devenaient des courtisans.

S'ensuivit une semaine éprouvante faite de bals, de cérémonies et de réceptions, mais la fièvre du grand-duc Paul empira : s'il mourait, il ne pourrait y avoir de pire présage pour le règne de Catherine. Puisqu'elle s'était arrogé le pouvoir en partie pour protéger Paul de Pierre III, sa mort la priverait également d'une des raisons justifiant sa décision. Il était évident qu'il avait des prétentions au trône plus légitimes que sa mère. Un empereur était déjà mort d'hémorroïdes meurtrières ; le décès de son fils éclabousserait un peu plus Catherine, déjà régicide, de ce sang royal sacré. La crise atteignit son paroxysme durant les deux premières semaines d'octobre lorsque le tsarévitch se mit à délirer. Mais ensuite sa santé s'améliora. Cela n'aida guère à détendre l'atmosphère. Le régime de Catherine avait survécu à son couronnement, mais déjà complots et contre-complots se multipliaient. Dans les casernes, les gardes qui venaient de faire une impératrice se disaient qu'ils pouvaient aussi bien en faire d'autres. À la cour, les Orlov tenaient à ce que Grigori épouse Catherine, tandis que Panine et les grands espéraient limiter les pouvoirs impériaux et gouverner au nom de Paul.

Dans l'année qui s'était écoulée depuis qu'il était arrivé dans la garde à cheval, Potemkine avait gravi les échelons, ancien étudiant expulsé qui servait désormais l'impératrice en tant que gentilhomme de la chambre. Il avait doublé le nombre de ses serfs et avait été promu de deux rangs. De retour à Saint-Pétersbourg, les Orlov parlèrent à l'impératrice de l'homme le plus drôle de la garde, le lieutenant Potemkine, qui était un incroyable imitateur. Catherine, qui connaissait son nom et son visage depuis le coup d'État, répondit qu'elle souhaiterait grandement entendre cet esprit. Ainsi, les Orlov convoquèrent Potemkine pour amuser l'impératrice. Il dut se dire que son heure était venue. L'« enfant choyé de la fortune », oscillant toujours entre le désespoir et la joie, était animé d'une foi absolue dans son propre destin, persuadé de réussir un jour, au-delà des limites auxquelles étaient astreints les hommes ordinaires. Maintenant, on lui offrait sa chance.

Grigori Orlov vanta son imitation d'un grand seigneur en particulier. Potemkine était à même de restituer à la perfection la voix singulière et les manières de l'homme. Peu de temps après le couronnement, le garde fut officiellement présenté pour la première fois à Catherine, qui lui réclama donc cette imitation. Potemkine répondit qu'il en était tout à fait incapable – mais d'une voix si différente que toute l'assistance en fut figée. Tout le monde se redressa ou se mit à étudier le sol. La voix était absolument parfaite et sans équivoque, l'accent légèrement allemand et l'intonation d'une extraordinaire précision. Potemkine imitait l'impératrice elle-même. Les courtisans âgés durent se dire que cette jeune carrière était sur le point de se terminer avant d'avoir commencé. Les Orlov attendirent sans doute nonchalamment de voir comment elle prendrait une telle impertinence. Tous les regards se portèrent sur le beau visage fier, aux traits un peu lourds, et sur le front haut et intelligent de leur tsarine. Elle se mit à rire à gorge déployée, de sorte que tout le monde l'imita, convenant que l'imitation de Potemkine était remarquable. Une fois de plus, son audace avait payé.

C'est alors que l'impératrice considéra longuement le sous-lieutenant et gentilhomme de la chambre Potemkine et admira l'apparence séduisante de ce « véritable Alcibiade ». Étant une femme, elle remarqua tout de suite sa crinière fluide et soyeuse de cheveux brun roux – « la plus belle *chevelure** de toute la Russie ». Elle se tourna vers Grigori Orlov et se plaignit qu'elle était plus belle que la sienne : « Je ne vous pardonnerai jamais de m'avoir présenté cet homme, plaisanta-t-elle. C'est vous qui l'avez voulu, mais vous vous en repentirez. » Orlov aurait en effet de quoi le regretter. Ces histoires nous sont rapportées par des personnes qui connaissaient Potemkine à l'époque – un cousin et un de ses camarades de la garde. Même si elles doivent autant à la postérité qu'à l'Histoire, elles sonnent vrai.

Durant les onze années et demie qui séparèrent le coup d'État du début de leur histoire d'amour, l'impératrice suivit Potemkine, comme si elle le préparait à quelque chose. En 1762, son accession à un pouvoir presque suprême n'avait rien eu d'inévitable, mais plus elle le vit, plus elle fut fascinée par son inépuisable originalité. Ils étaient en quelque sorte en convergence, avançant sur des lignes parallèles qui se rapprochaient de plus en plus. À vingt-trois ans, Potemkine exhibait devant l'impératrice ses talents d'imitateur et son intelligence. Elle ne tarda pas à se rendre compte qu'il y avait bien plus en lui qu'une *chevelure** magnifique : il avait étudié le grec et était un spécialiste de la théologie et de la culture des peuples indigènes de la Russie. Mais on ne le croise que rarement dans les sources historiques se rapportant à ces années et ses apparitions sont toujours auréolées de mystère. En brossant à grands traits le portrait de la vie quotidienne de l'impératrice et de la cour, nous pouvons entrevoir Potemkine, sortant de la foule des courtisans pour se livrer à une joute verbale avec Catherine – avant de disparaître à nouveau. Mais il veilla à ce que ces apparitions fugaces soient mémorables.

Le sous-lieutenant Potemkine était tombé amoureux de l'impératrice et ne se souciait apparemment pas de le cacher. Il ne craignait ni les Orlov ni qui que ce soit d'autre dans la fosse aux lions de la cour instable de Catherine. C'était le monde dans lequel il s'était frayé un chemin, et il ne jouait que pour gagner. Le règne de Catherine II nous semble aujourd'hui avoir été aussi long que stable et glorieux – mais c'est un point de vue que nous confère le recul.

À l'époque, il semblait aux ambassadeurs étrangers en poste à Saint-Pétersbourg que le régime illicite d'une usurpatrice régicide était condamné, voué à ne durer que peu de temps. Potemkine, qui se trouvait dans la capitale depuis un peu plus d'un an, avait encore beaucoup à apprendre à la fois sur l'impératrice et sur les grands de la cour.

« Ma position est telle que je me dois d'observer la plus grande prudence, écrivait Catherine à Poniatowski, son ancien amant, qui menaçait de lui rendre visite, le 30 juin. Le moindre soldat de la garde pense, quand il me voit : "Voilà le résultat de mon travail." » Poniatowski était encore amoureux de Catherine – il le serait toujours –, et il brûlait maintenant de reconquérir la grande-duchesse qu'il avait été contraint de quitter. La réponse de Catherine ne nous laisse aucun doute quant à l'atmosphère qui régnait à Saint-Pétersbourg, ni à propos de son irritation face à la passion naïve de Poniatowski : « Puisque je me vois obligée de vous parler en toute franchise, et que vous avez choisi d'ignorer ce que je vous dis depuis six mois, le fait est que, si vous veniez ici, vous risqueriez fort de nous faire abattre l'un et l'autre. »

Tout en s'entourant de la cour somptueuse qu'elle estimait nécessaire, elle se retrouva simultanément obligée en coulisses de lutter pour garantir la stabilité au milieu de tant d'intrigues. Presque aussitôt, elle fut submergée de révélations sur des complots à son encontre, même parmi les gardes qui venaient de la mettre sur le trône. La police secrète de Catherine, héritée de Pierre III, était l'Expédition secrète du Sénat, commandée tout au long de son règne par Stepan Chechkovski, le redoutable « porte-knout », lui-même sous les ordres du procureur général. L'impératrice tenta de limiter le recours à la torture, en particulier après que le suspect avait déjà avoué, mais il est impossible de savoir dans quelle mesure elle y parvint : il est probable que plus on s'éloignait de Saint-Pétersbourg, plus la question était généreusement appliquée. Le fouet et le bâton étaient plus des habitudes qu'une véritable torture. L'Expédition secrète était de dimensions fort modestes – elle regroupait une quarantaine d'employés environ, on est donc bien loin des légions employées par le NKVD ou le KGB à l'époque soviétique –, mais il était difficile de préserver son intimité : les courtisans et les étrangers étaient surveillés avec efficacité par leurs propres serviteurs et les gardes, tandis que les fonctionnaires n'hésitaient pas à fournir des informations sur les mécontents. Catherine ordonnait parfois que des opposants politiques fassent l'objet d'une surveillance et elle était toujours prête à recevoir Chechkovski. Il n'existait rien de comparable à un État policier au XVIIIe siècle mais, aussi nobles qu'aient été les sentiments de l'impératrice, l'Expédition secrète était toujours prompte à surveiller, arrêter et interroger – et elle fut particulièrement occupée durant les premières années de son règne.

Deux autres candidats au trône étaient plus légitimes qu'elle : Ivan VI, l'idiot de Chlisselbourg, et Paul, son propre fils. Les premiers conjurés, œuvrant au nom d'Ivan, furent découverts en octobre 1762 lors du couronnement de l'impératrice à Moscou : il s'agissait de deux gardes du régiment d'Izmailovski, Gouriev et Khrouchtchev. Ils furent torturés et battus, sur ordre de Catherine, mais leur « complot » n'était guère plus que de la vantardise d'ivrognes. Catherine ne perdit jamais son sang-froid : elle trouvait un équilibre entre les différentes factions de la cour, tout en renforçant sa sécurité en soudoyant sans vergogne les gardes à l'aide de cadeaux somptueux. Dans cette lutte entre factions, chaque camp avait ses propres et dangereuses ambitions. Catherine fit d'emblée savoir que, comme Pierre le Grand avant elle et à l'instar du héros du moment, Frédéric de Prusse, elle serait son propre chancelier. Elle gouvernait la Russie par le biais d'un puissant cabinet composé de proches, qui devint le véritable gouvernement de l'empire. En l'espace de deux ans, elle recruta le prince Alexandre Alexeiévitch Wiazemski, âgé de trente-quatre ans, administrateur infatigable mais impopulaire, aux yeux à fleur de tête et au visage rubicond, qui gérerait les affaires intérieures de la Russie pendant près de trente ans depuis le Sénat en tant que son procureur général, un rôle qui combinait les fonctions modernes de ministres des Finances, de la Justice et de l'Intérieur.

Nikita Panine devint l'équivalent de son Premier ministre. Convaincu que l'aristocratie avait pour but de freiner les fantaisies absolutistes, il proposa la mise en place d'un Conseil impérial qui serait nommé par l'impératrice, mais qu'elle ne pourrait pas écarter. L'idéal de Panine était une menace à la fois pour Catherine et pour les « parvenus » dans les rangs des gardes qui l'avaient placée sur le trône. La tutelle de Panine sur Paul, généralement considéré comme l'empereur légitime, faisait naturellement de lui le défenseur d'une transmission des pouvoirs à l'enfant dès qu'il serait en âge. Il méprisait ouvertement le pouvoir des « favoris capricieux ». Ce qui faisait des cinq Orlov ses ennemis. Au cours des douze années suivantes, les deux factions s'efforceraient de profiter de l'affection croissante de l'impératrice envers Potemkine dans leur lutte pour la suprématie.

Catherine détourna Panine de ses projets en le confinant à la politique étrangère comme « membre principal » du collège des Affaires étrangères – ou ministre des Affaires étrangères – mais elle n'oublia jamais que Panine avait voulu placer Paul, et non elle, sur le trône en 1762. Mieux valait pour elle garder un œil sur cet intrigant calculateur. Ils avaient besoin l'un de l'autre : elle estimait que Panine était l'homme « le plus habile, intelligent et zélé à [s]a cour », mais elle ne l'aimait pas particulièrement.

Outre ces deux factions principales, la cour de la nouvelle impératrice était un labyrinthe de familles et de clans. Catherine nomma son admirateur des années 1750, Zakhar Tchernichev, aux commandes du collège de la Guerre, tandis que son frère Ivan se voyait confier la Marine : le premier Tchernichev maintint une forme de neutralité entre Panine et les Orlov. Mais les membres des grandes familles soutenaient souvent des factions différentes, comme nous l'avons vu avec la princesse Dachkova et les Vorontsov. Elle-même ne tarda pas à aller trop loin en prétendant exercer un pouvoir qu'elle ne détenait pas. « Cette célèbre conspiratrice qui se vantait d'avoir donné une couronne [...] devint la risée de tous les Russes. » Dachkova, comme le chancelier Vorontsov et Ivan Chouvalov, ces grands du règne d'Élisabeth, fut invitée à « voyager à l'étranger », euphémisme masquant un exil en douceur dans les villes balnéaires d'Europe. La cour de Catherine se mua en un kaléidoscope de factions rivales en perpétuel changement, des groupes d'individus liés par l'amitié, la famille, la cupidité, l'amour ou de vagues opinions communes. Les deux informations essentielles étaient toujours de savoir si un courtisan était plus en faveur de l'alliance prussienne ou autrichienne, et s'il ou elle était plus proche de l'impératrice ou de l'héritier. C'était le règne de l'intérêt personnel : « L'ennemi de mon ennemi est mon ami. »

Le premier succès du nouveau régime en politique étrangère fut la récupération de la couronne de Pologne au profit de l'amant précédent de Catherine. Quelques jours après le coup d'État, le 2 août 1762, Catherine écrivit au grave Stanislas Poniatowski : « J'envoie le comte Keyserling en Pologne immédiatement, pour vous faire roi à la mort du souverain régnant », Auguste III.

On a souvent présenté cette décision comme un caprice impérial afin de remercier Poniatowski de ses services amoureux. Mais l'institution complexe qu'était la République nobiliaire de Pologne était tout sauf une question frivole. À bien des égards, la Pologne occupait une place unique en Europe, mais c'était un pays exaspérant par ses contradictions absurdes : il ne s'agissait pas vraiment d'un, mais de deux États – le royaume de Pologne et le grand-duché de Lituanie.

Il disposait d'un parlement, la Sejm, ou Diète, mais aussi de gouvernements parallèles ; ses rois, élus, étaient quasi impuissants : quand ils nommaient certains fonctionnaires, ils ne pouvaient plus les renvoyer ; sa noblesse, la *szlachta*, était presque omnipotente. La Diète était élue par l'ensemble de la szlachta, ce qui, puisqu'elle comprenait presque dix pour cent de la population, faisait de la Pologne un pays plus démocratique que l'Angleterre. Une voix suffisait à annuler le résultat des séances de la Diète – le fameux *liberum veto*, qui conférait plus de pouvoirs au plus humble délégué qu'au roi. Il n'y avait qu'un moyen de le contourner : les nobles pouvaient former une confédération, une Diète alternative temporaire qui ne siégeait que le temps d'atteindre ses objectifs. Ensuite, elle était dissoute. Mais, en réalité, la Pologne était gouvernée par ses magnats, des « roitelets » qui possédaient des domaines grands comme certains États et qui avaient leurs propres armées. Les Polonais étaient extrêmement fiers de leur étrange Constitution, qui entretenait ce pays gigantesque dans un chaos humiliant qu'ils considéraient comme une liberté absolue et sans prix.

Le choix des rois de Pologne était devenu l'un des sports diplomatiques favoris du XVIIIe siècle. La Russie, la Prusse, l'Autriche et la France se livraient ainsi régulièrement à cette joute géopolitique. Versailles comptait trois alliés traditionnels à l'Est, l'Empire ottoman, la Suède et la Pologne. Mais depuis 1716, lorsque Pierre le Grand avait garanti la Constitution imparfaite de la Pologne, la politique russe consistait à s'assurer la domination de la République nobiliaire par le maintien de sa Constitution absurde, en plaçant des rois faibles à Varsovie, encourageant le pouvoir des grands, et en disposant constamment d'une armée russe toujours prête à la frontière. Le seul intérêt de Catherine dans tout cela était de préserver le protectorat imposé par Pierre à la Pologne. Poniatowski était la figure de proue idéale parce que, grâce ses oncles Czartoryski, la « Familia » prorusse appuyée par des canons russes et de l'argent anglais, Catherine pourrait continuer à contrôler la Pologne.

Poniatowski commença à rêver de devenir roi et d'épouser ensuite Catherine, afin, ainsi que l'écrit son biographe, d'associer les deux grands désirs de sa vie. « Si je voulais le trône, la supplia-t-il, ce serait pour vous y voir assise. » Quand elle lui répondit que cela était impossible, il l'implora : « Ne me faites pas roi, mais ramenez-moi à vos côtés. » Cet idéalisme aussi galant que larmoyant n'augurait rien de bon quant à sa relation future avec l'incarnation féminine de la raison d'État. Les concurrents habituels dans ce jeu de succession étant épuisés après la guerre de Sept Ans, Catherine et Panine parvinrent à leurs fins. Catherine s'assura le soutien de Frédéric le Grand parce que la Prusse avait été ruinée par le conflit et se retrouvait tellement isolée que cette alliance avec la Russie, conclue le 31 mars/11 avril 1764, était son seul espoir. Le 26 août/6 septembre, la Diète électorale, encerclée par les troupes russes, élut Poniatowski roi de Pologne. Il adopta le nom de Stanislas-Auguste.

L'alliance avec la Prusse – et le protectorat polonais – étaient censés constituer les piliers du « système du Nord » tant vanté de Panine, qui verrait les puissances du Nord, dont le Danemark, la Suède et, pouvait-on espérer, l'Angleterre, contrebalancer le « bloc catholique » – les Bourbons de France et d'Espagne et les Habsbourg d'Autriche.

Maintenant que Poniatowski était roi, Catherine épouserait-elle Grigori Orlov ? Il existait un vague précédent. La rumeur disait que l'impératrice Élisabeth avait épousé son choriste cosaque, Alexis Razoumovski, qui vivait maintenant en retraite à Moscou.

Un vieux courtisan vint voir Alexis Razoumovski dans son palais baroque et le trouva occupé à lire la Bible. Le visiteur n'était autre que le chancelier Mikhaïl Vorontsov, qui jouait là son dernier rôle politique avant son « voyage à l'étranger ». Il offrit à Razoumovski le rang d'altesse impériale. C'était une façon polie de lui demander s'il avait secrètement épousé l'impératrice Élisabeth. Catherine et les Orlov souhaitaient savoir s'il existait un certificat de mariage. Razoumovski dut sourire à cette évocation. Il referma sa Bible et sortit une boîte d'ébène, d'or et de perles. Il l'ouvrit et en extirpa un vieux rouleau de parchemin scellé de l'aigle impérial…

Catherine devait se montrer prudente. Elle était parfaitement consciente du danger qu'il y avait à donner trop de pouvoir aux Orlov. Si elle épousait Grigori Orlov, elle compromettrait le droit du grand-duc Paul à régner, menaçant peut-être même ses jours, tout en outrageant les grands et l'armée. Mais elle aimait Orlov. C'était à leur famille qu'elle devait son trône. Elle avait donné un fils à Grigori[1]. C'était un temps où les vies publique et privée des souverains étaient

1. Ce fut l'enfant dont elle était enceinte au moment du décès d'Élisabeth : Alexis Grigoriévitch Bobrinski, 1762-1813. Bien qu'il n'ait jamais été officiellement reconnu, Catherine pourvut à son éducation. Il menait une vie de débauche à Paris tandis que l'impératrice payait ses dettes, puis il rentrait au pays, et repartait à nouveau. Paul Ier finit par le reconnaître comme demi-frère et le fit comte.

indissociables. Tout au long de sa vie, Catherine rêva d'une famille : ses parents étaient morts ; sa tante l'avait terrorisée et lui avait enlevé son fils, les intérêts de Paul étaient une menace pour son règne sinon sa propre vie, et même Anna, la fille qu'elle avait eue avec Poniatowski, était morte jeune. Elle occupait une position extraordinaire, et pourtant elle aspirait à vivre dans un foyer presque bourgeois avec Grigori Orlov, qu'elle considérait comme son partenaire pour la vie. Aussi laissa-t-elle la question en suspens – et permit sans doute aux Orlov d'envoyer cet émissaire demander à Razoumovski s'il n'y avait pas eu un précédent.

Pourtant, les frères n'étaient pas des plus subtils dans leurs manœuvres. Lors d'une petite fête, Grigori fanfaronna avec des manières de canaille, affirmant que, s'il le voulait, il pourrait renverser Catherine en un mois. Cyrille Razoumovski, le frère bienveillant d'Alexis, répondit à brûle-pourpoint : « Peut-être, mais, mon ami, au lieu d'attendre un mois, nous vous ferions pendre dans les deux semaines. » L'hilarité fut générale, quoique glaçante. Quand Catherine laissa entendre qu'elle pourrait épouser Orlov, Panine lui aurait répondu : « L'impératrice peut faire ce qu'elle veut, mais madame Orlov ne sera jamais impératrice de Russie. »

Ces valses-hésitations n'étaient pas synonymes de sécurité politique. En mai 1763, alors que Catherine était en pèlerinage de Moscou à Rostov-sur-le-Don, elle eut un choc qui mit fin aux projets d'Orlov. Le gentilhomme de la chambre Fédor Khitrovo, qui, avec Potemkine, avait soulevé les gardes à cheval au nom de Catherine, fut arrêté. Suite à son interrogatoire, il reconnut avoir eu l'intention de tuer les Orlov pour empêcher le mariage et faire unir Catherine au frère d'Ivan VI. Cette fois, ce n'était pas un quelconque officier emporté par les vapeurs de la vodka, mais un des membres du cercle intime de la conjuration de Catherine. Est-ce Panine ou Catherine elle-même qui orchestra cela pour torpiller les ambitions des Orlov ? Quoi qu'il en soit, la révélation atteignit son objectif.

Ce qui nous ramène à la question posée à Alexis Razoumovski, qui joua avec le parchemin trouvé dans la boîte ornée de joyaux jusqu'à ce que le chancelier Vorontsov tende la main. Razoumovski le jeta dans le feu. « Non, il n'y a pas de preuve, répondit-il. Dites-le à notre gracieuse souveraine. » L'histoire est sans doute fabriquée de toutes pièces, mais il semble, dans certaines versions, que Razoumovski ait freiné la volonté de Catherine d'épouser Orlov. En fait, Catherine aimait beaucoup les Razoumovski – deux sympathiques charmeurs qui étaient ses amis depuis une vingtaine d'années. Il n'y eut probablement jamais de certificat de mariage. La scène du parchemin jeté dans les flammes ressemble fort à une anecdote au sujet de ce Cosaque plein d'humour. Mais, si la question fut posée, il est fort probable qu'Alexis Razoumovski a donné la réponse que Catherine voulait entendre afin d'éviter d'avoir à se marier avec Orlov. Si elle avait eu besoin de poser la question, elle ne tenait pas à ce qu'il y ait de réponse.

Alors même qu'elle célébrait son succès en Pologne, Catherine dut faire face à un nouveau défi lié à l'idiot connu sous le nom de « Prisonnier anonyme numéro un », l'empereur au cachot. Le 20 juin 1764, l'impératrice quitta la capitale pour une tournée dans ses provinces baltes. Le 5 juillet, un jeune officier tourmenté, Vassili Mirovitch, rêvant de rétablir la fortune de sa famille, tenta de libérer Ivan VI des entrailles de Chlisselbourg et de le faire empereur. Le malheureux Mirovitch ne savait pas que Catherine avait renouvelé les ordres donnés par Pierre III, qui voulaient que si quelqu'un essayait de libérer le Prisonnier anonyme numéro un, il soit tué sur-le-champ. Entre-temps, Mirovitch, dont le régiment était cantonné à Chlisselbourg, s'efforçait de découvrir l'identité du mystérieux prisonnier sans nom qui était tenu au secret dans la forteresse.

Le 4 juillet, Mirovitch, qui avait perdu le plus fidèle de ses conjurés lors d'une noyade accidentelle, rédigea un manifeste proclamant l'accession au trône de l'empereur Ivan VI. Compte tenu de l'instabilité qui régnait après le régicide de Pierre III et de la vénération superstitieuse que les Russes vouaient à leurs tsars, il parvint à recruter quelques hommes. À 2 heures du matin, Mirovitch prit le contrôle des portes, maîtrisa le commandant et se dirigea vers la cellule d'Ivan. Une fusillade éclata entre les rebelles et les gardes d'Ivan, puis cessa brusquement. Quand il se précipita dans la cellule, il trouva le corps de l'ex-empereur percé de plusieurs coups de poignard. Mirovitch comprit immédiatement, embrassa le corps et se rendit.

Catherine poursuivit son voyage un jour de plus avant de faire demi-tour, redoutant que le complot ne soit plus étendu. Lors de son interrogatoire, Mirovitch reconnut qu'il n'était pas au centre d'un réseau, qu'il avait agi en solitaire. À l'issue d'un procès qui eut lieu en septembre, il fut condamné à mort et six autres soldats à passer par les verges de mille hommes dix à douze fois (ce qui serait probablement fatal), puis à l'exil s'ils en réchappaient. Mirovitch fut décapité le 15 septembre 1764.

L'assassinat de deux empereurs stupéfia l'Europe. Les philosophes, qui étaient alors déjà occupés à échanger une correspondance flatteuse avec l'impératrice, qu'ils considéraient comme une des leurs, durent se livrer à des acrobaties morales pour surmonter leurs scrupules : « Je conviens avec vous que notre philosophie ne devrait se vanter de compter trop d'élèves comme elle. Mais que peut-on faire ? On doit aimer ses amis avec tous leurs défauts », écrivait d'Alembert à Voltaire. Ce dernier trouva un nouvel euphémisme cinglant pour le meurtre de deux tsars : « Ce sont là des questions de famille, dit le sage de Ferney, qui ne me concernent pas. »

Catherine, fidèle à elle-même, ne se relâcha pas. Elle savait qu'elle ne pouvait se contenter de simplement gouverner. Sa cour était le miroir où se refléteraient ses succès aux yeux du monde. Elle savait qu'elle-même devait en être le plus beau joyau.

« Je n'ai jamais vu de ma vie une personne dont le port, les manières et le comportement aient si exactement correspondu à l'idée que je m'étais faite d'elle, écrivit le plénipotentiaire anglais Sir George Macartney. Bien que déjà âgée de trente-sept ans, on peut encore la dire belle. Ceux qui l'ont connue plus jeune assurent ne pas se souvenir qu'elle ait été si belle qu'à l'heure actuelle, et je le crois très volontiers. » Le prince de Ligne, en 1780, se remémorait avec le recul : « Elle avait été plus belle que jolie. La majesté de son front était tempérée par ses yeux et son agréable sourire. » Le professeur écossais William Richardson, perspicace auteur d'anecdotes sur l'Empire russe, constata : « L'impératrice de Russie est d'une taille supérieure à la moyenne, gracieuse et bien proportionnée, mais toujours bien couverte, le teint vif qu'elle s'efforce pourtant d'embellir de rouge, comme toutes les femmes de ce pays. Sa bouche est bien dessinée, avec de belles dents, ses yeux bleus ont une expression attentive. L'ensemble est tel qu'il serait insultant de dire qu'elle a quelque chose de masculin, mais ce ne serait pas lui faire justice que de dire qu'elle est entièrement féminine. » Le célèbre séducteur Giacomo Casanova, qui rencontra Catherine et s'y connaissait assurément en femmes, saisit l'essence de son charme : « De stature moyenne, mais bien bâtie et ayant un port majestueux, la souveraine avait l'art de se faire aimer de tous ceux qu'elle croyait être curieux de la connaître. Bien que n'étant pas belle, elle était sûre de plaire par sa douceur, son affabilité et son intelligence, dont elle faisait très bon usage pour paraître sans aucune prétention. »

Elle n'était « pas elle-même spirituelle », mais le compensait par la vivacité de son esprit bien informé. Macartney estimait que « [sa] conversation [était] brillante, peut-être trop car elle [aimait] à briller dans la conversation ». Casanova révéla qu'elle éprouvait le besoin de paraître intelligente sans effort : l'ayant rencontrée lors de sa promenade, il lui parla du calendrier grec et elle se montra peu bavarde, mais lors de leur rencontre suivante elle était pleinement informée sur la question. « J'étais certain qu'elle avait étudié le sujet dans le but d'éblouir. »

Elle savait faire preuve de délicatesse. Quand elle débattit des réformes avec des députés de Novgorod, le gouverneur lui expliqua : « Ces messieurs ne sont pas riches. » Catherine rétorqua : « Je vous demande pardon, monsieur le gouverneur. Ils sont riches de leur zèle. » Cette réponse charmante leur fit monter les larmes aux yeux et les combla d'aise mieux que l'argent.

Quand elle travaillait, elle se vêtait raisonnablement d'une longue robe à manches pendantes de style russe, mais, au jeu ou en représentation, « sa robe n'est jamais tape-à-l'œil, toujours riche [...], elle semble très à son avantage en uniforme et se plaît à apparaître ainsi habillée ». Quand elle entrait dans une pièce, elle effectuait toujours « trois révérences à la Russe » vers la droite, la gauche et au milieu. Consciente de l'importance des apparences, en public elle suivait à la lettre les rites orthodoxes, bien que Casanova eût remarqué qu'elle ne semblait guère attentive à l'église.

Elle se donnait toutes les peines du monde pour être une grande impératrice et adoptait une attitude très germanique vis-à-vis de toute perte de temps : « Gaspillons le moins de temps possible, disait-elle. Le temps appartient, non à moi, mais à l'empire. » Son génie résidait en partie dans sa capacité à s'entourer d'hommes de talent et à obtenir qu'ils donnent le meilleur d'eux-mêmes : « Catherine avait le don, rare, de choisir les gens qu'il fallait, écrivit le comte Alexandre Ribeaupierre, qui la connut, ainsi que ses hauts fonctionnaires. L'histoire lui a donné raison. » Une fois qu'ils avaient été choisis, elle gérait ces hommes si adroitement que chacun d'eux « commençait à penser [que ce qu'elle avait proposé] venait en fait de lui et il s'y attelait avec zèle ». Elle veillait à ne pas humilier ses serviteurs : « J'ai pour politique de faire des éloges à haute voix et de gronder à voix basse. » Bon nombre de ses préceptes sont si simples et habiles qu'on les dirait tirés d'un guide du management moderne.

En théorie, le pouvoir absolu des tsars pouvait compter sur l'obéissance aveugle de leurs sujets dans un empire sans loi – mais Catherine savait qu'il en allait autrement dans la pratique, une leçon que n'apprirent jamais Pierre III, ni plus tard son fils Paul. « Il n'est pas aussi facile que l'on pense [de faire exécuter ses volontés], expliqua-t-elle à Popov, le secrétaire de Potemkine. Tout d'abord, mes ordres ne seraient pas obéis à moins d'être des ordres qu'il est effectivement possible d'accomplir [...]. Je prends conseil, je consulte [...] et quand je suis déjà convaincue à l'avance d'obtenir l'approbation générale, j'édicte mes ordres et ai le plaisir d'observer ce que vous appelez l'obéissance aveugle. Et c'est cela le fondement d'un pouvoir illimité. »

Polie et généreuse envers ses courtisans, aimable et attentionnée avec ses serviteurs, sa jouissance totale du pouvoir pouvait avoir un côté sinistre : elle savourait la puissance secrète que lui conférait son statut, aimait à lire les rapports de la police, puis glaçait ses victimes comme n'importe quel dictateur en les informant qu'elles étaient sous surveillance. Des années plus tard, le comte de Damas, un jeune volontaire français, seul dans sa chambre, observait depuis sa fenêtre le défilé de troupes en route pour se battre contre les Suédois. Il murmura : « Si le roi de Suède voyait ces soldats [...], il ferait la paix. » Deux jours plus tard, quand il s'en fut présenter ses hommages à l'impératrice, « elle posa ses lèvres près de [s]on oreille et [lui] dit : "Alors, vous pensez que si le roi de Suède pouvait inspecter mes gardes, il demanderait la paix ?" Et elle se mit à rire ».

Son charme ne trompait pas tout le monde : les piques du prince Chtcherbatov, personnage suffisant qui avait servi à la cour, contenaient une part de vérité quand il décrivait cette « grande beauté, intelligente, affable », qui « aime la gloire et la poursuit avec assiduité ». Elle était « toute en ostentation [...], infiniment égoïste ». Il affirmait : « Jamais son cœur n'eut de place pour la véritable amitié et elle est prête à trahir son meilleur ami [...], elle a pour règle de cajoler un homme tant qu'il est nécessaire, puis, selon sa propre expression, de le jeter "comme un citron pressé". » Ce n'était pas tout à fait juste, mais le pouvoir passait toujours avant tout. Potemkine fut la seule exception qui confirma la règle.

En tant que gentilhomme de la chambre, Potemkine passait maintenant le plus clair de son temps autour des palais impériaux dans l'exercice de ses fonctions, qui consistaient entre autres à se tenir debout derrière sa chaise au moment des repas, pour la servir, elle et ses invités. Cela signifiait qu'il voyait souvent l'impératrice en public, apprenant à connaître la routine de son existence. Elle s'intéressa à lui – et il commença à nourrir pour elle une passion imprudente qui n'était guère appropriée pour un courtisan si jeune et de si peu d'importance.

II

TOUJOURS PLUS PROCHES

1762-1774

4

Le cyclope

« La Nature a fait de Grigori Orlov un paysan russe et il restera ainsi jusqu'à la fin. »

Durand de Distroff

Quand l'impératrice et le sous-lieutenant de la garde à cheval se rencontraient dans les innombrables couloirs du Palais d'hiver, Potemkine tombait à genoux, lui prenait la main et lui déclarait sa flamme avec passion. Il n'y avait rien d'inhabituel à ce qu'ils se voient ainsi ; Potemkine était un gentilhomme de la chambre. Tout courtisan pouvait littéralement buter dans sa souveraine n'importe où dans le palais, il la croisait tous les jours. En effet, l'endroit était ouvert au public s'il était décemment vêtu et ne portait pas de livrée. Toutefois, la conduite de Potemkine, le fait de baiser les mains de Catherine à genoux en lui déclarant son amour, était téméraire, si ce n'est irréfléchie. Seul son charme exubérant, et le désir de l'impératrice d'être charmée, le sauvaient de l'embarras.

Il y avait probablement plusieurs jeunes officiers à la cour qui croyaient être amoureux d'elle, et beaucoup d'autres auraient prétendu l'être pour préserver leur carrière. Beaucoup de soupirants, dont Zakhar Tchernichev et Cyrille Razoumovski, étaient tombés amoureux de Catherine au fil des années et avaient accepté ses délicates rebuffades. Mais Potemkine refusa les conventions des courtisans ou la domination des Orlov. Il alla plus loin que les autres. La plupart des courtisans se méfiaient des frères qui avaient assassiné un empereur. Potemkine, lui, étalait son courage. Longtemps avant de parvenir au pouvoir, il dédaigna la hiérarchie de la cour. Il taquinait le chef de la police secrète. Les grands traitaient Chechkevski avec circonspection, mais on dit que Potemkine s'était moqué du porte-knout en lui demandant : « Combien de gens allez-vous soumettre au knout aujourd'hui ? »

Il ne pouvait pas se comporter ainsi face aux Orlov sans y avoir été en partie encouragé par l'impératrice. Elle aurait pu facilement l'en empêcher si elle l'avait souhaité. Mais ce n'était pas le cas. C'était injuste de sa part, car nul ne pouvait imaginer qu'elle ferait de Potemkine son amant en ces années 1763-1764. Elle devait son trône aux Orlov. Potemkine était encore trop jeune. Donc, Catherine ne pouvait pas le prendre au sérieux. Elle était amoureuse de Grigori Orlov et, comme elle l'avouera plus tard à Potemkine, elle était une créature d'habitude et de fidélité. Elle considérait le séduisant Orlov, même s'il n'était pas particulièrement talentueux, comme son compagnon de toujours et « serait restée à ses côtés à jamais s'il ne s'était lassé d'elle le premier ». Quoi qu'il en soit, elle semblait reconnaître qu'elle éprouvait une certaine empathie pour Potemkine. Tout comme le gentilhomme de la chambre, qui s'arrangeait pour la rencontrer le plus souvent possible durant la routine de ses journées, en avait pour elle.

Catherine se levait tous les matins à 7 heures, mais, si elle s'éveillait plus tôt, elle allumait elle-même son poêle pour ne pas déranger ses servantes. Elle se mettait alors au travail jusqu'à 11 heures, seule avec ses ministres ou ses secrétaires. Parfois, elle accordait des audiences à 9 heures. Elle écrivait furieusement de sa propre main, ce qu'elle appelait sa « graphomanie », à une grande variété de destinataires, de Voltaire à Diderot, aux Allemands le docteur Zimmerman, Madame Bielke, et plus tard le baron Grimm. Ses lettres étaient chaleureuses, expressives et vivantes, sous-tendues par un sens de l'humour empreint de légèreté. C'était la grande époque des relations épistolaires. Hommes et femmes du monde étaient très fiers du style et du contenu de leurs lettres. Si elles étaient d'un grand homme dans une situation intéressante, un prince de Ligne, une Catherine ou un Voltaire, elles étaient copiées et lues en public dans les salons d'Europe, sorte de croisement entre les dépêches d'un journaliste distingué et les présentations d'une agence de publicité. Catherine aimait écrire, et pas que des lettres. Elle aimait gribouiller elle-même des décrets (oukases) et des ordonnances. Dans le milieu des années 1760, elle travaillait déjà à la rédaction de son Instruction générale pour la Grande Commission qu'elle convoquerait en 1767 pour codifier les lois existantes. Elle recopiait de longs extraits de livres qu'elle avait étudiés durant son adolescence, surtout Beccaria et Montesquieu. Elle appelait cela sa « législomanie ».

À 11 heures, elle faisait sa toilette et admettait dans sa chambre ceux qu'elle connaissait le mieux, comme les Orlov. Ils pouvaient ensuite partir en promenade ; en été, elle aimait flâner dans les jardins du Palais d'été où les visiteurs pouvaient l'approcher. Quand Panine fit en sorte que Casanova la rencontre, elle était accompagnée uniquement de Grigori Orlov et de deux dames de compagnie. Elle déjeunait à 1 heure de l'après-midi. À 14 h 30, elle regagnait ses appartements où elle lisait jusqu'à 18 heures, l'« heure de l'amant », à laquelle elle recevait Orlov.

S'il y avait une soirée à la cour, elle s'habillait et sortait. Les vêtements de cour se composaient d'un long manteau « à la française » pour les hommes et pour les dames d'une robe aux longues manches, une courte traîne et un corsage à baleines. En partie parce que cela convenait à la richesse et à la flamboyance russes, mais aussi parce que la cour de Catherine avait besoin d'afficher sa légitimité, tant les hommes que les femmes rivalisaient pour arborer des diamants sur n'importe quelle surface à laquelle ils étaient susceptibles d'être fixés : boutons, boucles, fourreaux, épaulettes et souvent jusqu'à trois rangs sur le bord des chapeaux. Les deux sexes portaient des rubans et des écharpes des cinq ordres de la chevalerie russe : Catherine elle-même aimait passer le ruban de Saint-André, rouge avec des fils d'argent, serti de diamants, et celui de Saint-Georges sur une épaule avec les étoiles de Saint-Alexandre Nevski, Sainte-Catherine et Saint-Vladimir et deux étoiles de Saint-André et Saint-Georges sur le sein gauche. Catherine avait hérité la somptuosité de l'étiquette vestimentaire de la cour d'Élisabeth. Elle raffolait de la splendeur et savait en faire un usage politique. Loin d'être économe, elle n'atteignit pourtant jamais l'extravagance d'Élisabeth, et atténua même plus tard la magnificence de sa cour. Elle comprenait que trop de paillettes sapaient le pouvoir dont elles étaient censées faire la preuve.

Pendant que les gardes patrouillaient à l'extérieur des palais, les appartements de la souveraine étaient gardés par l'élite, fondée en 1764 par Catherine et constituée de nobles, les soixante hommes des chevaliers-gardes qui portaient des manteaux bleus à revers rouges et parements d'argent, même sur leurs bottes. Ils portaient des casques en argent aux cimiers faits de longues plumes. L'aigle russe était brodé sur leur dos et ornait les plaques d'armure en argent sur leurs bras, leurs cuisses et leur poitrine, attachées par des cordes et des chaînes d'argent.

Le dimanche soir, elle recevait à la cour ; le mardi, on jouait une comédie française ; le jeudi habituellement une tragédie, également française, et ensuite un ballet ; le vendredi ou le samedi, il y avait souvent un bal masqué au palais. Cinq mille invités attendaient ces vastes fêtes semi-publiques. Catherine et sa cour étalaient leur magnificence face aux ambassadeurs étrangers, et entre eux. Quel meilleur guide pour vivre une telle soirée que Casanova ? « Le bal dura soixante heures. [...] Partout je voyais de la joie, de la liberté et une grande profusion de chandelles [...]. » Il entendit un autre invité masqué déclarer : « L'impératrice est là [...], vous verrez Grigori Orlov dans un instant, il a l'ordre de la suivre à distance [...]. » Les invités faisaient mine de ne pas la reconnaître. « Tout le monde le reconnaissait, lui, du fait de sa stature imposante et de la façon qu'il avait de toujours garder la tête penchée en avant. » Casanova, le parasite international, mangea autant qu'il le put, assista à une contredanse parfaitement exécutée dans un style français puis, ne pouvant chasser sa nature, rencontra une ancienne maîtresse (désormais celle de l'ambassadeur polonais) dont il redécouvrit les délices. À ce moment-là, il avait depuis longtemps déjà perdu de vue l'impératrice.

Catherine aimait s'apprêter et porter des masques. À une occasion, déguisée en officier portant un loup rose et un uniforme régimentaire (la cape desserrée), elle se souvint de quelques-unes de ses conversations discrètement érotiques avec des invités qui, naïvement, ne l'avaient pas reconnue. Une princesse pensa qu'elle était un beau jeune homme et dansa avec elle. Catherine murmura : « Je suis un homme heureux » et elles flirtèrent. Catherine lui baisa la main, elle se mit à rougir. « Je vous en prie, dites-moi qui vous êtes, supplia la jeune fille. – Je suis à vous », répondit Catherine, mais elle ne révéla pas son identité.

Catherine mangeait généralement peu le soir et se retirait presque toujours à 10 h 30, accompagnée de Grigori Orlov. Elle aimait s'endormir à 11 heures. Sa routine disciplinée rythmait le monde de la cour, mais Potemkine, par son esprit, s'était offert un accès à ce petit univers privé. Cela le rapprocha des Orlov, vigilants et violents, mais lui donna l'opportunité de déclarer sa passion à l'impératrice. Il devait payer cher son imprudence.

Tôt dans la soirée, Catherine invitait un cercle de privilégiés d'environ dix-huit personnes dans ses appartements, puis dans l'extension du Palais d'hiver qu'elle appelait son Petit Ermitage. On pouvait compter parmi ses habitués la comtesse Bruce, cette marieuse séduisante à qui Catherine confiait ses affaires les plus privées. Le maître des écuries, Lev Narychkine, qu'elle appelait son « clown-né », incarnation du noble russe riche et frivole. Et, bien entendu, les Orlov et, de plus en plus, Potemkine, entre autres.

La cour russe était bien moins figée et formelle que d'autres en Europe occidentale, comme celle de Georges III d'Angleterre. Même quand Catherine recevait des ministres qui ne faisaient pas partie de sa coterie privée, ils s'asseyaient et travaillaient ensemble, au contraire des Premiers ministres britanniques qui devaient se tenir debout en la présence de Georges III, à moins qu'il ne les gratifie du rare privilège de s'asseoir. Dans le Petit Ermitage de Catherine, cette désinvolture allait même plus loin. Catherine jouait aux cartes jusque vers 22 heures. Les gardes, comme Orlov ou Potemkine, se sentaient très vite chez eux, puisqu'ils avaient passé la majeure partie de leur jeunesse assis aux tables recouvertes de tapis vert. Ils participaient aussi aux jeux de mots ou de papiers, aux charades et même aux chants.

Grigori Orlov était le maître du salon : Catherine avait donné à son amant les pièces au-dessus des siennes dans le Palais d'hiver pour qu'il puisse descendre l'escalier vert sans être annoncé. Si Catherine n'appréciait guère les plaisanteries scabreuses de son petit cercle, elle n'était pas avare de démonstrations d'affection avec Orlov. Un visiteur anglais se remémora plus tard : « Ils ne s'abstinrent point de se caresser en ma présence. » Orlov adorait la musique et son humeur joviale donnait le ton de ces soirées, où l'impératrice elle-même devenait presque l'un des membres de ce cercle d'amis. « Après le dîner, rapporta le Journal de la cour au sujet de l'une des soirées, Sa Majesté Impériale rentra gracieusement dans ses appartements privés, et les gentilshommes de la salle des cartes chantèrent eux-mêmes des chansons accompagnées de vins divers. Puis la cour, les chanteurs et les serviteurs [...] et, sur les ordres du comte G. G. Orlov, les sous-officiers et les soldats de la garde à Tsarskoïé Selo entonnèrent de joyeuses chansons dans une autre chambre. »

Les Orlov avaient réalisé leurs ambitions, jusqu'à un certain point. Si le projet de mariage était désormais lettre morte, Orlov était le compagnon permanent de l'impératrice, ce qui lui conférait de l'importance. Mais c'était bel et bien elle qui dirigeait le gouvernement. Le plan des Orlov en tant que force politique comportait un défaut : le cerveau, les muscles et le charme n'étaient pas réunis en un seul homme, mais répartis avec une admirable équité parmi les cinq frères. Alexis Orlov, le Balafré, avait la cruauté, Fédor, la culture et le sens politique, alors que Grigori, qui n'avait aucune de ces qualités, ne possédait que la beauté, une nature formidable et un solide bon sens.

Les diplomates clamaient qu'Orlov « avait grandi dans des tavernes et des lieux malfamés [...], menait une vie de dépravé, bien qu'il soit aimable et généreux ». On disait que « toutes ses bonnes qualités » étaient « éclipsées par son désordre » qui « faisait de la cour royale un repaire de débauche. Il était rare qu'une servante seule à la cour [...] n'ait pas subi ses harcèlements », prétendait le prince Chtcherbatov, qui se considérait comme la conscience morale de l'aristocratie russe. « Le favori, écrivait l'envoyé britannique, Sir Thomas Gunning, est dissipé [...] » et entretenait une mauvaise compagnie. Au fil des années 1760, Catherine n'accorda aucune importance à ses infidélités, en digne femme du monde, à moins qu'elle les ait totalement ignorées. Orlov, néanmoins, n'était pas aussi rustre que les diplomates étrangers voulaient bien l'entendre, mais ce n'était pas non plus un intellectuel ou un homme d'État. Il correspondait avec Voltaire et Rousseau, mais probablement pour faire plaisir à Catherine et parce que c'était ce que l'on exigeait d'un haut responsable cultivé de son temps.

Catherine ne confia jamais de postes trop importants à Orlov, qui n'eut que deux missions : juste après le coup d'État, il fut assigné à la tête de l'Administration spéciale pour les étrangers et les immigrants chargée d'attirer les colons vers les régions désertes des rives de la mer Noire et les marches du Caucase du Nord. À ce titre, il intervint avec énergie et posa certains des jalons du succès futur de Potemkine. En 1765, elle le fit grand maître de l'artillerie, bien qu'il faille rappeler qu'elle avait éprouvé le besoin de consulter Panine, qui lui recommanda de limiter les pouvoirs de cette charge avant de la lui accorder. Orlov ne maîtrisa jamais les subtilités de l'artillerie et « semblait en savoir moins à ce sujet qu'un écolier », selon le diplomate français Durand, qui le rencontra lors de manœuvres militaires. Plus tard, il lutta héroïquement contre la peste à Moscou.

Orlov se pavanait dans le sillage de Catherine, mais il n'alla jamais trop loin dans l'exercice de son pouvoir et ne bénéficia jamais de l'indépendance politique dont jouit ensuite Potemkine. Alors qu'il était physiquement intime avec l'impératrice, Orlov n'était qu'à moitié impliqué au sein du gouvernement.

Potemkine brûlait de faire la démonstration de son intelligence insolente devant l'impératrice qui, peu soucieuse de l'étiquette, lui offrait maintes occasions d'agir. Un jour, il erra négligemment jusqu'au salon où Grigori Orlov jouait aux cartes avec l'impératrice. Il se pencha sur la table et se mit à regarder les cartes d'Orlov. Ce dernier lui murmura de partir, mais Catherine intervint. « Laissez-le, dit-elle. Il ne nous dérange pas. »

Si les Orlov avaient décidé de se débarrasser de Potemkine, c'est Nikita Panine qui intervint à ce « moment dangereux » pour le sauver de ce que les Orlov avaient bien pu planifier. À la fin de l'été 1762, on confia à Potemkine sa première, et dernière, mission à l'étranger. Il lui fallait se rendre à Stockholm pour informer le comte Ivan Osterman, l'ambassadeur russe en Suède, du changement de régime. La cour russe traitait traditionnellement la Suède comme une zone où envoyer se rafraîchir des amants trop échauffés. (Panine lui-même et le premier amant de Catherine, Serge Saltykov, y avaient été envoyés pour des raisons similaires). En nous fondant sur les indices épars que nous avons du début de sa carrière, il semble que l'irrépressible Potemkine n'avait rien retenu de ce coup de semonce et qu'il continua de faire l'idiot devant les Orlov jusqu'à ce qu'on lui donne une leçon.

À son retour, Catherine se montra plus intéressée que jamais par son original ami. Potemkine, qu'elle appellera plus tard son « élève », bénéficia de la générosité de son esprit. En tant que gentilhomme de la chambre, il était assis à table face à l'impératrice quand elle lui posa une question en français. Il répondit en russe. Quand un courtisan le gourmanda pour son impolitesse, Potemkine s'exclama : « Au contraire, je pense qu'un sujet doit répondre dans la langue dans laquelle il peut le mieux exprimer ses pensées, et ça fait vingt-deux ans que j'étudie le russe. » C'était caractéristique de son impertinence séduisante, mais aussi de sa méfiance vis-à-vis de la gallomanie de bien des gens de la cour. À en croire une légende, Catherine lui aurait suggéré d'améliorer son français et lui arrangea des leçons avec un prêtre français défroqué, le chevalier de Vivarais, qui avait servi sous Dupleix à Pondichéry pendant la guerre de Sept Ans. Ce charlatan minable n'était pas chevalier et voyageait avec sa « femme », Vaumale de Fages, qui apporta apparemment une contribution plaisante aux leçons de français de Potemkine. Son nom semble être celui d'une femme de petite vertu : en tout cas, elle se montra une enseignante patiente et attentive. Quant à Vivarais, il fut le premier d'une longue lignée d'escrocs raffinés dont Potemkine goûtait la compagnie. Et le français devint sa deuxième langue.

Catherine prévoyait une carrière gouvernementale à part pour son jeune protégé. Elle connaissait suffisamment son intérêt pour les questions religieuses pour le nommer assistant du procurateur du Saint-Synode, le conseil créé par Pierre le Grand pour diriger l'Église orthodoxe. Le procurateur était à la fois administrateur et juge dans toutes les affaires religieuses, l'équivalent du procureur général des affaires laïques. L'impératrice se souciait assez de lui pour rédiger ses instructions elle-même. Intitulée « Instruction pour notre gentilhomme de la chambre du monarque Grigori Potemkine » et datée du 4 septembre 1763, une première lettre montre le ton maternel qu'elle préférait employer avec les jeunes hommes.

> De l'oukase donné à votre propos pour le Saint-Synode : bien que vous sachiez bien pourquoi vous avez été assigné à ce poste, nous ordonnons ce qui suit pour que vous accomplissiez au mieux votre devoir [...]. 1. Pour une meilleure compréhension des affaires menées à partir de cet endroit [...]. 2. Il sera utile pour vous que vous ayez coutume de venir au Synode quand ils ne siègent pas [...]. 3. Connaître l'ordre du jour à l'avance [...]. 4. Vous devrez écouter avec une grande attention [...].

Le sixième point prescrivait que, au cas où le procurateur général serait souffrant, « vous devrez nous rapporter toutes les affaires et mettre par écrit nos ordres au Synode. En un mot, vous devrez apprendre toutes les choses qui éclairciront le cours des affaires et qui vous aideront à les mieux comprendre ». Le premier séjour de Potemkine au Synode fut bref, probablement à cause de ses problèmes avec les Orlov, mais nous savons, grâce au décret 146 des archives du Synode, qu'il y était présent un jour sur deux durant le mois de septembre. Il était en pleine ascension.

Tout en faisant la cour à l'impératrice et en entamant sa carrière politique, Alcibiade ne se privait pas de conquêtes et se taillait une réputation en tant qu'amant. Rien ne le poussait à être fidèle à Catherine tant qu'Orlov était encore maître du terrain. Le fidèle mais terne neveu de Potemkine, Alexandre Samoïlov, se souvenait de son oncle en train d'accorder une « attention toute particulière » à une « certaine jeune fille de bonne famille qui n'était pas indifférente envers lui ». Et il ajouta, de manière exaspérante : « dont je tairai le nom ». Quelques historiens veulent croire qu'il s'agissait de la confidente de Catherine, la comtesse Bruce, qui allait devenir célèbre en tant que supposée *« éprouveuse** » qui « essayait » les amants de Catherine. La comtesse Bruce fit généreusement tout ce qu'elle put pour aider Potemkine avec Catherine. Dans cette cour raffinée, il n'y avait pas de meilleur début pour une alliance politique qu'une amitié amoureuse. La comtesse Bruce avait toujours du mal résister à un jeune homme. Et elle avait déjà trente-cinq ans, comme Catherine ; peu de probabilités donc qu'elle soit cette jeune fille mystérieuse.

Qui que ce soit, Catherine laissa Potemkine continuer à jouer auprès d'elle son rôle mélodramatique de chevalier servant. Était-il vraiment amoureux de Catherine ? Il ne faut pas trop analyser ses motivations, il est impossible en matière d'amour de séparer l'individu du poste qu'il occupe. Il était ambitieux et dévoué à Catherine, l'impératrice et la femme. Alors, il disparut.

La légende dit qu'un jour, cette année-là, Grigori et Alexis Orlov invitèrent Potemkine à jouer au billard. Quand il arriva, les Orlov l'agressèrent et le rouèrent furieusement de coups. L'œil gauche de Potemkine fut touché. Dans sa fuite, il avisa un village piteux, du nom d'Erofeich, et s'y fit soigner, mais le remède paysan qu'il appliqua sur la blessure ne fit qu'empirer les choses. Elle s'infecta et Potemkine perdit son œil.

Ses déclarations à Catherine et la bagarre avec les Orlov font toutes partie de son mythe. D'autres récits relatent qu'il aurait perdu un œil en jouant au tennis puis qu'il alla consulter un charlatan, dont l'onguent le brûla. Mais on voit mal Potemkine sur un court de tennis. L'histoire de la bagarre est bien plus crédible, car Potemkine était en train de dépasser les bornes de la prudence en courtisant Catherine. Toutefois, il est peu probable qu'elle ait réellement eu lieu. Grigori Orlov se comportait toujours correctement envers son jeune rival.

C'était son premier revers, quel qu'il ait pu être. En deux ans, cet ancien étudiant débarqué de Moscou, pauvre et anonyme, était devenu le protégé de l'impératrice de toutes les Russies. Mais il avait atteint les sommets beaucoup trop tôt. La perte de son œil était tragique mais, paradoxalement, son repli de la cour eut un effet bénéfique. Ce fut la première fois, mais pas la dernière, que Potemkine choisit de se retirer au bon moment pour mieux attirer l'attention de l'impératrice.

Potemkine ne rendit plus visite à la cour. Il ne voyait plus personne, étudiait la religion, se laissait pousser la barbe et pensait à se faire moine. Il avait toujours été prompt à la contemplation religieuse et au mysticisme. Ce fils authentique de l'Église orthodoxe se retirait souvent dans des monastères pour prier. Si ses extravagances tenaient souvent de la comédie, ses contemporains, qui ne rataient jamais l'occasion de s'en prendre à lui, ne remirent pas en doute la sincérité de ses prières. Pas plus qu'ils ne doutaient de son dégoût d'ascète, si russe, pour le désir de réussite matérielle, particulièrement la sienne. Mais cette crise était beaucoup plus sérieuse que cela. Le charme de Potemkine tenait entre autres à l'ivresse sauvage de ses sautes d'humeur. C'était le symptôme d'une personnalité maniaco-dépressive, ce qui explique en grande partie son comportement étrange. Il sombra dans la dépression. Sa confiance était ébranlée. La dépression était si grave que certains récits rapportent même qu'il se serait lui-même arraché l'œil « pour le libérer de la honte due à son accident ».

Même sa disparition comportait un élément de vanité. Son œil aveugle était certainement à moitié fermé, mais pas perdu[1]. Il en avait honte et croyait probablement que l'impératrice le trouverait repoussant. La sensibilité de Potemkine était l'une de ses qualités les plus irrésistibles. Même devenu un célèbre homme d'État, il refusait presque toujours de poser pour des portraits parce qu'il s'estimait défiguré. Il s'était convaincu que sa carrière était finie. Ses adversaires se réjouissaient de sa nouvelle apparence : les Orlov lui trouvèrent un surnom d'après le géant à un œil de l'*Odyssée* d'Homère. « Alcibiade, disaient-ils, est devenu "le Cyclope". »

Potemkine disparut pendant dix-huit mois. L'impératrice demandait parfois de ses nouvelles aux Orlov. On dit qu'elle avait même annulé certaines de ses réunions, tellement ses imitations lui manquaient. Elle lui envoyait des messages par le biais d'amies anonymes. Catherine avoua plus tard à Potemkine que la comtesse Bruce la tenait toujours informée de son amour pour elle. Enfin, selon Samoïlov, l'impératrice envoya ce message grâce à leurs intermédiaires : « Il est bien dommage qu'une personne ayant de si rares mérites ait disparu de la société, et soit perdue pour la patrie et pour ceux qui l'apprécient et sont sincèrement bien disposés envers elle. » Ceci dut ranimer ses espoirs. Quand Catherine fut au courant de sa retraite, elle aurait ordonné à Grigori Orlov de

1. Ce qui n'empêcha pas un diplomate de prétendre qu'il s'était « procuré un œil de verre à Paris ».

convoquer Potemkine à la cour. Orlov, franc et honorable, avait toujours fait preuve de respect envers le jeune homme devant l'impératrice. D'ailleurs, il se disait vraisemblablement qu'avec son apparence désastreuse et sa confiance brisée Potemkine n'était d'ores et déjà plus une menace.

La souffrance peut être source de dureté, de patience et de profondeur. Tout le monde sentit que le Potemkine borgne revenant à la cour était un homme différent du fringant Alcibiade qui en était parti. Dix-huit mois après avoir perdu son œil, Potemkine portait toujours un bandeau de pirate autour de la tête, ce qui trahissait la contradiction entre sa timidité et son exubérance, l'une et l'autre des traits de sa personnalité. Catherine l'accueillit à la cour. Il réapparut à son ancien poste au Synode. Lorsque Catherine célébra le troisième anniversaire de son coup d'État en présentant des services d'argenterie à ses trente-trois principaux partisans, Potemkine fut porté tout en bas de la liste, loin derrière les grands tels que Cyrille Razoumovski, Panine et Orlov. Ce dernier était solidement et constamment à ses côtés, mais elle n'avait visiblement pas oublié son soupirant imprudent.

Alors, les Orlov envisagèrent un moyen plus agréable de s'en débarrasser. Une légende raconte qu'Orlov suggéra à l'impératrice que la fille de Cyrille Razoumovski, Élisabeth, serait une partenaire des plus avantageuses pour le garde de Smolensk, et Catherine ne s'y opposa pas. Il n'y a pas de preuve de cette relation de cour, mais on sait que Potemkine aida plus tard la jeune fille et s'entendit toujours bien avec son père qui le « recevait comme un fils ».

En effet, la bonté du comte envers le jeune Potemkine était caractéristique de la simplicité de ce Cosaque, ancien berger, qui était l'un des plus aimables parmi les puissants qui entouraient Catherine. On disait de Razoumovski qu'il avait été paysan à seize ans et maréchal à vingt-deux, ce qui était presque vrai[1]. Chaque fois que ses fils, qui devinrent de fiers aristocrates russes, étaient embarrassés par ses humbles débuts de Cosaque, il avait coutume de crier à son valet : « Allons, apporte-moi mes haillons de paysan dans lesquels je

1. Frère du favori de l'impératrice Élisabeth, il fut nommé hetman d'Ukraine quand il eut une vingtaine d'années. Il était par conséquent le gouverneur des terres cosaques nominalement semi-indépendantes durant le règne d'Élisabeth. Razoumovski avait soutenu le coup d'État de Catherine, puis avait demandé qu'elle rende l'hetmanat héréditaire et le confie à sa famille. Elle refusa et abolit l'hetmanat, le remplaçant par le collège de la Petite-Russie, et à la place le nomma maréchal.

suis venu à Saint-Pétersbourg. Je veux me rappeler le bon temps, quand je guidais mon bétail en criant : *"Tsop ! Tsop !"* » Il vivait dans un luxe fabuleux ; on racontait que c'était lui qui avait introduit le champagne en Russie. Potemkine, qui aimait certainement les histoires flamboyantes (et probablement le vin mousseux) de son conteur jovial, en conçut une obsession pour les Cosaques : la passion d'une vie est-elle née grâce au champagne de l'ex-hetman au palais de Razoumovski ? La vraie raison pour laquelle Potemkine ne se maria pas était qu'il aimait toujours Catherine et qu'elle représentait l'espoir d'un avenir vague, mais glorieux. Catherine « avait de temps à autre un regard pour d'autres hommes, écrivit un émissaire britannique, le comte de Buckinghamshire, particulièrement pour un homme accompli et aimable semblant mériter son affection ; il est bien entouré et n'est pas dépourvu de chances d'y arriver ». L'homme « accompli » fait penser à Potemkine, et aurait-il pu être mieux « entouré » que par la comtesse Bruce ?

En 1767, il se vit confier une mission qui montre comment Catherine créait des charges spéciales en fonction de ses intérêts. Après un court mandat au Synode, elle lui attribua des responsabilités en tant qu'intendant de l'armée censé superviser la manufacture des uniformes de jour. Catherine s'embarquait maintenant dans l'expérience politique la plus osée de sa vie : la Commission législative. Potemkine, qui avait évidemment fait la démonstration de sa connaissance des cultures orientales, fut nommé l'un des trois « gardiens des peuples exotiques » aux côtés du procureur général, le prince Viazemski, et de l'un des secrétaires de Catherine, Olsoufiev. L'impératrice présenta habilement Potemkine aux hauts fonctionnaires les plus importants de l'empire. Avec Catherine II, rien n'était jamais dû au hasard.

La Commission législative était un corps élu d'à peu près cinq cents délégués provenant d'un éventail impressionnant (pour l'époque) de représentants de la noblesse, de citadins, de paysans d'État et de non-Russes. Cette année-là, ils convergèrent sur Moscou en apportant les instructions de leurs électeurs. On recensait cinquante-quatre non-Russes, des Tatars aux Bachkirs, des Iakoutes aux Kalmouks. Puisque Viazemski et Olsoufiev étaient déjà très occupés, ils furent placés sous la responsabilité de Potemkine.

Potemkine devança l'impératrice à Moscou avec deux escadrons de cavaliers pour aider à préparer la venue des délégués. Catherine elle-même arriva en février, partant de Moscou en bateau pour descendre la Volga jusqu'à Kazan et Simbirsk, avec une suite de plus de mille cinq cents courtisans, y compris les deux Orlov et les deux Tchernichev, et des ambassadeurs étrangers. Ce voyage avait pour but de montrer que Catherine venait prendre le pouls de son empire. Elle revint ensuite à Moscou pour inaugurer la Commission.

Catherine envisagea peut-être d'abolir ou de réformer le servage, selon les principes des Lumières, mais elle était loin de vouloir bouleverser l'ordre politique russe. Le servage était l'un des liens les plus forts entre le Trône et la noblesse. Elle l'aurait rompu à ses risques et périls. Les quelque cinq cents articles de la Grande Instruction, qu'elle rédigea elle-même, étaient un condensé de ses lectures de Montesquieu, Beccaria et de l'*Encyclopédie*. La Commission avait pour objectif de codifier les lois existantes, mais même cela représentait un empiétement risqué sur sa propre autocratie. Loin d'être révolutionnaire, elle croyait en l'absolutisme russe. Effectivement, la plupart des philosophes eux-mêmes, ces ennemis de la superstition, n'étaient pas des démocrates, simplement des partisans de la raison, de la loi et de l'ordre imposé d'en haut. Catherine était sincère, mais sa commission était en partie artificielle, destinée à faire la preuve à la fois de sa confiance et de la stabilité de la Russie. Une opération de relations publiques qui s'avéra de très longue haleine.

À 10 heures du matin le jeudi 30 juillet 1767, Catherine, dans une voiture tirée par huit chevaux et suivie de seize carrosses remplis de courtisans, fut escortée du palais Golovine de Moscou jusqu'au Kremlin par Grigori Orlov et un escadron de cavaliers, dont faisait probablement partie Potemkine. Le grand-duc Paul la suivit. À la cathédrale de l'Assomption, elle descendit pour assister à une bénédiction. À sa suite, le procureur général Viazemski et tous les délégués, russes et exotiques, marchaient deux par deux, comme les passagers de l'Arche de Noé. Les délégués autres que chrétiens attendaient à l'extérieur de l'église. Puis, tous se rendirent à pied dans le même ordre jusqu'au Grand Palais du Kremlin pour y être reçus par leur impératrice en manteau et couronne impériaux, debout devant le trône, accompagnée du grand-duc Paul, de courtisans et d'évêques. À sa droite, étaient présentées des copies de sa Grande Instruction. Le lendemain matin, dans le Palais à facettes du Kremlin, l'Instruction de l'impératrice fut lue et la Commission s'ouvrit sur une cérémonie inspirée de l'inauguration du Parlement anglais, avec un discours du Trône comparable.

Potemkine escorta l'impératrice quand elle vint assister à certaines sessions de la Commission. Il avait sans doute lu l'Instruction : plus tard, son imposante bibliothèque contint chacun des ouvrages dont Catherine s'était servie, l'*Esprit des lois* de Montesquieu, l'intégrale des trente-cinq volumes de l'*Encyclopédie* de Diderot (en français) et les œuvres de Voltaire. Mais il ne prit pas part aux discours. La Commission elle-même ne fut pas capable de codifier les lois, mais devint à la place un lieu de débat. Elle réussit malgré tout à collecter des informations utiles pour la future législation de Catherine. La Commission accoucha aussi du surnom de « Catherine la Grande » qu'elle refusa. Son séjour rappelait à l'impératrice à quel point elle n'aimait pas Moscou, aussi retourna-t-elle à Saint-Pétersbourg, où elle convoqua de nouveau la Commission en février 1768. L'irruption de la guerre lui donna enfin un prétexte pour mettre fin à ces délibérations pesantes.

Le 22 septembre 1768, le Kammerjunker Potemkine fut promu et reçut la clé cérémoniale de *Kamerherr*, chambellan de la cour. Contrairement à l'habitude, il resta dans l'armée, où il fut promu capitaine de la garde à cheval. Puis, deux mois plus tard, il quitta l'armée et passa tout son temps à la cour sur les ordres spécifiques de Catherine. Or, pour la première fois, Potemkine aurait préféré être ailleurs. Car le 25 septembre 1768 l'Empire ottoman déclara la guerre à la Russie. Potemkine pensa qu'il tenait là sa chance.

5

Le héros de guerre

> « Attaqué et inférieur en nombre à l'ennemi, il fut le héros de la victoire… »
>
> Le feld-maréchal comte Pierre Roumiantsev-Zadounaïski, à propos du général Potemkine pendant la première guerre russo-turque

« Votre Majesté, le dévouement exceptionnel de Votre Majesté pour le bien commun nous a rendu notre patrie chère à tous », écrivait Potemkine à l'impératrice le 24 mai 1769. Le ton chevaleresque de cette lettre, la plus ancienne qui subsiste aujourd'hui, avait également pour but d'exprimer aussi explicitement que possible la passion personnelle qu'il nourrissait à l'égard de la souveraine :

> Il est du devoir du sujet d'exiger l'obéissance à vos souhaits de la part de tous. Quant à moi, je me suis acquitté de ma tâche tout comme le souhaitait Votre Majesté.
>
> J'ai reconnu les belles actions que Votre Majesté a accomplies pour notre patrie, je me suis efforcé de comprendre vos lois et d'être un bon citoyen. Cependant, votre miséricorde envers ma personne m'emplit de zèle envers la personne de Votre Majesté. La seule façon pour moi d'exprimer ma gratitude à Votre Majesté est de verser mon sang pour votre gloire. Cette guerre constitue pour cela une excellente occasion et je ne saurais vivre dans l'oisiveté.
>
> Permettez-moi maintenant, miséricordieuse souveraine, de me jeter aux pieds de Votre Majesté afin de demander à Votre Majesté de m'envoyer dans le corps du prince Prozorovskiy, dans l'armée qui se trouve au front, au grade que voudra Votre Majesté, sans m'inscrire à jamais sur les listes du service militaire, mais seulement pour la durée de la guerre.
>
> Miséricordieuse souveraine, j'ai tenté de me mettre au mieux à votre service. J'ai une inclination particulière pour la cavalerie que

je connais, je ne crains pas de le dire, dans les moindres détails. En ce qui concerne l'art militaire, j'en ai appris la règle principale par cœur : la meilleure façon d'obtenir de grands succès est de servir son souverain avec ferveur au mépris de sa propre vie [...]. Vous êtes témoin de mon zèle [...]. Vous ne regretterez jamais votre décision.

Sujet et esclave de Votre Majesté Impériale,

Grigori Potemkine

La guerre était en effet le meilleur moyen pour Potemkine d'échapper à la routine exaspérante de la cour et de se distinguer. Mais le conflit allait également provoquer les crises qui le rendraient indispensable à l'impératrice. Paradoxalement, le fait de se séparer de Catherine le rapprocherait d'elle.

La guerre russo-turque de 1768-1774 commença lorsque des Cosaques russes se lancèrent à la poursuite des rebelles de la Confédération de Bar – il s'agissait de Polonais opposés au roi Stanislas-Auguste et à l'influence russe en Pologne – au-delà de la frontière polonaise jusque dans la petite ville tatare de Balta, sur ce qui était techniquement le territoire turc. Là, les Cosaques massacrèrent des Juifs et des Tatars. La France encouragea la Sublime Porte – le gouvernement ottoman, déjà menacé par l'extension récente de la puissance russe en Pologne – à adresser à la Russie un ultimatum exigeant qu'elle se retire totalement de la République nobiliaire. Les Turcs arrêtèrent l'émissaire russe Alexis Obreskov à Constantinople et l'enfermèrent dans la forteresse des Sept Tours, où Soliman le Magnifique avait conservé son trésor, mais qui était entre-temps devenue une prison de luxe, sorte de Bastille turque. C'était la façon traditionnelle des Ottomans de déclarer la guerre.

Catherine réagit en créant un Conseil d'État, composé de ses conseillers de premier plan, de Panine, Grigori Orlov et Cyrille Razoumovski aux deux cousins Golitsyne et aux deux frères Tchernichev, pour aider à coordonner les opérations tout en servant de caisse de résonance politique. Et elle donna à Potemkine ce qu'il voulait : « Notre chambellan Potemkine doit être nommé dans l'armée », ordonna Catherine à son ministre de la Guerre, Zakhar Tchernichev. Potemkine rallia immédiatement le front. Quelques jours plus tard, en tant que major-général de cavalerie – grade militaire équivalant à chambellan de la cour –, il rendait compte au major-général, le prince Alexandre Prozorovski, dans la petite ville polonaise de Bar.

L'armée russe, officiellement forte de quatre-vingt mille hommes, reçut l'ordre de s'assurer le contrôle du Dniestr, la voie navigable stratégique qui reliait la mer Noire au sud de la Pologne. La Russie avait pour objectif ultime de maîtriser l'accès à la mer Noire. En descendant le Dniestr, les troupes russes espéraient en atteindre les rives. Les forces russes étaient divisées en deux : Potemkine servait dans la première armée qui, sous le commandement du général-prince Alexandre Golitsyne, marchait sur la forteresse de Khotin. La seconde, commandée par le général Pierre Alexandrovitch Roumiantsev, avait pour mission de défendre la frontière méridionale. Si tout se déroulait comme prévu durant la campagne, les armées de Catherine se fraieraient un chemin sur le littoral de la mer Noire, le long du Prout jusqu'au puissant Danube. Et si elles parvenaient à traverser ce dernier et à pénétrer dans les provinces turques de Bulgarie, elles pourraient menacer la Sublime Porte dans sa propre capitale, Constantinople.

L'impératrice était follement présomptueuse. « Mes soldats sont partis combattre les Turcs comme s'ils s'en allaient à une noce ! » se vanta-t-elle auprès de Voltaire. Mais la guerre n'a jamais rien d'une noce – surtout pas pour les paysans-soldats russes. Potemkine lui-même, dont l'expérience militaire se bornait à l'arrogant quotidien des gardes à Saint-Pétersbourg, se retrouva propulsé dans le monde chaotique et brutal de la véritable armée russe.

La durée de vie d'un conscrit russe était si courte qu'elle se terminait souvent avant même qu'il ait atteint son cantonnement. Quand ils quittaient leur foyer pour une vie de service (Potemkine, plus tard, le réduisit à vingt-cinq ans), leurs familles leur faisaient de tragiques adieux en entonnant des complaintes et des chants funèbres comme s'ils étaient déjà morts. Les recrues partaient ensuite en colonnes, parfois enchaînées. Pour ces hommes arrachés à leurs villages et aux leurs, c'était un terrible traumatisme. Un historien moderne affirme, à raison, que cette expérience avait plus en commun avec le transfert des esclaves noirs outre-Atlantique. Beaucoup périssaient au cours de marches longues de mille verstes, ou arrivaient à destination dans un tel état de faiblesse qu'ils décédaient peu après : le comte de Langeron, un Français qui se mit au service de la Russie plus tard pendant le XVIIIe siècle, a estimé que cinquante pour cent de ces recrues trouvaient la mort. Il décrivit en termes crus le régime sadique des violences et de la discipline qui leur était infligé, conçu pour empêcher ces soldats-serfs de se rebeller contre leurs officiers et maîtres

– même s'il n'était pas pire que les cruautés en vigueur dans l'armée prussienne ou la Royal Navy. Comme les esclaves noirs, les soldats russes se réfugiaient dans leur propre culture, à la fois pittoresque, sacrée et chaleureuse. Ils ne gagnaient que sept roubles et cinquante kopecks par an (la solde d'un premier-major était de 300 roubles), tandis que Potemkine, par exemple, qui n'était pas vraiment riche, avait touché 18 000 roubles rien que pour le rôle qu'il avait joué dans le coup d'État. Aussi partageaient-ils tout au sein d'une communauté de soldats – l'*artel* – qui devenait à la fois leur village, leur église, leur famille, leur club, leur cuisine et leur banque. Ils chantaient leur riche répertoire de chansons « pendant cinq ou six heures d'affilée sans la moindre pause » (et en chanteraient par la suite un grand nombre au sujet de Potemkine).

Le conscrit russe était déjà considéré comme le « meilleur soldat du monde, écrivait Langeron. Il réunit toutes les qualités qui contribuent à faire un bon soldat et un héros. Il est aussi sobre que l'Espagnol, aussi dur à la tâche que le Bohémien, aussi rempli d'orgueil national que l'Anglais et aussi capable d'impulsion et d'inspiration que le Français, le Wallon ou le Hongrois ». Frédéric le Grand avait été impressionné et terrifié par le courage et l'endurance des Russes pendant la guerre de Sept Ans, au point d'inventer un mot pour dépeindre leur sauvagerie et leur folie bestiale, les qualifiant d'« oursomanes ». Potemkine servait dans la cavalerie, qui s'était elle aussi distinguée par sa sanglante bravoure, d'autant plus qu'il combattait aux côtés de la féroce cavalerie légère et irrégulière de la Russie, les Cosaques.

L'armée russe était unique en Europe car, jusqu'aux révolutions américaine et française, les armées s'entraînaient et se battaient pour les rois, non pour des idées ou des nations. La plupart d'entre elles étaient composées de nombreuses nationalités – des mercenaires, des recrues involontaires et de la racaille – qui servaient sous un drapeau, pas pour un pays. L'armée russe, elle, s'appuyait sur des milliers de paysans russes mobilisés en masse à partir des quelque sept millions d'âmes disponibles. Ce qui était considéré comme la raison de leur bravoure presque aveugle.

Les officiers, des propriétaires terriens russes s'adonnant aux jeux de hasard et à la débauche, ou des mercenaires allemands, ou plus tard français, étaient tristement réputés pour leur cruauté. Le général Mikhaïl Kamenski, un cas extrême, allait même jusqu'à mordre ses soldats. Mais ils étaient aussi d'un courage extraordinaire. Les qualités de la chair à canon paysanne – la brutalité, la discipline, l'autonomie, l'endurance, le patriotisme et le stoïcisme face à des souffrances effroyables – faisaient de l'armée russe une force redoutable. « Les Turcs tombent comme des quilles, disait un dicton russe, mais, par la grâce de Dieu, nos hommes tiennent bon, même sans tête. »

Certains contemporains voulaient croire que la guerre au XVIIIe siècle était devenue moins sanglante. Certes, les dynasties d'Europe, les Habsbourg et les Bourbons, prétendaient à tout le moins combattre selon les règles de l'étiquette aristocratique. Mais, pour les Russes, les guerres contre les Turcs étaient différentes. Après les siècles que la Russie orthodoxe avait passés sous la menace des Tatars musulmans, puis des Turcs, le paysan russe considérait le conflit comme une croisade. L'ordre donné aux troupes serait simple : pas de quartier.

Potemkine venait à peine d'arriver à Bar quand la drôle de guerre, qui avait donné tant aux Turcs qu'aux Russes, tous pris au dépourvu, le temps de rassembler leurs forces, prit fin brusquement. Le 16 juin 1769, environ douze mille cavaliers tatars, sous le commandement du khan de Crimée, allié du sultan qui menait des raids sur le territoire de l'Ukraine russe, franchirent le Dniestr et attaquèrent le camp de Potemkine. Déjà à l'époque, les Tatars, armés de lassos et d'arcs et de flèches, étaient une vision surgie d'un autre âge, mais ils étaient les seules forces prêtes à la guerre dont disposaient les Ottomans. Le khan des Tatars, Devlet Giray, un descendant de Genghis Khan, était un commandant de cavalerie agressif et intrépide. Il était accompagné du baron de Tott, un officier français dépêché à Constantinople pour moderniser les forces turques. Il a laissé le récit de cette expédition médiévale – la dernière du genre. Cinq cents ans après Gengis Khan, les Tatars de Crimée, héritiers de ces hordes mongoles, étaient encore les meilleurs cavaliers d'Europe. Déferlant à travers l'Ukraine depuis la Crimée, fonçant sur les troupes russes toujours cantonnées dans le sud de la Pologne, ils devaient constituer un spectacle aussi terrifiant que leurs ancêtres mongols. Pourtant, comme c'est généralement le cas de la cavalerie irrégulière, ils étaient indisciplinés et trop obsédés par le pillage pour être d'une grande utilité stratégique. Mais le raid permit aux Turcs de gagner du temps pour déployer leur armée, forte, disait-on, de six cent mille hommes.

Pour sa première bataille, Potemkine se retrouva face à ces sauvages cavaliers tatars et turcs, et les repoussa. Il s'acquitta convenablement de sa mission, car le « chambellan Potemkine » est mentionné sur la liste de ceux qui s'étaient distingués. Ce fut le début de ses succès.

Le 19 juin, il combattit à nouveau lors de la bataille de Kamenets et participa à d'autres escarmouches, aidant le général Golitsyne à prendre Kamenets. À Saint-Pétersbourg, Catherine fit célébrer ces engagements mineurs par un *Te Deum* le dimanche 19 juillet, mais entre-temps Golitsyne, hésitant, avait échoué devant Khotin. Furieuse et impatiente, l'impératrice le rappela en août. Il semblerait que Potemkine, par l'entremise des Orlov, ait joué un rôle dans l'intrigue qui aboutit au départ de Golitsyne. Mais si Golitsyne se montrait d'une lenteur ridicule, au moins il avait de la chance. Il était opposé à un grand vizir, Mehmed Emin, qui préférait lire de la poésie musulmane plutôt que de faire couper des têtes. Aussi Catherine se retrouva-t-elle fort embarrassée quand, avant que ses ordres ne lui soient parvenus, Golitsyne se ressaisit et traversa le Dniestr.

Le major-général Potemkine et sa cavalerie étaient maintenant presque chaque jour en action : il se distingua une fois encore le 30 juin, et repoussa des attaques turques le 2 et le 6 juillet. Lorsque Golitsyne repassa finalement le Dniestr, Potemkine servit durant la prise de Khotin. Il combattit héroïquement avec sa cavalerie à la bataille de Prachkovski, puis contribua à la défaite de Moldovanci Ali Pacha le 29 juillet. « Je tiens immédiatement à recommander la bravoure et l'habileté dont a fait preuve dans la bataille le major-général Potemkine, écrivit Golitsyne, car jamais jusqu'à présent notre cavalerie n'avait agi de façon aussi disciplinée et courageuse qu'elle l'a fait sous le commandement du major-général. » Potemkine se transformait en héros de guerre.

Cet éloge dut être apprécié de Catherine à Saint-Pétersbourg. Ce fut sans doute loin d'être le cas à la Sublime Porte, où le sultan Mustafa III rappela son grand vizir : Emin Pacha avait peut-être perdu l'esprit au front, mais, conformément à la tradition ottomane, ce fut la tête qu'il perdit dès son retour. Toutefois, ces victoires arrivaient trop tard pour Golitsyne, qui fut contraint de quitter son poste et dut se consoler avec un bâton de maréchal. Le général Pierre Ivanovitch Panine, frère du ministre des Affaires étrangères, prit le commandement de l'armée de Bendery, de sorte que, en septembre, la première armée fut confiée à Pierre Roumiantsev. Ainsi débuta la carrière de l'un des généraux les plus couverts de gloire de l'histoire de la Russie, qui devint le protecteur de Potemkine – puis son rival.

Le nouveau commandant n'aurait pu être plus différent du jeune général de vingt-neuf ans membre de son état-major. Mais Potemkine avait pour son supérieur un immense respect. Âgé de quarante-trois ans, Roumiantsev était grand, mince, et était un militaire méticuleux à l'humour sec et mordant – et il était le frère de la comtesse Bruce. Comme son héros Frédéric le Grand, il « n'aimait ni ne respectait personne en ce monde », mais était « le plus brillant de tous les généraux russes, doté de qualités exceptionnelles ». Et, comme son héros, Roumiantsev était partisan d'une discipline sévère, tout en étant un brillant orateur. « J'ai passé des jours avec lui en tête-à-tête, s'enthousiasma Langeron, et pas un instant je n'ai connu l'ennui. » Il avait amassé une fortune et vivait dans une « magnificence féodale », affichant les manières raffinées d'un *seigneur**. Ce qui n'a rien d'étonnant, car il était un témoin vivant de l'époque de Pierre le Grand, dont il était sans doute le fils naturel[1].

Le général avait appris son métier dans les combats contre la Prusse pendant la guerre de Sept Ans, au cours de laquelle même Frédéric avait admiré ses prouesses. Catherine appréciait ses talents, mais ne lui fit jamais tout à fait confiance et le nomma président du collège de la Petite-Russie, une position digne de son statut mais qui le tenait judicieusement éloigné de la cour. Catherine ne l'impressionnait guère, il aimait les uniformes et les perruques à la prussienne de l'armée russe et croyait en la discipline militaire prussienne. Il s'efforça également de perfectionner les tactiques prussiennes de la guerre de Sept Ans. Il avait tendance à préférer les Allemands aux Russes.

Pour ses soldats, Roumiantsev était comme un père, mais il était un général pour ses fils. Quand l'un d'eux lui rendit visite après avoir terminé ses études, il demanda : « Qui êtes-vous ? – Votre fils, répondit le jeune homme. – Certes, cela est fort plaisant. Vous avez grandi », le coupa le général. Le fils lui demanda alors s'il pouvait rester et servir dans l'armée. « Assurément, fit son père, vous devez bien connaître quelque officier dans le camp qui pourra vous aider. »

1. La mère de Roumiantsev naquit en 1699 et vécut jusqu'à l'âge de quatre-vingt-neuf ans. Cette grandiose dame de compagnie à la cour avait connu le duc de Marlborough et Louis XIV, se souvenait de Versailles et du jour où Saint-Pétersbourg avait été fondée. Elle aimait à se vanter, jusqu'au jour de sa mort, qu'elle avait été la dernière maîtresse de Pierre le Grand. Les dates, en tout cas, correspondent : son fils fut baptisé Pierre, en hommage au tsar. Son père officiel, un autre géant russe, était un provincial qui devint comte, général en chef et l'un des piliers de Pierre le Grand : il fut le soudard lancé sur les traces du fils de Pierre, le tsarévitch Alexis, en fuite, jusqu'en Autriche, où il se saisit de lui et le ramena en Russie pour qu'il soit torturé à mort par son père.

Potemkine, fidèle à son habitude, cherchait toujours à avoir le beurre et l'argent du beurre. Il souhaitait être proche du commandant en chef tout en se couvrant de gloire sur le champ de bataille ; il était à la fois chambellan à la cour, et général au front. Il écrivit à Roumiantsev : « [...] deux choses sur lesquelles repose mon service [...], ma dévotion envers ma Souveraine et mon désir d'obtenir l'approbation de mon commandant, pour lequel j'éprouve le plus grand respect ». Roumiantsev appréciait son intelligence, mais devait aussi être au fait de ses liens avec l'impératrice. Ses réclamations obtinrent donc satisfaction. Alors que la guerre entrait dans sa deuxième année, Catherine était exaspérée par la lenteur des opérations. La guerre au XVIIIe siècle était une affaire saisonnière : durant l'hiver russe, les armées hibernaient comme les hérissons. L'affrontement avec les forces principales des Ottomans – et la chute de Bendery – devrait attendre le printemps.

Dès que cela fut possible, Roumiantsev redéploya son armée en plusieurs corps plus manœuvrables et descendit le long du Dniestr. Même en ce mois de janvier glacial, Potemkine, désormais affecté par Roumiantsev dans le corps du général von Schtofel'n, fut impliqué dans des escarmouches, repoussant les attaques d'Abdul Pacha. Le 4 février, il contribua à la prise de Jurja à l'issue d'une série de raids de cavalerie audacieux. Il défit une force de douze mille ennemis, s'empara de deux canons et de quelques étendards. En dépit du froid mordant, « il ne se ménageait pas ». À la fin du mois, quand le rapport de Roumiantsev fut lu au Conseil en présence de l'impératrice, il y fut fait mention des « fervents exploits du major-général Potemkine », qui « demanda de l'assigner au corps du lieutenant-général von Schtofel'n où, dès que cela lui fut possible, il se distingua à la fois par son courage et par ses compétences martiales ». Son supérieur recommandait que Potemkine soit décoré, et il obtint ainsi sa première médaille, l'Ordre de Sainte-Anne.

Tandis que les Russes marchaient vers le sud, poursuivant l'armée turque, Potemkine, selon le rapport qu'en fit Roumiantsev plus tard, « couvrait la rive gauche avec les troupes qui lui avaient été confiées et repoussa les attaques de l'ennemi ». Le 17 juin, le gros de l'armée franchit le Prout à gué pour attaquer les vingt-deux mille Turcs et les cinquante mille Tatars qui campaient sur l'autre rive. Pendant ce temps, le major-général Potemkine et les réserves traversaient la rivière à cinq kilomètres en aval et tendaient une embuscade aux arrières turcs. Le camp ennemi se disloqua et les Turcs prirent la fuite.

À peine trois jours plus tard, Roumiantsev avança sur une armée turque de quatre-vingt mille hommes, confortablement installés là où la Larga se jetait dans le Prout, en attendant l'arrivée du grand vizir et de son armée principale.

Le 7 juillet 1770, se déployant en carré, Roumiantsev, Potemkine et les Russes prirent d'assaut le camp ennemi, se préparant aux charges sauvages des Turcs. Ce fut le premier aperçu qu'eut Potemkine d'une armée ottomane. C'était un spectacle immense et impressionnant, entassement bruyant de tentes de soie et de chariots branlants, de bannières vertes et de queues de cheval (symboles de la puissance ottomane) oscillant dans le vent – une affaire tentaculaire, désordonnée, grouillant de femmes, de civils et d'uniformes exotiques, ressemblant autant à un bazar qu'à une armée. L'Empire ottoman n'était pas encore le géant faible et ramolli qu'il allait devenir au siècle suivant. Il était encore capable de lever des forces gigantesques dans ses lointains pachaliks, depuis les plaines de la Mésopotamie et les collines de l'Anatolie jusqu'aux ports de Barbarie et dans les Balkans : tous envoyaient leur chair à canon quand le sultan brandissait la bannière du Prophète.

« Les Turcs, qui passent pour des imbéciles dans l'art de la guerre, l'accomplissent avec une sorte de méthode », expliqua le prince de Ligne plus tard. La méthode en question consistait à amasser des armées énormes dans une formation à peu près pyramidale, puis à les jeter sur les forces russes par vagues, les charges de cavalerie et d'infanterie se succédant dans un concert de hurlements. Leurs janissaires étaient autrefois l'infanterie la plus redoutée d'Europe. Ils étaient en train de dégénérer progressivement en une garde prétorienne riche et arrogante, davantage passionnés par leurs comptoirs commerciaux et leurs révolutions de palais que par les combats, mais ils étaient toujours fiers de leurs prouesses et de leur ferveur islamique : ils portaient des bonnets rouge et or, des chemises blanches, des pantalons bouffants et des bottes jaunes, et étaient armés de cimeterres, de javelots et de mousquets.

Les meilleures unités de la cavalerie ottomane étaient les Tatars et les sipahis, les cavaliers turcs féodaux, qui montaient et démontaient au galop pour tirer avec leurs mousquets. Ils portaient des cuirasses ornées de joyaux, ou simplement des gilets brillants avec des pantalons bouffants, et se battaient souvent les bras nus avec des sabres damasquinés, des poignards, des lances et des pistolets incrustés de pierres précieuses. Ils étaient si indisciplinés qu'ils ne se battaient que quand ils étaient prêts et se mutinaient régulièrement : il était courant que les janissaires volent des chevaux et cavalcadent sur le champ de bataille, frappent leurs officiers ou revendent les vivres de l'armée pour leur profit. La majeure partie des simples soldats ottomans était composée d'irréguliers sans solde, recrutés par les seigneurs féodaux anatoliens, censés vivre du pillage. Malgré les efforts de conseillers français comme le baron de Tott, leur artillerie était loin derrière celle des Russes et leurs mousquets étaient dépassés. Si leur adresse était admirable, leur cadence de tir était lente.

Ils consacraient beaucoup d'énergie à des gesticulations obsolètes. Quand tout était prêt, ces centaines de milliers de canailles militarisées s'excitaient à l'aide de gouttes d'opium jusqu'à basculer dans une fièvre religieuse et vengeresse. « Ils avancent, raconta plus tard Potemkine au comte de Ségur, comme un torrent en crue. » Il affirmait que leur formation pyramidale était agencée en fonction du degré décroissant de courage des troupes – les « guerriers les plus braves, ivres d'opium », en constituaient le sommet tandis que la base était formée de « rien d'autre que » des lâches. La charge, se souvenait Ligne, était accompagnée de « hurlements épouvantables, les cris d'"Allah, Allah !" ». Seuls des fantassins disciplinés pouvaient alors tenir bon. Tout Russe capturé était immédiatement décapité et sa tête brandie au bout d'une pique. Leur ferveur religieuse « s'accroissait en fonction du danger ».

Les Russes résolurent le problème de l'élan de la charge turque grâce à la formation en carré, capable de résister à tous les assauts hurlants. Le Turc était à la fois « le plus dangereux et le plus méprisable ennemi au monde, continuait Ligne, dangereux, si l'on souffre qu'il attaque ; méprisable, si on le prend d'avance ». Les sipahis ou les Tatars, « bourdonnant autour de nous comme des guêpes », pouvaient envelopper les carrés russes, « piaffant, sautant, caracolant, démontrant leurs talents de cavaliers comme au manège », jusqu'à l'épuisement. Alors les carrés de Roumiantsev, entraînés avec une précision prussienne, couverts par leurs Cosaques et leurs hussards, et reliés entre eux par des cordons de chasseurs, les tireurs d'élite de l'infanterie légère, s'ébranlaient. Une fois leurs charges brisées, les Turcs détalaient comme des lapins ou se battaient jusqu'à la mort. Il en résultait d'ordinaire ce que Potemkine décrivait comme un « horrible carnage ». « L'instinct des Turcs les rend habiles et capables de toutes sortes de missions guerrières. [...] Mais ils ne vont jamais au-delà de la première idée, ils sont incapables d'en avoir une autre. Quand leur moment de bon sens [...] est passé, ils tiennent autant du fou que de l'enfant. »

C'est ce qu'il advint lorsque les carrés Roumiantsev s'élancèrent à l'assaut du camp turc à la bataille de la Larga, supportant les attaques avec une endurance stoïque et ripostant par des salves d'artillerie. Soixante-deux mille Turcs et Tatars évacuèrent leurs fortifications et prirent la fuite. Potemkine, affecté au corps du prince Nicolas Repnine, commandait l'avant-garde qui se jeta sur le camp du khan de Crimée et fut, selon Roumiantsev, « parmi les premiers à attaquer et à capturer ses fortifications ». Potemkine fut de nouveau décoré, cette fois de l'Ordre de Saint-Georges de troisième classe. Il écrivit pour remercier l'impératrice.

Le nouveau grand vizir progressa alors avec l'armée principale turque pour empêcher la jonction entre les deux armées russes de Roumiantsev et Panine. Il traversa le Danube et remonta le Prout pour rattraper les troupes en fuite après la bataille de la Larga. Le 21 juillet 1770, légèrement au sud de la rivière, Roumiantsev fit avancer ses 25 000 hommes face aux 150 000 combattants du grand vizir, déployés à l'abri d'un triple réseau de fortifications près du lac Kagul[1]. Bien qu'étant en infériorité numérique, il choisit d'attaquer. Confiant dans ses forces, riche des enseignements de la Larga, il forma cinq carrés face aux principales positions turques. Potemkine et sa cavalerie défendaient le train de l'armée contre les « attaques de nombreuses hordes tatares et les empêchaient [...] d'attaquer les arrières de l'armée ». Alors qu'il donnait cette mission à Potemkine, Roumiantsev lui aurait dit : « Grigori Alexandrovitch, rapportez-nous nos provisions à la pointe de votre sabre. »

Les Turcs, eux, n'avaient rien appris de la bataille de la Larga, et furent complètement pris par surprise. Ils se battirent comme des lions toute la journée, mais furent finalement mis en déroute lors d'un terrible carnage, laissant cent trente-huit canons, deux mille prisonniers et vingt mille morts sur le terrain. Roumiantsev sut brillamment exploiter sa victoire en poussant vers le bas Danube : le 26 juillet, Potemkine aida Repnine à s'emparer de la forteresse d'Izmail, puis de celle de Kilia le 10 août. Le général Panine prit Bendery d'assaut

1. Cahul, aujourd'hui en République de Moldavie et en Ukraine.

le 16 septembre, et Roumiantsev conclut sa campagne par la prise de Brailov le 10 novembre. Et à toutes ces bonnes nouvelles s'en était ajoutée une autre.

Catherine avait envoyé la flotte russe de la Baltique, la fière création de Pierre le Grand, par la mer du Nord, la Manche et le détroit de Gibraltar jusque dans la partie orientale de la Méditerranée pour frapper les arrières turcs. Elle était sous le commandement de l'amiral-comte Alexis Orlov, qui n'avait jamais pris la mer, mais qui pouvait compter sur l'expertise de deux officiers écossais, John Elphinstone et Samuel Greig. En dépit des tentatives courageuses de Pierre le Grand pour transformer les laboureurs russes en vieux loups de mer, seuls les Livoniens ou les Estoniens embarquaient. Il y avait peu d'officiers de marine russes et la plupart étaient lamentables. Lorsque Elphinstone s'en plaignit, Catherine lui rétorqua : « L'ignorance des Russes est due à la jeunesse ; celle des Turcs à la décrépitude. » L'Angleterre apporta son soutien à l'expédition russe : Londres ne considérait alors pas le Turc comme un allié ni l'« Ours » comme un ennemi naturel. La « question d'Orient » ne s'était pas encore posée. Au contraire, la France était l'ennemie de l'Angleterre, et la Turquie un allié des Français. Quand la flotte russe, en piteux état, atteignit l'Angleterre, huit cents de ses marins étaient malades. Ces paysans russes souffrant du mal de mer durent offrir un spectacle aussi pitoyable qu'inhabituel tandis qu'ils réparaient leurs vaisseaux, embarquaient des provisions d'eau douce et se reposaient eux-mêmes à Hull et Portsmouth.

Ils se regroupèrent à leur base de Livourne, en Toscane, et la flotte d'Orlov entra enfin dans les eaux ottomanes. Elle ne parvint pas à déclencher une rébellion parmi les rusés Grecs et Monténégrins, puis engagea la flotte turque lors d'une rencontre indécise au large de Chios. Les Turcs se retirèrent à l'abri, illusoire, du port de Tchesmé. Samuel Greig prépara une berceuse incendiaire pour les Turcs assoupis. Dans la nuit du 25 au 26 juin, ses brûlots flottèrent dans le port de Tchesmé. Cet « ingénieux guet-apens » transforma le port en un enfer de flammes. « Encombré de navires, de poudre et d'artillerie », Tchesmé, écrivit le baron de Tott, qui assistait aux événements du côté turc, « se mua rapidement en un volcan qui engloutit toute la force navale des Turcs ». Onze mille Turcs trouvèrent la mort. Alexis Orlov se vanta à Catherine que l'eau de Tchesmé avait été tachée d'incarnat, et l'impératrice victorieuse transmit cette vision macabre et fort peu conforme à l'esprit des Lumières à un Voltaire enthousiaste. Ce fut le plus terrible désastre qu'aient connu les armes turques depuis la bataille de Lépante.

Quand la nouvelle de Tchesmé parvint à Saint-Pétersbourg, si tôt après les gloires de Kagul, la capitale russe fut le théâtre d'explosions de joie. On chanta des *Te Deum* et des médailles furent décernées à tous les marins de la flotte, portant simplement ces mots : « J'y étais. » Catherine récompensa Roumiantsev pour la victoire de Kagul en lui accordant son bâton de maréchal et en lui faisant construire un obélisque dans son parc à Tsarskoïé Selo, tandis qu'Alexis Orlov se voyait affublé du titre de Tchesmenski (« de Tchesmé »). C'était la plus belle succession de triomphes russes depuis Poltava. Catherine avait le vent en poupe – en particulier en Europe : Voltaire sauta littéralement sur son lit à Ferney, où il était souffrant, et exulta à la pensée de tant d'infidèles morts.

Potemkine s'était couvert de gloire en cette année de victoires russes, et il décida de tirer parti de ce succès. Lorsque les opérations cessèrent en novembre 1770, il demanda à Roumiantsev l'autorisation de se rendre à Saint-Pétersbourg. Quelqu'un lui avait-il laissé entendre que Catherine le recevrait à bras ouverts ? Par la suite, les ennemis de Potemkine affirmèrent que Roumiantsev avait été soulagé de se débarrasser de lui. Mais ce dernier admirait sincèrement l'intelligence de Potemkine et ses exploits militaires, et il approuva ce voyage, le chargeant de défendre ses intérêts et ceux de son armée. Le ton de ses lettres à son protégé était aussi paternel que celles de Potemkine exprimaient un sentiment filial.

Potemkine revint à Saint-Pétersbourg auréolé du prestige d'un héros de guerre et avec les recommandations enthousiastes de Roumiantsev : « Cet officier de grand talent peut se montrer d'une profonde clairvoyance sur le pays qui fut le théâtre de la guerre, ce qui mérite l'attention et le respect Votre Majesté et, de ce fait, je lui confie de rapporter tous les événements à Votre Majesté. » L'impératrice, d'humeur exaltée après Kagul et Tchesmé, l'accueillit avec chaleur : nous savons par le Journal de la cour qu'il fut invité à dîner avec Catherine onze fois durant son bref séjour. La légende raconte qu'au cours d'une audience privée Potemkine ne put s'empêcher de s'agenouiller devant elle de façon théâtrale. Tous deux acceptèrent de correspondre, apparemment par le biais de son bibliothécaire Petrov et d'Ivan Perfilevitch Yelaguine, le chambellan en qui elle avait toute confiance – des alliés utiles dans l'entourage impérial. Nous ne disposons que de peu d'informations sur ce qui se passa à huis clos, mais on a le sentiment qu'ils comprirent tous deux qu'ils étaient liés par les balbutiements d'une relation qui pouvait devenir sérieuse[1]. Bien que la relation entre Catherine et Grigori Orlov ait déjà été chancelante, le comte Alexis Orlov-Tchesmenski n'en avait pas moins accru le prestige de sa famille à la cour. Il était encore trop tôt pour que Potemkine puisse déloger Grigori Orlov, mais ce voyage ne fut pas inutile.

Grigori Orlov ne manqua sans doute pas de remarquer l'accueil réservé à Potemkine et fit en sorte qu'il reparte pour l'armée. À la fin de février, Potemkine reprit la route du front, porteur d'une lettre d'Orlov à Roumiantsev où le favori recommandait Potemkine et demandait à son supérieur d'être « son tuteur et son guide ». Pour Orlov, c'était une manière inoffensive de remettre son jeune rival à sa place, mais aussi le signe qu'il était devenu beaucoup plus important lors de ce voyage à Saint-Pétersbourg. Il était désormais repéré.

Quelques semaines plus tard, les combats reprenaient. Mais, après les exploits de l'année précédente, les opérations sur le théâtre de Moldavie et de Valachie, en Roumanie actuelle, où Potemkine servait, s'avéreraient décevantes en 1771. Quand les Turcs eurent enfin l'intelligence de refuser le combat que recherchait Roumiantsev, le feld-maréchal passa l'année à attaquer les positions turques sur le cours inférieur du Danube, et à s'enfoncer en Valachie. Potemkine s'en tira haut la main : chargé de tenir la région de Kraovski, il « ne se contenta pas de repousser l'ennemi [...] mais passa lui aussi à l'attaque. Il fut le premier à se diriger de l'autre côté du Danube ». Le 5 mai, il accomplit un exploit mineur en prenant la petite ville de Zimbry, sur l'autre rive du Danube. Il la mit à sac, incendia les réserves ennemies et déroba les navires de leur flotte, qu'il ramena du côté russe du fleuve. Le 17 mai, Potemkine défit et pourchassa quatre mille Turcs près de l'Olt – « un fameux coup d'éclat », à en croire Roumiantsev, « qui ne fut accompli que grâce à l'habileté et au courage de Potemkine ». Les Turcs l'attaquèrent le 27 mai, mais ils furent vaincus et repoussés. Il rejoignit de nouveau Repnine, et, ensemble, ils bousculèrent un puissant corps turc sous les ordres

1. Catherine, dans l'une des lettres d'amour non datées que l'on situe généralement au début officiel de leur liaison en 1774, dit à Potemkine qu'un courtisan anonyme, peut-être un allié des Orlov, l'avait mise en garde contre son comportement avec lui et lui avait demandé la permission de le renvoyer dans l'armée, ce qu'elle avait accepté.

d'un *sérasker* (équivalent turc de feld-maréchal) le 10 juin, avant de prendre Bucarest.

Quelque temps après cette offensive, Potemkine fut cloué au lit par une fièvre redoutable, qui existait à l'état endémique durant les mois d'été dans les principautés danubiennes. Son état était si sérieux que « seule sa forte constitution lui a permis de se remettre car il n'acceptait aucune aide des médecins », écrivit Samoïlov. Au lieu de cela, le général alité préféra faire confiance à deux Cosaques zaporogues, qu'il chargea de prendre soin de lui et de l'asperger d'eau fraîche. Il s'était toujours intéressé aux peuples exotiques de l'empire – d'où sa position à la Commission législative –, mais c'est là le premier signe de son amitié particulière avec les Cosaques. Il étudia leur culture et admira leur liberté et leur joie de vivre. Ils le surnommaient *« Gritsko Netchosa »*, ou « Perruque grise », d'après la perruque qu'il portait parfois, et l'invitèrent à devenir Cosaque honoraire. Quelques mois plus tard, le 17 avril 1772, il écrivit à leur hetman pour lui demander l'autorisation d'être admis au sein de cette communauté guerrière. Inscrit sur les listes de l'armée zaporogue en mai de la même année, il répondit à l'hetman : « Je suis au comble de la joie. »

Potemkine avait récupéré au moment où l'armée traversa le Danube et poussa en direction de la forteresse stratégique turque de Silistra, qui contrôlait une portion du Danube. C'est là que Potemkine s'attira l'hostilité éternelle du comte Simon Romanovitch Vorontsov, un jeune descendant de la famille qui avait atteint son apogée sous Pierre III. Né en 1744, Vorontsov, rejeton cultivé d'un gouverneur provincial réputé pour sa corruption (au point d'être surnommé « Grandes Poches »), neveu du chancelier de Pierre III, avait été arrêté lors du coup d'État pour avoir soutenu le tsar. Plus tard, toutefois, il s'était fait connaître pour avoir été le premier officier russe à pénétrer dans les tranchées turques à Kagul. Comme tous les Vorontsov, cet anglophile au visage mou était clairement conscient de sa propre valeur, mais il était considéré à juste titre par Catherine et Potemkine comme peu fiable sur le plan politique. Ce qui lui valut de passer l'essentiel de sa carrière dans un exil honorable en tant qu'ambassadeur à Londres. Pour l'heure, sous les murs de Silistra, il dut essuyer un véritable camouflet quand ses grenadiers furent sauvés de douze mille cavaliers turcs par un Potemkine réticent.

Six jours plus tard, Potemkine était à son tour sauvé par Vorontsov : « non seulement nous l'avons couvert, mais nous avons pourchassé les Turcs jusque dans la ville », avec trois batteries d'artillerie qui en tuèrent « beaucoup ». Vorontsov, écrivant en 1796, mentionna ces deux combats comme preuve de sa propre virtuosité et de l'incompétence de Potemkine. Tous deux trouvaient intolérable d'avoir été sauvés par l'autre. Leur malveillance était parfaitement réciproque.

Silistra ne tomba pas, l'armée retraversa le Danube et ce fut la fin de cette campagne en demi-teinte de Roumiantsev. Durant ce mois de juin 1771, la Russie réussit cependant à envahir le khanat de Crimée, affaibli – son armée se trouvait loin sur le Danube, face à Roumiantsev – avec la seconde armée, maintenant commandée par le prince Vassili Dolgorouki.

Catherine apprenait à ses dépens que la gloire n'était ni aussi rapide ni aussi bon marché qu'elle l'avait espéré. Le gouffre sans fond qu'était l'armée exigeait toujours plus de recrues. Les récoltes étaient mauvaises. La solde des soldats était en retard. La fièvre faisait des ravages dans les rangs tandis que la peste bubonique éclatait dans l'Empire ottoman. Les Russes redoutaient qu'elle ne se propage aux armées du Sud. Il était temps de parler de paix avec les Ottomans, avant qu'ils aient oublié Tchesmé et Kagul. Alors, en septembre 1771, de terribles nouvelles arrivèrent de Moscou.

La peste s'abattit avec une violence terrible sur l'ancienne capitale. En août, on y dénombrait entre quatre cents et cinq cents décès par jour. Il ne fallut pas longtemps avant que l'ordre dans la ville ne s'évapore. Les nobles s'enfuirent, les responsables cédèrent à la panique, le gouverneur abandonna son poste, et Moscou devint un charnier surréaliste, jonché de cadavres en décomposition, de grands feux où se consumaient les chairs, tandis que couraient des rumeurs de miracles, de malédictions et de complots. Dans la ville désolée, des foules de paysans et d'artisans désespérés erraient dans les rues. De plus en plus, ils plaçaient leurs espoirs dans une icône aux propriétés miraculeuses.

Le métropolite Ambroise, qui était la dernière personnalité à incarner une quelconque forme d'autorité, ordonna que l'icône soit mise à l'abri pour réduire le risque d'infection parmi la foule qui se pressait afin d'invoquer ses pouvoirs miraculeux. Le peuple se révolta et mit le métropolite en pièces. Il s'agissait du même Ambroise qui avait prêté de l'argent à Potemkine pour qu'il puisse faire le voyage jusqu'à Saint-Pétersbourg. Alors que la Russie ployait sous le coût énorme de la guerre, la foule prit le contrôle de Moscou. On courait le risque, bien réel, que la peste déclenche quelque chose d'encore pire, un soulèvement paysan dans les campagnes. Le nombre de morts continuait d'augmenter. Grigori Orlov, inquiet de voir que

Catherine ne lui avait donné aucune chance de se couvrir de gloire, offrit de se rendre à Moscou pour régler la situation. Le 21 septembre 1771, il se mit en route. À son arrivée, vingt et un mille personnes y mouraient chaque mois. Orlov fit preuve de bon sens, de compétence, d'énergie et d'humanité. Il travailla sans relâche. Il suffisait qu'apparaissent son visage angélique et sa haute stature en ville pour que le peuple soit rassuré. Il fit brûler trois mille vieilles maisons qui étaient des foyers potentiels d'infection, en fit désinfecter six mille de plus, fonda des orphelinats, rouvrit les bains publics fermés depuis l'application de la quarantaine, et dépensa plus de 95 000 roubles à distribuer de la nourriture et des vêtements. Ses efforts herculéens permirent de rétablir l'ordre dans ces écuries d'Augias. Quand il repartit le 22 novembre, le rythme des décès avait chuté – probablement grâce au froid –, et l'État avait repris le contrôle de Moscou. Il arriva à Saint-Pétersbourg le 4 décembre, auréolé de son succès populaire. Catherine fit construire un arc en son honneur dans son parc de Tsarskoïé Selo, qui était parsemé de monuments à ses triomphes. Elle fit même frapper une médaille commémorative. Apparemment, le pouvoir des Orlov, cette race de héros comme les surnommait Voltaire, n'était pas menacé.

Lorsque les pourparlers avec les Turcs débutèrent l'année suivante, Catherine confia à Grigori Orlov l'énorme responsabilité de négocier la paix. Quand elle lui fit ses adieux, il portait un costume qu'elle lui avait offert, tout en broderies serties de diamants. Un spectacle qui fit de nouveau battre son cœur. « Le comte Orlov, s'épancha-t-elle en présence de Madame Bielke, est le plus bel homme de sa génération. »

Alors qu'Orlov quittait Saint-Pétersbourg, Potemkine arriva-t-il pour aider Catherine à surmonter cette dernière crise ? Ses activités précises au cours de ces mois restent mystérieuses. Mais, à un moment pendant la trêve avec les Turcs, il revint sans doute à Saint-Pétersbourg.

Le départ d'Orlov pour le Sud déclencha un autre complot contre l'impératrice, ce qui ne put qu'aider Potemkine. Entre une trentaine et une centaine de sous-officiers des gardes de Préobrajenski se mutinèrent. Ils pensaient qu'Orlov rejoignait l'armée « afin de la persuader de lui prêter allégeance » et se couronner « prince de Moldavie et empereur ». Ils s'étaient fixé pour mission ce qui avait toujours été le cauchemar de Catherine : la renverser pour confier le trône à son fils Paul. Le complot fut déjoué mais, Paul approchant de la majorité,

Catherine était évidemment nerveuse. Le diplomate suédois Ribbing écrivit à sa cour en juillet que Catherine s'était retirée dans un de ses domaines en Finlande, pour réfléchir aux mesures à prendre, accompagnée de Cyrille Razoumovski, Ivan Tchernichev, Lev Narychkine, et Potemkine. La présence des premiers se passait d'explication – elle leur faisait confiance depuis près de vingt ans. Mais celle de Potemkine, alors seulement âgé de trente et un ans, était une surprise. C'était la première fois qu'il était mentionné comme un proche conseiller de l'impératrice. Même si le Suédois se trompait, cela n'en laisse pas moins entendre que Potemkine se trouvait à Saint-Pétersbourg et qu'il était déjà plus proche de Catherine que beaucoup ne l'imaginaient.

D'autres indices semblent prouver qu'il était déjà son conseiller privé, à défaut d'être son amant, bien plus tôt qu'on ne le pensait. Quand elle le convoqua à la fin de 1773, elle lui dit qu'il était « *déjà*[1] très proche de [son] cœur ». En février 1774, elle lui déclara qu'elle regrettait que leur relation n'ait pas commencé « un an et demi auparavant » – en d'autres termes, en 1772. Elle commençait à succomber à son charme.

Deux mois plus tard, alors que Grigori Orlov entamait les pourparlers avec les Turcs à Focşani, dans la lointaine Moldavie, Potemkine, selon Samoïlov, était présent aux négociations, se comportant de la manière qui finirait par le rendre célèbre. Tandis qu'Orlov négociait, Potemkine aurait passé des heures à se prélasser sur un canapé dans sa robe de chambre, plongé dans ses pensées. Ce qui lui ressemble en effet. Il était naturel que ses troupes et lui se trouvent sur place avec le reste de l'armée. Roumiantsev était évidemment là lui aussi. Potemkine faisait sans doute partie de son entourage, mais il dut avoir la bénédiction de Catherine pour pouvoir se reposer au beau milieu d'une conférence internationale sur la paix, présidée par Orlov, désormais suspect. Catherine avait-elle envoyé Potemkine surveiller Orlov ? Sinon, pourquoi Orlov l'aurait-il toléré ?

La question essentielle est de savoir pourquoi Orlov lui-même était là : il n'avait aucune expérience diplomatique, pas plus qu'il n'était taillé pour cette mission. Apparemment, Catherine avait ses propres raisons pour l'écarter de Saint-Pétersbourg, mais aurait-elle vraiment pris le risque de compromettre la conférence de paix dans le seul but de l'éloigner de la capitale ? Certes, il bénéficiait du soutien d'Obreskov, l'ambassadeur expérimenté de la Russie auprès de la Sublime Porte, récemment libéré des Sept Tours. Mais Orlov n'était

1. Italiques de l'auteur.

guère à même de se tirer du maquignonnage acharné qui, aux yeux des Turcs, passait pour des bonnes manières.

Puis Orlov se disputa avec Roumiantsev. Il voulait reprendre les hostilités ; Roumiantsev, qui savait que les recrues étaient peu nombreuses, que son armée était affaiblie par les maladies et qu'elle manquait d'argent, n'était pas de cet avis. En plus d'une intelligence méthodique, le feld-maréchal était doté un esprit d'une rare acuité. Cela dut agacer le géant débonnaire, qui était loin de partager une telle profondeur de vue. Il finit par perdre son sang-froid en pleine discussion et, au grand étonnement des plénipotentiaires turcs, il menaça de pendre Roumiantsev de ses propres mains. Les Turcs, qui se considéraient encore comme l'incarnation de l'élégance et de la civilisation, durent sans doute secouer la tête face à ces manifestations de la barbarie slave. Mais les questions abordées lors de ces négociations étaient d'une extrême complication, qui ne faisait que s'aggraver de jour en jour. Catherine tenait à ce que les Turcs acceptent l'indépendance de la Crimée. La Crimée, suspendue au continent comme un diamant au nombril d'une danseuse du ventre, dominait la mer Noire. Les Turcs la revendiquaient comme leur « vierge pure et immaculée » – le lac du sultan. La proposition de Catherine revenait à priver la Turquie d'un contrôle direct sur le littoral nord de la mer Noire, à l'exception de ses forteresses, et rapprocherait un peu plus la Russie des projets de Pierre le Grand, qui avait rêvé d'en contrôler le trafic et le commerce.

Pendant ce temps, la Prusse et l'Autriche s'inquiétaient des succès de la Russie : Frédéric le Grand, conquérant impitoyable, était jaloux de son allié russe qui, craignait-il, pourrait obtenir trop de territoires ottomans. L'Autriche, hostile à la Prusse et à la Russie, négocia secrètement un traité de défense avec les Turcs. La Prusse souhaitait une compensation pour avoir été un allié fidèle de la Russie ; l'Autriche espérait profiter du fait qu'elle avait été fondamentalement déloyale envers la Turquie. Quoi qu'il en soit, la Russie et la Prusse coulaient également des regards concupiscents vers le chaos qui régnait dans la Pologne sans défense. Marie-Thérèse, l'impératrice-reine d'Autriche, répugnait à ce larcin – et pourtant, comme le dit Frédéric le Grand, « elle pleurait, certes, mais elle s'est servie ». La pittoresque Pologne, faible et autodestructrice, était comme une banque ouverte à tous les vents, où ces brigands impériaux pourraient prendre ce qu'ils voulaient pour financer leurs guerres coûteuses, satisfaire leur cupidité et apaiser leur jalousie mutuelle. L'Autriche, la Prusse et la Russie négocièrent ainsi le premier partage de la Pologne, laissant Catherine libre d'imposer ses exigences à la Turquie.

Juste au moment où la partition polonaise était sur le point d'être acceptée, la Suède, alliée traditionnelle de la Turquie, intervint pour gâcher la fête. Au fil des ans, la Russie avait dépensé des millions de roubles en pots-de-vin pour s'assurer que la Suède reste une monarchie impuissante, divisée entre les partis français et russe. Mais, en août 1772, son jeune roi, Gustave III, rétablit l'absolutisme par un coup d'État. Il encouragea les Turcs à poursuivre le combat. Et pendant ce temps-là, à Focşani, Orlov se lassait de l'intransigeance des Turcs face à ses exigences quant à l'indépendance de la Crimée. Est-ce dû à la complexité de la diplomatie, aux subtilités de l'étiquette turque ou à la présence de Potemkine, bâillant en robe de chambre sur son canapé ? Toujours est-il qu'Orlov adressa un ultimatum aux Turcs qui torpilla la conférence. Les représentants de la Sublime Porte partirent en claquant la porte.

Orlov avait d'autres choses en tête : la cour était en crise. Soudainement, le 23 août, sans attendre les ordres, il abandonna la conférence et se précipita vers Saint-Pétersbourg aussi vite que ses chevaux pouvaient le porter. Potemkine, s'il était toujours vautré sur son canapé tandis qu'Orlov s'en allait au galop, dut être encore plus profondément plongé dans ses pensées que d'habitude.

Grigori Orlov fut arrêté aux portes de Saint-Pétersbourg à la demande expresse de l'impératrice. Il lui fut ordonné, pour des questions de quarantaine, de se rendre sur son domaine voisin de Gatchina.

Quelques jours auparavant, le 30 août, un bel enseigne de la garde à cheval, Alexander Vassiltchikov, âgé de vingt-huit ans, avait été officiellement nommé aide de camp de l'impératrice et s'était installé dans des appartements du Palais d'hiver. Les courtisans savaient qu'ils étaient amants depuis un mois. Après avoir été présentée à Vassiltchikov, à la demande de Nikita Panine, Catherine l'avait surveillé de près. À Tsarskoïé Selo, alors qu'il escortait sa voiture, elle lui avait offert une tabatière en or ornée de l'inscription : « Pour la belle tenue de la garde du corps », une récompense rare pour pareille mission. Le 1er août, il fut nommé gentilhomme de la chambre.

Quand Catherine apprit que Grigori Orlov était sur le chemin du retour depuis Focşani, elle s'inquiéta, mais céda également à la colère, parce qu'en quittant ainsi des pourparlers déjà fragiles, il exposait sa vie amoureuse au regard des gouvernements d'Europe. En effet, les ambassadeurs étrangers étaient perplexes : ils s'étaient dit qu'Orlov était le partenaire de Catherine pour la vie. Ils étaient habitués à l'équilibre entre les Panine et les Orlov, maintenant alliés aux frères Tchernichev. Personne ne parvenait à appréhender quel serait l'impact politique de l'irruption de Vassiltchikov. Une seule chose semblait claire : les Orlov étaient en déclin et les Panine avaient le vent en poupe.

Orlov et Catherine s'étaient éloignés l'un de l'autre depuis quelques années : nous ne savons pas exactement pourquoi. Elle avait alors quarante ans et lui trente-huit. Peut-être avaient-ils tous deux envie de partenaires plus jeunes. Il n'avait jamais vraiment partagé ses intérêts intellectuels. Politiquement, elle lui faisait confiance et ils avaient traversé bien des épreuves ensemble ; ils avaient eu un fils. Mais Orlov avait ses limites sur le plan intellectuel. Diderot, qui le rencontra plus tard à Paris, dit de lui qu'il était comme « une chaudière toujours bouillante, sans jamais rien cuisiner ». Peut-être la compagnie de Potemkine faisait-elle perdre de son attrait à la solidité rustique d'Orlov aux yeux de Catherine. Toutefois, on comprend mal pourquoi elle ne choisit pas Potemkine pour le remplacer. Peut-être qu'après avoir passé des années à rembourser sa dette à Orlov et à sa famille, elle n'était pas encore prête à affronter la personnalité dominante et excentrique de Potemkine. Plus tard, elle regretta de ne pas l'avoir convoqué sur-le-champ.

Le jour même où Orlov partait pour le Sud, avoua-t-elle plus tard à Potemkine, quelqu'un lui révéla l'étendue de ses infidélités. C'est alors que Catherine admit qu'Orlov « serait resté pour toujours, s'il n'avait pas été le premier à se lasser ». Une déclaration généralement prise au pied de la lettre mais, en réalité, Catherine devait au moins avoir soupçonné ces peccadilles depuis des années. Ses appétits sexuels omnivores étaient de notoriété publique parmi les ambassadeurs : « Tout est bon pour lui, affirmait Durand. Il aime comme il mange – il est heureux avec une Kalmouke ou une fille finlandaise comme avec la plus jolie fille de la cour. Voilà le genre de lourdaud qu'il est. » Quelle que soit la véritable raison, l'impératrice décida qu'elle « ne pouvait plus lui faire confiance ».

Catherine, dans ses négociations avec Orlov, se montra d'une générosité qui devait faire son malheur en amour : il obtint une pension annuelle de 150 000 roubles, 100 000 roubles pour s'installer, ainsi que le Palais de marbre néoclassique, alors en construction, dix mille serfs, toutes sortes d'autres trésors et privilèges – et deux services d'argenterie, l'un pour tous les jours et l'autre pour les fêtes. En 1763, le saint-empereur romain François, époux de Marie-Thérèse, lui avait accordé le titre de prince du Saint-Empire romain germanique. Le titre de prince, ou *kniaz* en russe, n'existait en Russie que parmi les descendants des anciennes maisons royales[1]. Quand les tsars du XVIIIe siècle souhaitaient élever quelqu'un au rang de prince, ils demandaient à un saint-empereur romain de créer un prince impérial. Catherine autorisait dorénavant son ancien amant à utiliser ce titre.

En mai 1773, le prince Orlov revint à la cour et reprit ses fonctions officielles, bien que Vassiltchikov restât le favori – quant à Potemkine, il ne lui restait qu'à attendre en rongeant son frein.

Ce dut être une déception pour Potemkine, qui repartit à la guerre. Au moins Catherine l'avait-elle promu au grade de lieutenant-général le 21 avril 1773. La cour était jalouse. « La promotion de Potemkine est pour moi une pilule que je ne peux avaler, écrivit Simon Vorontsov à son frère. Quand il était lieutenant des gardes, j'étais déjà colonel et il a certainement moins servi que moi [...]. » Vorontsov décida de démissionner dès que la campagne fut terminée. Cette campagne inachevée dut laisser un sentiment de frustration et de mauvaise humeur, même parmi les vétérans des victoires de Roumiantsev. Il y eut une nouvelle tentative de négociation, à Bucarest cette fois. Mais il était trop tard.

Une fois de plus, l'armée épuisée de Roumiantsev, qui n'alignait plus que trente-cinq mille hommes, traversa le Danube et attaqua la forteresse de Silistra, qui tenait toujours. Potemkine « fut le premier à ouvrir la campagne en cet hiver rude avec sa marche sur le Danube, rapporta le feld-maréchal, et l'organisation d'une série de raids sur l'autre rive du fleuve avec son corps de réserve. Alors que l'armée approchait du point de passage sur le Danube et que l'ennemi, avec un grand nombre d'hommes et de pièces d'artillerie, consolidait ses positions sur la rive opposée, sur les hauteurs de Gourabalski pour empêcher notre franchissement », Potemkine, poursuivit Roumiantsev, « fut le premier à traverser le fleuve par bateau et à débarquer ses forces face à l'ennemi ». Le nouveau lieutenant-général s'empara du camp ottoman le 7 juin. Mais Potemkine était déjà vu comme un parvenu : un général russe, le prince Iouri Dolgorouki,

1. Pierre le Grand fit effectivement de son favori le prince Menchikov, mais ce fut une exception. Après 1796, l'empereur Paul et ses successeurs commencèrent à créer des princes eux-mêmes avec une telle frénésie qu'ils provoquèrent une dépréciation du prestige de ce titre.

un autre représentant de ce clan omniprésent, affirma que le « timide » Potemkine n'avait « jamais maintenu l'ordre » lors de la traversée et qu'il n'était respecté par Roumiantsev qu'en raison de ses « liens à la cour ». Mais les Mémoires de Dolgorouki sont connus pour leur manque de fiabilité. Roumiantsev était un chef exigeant, et ses collègues officiers et lui admiraient et appréciaient Potemkine, en particulier grâce au rôle qu'il joua au cours de cette campagne.

La « très forte » garnison de Silistra effectua une vigoureuse sortie contre Potemkine. Le 12 juin, non loin de là, il repoussa une autre attaque, selon Roumiantsev, en s'emparant l'artillerie ennemie. Les forces de Roumiantsev revinrent sous les murs désormais familiers de Silistra. Le 18 juin, le lieutenant-général Potemkine, « commandant l'avant-garde, surmonta les plus grandes difficultés et les dangers, chassant l'ennemi des fortifications devant la ville ». Le 7 juillet, il défit un corps turc de sept mille cavaliers. Même dans les bras de Vassiltchikov, en fait surtout en sa louable mais terne compagnie, Catherine n'oubliait pas Potemkine : quand elle parla à Voltaire en ce mois de juin de l'offensive sur le Danube, elle mentionna pour la première fois le nom de Potemkine. Il lui manquait.

L'été céda la place à l'automne. Potemkine supervisa le déploiement de batteries d'artillerie sur l'île en face de Silistra. Le climat se détériorait, tout tendait à prouver que les Turcs n'avaient aucune intention d'abandonner leur forteresse. « Tourmenté par la sévérité des intempéries et les sorties de l'ennemi », Potemkine « entreprit toutes les actions nécessaires pour bombarder la ville, semant la peur et la dévastation ». Quand les Russes percèrent enfin les murailles, les Turcs se battirent rue après rue, maison après maison. Roumiantsev se replia. Il régnait désormais un froid terrible. Les batteries de Potemkine reprirent leur pilonnage de la forteresse.

C'est en ces instants difficiles et tendus qu'un courrier impérial arriva dans le camp de Roumiantsev avec une lettre pour Potemkine. Datée du 4 décembre, elle parle d'elle-même :

> Monsieur ! Lieutenant-général et chevalier, vous êtes probablement si absorbé par la contemplation de Silistra que vous n'avez pas le temps de lire des lettres et, bien que je ne sache pas encore si votre bombardement fut un succès, je suis certaine que chacun de vos actes est accompli par zèle pour ma personne et au service de notre bien-aimée patrie. Mais, puisque pour ma part je suis très soucieuse de préserver les individus fervents, courageux, intelligents et talentueux, je vous prie de vous garder du danger. Quand vous lirez

> cette lettre, peut-être vous demanderez-vous pourquoi je l'ai écrite. À cela, je réponds : je l'ai écrite afin de vous confirmer ma façon de penser à vous, parce que j'ai toujours été votre très bienveillante,
> Catherine.

Dans la saleté, l'inconfort, le froid et le danger qui régnaient dans son camp plongé dans les ténèbres devant Silistra, cette lettre dut lui apparaître comme un message venu de l'Olympe, ce qu'elle était effectivement. Il ne s'agissait pas d'une lettre d'amour passionnée écrite à la hâte. C'était au contraire une déclaration prudente et soigneusement rédigée qui en dit long, tout en ne révélant rien. Elle n'invitait pas Potemkine à la capitale, mais c'était de toute évidence une convocation, sans aller non plus jusqu'à du « rentre-dedans ». Il faut supposer qu'il savait déjà à quoi s'en tenir quant à la « façon de penser » de Catherine vis-à-vis de lui – qu'elle était amoureuse de l'homme qui l'aimait depuis plus de dix ans. Ils correspondaient déjà – d'où le fait que Catherine ait laissé entendre que Potemkine n'avait pas pris la peine de répondre à toutes ses lettres. Son insouciance ombrageuse, en ignorant les lettres impériales, ne devait que le rendre plus attirant, sachant la vénération dont elle faisait l'objet de la part des flagorneurs de son entourage. Potemkine, surexcité, comprit qu'il s'agissait là de l'invitation tant attendue à rentrer à Saint-Pétersbourg.

Par ailleurs, la peur de Catherine pour la vie de Potemkine n'avait rien d'exagéré. Roumiantsev devait maintenant extirper son armée de son enlisement devant Silistra et la mettre en sécurité de l'autre côté du Danube. Potemkine eut l'honneur de se voir confier le rôle de plus dangereux dans cette opération : « Lorsque le principal corps d'armée retraversa le fleuve, se souvenait Roumiantsev, il fut le dernier à le franchir, car il couvrait nos forces sur la rive ennemie. » Néanmoins, ce serait sans doute un euphémisme de dire que Potemkine était pressé de rallier la capitale.

Les détracteurs de Potemkine, comme Simon Vorontsov et Iouri Dolgorouki, écrivant la plupart du temps après sa mort, quand il était devenu de bon ton de le dénoncer, affirmèrent qu'il était un incompétent et un lâche. Pourtant, comme nous l'avons vu, les maréchaux Golitsyne et Roumiantsev saluèrent ses exploits bien avant qu'il ait pris le pouvoir, et d'autres officiers écrivirent à leurs amis au sujet de son audace, jusque sous les remparts de Silistra. Le rapport de Roumiantsev décrit Potemkine comme « l'un de ces chefs militaires qui exaltent la gloire [...] des armes russes par leur courage et leur compétence ». Où se situe la vérité ?

Le rapport flatteur adressé par Roumiantsev à Catherine fut rédigé après l'ascension de Potemkine en 1775 et l'on peut donc y voir une exagération de ses accomplissements – mais Roumiantsev n'était pas le genre d'homme à mentir. Aussi Potemkine dut-il se comporter héroïquement pendant la guerre russo-turque et se fit-il un nom à cette occasion.

Dès que l'armée eut pris ses quartiers d'hiver, il se précipita à Saint-Pétersbourg. Son impatience fut remarquée, jugée suspecte et analysée par bien des observateurs des intrigues de la cour, qui ne purent que se demander : « Pourquoi tant de hâte ? »

6

Le plus heureux des hommes

« Tes beaux yeux m'ont captivé et pourtant je tremblais de dire que je t'aimais. »

G. A. Potemkine à Catherine II,
février/mars 1774

« Cet homme habile est aussi amusant que le diable en personne. »

Catherine II à propos de
G. A. Potemkine

« Tant de choses ont changé depuis le jour où Grigori Alexandrovitch [Potemkine] est arrivé ! »

Comtesse Ekaterina Roumiantseva
au comte Pierre Roumiantsev,
20 mars 1774

Le lieutenant-général Grigori Potemkine arriva à Saint-Pétersbourg en janvier 1774, et c'est avec exubérance qu'il pénétra dans une cour en émoi, s'attendant sans aucun doute à être invité dans le lit de Catherine et dans son gouvernement. Si tel était le cas, il dut être déçu.

Le général emménagea dans une petite maison donnant sur la cour de la propriété de son beau-frère Nicolas Samoïlov, puis alla se présenter à l'impératrice. Lui fit-elle part des catastrophes et des intrigues qui l'environnaient ? Le pria-t-elle de se montrer patient ? Potemkine brûlait tellement qu'il dut peiner à patienter. Depuis l'enfance, il était persuadé qu'il était destiné à commander et, depuis qu'il était entré dans la garde, il était amoureux de l'impératrice. Il semblait n'être qu'impulsion et passion, mais il avait aussi appris à attendre. Il se présentait fréquemment à la cour, où il faisait rire Catherine. Les courtisans savaient que Potemkine était soudain devenu une étoile montante. Un jour qu'il montait à l'étage du Palais d'hiver, il croisa le prince Orlov.

« Des nouvelles ? demanda Potemkine. – Non, répondit le prince Orlov, si ce n'est que je descends et que vous montez. » Mais il ne se passa rien – du moins en public. Les jours passèrent, puis les semaines. L'attente fut atroce pour quelqu'un de la nature de Potemkine. Catherine était dans une situation complexe et fragile, tant sur le plan personnel que politique, si bien qu'elle se devait de procéder avec lenteur et prudence. Vassiltchikov était toujours son amant officiel – il vivait encore dans ses appartements du palais et il partageait probablement son lit.

Cependant, c'était un compagnon décevant pour Catherine, qui le trouvait d'un ennui lassant. La lassitude engendra le malheur, puis le mépris. « Ses caresses ne me faisaient que pleurer », dira-t-elle plus tard à Potemkine. L'impatience de Potemkine allait croissant : elle lui avait envoyé des lettres encourageantes et l'avait convoqué. Il était venu aussi vite qu'il avait pu. Il avait attendu ce moment pendant douze années de dévouement. Elle savait à quel point il était intelligent et capable : pourquoi ne le laissait-elle pas l'aider ? Elle avait admis qu'elle avait des sentiments pour lui, comme lui pour elle. Pourquoi ne se défaisait-elle pas de Vassiltchikov ?

Pourtant, il ne se passait toujours rien. Il l'interrogea sur le sens de sa convocation. Elle lui répondit à peu près comme suit : « *Calme-toi**. Je vais repenser à ce que tu as dit et attendre jusqu'à ce que je te communique ma décision. » Peut-être souhaitait-elle d'abord qu'il maîtrise les subtilités de sa situation politique, peut-être le taquinait-elle, en espérant que leur relation se développerait quand le moment serait venu. Nul plus que Catherine ne croyait aux bienfaits d'une préparation méticuleuse. Il est fort probable qu'elle ait simplement voulu qu'il prenne le taureau par les cornes, car elle avait besoin de sa confiance inébranlable autant que de son intelligence et de son amour. Potemkine ne tarda pas à comprendre pourquoi elle avait besoin de lui maintenant : en fait, il devait sans doute en connaître déjà en grande partie la raison. Mais, quand il en fut informé par l'impératrice et ses amis, il dut se rendre compte qu'elle était impliquée dans la crise la plus grave – politique, militaire et amoureuse – depuis le jour où elle avait pris le pouvoir. Tout avait commencé quelques mois plus tôt dans le pays des Cosaques du Iaïk[1].

Le 17 septembre 1773, un charismatique Cosaque du Don se présenta devant une foule enthousiaste de Cosaques, de Kalmouks et de Tatars près de Iaïtsk, quartier général des Cosaques du Iaïk, à des milliers de verstes au sud-est de Moscou, dans un monde très différent de Saint-Pétersbourg. Il proclama qu'il était l'empereur Pierre III, qui n'avait pas été assassiné, mais était là pour les mener contre le mal qu'incarnait Catherine. Il la surnommait « l'Allemande, la fille du Diable ». Le soi-disant « empereur » s'appelait en réalité Emélian Pougatchev, un déserteur de l'armée, efflanqué et basané, avec une barbichette noire et des cheveux bruns. Il ne ressemblait même pas à Pierre III. Mais cela n'avait aucune d'importance parce que personne parmi les habitants de ces régions reculées ne savait à quoi ressemblait le tsar : Pougatchev, né vers 1740 (il avait presque le même âge que Potemkine), avait participé à la guerre de Sept Ans et au siège de Bendery. Il avait des griefs contre le gouvernement, avait été arrêté et s'était évadé.

Il fit toutes sortes de promesses à l'assistance – il était le « tsar miséricordieux de Russie, à la voix douce et au cœur d'or ». Il avait déjà exhibé les « marques du tsar » sur son corps pour convaincre ces gens simples et en colère qu'il portait les stigmates qu'ils attendaient de leur souverain désigné par Dieu. Il leur promit « des terres, de l'eau, des bois, des logements, des prairies, des rivières, des poissons, du pain... » et tout ce qui lui venait à l'esprit.

Ce manifeste politique d'une formidable générosité s'avéra irrésistible pour beaucoup de ceux qui l'écoutaient – mais surtout pour les Cosaques du Iaïk. Les Cosaques formaient des communautés militaires composées d'hommes libres, de parias, de criminels en fuite, de serfs fugitifs, de dissidents religieux, de déserteurs, de bandits métissés, à demi slaves et tatars, réfugiés dans les marches de l'empire pour y former des bandes de cavaliers armés vivant de pillage et de rapines, et de l'élevage de chevaux. Chaque groupe – celui du Don, du Iaïk, les Zaporogues et leurs frères de Pologne et de Sibérie – avait développé sa propre culture, mais ils étaient généralement organisés comme des démocraties

1. Le fleuve Oural aujourd'hui. *(N.d.T.)*

frontalières primitives qui se choisissaient un hetman – ou ataman – en temps de guerre.

Pendant des siècles, ils avaient joué un jeu dangereux entre les grandes puissances, s'alliant avec la Pologne, la Lituanie et la Suède contre la Moscovie, avec la Russie contre la Crimée des khans ou les sultans ottomans. Au XVIIIe siècle, ils étaient toujours aussi susceptibles de dépouiller les Russes que les Turcs, mais ils étaient utiles à la Russie en tant que gardes-frontières et unités de cavalerie légère. Cependant, les tensions entre l'État russe et les Cosaques se durcissaient. Ces derniers avaient leurs propres problèmes – ils redoutaient d'être intégrés à l'armée régulière, avec sa discipline de fer, où ils seraient contraints de se raser la barbe. Les Cosaques du Iaïk s'inquiétaient plus particulièrement des récents différends au sujet des droits de pêche. Une mutinerie avait été durement réprimée à peine un an plus tôt. Pire encore, la guerre russo-turque en était maintenant à sa cinquième année et son coût en hommes et en argent pesait lourdement sur la paysannerie. Ces gens voulaient croire en leur version hirsute de « Pierre III ».

Pougatchev mit le feu aux poudres. En Russie, la tradition des « prétendants » restait vive. Durant le « temps des troubles », au XVIIe siècle, un « faux Dimitri » avait même régné sur Moscou. Dans ce pays immense et primitif où les tsars étaient tout-puissants et incarnaient la bonté, tandis que le petit peuple les croyait de droit divin, l'image d'un gouvernant christique errant parmi les gens et surgissant pour les sauver était un élément incontournable du folklore russe[1]. Ce n'était pas aussi étrange qu'il y paraît : l'Angleterre avait eu sa part de prétendants, comme Perkin Warbeck, qui, en 1490, avait prétendu être Richard, duc d'York, l'un des « princes de la Tour » assassinés.

La vocation de « prétendant » semblait attirer en particulier certains aventuriers, des déserteurs, de vieux croyants qui vivaient sur les marches – des exclus qui se faisaient passer pour un tsar décédé ou renversé récemment. Le tsar en question devait avoir régné pendant un temps assez court pour entretenir l'illusion que, si les nobles diaboliques et les étrangers ne l'avaient pas renversé, il aurait sauvé le peuple. Ce qui faisait de Pierre III un candidat idéal. À la fin du

1. Quand l'empereur Alexandre Ier mourut en 1825, beaucoup crurent qu'il était devenu un moine errant, parcourant l'immensité russe.

règne de Catherine, on recenserait vingt-quatre faux Pierre, mais aucun n'eut le succès de Pougatchev.

Un autre imposteur connut un succès comparable : le faux Pierre III du Monténégro. Au début de la guerre, en 1769, alors que la flotte russe s'efforçait de soulever les Balkans orthodoxes contre les Turcs, Catherine avait demandé à Alexis Orlov d'envoyer un émissaire dans le lointain Monténégro, qui était gouverné par un guérisseur à temps partiel, peut-être un Italien, dit « Étienne le Petit », qui avait uni les tribus guerrières locales en prétendant être Pierre III. L'émissaire, le prince Iouri Dolgorouki (qui, plus tard, critiquerait les exploits militaires de Potemkine), fut surpris de découvrir que ce Pierre III monténégrin, un trentenaire aux cheveux bouclés, à la voix aiguë, portant une tunique de soie blanche et un bonnet rouge, régnait depuis 1766. Dolgorouki dévoila la supercherie. Mais, incapable de contrôler le Monténégro, il ne put que le remettre sur son trône, lui accordant en outre le grade d'officier dans l'armée russe. Étienne le Petit régna encore cinq ans sur le Monténégro avant d'être assassiné. En fait, il fut l'un des meilleurs gouvernants que le Monténégro ait jamais connus.

Le lendemain du jour où Pougatchev se proclama empereur, son opportunisme rusé lui avait déjà attiré trois cents partisans, qui entreprirent de s'attaquer aux forts du gouvernement. Les rangs de son armée enflèrent. Ces prétendus forts n'étaient en réalité que des villages encerclés de clôtures en bois et peuplés de Cosaques à la fiabilité douteuse, de paysans mécontents et d'une petite garnison de soldats endormis. Ils n'étaient pas difficiles à capturer. En quelques semaines, les régions frontalières du Sud-Est étaient presque littéralement en feu.

Le 5 octobre, « Pierre III » arriva devant la capitale régionale, Orenbourg, désormais à la tête d'une armée de trois mille hommes et d'une vingtaine de bouches à feu, laissant les corps des nobles et des officiers pendus dans leurs domaines incendiés, quand ils ne les décapitaient pas et ne leur tranchaient pas les mains et les pieds. Les femmes étaient violées et battues à mort, les hommes pendus, souvent par les pieds. Un officier corpulent fut écorché vif et empaillé tandis que les rebelles prélevaient sa graisse et en badigeonnaient leurs blessures. Son épouse fut mise en pièces et sa fille eut la chance fort relative d'être placée dans le harem de l'« Amparator », où elle fut assassinée plus tard par les Cosaques qui jalousaient sa position de favorite.

Le 6 novembre, l'« Amparator Pierre Fadarivitch » fonda un collège de guerre dans son quartier général à Berda, à l'extérieur d'Orenbourg. Il ne tarda pas à se pavaner vêtu d'un caftan brodé d'or et d'un chapeau de fourrure, la poitrine couverte de médailles, et ses sbires se faisaient appeler « comte Panine » et « comte Vorontsov ». Il fit rédiger par ses secrétaires des manifestes en russe, en allemand, en français, en arabe et dans les langues turques. Il désigna des juges chargés de maintenir l'ordre parmi ses hommes, nomma des commandants à la tête de ses différentes armées et confia son artillerie à des déserteurs. Son armée devait constituer un spectacle impressionnant, exotique et barbare : elle était essentiellement composée de paysans, de Cosaques et de cavaliers turcs, armés de lances, de faux, d'arcs et de flèches.

Quand la nouvelle parvint pour la première fois à la « fille du Diable » à Saint-Pétersbourg, à la mi-octobre, Catherine crut qu'il ne s'agissait que d'une mutinerie cosaque sans importance, et elle expédia le général Vassili Kar aux commandes d'une force ayant pour mission de la réprimer. Au début du mois de novembre, Kar fut défait par la horde de forcenés, qui comptait maintenant vingt-cinq mille hommes, et s'enfuit à Moscou couvert de honte.

Ces premiers succès accordèrent à Pougatchev le prestige dont il avait besoin. Quand ses bandits prenaient des villes, il était accueilli par des carillons et des comités de réception formés de prêtres portant des icônes et de citadins priant pour « Pierre III et le grand-duc Paul » (mais pas pour Catherine, bien sûr).

« Pougatchev était assis dans un fauteuil, sur le perron de la maison du commandant, écrivit Pouchkine dans *La Fille du capitaine*, roman basé sur ses recherches et ses entretiens avec des témoins. Il était vêtu d'un élégant caftan cosaque, brodé sur les coutures. Un haut bonnet de martre zibeline, orné de glands d'or, descendait jusque sur ses yeux flamboyants. [...] Les chefs cosaques l'entouraient. [...] Sur la place même, on dressait à la hâte une potence. » Parfois, soixante nobles étaient pendus en même temps. Il est dit qu'une récompense de 100 roubles était offerte pour chaque noble tué, et le titre de « général » pour dix maisons incendiées.

L'« empereur » dînait alors dans la maison du gouverneur local, souvent accompagné de sa veuve et de ses filles terrorisées, le gouverneur lui-même étant probablement pendu à l'extérieur. Les dames seraient ensuite pendues à leur tour, ou accordées à un chef pour son plaisir personnel. S'il était publiquement salué comme le souverain, les dîners privés de l'empereur ressemblaient plutôt à des fêtes cosaques. Après avoir recruté davantage d'hommes, réquisitionné des canons et pillé le trésor local, il repartait au galop alors que les cloches sonnaient à la volée et que résonnaient des prières. Au début du mois de décembre, Pougatchev assiégea les villes de Samara et Orenbourg, ainsi qu'Oufa, en Bachkirie, avec une armée qui approchait maintenant les trente mille hommes, grossie de tous les mécontents du Sud – Cosaques, Tatars, Bachkirs, Kirghizes et Kalmouks.

Pougatchev commença à commettre des erreurs. Ainsi, son mariage avec sa maîtresse favorite était loin d'être un comportement digne d'un empereur qui, s'il était vraiment vivant, était déjà marié à la « fille du Diable » à Saint-Pétersbourg. Néanmoins, en décembre, il devint soudainement clair qu'il représentait bel et bien une menace pour l'Empire russe.

Le moment choisi par Catherine pour envoyer sa lettre à Potemkine était loin d'être une coïncidence. Elle lui écrivait alors qu'elle venait d'apprendre que Pougatchev venait de mettre Kar en déroute. Il ne s'agissait pas d'un soulèvement mineur : la région de la Volga s'insurgeait sous la férule d'un chef apparemment organisé et compétent. Cinq jours avant de prendre la plume pour écrire à Potemkine, elle avait confié à l'impressionnant général Alexandre Bibikov, un ami des deux Panine et de Potemkine, la mission d'éliminer le prétendant. Politiquement, elle avait besoin de quelqu'un qui n'était lié qu'à elle seule plutôt qu'aux principaux partis de la cour, et qui pourrait la conseiller sur les questions militaires. Sur le plan personnel, cet ami dont elle était maintenant amoureuse lui manquait. C'était comme si toutes les années de leur étrange relation, à la fois si proches et constamment éloignés, les avaient l'un et l'autre préparés à cet instant.

Alors que Potemkine se préparait à la rejoindre, la rébellion était loin d'être son unique source d'inquiétude. Car il existait un autre prétendant tout à fait légitime, beaucoup plus près d'elle et d'autant plus dangereux : son fils. Le 20 septembre 1772, le grand-duc Paul – le tsarévitch, qui menaçait son règne et par conséquent son existence – fêta ses dix-huit ans. Elle ne pouvait reporter plus longtemps la reconnaissance de sa majorité, alors qu'il avait toutes les raisons de s'attendre à être autorisé à se marier, à entretenir sa propre cour et à jouer un rôle politique important. Le mariage était une possibilité, même si elle n'avait rien d'attrayant, la formation d'une cour était envisageable, mais était loin d'être pratique. Quant à lui accorder un rôle politique, c'était tout bonnement impossible. Catherine craignait qu'en acceptant Paul comme une sorte de corégent, elle ne franchisse le premier pas la menant à son propre renversement. Et, tandis qu'elle soupesait ces éventualités, un nouveau complot prouva que Paul était effectivement son talon d'Achille.

Les difficultés de Catherine remontaient au renvoi du prince Orlov un an plus tôt et à sa liaison avec Vassiltchikov, qui ne lui était d'aucune aide dans les affaires de l'État – ou du cœur. La chute d'Orlov avait semblé être le triomphe de Nikita Panine, qui en tant que gouverneur de Paul devait avoir espéré se tailler une part encore plus généreuse du pouvoir. Mais l'équilibre fut rétabli par le retour d'un prince Orlov enjoué, en mai 1773, après un « voyage à l'étranger ». Il réintégra le Conseil en juin. Il parvint sans doute à imposer une troïka issue de sa famille, car désormais Saint-Pétersbourg sentait la redoutable présence de chacun des cinq frères Orlov.

Confrontée à la majorité de Paul, Catherine chercha une grande-duchesse, exactement comme Élisabeth l'avait fait avec elle. L'impératrice décréta sur-le-champ qu'une princesse allemande, qui ne serait pas directement liée à l'Autriche ou à la Prusse, conviendrait parfaitement. En juin, Paul exprima son intérêt pour la princesse Wilhelmina, seconde fille du landgrave de Hesse-Darmstadt, dont les mercenaires hessois étaient la principale source de revenus. À peu près au moment où Wilhelmina se convertissait à l'orthodoxie, le 15 août, Paul fut approché par un diplomate au service de la Russie, Caspar von Saldern, originaire de duché de Paul, le Holstein. Von Saldern lui fit une proposition non dénuée d'attraits. Il convainquit Paul d'approuver un plan prévoyant un règne conjoint entre la mère et le fils, comme Marie-Thérèse et Joseph d'Autriche. Dès que Panine en eut vent, il tenta de dissimuler l'affaire. Quand Catherine découvrit le complot, elle entra dans une telle colère contre von Saldern qu'elle réclama qu'on lui livre « ce misérable pieds et poings liés dans l'instant ». Jamais il ne revint en Russie.

Comme si tout cela – la guerre, les tensions avec son fils, les risques de trahison et la révolte paysanne qui s'étendait – ne suffisait pas, une célébrité littéraire débarqua à Saint-Pétersbourg le 28 septembre 1773, qui offrit à Catherine un bref entracte humoristique. L'impératrice admirait certes son *Encyclopédie*, mais il est difficile d'imaginer plus mauvais moment pour la visite de Denis Diderot. L'Encyclopédiste, animé de toutes les illusions délirantes des *philosophes** français, s'imaginait conseiller Catherine sur la réforme immédiate de l'ensemble de son empire. Séjournant pendant cinq mois dans une demeure à quelques centaines de mètres du Palais d'hiver (ornée d'une plaque commémorative, elle est située près de la cathédrale Saint-Isaac), ses conversations l'aidèrent à échapper à la monotonie de la vie avec Vassiltchikov.

Cependant, Diderot ne tarda pas à l'irriter – mais, si l'on compare son séjour à celui, désastreux, de Voltaire auprès de Frédéric le Grand, ce fut un succès relatif. Catherine prétendit férocement qu'il lui avait martyrisé le genou à force de le marteler alors qu'il s'emportait en lui expliquant comment faire fonctionner la Russie. Mais, au moins, il lui présenta son ami Friedrich Melchior Grimm, qui devint son plus cher correspondant jusqu'à la fin de ses jours.

Le seul accomplissement de Diderot fut sans doute d'être parvenu à la convaincre, si Pougatchev ne l'avait pas déjà fait, que la Russie n'avait pas besoin de programmes de réformes abstraits : « Vous ne travaillez que sur le papier [...], lui dit-elle un jour, alors que moi, pauvre impératrice, c'est sur le cuir humain que je travaille. » Catherine, disait Diderot, avait « l'âme de César avec les séductions de Cléopâtre ».

Le 29 septembre, Paul, fragilisé par l'affaire von Saldern, épousa la grande-duchesse Natalia (anciennement Wilhelmina), événement qui fut suivi de dix jours de festivités. Le comte Panine resta ministre des Affaires étrangères, mais il dut renoncer à son poste de gouverneur de Paul, perdant ses appartements dans les palais. Il se consola avec une promotion au plus haut échelon de la noblesse, une pension de 30 000 roubles et un cadeau de neuf mille âmes. Pour apaiser les Orlov, Catherine promut leur allié Zakhar Tchernichev au rang de feld-maréchal et président du collège de la Guerre. Mais l'affaire von Saldern les avait tous éclaboussés : Catherine ne faisait plus confiance à Panine, mais elle était prise au piège de son système de Nord. Elle ne respectait plus Orlov, mais son clan était l'un des piliers de son régime. Elle lui pardonna sa folie de Focşani, mais ne le reprit jamais comme amant. Elle trouvait son propre fils Paul borné, amer et peu agréable. Elle ne pourrait jamais lui faire confiance en lui donnant un poste au gouvernement, mais il était l'héritier. Elle s'ennuyait avec Vassiltchikov, mais avait fait de lui son amant officiel. Jamais Catherine, coincée par la rivalité acharnée entre les Panine et les Orlov, n'avait été aussi seule.

Cette situation cornélienne nuisait également à son image en Europe. Frédéric le Grand, génie misanthrope qui présidait à une cour austère et entièrement masculine, ne cachait pas son dégoût : Orlov a été rappelé à toutes ses fonctions, fulminait-il, « à l'exception de celle de baiseur ». Frédéric se doutait aussi que l'incertitude qui régnait à la cour mettait en péril Panine et son alliance prussienne. « C'est une entreprise bien terrible, déclara le roi de Prusse, que de voir la bite et le con décider de l'intérêt de l'Europe. » Mais, à la fin janvier, Potemkine, fraîchement arrivé, ne décidait de rien. Il ne pouvait pas attendre plus longtemps. Il décida de forcer la main de Catherine.

Potemkine décréta que les gloires de ce monde ne l'intéressaient plus : il entrerait dans les ordres. Il quitta aussitôt le cottage de Samoïlov, s'installa au monastère Alexandre Nevski, fondé par Pierre le Grand, dans les faubourgs de la Saint-Pétersbourg du XVIIIe siècle, et vécut comme un moine, se laissant pousser la barbe, pratiquant le jeûne, la lecture, la prière et le chant avec ostentation. L'attente, alors que la chance semblait lui sourire, dans un contexte politique et personnel tendu, était suffisante pour pousser le tempérament maniaco-dépressif de Potemkine au bord de la rupture, et il parvint à retrouver son calme en s'immergeant de lui-même dans le mysticisme orthodoxe. Mais c'était aussi un homme politique-né et un remarquable comédien. Sa retraite mélodramatique mit publiquement la pression sur Catherine. C'était presque comme s'il s'était mis « en grève », la privant de ses conseils et de son soutien, à moins qu'elle ne reconnaisse qu'elle avait besoin de lui. D'aucuns ont avancé que l'impératrice et lui auraient organisé cette mascarade ensemble pour faciliter son ascension. Tous deux montreraient bientôt qu'ils étaient tout à fait capables de monter des coups à l'avance, mais dans ce cas précis le comportement de Potemkine semble équitablement divisé entre piété, dépression et artifices.

Sa cellule, ressemblant davantage à un quartier général de campagne politique qu'au refuge d'un cénobite, était le théâtre de bien des va-et-vient entre deux périodes de jeûne. Des voitures franchissaient les portes au galop ; fonctionnaires, courtisans et jupes bruissantes des dames de la cour, en particulier la comtesse Bruce, entraient et sortaient du décor baroque du monastère comme les personnages d'un opéra, portant notes et messages secrets. Tout d'abord, comme dans tout opéra, il y eut une chanson. Potemkine fit savoir à Catherine qu'il en avait écrit une pour elle. Elle porte la marque de la passion de Potemkine – et aussi la mièvrerie commune aux chansons d'amour, à l'époque comme aujourd'hui. Mais, pour ce qui est de décrire sa situation, elle n'est pas dépourvue d'intérêt. « Dès que je t'ai vue, j'ai pensé à toi seule [...]. Mais, par les Cieux, quel tourment que d'aimer celle à qui je n'ose le déclarer ! Celle qui ne pourra jamais être mienne ! Dieux cruels ! Pourquoi lui avez-vous donné tant de charmes ? Et pourquoi l'avez-vous bénie d'une position si exaltée ? Pourquoi m'avez-vous destiné à n'aimer qu'elle et elle seule ? » Potemkine fit en sorte que la comtesse Bruce rapporte à l'impératrice à quel point « sa malheureuse et violente passion l'avait contraint au désespoir et que, dans sa triste situation, il jugeait prudent de fuir l'objet de son tourment puisque sa seule vue pouvait aggraver ses souffrances qui étaient déjà intolérables ». Il commençait « à haïr le monde à cause de son amour pour elle – et elle en fut flattée ».

Catherine répondit par un message oral qui disait à peu près ceci : « Je ne peux comprendre ce qui peut l'avoir poussé à un tel désespoir, moi qui ne me suis jamais déclarée contre lui. Je croyais au contraire que l'affabilité de mon accueil lui avait fait comprendre que son hommage ne me déplaisait point. » Cela ne pouvait lui suffire. Le jeûne, le chant, le bruissement des jupons de leurs intermédiaires et la livraison des messages se poursuivirent. Les plus saints des moines durent sans doute lever les yeux au ciel face à toute cette agitation si peu spirituelle.

Catherine, à en croire tous les témoignages, finit par se décider et dépêcha la comtesse Bruce – qui, ironie du sort, n'était autre que la sœur avec laquelle Roumiantsev avait rompu toute relation – afin qu'elle revienne avec Potemkine. La comtesse, dans ses plus beaux atours, fit irruption au monastère dans un carrosse de la cour. Elle fut emmenée chez Potemkine qui, barbu et vêtu de l'habit de moine, était prosterné dans une cellule dépouillée devant une icône de sainte Catherine. Au cas où la comtesse aurait eu le moindre doute sur sa sincérité, il continua à prier et à chanter pendant longtemps. Enfin, Potemkine daigna entendre son message. Il eut alors tôt fait de se raser, de se laver et de passer un uniforme avant de reparaître à la cour.

Quels avaient été les sentiments de Catherine durant cet intermède lyrique ? Au cours des semaines qui suivirent, quand enfin ils devinrent amants, elle lui révéla, dans ce récit si tendre et émouvant, qu'elle l'aimait déjà à son retour de l'armée :

> Puis s'en vint un héros [*bogatyr*] : ce héros, par son courage et son comportement, était déjà très proche de notre cœur ; en apprenant son arrivée, les gens commencèrent à parler de son séjour ici, ne sachant pas que nous lui avions déjà écrit, en toute discrétion, pour lui demander de venir, avec cependant la secrète intention de ne pas agir aveuglément quand il serait bien là, mais d'essayer de découvrir s'il nourrissait vraiment ce penchant dont beaucoup, d'après la comtesse Bruce, le soupçonnaient, ce penchant que je souhaitais qu'il ait.

L'impératrice se trouvait à Tsarskoïé Selo, en dehors de la ville. C'est là que Potemkine se rendit, très probablement accompagné par la comtesse Bruce. Le Journal de la cour nous apprend que Potemkine lui fut présenté dans la soirée du 4 février : il fut directement mené à ses appartements privés, où ils restèrent seuls pendant une heure. Il est de nouveau mentionné dans l'édition du 9, où il assista à un repas officiel au palais de Catherine. Ils dînèrent officiellement quatre fois en février, mais nous pouvons supposer qu'ils furent bien plus souvent ensemble : nous disposons de quelques billets, sans date, écrits par Catherine à l'intention de Potemkine, et qui doivent correspondre à ces journées. Le premier est adressé à « Mon ami », ce qui suggère une chaleur de plus en plus marquée, tout en le mettant en garde contre le fait de tomber sur le grand-duc Paul, qui risquait d'être choqué, lui qui détestait déjà le prince Orlov pour avoir été l'amant de sa mère. Dans le deuxième, rédigé quelques jours plus tard, Potemkine était promu au rang de « Mon cher ami ». Elle utilisait déjà les surnoms dont ils affublaient les courtisans : l'un des Golitsyne était « *M. le Gros** », « Grassouillet » – mais, surtout, elle appelait Potemkine « *l'esprit** ».

Ils se rapprochaient d'heure en heure. Le 14 février, la cour revint au Palais d'hiver, en ville. Le lendemain, il y eut un autre dîner de vingt convives, dont Vassiltchikov et Potemkine. On peut imaginer le sentiment du malheureux Vassiltchikov alors que Potemkine dominait la scène.

Potemkine et l'impératrice auraient consommé leur histoire d'amour à cette époque. Rares sont les billets qui sont datés parmi les milliers qu'ils échangèrent, mais il en est un que nous pouvons sans doute situer aux alentours de ce 15 février, où Catherine annula une rencontre avec l'« esprit » dans la banya, le bain de vapeur : « Toutes mes dames de compagnie s'y trouvent maintenant et n'en partiront probablement pas avant encore une heure. » Si les hommes et les femmes du peuple se baignaient ensemble dans les banyas au XVIIIe siècle, à la grande indignation des étrangers, ce n'était pas le cas des impératrices. C'est la première mention d'une rencontre entre Catherine et Potemkine dans la banya, qui devait être leur lieu de prédilection pour leurs rendez-vous. S'ils pouvaient se retrouver dans l'intimité de la banya le 15, c'est qu'ils étaient probablement déjà amants.

Le 18, l'impératrice assista à une comédie russe à l'Opéra, puis rencontra probablement Potemkine dans ses appartements. Ils discutèrent ou firent l'amour jusqu'à 1 heure du matin – ce qui était fort tard pour cette princesse germanique respectueuse de la discipline. Dans un billet qui traduit l'intensité croissante de leur relation, mais aussi sa soumission envers lui, elle s'inquiète gentiment : « [J'ai] abusé de ta patience [...], ma montre s'est arrêtée et le temps est passé si vite que l'heure m'a parue une minute. »

« Mon chéri, quelle absurdité as-tu donc dite hier [...], lui écrivit-elle durant ces premiers jours. Le temps que je passe avec toi est si heureux. Nous avons passé quatre heures ensemble, l'ennui se dissipe et je ne veux pas me séparer de toi. Mon cher, mon ami, je t'aime tellement : tu es si beau, si intelligent, si jovial, si plein d'esprit. Quand je suis avec toi, je n'attache aucune importance au monde. Je n'ai jamais été aussi heureuse [...]. » Pour la première fois, on peut deviner l'écho de leurs rires résonnant la nuit dans la banya du Palais d'hiver. Ils étaient tous deux des jouisseurs – un couple d'épicuriens. « Mon ami chéri, je crains que tu ne sois en colère contre moi. Si ce n'est pas le cas, tant mieux. Viens vite dans ma chambre me le prouver. »

Vassiltchikov était encore en résidence – du moins officiellement. Catherine et Potemkine l'avaient surnommé « *Soupe à la glace** ». C'est à ce moment-là qu'elle dit à Potemkine qu'elle regrettait que leur liaison n'ait pas débuté un an et demi plutôt, au lieu de perdre un temps précieux à être malheureux. Mais la présence de Vassiltchikov dans ses appartements contrariait Potemkine, toujours d'une jalousie hystérique. Un soir, il avait dû effectuer quelque sortie théâtrale car, quelques jours plus tard, Catherine s'était efforcée dans une lettre de l'amadouer : « Je ne peux pas obliger quelqu'un aux caresses [...]. Tu connais ma nature et mon cœur, tu connais mes bons et mes mauvais côtés, je te laisse le choix de ton comportement. [...] Il est ridicule de te tourmenter. [...] Tu te ruines la santé pour rien. »

Vassiltchikov était presque oublié, mais ces jours durent être terribles pour lui. Catherine était impitoyable avec ceux qui ne suscitaient pas son respect et l'on sent qu'elle avait honte de sa médiocrité.

Vassiltchikov se rendit compte qu'il ne pourrait jamais jouer le rôle de Potemkine : « [Sa] stature était très différente de la mienne. J'étais simplement une sorte de femme entretenue. [...] Il m'était à peine permis de voir quelqu'un ou de sortir. Quand je demandais quoi que ce soit, il n'en était tenu aucun compte. [...] Quand j'espérais obtenir l'Ordre de Sainte-Anne, j'en fis mention à l'impératrice et retrouvai le lendemain trente mille roubles en billets dans ma poche. C'est toujours ainsi qu'elle me fit taire. [...] Quant à Potemkine, il obtient ce qu'il veut [...], il est le maître. »

Le « maître » insista pour que le malheureux bol de « Soupe à la glace » soit écarté de leur table. Vassiltchikov quitta ses appartements dans le Palais d'hiver. Ils devinrent la salle du Conseil, parce que Potemkine refusait de vivre dans les appartements d'un autre. On lui décora de nouvelles salles. Potemkine lui-même déménagea de la maisonnette chez les Samoïlov pour loger avec le fidèle chambellan Yelaguine.

À la fin du mois de février, la relation n'était plus seulement un flirt ou une liaison sexuelle : le couple était définitivement lié l'un à l'autre. Le 27, Potemkine se sentit assez sûr de lui pour écrire une lettre demandant qu'il soit nommé « général et aide de camp personnel de Sa Majesté ». Les aides de camp n'étaient qu'une poignée, la plupart du temps de simples courtisans. Mais, dans ce cas, le sens en serait évident. Il ajouta avec son humour caractéristique que « cela ne pourrait offenser qui que ce soit ». Ce qui dut les faire rire tous les deux. Car son arrivée ne pouvait qu'offenser tout le monde, des Orlov aux Panine, de Marie-Thérèse et Frédéric le Grand à Georges III et Louis XVI. Elle allait bouleverser le paysage politique et jusqu'aux alliances étrangères de la Russie. Mais peu importait, car il dévoila ses véritables sentiments avec une candeur émouvante : « Je serais le plus heureux des hommes [...]. » La lettre fut remise à Stekalov, le responsable des requêtes, comme n'importe quelle autre demande adressée à la souveraine. Mais celle-ci y répondit beaucoup plus rapidement.

« Lieutenant-général [...]. Je pense que votre requête est appropriée, écrivit-elle le lendemain, sans se soucier du style officiel des missives impériales, compte tenu des services que vous nous avez rendus, à moi et à notre patrie. » C'était typique de Potemkine d'écrire aussi simplement un courrier officiel. « Il fut le seul de ses favoris à oser tomber amoureux d'elle et à être le premier à lui faire des avances », consigna Charles Masson, professeur suisse de mathématiques qui travailla plus tard à la cour et auteur de Mémoires scandaleux et d'une fiabilité douteuse. Catherine montra dans sa réponse qu'elle appréciait la franchise : « Je commande la prise en compte de votre candidature au poste d'aide de camp. Je dois vous avouer que je suis heureuse que vous, me faisant confiance, ayez décidé de me faire parvenir directement votre demande plutôt que par des moyens détournés. » C'est à cet instant que Potemkine sort des ténèbres de l'Histoire pour devenir l'un des hommes d'État les plus décrits et controversés de ce siècle.

« Une nouvelle scène vient de s'ouvrir, rapporta Sir Robert Gunning, l'émissaire anglais, au comte de Suffolk, secrétaire d'État pour le Nord, à Londres, le 4 mars, juste après avoir vu le nouvel aide de camp à la cour, qui méritera sans doute plus d'attention que toutes celles qui se sont présentées depuis le début de ce règne. » En ce temps où tous rédigeaient des lettres, tout le monde se mit à écrire à propos de Potemkine. Les diplomates étaient en émoi parce que, comme Gunning l'avait aussitôt compris, Potemkine était plus capable que le prince Orlov et Vassiltchikov. Il est intéressant de noter que, quelques jours après être apparu comme le favori officiel, même ceux des étrangers qui n'étaient pas familiers de la cour informaient leurs rois que Potemkine était désormais là pour aimer l'impératrice *et* l'aider à gouverner. « M. Vassiltchikov, le favori dont l'intelligence était trop limitée pour qu'il eût une quelconque influence sur les affaires ou être dans la confidence de sa maîtresse, expliquait Gunning, se voit remplacé par un homme qui semble jouir des deux au degré le plus élevé. » Le comte de Solms, l'ambassadeur prussien, alla plus loin dans son rapport à Frédéric : « Il est évident que Potemkine [...] deviendra la personne la plus influente de Russie. Sa jeunesse, son intellect et ses qualités lui conféreront une telle importance [...]. Bientôt, le prince Grigori Grigoriévitch [Orlov] sera oublié et la famille Orlov retournera à la médiocrité. »

Le principal allié de la Russie fut encore plus rebuté qu'il ne l'avait été par l'arrivée de Vassiltchikov deux ans auparavant. Soigneusement informé par Solms, Frédéric le Grand écrivit à son frère, le prince Henri, en tournant en dérision le nom du nouvel arrivant – le « général Patoukine ou Tapoukine » –, mais il reconnut que son ascension « pourrait s'avérer préjudiciable au bien-être de [leurs] affaires ». Et il ne put s'abstenir d'en déduire un principe philosophique d'homme d'État misogyne : « Une femme reste une femme et, au sein du gouvernement féminin, le con a davantage d'influence qu'une politique ferme guidée par une raison solide. »

Les courtisans russes observaient attentivement Potemkine, chroniquant le moindre geste du nouveau favori, jusqu'à ses bijoux et la décoration de ses appartements. Chaque détail avait un sens essentiel à leurs yeux. Solms s'était déjà aperçu que l'arrivée de Potemkine n'avait pas troublé les Panine. « Je pense que ce nouvel acteur jouera son rôle avec une grande vivacité et qu'il causera de grands changements s'il est en mesure de consolider sa position », écrivit le général Pierre Panine au prince Alexandre Kourakine le 7 mars. De toute évidence, les Panine pensaient pouvoir utiliser Potemkine pour faire oublier les Orlov. « Le nouvel aide de camp est sans cesse en service, au lieu de tous les autres, signala la comtesse Sievers à son époux, un des hauts fonctionnaires de Catherine. On le dit agréable et modeste. » Potemkine rassemblait déjà entre ses mains un pouvoir tel que Vassiltchikov n'en avait jamais connu. « Si vous voulez quelque chose, mon doux ami, écrivit la comtesse Roumiantseva à son mari, le feld-maréchal, dans le Sud avec l'armée, demandez à Potemkine. » Catherine ne cacha pas à son ami Grimm sa joie d'avoir échappé à Vassiltchikov et d'avoir trouvé Potemkine : « Je me suis éloignée d'un caractère certes bon enfant mais extrêmement terne, qui a immédiatement été remplacé par l'un des plus grands excentriques, spirituels et originaux de ce siècle de fer. »

III

ENSEMBLE

1774-1776

7

Amour

> « Les portes seront ouvertes… Je vais me coucher… Chéri, je ferai tout ce que tu ordonnes. Dois-je venir te voir ou viendras-tu ? »
>
> Catherine II à G. A. Potemkine

> « C'était Potemkine – grand homme dans un temps où la grandeur était le prix de l'homicide et de la débauche ; si des décorations et des titres donnaient droit à la gloire, la sienne eût égalé la moitié de sa fortune. Cet homme, haut de six pieds, fit naître un caprice proportionné à sa taille dans le cœur de la souveraine des Russes, qui mesurait les hommes comme vous mesureriez un clocher. »
>
> Lord Byron, *Don Juan*, Chant VII, 37[1]

Tout ce qui a trait à l'amour de Catherine et Potemkine est exceptionnel. Ils étaient tous deux des individus extraordinaires dans une situation des plus uniques. Pourtant, leur liaison amoureuse avait des caractéristiques universelles, que l'on connaît encore de nos jours. Leur passion était si épuisante, si tumultueuse qu'il est facile d'oublier qu'ils s'aimaient tout en régnant sur un vaste empire, faisant la guerre à l'étranger, la guerre civile chez eux. Elle était impératrice et lui un sujet, l'un et l'autre d'une ambition sans limite. Ils vivaient dans une cour impitoyable où tout était vu et où le moindre regard avait des répercussions politiques. Ils se laissaient souvent aller, dans

1. Toutes les citations de Byron proviennent de la traduction de Benjamin Laroche.

leur amour et leurs humeurs, mais ni l'un ni l'autre n'étaient jamais tout à fait eux-mêmes, puisque Catherine restait la souveraine et Potemkine, depuis le premier jour, était plus qu'un simple favori. C'était un politicien de première importance.

Les amants n'étaient plus considérés comme jeunes selon les canons de l'époque : Potemkine avait trente-quatre ans, Catherine en avait dix de plus. Mais leurs petits défauts rendaient leur amour d'autant plus touchant. En février 1774, Potemkine avait depuis longtemps perdu sa perfection digne d'Alcibiade. Désormais, il offrait un spectacle bizarre et frappant qui fascinait, répugnait et attirait à la fois ses contemporains. Sa stature était colossale, mais sa silhouette toujours agile ; ses cheveux admirables étaient longs et en désordre, d'un châtain profond, presque auburn, parfois recouverts de perruques grises. Sa tête aussi était titanesque, mais en forme de poire. Son profil n'était pas sans rappeler celui d'une colombe, c'est peut-être pour cela que Catherine l'appelait souvent ainsi. Son visage était pâle, long, mince et donnait une curieuse sensation de fragilité chez un homme aussi gigantesque, qui tenait plus du général que du poète. Sa bouche était l'un de ses plus grands atouts : ses lèvres étaient pleines et rouges, ses dents fortes et blanches, chose rare à l'époque, son menton était marqué d'une fossette. Son œil droit était bleu-vert, alors que le gauche était inutile, à demi fermé, et il louchait parfois. Cela paraissait étrange, bien que Jean-Jacob Jennings, un diplomate suédois qui le rencontra beaucoup plus tard, ait dit que l'« œil défectueux » était bien moins visible qu'il ne s'y était attendu. Cela complexa toujours Potemkine, mais lui conférait une certaine vulnérabilité, ainsi que des airs de pirate. Le « défaut » transformait cette silhouette excentrique en quelque bête mythique. Panine l'appelait « le Borgne », mais le plus courant des surnoms était celui trouvé par les Orlov, « le Cyclope ».

Le corps diplomatique fut captivé sur-le-champ. « Sa silhouette est gigantesque, voire disproportionnée et sa contenance loin d'être engageante », écrivait Gunning, mais :

> Potemkine semble avoir une grande connaissance de l'homme et a davantage de discernement que n'en possèdent en général ses compatriotes et autant d'adresse dans les intrigues et de souplesse dans sa position que les autres. Bien que la débauche de ses manières soit notoire, il est le seul à avoir établi des liens avec le clergé. Avec ses qualifications, il peut bien entendu espérer s'élever à la hauteur à laquelle aspire son ambition sans limite.

Solms rapporta que « Potemkine est très grand, bien fait, mais il a une apparence déplaisante parce qu'il louche ». Toutefois, trois jours plus tard, il ajoutait que compte tenu de « sa jeunesse et son intelligence [...] il sera facile pour le général Potemkine [...] d'occuper la place d'Orlov dans le cœur de l'impératrice ».

Ses manières oscillaient entre celles d'un courtisan à Versailles et celles d'un de ses amis Cosaques. C'est pourquoi Catherine adorait lui donner des noms de cosaques, de Tatars et d'animaux sauvages. Ses contemporains, en particulier Catherine, s'accordaient à dire que son image, avec sa démesure russe, son alliance entre laideur et beauté, exhalait une énergie primitive, d'une sexualité presque animale, d'une incroyable originalité, d'une intelligence volontaire et d'une sensibilité surprenante. Soit on l'aimait, soit on le détestait. Comme le demanda une des filles de Cyrille Razoumovski : « Comment peut-on rendre hommage à un mendiant aveugle et pourquoi ? »

Catherine était toujours une femme attirante, belle et majestueuse, dans la fleur de l'âge. Son front était haut et fort, ses yeux bleus brillants, ironiques et d'une arrogance nonchalante. Ses cils étaient noirs, sa bouche bien dessinée, son nez légèrement aquilin, sa peau encore blanche et lisse, et son allure lui donnait l'air plus grande qu'elle ne l'était. Elle était déjà ronde, ce qu'elle camouflait en portant une « robe ample aux manches longues [...] semblable aux anciennes tenues moscovites ». Tout le monde acclamait sa « dignité tempérée de grâce », qui la rendait « belle, infiniment intelligente et savante, mais aux amours animées d'un esprit romantique ».

Catherine et Potemkine devinrent inséparables. Quand ils n'étaient pas ensemble, même s'ils se trouvaient simplement dans leurs appartements respectifs, à quelques mètres de distance, ils s'écrivaient avec fébrilité. Ils s'exprimaient tous deux très bien. Heureusement pour eux, les mots avaient à leurs yeux une grande importance. Parfois, ils échangeaient plusieurs billets par jour : c'était l'équivalent des appels téléphoniques ou même des courriels. S'agissant de lettres d'amour secrètes qui traitaient aussi bien d'affaires d'État, elles étaient souvent anonymes. L'écriture de Potemkine, d'une main étonnamment fine et mesurée pour un homme d'une telle taille, empire progressivement à mesure que le temps passe jusqu'à en être presque illisible dans n'importe quelle langue peu avant sa mort. Les lettres sont rédigées dans un mélange de russe et de français, parfois de façon aléatoire, le français étant d'autres fois réservé aux affaires de cœur et le russe à celles d'État. Un grand nombre de ces lettres nous sont parvenues, témoignages d'amour et de partenariat politique. Certaines sont de leur temps, mais d'autres sont tellement modernes qu'elles auraient pu être écrites par un couple d'aujourd'hui. D'autres encore ne peuvent être écrites que par une impératrice et un homme d'État, et d'autres s'expriment dans le langage intemporel et léger de l'amour. On trouve même des conversations complètes : « Allez, ma colombe, et sois heureux », écrivit Catherine à Potemkine dans une lettre. Il s'en fut. Quand il revint, Catherine reçut ceci : « Mère, nous sommes de retour, il est temps de souper maintenant. » À quoi elle répondit : « Mon Dieu ! Qui aurait pu croire que vous reviendriez ? »

Catherine s'adressait à son amant en l'appelant « ma chère âme », « mon cœur », « chéri » et « bijou ». Plus tard, elle utilisa les surnoms russes traditionnels, « *Batiouchka* » ou « *Batinka* », « papa », et les innombrables diminutifs de Grigori : « Gricha », « Grichenka », « Grichenok » ou même « Grichefichenka ». À l'apogée de leur amour, ses surnoms se firent de plus en plus colorés : « mon faisan doré », « mon coq doré », « la plus chérie des colombes », « chaton », « petit chien », « *Tonton** », « cher petit cœur », « âme sœur », « petit perroquet », « mi-oiseau, mi-loup », et bien d'autres qui associaient sa force et sa sensibilité. S'il allait trop loin, elle le ramenait à la réalité avec humour en lui donnant du « Cher monsieur », « Cher lieutenant-général » ou « Votre Excellence ». Quand elle lui conférait un nouveau titre, elle aimait s'adresser à lui en conséquence.

Potemkine nommait toujours Catherine « *Matiouchka* » ou « petite mère », « Dame Souveraine ». En d'autres termes, il utilisait délibérément l'ancienne appellation de la tsarine au lieu du diminutif « Katinka », comme le firent certains de ses amants ultérieurs. Ce n'était pas lié à un manque d'intimité, mais plutôt au respect de Potemkine pour sa souveraine. Par exemple, il contraignait le courrier qui lui apportait les billets de l'impératrice à s'agenouiller tant qu'il n'avait pas répondu, geste d'un romantisme qui amusait Catherine : « Écris-moi, s'il te plaît, est-ce que le maître des cérémonies t'a présenté mon messager aujourd'hui et s'est-il agenouillé comme d'habitude ? »

Potemkine redoutait toujours que leurs missives ne leur soient dérobées. L'impératrice brûla avec diligence certaines des premières lettres d'amour qu'il lui écrivit aussitôt après les avoir lues. Celles qui nous sont parvenues de cette période sont essentiellement les lettres de Catherine, ou bien celles de Potemkine qu'elle lui renvoyait avec un addendum. Nous en avons donc bien plus d'elle. Plus tard, la plupart de ses lettres à lui furent également préservées car elles concernaient autant les affaires d'État que des questions personnelles. Avec passion, il conservait les siennes en une liasse chiffonnée, attachée par un fil et souvent dissimulée dans sa poche, près de son cœur, afin de pouvoir les lire et les relire. « Grichenka, bonjour, commençait-elle dans une lettre datant sans doute de mars 1774, je suis en bonne santé et ai bien dormi [...]. J'ai peur que tu ne perdes mes lettres : quelqu'un pourrait les subtiliser de ta poche [...]. Ils croiront que ce sont des billets de banque et les prendront. » Mais, heureusement pour nous, il les avait toujours sur lui quand il mourut dix-sept ans plus tard. Ils inventaient des surnoms pour tous les grands courtisans, parfois difficiles à interpréter, et usaient d'un langage secret, probablement pour que Potemkine puisse lui dire comment il aimerait lui faire l'amour.

« Ma colombe, bonjour, le saluait-elle généralement. J'aimerais savoir si tu as bien dormi et si tu m'aimes autant que je t'aime. » Parfois, les messages étaient très brefs : « Bonne nuit chéri, je vais me coucher. »

Quand la cour quitta Tsarskoïé Selo pour rentrer en ville le 9 avril, Potemkine déménagea de la maison de Yelaguine, où il avait vécu depuis le moment où il était devenu l'amant de l'impératrice, pour ses nouveaux appartements décorés de frais dans le Palais d'hiver : « On dit qu'ils sont splendides », rapporta la comtesse Sievers le lendemain. Il était maintenant courant d'apercevoir Potemkine en ville : « Je vois souvent Potemkine qui file en carrosse avec un attelage à six. » Sa belle voiture, ses chevaux vifs et coûteux étaient déjà des symboles de son image publique. Si l'impératrice sortait, il l'accompagnait. Quand Catherine se rendit au théâtre le 28 avril, « Potemkine se trouvait dans la loge », remarqua la comtesse Sievers. La royauté, et du reste toute l'assistance, avaient souvent coutume de parler pendant la pièce. Une habitude royale qui, chez Louis XV, irritait Voltaire. Cette fois-là, Potemkine « s'entretint avec l'impératrice tout au long de la pièce ; il jouit de sa plus grande confiance ».

Les nouveaux appartements de Potemkine étaient situés exactement en dessous de ceux de Catherine dans le Palais d'hiver. Ils donnaient sur le jardin et sur la cour intérieure, mais pas sur la Neva. Quand Potemkine souhaitait lui rendre visite, ce qu'il faisait, sans être annoncé et quand bon lui semblait, il montait (tout comme Orlov l'avait descendu) l'escalier en spirale, toujours décoré de tapis verts. Le vert était la couleur des couloirs amoureux, car l'escalier reliant les appartements de Louis XV au boudoir de la marquise de Pompadour était vert lui aussi.

Potemkine se vit attribuer des appartements dans tous les palais impériaux, y compris dans le Palais d'été en ville et à Peterhof, mais ils séjournaient le plus souvent au palais de Catherine (ou Grand Palais) de Tsarskoïé Selo, où Potemkine pouvait rejoindre la chambre impériale en empruntant un couloir si glacial que, dans leurs lettres, ils se mettaient souvent mutuellement en garde, s'invitant à ne pas s'aventurer dans cette toundra polaire. « Je suis désolée que tu sois malade, écrivit-elle. C'est une bonne leçon pour toi : il ne faut pas marcher pieds nus dans les escaliers. Si tu veux guérir, prends un peu de tabac. » Ils passaient rarement la nuit ensemble (comme Catherine le fera plus tard avec d'autres favoris), parce que Potemkine aimait jouer et discuter tard dans la nuit et se coucher le matin, tandis que l'impératrice se levait tôt. Elle avait le métabolisme d'une maîtresse d'école allemande sérieuse, bien qu'animée d'une grande sensualité. Potemkine, lui, était semblable à un nomade sauvage.

Potemkine débarquait souvent aux soirées intimes de Catherine sans être annoncé, échevelé, en robe de chambre turque ou quelque autre vêtement, sans rien dessous comme à son habitude. Sa poitrine velue et ses jambes étaient bien visibles. Peu importait le temps, il était pieds nus. S'il faisait froid, il jetait un manteau de fourrure sur ses épaules, tel un géant ne sachant s'il devait se comporter en brute ou en dandy. De plus, il aimait porter un foulard rose autour de la tête. Il offrait un spectacle oriental loin des goûts voltairiens de la cour, ce qui explique pourquoi elle le surnommait « *bogatir* », du nom des chevaliers slaves, héros de la mythologie de la Rous[1]. Même au début de leur liaison, Potemkine savait qu'il était différent des autres ; s'il était convoqué, il pouvait décider avec impudence de ne pas venir. Il surgissait dans les appartements de l'impératrice quand cela lui convenait et ne s'embarrassait jamais d'annonce, ou n'attendait pas d'être appelé. Il marchait d'un pas lourd, entrant et sortant comme un ours, parfois en joyeux convive plein d'humour, d'autres fois silencieusement, ne se souciant même pas de saluer l'impératrice elle-même.

1. La Rous, nom généralement donné aujourd'hui à ce que l'on appelait autrefois les « principautés russes », cités-États médiévales dont la plus puissante était Kiev.

Ses goûts étaient « vraiment barbares et moscovites » et il n'aimait « rien tant que la nourriture riche de son peuple, en particulier les pâtisseries russes, comme les *pirojki,* et les légumes crus », qu'il gardait près de son lit. Quand il montait, c'était souvent en grignotant des pommes, des navets, des radis, de l'ail, se comportant dans le Palais d'hiver tout comme il l'avait fait quand, petit garçon, il se promenait dans Tchijova avec les enfants des serfs. Le prince choisissait sciemment ce qu'il grignotait pour mieux afficher sa rusticité russe, tout comme les pommes rouges du Norfolk qu'aimait tant Robert Walpole[1] prouvaient son attachement à la terre anglaise.

Le comportement rustre de Potemkine choquait les courtisans d'ordinaire francophiles et les ambassadeurs soucieux de l'étiquette, mais il était tout aussi capable de se présenter en tenue officielle ou en uniforme avec la grâce et le soin immaculé d'un courtisan raffiné. Tout chez lui n'était qu'un affrontement entre extrêmes. Quand il était perdu dans ses pensées ou morose, ce qui était souvent le cas, il se rongeait les ongles jusqu'au sang. Toute sa vie durant, il souffrit d'envies, à tel point que les lettres entre les deux dirigeants de l'empire se détournaient souvent des lois et des guerres en fonction de l'état de ses doigts. Le « plus grand rongeur d'ongles de l'Empire russe » était l'un des surnoms dont l'affublait Catherine. « Le Cyclope, écrivait Alexandre Ribeaupierre, a une charmante manie. Il se ronge les ongles avec frénésie jusqu'au sang. » Quand ce n'était pas les ongles, c'était tout ce qui était à portée de main. Au Petit Ermitage, l'impératrice avait rédigé une liste de règles pour imposer une certaine informalité, et elle en ajouta une spécifique destinée à Potemkine. « Tu dois te montrer joyeux, disait la règle numéro trois, sans pour autant détruire, casser ou mordre quoi que ce soit. »

Ce qui n'empêcha pas Potemkine de s'emparer aussi des appartements de Catherine : il installa un immense divan turc dans son salon afin de pouvoir s'y allonger dans sa robe de chambre. « Mister Tom [le lévrier anglais de Catherine] ronfle très profondément derrière moi, sur le divan turc que le général Potemkine a installé », expliquait Catherine à Grimm, non sans fierté. Ses effets étaient éparpillés dans les pièces bien rangées, et elle admirait sa nonchalance sauvage, presque digne d'un Bohémien : « Combien de temps encore laisseras-tu des choses qui t'appartiennent dans mes appartements ! lui écrivit-elle. Je t'en prie, ne jette pas tes mouchoirs

1. Robert Walpole, Premier ministre britannique, 1676-1745.

partout à la mode des Turcs. Merci mille fois de ta visite et je t'aime beaucoup. »

Il est impossible de réduire une amitié, et d'autant plus une histoire d'amour, aux éléments qui la composent. Mais, leur relation était assurément fondée sur le rire, le sexe, leur admiration mutuelle pour leur intelligence et le pouvoir, le tout dans un ordre qui changeait à tout moment. La finesse d'esprit de Potemkine avait fait rire Catherine quand Orlov le lui avait présenté, douze ans plus tôt, et cela continua tout au long de leur vie. « En parlant d'originaux qui me font rire, et par-dessus tout du général Potemkine, disait Catherine à Grimm le 19 juin de cette année, qui est plus *à la mode** que n'importe qui, il me fait tant rire que j'en ai mal au ventre. » Leurs lettres traduisent autant ses éclats de rire que la force de leur ambition et leur attirance : « Chéri, quelles histoires m'as-tu contées aujourd'hui ! Je ne peux m'arrêter de rire quand j'y pense. Que de moments joyeux je passe avec toi ! »

Potemkine se livrait parfois à une féroce compétition avec Mister Tom afin de voir qui pouvait semer le plus de désordre dans les appartements impériaux. Les lettres de l'impératrice à Grimm regorgent d'anecdotes sur Potemkine, y compris le fait qu'il revêtait la petite couverture de Mister Tom, un spectacle des plus incongrus : « Je suis en train de coudre un nouveau plaid pour Thomas [...] que le général Potemkine a l'intention de lui voler. » Plus tard, Potemkine ajouterait un singe mal éduqué à la ménagerie.

Elle ne s'ennuyait jamais avec lui et se languissait toujours sans lui. Il était impulsif, créatif et toujours original. Quand elle ne l'avait pas vu depuis quelque temps, elle ronchonnait : « Je m'ennuie à mourir. Quand te reverrai-je ? » Comme bien souvent dans les relations amoureuses, le rire et l'amour semblaient les mener inexorablement l'un vers l'autre. Sa satisfaction sexuelle est manifeste dans ses lettres. La sexualité occupait une grande place dans leur relation. Elle était extrêmement fière de son succès auprès des femmes et de ses conquêtes. « Je ne doute pas qu'il y ait tant de femmes qui te soient dévouées, lui écrivait-elle. Tu me parais hors du commun, tu te distingues de tous en toutes choses. »

« Chéri, je pense que tu croyais vraiment que je n'allais pas écrire aujourd'hui. Je me suis levée à 5 heures, il est maintenant 7 heures, je vais écrire […]. J'ai donné l'ordre strict à tout mon corps, jusqu'à la pointe de mes cheveux, de ne plus te montrer aucun signe d'amour. J'ai enfermé cet amour dans mon cœur à l'aide de dix verrous, il suffoque et je pense qu'il risque d'exploser. Penses-y, tu es un homme raisonnable, est-ce possible de dire autant d'absurdités en si peu de lignes ? Une rivière d'inepties coule dans ma tête, je ne comprends pas comment tu peux supporter une femme aux pensées si incohérentes. Oh, monsieur Potemkine ! Quel sort m'as-tu jeté pour troubler mon esprit, que l'on considérait auparavant comme l'un des meilleurs d'Europe ? Il est temps, grand temps, que je me montre raisonnable. Quelle honte ! Quel péché ! Catherine II victime d'une folle passion […] une preuve de plus de ton pouvoir suprême sur moi. Assez ! Assez ! J'ai déjà gribouillé de la métaphysique si sentimentale qu'elle ne peut que te faire rire. Bien, lettre folle, va vers l'heureux endroit où mon héros demeure… Au revoir, *Giaour,* Moscovite, Cosaque… »

C'était ce qu'elle ressentait, probablement en mars 1774, quand elle se réveillait tôt le matin au lendemain d'un rendez-vous galant avec Potemkine, qui dormait encore dans ses propres appartements. Les surnoms coquins qu'elle lui donnait, « le Cosaque », « *Giaour* » (terme turc péjoratif pour un non-musulman), « lion de la jungle », « tigre d'or », « coq doré » et « loup », font sans doute référence à son énergie sexuelle. Elle l'appelait même « Pougatchev », ce qui veut probablement dire féroce, énergique et indomptable comme un Cosaque.

Durant ces mois, ils partagèrent tout. Leurs rencontres semblent avoir été des séances agitées de rire, d'amour et de projets politiques, l'une après l'autre, car ils aimaient faire les trois. Dans leur relation, le sexe se mêla aussitôt à la politique. « Je t'aime très fort, commençait-elle dans une lettre du mois d'avril, et quand tu me caresses, ma caresse s'empresse de te répondre […]. N'oublie pas de convoquer Pavel[1] : quand il sera arrivé, il faudra faire deux choses », puis elle aborde les mesures à prendre contre la rébellion.

Catherine ne pouvait plus se passer de lui. Une nuit, alors qu'il ne venait pas lui rendre visite : « je me suis levée, me suis habillée et suis allée à la bibliothèque en face des portes afin de t'attendre. J'y suis restée deux heures en plein courant d'air, puis à 11 heures, je suis allée me coucher, malheureuse, dans mon lit où, grâce à toi, je n'avais point trouvé le sommeil pendant cinq nuits ». L'idée que

1. Pavel. S. Potemkine, son cousin, envoyé réprimer la révolte de Pougatchev.

l'impératrice puisse attendre à l'extérieur pendant deux heures en robe de chambre et bonnet de nuit nous prouve la passion qu'il suscitait en elle. Inévitablement, des rumeurs couraient sur l'outil sexuel gigantesque de Potemkine, et ceci expliquerait le mythe qui veut que Catherine ait réclamé un moulage du membre fabuleux pour se consoler lors de ses longues absences dans le Sud. En termes de véracité historique, cela paraît peu probable et rejoint d'autres diffamations malveillantes au sujet de Catherine. Mais les récits sur l'« arme glorieuse » de Potemkine ont trouvé une place dans la mythologie homosexuelle de Saint-Pétersbourg[1].

Quand il était occupé, elle respectait sa vie privée, bien qu'elle soit l'impératrice. Un jour, elle ne put résister à l'envie de lui rendre visite dans ses appartements. Elle s'aventura dans l'escalier mais en s'approchant : « Je vis à travers l'embrasure de la porte le dos d'un fonctionnaire ou d'un aide de camp et je suis remontée très vite. Je t'aime à chaque instant de toute mon âme. » Ce qui montre aussi que l'impératrice devait être prudente en présence des fonctionnaires et des serviteurs de son propre palais. Catherine se plaignait souvent de son amour pour lui, qui lui faisait perdre la raison, l'idéal du pouvoir aux yeux de cette disciple fervente de Voltaire et Diderot. Souveraine éclairée en cet âge de la Raison, elle adorait désormais s'exprimer avec la puérilité énamourée d'une écolière : « Quand tu es avec moi, je ne peux que fermer les yeux pour ne pas perdre la tête. Ou alors je pourrais dire, ce qui me fera rire pour le restant de mes jours, je dois l'avouer, "Mes yeux sont charmés par toi". » Se référait-elle à la chanson romantique qu'il lui avait écrite ? « Mes yeux stupides te fixent, je deviens bête et incapable de réfléchir. » Elle rêvait de lui : « Une chose étrange

1. À la fin du XIXe siècle, le peintre Constantin Somov, l'un des intellectuels du cercle de l'Art pour l'Art, dont le père était alors conservateur du musée de l'Ermitage, invita ses amis, homosexuels pour la plupart, dont le poète Kouzmine, sans doute l'impresario Sergueï Diaghilev et quelques autres à prendre le thé. Somov, selon O. Remizov, l'auteur de *L'Autre Saint-Pétersbourg*, leur raconta que son père, le conservateur, avait découvert un magnifique moulage à taille réelle du membre de Potemkine dans la collection de Catherine. Quand les autres ne voulurent pas le croire, ils furent conviés dans l'autre pièce où ils purent admirer, en retenant leur souffle comme d'authentiques connaisseurs, l'« arme glorieuse de Potemkine », en porcelaine, enroulée dans du coton et de la soie dans une boîte en bois. L'objet fut ensuite rendu à l'Ermitage, où, il faut le dire, personne ne l'a encore vu. Quand l'auteur s'est rendu à l'Ermitage pour trouver la collection de Potemkine, personne n'était au courant. Mais c'est un très grand musée, après tout.

m'est arrivée. Je suis devenue somnambule », et elle raconta comment elle avait imaginé sa rencontre avec « le plus fascinant des hommes ». Puis elle s'était réveillée : « Maintenant, je cherche partout en quête de l'homme de mes rêves [...]. Comme je le chéris plus que le monde entier ! [...] Chéri, quand tu le rencontreras, donne-lui un baiser de ma part. »

Dans le Palais d'hiver, au sous-sol, sous la chapelle de Catherine, se trouvait son sauna russe, la banya, qui fut apparemment le théâtre d'une grande partie de leur liaison amoureuse[1].

« Mon cher ami, si tu veux manger de la viande, tout est prêt aux bains. Mais je te prie de ne pas emporter de la nourriture de là-bas, car tout le monde saurait alors que nous y cuisinons. » Après sa promotion chez les gardes en mars 1774, Catherine écrivit :

> Bonjour, monsieur le lieutenant-colonel, comment te sens-tu après ton bain ? Je vais bien et suis heureuse grâce à toi. Dès que tu es parti, sais-tu de quoi nous avons parlé ? Il t'est facile de le deviner, toi qui es si intelligent : de toi, mon chéri ! De bonnes choses ont été dites à ton sujet, tu es incomparable. Au revoir, t'occuperas-tu du régiment et de ses officiers toute la journée ? En ce qui me concerne, je sais ce que je vais faire. Je vais penser, à qui ? À lui ; il est vrai que la pensée de Gricha ne me quitte jamais.

Un jour, Potemkine revint au palais. « Chère Matiouchka, je viens juste d'arriver mais je suis si gelé que je n'arrive même pas à me réchauffer les dents, lui déclara-t-il. Tout d'abord, je veux savoir comment vous vous sentez. Merci pour les trois vêtements, je vous baise les pieds. » Nous pouvons imaginer les messagers ou les dames de compagnie, allant et venant dans les couloirs du Palais d'hiver pour porter la réponse de Catherine : « Je me réjouis de votre arrivée, mon cher. Je vais bien. Pour vous réchauffer, allez aux bains, on les a chauffés aujourd'hui. » Plus tard, un serviteur lui fit savoir que Potemkine avait fini son bain. Alors, l'impératrice lui adressa un mot : « Ma beauté, mon chéri, auquel nul ne

1. Aujourd'hui, la banya, comme leurs appartements, n'existe plus. Ils furent détruits dans l'incendie de 1837. Mais, de l'extérieur, on peut voir la chapelle avec son dôme en or et sa croix. Maintenant, à la place de la banya se trouve le département égyptien du musée de l'Ermitage. Encore aujourd'hui, il y règne la fraîche humidité d'une salle de bains.

ressemble, je suis pleine de chaleur et de tendresse pour toi et tu seras sous ma protection tant que je vivrai. Tu dois être, je présume, plus beau encore après ton bain. »

Les amants ont tendance à partager des détails sur leur santé, Potemkine et Catherine firent de même tout au long de leur vie. « *Adieu monsieur**, griffonna-t-elle un matin avant de sortir, comment avez-vous dormi ? Et votre fièvre ? Ce serait si agréable de s'asseoir et discuter. » Quand sa fièvre chuta, elle le tenta de nouveau. « De nouvelles habitudes t'attendent, promit-elle, d'abord je te recevrai dans mon boudoir, je te ferai asseoir près de la table. Là, tu auras chaud et n'attraperas pas froid [...]. Et nous entamerons un livre ensemble et je te laisserai partir à 10 h 30. »

Quand il se sentit mieux, ce fut au tour de l'impératrice d'être malade : « J'ai très bien dormi, mais peu, j'ai mal à la tête et une douleur dans la poitrine. Je ne sais pas si je vais sortir aujourd'hui. Si oui, c'est simplement parce que je t'aime plus que tu ne m'aimes, et je peux le prouver comme 2+2 = 4. Je viendrai te voir. Tout le monde n'est pas aussi intelligent, beau et adorable que tu l'es. »

Potemkine était connu pour sa tendance à l'hypocondrie. Mais, même quand il était malade, il restait préoccupé, aussi Catherine adoptait-elle parfois un ton tyrannique de matrone germanique en colère pour le calmer : « Vraiment, il est temps de respecter l'ordre des choses. Tais-toi et laisse-moi me taire aussi. Je te dis sincèrement que je suis des plus compatissantes envers ta maladie, mais je ne te gâterai pas par des mots tendres. » Quand il était vraiment malade : « Mon âme bien-aimée, précieuse et unique, je ne trouve aucun mot pour exprimer mon amour pour toi. Ne t'énerve pas pour ta diarrhée, cela nettoiera tes intestins. » Les intestins étaient une grande préoccupation, que l'on retrouve dans toute la correspondance de ce siècle.

Quand elle fut elle-même atteinte de diarrhée, elle s'inquiéta, comme n'importe quelle femme, que son amant ne la surprenne dans une position indigne. « Si vous tenez vraiment à me voir, envoyez quelqu'un me le dire, depuis 6 heures ce matin j'ai une diarrhée des plus horribles. » D'ailleurs, elle ne voulait pas emprunter ce couloir glacial de Tsarskoïé Selo : « Je suis désolée mais passer par ce couloir non chauffé [...] ne ferait qu'empirer mon mal [...]. Je suis désolée que vous soyez malade. Efforcez-vous de vous calmer, mon ami, c'est le meilleur remède. »

Catherine était ravie d'avoir trouvé un partenaire capable d'être son égal : « Mon chéri, le temps passé avec toi est tellement heureux. Nous passons quatre heures ensemble, l'ennui disparaît et je ne veux pas me séparer de toi. Mon cher ami, JE T'AIME TELLEMENT, tu es si beau, intelligent, joyeux et amusant ; quand je suis avec toi, je n'attache aucune importance au reste du monde. Je n'ai jamais été aussi heureuse. Très souvent, je ne veux pas te confier mes sentiments, mais généralement mon cœur vend la mèche de ma passion. » Mais, même durant ces premiers jours idylliques d'un grand amour, Potemkine était déjà tourmenté par ses appétits contradictoires. Une faim enfantine d'attention et d'amour, opposée à un désir sauvage de liberté et d'indépendance.

La solution de Catherine au premier problème consistait à gâter Potemkine nuit et jour de son attention, dont il se gorgeait, car il était aussi avide d'amour qu'elle. L'impératrice de toutes les Russies ne pouvait se montrer plus humble devant son fier Russe : « Ma chère colombe, mon précieux ami, je dois t'écrire pour tenir ma promesse. Je t'en prie, sache que je t'aime et cela ne devrait surprendre personne. Pour toi, on ferait l'impossible et donc je serai soit ton humble bonne, soit ta douce gouvernante, ou les deux à la fois. » Potemkine réclamait toujours plus d'attention. Il voulait qu'elle pense tout le temps à lui. Sinon, il boudait.

« Je ne t'oublie jamais, rassura-t-elle son "ami bien-aimé" après l'une de ses sautes d'humeur. Dès que j'ai eu fini d'écouter des rapports, ce qui a pris trois heures, j'ai souhaité envoyer quelqu'un chez toi, surtout parce qu'il n'était pas encore 10 heures et que j'avais peur de te réveiller. Comme tu le vois, ta colère n'a aucun fondement [...]. Chéri, je t'aime comme mon âme. » Quand elle était vraiment en colère, elle le lui faisait savoir : « Idiot ! Je ne t'ordonne rien du tout ! Je ne mérite pas cette froideur, je la mets sur le compte de notre ennemi mortel, ton désespoir ! » Elle tolérait ses crises car elle trouvait cette passion plutôt flatteuse, et essayait de comprendre ses tourments : « Tu dis des absurdités mon amour. Je t'aime et t'aimerai toujours malgré toi. » Et même, plus tendrement : « Batinka, viens me voir que je puisse te calmer de mes caresses infinies. » Son rôle était souvent d'apaiser par son amour cet homme colérique et frustré.

Les humeurs de Potemkine étaient si changeantes qu'ils jouaient l'un avec l'autre. « N'y avait-il pas quelque chose sur ce drap ? écrivit-elle en feignant de ne pas avoir lu l'une de ses lettres enragées.

Des reproches, certainement, car Votre Excellence a boudé toute la soirée et moi, le cœur brisé, j'ai cherché en vain vos caresses [...]. La dispute a eu lieu avant-hier quand j'ai voulu en toute sincérité vous parler de mes plans qui [...] pourraient vous être fort utiles. Hier soir, je le confesse, c'est délibérément que je n'ai envoyé personne [...]. Mais puisque vous n'étiez toujours pas là à 9 heures, je me suis enquise de votre santé. Puis vous êtes arrivé mais avec une tête renfrognée. J'ai prétendu ne pas voir votre mauvaise humeur, ce qui a fini par vous vexer complètement... Attendez, chéri, que mon cœur blessé guérisse de nouveau, la tendresse reviendra aussitôt que nous nous retrouverons. »

Peut-être est-ce après cet incident que Potemkine lui envoya une page blanche. L'impératrice en fut blessée, mais aussi amusée et elle le récompensa en l'abreuvant d'une encyclopédie presque complète de surnoms : « Nous ne sommes pas le Premier avril que vous m'envoyiez une feuille blanche. Peut-être [...] l'avez-vous fait pour ne pas trop me gâter. Mais [...] je ne comprends pas le sens de votre silence non plus. Pourtant, je suis pleine de tendresse, *Giaour*, Moscovite, Pougatchev, mon coq doré, paon, chat, faisant, mon tigre d'or, mon lion de la jungle. »

Catherine dissimulait son besoin obsessionnel et émotionnel, sa « cruelle tendresse », sous la froideur de son tempérament germanique, qui aurait suffi à étouffer n'importe quel homme, sans parler de Potemkine, à l'agitation effrénée. Récompensé généreusement, connaissant une ascension rapide, gâté par la femme qu'il aimait, il était une telle boule de nerfs, mêlant poésie mélodramatique et contradiction slave, qu'il ne pouvait jamais se détendre et se contenter d'être heureux : « Le calme est pour vous un état que votre âme ne peut supporter. » Il avait besoin d'espace pour respirer. Son agitation l'attirait, mais elle ne pouvait s'empêcher de la trouver insultante : « Je suis venue te réveiller et [...] je vois que tu es sorti. Maintenant je comprends, ton sommeil n'était qu'une excuse pour te débarrasser de moi. Tu passes des heures en ville avec moi [...] alors qu'ici je ne te vois que de brefs instants. *Giaour*, Cosaque, Moscovite, tu essaies toujours de m'éviter ! [...] Tu peux rire de moi, mais je ne ris pas quand je te vois ennuyé en ma compagnie. » Potemkine était cependant aussi manipulateur que Catherine. Qu'il l'évite par fierté ou impatience, il aimait le lui faire savoir. « Je ne viendrai jamais vous voir, si vous me fuyez », lui écrivit-elle un jour, malheureuse. L'esprit vif de Potemkine était prompt à l'ennui, bien qu'il ne se lassât jamais de la compagnie de Catherine. Ils avaient trop de choses en commun.

Il était difficile, pour un Russe typique comme Potemkine, même familier des auteurs des Lumières, d'entretenir une relation égalitaire avec une femme non seulement plus puissante que lui, mais aussi si indépendante sur le plan sexuel. Potemkine avait un comportement de sybarite, mais il se trouvait dans une situation complexe et subissait d'énormes pressions politiques et personnelles. C'est pourquoi il torturait Catherine. Il était d'une jalousie maladive envers les autres hommes, ce qui était idiot étant donné la dévotion absolue qu'elle éprouvait pour lui. Le rôle d'amant officiel n'était pas simple pour un homme autoritaire.

Pour commencer, il fut jaloux de Vassiltchikov. Catherine lui donna alors la satisfaction de négocier les termes du départ de ce dernier, autrement dit, de dédommager « Soupe à la glace ». « Je délègue le pouvoir de décision à quelqu'un de bien plus intelligent que moi [...]. Je te demande de faire preuve de modération. » Sa lettre nous donne un aperçu fascinant de sa générosité : « Je ne lui donnerai pas plus de deux villages, informa-t-elle Potemkine. Je lui ai donné de l'argent quatre fois, mais je ne me souviens pas combien. Je crois que c'était soixante mille. » Potemkine, en compagnie de son ancien hôte Yelaguine, conclut un marché plus que généreux pour Vassiltchikov, bien qu'il semblât modeste comparé à ce qui serait offert à ses successeurs. Vassiltchikov, qui avait déjà quitté le Palais d'hiver pour vivre chez son frère, se vit octroyer un manoir entièrement décoré, 50 000 roubles pour l'installation de la maison, une pension de 5 000 roubles par an, des villages, de la vaisselle, du linge et un service en argent pour vingt personnes, y compris des bols pour la soupe froide. Le malheureux Vassiltchikov, ainsi « entretenu », dut souffrir l'humiliation de « s'incliner » et remercier Potemkine, mais il avait de quoi être reconnaissant. C'est un des premiers exemples de l'absence de désir de vengeance personnelle et politique chez Potemkine. Néanmoins, il était toujours torturé par l'humiliation inhérente à sa propre position : Catherine pouvait se défaire de lui comme elle l'avait fait de Soupe à la glace. « Non, Grichenka, répondit-elle en français après une dispute, il m'est impossible de changer en ce qui te concerne. Sois juste avec toi-même : peut-on aimer quelqu'un après t'avoir connu ? Je pense qu'aucun homme ne t'égale. D'autant plus que mon cœur est constant de nature et je dirai même : en général, je n'aime guère le changement. » Elle était sensible à sa propre réputation d'« exubérance ».

> Quand tu me connaîtras mieux, tu me respecteras car je t'assure que je suis respectable. Je suis très honnête, j'aime la vérité, je hais les changements, j'ai terriblement souffert ces deux dernières années, je me suis brûlé les doigts, je n'y reviendrai pas [...]. Je suis très heureuse. Si tu veux te laisser contrarier par des rumeurs de cet ordre, sais-tu ce que je vais faire ? Je vais m'enfermer dans ma chambre et ne verrai personne d'autre que toi. Au besoin, je suis capable d'un geste aussi extrême et je t'aime plus que tout.

Sa patience était sainte, mais pas inépuisable : « Si ta vilaine mauvaise humeur t'a enfin quitté, sois gentil de me le faire savoir, car cela semble interminable. Puisque je ne t'ai donné aucun prétexte à une telle colère, je pense que cela a duré bien trop longtemps. Malheureusement, je suis la seule à le ressentir, car tu n'es qu'un Tatar cruel ! »

Leur relation se développait en dépit des sautes d'humeur brutales de Potemkine, lesquelles n'en étaient pas moins épuisantes. D'une certaine façon, malgré son comportement déplorable, Catherine continuait apparemment à l'aimer et à le respecter, bien que ses crises aient été clairement manipulatrices. Catherine était enthousiasmée par ses passions, sa jalousie la flattait, mais, n'ayant aucune limite, il allait parfois trop loin. Il menaça de tuer n'importe quel rival. « Vous devriez avoir honte de vous, lui fit-elle remarquer. Pourquoi avez-vous dit que celui qui prendrait votre place mourrait ? C'est impossible de contraindre le cœur par des menaces [...]. Je dois admettre que vos doutes ne sont pas sans une certaine tendresse [...]. Je me suis brûlé les doigts avec cet idiot [Vassiltchikov]. Je craignais [...] que de m'être habituée à lui ne me rende malheureuse et ne raccourcisse mes jours [...]. Maintenant, vous pouvez lire en mon cœur et mon âme. Je vous les ouvre sincèrement et si vous ne le sentez pas ou ne le voyez pas, alors vous ne méritez pas la grande passion que vous avez fait naître en moi. »

Potemkine exigeait de tout savoir. Il prétendait qu'elle avait eu quinze amants avant lui. Il était rare d'entendre une impératrice se voir ainsi accuser de manquer de moralité. Mais Catherine espéra calmer sa jalousie par ce qu'elle appelait une « confession sincère ». C'est un document des plus extraordinaires à quelque époque que ce soit. Si son ton de femme moderne a sa place dans notre XXIe siècle, où l'on a coutume de tout se dire, sa vision pratique de la moralité appartient bien au XVIIIe. Le romantisme et la franchise sont, quant à eux, intemporels. Qu'une impératrice dévoile ainsi sa vie sexuelle est exceptionnel. Elle parle de ses quatre amants avant lui : Saltykov, Poniatowski, Orlov et Vassiltchikov. Elle regrettait Saltykov et Vassiltchikov. Potemkine lui apparaissait comme un géant héroïque, le *bogatyr* auquel il ressemblait tant : « Maintenant, monsieur le Héros, après cette confession, puis-je espérer recevoir le pardon pour mes péchés ? Comme vous serez heureux de l'apprendre, il n'a jamais été question de quinze, car un tiers seulement de cela est vrai, le premier [Saltykov] est arrivé involontairement et le quatrième [Vassiltchikov] par désespoir, ce qui ne peut être perçu comme de la dissolution ; quant aux deux autres, Dieu m'en est témoin, ils ne furent pas le fruit de la débauche car je ne suis point de ce genre. Si dans ma jeunesse j'avais eu un mari que j'aurais pu aimer, je lui aurais été fidèle à jamais. »

Puis, elle lui confie sa version de ce qu'elle pense être sa nature : « Le problème est seulement que mon cœur ne peut être satisfait ne serait-ce qu'une heure sans amour. » Avec cet aveu de solitude émotionnelle, on est loin de l'image de nymphomane dont Catherine a parfois été affublée. Le XVIIIe siècle y aurait vu une déclaration de *sensibilité** ; le XIXe l'aurait considéré comme l'affirmation poétique d'un amour romantique ; aujourd'hui, on peut comprendre qu'elle ne révèle qu'une partie de sa personnalité complexe et passionnée.

Leur amour l'un pour l'autre était absolu mais, du fait de l'agitation de Potemkine et de ses exigences de pouvoir, leur relation fut toujours orageuse. Quoi qu'il en soit, Catherine conclut sa confession par cette proposition : « Si vous souhaitez me garder pour toujours, faites preuve d'amitié et d'affection et continuez à m'aimer et à me dire la vérité. »

8

Le pouvoir

> « Elle est folle de lui. Ils peuvent bien être amoureux car ils sont tout à fait semblables. »
>
> Le sénateur Ivan Yelaguine
> à Durand de Distroff

« Ces deux grands personnages étaient faits l'un pour l'autre, constata Masson. Il aima d'abord sa souveraine en tant que maîtresse, puis la chérit car elle était sa gloire. » Leurs ambitions et leurs talents similaires étaient à la fois les fondements de leur amour et sa faiblesse. La grande histoire d'amour de l'impératrice marqua le début d'une nouvelle ère politique, et tout le monde comprit que, contrairement à Vassiltchikov ou même à Grigori Orlov, Potemkine était capable d'exercer son pouvoir et s'efforcerait de le faire sur-le-champ. Mais, au début de 1774, ils devaient encore se montrer d'une grande prudence, au moment le plus difficile qu'ait connu Catherine depuis son accession au trône : Pougatchev continuait de ravager le territoire s'étendant au nord de la Caspienne, au sud de l'Oural et à l'est de Moscou – et les nobles, inquiets, réclamaient qu'il soit mis rapidement fin à sa révolte. Les Turcs n'étaient toujours pas disposés à négocier et l'armée de Roumiantsev était épuisée et frappée par les fièvres. Un faux-pas contre Pougatchev, une défaite face aux Turcs, une provocation vis-à-vis des Orlov, une brimade envers les gardes, une concession au grand-duc, l'un ou l'autre aurait suffi à coûter littéralement leurs têtes aux amoureux.

Et, s'ils s'étaient fait des illusions, Alexeï Orlov-Tchesmenski se chargea de leur prouver qu'il surveillait de près la fenêtre éclairée des bains impériaux. Les frères Orlov, qui avaient regagné bien des faveurs depuis 1772, seraient les premiers à pâtir de l'ascension de Potemkine.

« Oui ou non ? demanda le Balafré à l'impératrice avec un petit rire.

— À quel propos ? répondit-elle.

— Est-ce l'amour ? insista Orlov-Tchesmenski.

— Je ne saurais mentir », fit l'impératrice.

Le Balafré demanda à nouveau : « Oui ou non ?

— Oui ! » concéda-t-elle enfin.

Orlov-Tchesmenski se remit à rire :

« Vous rencontrez-vous dans la banya ?

— Pourquoi pensez-vous cela ?

— Parce que quatre jours durant, nous avons vu la lumière par la fenêtre des bains plus tard que d'habitude. » Puis il ajouta : « Il est clair qu'hier vous vous êtes entendus pour vous retrouver plus tard, aussi avez-vous veillé à ne point démontrer votre affection, afin de brouiller les pistes. Bien joué. » Catherine rapporta le tout à son amant et les deux s'en délectèrent comme de vilains garnements heureux de choquer les adultes. Mais les plaisanteries d'Alexis Orlov avaient toujours quelque chose de menaçant.

Outre leur intimité charnelle et leur complicité, Potemkine commença immédiatement à aider Catherine à la fois sur la question de la guerre russo-turque et sur la révolte de Pougatchev. Il leur arrivait souvent de discuter de la façon de jouer la comédie : « Adieu mon frère, lui dit-elle. Comporte-toi habilement en public et ainsi, nul ne saura ce que nous pensons vraiment. » Elle se sentait en sécurité avec Potemkine, qui lui donnait le sentiment que tout était possible, que tous leurs rêves de gloire pouvaient se réaliser et que les problèmes du moment n'avaient rien d'insoluble.

Catherine était déjà sous pression à propos de Potemkine. Au début du mois de mars, des courtisans puissants mais dont on ne connaît pas l'identité, dont un surnommé l'« Alchimiste » – peut-être Panine ou un des Orlov –, recommandèrent à Catherine de se débarrasser de Potemkine : « L'homme que vous appelez l'"Alchimiste" m'a rendu visite [...]. Il a essayé de me démontrer cette frénésie qui est la vôtre et la mienne et m'a conseillé de demander votre départ dans l'armée, ce que j'ai accepté. Tous s'efforcent à tout le moins de me faire la leçon. [...] Je n'ai rien avoué, et ne me suis pas excusée non plus de sorte qu'ils ne puissent prétendre que j'aurais menti. » Mais leurs lettres montrent aussi que Potemkine et Catherine étaient à l'unisson sur les questions politiques :

> En bref, j'ai des masses de choses à te dire et en particulier sur le sujet que nous avons évoqué hier, entre midi et 2 heures ; mais je ne sais pas si tu es dans le même état d'esprit qu'hier et je ne sais pas non plus si tes paroles correspondent toujours à tes actes, toi qui m'as promis tant de fois que tu viendrais et qui ne viens pas [...]. Je pense à toi tout le temps. Ohlala ! Quelle longue lettre je t'ai écrite. Pardonne-moi, j'oublie toujours que tu n'aimes pas cela. Je ne recommencerai plus.

Catherine se démenait pour éviter que l'ascension de Potemkine ne provoque une rupture avec les Orlov : « Je t'en conjure, il est une chose que tu ne dois pas faire : n'offense pas ni n'essaie pas d'offenser le prince Orlov dans mes pensées car cela serait de l'ingratitude de ta part. Avant ton arrivée, nul n'était plus vanté ni aimé de lui que toi. »

Potemkine se mit alors à exiger un rôle au sein du gouvernement. Les postes les plus importants étaient ceux de la Guerre et des Affaires étrangères. Puisqu'il était rentré de la guerre en tant que héros du Danube, il était naturel que son choix se porte sur le collège de la Guerre. Dès le 5 mars 1774, dans la semaine qui suivit sa nomination au rang d'aide de camp de la tsarine, c'est par Potemkine qu'elle transmit ses ordres à Zakhar Tchernichev, président du collège de la Guerre, un allié d'Orlov. La révolte de Pougatchev joua en faveur de Potemkine : tous les gouvernements ont besoin de boucs émissaires quand ils sont confrontés à des calamités. Ainsi Zakhar Tchernichev, à qui aucun crédit n'avait été accordé pour les victoires de Roumiantsev, se vit reprocher les déprédations de Pougatchev, ce qui ne l'enchanta guère : « Le comte Tchernichev est fort anxieux et ne cesse d'annoncer qu'il va démissionner. » Dix jours après qu'il eut servi de messager entre Catherine et Tchernichev, elle promut Potemkine au grade de lieutenant-colonel des gardes de Préobrajenski, dont elle était le colonel. Auparavant, c'était Alexis Orlov qui avait occupé ces fonctions. C'était donc un signe de la plus haute faveur – et le symbole de la chute des Orlov. Il devint également capitaine du détachement des soixante chevaliers-gardes qui patrouillaient dans les palais, magnifiquement vêtus de casques et de cuirasses d'argent, ainsi que des escadrons de hussards ou de Cosaques qui escortaient son carrosse.

Potemkine savait qu'il aurait été inconscient de prendre de front toutes les factions de la cour, aussi s'efforça-t-il d'« être ami avec tout le monde », écrivit la comtesse Roumiantseva – en particulier avec Nikita Panine. Panine, suffisant et paresseux, sembla « plus satisfait qu'avant » de l'ascension de Potemkine. Mais le comte Solms, lui, ne le sous-estima pas : « Je redoute seulement que Potemkine, qui a la réputation d'être rusé et retors, ne profite de la gentillesse de Panine. »

Par le biais de Panine, le favori espérait parvenir à neutraliser l'autre dangereux élément de la cour de Catherine – le grand-duc Paul, maintenant âgé de vingt ans, l'héritier prussophile et maniaque au nez camus qui aspirait à jouer un rôle politique seyant à son rang. Paul avait détesté le prince Orlov, il haïrait encore plus le nouveau favori, car il sentait déjà que Potemkine l'exclurait à jamais de la cour. Potemkine eut tôt fait de le fâcher. Rendant visite à sa mère, Paul, à cheval sur la discipline militaire à la prussienne, tomba sur le favori et se plaignit de l'accoutrement de Potemkine. « Mon chéri, dit Catherine à son amant, le grand-duc vient à moi les mardis et vendredis [...] de 9 à 11 heures. [...] Je ne te critique point car le comte [...] Andreï Razoumovski[1] vient les voir dans la même tenue, je ne le trouve pas plus mal habillé que toi. » Heureusement, le grand-duc Paul n'avait pas rencontré Potemkine portant l'une de ses peaux d'ours à la gueule béante avec son fichu rose, ce qui aurait eu de quoi choquer n'importe quel visiteur.

Panine entreprit de pousser le tsarévitch, de plus en plus amer, dans le camp de l'« intelligent » Potemkine. Ainsi Potemkine se servait-il de Panine, qui pensait quant à lui utiliser Potemkine. La comtesse Roumiantseva déclara à son mari que le retour de Potemkine avait tout bouleversé sur le plan politique – elle ne se trompait pas.

Potemkine se concentrait sur la révolte de Pougatchev. Peu après que Catherine et lui furent devenus amants et partenaires politiques, le général Alexandre Bibikov, installant son quartier général à Kazan, réussit à vaincre les neuf mille hommes de Pougatchev le 22 mars et à lever le siège d'Orenbourg, Oufa et Iaïtsk, contraignant l'imposteur à abandonner sa « capitale » de Berda, non loin d'Orenbourg. Le favori suggéra que son cousin, Pavel Sergueiévitch Potemkine, le fils de l'homme qui avait tenté de persuader son père qu'il était un

1. Ami du grand-duc Paul.

enfant illégitime, soit nommé à la tête de la Commission secrète à Kazan, chargée d'identifier la cause de la rébellion – les Turcs et les Français étaient les principaux suspects – et de châtier les rebelles. Potemkine et Catherine ordonnèrent à Zakhar Tchernichev de rappeler Pavel Potemkine du front turc. Pavel Sergueiévitch était un de ces touche-à-tout de génie typiques du XVIIIe siècle, à la fois brillant soldat, aimable courtisan, poète et érudit polyglotte, le premier à traduire Rousseau en russe. Quand il arriva à Saint-Pétersbourg, Catherine, aussitôt, « l'enjoignit de rejoindre Bibikov » à Kazan. Maintenant que Bibikov était sur le point d'écraser le faux Pierre III et que Pavel Potemkine était en route pour gérer les conséquences de la révolte, le couple reporta son attention sur les moyens de mettre fin à la guerre contre les Turcs.

« Matiouchka, griffonna Potemkine en parcourant l'ébauche de l'une des propositions de paix de Catherine, que signifient les articles soulignés ? » En dessous, l'impératrice répondit : « Cela veut dire qu'ils ont déjà été ajoutés et que dans l'éventualité d'une discussion, il ne sera pas nécessaire d'insister à leur sujet. » Dès qu'il fit partie du Conseil de l'impératrice, il commença à travailler avec elle sur les instructions destinées au maréchal Roumiantsev. Au début, les courtisans supposèrent que Potemkine tentait d'abattre son ancien supérieur. La légende de Potemkine prétend que, tout au long de sa vie, il fut extrêmement jaloux des rares autres à avoir autant de talents que lui. Il n'en était rien. « Il a été dit qu'il n'avait guère eu d'égards pour Roumiantsev, rapporta Solms à Frédéric, mais j'ai par moi-même constaté le contraire – ils sont amis et il le défend contre les reproches. » L'épouse du maréchal fut tout aussi surprise de voir qu'« il veille à vous servir en toute occasion [...] et même moi, il me favorise ».

Un choc brutal était nécessaire pour ramener les Turcs à la table des négociations, mais l'armée affaiblie de Roumiantsev avait besoin de renforts pour l'offensive qu'il projetait sur le Danube, qui permettrait de contraindre l'ennemi à la paix. À la fin du mois de mars, Potemkine persuada Catherine de « donner les moyens à Roumiantsev et qu'ainsi la guerre prenne fin », comme elle le dit elle-même. Cela signifiait que les traditionnelles manœuvres dilatoires des Ottomans ne pourraient pas fonctionner, car Roumiantsev fut autorisé à conclure la paix sur le terrain, dans les limites définies par Catherine et Potemkine, mais sans avoir besoin d'en référer à Saint-Pétersbourg. Le 10 avril, le maréchal transmit les nouvelles conditions de paix révisées par Potemkine. Entre-temps, les Turcs avaient perdu tout intérêt pour les négociations. Le système de prise de décision des Ottomans, d'une lenteur désespérante dans le meilleur des cas, avait encore été retardé par la mort du sultan Mustafa III et la succession de son frère, le prudent Abdülhamid. Les Turcs étaient encouragés à poursuivre le combat par les Français et sans doute par la duplicité des Prussiens : Frédéric, occupé à engloutir sa part de la Pologne, n'en jalousait pas moins les conquêtes russes dans le Sud. Mais, surtout, les Turcs avaient également été encouragés par la révolte de Pougatchev. Donc, il ne pourrait y avoir de paix sans reprise des hostilités. Une fois de plus, le maréchal Roumiantsev se prépara à traverser le Danube.

Pour Potemkine, la première étape qui le mena au pouvoir passa par son entrée au Conseil d'État, le cabinet de guerre consultatif créé par Catherine en 1768. Son ascension est toujours décrite comme rapide et sans effort. Mais, contrairement à ce cliché historique, les faveurs impériales ne lui garantissaient pas le pouvoir. Si Potemkine estimait qu'il était prêt pour le Conseil, ils étaient peu à partager son avis. Par ailleurs, tous les autres membres se trouvaient au premier ou au deuxième degré de la table des rangs ; Potemkine était encore au troisième. « Que faire ? Je ne suis même pas admis au Conseil. Et pourquoi pas ? Ils ne l'entendent pas de cette oreille, mais cela sera pourtant », s'emporta Potemkine, « avec une franchise qui étonna » le diplomate français Durand. Il avait tendance à stupéfier la plupart des diplomates qu'il rencontrait par son franc-parler. Pour les ambassadeurs étrangers, ce fut le premier signe que Potemkine, dans le lit de Catherine depuis à peine trois mois, voulait vraiment le pouvoir et qu'il ferait tout pour l'obtenir.

Tandis que la cour se trouvait à Tsarskoïé Selo pour l'été, Catherine refusait toujours de le nommer au Conseil. Il usa alors de sa détermination et de son caractère impulsif. « Le dimanche, alors que j'étais assis à la table près de lui et de l'impératrice, consigna Durand, je vis que non seulement il ne lui adressait pas la parole, mais qu'il ne répondait même pas à ses questions. Elle était hors d'elle et quant à nous, nous étions fort décontenancés. Le silence n'était rompu que par le maître des écuries[1] qui ne réussit jamais à animer la conversation. Quand nous nous levâmes de la table, l'impératrice se retira

1. Lev Narychkine.

seule et réapparut les yeux rouges et l'air troublée. » Potemkine était-il parvenu à ses fins ?

« Mon chéri, écrivit l'impératrice le 5 mai, parce que tu m'as demandé de ne pas t'envoyer les mains vides au Conseil, j'ai rédigé une note qui doit être confiée au prince Viazemski. Donc, si tu souhaites y aller, tu dois être prêt pour midi. Je t'adresse la note et le rapport de la commission de Kazan. » Cette note, qui demandait à Potemkine de débattre de la commission secrète créée pour enquêter et punir les rebelles de Pougatchev, peut paraître anodine, mais elle ne l'était pas : Catherine invitait Potemkine à rejoindre le Conseil. Potemkine apporta ostensiblement la note au procureur général Viazemski puis s'assit à la table, pour ne plus jamais la quitter. « Dans aucun autre pays, fit savoir Gunning à Londres le lendemain, un favori n'a connu ascension si rapide. À la grande surprise des membres du Conseil, le général Potemkine a pris place parmi eux. »

C'est à peu près à cette époque que la commission secrète de Kazan découvrit l'existence d'un « complot » visant à assassiner Catherine dans sa résidence d'été, Tsarskoïé Selo : un partisan de Pougatchev fait prisonnier avait avoué lors de son interrogatoire que des assassins avaient été dépêchés. Potemkine se chargea de l'enquête avec Viazemski : « Je pense que la montagne va accoucher d'une souris », dit Catherine à Potemkine, non sans courage. Il s'en inquiéta, mais il s'avéra que l'histoire avait probablement été inventée durant les interrogatoires menés par la commission dans le Sud. C'était une des raisons pour lesquelles Catherine était opposée à l'habitude russe de fouetter les suspects. Elle se trouvait trop loin pour empêcher que la commission ait recours à la torture contre les rebelles, bien qu'elle tentât de pousser Bibikov à en limiter l'emploi.

Le 30 mai, Potemkine fut promu général en chef et vice-président du collège de la Guerre. Face à cette rude guerre d'influence entre les factions dans l'entourage de l'impératrice, on en oublierait facilement que Potemkine et Catherine en étaient encore aux doux débuts de leur liaison. Peut-être le jour même de sa promotion, l'impératrice envoya à Potemkine ce billet amoureux au style infantile : « Général aimer moi ? Moi aimer général beaucoup. » Le ministre de la Guerre Tchernichev, dont le pouvoir venait ainsi d'être sapé, en fut « si durement touché, remarqua Gunning, qu'il ne pouvait plus rester à son poste ». Ne se sentant plus à sa place, il se résigna dès lors à devenir gouverneur des nouvelles provinces biélorusses, acquises pendant le premier partage de la Pologne. Cela mit fin à la crise entre les factions qui avait débuté deux ans plus tôt avec la chute du prince Orlov.

Les honneurs, les responsabilités, les serfs, les propriétés et les richesses se mirent à pleuvoir sur Potemkine : le 31 mars, il avait été nommé gouverneur général de Nouvelle-Russie, les immenses provinces du Sud qui jouxtaient le khanat tatar de Crimée et l'Empire ottoman. Le 2 juin, il fut fait commandant en chef de toutes les forces irrégulières, autrement dit ses chers Cosaques. Il est difficile de prendre la mesure de la richesse dont jouissait soudain Potemkine. Il était désormais à des lieues de son enfance à Tchijova ou même de son adolescence chez son parrain à Moscou. Un paysan-soldat de l'infanterie russe touchait environ sept roubles par an, un officier près de trois cents. Potemkine recevait régulièrement des cadeaux d'un montant de 100 000 roubles, pour sa fête ou pour des jours saints, ou encore pour le remercier de son aide sur un projet particulier. Il percevait des frais de bouche conséquents, de l'ordre de 300 roubles par mois. Il vivait gratuitement dans tous les palais, servi par le personnel de la maison impériale. On raconte que, le premier de chaque mois, il trouvait 12 000 roubles sur sa table de toilette, mais il est plus probable que Catherine lui donnait simplement des milliers de roubles quand il lui en prenait l'envie, comme Vassiltchikov en avait témoigné. Potemkine dépensait l'argent aussi facilement qu'il le touchait, se sentant gêné d'un côté tout en ne cessant d'en réclamer plus de l'autre. Mais il était encore loin d'avoir atteint les sommets tant de ses revenus que de ses extravagances.

Catherine veilla à ce que Potemkine reçoive le plus grand nombre de médailles russes et étrangères possible – en accroissant son statut, elle consolidait sa position. Les rois aimaient récupérer des médailles étrangères pour leur favori. Les monarques étrangers, eux, n'aimaient guère les offrir – surtout aux amants d'usurpatrices régicides. Toutefois, à défaut d'une très bonne excuse, ils finissaient généralement par céder. Il est très amusant d'étudier la correspondance à ce sujet entre les monarques et les ambassadeurs russes, regorgeant de ces euphémismes d'une politesse tortueuse presque codée qui était la langue de la diplomatie de cour.

« Bonjour mon chéri, lança joyeusement Catherine à Potemkine à cette époque [...]. Je me suis levée et ai convoqué le vice-chancelier pour lui demander les rubans ; j'ai écrit qu'ils étaient pour [...] le général Potemkine et que je prévoyais de les lui décerner après la messe. Le connaissez-vous ? Il est beau, il est aussi intelligent qu'il est beau. Et il m'aime autant qu'il est beau et intelligent ; et je l'aime aussi. » Ce jour-là, il reçut l'Ordre de Saint-Alexandre Nevski et l'Ordre de l'Aigle blanc, gentiment envoyé de Pologne par le roi Stanislas-Auguste. Ces ordres étaient synonymes de prestige, quoique la haute noblesse ne se fît aucune illusion à leur propos. L'un des traits de caractère les plus sympathiques de Potemkine était sa joie d'enfant face aux médailles. Bientôt, il obtint l'Ordre de Saint-André de Pierre le Grand ; Frédéric le Grand lui fit parvenir l'Aigle noir prussien, le Danemark l'Éléphant blanc, la Suède le Saint-Séraphin. Mais Louis XVI et Marie-Thérèse lui refusèrent respectivement le Saint-Esprit et la Toison d'or, prétendant qu'ils étaient réservés aux catholiques. À Londres, Georges III fut outré quand son ambassadeur demanda l'Ordre de la Jarretière pour Potemkine.

« Il semble que l'impératrice va confier les rênes du gouvernement à Potemkine », annonça Gunning à Londres. En effet, l'impensable s'était produit : Potemkine était désormais le supérieur du prince Orlov. Les ambassadeurs étrangers n'en croyaient pas leurs yeux. Ils s'étaient tellement habitués aux Orlov qu'ils ne pouvaient se faire à l'idée qu'ils n'étaient pas près de revenir aux affaires. Les Orlov étaient les premiers surpris.

Le 2 juin, le prince Orlov fit une entrée fracassante pour voir Catherine – un spectacle inquiétant, même pour une impératrice. « On dit, rapporta Gunning, bien informé, qu'Orlov et Catherine n'ont pas mâché leurs mots. » Le prince Orlov avait toujours été bon enfant, mais maintenant il était constamment et dangereusement irascible. Quand il donnait libre cours à sa colère, il était redoutable. Au point que Catherine le traita de « fou » et qu'elle fut bouleversée par ce que lui dit Orlov, quoi que cela ait pu être. Mais elle était malgré tout capable de le maîtriser lui aussi : il accepta d'effectuer un nouveau « voyage à l'étranger ». Elle s'en moquait. Elle avait Potemkine : « Bonne nuit mon ami. Fais-moi savoir demain comment tu te portes. Au revoir. Je me languis sans toi. »

Le 9 juin, Roumiantsev lança l'offensive contre les Turcs, déployant deux corps d'armée sur l'autre rive du Danube, lesquels défirent le gros des forces ottomanes près de Kozloudji. Cette opération coupa le grand vizir des forts danubiens. La cavalerie russe dépassa Choumla au galop et s'enfonça en Bulgarie. Catherine et Potemkine eurent alors la tristesse d'apprendre le décès soudain du vainqueur de Pougatchev,

Bibikov, emporté par la fièvre. Mais la rébellion était apparemment terminée, et ils nommèrent, pour lui succéder, le médiocre prince Fiodor Chtcherbatov. Brutalement, au début du mois de juillet, Catherine apprit que Pougatchev, en dépit de ses défaites, avait refait surface à la tête d'une autre armée. Elle limogea Chtcherbatov et nomma à sa place le général-prince Pierre Golitsyne : « Je t'envoie, mon cher, la lettre que j'ai écrite au prince Chtcherbatov. Corrige-la s'il te plaît et je la ferai lire au Conseil, écrivit l'impératrice avec optimisme à Potemkine, cela leur mettra les points sur les i. »

Le 20 juin, les Turcs avaient demandé la paix : en général, cela aurait signifié une trêve, puis un congrès et des mois de négociations comme ceux qui avaient fini par torpiller les derniers pourparlers. Les conseils de Potemkine, qui avait recommandé de « donner les moyens » à Roumiantsev, portèrent leurs fruits, car le feld-maréchal établit son camp dans le village bulgare de Koutchouk-Kaïnardji et déclara aux Turcs que soit ils signaient la paix, soit la guerre reprenait. Les Ottomans acceptèrent de discuter. La nouvelle d'un traité de paix était attendue d'un jour à l'autre ; le moral de Catherine était au beau fixe. Tout allait bien.

Une nouvelle crise liée à Pougatchev éclata alors à la mi-juillet. Le 11, Pougatchev se présenta sous les murs de l'antique ville stratégique de Kazan avec une armée qui ne cessait de se renforcer et comptait déjà vingt-cinq mille hommes. Pougatchev n'était nullement vaincu, mais il était pourchassé par le véritable héros de la campagne, le lieutenant-colonel Ivan Mikhelson, aussi infatigable que compétent. Kazan ne se trouvait qu'à environ cent cinquante kilomètres de Nijni-Novgorod, elle-même à un peu plus de cent soixante kilomètres de Moscou. La vieille ville tatare, conquise par Ivan le Terrible en 1556, comptait onze mille habitants et la plupart de ses édifices étaient en bois. Il se trouve que le général Pavel Potemkine, le nouveau responsable des deux commissions secrètes, celles de Kazan et d'Orenbourg, était arrivé à Kazan le 9 juillet, deux jours avant Pougatchev. Le vieux gouverneur était malade. Pavel Potemkine assura donc le commandement, mais il ne disposait que de six cent cinquante fantassins et de deux cents cavaliers tchouvaches d'une fiabilité douteuse, aussi barricada-t-il ses forces dans la citadelle. Le 12, Pougatchev prit d'assaut Kazan, qui fut rasée au cours d'une orgie infernale de violence qui dura de 6 heures du matin à minuit. Quiconque portait des « vêtements allemands », tout homme glabre, était tué, les femmes en « robe allemande » étaient livrées à la soldatesque du prétendant. La ville fut réduite en cendres avant que l'armée de Pougatchev ne se replie, et Pavel Potemkine fut sauvé par Mikhelson.

Toute la région de la Volga était maintenant en proie à une révolte paysanne. La rébellion avait pris une tournure encore plus sanglante : au départ insurrection cosaque, elle se muait en une sauvage guerre de classes, une authentique *jacquerie**. Le régime était confronté à la perspective de millions de serfs massacrant leurs maîtres. C'était une menace non seulement pour Catherine, mais pour les fondations mêmes de l'empire. Les serfs des manufactures, les paysans et cinq mille cavaliers bachkirs se rallièrent à la bannière du prétendant. Les serfs se soulevaient, village après village. Des bandes d'esclaves en fuite écumaient les campagnes. Les Cosaques rebelles cavalcadaient dans les villages et exhortaient les serfs à prendre les armes[1]. Le 21 juillet, la nouvelle de la chute de Kazan parvint à Catherine à Saint-Pétersbourg. Les autorités du centre du pays commencèrent à paniquer. Pougatchev marcherait-il sur Moscou ?

Le lendemain, l'impératrice tint une réunion d'urgence du Conseil à Peterhof. Elle déclara qu'elle se rendrait directement à Moscou pour appeler l'empire à la résistance. Le Conseil garda un silence lourd de sens. Personne n'osait parler. Tous étaient inquiets et mal à l'aise. Catherine elle-même était ébranlée : la destruction de Kazan donnait soudain l'impression qu'elle était vulnérable. Fait inhabituel pour elle, elle ne le cacha pas. Quelques-uns des grands présents, en particulier le prince Orlov et les deux frères Tchernichev, désapprouvaient clairement l'ascension de Potemkine et le retour en grâce de Panine.

Le Conseil fut stupéfait par la volonté de l'impératrice de partir pour Moscou. Son mutisme défait trahissait la profondeur de cette « dépression sans paroles ». Catherine se tourna vers son principal ministre, Nikita Panine, et lui demanda son avis. « Ma réponse, écrivit-il à son frère, le général Pierre Panine, fut que cela serait non seulement néfaste, mais désastreux », car ce geste montrerait que le sommet de l'État cédait à la peur. Catherine défendit avec ferveur les

1. Preuve de l'anarchie dans laquelle avait sombré la région de la Volga, un autre faux Pierre III, un serf en fuite, réussit lui aussi à lever une armée hétéroclite avec laquelle il s'empara de Troïtsk, au sud-est de Moscou, où il s'entoura d'une cour grotesque.

avantages de son éventuel voyage à Moscou. Potemkine la soutint. L'idée venait peut-être de lui, parce que, étant celui qui, parmi ces grands nobles raffinés, était le plus proche de la vieille Russie, il considérait instinctivement Moscou comme la capitale orthodoxe quand la patrie était en danger. Mais peut-être était-il simplement d'accord avec elle parce qu'il siégeait depuis trop peu de temps au Conseil pour risquer d'afficher une opinion indépendante de Catherine.

La réaction de la plupart des membres du Conseil eut quelque chose de comique. Le prince Orlov refusa de donner un avis quel qu'il soit, prétendant comme un enfant qu'il se sentait patraque, n'avait pas bien dormi et n'avait pas d'idées. Cyrille Razoumovski et le feld-maréchal Alexandre Golitsyne, une paire d'« idiots », furent incapables de prononcer un mot. Zakhar Tchernichev « tremblait entre les favoris » – Orlov et Potemkine – et ne put qu'émettre des « demi-mots à deux reprises ». Il fut admis qu'il ne se trouvait personne d'une envergure militaire suffisante dans la région de la Volga pour coordonner la défaite de Pougatchev : l'intervention d'un « éminent personnage » était nécessaire. Mais qui ? Il semble qu'Orlov soit allé faire un somme pour se requinquer pendant que le Conseil, désemparé, se contenta d'attendre des nouvelles du traité de paix avec les Turcs.

Nikita Panine eut une idée. Après le dîner, il prit Potemkine à part et lui suggéra que l'« éminent personnage » à même de sauver la Russie n'était autre que son propre frère, le général Pierre Ivanovitch Panine. Ce n'était pas complètement absurde : c'était un général victorieux, dont le pedigree aristocratique apaiserait les craintes des propriétaires terriens. Il se trouvait déjà à Moscou. Mais Pierre Panine n'était pas sans défaut. Il était impoli, arrogant et grincheux, et donnait l'impression que le mot « tyranneau » avait été inventé pour lui. Il ne faisait pas mystère de ses points de vue qui, même pour un militaire russe du XVIIIe siècle, confinaient parfois au délire : il ergotait volontiers sur les privilèges de la noblesse et les subtilités de l'étiquette militaire, tout en étant fermement convaincu que seuls les hommes étaient qualifiés pour monter sur le trône. Ce sévère partisan de la discipline, prompt à l'indignation, était capable de surgir dans l'antichambre de son quartier général vêtu d'une chemise de nuit de satin gris et d'un haut bonnet de nuit à la française orné de rubans roses. Catherine le détestait, se méfiait de lui sur le plan politique, et le faisait même surveiller par la police secrète.

Ainsi, Nikita Panine, n'osant pas évoquer la candidature de son frère à haute voix devant le Conseil, avait-il prudemment approché

Potemkine, qui alla directement voir l'impératrice. Cette seule idée dut forcément la mettre en rage. Peut-être lui fit-il comprendre qu'ils n'avaient pas vraiment d'autre choix, puisque même lui, son plus fidèle soutien, hésitait. Elle accepta. Quand Nikita Panine lui parla plus tard, l'impératrice dissimula ses véritables opinions et, toujours douée pour la comédie, jura avec grâce qu'elle tenait à ce que Pierre Panine prenne le commandement suprême des provinces de la Volga et qu'il « sauve Moscou et les régions internes de l'Empire ». Nikita Panine se précipita pour écrire à son frère.

Les Panine avaient réussi ce qui était presque un coup d'État, contraignant Catherine à l'humiliation en voyant ce Pierre Panine qu'elle détestait protéger l'empire. Ils représentaient désormais, à leur façon, autant une menace pour Catherine et Potemkine que Pougatchev. Ayant avalé cette pénible pilule, les amants durent aussitôt se dire qu'il leur fallait la faire passer. Mais la situation allait d'abord empirer : les Panine exigèrent d'énormes pouvoirs pour le général, sur toutes les villes, les tribunaux et les commissions secrètes dans les quatre immenses provinces concernées, et sur toutes les forces militaires (à l'exception de la première armée de Roumiantsev, de la seconde armée qui occupait la Crimée et des unités de Pologne), ainsi que le droit de prononcer des peines de mort. « Vois-tu, mon ami, dit Catherine à Potemkine, si l'on en juge par ces documents joints, le comte Panine veut faire de son frère le dictateur des meilleures parties de l'empire. » Elle était bien décidée à ne pas permettre à ce « menteur de première classe [...] qui m'a personnellement offensée, [de se hisser] au-dessus de tous les mortels de l'empire ». Potemkine se chargea des négociations avec les Panine et de la gestion de la rébellion.

Catherine et Potemkine ne savaient pas que, avant la chute de Kazan, Roumiantsev avait signé une paix très avantageuse avec les Turcs – le traité de Koutchouk-Kaïnardji. Le soir du 23 juillet, deux courriers, l'un d'eux étant le fils de Roumiantsev, apportèrent la nouvelle au galop à Peterhof. L'humeur de Catherine passa du désespoir à un enthousiasme jubilatoire. « Je pense qu'aujourd'hui, c'est le plus beau jour de ma vie », dit-elle au gouverneur de Moscou. Le traité permettait à la Russie de prendre pied en mer Noire, lui octroyait les forteresses d'Azov, Kertch, Yenikale et Kil-Bouroun, ainsi que l'étroite bande de littoral entre le Dniepr et le Boug. Les navires marchands russes pourraient franchir les détroits turcs pour entrer en Méditerranée. Catherine pourrait construire une flotte de la mer Noire. Le khanat de Crimée devenait indépendant de l'Empire ottoman. Ce succès allait rendre possibles tous les projets de Potemkine. Catherine ordonna des festivités extravagantes. La cour se déplaça à Oranienbaum trois jours plus tard pour célébrer l'événement.

Cela renforça la position de Potemkine auprès de Pierre Panine, qui attendait avec impatience à Moscou que soient confirmés ses pouvoirs dictatoriaux. Ce qui subsiste des ébauches de textes sur ces pouvoirs montre que Catherine et Potemkine étaient tout aussi impatients à l'idée de remettre les Panine à leur place. Quoi qu'il en soit, ils prirent assurément leur temps : Nikita Panine s'aperçut alors qu'il avait peut-être été trop gourmand. « Je pus voir dès le premier jour que cette affaire était considérée comme [...] une humiliation extrême. » Potemkine n'était pas particulièrement impressionné par Panine : « Il n'écoute pas ni ne veut rien entendre, mais décide de tout avec l'impudence de son esprit. »

Lorsque Potemkine écrivit à Pierre Panine quelques jours plus tard pour lui transmettre les instructions de l'impératrice, il lui fit savoir, avec cette fameuse « impudence », qu'il ne devait sa nomination qu'à ses propres efforts auprès de l'impératrice : « Je suis absolument certain que Votre Excellence verra dans mes actions un tournant qui vous est favorable. » Le général Panine reçut ses ordres le 2 août. Il ne commanderait que les forces déjà en opération contre Pougatchev et aurait toute autorité sur Kazan, Orenbourg et Nijni-Novgorod. Potemkine pouvait encore compter sur son rude cousin Pavel Sergueiévitch à Kazan comme contrepoids à la trop grande influence de Panine : ils se partageraient l'autorité. Panine avait pour mission de détruire les forces de Pougatchev ; Pavel Potemkine était là pour arrêter, interroger et châtier. Les membres du Conseil ne comprirent pas tous que Pierre Panine ne serait pas « dictateur » : quand Viazemski proposa de placer la commission secrète de Pavel Potemkine sous le commandement de Panine, il eut droit à un refus laconique de la main même de l'impératrice : « Non, car elle est sous ma responsabilité. »

Les dernières nouvelles en provenance de la Volga achevèrent de fragiliser les Panine. Mikhelson avait battu Pougatchev à plusieurs reprises juste après la chute de Kazan, si bien que la nouvelle de la mise à sac de la ville était déjà dépassée quand elle ébranla le Conseil à Saint-Pétersbourg. Loin de marcher sur Moscou, Pougatchev était en fuite vers le sud. La crise politique était passée. Le 27, les célébrations de la victoire sur les Turcs commencèrent à Oranienbaum par des fêtes données en l'honneur du corps diplomatique. Mais Catherine ne perdait pas de vue les étranges événements sur la Volga.

On ne sait toujours pas vraiment si Pougatchev était en déroute ou s'il progressait. Même sa fuite ressemblait à une invasion. La racaille se ralliait à lui, des villes tombaient, des manoirs étaient incendiés, les pendaisons se succédaient, les cloches sonnaient. Sur le lointain cours inférieur de la Volga, il continua de s'emparer des bourgades de la région, jusqu'au sac de Saratov, le 6 août, quand des prêtres renégats prêtèrent serment d'allégeance à Pougatchev et à son épouse, ce qui ne fit que compromettre un peu plus son imposture. Vingt-quatre propriétaires terriens et vingt et un fonctionnaires furent pendus. Mais Pougatchev faisait ce que font tous les criminels quand ils sont acculés : il rentrait chez lui, sur le Don.

Les vainqueurs ne tardèrent pas à se disputer. Pierre Panine et Pavel Potemkine, aussi arrogants et agressifs l'un que l'autre, s'employèrent à saper réciproquement leur réputation dans leurs rapports respectifs à Saint-Pétersbourg. C'était précisément pour cette raison que Potemkine avait divisé leurs responsabilités.

Pougatchev arriva dans le pays des Cosaques du Don, en vue de Tsaritsyne[1], et y apprit à ses dépens qu'un prétendant n'est que rarement prophète en son pays. Quand il entreprit de parlementer avec les Cosaques du Don, ceux-ci s'aperçurent que « Pierre III » était autrefois le garçon qu'ils avaient connu sous le nom d'Emelian Pougatchev. Ils ne se rallièrent pas à sa cause. Pougatchev, toujours suivi de dix mille rebelles, s'enfuit vers l'aval, avant d'être arrêté par ses propres hommes. « Comment osez-vous lever la main sur votre empereur ! » s'écria-t-il vainement. L'« Amperator » ne trompait plus personne. Il fut remis aux forces russes à Iaïtsk, d'où la rébellion était partie un an plus tôt. Les militaires sûrs d'eux et ambitieux commençaient à se bousculer sur les rives de la basse Volga – Pavel Potemkine, Panine, Mikhelson et Alexandre Souvorov –, et ils s'empoignèrent sans noblesse pour s'arroger le crédit de la capture du « bandit d'État », même si aucun d'entre eux ne l'avait effectivement capturé. Souvorov confia Pougatchev à Pierre Panine, qui refusa de laisser Pavel Potemkine l'interroger. Comme des enfants racontant des histoires à leurs professeurs, ils passèrent les mois d'août à décembre à adresser des plaintes à Saint-Pétersbourg. Souvent, leurs lettres contradictoires arrivaient le même jour. Maintenant que la crise était terminée et que Catherine et Potemkine avaient la situation bien en main, tous deux étaient à la fois indignés et amusés par ces chamailleries. « Mon amour, écrivit Catherine un jour de

1. Rebaptisée Stalingrad en 1925, la ville s'appelle Volgograd depuis 1961.

septembre, Pavel a raison. Souvorov n'a rien eu de plus à voir dans la [capture de Pougatchev] que Thomas[1]. » Potemkine exprima l'avis de tous quand il écrivit à Pierre Panine : « Nous sommes tous remplis de joie à l'idée que le bandit ait été mis au pas. »

Pierre Panine prit les commandes. Il fit même occire certains des témoins. Quand il mit la main sur le prétendant lui-même, qui avait servi sous lui sans qu'il le sache, à Bendery pendant la guerre contre les Turcs, il le gifla et le fit mettre à genoux. Puis il l'amena dehors et lui administra une claque à chaque fois qu'un visiteur curieux se présentait – à l'exception de Pavel Potemkine, qui avait pour tâche de l'interroger. Catherine et Potemkine tranchèrent habilement ce nœud gordien en renvoyant la commission de Kazan pour créer la commission spéciale du Département secret du Sénat à Moscou, chargée d'organiser le procès de Pougatchev. Ils y nommèrent Pavel Potemkine, mais pas Panine. Potemkine s'efforçait manifestement de défendre les intérêts de son cousin, et les siens, car Catherine lui dit : « J'espère que toutes les querelles et insatisfactions de Pavel prendront fin quand il recevra mon ordre de se rendre à Moscou. » Puis, au beau milieu de cette lettre à caractère politique, elle ajouta : « Mon chéri, je t'aime beaucoup et souhaite que cette pilule te guérisse de tous les maux. Mais je te demande d'être raisonnable, de ne manger que de la soupe et de prendre du thé sans lait. »

Pierre Panine entreprit de « décorer les campagnes de Russie d'une forêt de potences », pour reprendre les termes d'un historien moderne. « Les assassins [des représentants du pouvoir impérial], déclara Panine dans une circulaire qui ne fut pas approuvée par Catherine, et leurs complices seront mis à mort d'abord en ayant les mains et les pieds tranchés, puis la tête, et leurs corps seront exposés sur des billots le long des routes [...] ces villages où ils furent assassinés ou trahis devront [...] remettre les coupables par tirage au sort, un homme sur trois destiné à être pendu [...] et si, par ce moyen, ils ne les donnent toujours pas, alors cent hommes seront tirés au sort et effectivement pendus par les côtes, tandis que tous les adultes restants seront condamnés à la flagellation. »

Panine se vanta auprès de Catherine de ne pas craindre de « répandre le sang maudit des bandits d'État ». La pendaison par les côtes qu'il réclamait se déroulait sur un objet de torture aujourd'hui oublié, la

1. Le chien de l'impératrice.

glagoly, une potence d'une forme particulière, en « r », mais avec un bras plus long. Les victimes y étaient suspendues par un crochet de métal inséré derrière les côtes dans les muscles intercostaux. Cette exhibition macabre était bien la dernière chose que Catherine tenait à montrer à l'Europe, mais Panine affirma qu'elle aurait avant tout un effet dissuasif. Les rebelles étaient ligotés sur des potences elles-mêmes dressées sur des radeaux, puis descendaient la Volga, leurs cadavres se décomposant sur ces gibets flottants. En fait, beaucoup moins de malandrins furent exécutés que l'on pourrait s'y attendre, mais les cas de justice sommaire furent sans doute nombreux. Seulement trois cent vingt-quatre d'entre eux, dont beaucoup de prêtres renégats et de nobles, furent officiellement condamnés à mort, ce qui, compte tenu de l'ampleur de la rébellion, n'est pas pire que les représailles anglaises en Écosse après la bataille de Culloden en 1746.

L'armée des Cosaques de Iaïk, source de la rébellion, fut dispersée et rebaptisée. Avant-goût de la tendance soviétique à renommer des lieux en hommage aux dirigeants, Catherine ordonna que la *stanitsa* Zimoveïskaia, le village natal de Pougatchev sur l'une des rives du Don, soit rebaptisée Potemkinskaia, effaçant, selon les mots élégants de Pouchkine, le « sombre souvenir du rebelle par la gloire d'un nom nouveau qui lui devenait cher, à elle et à la mère patrie ».

Le « bandit d'État » fut envoyé à Moscou, enfermé comme une bête sauvage dans une cage de fer fabriquée à cet effet. Quand il arriva au début de novembre, les Moscovites en colère savouraient déjà la perspective d'une exécution particulièrement sadique. Cela commença à inquiéter Catherine, qui savait que la rébellion jetait une ombre embarrassante sur sa réputation de souveraine éclairée.

Catherine et Potemkine décidèrent secrètement d'atténuer la cruauté de l'exécution – un geste admirable à une époque où les exécutions judiciaires en Angleterre et en France étaient encore d'une rare brutalité. Le procureur général Viazemski fut dépêché à Moscou, accompagné du « secrétaire du Sénat », Chechkovski, le porte-knout tant redouté qui, comme Catherine en informa froidement Pavel Potemkine, avait « un don particulier avec les gens ordinaires ». Toutefois, Pougatchev ne fut pas torturé.

Catherine s'efforça de superviser le déroulement du procès autant que cela lui était possible. Elle soumit à Potemkine son Manifeste Pougatchev pour qu'il le lise – s'il n'était pas trop malade. L'hypocondriaque ne lui répondant pas, l'impératrice, qui de toute évidence avait besoin de son approbation, lui fit communiquer une autre note : « Veuillez, s'il vous plaît, le lire et nous dire maintenant ce que vous en pensez : est-ce bon ou mauvais ? » Plus tard dans la journée, ou le lendemain, l'impératrice s'impatienta : « Il est midi, mais nous n'avons pas la fin du Manifeste si bien qu'il ne peut pas être rédigé à temps et ne peut pas être envoyé au Conseil [...]. Si l'ébauche vous convient, nous vous demandons de nous la renvoyer [...]. Si vous ne l'aimez pas, corrigez-la. » Potemkine était peut-être effectivement malade ou alors travaillait-il sur les célébrations de la paix prévues à Moscou. « Ma chère âme, vous vous lancez chaque jour dans de nouvelles entreprises. »

Le procès s'ouvrit le 30 décembre dans la grande salle du Kremlin. Le 2 janvier 1775, Pougatchev fut condamné à être écartelé et décapité. Il ne serait pas « désentraillé » vivant, ce raffinement-là appartenait à la civilisation anglaise. Cependant, lors de l'écartèlement, ses quatre membres seraient tranchés alors que la victime serait encore en vie. Les Moscovites attendaient avec impatience d'assister à ce spectacle macabre. Catherine voyait les choses d'un autre œil. « En ce qui concerne les exécutions, écrivit-elle à Viazemski, elles ne doivent pas être douloureuses. » Le 21 décembre, elle fut enfin en mesure de dire à Grimm : « Dans quelques jours, la farce du "marquis de Pougatchev" sera terminée. Quand vous recevrez cette lettre, vous pouvez être sûr que vous n'entendrez plus parler de ce monsieur. »

Dans le même temps, l'ultime décor de la « farce du marquis de Pougatchev » était dressé sur la place Bolotnaia, sous les murs du Kremlin. Le 10 janvier 1775, la foule se rassembla pour assister au démembrement du « monstre ». Pougatchev, « tout barbouillé de noir », fut amené dans une « sorte de tombereau », attaché à un poteau. Il était accompagné de deux prêtres et le bourreau se tenait derrière lui. Deux haches scintillantes étaient posées sur le billot. Son visage serein ne trahissait « pas une once de peur » alors qu'approchait l'« heure de sa fin ». Le « monstre » monta à l'échafaud, se déshabilla et s'allongea, attendant que le bourreau entame ses sinistres découpages.

Il se passa alors quelque chose d'« étrange et inattendu ». Le bourreau brandit sa hache et, contrairement à la sentence, décapita Pougatchev sans « écartèlement ». Ce qui indigna autant les juges que le public. Quelqu'un, peut-être l'un des magistrats ayant ordonné la peine, appela le bourreau et « le menaça en des termes sévères ». Un autre responsable s'écria : « Ah, fils de garce – qu'as-tu donc fait ? » Et il ajouta : « Eh bien, dépêche-toi – les mains et les pieds ! » D'après des témoins, tous pensaient que le bourreau « perdrait sa langue [...] pour sa négligence ». Le bourreau n'y prêta aucune attention et démembra le cadavre, avant de se mettre à couper la langue et le nez des autres bandits qui avaient échappé à la peine de mort. Les tronçons de Pougatchev furent exposés au bout de piques au centre de l'échafaud. Sa tête fut fichée sur un pieu en fer et exhibée. La *Pougatchevchtchina* – l'ère de Pougatchev – était terminée.

Durant les derniers stades de la crise, Catherine écrivit cette lettre à Potemkine : « Ma chère âme, *cher époux**, mari chéri, viens me câliner, s'il te plaît. Ta caresse est pour moi douce et belle [...]. Bien-aimé mari. »

9

Mariage : Madame Potemkine

« Ma beauté de marbre [...] mon bien-aimé, mieux que tout roi [...] aucun homme sur terre ne peut t'égaler. »

Catherine II à G. A. Potemkine

Catherine et Potemkine s'entendirent sur un rendez-vous secret, dans un mélange de jubilation et d'anxiété croissantes. Le 4 juin 1774, l'impératrice, qui, à Tsarskoïé Selo, se remettait à peine de sa violente confrontation avec le prince Orlov, adressa ce billet sibyllin à Potemkine, alors en ville : « Mon cher, je viendrai demain et j'apporterai ce que tu m'as dit. Ordonne-leur de préparer le bateau du maréchal Golitsyne en face de l'embarcadère des Sievers, s'il est possible d'accoster non loin du palais. » Alexandre Golitsyne, le premier à avoir commandé Potemkine pendant la guerre, était gouverneur général de la capitale, et disposait donc de son propre bateau. Le comte Yakov Sievers, quant à lui, avait un embarcadère sur la Fontanka, près du Palais d'été.

Le 5 juin, comme elle l'avait promis à Potemkine, l'impératrice rentra à Saint-Pétersbourg. Le lendemain, un vendredi, elle organisa un souper pour ses principaux courtisans dans le petit jardin du Palais d'été, peut-être pour faire ses adieux au prince Orlov, sur le point d'effectuer son « voyage à l'étranger ». Le dimanche 8 juin, Catherine et Potemkine assistèrent à un dîner en l'honneur des gardes d'Izmailovski : chaque toast fut salué par des salves d'artillerie ; le repas, servi dans de l'argenterie de Paris, fut accompagné par des chanteurs italiens. Ensuite, Catherine se promena sur les rives de la Fontanka, près de la demeure du comte Sievers.

À minuit en cette soirée d'été, l'impératrice embarqua mystérieusement pour un tour en bateau sur la Fontanka depuis le Palais d'été.

Il était fréquent qu'elle rende visite à ses courtisans dans leurs maisons sur la Neva ou sur les îles qui composaient Saint-Pétersbourg. Mais, cette fois, c'était différent. Il était bien tard pour une femme qui préférait se coucher à 11 heures. Elle partit en secret, le visage sans doute dissimulé sous le capuchon de son manteau. Il semble qu'elle ait été seule, à l'exception de sa fidèle servante, Maria Savichna Perekouchina. Le général en chef Potemkine, qui avait été avec elle toute la journée, était absent. Il s'était éclipsé au crépuscule pour monter sur un bateau qui l'avait emporté dans la brume, et il avait disparu.

Le bateau de Catherine quitta la Fontanka, par-delà le Palais d'été et ses jardins, pour se lancer sur la Grande Neva, en direction du quartier démodé de Vyborg. L'embarcation fut amarrée à l'un des pontons de la Petite Nevka. Là, l'impératrice monta dans une voiture discrète aux rideaux tirés. Dès que la souveraine et sa servante furent à l'intérieur, les postillons fouettèrent les chevaux et la voiture s'en fut à vive allure. Elle fit halte à côté de la cathédrale Saint-Samson. L'endroit était désert. Les dames descendirent et pénétrèrent dans l'édifice, construit par Pierre le Grand dans le style ukrainien, en bois, inhabituel pour la région (elle a été reconstruite en pierre en 1781), pour célébrer la victoire de Poltava, remportée le jour de la Saint-Samson. Sa caractéristique la plus frappante était un haut clocher peint en bleu lilas, blanc et vert.

L'impératrice retrouva Potemkine à l'intérieur de la cathédrale, éclairé par des cierges. Le « plus grand rongeur d'ongles de l'empire » devait à cette occasion s'être mordu les doigts jusqu'au sang. Ayant assisté plus tôt au dîner des gardes d'Izmaïlovski, tous deux portaient encore leurs uniformes – Potemkine celui de général en chef, vareuse verte à col rouge et parements dorés, culotte rouge, de hautes bottes, une épée, et chapeau bordé d'or et orné de plumes blanches. Nous savons par le Journal de la cour que Catherine arbora toute la journée son « long uniforme régimentaire des gardes » : il était « frangé de dentelle d'or et taillé comme l'habit d'équitation d'une dame ». L'impératrice put alors tendre son manteau à capuchon à sa servante, se sachant particulièrement séduisante dans son « uniforme ». Peut-être sa robe leur rappela-t-elle le jour de leur rencontre.

Trois autres hommes seulement étaient présents. Un prêtre sans nom et les deux « témoins ». Celui de Catherine était le chambellan Evgraf Alexandrovitch Tchertkov ; celui de Potemkine était son neveu, Alexandre Nikolaïevitch Samoïlov. Ce dernier lut un extrait des Évangiles. Quand il arriva aux mots « Femmes, soyez soumises à vos maris », Samoïlov hésita et coula un regard vers la souveraine.

Une impératrice pouvait-elle être soumise à son mari ? Catherine hocha la tête et il poursuivit. Le prêtre entama ensuite la cérémonie du mariage. Samoïlov et Tchertkov s'avancèrent pour tenir les couronnes au-dessus des têtes des mariés comme le veut la coutume orthodoxe. Quand la longue cérémonie fut terminée, les actes de mariage furent signés et confiés aux témoins. Tous jurèrent de garder le secret. Potemkine était devenu l'époux morganatique de Catherine II.

Telle est la légende du mariage de Potemkine et Catherine. On ne dispose pas de preuve concluante qu'ils se soient mariés, mais cela est presque certain. Du reste, les mariages secrets ont toujours alimenté les mythes entourant la royauté. En Russie, l'impératrice Élisabeth aurait épousé Alexis Razoumovski. En Angleterre, le prince de Galles épouserait bientôt Mme Fitzherbert lors d'une cérémonie secrète, dont la réalité a fait l'objet de bien des débats.

Il existe plusieurs versions du mariage : certaines sources disent qu'ils se marièrent à Moscou l'année suivante ou à Saint-Pétersbourg en 1784 ou 1791. La version moscovite se déroule dans l'église de l'Ascension de Notre-Seigneur, près de Nikitski, avec sa coupole ronde caractéristique, peinte en jaune. Elle était située près de la maison de la mère de Potemkine, où il avait vécu à Moscou. L'église fut embellie plus tard sur les fonds de Potemkine, en mémoire de sa mère. Elle est surtout connue aujourd'hui comme celle où Alexandre Pouchkine épousa Natalia Gontcharova le 18 février 1831 – un des nombreux liens entre Potemkine et le poète[1].

Ce mariage aurait aussi bien pu avoir lieu un autre jour au cours de leur relation, et les détails en auraient été dissimulés dans les comptes-rendus de leurs activités. Cependant, cette date et cet endroit semblent effectivement les plus probables. La lettre de Catherine évoquait une affaire secrète et l'embarcadère des Sievers. Le Journal de la cour du 8 juin assure qu'elle y a embarqué et débarqué. Elle avait le temps, en début ou en fin de soirée, d'effectuer son excursion secrète

1. Il existe une autre possibilité à Moscou. Au XIXe siècle, un certain prince S. Golitsyne, un collectionneur, avait coutume d'inviter les visiteurs dans son palais de la rue Volkonski, censé avoir été l'un des lieux où Catherine avait séjourné à Moscou en 1775. Il leur montrait également deux icônes que Catherine aurait offertes à sa chapelle en souvenir de son mariage avec Potemkine.

en bateau. Toutes les légendes orales, transmises par les invités du mariage et leurs descendants et qui ont été consignées par le professeur Bartenev au XIXe siècle, mentionnent l'église Saint-Samson, le milieu ou la fin 1774, et les mêmes témoins. Mais où sont les actes ? Potemkine aurait légué le sien à sa chère nièce, Alexandra Branicka. Elle confia le secret à son gendre, le prince Mikhaïl Vorontsov, et laissa l'acte à sa fille, la princesse Lise. Le comte Orlov-Davydov se souvenait d'avoir rendu visite au comte Samoïlov, qui lui avait montré une boucle sertie de joyaux. « Ceci, lui aurait-il dit, m'a été offert par l'impératrice en souvenir de son mariage avec feu mon oncle. » L'acte détenu par Samoïlov aurait été enterré avec lui, selon son petit-fils, le comte A. A. Bobrinski. L'exemplaire de Tchertkov se volatilisa à jamais.

La disparition des preuves et le secret n'ont rien de nécessairement douteux, car nul n'aurait osé exposer cette vérité du temps des règnes militaristes et sévères des tsars Paul, Alexandre Ier et Nicolas Ier – ni même plus tard. Les Romanov, très « victoriens », avaient honte de la vie amoureuse de Catherine, qui, du fait des soupçons qui pesaient sur la paternité de Paul, remettait en question leur légitimité. Même dans les années 1870, le professeur Bartenev dut demander l'autorisation de l'empereur pour effectuer ses recherches, lesquelles ne purent être publiées qu'en 1906 : ce n'est que dans l'intervalle entre les révolutions de 1905 et de 1917, alors que l'autocratie vivait ses derniers instants, que Nicolas II en autorisa la publication.

La preuve la plus convaincante de leur mariage se trouve dans les lettres de Catherine, dans la façon qu'elle avait de traiter Potemkine, dans son comportement à lui, et dans la description de leur relation par leurs proches. Elle signa au moins vingt-deux lettres des mots « épouse dévouée » et l'appela son « cher mari », ou encore son « seigneur » ou « maître » dans des centaines d'autres. « Je mourrai si tu changes [...] mon cher ami, mari aimant », dit-elle, usant pour la première fois du mot dans leurs lettres d'amour. « Père, *ch[er] ép[oux]** [...]. J'ai envoyé Kelhen guérir ta poitrine, je t'aime tant, mon cher ami », écrivait-elle. Elle disait du neveu de Potemkine qu'il était « *notre*[1] neveu ». Plus encore que les simples mortels, les monarques ont une idée très étroite de qui est ou n'est pas un membre de leur famille. Or, elle traiterait une partie de la famille de Potemkine comme la sienne jusqu'à sa mort – à tel point que la rumeur disait

1. Italiques de l'auteur.

que sa nièce Branicka était la propre fille de l'impératrice. Sa lettre la plus révélatrice et la plus précise à ce sujet remonte probablement à l'année suivante, ou peut-être au début de 1776 :

> Mon Seigneur et *cher époux* [...]. Pourquoi préfères-tu avoir foi en ton imagination malsaine plutôt que dans la réalité des faits, qui tous confirment les mots de *ton épouse ? Ne s'est-elle pas attachée à toi il y a deux ans par des liens sacrés ?* Je t'aime et *je suis liée à toi par tous les liens possibles. Il te suffit de comparer, mes actes étaient-ils plus importants il y a deux ans qu'ils ne le sont maintenant*[1] *?*

Le mariage, comme tous deux l'espéraient sans doute, sembla encore les rapprocher. Il est probable que Potemkine, amoureux de Catherine et tourmenté par la jalousie et la fragilité de sa position, rêvant en outre de jouer un rôle indépendant, en fut réconforté. Il était peut-être aussi dissolu qu'il était pieux, mais c'était un orthodoxe fervent, ce qui contribua peut-être à la convaincre. Quant à elle, on peut penser que ce mariage avait quelque chose d'étrange après une relation de quelques mois à peine, mais n'oublions pas ce vieux dicton : « On sait juste quand c'est le bon. » Catherine connaissait en fait Potemkine depuis douze ans et l'aimait depuis un moment déjà. Non seulement leur amour était plus fort que tout, mais ils étaient, comme elle le disait, des « âmes jumelles ». Enfin, elle avait trouvé son égal intellectuel, avec qui elle pouvait partager le fardeau du pouvoir et la chaleur d'une vie de famille.

Que l'on admette ou non qu'il y eût une cérémonie, Catherine traita dès lors Potemkine, pour le restant de leurs jours, comme si elle avait eu lieu. Quoi qu'il fît, il ne perdit jamais le pouvoir, il était traité comme un membre de la famille impériale et avait un accès libre au Trésor, ainsi que la capacité de prendre des décisions indépendantes. Il se comportait avec une assurance extraordinaire, pour ne pas dire avec insouciance, et se présentait délibérément comme une sorte de tsar.

Les ambassadeurs étrangers se doutaient de quelque chose : un diplomate apprit d'une « personne de confiance » que « les nièces de Potemkine étaient en possession de l'acte », mais en ce temps-là les monarques inspiraient un tel respect que jamais ils ne mentionnèrent spécifiquement le mot « mariage » par écrit, préférant en parler de vive voix à leur cour. Ainsi, l'ambassadeur français, le comte de Ségur, informa Versailles en décembre 1788 que Potemkine tirait

1. *Id.*

« parti de [...] certains droits sacrés et inviolables [...]. Le fondement singulier de ces droits est un grand mystère qui est *connu seulement de quatre personnes*[1] en Russie ; un heureux hasard m'a permis de le découvrir et quand je m'en serai assuré aussi soigneusement que possible, je veillerai, à la première occasion [...] à en informer le roi ». Le Roi Très-Chrétien était déjà au courant : en octobre, Louis XVI surnommait Catherine « Madame Potemkine » devant le comte de Vergennes, son ministre des Affaires étrangères – bien que ce fût en partie sur le ton de la plaisanterie.

L'empereur romain germanique, Joseph II, en eut bientôt vent lui aussi. Il expliqua comme suit l'énigme de Catherine et Potemkine, tout en se promenant dans l'Augarten de Vienne, à l'envoyé britannique Lord Keith : « Pour mille et une raisons et autant de connexions de toutes sortes, elle ne pourrait *pas se défaire aisément de lui, même si elle en nourrissait le désir*[2]. Il faut être allé en Russie pour comprendre toutes les particularités de la situation de l'impératrice. » Ce fut sans doute ce que sous-entendait également Charles Whitworth, ambassadeur britannique à Saint-Pétersbourg, quand il rapporta en 1791 que Potemkine était aussi incontrôlable qu'impossible à renvoyer.

Potemkine laissa entendre qu'il était pour ainsi dire un membre de la royauté. Au cours de la guerre russo-turque de 1787-1792, le prince de Ligne suggéra à Potemkine qu'il pouvait devenir prince de Moldavie et de Valachie. « Pour moi, c'est une bouffonnerie, répondit Potemkine. Je pourrais être roi de Pologne, si je le voulais ; j'ai refusé d'être duc de Courlande ; *je suis bien plus que tout cela*[3]. » Qu'était-ce donc, sinon l'aveu qu'il était l'époux de l'impératrice de Russie ?

Le couple se remit au travail. Après le mariage, comme à leur habitude, ils se régalèrent des soupçons de leur entourage : quelqu'un avait-il remarqué à quel point ils étaient follement épris l'un de l'autre ? Catherine se demandait ce que « notre neveu » – peut-être Samoïlov – pensait de leur comportement. « Je pense que notre folie lui a paru très étrange. »

Une autre fois, quelqu'un sembla avoir deviné leur grand secret. « Qu'y pouvons-nous, chéri ? Ces choses-là se produisent souvent,

1. *Id.*
2. *Id.*
3. *Id.*

philosopha-t-elle. Pierre le Grand, en pareil cas, avait coutume d'envoyer des gens sur le marché pour en rapporter des informations qu'il croyait être le seul à connaître. Parfois, par leur simple réflexion, les gens devinent. »

Le 16 janvier 1775, dès qu'elle sut que Pougatchev était mort, l'impératrice, accompagnée de Potemkine, quitta Tsarskoïé Selo pour Moscou, où ils devaient organiser les célébrations de la victoire sur la Turquie. Catherine avait prévu de se rendre à Moscou depuis que la paix avait été signée mais son cher « marquis de Pougatchev » avait retardé l'échéance. Potemkine, selon Gunning, l'avait encouragée à visiter l'ancienne capitale, sans doute pour célébrer l'ouverture d'une fenêtre sur la mer Noire, et pour insister sur le fait que le gouvernement était opérationnel après l'épisode Pougatchev.

Le 25, elle orchestra son entrée solennelle à Moscou avec le grand-duc Paul. Il fut chaleureusement accueilli partout où il se rendait tandis que, selon Gunning, le passage de Catherine suscitait « à peine quelques acclamations parmi la population ou de maigres manifestations de satisfaction ». Mais la révolte de Pougatchev lui avait prouvé que l'intérieur du pays avait besoin d'attention : elle résolut donc de passer l'essentiel de l'année sur place. Elle séjourna au palais Golovine de Kolomenskoïé, dans les faubourgs, où Potemkine se vit également attribuer des appartements conçus par elle, mais qu'elle jugeait inconfortables et peu accueillants, métaphore de tout ce qu'elle détestait à Moscou.

Les impératrices ne partent pas en lune de miel, mais Potemkine et elle avaient évidemment envie de passer un peu de temps ensemble en privé. En juin, elle acheta le domaine du prince Kantemir, Terre Noire, où elle fit construire un nouveau palais qu'elle rebaptisa Tsaritsyno. Ceux qui pensent qu'elle a épousé Potemkine, que ce soit à Moscou ou à Saint-Pétersbourg, affirment que c'est là qu'ils vécurent ce qui fut pour eux leur voyage de noces. Rêvant d'une existence douillette, ils y restèrent des mois durant, dans une maison de seulement six chambres, comme un couple de bourgeois.

Lune de miel ou non, ils ne cessaient pas de planifier, d'imaginer, d'ébaucher des projets : leurs lettres nous prouvent qu'ils ne ménagèrent pas leurs efforts. Catherine n'était pas toujours d'accord avec son élève, ni lui avec elle. « Ne te fâche pas si tu considères que toutes mes propositions sont folles, lui dit-elle à propos de l'octroi problématique de licences d'exploitation de sel et acceptant son idée que Pavel Potemkine et son frère Mikhaïl devaient enquêter à ce sujet. Je ne saurais rien trouver de mieux. » Potemkine maîtrisait toujours aussi mal les finances – que ce soit les siennes ou celles de l'État. C'était un entrepreneur, pas un gestionnaire. Quand il proposa de s'assurer le monopole du sel, elle le mit en garde : « Ne t'en encombre pas car cela sera source de haine. » Il en fut blessé. Elle le calma – mais avec fermeté : « Je ne tiens pas à te faire passer pour un imbécile ou à ce que tu aies la réputation d'en être un [...]. Tu sais très bien que ce que tu as écrit est absurde. Je te demande d'écrire une bonne loi [...] et tu me grondes. » Quand il se montrait paresseux, par exemple en révisant le texte de l'amnistie après la révolte de Pougatchev, elle le gourmandait : « Du lundi au vendredi, c'est assez de temps pour le lire. »

Face à la Pougachevchtchina, Catherine avança des solutions de nature administrative, impliquant une restructuration de l'administration locale, prévoyant de renforcer la participation des nobles, des bourgeois et des paysans d'État à la justice et au système social. Elle se vanta à Grimm d'être affligée d'une « nouvelle maladie dite la législomanie ». Potemkine corrigeait ses brouillons, comme il le fit plus tard pour son Code de police et ses Chartes de la noblesse et des municipalités : « Nous vous demandons d'indiquer d'un + les articles que vous approuvez. Si vous mettez un #, il faudra les écarter [...] notez vos modifications avec clarté. » Les changements qu'il apportait l'impressionnaient : « Je vois en eux un zèle fervent et ta grande intelligence. »

Le couple se livra à des activités de piraterie internationale et procéda à un enlèvement. En février 1775, l'impératrice ordonna à Alexis Orlov-Tchesmenski de séduire une étrange jeune femme qui vivait à Livourne, en Italie, où le Balafré commandait la flotte russe, et de la ramener en Russie.

Elle avait vingt ans, était mince et brune, avec un profil à l'italienne, un teint d'albâtre et des yeux gris. Elle chantait, peignait et jouait de la harpe. Elle affectait la chasteté d'une vestale, tout en enchaînant les amants comme une courtisane. La jeune fille était connue sous bien des noms, mais un seul importait. Elle prétendait être la « princesse Élisabeth », la fille de l'impératrice Élisabeth et d'Alexis Razoumovski. Elle était l'incarnation même de l'aventurière du XVIIIe siècle : chaque époque oscille entre les extrêmes, si bien que cet âge d'or de l'aristocratie fut également particulièrement propice aux imposteurs. L'ère du pedigree fut aussi celle des faux-semblants. S'il était désormais plus facile de voyager, les communications étaient encore lentes, et l'Europe fut la proie, parfois fort joliment, de jeunes hommes et femmes d'ascendance douteuse qui profitaient des longues distances pour revendiquer des origines aristocratiques ou royales. La Russie, comme nous l'avons vu, avait toujours eu son lot de prétendants, et la dame avec laquelle Orlov-Tchesmenski avait maintenant rendez-vous fut l'une de ses usurpatrices les plus romantiques.

Elle se fit tout d'abord connaître sous le nom d'« Ali Emena », se prétendant la fille d'un satrape perse. Vivant en pique-assiette de la Perse à l'Allemagne, elle apparaissait et disparaissait régulièrement, affublée de titres improbables : la princesse Vladimir, la sultane Selime, les demoiselles Frank et Schell ; la comtesse Treymill à Venise ; la comtesse Pinneberg à Pise, puis la comtesse Silviski. Plus tard, elle devint la princesse d'Azov, du nom du port sur la mer d'Azov conquis et perdu par Pierre le Grand. Comme toujours dans le cas des bonimenteurs qui parviennent à convaincre un grand nombre de gens, elle était bien sûr douée d'un grand charisme et son émouvante délicatesse ne pouvait que l'aider. Elle était tout ce que l'on pouvait attendre d'une mystérieuse princesse. Au fil de ses voyages, de crédules aristocrates plus âgés tombaient sous son charme, la protégeaient, l'entretenaient.

Vers la fin de la guerre russo-turque, elle s'installa dans la patrie du déguisement – l'Italie, royaume de Cagliostro et Casanova, où les aventuriers étaient aussi courants que les cardinaux. Personne ne découvrit jamais qui elle était vraiment, mais bien vite tous les diplomates en Italie enquêtèrent sur ses origines : était-elle la fille d'un cafetier tchèque, d'un aubergiste polonais, d'un boulanger de Nuremberg ?

Elle réussit à séduire le prince Karol Radziwill, un Polonais antirusse. Escortée d'une suite de nobles polonais en costume national, elle se mua en arme politique contre la Russie. Toutefois, elle commit l'erreur d'écrire à l'ambassadeur britannique à Naples. Sir William Hamilton, époux esthète d'Emma, laquelle le tromperait plus tard avec l'amiral Nelson, fut particulièrement sensible à cette gracieuse aventurière, et il lui donna un passeport, mais il écrivit ensuite à Orlov-Tchesmenski, qui informa immédiatement Saint-Pétersbourg.

Dans sa réponse, Catherine se montra aussi impitoyable que du temps de son usurpation du pouvoir. C'était une facette de sa personnalité que bien peu connaissaient. Après Pougatchev, elle n'était pas d'humeur à prendre des risques avec des prétendants, aussi féminins et jeunes qu'ils aient pu être. Le ton familier, presque rude, de la lettre nous donne un aperçu de la façon dont elle devait se comporter à huis clos avec les Orlov. Si ces Ragusains ne leur livraient pas la scélérate, « on peut tirer quelques bombes sur la ville », dit-elle à Orlov-Tchesmenski lorsque la jeune femme arriva à Raguse. Mais il vaudrait bien mieux la capturer « sans bruit si possible ».

Le Balafré conçut un plan retors afin de jouer sur la folie des grandeurs et les rêves romantiques de cette aventurière. Il pouvait compter sur deux conseillers aussi subtils qu'il était brutal : José de Ribas, dont on disait qu'il était le fils d'un cuisinier espagnol et napolitain, s'était engagé dans la flotte russe en Italie. Ce bateleur de talent, qui devint plus tard un général russe couronné de succès et l'un des proches de Potemkine, travaillait avec un habile aide de camp du nom d'Ivan Krestinek, qui parvint à s'infiltrer dans la suite de la fausse princesse et l'incita à rencontrer Orlov-Tchesmenski à Pise.

Le Balafré lui fit la cour, lui écrivit des lettres d'amour, la laissa utiliser son carrosse et l'emmena au théâtre. Aucun des Russes n'était autorisé à s'asseoir en sa présence, comme si elle était vraiment un membre de la famille impériale. Mais il prétendit aussi être furieux que Potemkine ait supplanté son frère, le prince Orlov, et proposa d'utiliser sa flotte pour l'aider à monter sur le trône afin de permettre à sa famille de retrouver sa juste position aux côtés d'une nouvelle impératrice. Sa ruse fut sans doute un jeu des plus agréables : il semble qu'elle devint sa maîtresse et que leur liaison dura huit jours. Peut-être la jeune fille crut-elle que c'était *lui* qui était amoureux d'elle et *elle* qui avait réussi à l'embobiner. Mais, sur de telles questions d'État où le cœur n'avait pas sa place, le Balafré était un maître. Sa demande en mariage servit d'appât.

Il l'invita à inspecter sa flotte à Livourne. Elle accepta. L'escadre était commandée par Samuel Greig, un vice-amiral écossais au franc-parler, l'un des pères de la victoire de Tchesmé. Greig accueillit la princesse, deux nobles polonais, deux valets et quatre domestiques, tous italiens, à son bord avec les honneurs impériaux. Un prêtre les attendait, entouré de l'équipage en uniforme d'apparat. Des salves impériales furent tirées ; « Vive l'impératrice ! » crièrent les marins pour la saluer. Le prêtre entonna une bénédiction pour la « princesse Élisabeth » et Orlov-Tchesmenski. On dit qu'elle pleura de joie à l'idée que tous ses rêves se réalisaient.

Quand elle regarda autour d'elle, le comte n'était plus à ses côtés. Ses hommes se saisirent de la « vaurienne », comme Orlov-Tchesmenski le rapporta à son impératrice à Moscou. Tandis que le navire se dirigeait vers Saint-Pétersbourg, nous savons que Potemkine était en correspondance avec Orlov-Tchesmenski – certaines lettres ont survécu et ils discutèrent sûrement de l'affaire. Catherine partagea les lettres du Balafré avec lui. « Mon chéri, mon amour, écrivait-elle au moment de l'enlèvement, envoie-moi la lettre du [...] co[mte] Al[exis] Gr[igorievitch] Orlov. » En avril, le couple évoqua la rémunération due à Krestinek pour son efficacité dans sa tâche peu reluisante qui avait consisté à piéger l'aventurière. Beaucoup estimaient que le rôle de Greig dans cet enlèvement douteux en territoire étranger était inconvenant pour un officier britannique, mais rien ne nous dit que l'amiral, qui comptait faire carrière au service de la Russie, ait eu quelque scrupule à participer à l'enlèvement d'une jeune femme, d'autant plus qu'il en fut personnellement remercié à Moscou par Catherine elle-même.

La « princesse » arriva à Saint-Pétersbourg le 12 mai et fut immédiatement transférée, à la faveur de l'obscurité, dans la forteresse Pierre-et-Paul, bien que la légende dise qu'elle ait été un temps gardée dans l'une des résidences de Potemkine hors de la ville. Le feld-maréchal Golitsyne, gouverneur de Saint-Pétersbourg, l'interrogea pour en savoir plus sur ses soutiens et vérifier si elle croyait vraiment à son histoire. Il semble que, comme beaucoup de ceux qui sont en mesure de convaincre leurs partisans de leurs mensonges, elle croyait à ses propres fantasmagories. Golitsyne rapporta à Catherine : « L'histoire de sa vie est remplie d'histoires fantastiques et ressemble plutôt à un conte de fées. » Catherine et Potemkine suivirent probablement cet interrogatoire avec intérêt. Dans l'imagination enfiévrée des paysans russes, les histoires les plus folles pouvaient permettre de lever des armées. Mais quand la « princesse » écrivit à Catherine pour lui demander une entrevue, en signant « Élisabeth », l'impératrice se montra sans pitié : « Envoyez quelqu'un dire à cette femme de piètre réputation que si elle veut atténuer son misérable sort, alors elle doit cesser de jouer la comédie. »

Tandis que Catherine et Potemkine célébraient la victoire à Moscou, la « princesse Élisabeth », qui souffrait déjà de tuberculose, était enfermée dans une cellule humide où elle continuait de bâtir des châteaux en Espagne. Elle lança dans ses lettres à Catherine un appel pathétique pour obtenir de meilleures conditions d'emprisonnement. Mais elle n'existait plus. Personne ne lui prêtait attention. Tout comme Catherine avait fermé les yeux sur l'assassinat de Pierre III et avait ordonné aux geôliers d'Ivan de le tuer si nécessaire, c'était au tour de cette jeune fille tuberculeuse d'être abandonnée. Il y eut deux inondations à Saint-Pétersbourg en juin et juillet de cette année et une autre plus importante en 1777, si bien que la nouvelle se répandit que la beauté frissonnante s'était peu à peu noyée alors que les eaux montaient dans sa cellule souterraine. Ce fut cette image à laquelle Flavitski donna vie dans un tableau saisissant. Il a également été affirmé qu'elle serait morte en donnant naissance à l'enfant d'Orlov-Tchesmenski et qu'il fut tourmenté par la culpabilité – ce qui paraît peu probable.

Elle est restée dans l'histoire sous l'un des rares titres qu'elle-même n'utilisa jamais : la « princesse Tarakanova », littéralement « des cafards ». Ce nom vient du fait qu'elle prétendait être l'enfant d'Alexis Razoumovski, dont les neveux s'appelaient Daraganov – ce qui aurait pu donner « Tarakanov ». Mais le surnom est peut-être aussi liée à ces insectes qui furent les seuls compagnons de ses derniers jours. Alors que l'impératrice se préparait à retourner dans la capitale, la « princesse Élisabeth » périt de consomption le 4 décembre 1775. Elle avait vingt-trois ans. Son corps fut enterré à la hâte et en secret – une affaire gênante de plus avait été étouffée.

Lorsque le grand-duc Paul et la cour revinrent du palais de Kolomenskoïé, à l'extérieur de la ville, le 6 juillet 1775, même l'austère Moscou dut vibrer d'enthousiasme, grouillant de militaires, de princes, d'ambassadeurs, de prêtres et de petites gens, tous prêts à dix jours de fête. Les célébrations, premier grand spectacle politique organisé par Potemkine, étaient conçues pour souligner la victoire de la Russie au bout de six ans de guerre, de peste et de rébellion. En règle générale, les festivités du XVIIIe siècle impliquaient des arcs de triomphe et des feux d'artifice. Les arcs, inspirés du modèle romain, étaient parfois faits de pierre, mais le plus souvent de toile, de bois ou de papier mâché. L'impératrice et Potemkine échangèrent quantité de billets sur le moindre détail : « As-tu reçu les gens qui travaillent sur le *feu d'artifice** pour la paix ? » lui demanda-t-elle.

Face à la complexité et à l'ampleur des préparatifs, tout le monde était à bout. Quand Simon Vorontsov arriva avec ses troupes : « Je présentai à [...] Potemkine l'état dans lequel était mon régiment et il me donna sa parole qu'il ne nous imposerait pas d'exercices ou de revues durant trois mois [...]. Mais dix jours plus tard, en dépit de sa promesse, il me fit dire que l'impératrice et toute sa cour viendraient nous voir à la manœuvre [...]. Je comprends qu'il tenait à me faire perdre la face publiquement. » Le lendemain, ils se disputèrent violemment.

Le 8 juillet, le héros de la guerre, le feld-maréchal Roumiantsev, approcha de la ville. Potemkine adressa un courrier affectueux et respectueux au « *batiouchka* » Roumiantsev et vint le rencontrer à Tchertanova, « où le chapiteau [de l'arc de triomphe] [était] prêt », signant « Votre très humble et fidèle serviteur, G. Potemkine ». Puis il conduisit le maréchal jusqu'aux appartements de Catherine.

Le 10, l'entourage impérial se rendit à pied de la porte de Pretchinski au Kremlin. Potemkine avait mis en scène un spectacle splendide pour convaincre les observateurs étrangers de la montée en puissance de l'impératrice victorieuse. « Toutes les rues du Kremlin regorgeaient de soldats [...] une grande estrade [...] tendue d'étoffe rouge, et tous les murs des cathédrales et autres bâtiments, étaient bordés de rangs de gradins qui formaient un vaste amphithéâtre [...]. Mais rien n'égale la vue magnifique que nous offrit le cortège de l'impératrice. » Alors que la terre tremblait littéralement au « tonnerre » des cloches battant à toute volée, l'impératrice, portant une petite couronne et un manteau de pourpre doublé d'hermine, avança vers la cathédrale avec Roumiantsev à sa gauche et Potemkine à sa droite. Au-dessus d'elle, douze généraux portaient un dais de pourpre. Sa traîne était tenue par des chevaliers-gardes, en uniforme rouge et or avec des casques d'argent scintillants, ornés de plumes d'autruche. Tous les membres de sa cour la suivaient « dans leurs plus beaux atours ». À la porte Ouspenski, l'impératrice fut accueillie par ses évêques. Une messe solennelle s'ensuivit, et l'on chanta un *Te Deum*. « Nous étions fascinés », se souvint un spectateur plus tard.

Après la messe, l'impératrice procéda à une cérémonie de remise des décorations dans la Salle à facettes. Catherine, entourée de ses quatre maréchaux, distribua les récompenses. Elle accorda à Roumiantsev le titre de « Zadounaïski » – littéralement « Au-delà du Danube ». Ce surnom fringant était une idée de Potemkine. Plus tôt, Catherine lui avait demandé : « Mon ami, est-il vraiment nécessaire de donner au maréchal le titre de "Zadounaïski" ? » Une fois de plus, Potemkine soutenait Roumiantsev, au lieu de chercher à saper sa carrière. Zadounaïski obtint également cinq mille âmes, 100 000 roubles, un service de vaisselle et un chapeau couronné de pierres précieuses d'une valeur de 30 000 roubles. Le prince Vassili Dolgorouki se vit décerner le titre de « Krimski » pour la conquête de la Crimée en 1771. Mais c'est à Potemkine qu'allèrent les plus belles récompenses : le diplôme de son premier titre, comte de l'Empire russe, ainsi qu'une épée d'apparat. L'impératrice mit l'accent sur son travail politique, citant en particulier sa contribution au traité avec les Turcs. Comme elle le dit à Grimm : « Ah – quel bel esprit cet homme a-t-il ! Il a plus que tout autre joué un rôle dans cette paix. » À l'issue d'une de leurs disputes, elle lui avait promis : « Je vous donnerai le portrait le jour de la paix – adieu mon joyau, mon cœur, mon cher mari. » Aussi Potemkine reçut-il un portrait miniature de l'impératrice, orné de diamants, destiné à orner sa poitrine. Seul le prince Orlov avait eu ce privilège auparavant, et le comte Potemkine le porta sur tous ses portraits et pour le restant de sa vie – du moins, à chaque fois qu'il consentit à se vêtir correctement.

Les festivités durèrent deux semaines : Potemkine avait prévu une foire à la fois joyeuse et bucolique dans les champs de Khodynskoïé, où il avait fait ériger deux pavillons pour symboliser « la mer Noire et toutes nos conquêtes ». Il avait créé un parc à thème impérial où des routes représentaient le Don et le Dniepr, des théâtres et des salles à manger portaient les noms des ports de la mer Noire, et où se dressaient des minarets turcs, des arcs gothiques et des colonnades classiques. Catherine fut enthousiasmée par Potemkine et son imagination sans pareille d'imprésario du show-business politique. De longues files de carrosses étaient conduits par des cochers « vêtus tels des Turcs, des Albanais, des Serbes, des Circassiens, des hussards et d'"authentiques serviteurs nègres" en turbans rouges ». Des roues enflammées aspergeaient l'assistance de lumière et près de soixante mille personnes burent du vin aux fontaines et dévorèrent des bœufs rôtis.

Le 12 juillet, les célébrations furent retardées quand Catherine tomba malade. Une légende raconte qu'elle dissimula la naissance d'un enfant de Potemkine. Elle était passée maîtresse dans l'art de dissimuler les grossesses embarrassantes dans les plis de vêtements déjà conçus pour masquer son embonpoint. Les gouvernements d'Europe bruissaient en tout cas de rumeurs à ce sujet. « Madame Potemkine a bien dans les quarante-cinq ans, un bel âge pour avoir des enfants », avait plaisanté Louis XVI plus tôt avec Vergennes. L'enfant aurait été Elizaveta Grigorievna Temkina, qui fut élevée chez les Samoïlov, ce qui signifie qu'elle avait un lien avec la famille. En Russie, les enfants illégitimes adoptaient traditionnellement le nom de leur père, sans la première syllabe ; ainsi Ivan Betskoï était-il le bâtard du prince Ivan Troubetskoï, et Rontsov le fils de Roman Vorontsov.

Cette histoire est néanmoins peu probable. Potemkine était très lié à sa famille et veillait jalousement sur tous ses proches, mais rien ne prouve qu'il se soit jamais soucié de Temkina. Catherine l'aurait prise en affection également. Il existait une vieille famille Temkine, distincte, qui n'avait rien à voir avec les Potemkine. Par ailleurs, à cette époque, il n'était pas considéré comme répréhensible d'avoir une « *fille naturelle** » ou « *pupille** ». Bobrinski, le fils qu'avait eu Catherine du prince Orlov, ne vivait pas caché, et Betskoï connut une belle carrière publique. Si Temkina avait été la fille de Potemkine et d'une maîtresse de basse extraction, il y aurait eu encore moins de raisons de la cacher. Temkina reste une énigme – mais pas une qui soit nécessairement liée à Catherine et Potemkine. À Moscou, quoi qu'il en soit, l'impératrice fut confinée dans ses appartements du palais Pretchistenski pendant une semaine, puis elle se remit. Les festivités se poursuivirent.

Toujours à Moscou, le comte Potemkine fut approché par les Britanniques, porteurs d'une curieuse requête. En 1775, les colonies américaines de la Grande-Bretagne s'étaient rebellées contre Londres, détournant l'attention de l'Occident des affaires russes pendant huit ans – une occasion exceptionnelle dont Potemkine allait tirer parti avec maestria. La France et son allié, l'Espagne des Bourbons, y virent aussitôt la possibilité de se venger de la victoire britannique durant la guerre de Sept Ans, douze ans plus tôt. Londres avait rejeté la suggestion de Panine d'une alliance anglo-russe, car la Grande-Bretagne refusait de prendre la défense de la Russie contre l'Empire ottoman. Mais, maintenant, Georges III et son secrétaire d'État pour le Nord, le comte de Suffolk, se trouvaient soudainement confrontés à la Révolution américaine. La Grande-Bretagne, disposant de la meilleure flotte du monde mais n'alignant qu'une armée négligeable, faisait traditionnellement appel à des mercenaires. Elle envisageait de se procurer des troupes russes.

Le 1er septembre 1775, Suffolk se plaignit que la « folie croissante des sujets malheureux et abusés de Sa Majesté de l'autre côté de l'Atlantique » signifiait que l'aide russe était immédiatement nécessaire. Plus précisément, la Grande-Bretagne réclamait « vingt mille fantassins disciplinés complètement équipés et prêts à embarquer dès que la navigation serait possible en Baltique au printemps ». Lorsque Panine ne fit montre d'aucun intérêt, Gunning approcha Potemkine, qui fut intrigué. En fin de compte, Catherine refusa, adressant à Georges III une lettre polie où elle lui souhaitait bonne chance.

Le pauvre Gunning dut écrire au pays, quelques semaines plus tard : « Je ne peux guère entretenir d'espoir à l'heure actuelle [...].

Sa Majesté ne pourrait-elle faire appel aux Hanovriens ? » Finalement, désespérés, les Britanniques recrutèrent l'armée de l'État mercenaire de Hesse. Les Américains, mus par leurs idéaux d'unité et appliquant des tactiques de guérilla, vinrent à bout de Britanniques à l'entraînement rigide et démoralisés. Mais on peut se demander si les Russes, à la fois rustiques, brutaux et soudés, soutenus par des Cosaques, n'auraient pas pu les battre. Les possibilités sont étourdissantes et permettraient de réécrire l'histoire jusqu'à la guerre froide et au-delà.

La relation entre Catherine et Potemkine était si dévorante qu'elle commençait à les brûler tous les deux. « Nous serions plus heureux, dit Catherine, si nous nous aimions moins. » La passion sexuelle des dix-huit premiers mois ne pouvait se maintenir, mais il semble aussi que les tensions liées à son rôle de favori officiel aient pesé sur leur liaison. La relation maître-élève que Catherine aimait tant devenait pénible, pour ne pas dire intolérable pour un homme aussi sûr de lui, confiant et capable que Potemkine. Même le mariage ne pouvait pas changer les réalités de la politique de la cour et le fait qu'il était totalement dépendant des caprices de l'impératrice. Pourtant, elle aimait sa sauvagerie – ce trait de caractère qui expliquait qu'il ait eu envie de s'échapper. S'éloignait-il d'elle ou avait-il simplement besoin de reprendre son souffle ?

Elle fit tout son possible pour préserver leur bonheur. « Il est temps de vivre en harmonie. Ne me tourmente pas », écrivit-elle. Quand il s'emporta contre sa position de subordiné, l'impératrice promit : « Je ne pourrai jamais t'ordonner de faire quelque chose, idiot, parce que je ne mérite pas une telle froideur [...]. J'ai juré de ne répondre aux caresses que par les caresses. Je veux des câlins et des caresses aimantes, de la meilleure sorte. La froideur stupide et la dépression stupide ne produiront en retour que colère et chagrin. Il t'est difficile de dire "ma chérie" ou "ma douce". Est-il possible que ton cœur garde le silence ? Mon cœur, lui, ne le peut. » Catherine était piquée au vif par sa dureté croissante : son consort se détournait-il d'elle ?

Elle fit tout ce qu'elle put pour lui faire plaisir : durant l'automne 1775, quand elle fut sur le point d'embarquer pour un voyage à Moscou, rapporta Gunning, « il avait été oublié que le mercredi suivant était la fête du comte Potemkine, mais elle s'en souvint et reporta donc le déplacement qu'elle prévoyait [...] afin que le comte puisse recevoir les compliments de la noblesse ». Gunning ajouta que l'impératrice lui fit également présent de 100 000 roubles – et nomma un métropolite grec pour les provinces du Sud de Potemkine sur sa recommandation. Potemkine faisait là la démonstration de ses exigences : il était caractéristique qu'il bouleverse le calendrier de l'impératrice, qu'il reçoive en cadeau la rançon d'un prince – sans omettre de décrocher une nomination politique.

Parfois, Catherine se plaignait qu'il l'ait humiliée devant la cour : « Mon cher Seigneur, Grigori Alexandrovitch, je souhaite le bonheur à Votre Excellence. Ce soir, vous feriez mieux de perdre au jeu car vous m'avez absolument oubliée et laissée seule, comme si j'étais un poteau. » Mais Potemkine savait comment la manipuler, lui répondant par une ligne d'arabesques – peut-être un code sexuel dans leur langage secret – et ajoutant : « Voilà ma réponse. » Mais quelle était cette réponse ? Comment l'impératrice pouvait-elle garder son consort auprès d'elle tout en le rendant heureux ?

Le couple développa sa propre façon de communiquer ses sentiments – lui obscur et passionné, elle compréhensive et arrangeante – comme une sorte de duo épistolaire :

Potemkine	*Catherine*
Mon âme précieuse	Je sais
Tu sais que je suis	
Tien absolument,	Je sais, je sais
Et je n'ai que toi	Il est vrai
Je te resterai fidèle	
Jusqu'à la mort	Je n'en doute point
Et j'ai besoin de ton	
Soutien	Je le crois
Pour cette raison, et	
Par mon souhait,	
Te servir au moyen de	
Mes capacités m'est	
Des plus plaisant	Cela me fut prouvé
Depuis longtemps	
Si tu fais quelque	
Chose pour moi	Avec joie, mais quoi ?

Point ne le regretteras
Et n'en verras
Que les avantages

Mon âme est heureuse mais confuse
Dis-le-moi plus clairement

Potemkine s'éloignait d'elle peu à peu. On raconte qu'il prétendait être malade pour éviter ses étreintes. Comme il était de plus en plus agité, Catherine se lassa de ses incessantes sautes d'humeur. Ses redoutables colères, l'œil flamboyant, si séduisantes au début de leur histoire d'amour, devinrent un embarras gênant au fil du mariage. Le comportement de Potemkine était impossible, mais Catherine en était en partie responsable. Elle avait tardé à prendre la mesure de la tension constante qu'engendrait la situation politique et sociale de Potemkine, qui briserait tant de ses amants ultérieurs. Catherine était tout aussi avide que lui sur le plan émotionnel. Ils étaient tous deux des fournaises humaines nécessitant une quantité infinie de combustible, sous forme de gloire, d'extravagance et de puissance d'une part, d'amour, de louanges et d'attention de l'autre. Ce sont ces appétits gargantuesques qui ont rendu leur relation aussi douloureuse qu'elle a été productive. Potemkine voulait gouverner et bâtir, mais aimer Catherine était un emploi à temps plein. Il était humainement impossible à l'un et à l'autre de se donner mutuellement ce dont ils avaient besoin. Ils étaient trop semblables pour être ensemble.

En mai 1775, avant le début des festivités pour la paix, Catherine accomplit son devoir religieux en prenant la tête d'un pèlerinage jusqu'à l'austère laure de la Trinité-Saint-Serge. Ce voyage était un retour inévitable aux âges sombres du passé moscovite, au temps où les femmes étaient confinées dans l'isolement des *térems*[1] et ne pouvaient rêver de monter sur le trône. Le pèlerinage fit ressortir chez Potemkine le dégoût slave pour les succès matériels, ainsi que ses aspirations mystiques et probablement son mécontentement vis-à-vis de sa situation. Succombant à ses instincts monastiques et ignorant Catherine, il abandonna temporairement la cour et pria dans la solitude d'une cellule de moine.

1. Équivalent du gynécée dans la Russie médiévale.

La rapidité de ses changements d'humeur devait être épuisante pour tous les deux. Peut-être était-ce ce qu'elle voulait dire quand elle affirmait qu'ils s'aimaient trop pour être heureux : leur relation était si incendiaire qu'ils n'y trouvaient pas la paix dont ils avaient l'un et l'autre besoin. Ils continuèrent à s'aimer et à travailler ensemble tout au long de l'année 1775, mais la tension montait. Catherine comprit ce qui se passait. Elle avait trouvé un partenaire en Potemkine – un joyau exceptionnel – mais comment pouvait-il espérer trouver un rôle à sa mesure ? Et comment pouvaient-ils satisfaire leurs natures exigeantes et rester ensemble malgré tout ? En proie à ce dilemme, ils commencèrent à regarder autour d'eux.

La veille des célébrations de la paix, le comte Potemkine reçut un triste message de son beau-frère Vassili Engelhardt, lui annonçant la mort de sa sœur Elena Marfa. Ils avaient six filles (l'aînée était déjà mariée) et un fils dans l'armée. Les cinq filles plus jeunes avaient entre huit et vingt et un ans. « Je vous demande de prendre soin d'elles et de prendre la place de Marfa Alexandrovna, écrivait Engelhardt à Potemkine le 5 juillet. Sur votre ordre, je les confierai à votre mère. » Leur père aurait très bien pu les élever à Smolensk, mais Engelhardt, un homme du monde, savait que ses filles profiteraient de la vie à la cour. Potemkine les fit venir à Moscou.

L'impératrice, en digne épouse dévouée, rencontrait régulièrement la famille Potemkine. Quand on lui présenta sa redoutable belle-mère, Daria Potemkina, qui vivait encore à Moscou[1], Catherine se montra particulièrement réfléchie et attentionnée : « J'ai remarqué que ta mère était fort élégante, mais qu'elle n'a pas de montre. En voici une que je te demande de lui donner. » Lorsque les nièces arrivèrent, Catherine les accueillit chaleureusement et dit à Potemkine : « Pour faire plaisir à votre mère, vous pouvez nommer demoiselles d'honneur autant de vos nièces que vous voulez. » Le 10 juillet, point culminant des festivités, l'aînée des filles, Alexandra Engelhardt, fut nommée demoiselle d'honneur de l'impératrice. La deuxième et la plus convenable, Varvara, ne tarda pas à la rejoindre. À peine arrivées, les nièces furent saluées comme les plus jolies femmes de Russie.

1. Catherine offrit à Daria une maison sur Prestitchenka où elle vécut jusqu'à sa mort.

Pendant ce temps, Catherine était prise par la rédaction de son projet de loi, aidée de deux jeunes secrétaires qu'elle avait récemment empruntés à l'état-major de Roumiantsev-Zadounaïski : Pierre Zavadovski et Alexandre Bezborodko. Ce dernier, le plus intelligent des deux, était d'une laideur telle qu'elle en était fascinante. Zavadovski, lui, était méthodique, cultivé et bel homme. À en juger par ses lèvres pincées et son regard dépourvu d'humour, il était aussi travailleur que moralisateur – l'exact contraire de Potemkine, voire son antidote. Au cours des longues heures de rédaction de la loi et lors de l'épuisant voyage de retour à Saint-Pétersbourg, quand ils eurent enfin quitté la sinistre Moscou, Catherine, Potemkine et Zavadovski formèrent peu à peu un étrange trio.

Nous pouvons imaginer la scène dans les appartements de Catherine : Potemkine, étendu sur un divan, vêtu d'une ample robe de chambre, un foulard sur la tête, la crinière ébouriffée et sans perruque, mâchonnant des radis tout en imitant les courtisans, fourmille d'idées et de plaisanteries avant de basculer dans des accès de colère, tandis que Zavadovski, raide, se tient au garde-à-vous à son écritoire, en perruque et uniforme, les yeux fixés sur l'impératrice qu'il contemple avec la dévotion d'un labrador.

10

Rupture et entente

« Mon âme, je fais tout pour toi, aussi daigne m'encourager un peu par un comportement affectueux et calme [...] mon cher petit seigneur, mon aimable mari. »

Catherine II au comte Potemkine

« Mais, dans ces matières, la puissante impératrice de Russie en agissait comme une simple grisette. »

Lord Byron, *Don Juan,* Chant IX, 77

« Mon mari vient de me dire : "Où dois-je aller, que dois-je faire ?", écrivait Catherine au comte Potemkine à cette époque. Mon époux chéri et bien-aimé, viens chez moi et tu seras reçu à bras ouverts ! » Le 2 janvier 1776, Catherine nomma Pierre Zavadovski comme aide de camp. Ce *ménage à trois** laissait la cour perplexe.

Les diplomates comprirent qu'il se passait quelque chose dans la vie privée de l'impératrice et se dirent que la carrière de Potemkine était terminée : « L'impératrice commence à voir les frasques de son favori [Potemkine] sous un autre jour [...]. Il se murmure déjà que la personne placée auprès d'elle par M. Roumiantsev ne devrait pas manquer d'acquérir toute sa confiance. » Des rumeurs affirmaient que Potemkine perdrait le collège de la Guerre, au profit soit d'Alexis Orlov-Tchesmenski soit de Repnine, le neveu du prince Panine. Mais Richard Oakes, un diplomate anglais, remarqua que Potemkine renforçait son influence plutôt qu'il n'en perdait, et « sembl[ait] s'intéresser davantage aux affaires étrangères qu'il ne l'avait prétendu auparavant ». Si les Anglo-Saxons ne parvenaient pas vraiment à comprendre quelles pourraient en être les conséquences, l'envoyé français, le caustique chevalier Marie-Daniel Bourrée de Corberon, qui tint un journal de sa vie à la cour d'une valeur inestimable, soupçonnait qu'il faudrait plus qu'un Zavadovski pour causer sa perte. « De plus bel aspect que Potemkine, observa-t-il. Mais sa faveur n'est pas encore décidée. » Ensuite, du ton sarcastique qu'adoptaient d'ordinaire les diplomates lorsqu'ils débattaient de la vie sexuelle impériale : « Ses talents ont été éprouvés à Moscou. Mais Potemkine [...] a toujours l'air d'être en vue [...] aussi Zavadovski n'est-il probablement qu'un divertissement. »

De janvier à mars 1776, l'impératrice évita les grands rassemblements tandis qu'elle se démenait pour sauver sa relation avec Potemkine. En ce même mois de janvier, le prince Orlov revint de ses voyages, ce qui ne fit que compliquer un peu plus la situation, car il y avait maintenant trois favoris, actuels ou anciens, à la cour. Grigori Orlov était toujours aussi enjoué, mais il n'était plus l'homme qu'il avait été : il avait grossi, était victime d'attaques de « paralysie », et amoureux de sa cousine Ekaterina Zinovieva, âgée de quinze ans, l'une des demoiselles d'honneur de l'impératrice, qu'il aurait violée, à en croire certaines rumeurs. D'autres bruits disaient que Potemkine s'efforçait d'empoisonner Orlov – un acte tout à fait contraire à sa nature –, preuve de la concurrence impitoyable qui régnait à la cour. La paralysie d'Orlov fait plutôt penser aux derniers stades de la syphilis, triste résultat de son célèbre manque de discernement.

Catherine n'était présente que lors de petits soupers. Pierre Zavadovski l'accompagnait souvent ; Potemkine y assistait moins qu'avant – mais encore trop au goût de son rival. Zavadovski devait se sentir dépassé, pris entre deux des causeurs les plus brillants de leur temps. Potemkine était encore l'amant de Catherine, alors que le sévère Zavadovski était de plus en plus amoureux d'elle. Nous ne savons pas quand (ou si) elle s'éloigna de Potemkine et prit Zavadovski pour amant – probablement durant l'hiver. En effet, il est fort probable qu'elle ne cessa jamais complètement de dormir avec l'homme qu'elle appelait « mon époux ». Les faisait-elle jouer l'un contre l'autre, les encourageant tous les deux ? Bien sûr. Puisque, comme elle le reconnaissait elle-même, elle était de ceux qui ne pouvaient envisager un jour sans être aimé de quelqu'un, il était naturel qu'elle jette son dévolu sur son secrétaire alors que Potemkine affichait ouvertement son désintérêt pour elle.

D'une certaine façon, c'est durant ces six mois de tension que leur relation est la plus émouvante parce qu'ils s'aimaient encore, se considérant comme mari et femme, s'écartant l'un de l'autre tout en cherchant un moyen de rester ensemble pour toujours. Il arrivait que le comte Potemkine pleurât dans les bras de son impératrice.

« Pourquoi vouloir pleurer ? » demandait-elle gentiment à son « Seigneur et cher époux » dans la lettre qui lui rappelait les « liens sacrés » de leur mariage. « Comment puis-je changer mon attitude envers toi ? Est-il possible de ne pas t'aimer ? Aie confiance dans mes paroles [...]. Je t'aime. »

Potemkine avait vu Catherine se rapprocher de Zavadovski, ce qu'il avait toléré. Il se montrait toujours aussi insupportable, mais n'avait manifestement pas l'intention de tuer son rival, comme il avait un jour menacé de le faire. Leurs lettres trahissent une crise dans leur relation et son incontestable jalousie envers Zavadovski, mais Potemkine semble occuper une position si dominante que l'autre ne le menace pas vraiment. Il est plus que probable que Potemkine ait approuvé cette nouvelle relation – jusqu'à un certain point, lequel restait à déterminer.

« Ta vie m'est précieuse et je ne veux pas t'écarter », lui expliqua sans détour l'impératrice. Ils aimaient régler leurs querelles lors de leurs échanges épistolaires : le deuxième qui nous soit parvenu se lit comme le point culminant d'une discussion, un instant de réconciliation et de calme après le tourment effréné de l'insécurité. Il est beaucoup plus précis que leur précédent duo. L'impératrice y fait preuve d'amour patient envers son impossible excentrique, Potemkine se montre tendre et doux avec elle – des qualités étonnantes chez un homme tel que lui :

Potemkine	*Catherine*
Permets-moi mon amour de te dire	Je le permets
Ce qui, je l'espère, mettra fin à notre dispute	Le plus tôt sera le mieux
Ne sois pas surprise si je suis	
Troublé par notre amour	Ne sois pas troublé
Non seulement tu m'as	
Béni de tes bienfaits,	Comme toi avec moi
Tu m'as logé dans ton cœur	Tu y es avec fermeté
Je veux y être le seul,	Et force
Au-dessus de tous	Et y resteras
Car nul ne t'a autant aimée, et	Je le vois et le crois

Comme j'ai été fait de tes mains,	De tout mon cœur
Je veux que ma paix soit leur œuvre,	J'en serai heureuse
Que tu sois heureuse d'être bonne pour moi ;	Ce sera mon plus grand plaisir
Que tu trouves le repos de tes lourdes tâches	
Nées de ta haute fonction	
En pensant à mon bonheur	Bien sûr
Amen	Que nos pensées s'apaisent
	Que nos sentiments soient libres
	Ils sont si tendres et
	Trouveront la meilleure solution
	Fin de la querelle
	Amen

Il n'était pas toujours aussi gentil. Potemkine, se sentant vulnérable, s'en prenait à elle avec cruauté. « Je demande à Dieu de te pardonner ton vain désespoir et ta violence, mais aussi ton injustice envers moi, répondit-elle. Je crois que tu m'aimes malgré le fait que, souvent, il n'y a pas trace d'amour dans tes paroles. » Tous deux souffraient amèrement. « Je ne suis pas mauvaise, ni en colère contre toi, lui dit-elle à l'issue d'une de leurs discussions. Cela dépend de ta volonté, de ta façon de me traiter. » Mais elle laissa entendre qu'ils ne pourraient pas supporter indéfiniment cette tension tumultueuse : « Je veux te voir calme et me trouver dans le même état. »

La cour guettait les signes de la chute de Potemkine ou de l'ascension de Zavadovski, tandis que le couple débattait de la marche à suivre : Potemkine voulait rester au pouvoir, aussi devait-il conserver ses appartements au Palais d'hiver. Quand il en prit ombrage, elle lui dit ce que tant d'amants ordinaires déclarent à leurs partenaires qui souffrent : « Ce n'est pas difficile de décider : reste avec moi. » Puis, elle ajouta cette phrase typique de leur partenariat amoureux et politique : « Toutes tes propositions politiques sont très raisonnables. » Mais elle finit elle aussi par perdre son sang-froid.

> À la façon que tu as parfois de me parler, on pourrait croire que je suis un monstre qui a tous les défauts et en particulier celui de la bêtise [...] mon esprit ne connaît pas d'autre façon d'aimer que de rendre heureux celui qu'il aime et c'est pour cette raison qu'il lui est impossible de supporter même un instant de rupture avec celui qu'il

aime sans – à son désespoir – être aimé en retour [...]. Mon esprit s'efforce de trouver des vertus, des mérites, à l'objet de son amour. J'aime voir en toi toutes les merveilles.

Ayant ainsi exprimé sa douleur, alors que Potemkine cessait peu à peu de l'aimer, elle définit ce qui était au cœur de leurs difficultés : « L'essence de notre désaccord est toujours la question du pouvoir et jamais celle de l'amour. »

Cette déclaration a toujours été prise au pied de la lettre, mais il s'agit d'une réécriture joliment féminine de leur histoire. Leur amour était aussi orageux que leur collaboration politique. Si le pouvoir était bien l'objet de leurs querelles, alors, le fait de tirer un trait sur l'amour mais de garder le pouvoir ne pourrait que continuer à alimenter leurs litiges. Peut-être aurait-il été plus juste de dire que l'essence de leur désaccord était la fin de la phase intensément physique de leur relation, ainsi que la maturité croissante de Potemkine et son besoin de liberté. Peut-être Catherine ne pouvait-elle pas se résoudre à admettre qu'il ne la voulait plus comme femme – quand, au pouvoir, il continuerait d'être au centre de leurs disputes.

Rien de tout cela ne le satisfit. Potemkine semble avoir été dans un état de colère permanent. « Tu es fâché, lui écrivit-elle en français. Tu t'éloignes de moi, tu te dis offensé [...]. Quelle satisfaction peux-tu encore souhaiter ? Même quand l'Église brûle un hérétique, elle ne réclame rien de plus [...]. Tu détruis tout mon bonheur pour le temps qu'il me reste. Paix, mon ami. Je t'offre ma main – la prendras-tu, amour ? »

À son retour de Moscou, Catherine écrivit au prince Dmitri Golytsine, son envoyé à Vienne, qu'elle souhaitait « obtenir de Sa Majesté[1] qu'il élevât le général-comte Grigori Potemkine, qui a si bien servi l'État et moi-même, à la dignité de prince du Saint-Empire romain germanique, ce pour quoi je lui serai grandement redevable ». Joseph II accepta à contrecœur le 16/27 février, en dépit de l'aversion de sa mère, la sévère impératrice-reine Marie-Thérèse. « Il est assez drôle, ironisa Corberon, de voir la pieuse impératrice-reine récompenser les amants de la souveraine non croyante de Russie. »

« Prince Grigori Alexandrovitch ! lança Catherine à Potemkine. Nous vous autorisons gracieusement à accepter le titre de prince

1. Le saint-empereur romain germanique Joseph II.

du Saint-Empire romain. » Dès lors, Potemkine fut connu en tant qu'« Altesse Sérénissime », ou en russe « *Svetleïchiy Kniaz* ». Les princes ne manquaient pas en Russie mais, à partir de ce jour, Potemkine devint « *le* prince » – ou simplement « le Sérénissime ». Les diplomates voulurent y voir une sorte d'adieu doré à Potemkine parce que Orlov n'avait pu utiliser son titre qu'après sa révocation. Catherine fit également présent à Potemkine de « seize mille paysans capables de gagner cinq roubles par tête et par an », puis le Danemark lui envoya l'Ordre de l'Éléphant blanc. Potemkine allait-il être destitué ou confirmé dans ses fonctions ? « J'ai dîné chez le comte Potemkine, déclara Corberon le 24 mars. On dit que son crédit est en baisse, que Zavadovski bénéfice toujours des faveurs intimes et qu'il doit beaucoup aux Orlov pour sa protection. »

Le Sérénissime rêvait d'être monarque autant que prince : il craignait déjà que Catherine meure et le laisse à la merci de l'amer Paul, de qui « il ne p[ouvai]t attendre que la Sibérie ». Il lui fallait donc s'établir de façon indépendante, hors des frontières russes. L'impératrice Anne avait fait d'Ernst Biron, son favori, le duc de Courlande, une principauté balte dominée par la Russie mais théoriquement vassale de la Pologne. Le duc régnant était maintenant le fils de Biron, Pierre. Potemkine décréta que la Courlande devait lui revenir.

Le 2 mai, Catherine informa son ambassadeur en Pologne, le comte Otto-Magnus Stackelberg : « Souhaitant remercier le prince Potemkine pour les services qu'il a rendus au pays, j'ai l'intention de lui donner le duché de Courlande », puis elle suggéra comment il devrait manœuvrer. Frédéric le Grand ordonna à son ambassadeur à Saint-Pétersbourg d'offrir son aide à Potemkine sur cette question et, le 18/29 mai, il lui écrivit chaleureusement depuis Potsdam. Pourtant, Catherine s'abstint d'aller trop loin : Potemkine n'avait pas encore prouvé qu'il avait l'étoffe d'un homme d'État et elle devait faire preuve de prudence, tant en Courlande qu'en Russie. Cette quête d'un trône solide à l'étranger fut un leitmotiv de la carrière de Potemkine. Mais Catherine veilla toujours à focaliser son esprit sur la Russie – là où elle avait besoin de lui.

Au début du mois d'avril 1776, le prince Henri de Prusse se rendit à Saint-Pétersbourg afin de consolider l'alliance de son frère Frédéric avec la Russie. Les relations russo-prussiennes avaient perdu de leur éclat quand Frédéric avait sapé les gains russes à l'issue de la guerre contre la Turquie. Le jeune frère de Frédéric était secrètement homosexuel, mais c'était surtout un diplomate énergique et un habile général qui avait contribué à déclencher le partage de la Pologne en 1772. Sorte de caricature de Frédéric, il avait quatorze ans de moins que lui et le jalousait furieusement – le sort tous les cadets au temps de la monarchie. Henri avait été parmi les premiers à se rapprocher de Potemkine. Preuve de l'intérêt croissant que Potemkine manifestait depuis peu pour les affaires étrangères, il se chargea de l'organisation du voyage d'Henri. « Je me réjouirai fort, écrivit le prince Henri à Potemkine, si, pendant mon séjour à Saint-Pétersbourg, il m'est donné la chance de vous prouver mon estime et mon amitié. » Ce dont il fit la démonstration à son arrivée le 9 avril en offrant à Potemkine l'Ordre de l'Aigle noir prussien, que le prince put ajouter à sa collection grandissante de décorations étrangères. Pour Frédéric II et Potemkine, ce fut l'occasion d'échanger des lettres flatteuses. Il semble évident que le prince Henri encouragea également les visées de Potemkine sur la Courlande.

Au moment même où les diplomates pensaient que Potemkine avait perdu de son influence, l'amant imprévisible semblait vivre un été indien. Dans ce qui est peut-être la meilleure et la plus simple des déclarations d'amour, Catherine écrivit : « Mon cher prince ! Dieu a fait de toi mon ami avant même ma naissance, car Il t'a créé pour moi. Merci pour le cadeau et l'embrassade. » On pourrait en déduire qu'en secret ils s'étaient retrouvés, mais ils continuaient en même temps à négocier âprement. Tous s'attendaient à l'éclipse de Potemkine et l'ascension de Zavadovski. Ni Catherine, ni Potemkine ne pouvaient plus supporter cette incertitude pesante. Le matin qui suivit l'arrivée du prince Henri, la tragédie survint.

À 4 heures, le matin du 10 avril 1776, la grande-duchesse Natalia Alexeievna, l'épouse de Paul, qui était enceinte, eut des contractions. L'impératrice enfila un tablier et se précipita dans les appartements de Natalia. Elle resta avec Paul et elle jusqu'à 8 heures.

Le moment était inopportun, car il fallait également divertir le prince Henri. Cette nuit-là, l'impératrice et le prince Henri assistèrent à un concert de violon de Lioli « dans les appartements de Son Excellence le prince Grigori Alexandrovitch Potemkine », fut-il consigné dans le Journal de la cour. Le prince Henri et Potemkine discutèrent de l'alliance, ainsi que Catherine l'avait suggéré : sur les instructions de Frédéric, le prince Henri fit en sorte de bien s'entendre avec le favori. La même nuit, tout portait à croire que la grande-duchesse allait donner un héritier à l'empire.

La grande-duchesse Natalia avait d'ores et déjà déçu Catherine. Paul l'aimait apparemment, mais elle était une intrigante, qui ne s'était même pas donné la peine d'apprendre le russe. Catherine et Potemkine la soupçonnaient d'avoir eu une liaison avec Andreï Razoumovski, le meilleur ami de Paul, un charmeur et un coureur de jupons. Malgré tout, le 11 avril, Catherine passa donc son tablier et se hâta pour faire son devoir, passant six heures au chevet de la parturiente, avant de dîner dans ses appartements avec ses deux princes, Orlov et Potemkine. Elle resta toute la journée suivante en compagnie de la grande-duchesse.

Les diplomates étrangers se sentaient un peu floués. L'« *accouchement** » avait suspendu la « chute de Potemkine », comme le dit Corberon. La grande-duchesse hurlait de douleur. L'impératrice était inquiète. « Un repas fut déposé dans les appartements de Sa Majesté, mais elle ne voulut pas manger, est-il inscrit dans le Journal de la cour. Le prince [...] Potemkine a mangé. » Quand il avait faim, rien ou presque ne pouvait lui couper l'appétit.

Les médecins firent leur possible conformément aux préceptes de la boucherie empressée qui passait alors pour de la médecine. On utilisait déjà les forceps au milieu du XVIIIe siècle[1]. Les césariennes, bien que désespérément dangereuses, se pratiquaient depuis César : la mère décédait pratiquement toujours de septicémie, du choc et de la perte de sang, mais l'enfant pouvait être sauvé. Cette fois, rien ne fut tenté, et il était trop tard. Le bébé avait péri et le fœtus commençait à infecter la mère. « Les choses se présentent mal, annonça Catherine, peut-être le lendemain, dans une lettre écrite à 5 heures du matin, réfléchissant déjà aux moyens de gérer Paul par la suite. Je pense que la mère finira comme l'enfant. Gardez le silence à ce sujet. » Elle ordonna au commandant de Tsarskoïé Selo de préparer les appartements de Paul. « Quand les choses seront claires, j'y amènerai mon fils. » La gangrène se développa. La puanteur était intolérable.

Le prince Potemkine jouait aux cartes tandis qu'ils attendaient l'inévitable dénouement. « On m'a assuré, déclara Corberon, que Potemkine a perdu [...] trois mille roubles au whist alors que le monde entier pleurait. » C'était injuste. L'impératrice et son consort

---

1. Jusqu'en 1733, les forceps avaient été l'arme secrète, pour ainsi dire, d'une dynastie de chirurgiens, les Chamberlen. À l'époque, même la charge de médecin était héréditaire.

avaient beaucoup à organiser. Catherine dressa une liste de six candidates susceptibles de devenir la nouvelle femme de Paul, liste qu'elle adressa à Potemkine. La princesse Sophie-Dorothée de Württemberg, qu'elle avait toujours voulu marier à Paul, était la première des six.

Le 15 avril au matin, à 5 heures, la grande-duchesse s'éteignit. Paul en fut à demi fou de chagrin, prétendant que les médecins avaient menti, qu'elle devait être encore en vie, qu'il voulait être à ses côtés, qu'il refusait qu'elle soit enterrée – et toutes les autres folies qui viennent aux gens niant la réalité de la mort. Les médecins lui firent une saignée. Vingt minutes plus tard, Catherine accompagnait son fils en deuil à Tsarskoïé Selo. Potemkine effectua le voyage avec sa vieille amie, la comtesse Bruce. *« Sic transit gloria mundi »*, commenta sèchement Catherine à l'adresse de Grimm. Elle n'avait pas aimé Natalia, et maintenant les diplomates la critiquaient pour sa conduite de l'accouchement de la grande-duchesse : avait-elle laissé mourir sa belle-fille ? L'autopsie révéla une anomalie, ce qui signifiait que Natalia n'aurait jamais pu donner naissance – par conséquent, elle ne pouvait pas être sauvée par la médecine de l'époque. Mais puisque l'on était en Russie, où les empereurs mouraient parfois d'« hémorroïdes », Corberon indiqua que personne ne croyait à la version officielle[1].

« Pendant deux jours, le grand-duc s'est trouvé dans un désarroi inexprimable, écrivit Oakes, le prince Henri de Prusse ne l'a guère quitté. » Le prince Henri, Catherine et Potemkine s'entendirent pour défendre l'idée d'un remariage immédiat de Paul avec la princesse de Württemberg. « Le choix d'une princesse ne sera pas reporté plus longtemps », souligna Oakes quelques jours plus tard. En plein deuil, Catherine, Potemkine et le prince Henri étaient conscients de la dure réalité : l'empire avait besoin d'un héritier, aussi Paul devait-il instamment prendre femme.

Ce dernier était bien sûr réticent. Catherine n'avait que faire de scrupules de cet ordre. Elle qui était si tendre pour ses familles adoptives pouvait être cruelle envers la sienne. Elle montra à son fils les

1. Potemkine fut soupçonné d'avoir orchestré cette mort et d'avoir mystérieusement rendu visite à la sage-femme. L'assassinat médical est un thème récurrent de la paranoïa politique russe – le Complot des Blouses blanches de Staline en 1952-1953 jouait sur le spectre des « assassins en blouse blanche ». Le prince Orlov, la grande-duchesse Natalia, Alexandre Lanskoï, l'amant de Catherine et Potemkine lui-même, tous, à en croire la rumeur, auraient été assassinés par les médecins qui les soignaient. Potemkine, quant à lui, fut suspecté d'avoir été impliqué dans les trois premiers décès.

lettres de Natalia à Andreï Razoumovski, retrouvées parmi ses effets. Catherine et Potemkine s'arrangèrent pour envoyer Paul en voyage à Berlin afin d'approuver la future épouse. Les frères Hohenzollern étaient ravis d'avoir la possibilité d'influencer l'héritier russe – la princesse Sophie était leur nièce. La passivité de Paul s'explique sans doute par sa prussophilie et le culte qu'il vouait à Frédéric le Grand, comme son père avant lui. La cour, elle, revint à sa distraction favorite, l'anticipation de la chute de Potemkine.

La grande-duchesse Natalia et son enfant mort-né furent exposés au monastère Saint-Alexandre Nevski. Elle était vêtue de satin blanc. Le fœtus, dont l'autopsie avait montré qu'il était parfaitement formé, gisait horriblement à ses pieds dans le cercueil ouvert. Le Sérénissime resta à Tsarskoïé Selo avec Catherine, le prince Henri et Paul, qui portait le deuil non seulement de sa femme, mais aussi de l'illusion brisée de son mariage. Corberon ne parvenait pas à comprendre comment Zavadovski et Potemkine pouvaient se trouver en même temps auprès de l'impératrice : « Le règne du dernier touche à sa fin, proclama-t-il, son poste de ministre de la Guerre a déjà été confié au comte Alexis Orlov », mais il s'inquiétait de voir que Potemkine semblait faire bonne figure. Tant Corberon que les Britanniques reconnaissaient que le prince Henri soutenait Potemkine contre les Orlov, contribuant ainsi au « report du retrait du prince Potemkine que le ruban[1] a lié à ses intérêts ».

Les funérailles de Natalia eurent lieu le 26 avril au monastère Nevski. Potemkine, Zavadovski et le prince Orlov escortèrent Catherine – mais Paul était trop bouleversé pour y assister. Les diplomates scrutèrent dans ses moindres détails le comportement des principaux acteurs, en quête d'indices sur la situation politique, tout comme, plus tard, les kremlinologues disséqueraient l'étiquette et la hiérarchie lors des funérailles des secrétaires généraux soviétiques. Hier comme aujourd'hui, les kremlinologues se trompaient régulièrement. Cette fois, Corberon identifia un signe éloquent de la déchéance de Potemkine – Ivan Tchernichev, président du collège de la Marine, fit « trois grandes révérences » au prince Orlov mais seulement « une brève à Potemkine qui s'inclinait sans cesse vers lui ».

Le Sérénissime pouvait se livrer à ce jeu en toute confiance. Il était toujours aux commandes le 14 juin quand le prince Henri de

1. L'Aigle noir.

Prusse et le grand-duc Paul partirent pour Berlin en quête de la nouvelle épouse du tsarévitch. La mission fut un succès. Paul revint avec Sophie de Württemberg – qui bientôt, sous le nom de grande-duchesse Maria Féodorovna, l'épouserait, et donnerait naissance à deux empereurs[1].

Pendant ce temps, le prince Orlov et son frère crurent bon de se ruer à la curée, tourmentant Potemkine en plaisantant sur sa chute imminente. Potemkine s'abstint de réagir. Il savait que, si les choses tournaient comme prévu, leurs moqueries n'auraient bientôt aucune importance. « Des rumeurs nous parviennent de Moscou, écrivit Cyrille Razoumovski à l'un des secrétaires de Potemkine, disant que votre chef commence à se ruiner par la boisson. Je ne peux l'admettre car je crois que son esprit est plus fort que cela. » Corberon prétendait que Potemkine sombrait dans la « décadence ». Il est vrai que Potemkine avait tendance, quand il connaissait des périodes de tension, à poursuivre son plaisir sans vergogne – la débauche était sa façon de se défouler. Catherine et Potemkine discutaient de l'avenir en échangeant insultes et mots doux. Les prophètes de mauvais augure n'avaient raison que sur un point. C'est à cette époque qu'il posa les jalons du reste de sa carrière.

« Même maintenant, lui assura l'impératrice, Catherine est attachée à vous cœur et âme. » Quelques jours plus tard : « Tu m'as contrariée hier toute la journée sans raison. » Et elle mettait en doute la réalité de ses sentiments pour elle : « Qui de nous est vraiment sincère et éternellement attachée à l'autre ; qui de nous est indulgente et sait oublier les écarts, les offenses et oppressions ? » Potemkine était heureux un jour, puis furieux le lendemain – par jalousie, excès de sensibilité ou simplement par mauvais esprit. Sa jalousie, comme tout le reste chez lui, était inconstante, mais il n'était pas le seul à en faire l'expérience. Catherine l'interrogea probablement sur une autre femme et Potemkine le lui fit payer. « Cela m'a fait mal, lui dit-elle. Je ne m'y attendais pas, et même maintenant, je ne sais pas pourquoi ma curiosité est insultante à tes yeux. »

---

1. Paul et Maria Féodorovna se marièrent à Saint-Pétersbourg le 26 septembre 1776. Les deux empereurs étaient Alexandre Ier et Nicolas Ier, qui régna jusqu'en 1855. Leur deuxième fils Constantin refusa de monter sur le trône, déclenchant la révolte des Décembristes en 1825.

Elle exigea qu'il se tienne convenablement en public : « Le public est idiot mais son opinion dépend de ton attitude dans cette affaire. » On prétend souvent que la jalousie de Potemkine était désormais feinte, afin de pouvoir se livrer à ses excès tout en protégeant la fierté de femme de Catherine. Subitement, il réclama le départ de Zavadovski. « Tu me demandes d'écarter Zavadovski, écrivit-elle. Ma gloire souffre fort de cette exigence [...]. Ne cherche point les injustices, ferme tes oreilles aux rumeurs, respecte mes paroles. Nous retrouverons la paix. » Ils étaient de nouveau proches, mais choisirent de se séparer, comme un couple sachant qu'une proximité constante aggrave la souffrance. Entre le 21 mai et le 3 juin, la présence de Potemkine ne fut pas notée à la cour.

Le 20 mai, Zavadovski fut considéré comme le favori officiel de Catherine, selon Oakes, et reçut en présent trois mille âmes. Pour l'anniversaire de l'accession au trône de Catherine, il fut promu au grade de major-général, et reçut encore 20 000 roubles et mille âmes. Mais Potemkine ne s'en souciait plus. L'orage était passé : il la laissa s'installer dans sa relation avec Zavadovski parce que mari et femme avaient enfin répondu à leurs craintes et exigences mutuelles. « Matiouchka, la remercia-t-il, tel est le fruit réel de votre bon traitement envers moi ces derniers jours. Je suis conscient de votre inclination à bien me traiter ainsi. »

Cependant, Potemkine ne pouvait pas rester à l'écart : il reparut à Tsarskoïé Selo le 3 juin : « Je suis venu vous voir car je m'ennuie sans vous. J'ai vu que mon arrivée vous a gênée [...]. Dame miséricordieuse, je traverserais les flammes pour vous [...]. Si à la fin il est décidé que vous me bannissiez, il vaudrait mieux que cela ne se produise pas en public. Je m'en irais sur-le-champ, même si c'est comme une mort pour moi. » En dessous de cette déclaration passionnée, Catherine répondit : « Mon ami, votre imagination vous joue des tours. Je suis heureuse de vous voir et vous ne me gênez pas. Mais j'étais irritée par autre chose que je vous raconterai une autre fois. »

Le Sérénissime s'attarda à la cour. Le malheureux Zavadovski, maintenant amoureux de Catherine et son compagnon officiel, disparut du Journal de la cour le jour du retour de Potemkine : avait-il fui face au géant bouillonnant ? Les diplomates ne s'en aperçurent pas : de leur point de vue, ce n'était qu'une question de temps avant que Potemkine démissionne de toutes ses fonctions. Leurs attentes semblèrent confirmées quand Catherine offrit au prince son propre palais : la « maison Anichkov », un palais massif et délabré de Saint-Pétersbourg qui avait appartenu à Alexis Razoumovski, le favori d'Élisabeth. Il était (et est toujours) situé sur la Neva, à côté du pont Anichkov. Cela laissa à penser que Potemkine était sur le point de quitter ses appartements impériaux pour « voyager » dans les stations thermales d'Europe.

Dans une monarchie absolue, il était impératif d'être proche du trône, condition *sine qua non* de la puissance. Potemkine aurait souvent marmonné que s'il perdait son lit au palais, il perdrait tout. Catherine rassurait constamment son ami, toujours tendu : « Batinka, Dieu m'en est témoin, je ne vais pas te chasser du palais. S'il te plaît, vis-y et calme-toi ! » Il se retira plus tard des appartements du favori, mais jamais il ne quitta le Palais d'hiver, pas plus qu'il ne perdit son accès au boudoir de Catherine.

Ils organisèrent une nouvelle résidence qui convenait parfaitement à leur situation. Pour le restant de ses jours, son domicile devint ce que l'on appela la « maison Chepilev », un petit édifice séparé d'anciennes écuries qui donnait sur la rue Millionaïa, rattachée au Palais d'hiver par une galerie surmontant le porche. L'impératrice et le prince pouvaient se rendre visite à pied en empruntant un passage couvert depuis la chapelle du palais, en privé et, dans le cas de Potemkine, vêtu le moins possible.

Tout était réglé. Le 23 juin, Potemkine partit en tournée d'inspection à Novgorod. Un diplomate britannique remarqua que quelques meubles étaient déménagés de ses appartements dans le Palais d'hiver. La chute de Potemkine était consommée, il s'était enfermé dans un monastère. Mais les courtisans plus avisés, comme la comtesse Roumiantseva, constatèrent que son voyage était payé et organisé par la cour. Partout, il était accueilli par des arcs de triomphe, comme un membre de la famille impériale, ce qui ne pouvait qu'être la conséquence d'un ordre impérial. Ils ne savaient pas que Catherine lui avait envoyé un cadeau à son départ, l'avait supplié de lui dire au revoir et lui avait ensuite écrit une série de billets affectueux : « Nous vous accordons la possession éternelle et héréditaire de la maison Anichkov », dit-elle à Potemkine, ainsi que 100 000 roubles pour la décorer. Il est impossible de calculer les avantages financiers dont il bénéficia durant ses deux années en tant que favori, car très souvent l'impératrice lui remettait de l'argent liquide ou des cadeaux qui n'ont pas été répertoriés – quand elle ne payait pas directement ses dettes. Il vivait maintenant dans un monde irréel et opulent, d'une richesse digne de Crésus et que ne connaissaient d'ordinaire que les monarques : il recevait souvent 100 000 roubles de Catherine quand un colonel vivait avec 1 000 roubles par an. On estime que le prince obtint près de 37 000 âmes, d'immenses domaines dans les environs de Saint-Pétersbourg et Moscou, et en Biélorussie (le domaine de Kritchev, par exemple, comptait 14 000 âmes), des diamants, de la vaisselle, de l'argenterie et jusqu'à neuf millions de roubles. Et tout cela ne fut jamais assez.

Le prince rentra quelques semaines plus tard. Catherine l'accueillit d'un billet chaleureux. Il se réinstalla aussitôt dans ses appartements du Palais d'hiver. Ses détracteurs en restèrent perplexes : le Sérénissime « est arrivé samedi soir et s'est présenté à la cour le lendemain. Son retour dans les appartements qu'il occupait auparavant dans le palais en inquiète beaucoup, qui redoutent qu'il ne regagne les faveurs qu'il avait perdues ». Ils auraient été encore plus surpris d'apprendre que bientôt il fut invité par Catherine à corriger ses lettres au tsarévitch Paul à Berlin.

Il ne fait aucun doute qu'ils jouaient là à un de leurs jeux arrangés au préalable, comme les célébrités d'aujourd'hui qui se plaisent à leurrer la presse. Après avoir commencé l'année en craignant de perdre leur amour et leur amitié dans une atmosphère hystérique de jalousie et de regret, ils venaient de s'entendre pour préserver à leur manière leur mariage unique. Chacun pouvait trouver son bonheur tout en comptant sur le soutien – personnel et politique, affectueux et pratique – de l'autre. Cela n'avait pas été facile. On ne saurait entraîner les sentiments comme on le fait de régiments, ni les négocier comme des traités – en particulier dans le cas de deux personnes aussi à l'écoute de leurs sentiments. Cela n'avait été possible que grâce à la confiance, au temps, à la nature, à leurs tâtonnements et à leur intelligence. Potemkine allait désormais passer, non sans difficulté, du statut d'amant influent à celui de « ministre-favori » qui régnait avec son impératrice. Ils avaient réussi à flouer tout le monde.

Le jour où le Sérénissime reparut à la cour, le couple savait qu'ils seraient observés, en quête du plus petit indice de sa déchéance ou de son retour en grâce. Alors le prince entra dans les appartements de la tsarine « avec le plus grand sang-froid » et trouva l'impératrice occupée à jouer au whist. Il s'assit en face d'elle. Elle joua une carte comme si rien n'avait changé – et lui dit qu'il avait toujours de la chance au jeu.

IV

UN PARTENARIAT PASSIONNEL

1776-1777

11

Ses favoris et elle

« Et Catherine (nous devons le dire en sa faveur), bien que sanguinaire et hautaine, offrait dans sa passion passagère quelque chose d'extrêmement flatteur ; en effet, chacun de ses amants était une sorte de roi. »

Lord Byron, *Don Juan*, Chant IX, 70

« Un ordre de Sa Majesté confia notre jeune lieutenant aux soins attentifs des premiers dignitaires de l'État ; le monde se montrait pour lui plein de bienveillance (c'est ainsi qu'il en agit parfois au premier abord ; la jeunesse ferait bien de se le rappeler) ; telle aussi se montra Miss Protasoff, que ses mystiques fonctions avaient fait surnommer "l'éprouveuse", terme que la muse ne se chargera pas d'expliquer. »

Lord Byron, *Don Juan*, Chant IX, 84

C'en était terminé, semblait-il, de l'histoire d'amour entre le prince Potemkine et Catherine II mais, en réalité, elle ne prit jamais vraiment fin. Elle se mua simplement en un mariage où l'un et l'autre tombaient amoureux et eurent des aventures sexuelles avec d'autres, alors que leur relation restait la chose la plus importante de leur vie. Cet arrangement conjugal inhabituel est à l'origine du mythe obscène de l'impératrice nymphomane et Potemkine le proxénète impérial. Peut-être le « romantisme » et les mariages d'amour et divorces en série de notre époque ne nous permettent-ils plus de comprendre leur émouvant partenariat.

Zavadovski fut le premier favori officiel à partager le lit de l'impératrice tandis que Potemkine gouvernait son esprit, continuant à lui servir de consort, d'ami et de ministre. En soixante-sept ans de vie, Catherine eut au moins douze amants, soit bien moins que ce dont on l'accuse. Même ce chiffre est trompeur, parce que, une fois qu'elle avait trouvé un partenaire avec qui elle était heureuse, elle pensait que cela durerait toujours. Elle-même ne mit que très rarement fin à une relation – Saltykov et Poniatowski furent éloignés d'elle ; Orlov avait été infidèle et même Potemkine s'était en quelque sorte débrouillé pour se retirer. Néanmoins, après Potemkine, ses relations avec des hommes beaucoup plus jeunes qu'elle avaient quelque chose de manifestement anormal, mais sa situation même l'était.

La réalité était très différente du mythe. L'impératrice conférait effectivement à son amant une position officielle, et Potemkine l'y aidait. La relation triangulaire entre Catherine, Potemkine et ses jeunes amants fut négligée par les historiens, et pourtant elle fut le cœur de sa propre « famille ».

La liaison de Catherine avec Zavadovski mit à l'épreuve le ménage à trois impérial. La présence de Potemkine rendait la vie des favoris plus difficile et humiliante, parce qu'ils ne pouvaient échapper à l'intimité entre Catherine et lui. Leur relation avec le Sérénissime était presque aussi importante que leur amour pour l'impératrice. Même sans Potemkine, c'était un rôle difficile à assumer et Zavadovski en fut bientôt profondément malheureux.

Les lettres de Catherine à Zavadovski nous offrent un merveilleux aperçu du monde étouffant des favoris. Il tint à peine dix-huit mois, mais son amour pour Catherine était sincère. Les lettres qu'elle lui envoyait montrent qu'elle l'aimait aussi. Mais leur relation n'avait rien d'équitable. Bien qu'il ait eu le même âge que Potemkine, il était en admiration devant elle et elle le traitait avec condescendance, le remerciant pour sa « si affectueuse petite lettre » comme s'il était remarquable qu'il connaisse l'alphabet. Là où Potemkine réclamait du temps et de l'espace pour lui-même, Zavadovski brûlait d'être avec elle à chaque instant de la journée, comme un chien de compagnie, et elle dut donc lui écrire pour lui expliquer : « Le temps appartient, non à moi, mais à l'empire. » Pourtant, ils travaillaient ensemble – il continuait d'officier dans son secrétariat toute la journée avant de se retirer avec elle à 10 heures, après avoir disputé trois manches de whist. C'était une routine à la fois fastidieuse et éprouvante.

Le nouveau favori était également, semble-t-il, beaucoup moins expérimenté sur le plan sexuel que le prince, et c'est peut-être pour cela qu'il est tombé si irrémédiablement amoureux d'elle. « Vous êtes le Vésuve incarné », lui écrivit-elle. Son inexpérience lui faisait peut-être perdre le contrôle, car elle ajouta : « Quand on s'y attend le moins une éruption survient, mais non, cela ne fait rien, je les éteindrai par des caresses. Pétroucha chéri ! » Elle correspondait de manière moins formelle avec Zavadovski qu'avec Potemkine. Alors que le premier l'appelait sa « Katioucha » ou « Katia », le prince avait toujours utilisé « Matiouchka », « Dame Souveraine ». Les lettres de l'impératrice à Zavadovski semblent plus explicites sexuellement : « Pétrouchinka, je me réjouis que vous ayez été guéri par mes petits coussins et si mes caresses favorisent votre santé, alors vous ne serez jamais malade. » Les « coussins » en question étaient peut-être ses seins – mais il lui arrivait aussi de broder des oreillers remplis d'herbes, preuve amusante des risques que courent les biographes à tirer des interprétations sexuelles de lettres personnelles.

Zavadovski, qui l'aimait tant, était souvent malade, plus des nerfs que d'autre chose. Il n'était pas armé pour se retrouver pris au piège de tant d'intrigues et de haine. Si elle lui déclarait régulièrement sa flamme dans ses lettres, il ne pouvait jamais se relâcher, compte tenu de la position qu'il occupait : sa vie privée était « passée au microscope ». Elle ne comprenait pas à quoi il était confronté, et il n'avait pas la force de Potemkine, qui lui aurait permis d'obtenir ce qu'il voulait de tout le monde. Pardessus tout, il devait tolérer l'omniprésence du prince. C'était un véritable ménage à trois et, quand Potemkine souhaitait attirer l'attention, il y parvenait sans doute. Quand leur relation traversait des crises, c'était lui qui les réglait : « Nous avons tous deux besoin d'un retour à la paix de l'esprit, écrivit Catherine. J'ai souffert de même que vous pendant trois mois, à me torturer [...]. Je vais en parler au prince Gri[gori] A[lexandrovich Potemkine]. » Cette conversation avec Potemkine sur les sentiments personnels de Zavadovski ne fit sans doute rien pour l'aider, lui, à trouver la paix de l'esprit. Par la suite, Zavadovski affirma que la présence flamboyante de Potemkine l'avait toujours laissé de marbre, mais il semble bien qu'il ait été intimidé et bouleversé et qu'il se cachait quand il était dans les parages. « Je ne comprends pas, écrivit l'impératrice à Zavadovski, pourquoi vous ne pouvez me voir sans avoir les larmes aux yeux. » Quand Potemkine devint prince, Catherine invita, ou plutôt ordonna à Zavadovski : « Si vous alliez féliciter la nouvelle Altesse, Son Altesse vous recevra affectueusement. Si vous vous enfermez, ni moi, ni personne d'autre ne s'habituera à vous voir. »

Selon une histoire, racontée des années plus tard, Potemkine aurait perdu son sang-froid devant l'impératrice, lui demandant de chasser Zavadovski. Il fit irruption dans leurs appartements, manquant les agresser avant de lancer un chandelier sur Catherine. Cela ressemble bien à l'une de ces crises dont Potemkine était coutumier, mais nous n'avons aucun moyen de savoir ce qui l'a provoquée. Potemkine peut avoir décidé que Zavadovski était un raseur. Peut-être l'incident eut-il aussi à voir avec l'amitié de ce dernier avec des détracteurs de Potemkine comme Simon Vorontsov. Zavadovski avait clairement une tendance à la mesquinerie, animé d'un esprit de chapelle qui était totalement étranger au Sérénissime – et cela irrita peut-être Catherine elle-même.

Le sort de Zavadovski n'échappa pas aux diplomates. Dès le milieu de l'année 1776, alors qu'il venait à peine d'être révélé au monde, si l'on peut dire, Corberon se demandait quel était le « nom du nouveau favori [...] parce que l'on dit que Zavadovski est tout à fait sur le déclin ». La mission diplomatique qui consistait à analyser le ballet des favoris de Catherine fut toujours un mélange aléatoire de kremlinologie et de commérages dignes de la presse à scandales – il s'agissait de déchiffrer les demi-vérités et de percer les écrans de fumée. Comme le dit le Français, « ils lient sa disgrâce à sa promotion ».

Mais, au bout d'un an, Catherine, chagrinée, s'aperçut elle aussi qu'il n'était pas heureux. En mai 1777, elle écrivit à Zavadovski : « Le prince Or[lov] m'a dit que vous souhaitiez partir. Je l'accepte [...]. Après le dîner [...] je peux vous retrouver. » Ils eurent une discussion pénible que Catherine décrivit évidemment en détail à Potemkine : « Je [...] lui ai demandé s'il avait ou non quelque chose à me dire. Il m'en a parlé », et elle lui laissa le choix d'un intermédiaire, sorte de croisement entre un agent littéraire et un avocat spécialisé dans les divorces, qui serait chargé de négocier les conditions de son renvoi. « Il a choisi le comte Cyrille Razoumovski [...] sans cesser de pleurer [...]. Au revoir, mon cher, ajouta-t-elle. Profitez des livres ! » Elle lui avait manifestement envoyé un cadeau pour sa bibliothèque en plein développement. Quand Razoumovski eut négocié le départ de Zavadovski, Catherine lui donna « trois ou quatre mille âmes [...] ainsi que cinquante mille roubles cette année et trente mille dans les années à venir, avec un service en argent pour seize personnes ».

Cela eut un impact émotionnel sur Catherine. « Je souffre dans mon cœur et mon âme », confia-t-elle à Potemkine. Elle se montra toujours généreuse envers ses amants, mais, comme nous allons le voir, elle donna beaucoup moins à Zavadovski qu'à quiconque, sauf à Vassiltchikov. Il y avait du vrai dans cette plaisanterie de Masson, le précepteur suisse, qui disait : « Catherine était indulgente en amour, mais implacable en politique. »

Zavadovski était bouleversé. Catherine prit le ton d'une brave nourrice nordique et lui recommanda de traduire Tacite pour se calmer – une thérapie que l'on ne rencontrait qu'en cet âge du néoclassicisme. Puis, inévitablement, elle consola le malheureux en assurant : pour que le prince Potemkine « soit amical avec vous comme avant, il n'est pas difficile de faire un effort [...] vos esprits partagent le même sentiment envers moi et ne peuvent donc que se rapprocher l'un de l'autre ». Il ne fait aucun doute que la perspective de devoir s'attirer les bonnes grâces de Potemkine ne dut qu'accentuer encore la peine de Zavadovski. Il avait le cœur brisé : « En plein espoir, en pleine passion si riche en sentiments, ma fortune est retombée comme le vent, comme un rêve que l'on ne peut arrêter : [son] amour pour moi a disparu. » Le 8 juin, Zavadovski, amer, se retira en Ukraine. « Le prince Potemkine, a déclaré Sir James Harris, le nouvel émissaire britannique, est une fois de plus à son apogée. » Il va sans dire que Catherine, qui ne pouvait pas rester « sans amour pendant une heure », avait déjà trouvé quelqu'un d'autre.

Le mardi 27 mai 1777, l'impératrice arriva sur le nouveau domaine de Potemkine à Ozerki, à l'extérieur de Saint-Pétersbourg. Quand ils s'assirent pour le dîner, le canon tonna pour lui souhaiter la bienvenue. Potemkine recevait toujours avec opulence. Trente-cinq convives étaient présents, des courtisans de haut rang, les nièces du prince, Alexandra et Ekaterina Engelhardt, ses cousins, Pavel et Mikhaïl Potemkine, et, tout en bas de la liste, le commandant des hussards Semyon Gavrilovitch Zoritch, un Serbe basané, athlétique et aux cheveux bouclés, âgé de trente et un ans. C'était sa première apparition à une réception officielle, mais il semble que Catherine l'avait déjà rencontré. Zoritch, un beau casse-cou surnommé « Adonis » par les dames de la cour et que tout le monde considérait comme un « *vrai sauvage** », était une sorte de héros de guerre. Potemkine le connaissait depuis cette époque. Zoritch avait été capturé par les Turcs. Les prisonniers étaient souvent décapités sur-le-champ, mais les nobles étaient épargnés afin d'obtenir une rançon – aussi Zoritch avait-il clamé haut et fort qu'il était comte, et il en avait réchappé.

À son retour, l'ambitieuse canaille écrivit à Potemkine et fut intégrée dans son entourage. Les aides de camp de Potemkine étaient bien sûr présentés à la cour – et l'impératrice l'avait remarqué. En l'espace de quelques jours, Zoritch devint le nouveau favori officiel et sa vie changea instantanément. Il fut le premier de la série de favoris ou *mignons** de Catherine qui endossèrent ce rôle comme s'il s'était agi d'une nomination. Tout en s'enthousiasmant pour la beauté de Zoritch, qu'elle appelait « Sima » ou « Sénioucha », Catherine se languissait de son Potemkine. « Donne à Sénioucha les lettres ci-jointes, demanda-t-elle à son consort. C'est si morne sans toi. » De même que le modeste Zavadovski avait été un antidote au bouillant Potemkine, le Serbe enflammé était un soulagement après le larmoyant Zavadovski. Celui-ci eut vent de l'émergence de Zoritch et revint en hâte à Saint-Pétersbourg, où il séjourna chez ses amis les Vorontsov.

Zavadovski souffrait comme « un cerf blessé » – et la cour le traita comme tel. Il lui fut intimé de se reprendre. L'impératrice le « respectait » mais lui suggéra de se maîtriser « pour dissiper les inquiétudes ». Quelles inquiétudes ? Celles de l'impératrice, peut-être. Mais sûrement aussi de Potemkine, cet hypocondriaque qui se rongeait les ongles. Quoi qu'il en soit, Zavadovski s'aperçut que, sachant qu'il n'allait pas rentrer en grâce, les courtisans ne lui accordaient plus guère d'attention. Il retourna à son travail. Le personnage de Zavadovski, pour sa diligence à servir l'État et le romantisme de ses affres, suscite la sympathie, mais il passa également les vingt années qui suivirent à geindre auprès ses amis à propos de la toute-puissance et de l'extravagance de Potemkine. Il resta fidèle à Catherine et ne se maria que dix ans plus tard. Et, quand il fit construire son palais à Ekaterinodar (baptisé le Cadeau de Catherine) – avec ses deux cent cinquante pièces, ses porcelaines, ses cheminées en malachite, sa bibliothèque complète –, la pièce maîtresse en était une statue grandeur nature de Catherine. Mais il n'était pas non plus un favori comme les autres car, si l'impératrice ne lui confia jamais un pouvoir politique indépendant comme elle l'avait fait avec Potemkine, il connut une brillante carrière sous Catherine et plus tard[1].

1. Alexandre Ier fit de lui le premier ministre russe de l'Éducation.

Catherine était amoureuse de Zoritch. Potemkine était satisfait de son ancien aide de camp et lui offrit une plume de diamants pour son chapeau et une canne magnifique. Catherine, qui se donnerait tant de mal pour que ses favoris respectent Potemkine, écrivit : « Mon cher prince, j'ai reçu la plume, l'ai donnée à Sima et Sima la porte, grâce à vous. » Le roi Gustave III de Suède, d'une grande vanité, se trouvant en visite en Russie, elle compara en riant les deux dandys. Zoritch, qui aimait à se pavaner dans les habits les plus luxueux, ressemblait à un coq de combat au beau plumage, mais le *vrai sauvage** fut bien vite dépassé. Il était également affligé du mal de l'époque : les jeux de hasard. Une fois Catherine remise de son engouement pour sa beauté et sa vigueur, elle se rendit compte qu'il risquait de la compromettre. Ce n'était pas le jeu qui lui importait – l'impératrice jouait chaque jour et Potemkine toute la nuit –, mais son incapacité à comprendre quelle était sa place vis-à-vis du prince.

En quelques mois, tout le monde savait qu'elle devrait s'en défaire et les diplomates, une fois de plus, tentèrent de deviner qui serait le prochain amant. « Il y a un candidat perse en cas de démission de monsieur de Zoritch », écrivait Sir James Harris dès le 2 février 1778. Mais Zoritch continuait de se pavaner, clamant à haute voix que, s'il était rejeté, il était « résolu à demander des comptes à son successeur » – en d'autres termes, à le provoquer en duel. Ce fanfaron tout en muscles menaçait sérieusement la réputation de la cour de Catherine. Loin de retarder sa chute, comme il le pensait sans doute, c'était exactement le genre de comportement qui la rendait inévitable. « Par Dieu, grondait-il, je couperai les oreilles de celui qui prendra ma place. » Harris ne fut pas long à croire qu'il avait repéré un autre candidat pour le rôle de favori. Comme tous les diplomates, Sir James estimait qu'il était « probable que Potemkine se verra[it] ordonner de rechercher un nouveau mignon » et, ajoutait-il, « j'ai entendu dire [...] qu'il avait déjà choisi un certain Atcharov – un lieutenant de police de Moscou, d'âge moyen, bien fait, plus un Hercule qu'un Apollon ».

Trois mois plus tard, se trouvant avec la cour à Tsarskoïé Selo pour l'été, Zoritch y resta. Quand l'impératrice se rendit au théâtre, Harris prétendit que le prince lui avait présenté un « grand officier des hussards, l'un de ses aides de camp. Elle l'a longuement considéré ». Dès que Catherine fut partie, Zoritch « tomba sur Potemkine de fort violente manière, en des termes des plus insultants et exigea de se battre avec lui ». Potemkine rejeta avec mépris cette requête insolente. Zoritch fit irruption dans les appartements impériaux et se vanta de ce qu'il avait fait. « Quand Potemkine apparut, il fut mal reçu et Zoritch semblait en faveur. »

Potemkine quitta Tsarskoïé Selo et rentra en ville. Mais, comme c'est souvent le cas avec Potemkine et Catherine, les apparences étaient trompeuses. Le *sauvage** reçut l'ordre de galoper jusqu'à Saint-Pétersbourg dans le sillage du prince et eut l'humiliation de devoir l'inviter à souper afin de s'en faire un ami. Le Sérénissime revint. Le souper eut lieu : « Ils sont apparemment de bons amis. » Zoritch avait fait l'erreur de contrarier le prince Potemkine, bien que cela ne fût pas décisif en soi, puisque presque tous les favoris finissaient par lui déplaire à un moment donné. Mais Sir James avait pris la mesure de la personnalité de Potemkine : un « homme habile », qui, « à la fin, aura[it] raison de la brusquerie de Zoritch ».

Et à peine six jours plus tard, en effet, Harris fit état du renvoi de Zoritch, qui « lui a[vait] été très gentiment signifié par l'impératrice elle-même ». Zoritch explosa et se laissa aller à d'amers reproches, probablement au sujet de Potemkine. Il s'était déjà vu attribuer le domaine, d'une grande valeur, de Chklov, ainsi que sept mille âmes et une « énorme somme d'argent liquide ». Sa présence fut notée à la cour pour la dernière fois le 13 mai. Le lendemain, Catherine dînait avec le Sérénissime au palais Kerekinski, sur le chemin du retour depuis Tsarskoïé Selo : « L'enfant est parti et c'est tout, écrivit-elle après avoir débattu des plans militaires de Potemkine, quant au reste, nous en discuterons ensemble. » Elle faisait sans doute allusion au nouvel objet de son bonheur.

Au Kerekinski, le prince Potemkine arriva avec le « commandant Ivan Nikolaievitch Rimski-Korsakov ». Au moment où Catherine se sépara de Zoritch, elle s'était bien sûr déjà entichée d'un nouvel ami. Zoritch en était encore à lancer ses menaces fanfaronnes que Rimski-Korsakov était nommé aide de camp de Potemkine le 8 mai. Loin d'être une hédoniste sans cœur, Catherine traversait toujours des crises émotionnelles, quand elle ne s'effondrait pas totalement à l'occasion de ces changements. Zoritch ruminait toujours à Saint-Pétersbourg quand, selon Harris, Catherine envisagea de rappeler le « simple et calme » Zavadovski. Potemkine, « plus habile que tout autre quand il s'agit de parvenir à ses fins, sut jouer sur ces bonnes dispositions ». Il « présenta » Korsakov « au moment critique ».

Quelques jours plus tard, l'impératrice, entourée de sa cour et d'une grande partie de la famille de Potemkine, dont deux de ses nièces, s'en fut séjourner dans une autre des propriétés du prince « afin d'oublier ses soucis [...] en compagnie de son nouveau mignon ». Le domaine en question était Eschenbaum (Ossinovaïa Rotcha) « aux confins de la Finlande ». Quand on lit la lettre adressée par Catherine à Grimm depuis Eschenbaum, où elle vantait la vue des lacs et des forêts de sa fenêtre tout en maugréant que son entourage avait dû s'entasser dans à peine dix pièces, on ne peut certes pas se douter que sa nouvelle passion s'était déjà heurtée à un obstacle. L'aide de camp de Potemkine était l'objet des attentions de deux rivales, deux femmes d'âge moyen, puissantes et libidineuses.

Il y avait une vingtaine de convives à Eschenbaum, dont, bien sûr, la vieille amie de Potemkine, la comtesse Bruce. La rumeur prétendait qu'elle testait les amants de Catherine. Or, une autre femme – il doit s'agir de la comtesse Bruce – était elle aussi attirée par le charmant Korsakov. Catherine l'avait remarqué et hésita avant de se laisser aller. « J'ai peur de me brûler les doigts et il vaut mieux de ne pas céder à la tentation, écrivit-elle à Potemkine, lui demandant curieusement de lui trouver quelqu'un pour l'aider à garder ses distances. Je crains que ce dernier jour n'ait dissipé cette attraction illusoire qui, je l'espère, n'est pas réciproque et peut facilement cesser grâce à vos conseils astucieux. » De toute évidence, elle voulait l'« enfant » elle-même, mais : « je ne veux pas, tout en le voulant, et je veux, sans le vouloir [...] c'est clair comme le jour ! ». Aussi détourné soit-il, ce charabia montre bien qu'elle était tombée amoureuse, mais qu'elle souhaitait que toute concurrence soit éliminée.

Les « conseils astucieux » de Potemkine résolurent l'affaire. La comtesse Bruce, si c'était elle, s'abstint et Catherine put jeter son dévolu sur son nouveau mignon. Le séjour à Eschenbaum prit fin. Deux jours plus tard, le 1er juin, Korsakov était officiellement nommé aide de camp général de l'impératrice. En cette ère de néoclassicisme, Rimski-Korsakov, âgé de vingt-quatre ans, la frappa immédiatement par sa « beauté antique » à la grecque, si bien qu'elle le surnomma bientôt « Pyrrhus, roi d'Épire ». Dans ses lettres à Grimm, elle affirmait qu'il était si beau qu'il causait « l'échec des peintres, le désespoir des sculpteurs ». Catherine semble avoir alterné entre différents types d'hommes, car Korsakov était aussi élégant et esthète que Zoritch était viril et musclé : des portraits dépeignent ses traits d'un classicisme raffiné. Il aimait chanter, et Catherine dit au prince Orlov qu'il avait une voix « semblable à un rossignol ». On organisa des cours de chant. Il fut submergé de cadeaux – quatre mille âmes et des présents d'une valeur d'un demi-million de roubles. Arrogant, vaniteux et d'une intelligence inférieure à la moyenne, il était « de nature généreuse, mais idiot ».

Une fois de plus, Catherine fut follement heureuse avec son nouveau compagnon : « *Adieu mon bijou**, écrivit-elle à Potemkine dans une lettre résumant leur mariage si particulier. Merci à toi et au roi d'Épire, je suis gaie comme un pinson et je veux que tu le sois tout autant. » L'impératrice étant heureuse, le prince, de plus en plus occupé à diriger l'armée et à gouverner au Sud, avait acquis un tel pouvoir que quand Zavadovski revint enfin à Saint-Pétersbourg pour y trouver un autre favori installé dans ses anciens appartements, il fut choqué que Potemkine « n'a[it] rien contre lui. Au fil des siècles, grommela-t-il à Roumiantsev-Zadounaïski, Dieu n'a créé pareille personne aussi universelle. Le prince P est partout et tout est lui ! ».

Catherine envoyait des lettres passionnées à son « roi d'Épire ». « Mon impatience de voir celui qui est pour moi la meilleure des créatures de Dieu est si grande : je me suis languie durant plus de vingt-quatre heures et je suis allée à sa rencontre. » Ou comme le dit sèchement Harris : « Korsakov jouit de toute l'affection et la faveur que l'on accorde à la nouveauté. » Korsakov appréciait clairement le rôle qui était le sien, peut-être trop. Potemkine suggéra qu'il soit fait gentilhomme de la chambre, mais Korsakov voulut passer directement au rang de chambellan. Lorsque le mignon obtint ce qu'il réclamait, Catherine accorda le même honneur à Pavel Potemkine, pour dédommager le Sérénissime. Bientôt, Korsakov devint major-général ; le roi de Pologne lui adressa l'Aigle d'or, qu'il portait en toutes circonstances. Le désir insatiable de Catherine pour Korsakov transparaît dans ses lettres ; elle lui écrivit, avec une reconnaissance pitoyable : « Je vous remercie de m'aimer. »

Il y avait déjà des signes inquiétants que l'impératrice seule ne pouvait pas, ou ne voulait pas voir. Même dans ses lettres, Korsakov ne semblait jamais se trouver avec elle et elle ne semblait jamais savoir où il était. Elle exprimait vis-à-vis de lui un manque asphyxiant, et il s'efforçait manifestement de l'éviter : « Je suis incapable de vous oublier ne serait-ce qu'un moment. Quand vous verrai-je ? » Rapidement, elle en parut presque fiévreuse : « S'il ne revient pas bientôt, je vais m'enfuir d'ici et aller le chercher dans toute la ville. » C'était cet appétit émotionnel qui dominait Catherine et la rendait étonnamment vulnérable – le talon d'Achille de cette machine politique sinon indestructible.

Il ne fallut pas longtemps avant que Catherine, mordue de ce jeune homme superficiel, ne sombre de nouveau dans le désespoir.

Au début du mois d'août 1778, quelques mois seulement après la nomination de Korsakov, Harris signala à Londres que le nouveau favori était déjà en déclin et que Potemkine, Grigori Orlov et Nikita Panine s'efforçaient tous de parrainer son successeur. En quelques semaines, il fut même au courant du « secret dans le bureau du comte Panine, du nom de Strackhov [...] remarqué pour la première fois lors d'un bal à Peterhof le 28 juin ». Si ce lien s'établissait durablement, rapporta Harris a son secrétaire d'État pour le Nord, le comte de Suffolk, « il ne [pourrait] qu'entraîner la chute de Potemkine ». À la fin de l'année, Harris estima que Korsakov était de nouveau bien en place, mais « entièrement soumis aux ordres du prince Potemkine et de la comtesse de Bruce ».

La mention de la comtesse Bruce était de mauvais augure. À la fin de janvier, les candidats au poste de favori se multiplièrent : il y avait toujours Strackhov, dont « les amis nourrissaient de grands espoirs », mais aussi Levachev, un commandant des gardes de Séménovski, qui aurait pu devenir le « favori si un jeune homme du nom de Svickhoski, protégé de madame Bruce [...] ne s'était poignardé de déception. La blessure n'[était] pas mortelle ». Ces on-dit sur les liaisons de Catherine avaient souvent pour sources des ragots sans fondement, mais ces rumeurs diplomatiques étaient le reflet des affrontements politiques sans merci dont la cour était le théâtre, et qui ne tournaient pas uniquement autour de ce qui se passait dans la chambre à coucher impériale. Cependant, Harris était mieux informé que d'autres en raison de son amitié avec Potemkine. À cette époque, même un diplomate récemment arrivé en ville comme Harris savait que la comtesse Bruce avait renoué avec sa « passion violente pour Korsakov ».

Tout Saint-Pétersbourg, à l'exception, hélas ! de l'impératrice elle-même, devait savoir que la comtesse Bruce n'avait renoncé que momentanément à Korsakov. Tous deux résidant dans le palais à quelques mètres de la chambre de l'impératrice, ils vivaient leur liaison sous le nez de Catherine. Il n'est pas étonnant que l'impératrice ait toujours été à la recherche de son favori. La comtesse Bruce, du même âge que Catherine et qui s'était auparavant montrée une courtisane aussi discrète qu'expérimentée, dut perdre la tête face à la beauté du « roi d'Épire ». C'est à cette époque que le Sérénissime et la comtesse Bruce s'éloignèrent l'un de l'autre, peut-être à cause de Korsakov. Potemkine, sans doute au courant de l'affaire presque dès le début, souhaitait éliminer Bruce. Il tenta probablement d'y faire allusion devant l'impératrice avec délicatesse un peu plus tôt, en septembre. Ce qui déclencha une dispute. Les diplomates crurent que c'était parce qu'il était jaloux de Strackhov, le candidat de Panine.

Le prince, qui ne tenait pas à faire de mal à l'impératrice, mais ne voulait pas non plus voir sa réputation ternie pour avoir voulu l'aider, décida de régler la question. Alors que l'impératrice arpentait le palais à la recherche de l'insaisissable Korsakov, une personne fidèle à Potemkine l'orienta vers une certaine pièce. Il s'agit probablement de la nièce préférée de Potemkine, Alexandra Engelhardt, qui était demoiselle d'honneur. Harris aurait entendu cette histoire de la bouche d'Alexandra, puisqu'elle touchait en secret de l'argent d'Angleterre. Catherine surprit son amant et la comtesse Bruce dans une position compromettante, sinon en flagrant délit. C'en fut fini du bref règne de l'« idiot » Korsakov.

L'impératrice, blessée et furieuse, ne fut jamais vindicative. Le 10 octobre 1779, elle écrivait gentiment à Korsakov : « Je vous demande une fois encore de vous calmer et je veux vous donner courage. La semaine dernière, je vous ai démontré que je me souciais de vous. » En dépit des cadeaux somptueux qu'il avait reçus, Korsakov s'attarda à Saint-Pétersbourg et alla même jusqu'à se vanter dans les salons de ses ébats sexuels avec l'impératrice de la manière la plus dégradante. Potemkine, qui aimait trop Catherine pour ne pas intervenir, l'apprit. Alors qu'elle discutait avec lui des récompenses à attribuer à son prochain coup de cœur, le Sérénissime suggéra qu'il fallait imposer des limites à sa générosité envers Korsakov et les autres. Une fois de plus, il la blessa dans sa fierté. La générosité de Catherine était en partie pour elle un moyen de dissimuler la profondeur de ses propres blessures – tout en s'efforçant d'effacer ainsi sa différence d'âge. D'après Corberon, ils se fâchèrent mais finirent par se réconcilier.

Korsakov n'avait pas dit son dernier mot. Il eut le toupet non seulement de tromper l'impératrice, mais aussi celle avec qui il l'avait cocufiée, la comtesse Bruce, en nouant une liaison adultère avec une beauté de la cour, la comtesse Ekaterina Stroganova, qui quitta son mari et son enfant pour lui. C'en était trop, même pour Catherine. L'ingrat fut envoyé à Moscou. Une page de la vie privée de Catherine se tourna lorsque la comtesse Bruce, désormais en disgrâce, abandonna la capitale pour poursuivre le « roi d'Épire » jusqu'à Moscou. Mais il ne voulait plus d'elle, aussi s'en retourna-t-elle auprès de son mari, le comte Yakov Bruce. Et la comtesse se replongea avec délice dans ce jeu de devinettes amoureuses qui était tout aussi populaire que le whist et le faro.

Meurtrie, Catherine tint six longs mois sans être amoureuse de qui que ce soit. C'était dans ces moments où elle se sentait malheureuse, commenta Harris, que le pouvoir de Potemkine ne cessait de croître : retrouva-t-il le chemin du lit de Catherine pour consoler son amie ?

Il est fort probable qu'ils aient temporairement repris leurs vieilles habitudes comme ils le feraient tout au long de leur vie : c'est ce que l'on peut déduire des lettres de Catherine à Potemkine, où elle plaisante sur les savoureux effets des « remèdes chimiques de Cagliostro ». Le comte de Cagliostro, charlatan notoire, était devenu célèbre dans toute l'Europe en 1777, et était très en vue à Mittau, la capitale de la Courlande, avant d'arriver à Saint-Pétersbourg à cet instant précis[1]. Catherine s'enthousiasma pour le « remède chimique de Cagliostro, qui est si doux, si agréable, si pratique qu'il embaume et donne de l'élasticité à l'esprit et aux sens – assez, assez, *basta, basta, caro amico,* je ne dois pas trop t'ennuyer ». Il faut y voir une référence facétieuse à quelque baume magique vendu par un nécromancien bonimenteur – ou aux talents sexuels de Potemkine. Catherine ne tolérant guère l'alchimie, la franc-maçonnerie et la commercialisation de la vie éternelle à laquelle se livrait Cagliostro, mais adorant en revanche les capacités amoureuses de Potemkine, on peut supposer que c'est bien de cela qu'il s'agissait.

Pendant ce temps, les courtisans manœuvraient pour fournir à l'impératrice un nouveau favori. Cette fois, il y eut plusieurs candidats,

---

1. Les lettres mentionnant Cagliostro sont généralement datées de 1774 par V. S. Lopatine et d'autres en raison de la passion sensuelle évidente qu'elles traduisent pour Potemkine. Mais le comte de Cagliostro n'apparut à Londres qu'en 1775-1777, si bien qu'ils n'auraient pas pu parler de lui en 1774. Cagliostro parcourut l'Europe en 1778, connut son heure de gloire à Mittau sous la protection de la famille ducale et de l'aristocratie de Courlande avant d'arriver à Saint-Pétersbourg, où il rencontra Potemkine. Leurs relations sont évoquées dans le chapitre suivant. Dans la lettre où elle regrettait que leur amour n'ait pas débuté « il y a un an et demi », au lieu d'avoir passé du temps avec « Soupe à la glace », Vassiltchikov, on peut considérer qu'elle voulait dire en réalité « un an et demi avant ». Par conséquent, cet échange pourrait dater de 1779-1780, date à laquelle leurs retrouvailles lui remirent sans doute en mémoire cette année et demie perdue.

dont un certain Staniov, qui disparaît ensuite de l'histoire, puis Ivan Rontsov, le fils naturel de Roman Vorontsov, qui, un an plus tard, resurgit à Londres où il prit la tête d'une foule de Cockneys lors des Gordon Riots[1]. Enfin, au printemps 1780, elle trouva le compagnon qu'elle méritait, un jeune homme du nom d'Alexandre Dmitrievitch Lanskoï.

Âgé d'à peine vingt ans alors que Catherine en avait cinquante et un, ce « très beau jeune homme », selon un visiteur anglais, était le plus doux, le plus gentil et le moins ambitieux des favoris de l'impératrice. Sacha Lanskoï « n'avait certes pas bon caractère », déclara Bezborodko, le secrétaire de Catherine, lui-même en pleine ascension, mais, comparé à ceux qui lui succédèrent, « c'était vraiment un ange ». Bezborodko, qui voyait tout depuis le bureau de Catherine, savait de quoi il parlait. Si Lanskoï se laissa entraîner dans au moins une intrigue contre le Sérénissime, il fut également le favori qui fut le plus heureux de rejoindre la grande famille de Catherine et Potemkine. Lanskoï, un chevalier-garde, avait occupé les fonctions d'aide de camp de Potemkine durant quelques mois, et c'est probablement ce qui lui valut d'être remarqué par Catherine. Pourtant, à en croire Harris, qui rencontrait Potemkine presque chaque jour à cette époque, il n'avait pas été le premier choix du prince. Celui-ci n'accepta que parce que l'impératrice le couvrit de présents, en terres et en argent, pour son anniversaire, d'un montant, affirme Harris, de 9 000 roubles, une somme qui dépasse l'entendement. Que Potemkine ait eu ou non un autre candidat, il était d'une grande souplesse sur toutes les questions se rapportant au boudoir, et il soutint donc Lanskoï.

Rapidement nommé lieutenant-général, il fut pour Catherine l'élève et le compagnon idéal. Il n'était pas très instruit, mais désireux d'apprendre. Il aimait la peinture et l'architecture. Contrairement aux autres, il s'efforça d'éviter la politique – même si ce n'était pas tout à fait possible – et il veilla à rester ami avec Potemkine, bien que cela non plus n'ait pas été vraiment faisable. En dépit de son goût pour le faste et de la cupidité de sa famille, Lanskoï fut le meilleur de ses mignons, car il adorait sincèrement Catherine et elle le lui rendait. Pendant quatre ans, elle vécut une relation stable avec Lanskoï à ses côtés, calme et d'humeur égale.

1. Gordon Riots, ou « émeutes de Gordon », manifestations anticatholiques qui ensanglantèrent Londres en juin 1780.

En mai 1781, il y eut une légère tension entre eux. Harris entendit les rumeurs habituelles disant que Catherine avait une aventure avec un nouveau favori, Mordvinov, mais que Potemkine avait aidé l'impératrice et Lanskoï à traverser cette période difficile dans leur relation. Si Catherine flirta avec quelqu'un d'autre, Lanskoï, lui, n'était « ni jaloux, inconstant, ni impertinent et il déplor[ait] la honte [...] de façon si intense » que l'amour de Catherine se ranima et qu'elle ne put plus supporter de se séparer de lui. Ils s'installèrent avec bonheur dans une relation qui, espérait-elle, durerait jusqu'à ce qu'elle meure.

Potemkine tirait un parti considérable du système des favoris. Quand Catherine vivait une relation stable, cela lui donnait le temps de se faire sa place dans l'Histoire. C'est au cours de ces années heureuses avec Lanskoï que Potemkine devint un homme d'État – il réorienta la politique étrangère russe, annexa la Crimée, fonda des villes, colonisa des déserts, fit construire la flotte de la mer Noire et réforma l'armée russe. Toutefois, à la fin de sa vie, la carrière sexuelle de Catherine était déjà à la fois une légende et un sujet de plaisanterie.

En Russie, la désapprobation que suscitait le comportement moral de Catherine et Potemkine coïncidait souvent avec une opposition politique à leur pouvoir parmi leurs détracteurs, comme Simon Vorontsov et l'entourage de la « Jeune cour » du grand-duc Paul, tous deux exclus du pouvoir. *De la corruption des mœurs,* du prince Mikhaïl Chtcherbatov (publié longtemps après la mort de Catherine), exprime le point de vue d'un aristocrate orthodoxe classique qui reproche presque toute la licence morale du XVIIIe siècle à Catherine et Potemkine. Ses critiques accusaient son système de favoritisme d'influencer l'atmosphère de la cour : « Elle a donné à d'autres femmes l'exemple d'une longue [...] succession d'amants », grondait Chtcherbatov. Quant au malfaisant marionnettiste, Potemkine, il incarnait « l'amour du pouvoir, l'ostentation, la satisfaction de tous ses désirs, la gloutonnerie et donc le luxe à table, la flagornerie, l'avarice, la rapacité ». En d'autres termes, le prince était la source de « tous les vices connus dans le monde entier dont lui-même abonde ».

Ces balivernes émoustillantes atteignirent leur paroxysme dans les dernières années du règne de l'impératrice, quand nul étranger ne pouvait plus parler de la Russie sans évoquer le sujet de la sexualité de Catherine. Quand John Parkinson, le bavard doyen d'Oxford, se rendit en Russie après la mort de Potemkine, il collecta puis diffusa tous les ragots qu'il put trouver et les rattacha à la vie amoureuse de

Catherine, y compris la construction de canaux. « Un groupe s'interrogeait pour savoir lequel des canaux avait coûté le plus d'argent, quand l'un d'eux fit remarquer que la réponse était évidente. Le Canal de Catherine (tel est le nom de l'un d'entre eux) avait sans aucun doute été le plus coûteux. » Même l'éminent Sir George Macartney, l'ancien ambassadeur, plus tard salué pour sa mission de diplomate précurseur en Chine, et qui avait été rappelé pour avoir eu un enfant avec une demoiselle d'honneur impériale, s'abaissa à prétendre que le goût de Catherine pour les hommes russes était dû au fait que « les nourrices russes auraient, dit-on, coutume de tirer constamment dessus quand l'enfant est jeune, ce qui a l'effet remarquable d'allonger l'instrument viril ». Dans leurs dépêches, les diplomates ironisaient sur les « fonctions » et les « devoirs », et troussaient des plaisanteries qui feraient rougir la presse à scandales d'aujourd'hui. Mais ils étaient la plupart du temps mal informés et les historiens se sont contentés de répéter les mensonges en accord avec le fantasme typiquement masculin sur la voracité sexuelle des femmes de pouvoir. Rares sont les sujets de l'histoire qui furent si délibérément mal interprétés.

La nature du « favoritisme » tenait à la position particulière de l'impératrice et à sa relation unique avec Potemkine. Il était indéniable que quiconque devenait le favori de Catherine se retrouvait pris dans une relation à trois, et non deux, participants. Le favoritisme était nécessaire car Catherine vivait dans un univers masculin. Elle ne pouvait pas officiellement se remarier et, que ce soit au regard de la loi ou dans son cœur, elle avait déjà un mari en la personne de Potemkine. Leurs égo, leurs capacités et leurs sentiments étaient trop semblables pour qu'ils puissent vivre ensemble, mais Catherine avait un besoin constant d'amour et de compagnie. Elle rêvait d'être entourée d'une véritable famille et elle était animée de puissants instincts maternels, du désir d'enseigner et d'éduquer. Ces pulsions émotionnelles étaient au moins aussi fortes que ses célèbres appétits sexuels. Elle était de celles qui doivent avoir un compagnon, et souvent ne changeait de partenaire qu'après en avoir trouvé un autre. En général, ce comportement tient davantage de l'insécurité que de la débauche, mais peut-être les deux sont-elles liées. Une autre raison explique pourquoi Catherine, en vieillissant, se cherchait des amants plus jeunes, compromettant ainsi sa dignité et sa réputation. Elle l'avait évoquée elle-même quand elle avait décrit les tentations de la cour d'Élisabeth. La cour était peuplée d'hommes de belle apparence, elle était la souveraine. Catherine se laissait aller parce qu'elle le pouvait – comme l'enfant dans la confiserie proverbiale. Qui n'en aurait fait autant à sa place ?

La position de favori de Catherine se transforma en un poste officiel inhabituel. « Aimer l'impératrice de Russie, expliqua le prince de Ligne, incarnation du charmeur des Lumières qui adorait Potemkine et Catherine, est une fonction à la cour. » Pour ne pas être l'objet de tentatives de séduction désordonnées, Catherine désignait son amant publiquement. Elle espérait que son système de favoritisme mettrait fin aux rumeurs les plus scabreuses. En un sens, elle appliquait les principes des Lumières à ses désirs, certaine que la clarté et la raison permettraient d'endiguer la superstition sous la forme d'insinuations et de ragots.

Il fallait sauvegarder les apparences, mais c'était une époque de franchise sexuelle. Même l'impératrice-reine Marie-Thérèse, moraliste catholique jusqu'au bout des ongles qui présidait un tribunal d'une étouffante rectitude, avait donné à Marie-Antoinette des conseils gynécologiques d'une étonnante absence de pudibonderie lors de son mariage avec Louis XVI. Catherine elle-même se montrait prude en public. Elle gourmandait le comte de Ségur quand il se livrait à des plaisanteries osées, bien qu'il lui arrivât d'en faire elle-même. Alors qu'elle inspectait une poterie, Corberon raconta qu'elle avait lancé une saillie si choquante qu'il l'avait notée en code dans son journal. Il semblerait qu'elle ait gloussé en constatant qu'un des pots ressemblait à un vagin. Plus tard, son secrétaire rapporta qu'elle avait ri sur le fait que, dans la mythologie, les femmes pouvaient toujours imputer leur grossesse à la visite des dieux. Ne se laisser aller qu'à une ou deux plaisanteries salaces durant toute une vie passée sous le regard public, ce n'est pas grand-chose – même si l'on imagine mal Marie-Thérèse faisant de même.

Derrière la façade, Catherine entretenait des relations d'une familiarité discrète avec ses amants. Ses lettres à Potemkine et Zavadovski trahissent sa sensualité animale, comme quand elle disait que son corps avait pris le dessus sur son esprit et qu'elle devait refréner jusqu'au moindre de ses cheveux. Elle aimait manifestement le sexe mais, pour ce que nous en savons, il s'agissait toujours de sexe alors qu'elle se croyait amoureuse. Il n'existe aucune preuve qu'elle ait jamais eu des relations sexuelles avec un homme sans croire que c'était le début d'une longue relation. Ce sont les diplomates qui faisaient circuler des noms en disant qu'ils accomplissaient certaines « fonctions », et c'est cette version des faits qui a depuis toujours été retenue.

Même s'il y eut des relations éphémères et des amours d'une nuit dans sa quête de compatibilité, elles furent rares parce qu'elles étaient difficiles à organiser. Dans le palais d'hiver, par exemple, il aurait été étonnamment compliqué de laisser entrer – et sortir – un amant, même un garde, sans que les autres gardes, les servantes, les valets et les courtisans ne le sachent. Ainsi, quand Catherine rendit visite à Potemkine en 1774, elle ne put entrer dans ses appartements parce qu'il était entouré d'aides de camp qui auraient été choqués de voir apparaître l'impératrice en ces lieux. Elle dut revenir en secret dans ses appartements, alors même qu'il était son favori officiel. Plus tard, quand un de ses favoris passa la nuit dans son boudoir, il en sortit le matin et rencontra son secrétaire, qui consigna l'incident dans son journal.

Catherine passa toute sa vie en public, à un point tel que les paparazzis de notre époque nous paraîtraient presque discrets. Dans son palais, le moindre de ses faits et gestes était observé et commenté. Il est probable que l'on disposerait de bien plus de preuves si des régiments entiers de gardes étaient entrés et sortis clandestinement de ses appartements. Seul Potemkine pouvait faire irruption dans sa chambre quand bon lui semblait, parce qu'un passage couvert menait directement de ses appartements aux siens. Et tout le monde reconnaissait que le prince était unique.

Voici comment les favoris accédaient à la chambre impériale et comment ils y vivaient. L'histoire d'amour de Catherine devenait une institution du jour où il était annoncé dans le Journal de la cour que le jeune homme en question, la plupart du temps un garde de la petite noblesse provinciale et donc pas le rejeton d'un grand, avait été nommé aide de camp de l'impératrice. Dans bien des cas, comme nous l'avons vu, ces messieurs étaient déjà aides de camp de Potemkine, un poste grâce auquel ils se trouvaient régulièrement en contact avec Catherine. Ainsi, chaque fois que les diplomates écrivaient fébrilement que Potemkine avait présenté un officier à Catherine, cela pouvait vouloir tout dire, ou absolument rien[1]. Cependant, on perçoit que

1. Parmi les quelques aides de camp de Catherine se trouvait son favori du moment, mais aussi les fils de grands de l'empire et plusieurs neveux de Potemkine. La situation fut encore compliquée quand, en juin 1776, Potemkine créa le grade d'aide de camp de l'impératrice dont les fonctions (établies de sa propre main et corrigées par Catherine) étaient d'assister les autres aides de camp. Le prince avait bien sûr ses propres aides de camp, qui, souvent, rejoignaient ensuite l'entourage de Catherine.

Catherine préférait choisir ses amants dans l'état-major de Potemkine, parce que c'était un peu comme si le prince en personne les avait formés, et ils connaissaient déjà ses habitudes.

Avant d'être nommé aide de camp, le jeune homme avait sans doute déjà franchi plusieurs obstacles. La légende prétend que Potemkine se contentait de choisir le garçon sur une liste de candidats. Ensuite, si Catherine l'aimait, l'« éprouveuse » – sa dame de compagnie, d'abord la comtesse Bruce puis, plus tard, Anna Protassova – l'essayait. Saint-Jean, mémorialiste douteux qui, apparemment, aurait travaillé à la chancellerie de Potemkine, affirma que le prince était devenu une sorte de sexologue : un favori présumé séjournait avec Potemkine pendant six semaines pour y « apprendre tout ce qu'il fa[llai]t savoir » en tant qu'amant de Catherine. Il était ensuite examiné par le docteur Rogerson, l'affable médecin écossais de Catherine, et enfin était envoyé dans la chambre de l'impératrice pour le test le plus important de tous. La quasi-totalité de cette légende, en particulier le rôle de Potemkine, est fausse.

Comment étaient-ils choisis ? C'était une question de hasard, de goût et d'artifice. Beaucoup pensaient que Potemkine jouait effectivement les intermédiaires : « Il tient maintenant le même rôle que la Pompadour vers la fin de sa vie avec Louis XV », affirma Corberon. La vérité est nettement plus complexe, car l'amour y avait sa part, de même que le choix et les sentiments d'une femme aussi digne qu'habile. Personne, pas même Potemkine, n'aurait pu « fournir » des hommes à Catherine. Ils avaient tous deux trop de fierté pour se livrer au jeu du proxénétisme. Il ne lui avait pas « fourni » Zavadovski, qui travaillait déjà pour Catherine. Étant son consort et ami, il avait fini par l'accepter, mais pas avant d'avoir tenté d'obtenir que le terne secrétaire soit écarté. On raconte que Zoritch fut « nommé » par Potemkine. Un échange écrit entre Catherine et le prince, plus tôt dans la journée de son dîner à Ozerki, juste avant que Zoritch devienne le favori, recèle un indice.

Potemkine écrivit à son impératrice pour lui demander humblement de faire de Zoritch son aide de camp à *lui,* et de « lui octroyer le rang que Votre Majesté Impériale jugera nécessaire ». Potemkine cherchait à savoir si Catherine approuvait ou non Zoritch. Elle répondit simplement : « Promu au rang de colonel. » Potemkine tenait à la fois à ce que Catherine soit heureuse et à rester au pouvoir. Peut-être que cette solution indirecte, très éloignée des sous-entendus grivois des diplomates, permettait subtilement à Potemkine de tâter le terrain, en demandant à Catherine si elle voulait de ce jeune homme à la cour ou non, le tout sans compromettre sa dignité.

Une fois qu'elle avait choisi son favori, elle se tournait souvent vers Potemkine en quête de ce qu'elle appelait ses « conseils astucieux ». C'est ainsi que communiquaient sur ces sujets ces deux politiciens avisés et ces deux personnalités d'une grande sensibilité.

Elle faisait ses propres choix. Quand Lanskoï fut désigné, il était l'un des aides de camp de Potemkine, mais le prince souhaitait en fait que quelqu'un d'autre soit le favori. Et, quel que soit le résultat, la concurrence était rude entre les Panine et les Orlov pour présenter des favoris potentiels à Catherine, car on leur accordait une influence nettement supérieure à ce qu'elle était en réalité. Roumiantsev et Panine espéraient l'un et l'autre bénéficier de l'ascension de Potemkine : il causa leur chute à tous les deux.

Les favoris étaient-ils testés par l'« éprouveuse » ? Rien ne le prouve, alors que les témoignages de la possessivité et de la jalousie de Catherine ne manquent pas. Ce mythe repose sur la possible relation antérieure entre la comtesse de Bruce et Potemkine, le fait qu'elle avait eu pour mission d'aller le quérir au nom de l'impératrice au monastère Saint-Alexandre Nevski, et sur sa liaison avec Korsakov, bien *après* le début de la relation de Catherine avec ce dernier. Korsakov, fanfaronnant au lendemain de son renvoi, inventa-t-il cette histoire, peut-être dans le but de justifier son propre comportement ? En ce qui concerne l'examen médical, il n'en existe aucune preuve, mais il semble raisonnable que le docteur Rogerson ait vérifié qu'un jeune garde connu pour ses mœurs légères n'était pas atteint de la vérole avant d'aller coucher avec l'impératrice.

Ensuite, l'heureux homme dînait avec l'impératrice, assistait aux réceptions avec elle puis se rendait au Petit Ermitage pour jouer aux cartes avec son cercle intime – Potemkine, le maître de la cavalerie Lev Narychkine, divers Orlov, assortis, s'ils étaient en faveur, d'une poignée de neveux et nièces de Potemkine, ainsi qu'un ou deux étrangers privilégiés. Elle s'asseyait pour disputer quelques manches de whist ou de faro ou jouait à des jeux de rimes ou des charades. Tous les surveillaient – même si Potemkine était probablement déjà au courant. À 11 heures, Catherine se levait, et le jeune homme l'accompagnait dans ses appartements. Il en irait ainsi presque tous les jours à Saint-Pétersbourg, sauf en cas de cérémonie ou de fête particulière. Catherine fut toujours reconnaissante à Potemkine de ses conseils, sa gentillesse et sa généreuse absence de jalousie dans ces affaires privées – comme elle le lui écrivit après être tombée amoureuse de Korsakov : « C'est un ange – grand, grand, grand merci ! »

Le favori tirait des avantages considérables de sa position, mais ceux-ci étaient contrebalancés par de sérieux inconvénients. Les avantages étaient matériels, assez de terres, de serfs, de bijoux et d'argent pour fonder une dynastie aristocratique. Les inconvénients, eux, étaient tout simplement Catherine et Potemkine.

Le premier avantage – et le symbole réel de la position – était l'installation en un lieu sans égal dans toutes les Russies. Comme pour tout bien immobilier, l'emplacement est primordial. Les appartements dans l'aile du palais réservée à l'impératrice avaient autant de valeur qu'à Versailles. Le nouveau favori prenait possession d'appartements à la décoration somptueuse, aux sols revêtus de tapis verts, reliés à ceux de Catherine par le célèbre escalier. Là, rapporte-t-on, il trouvait une certaine somme d'argent en cadeau de bienvenue – 100 000 roubles ou 10 000 roubles chaque semaine. Mais il n'existe aucune preuve de cet accueil doré, même si nous savons, Vassiltchikov s'étant plaint d'être une « femme entretenue », qu'elle leur offrait régulièrement de généreux cadeaux en liquide pour leur anniversaire, qu'elle leur payait évidemment leurs beaux habits et leur accordait des frais de bouche mensuels. La légende affirme que, en signe de reconnaissance de leur position privilégiée, les favoris versaient alors des pots-de-vin à Potemkine, d'un montant de 100 000 roubles, comme s'ils avaient acheté une ferme fiscale – ou comme s'ils lui louaient *ses* appartements. Même Saint-Jean, pourtant peu fiable, ne croit pas à cette histoire, ce qui en dit long, lui qui, sinon, goba presque tout le reste. Puisque le favori obtenait par la suite des richesses incalculables, il pouvait tout à fait souhaiter remercier la personne qui avait parrainé son ascension au sommet, comme on remercierait un mécène. Mais il est peu probable qu'un provincial sans le sou ait eu 100 000 roubles pour payer Potemkine, même si ce système avait existé. Deux favoris seulement semblent avoir offert des présents à Potemkine après leur nomination, l'un une théière, l'autre une montre en or. En règle générale, Potemkine ne touchait rien.

Le favori et sa famille étaient appelés à s'enrichir considérablement. « Croyez-moi, mon ami, dit Corberon, par ici, c'est là une excellente profession ! » Les étrangers étaient éberlués par le coût de l'entretien, et surtout du renvoi, des favoris. « Pas moins d'un million de roubles par an, à l'exclusion des pensions énormes destinées au prince Orlov et au prince Potemkine », calcula Harris, qui estimait que les Orlov avait reçu dix-sept millions de roubles entre 1762 et 1783. Il est impossible de vérifier ces chiffres, mais Catherine était extrêmement généreuse, même quand elle avait été maltraitée, probablement par culpabilité ou du moins parce qu'elle était consciente de la difficulté du rôle de favori. Peut-être espérait-elle démontrer par sa magnanimité qu'elle n'était pas blessée. Cependant, il n'y avait pas de pénurie de jeunes hommes ambitieux attirés par la position. En effet, alors que l'impératrice se choisissait un nouvel amant, Lev Engelhardt, aide de camp de Potemkine (et cousin de ses nièces), remarqua que, « lors de la messe à la cour, beaucoup de jeunes gens qui pouvaient vaguement se targuer d'une belle apparence se tenaient bien droit dans l'espoir d'assurer aussi aisément leur fortune ».

Cet arrangement peut paraître froid et cynique, mais la relation entre Catherine et son favori aurait difficilement pu être plus indulgente, aimante et confortable. En effet, Catherine fut passionnément éprise de chacun d'eux et les entoura d'amour et d'une attention omniprésente, passant des heures à parler et à lire avec eux. Au début de chaque liaison, elle laissait libre cours à son amour maternel, à une sentimentalité toute germanique et à son admiration pour leur beauté. Elle s'extasiait sur eux devant qui voulait l'entendre, et, comme elle était impératrice, tout le monde était bien obligé de l'écouter. Même si la plupart d'entre eux étaient trop gâtés et stupides pour gouverner, elle aima chacun d'eux, comme si la relation allait durer jusqu'au jour de sa mort. Quand elle prenait fin, elle succombait au désespoir et à la dépression, et souvent les affaires de l'empire s'en trouvaient paralysées pendant des semaines.

Au bout d'un certain temps, la routine impériale devenait atrocement ennuyeuse – les dîners interminables, les parties de whist, et les fonctions sexuelles avec une femme qui, en dépit de tout son charme et de sa majesté, était de plus en plus grosse, souffrait d'indigestion et, en 1780, avait dépassé la cinquantaine. Une fois que s'était estompée l'excitation du luxe et de la proximité avec le pouvoir, cela ne devait pas être facile pour un jeune homme d'une vingtaine d'années. L'affection de Catherine semble avoir été étouffante, pour ne pas dire asphyxiante. Si un favori était doté du moindre talent, de la moindre once de caractère, il devait lui être extrêmement difficile d'accompagner jour après jour une impératrice vieillissante qui le traitait comme un croisement entre un élève bien fait de sa personne et une « femme entretenue ». Un favori parla d'une « prison » pénible. La cour était sans pitié. Les favoris avaient l'impression de vivre au milieu d'une « meute de loups dans une forêt ». Mais elle était également hantée par les jeunes filles de la noblesse les plus riches et les plus en vue, tandis que les favoris devaient passer leurs nuits avec une robuste vieille dame. Ainsi, la tentation de tromper l'impératrice devait être presque irrésistible.

Le rôle de Potemkine dans la vie de Catherine ne faisait qu'empirer les choses. Il devait être intolérable d'apprendre que non seulement ils devaient tenir compagnie à une vieille dame exigeante, mais que les avantages réels de son amour étaient accordés à Potemkine, qu'il leur était ordonné d'adorer autant qu'elle. La plupart des favoris – nous avons vu les commentaires de Vassiltchikov – devaient reconnaître que, même s'ils étaient choyés et entretenus, Potemkine était toujours le « maître » de Catherine, son mari. Catherine elle-même l'appelait « Papa » ou « mon seigneur ». Il n'y avait pas de place pour un autre Potemkine au sein du gouvernement impérial russe.

Même si le favori était amoureux de l'impératrice, comme ce fut le cas de Zavadovski et Lanskoï, rien ne protégeait leur vie privée de Potemkine, dont les appartements étaient reliés à ceux de la souveraine par le passage couvert. Il était le seul homme en Russie qu'il n'était pas nécessaire d'annoncer à l'impératrice. À la fin des années 1770, il était souvent absent, ce qui dut être un soulagement, mais, quand il se trouvait à Saint-Pétersbourg ou à Tsarskoïé Selo, il faisait sans cesse irruption chez l'impératrice comme un ouragan échevelé avec ses peignoirs bordés de fourrure, ses châles roses et ses foulards rouges. Ce qui ne manquait jamais de gâcher la journée du favori – d'autant plus qu'il était peu probable qu'il parvienne à se mesurer à l'esprit du prince ou à son charisme. Rien d'étonnant à ce que Zavadovski en fût réduit à se cacher et à sangloter. Catherine veillait à ce que ses favoris cultivent l'amitié de Potemkine, sous-entendant, implication humiliante, que c'était bien lui l'homme de la maison. Chacun d'entre eux écrivit des lettres flatteuses à Potemkine et Catherine concluait la plupart des lettres qu'elle lui adressait en lui transmettant les compliments du favori et en joignant ses petits billets.

On a clairement le sentiment que Catherine voulait presque que les favoris considèrent Potemkine et elle comme des parents. Son propre fils Paul avait été éloigné d'elle, puis avait sciemment pris ses distances, et elle n'avait pas pu élever Bobrinski, il était donc compréhensible qu'elle traitât les favoris, qui étaient aussi jeunes que ses fils, comme des substituts de ses enfants. Elle affirmait d'un ton maternel : « Je rends service à l'État en éduquant ce jeune homme », comme si elle était une sorte de préceptrice unique se chargeant des dernières années de formation de ses fonctionnaires.

Si elle était la mère, alors son consort, Potemkine, était le père de cette « famille » étrange. Elle appelait souvent ses favoris l'« enfant » et ils traitaient respectueusement Potemkine, manifestement sur les conseils pressants de Catherine, d'« oncle » ou de « Papa ». Quand Potemkine tomba malade, Lanskoï dut lui écrire : « À l'instant, j'apprends de Madame notre Mère que vous, mon Père le prince Grigori Alexandrovitch, êtes souffrant, ce qui nous inquiète grandement. Je vous souhaite de tout cœur d'aller mieux. » Quand il ne l'appelait pas Père, Lanskoï écrivait : « Mon cher oncle, je vous remercie beaucoup pour la lettre que j'ai reçue de vous. » Puis, tout comme Catherine, il ajoutait : « Vous ne pouvez imaginer à quel point l'on s'ennuie sans vous, Père, venez dès que possible. » Plus tard, quand Potemkine fut gravement malade, dans le Sud, Lanskoï lui écrivit : « Notre incomparable Mère Souveraine [...] pleure sans interruption. » Lanskoï en éprouvait peut-être du ressentiment mais, avec sa nature affectueuse, il s'attacha bel et bien à ce qui était effectivement une famille improvisée. Comme nous le verrons dans le chapitre suivant, son étrange symétrie était complétée par la présence des nièces de Potemkine.

Ce n'était pas à sens unique. Le Sérénissime traitait lui aussi les favoris comme ses enfants. Lorsque le rétif Zoritch fut renvoyé, Potemkine écrivit généreusement au roi Stanislas-Auguste en Pologne pour s'assurer que le favori déchu y recevrait un bon accueil. Le prince expliqua au roi que, du fait de cette « malheureuse affaire », Zoritch avait « perdu pour un temps dans ce pays les avantages qu'il méritait pour ses qualités martiales, ses services et sa conduite au-dessus de tout reproche ». Le roi de Pologne prit soin de Zoritch au cours de ses voyages. « J'ai grand plaisir à vous obliger », déclara-t-il à Potemkine. Nous savons par les lettres de remerciement de Lanskoï que le prince lui adressait des notes aimables et des oranges, et qu'il soutenait la promotion des membres de sa famille.

Les favoris courtisaient Potemkine pour la plus simple des raisons : alors qu'ils devaient accompagner Catherine dans ses repas et lui faire l'amour pendant la nuit, Potemkine, lui, avait le pouvoir. Il fallut des années aux courtisans et aux diplomates pour qu'ils comprennent que les favoris étaient *potentiellement* puissants, mais seulement s'ils parvenaient en quelque sorte à écarter Potemkine. Les dames de compagnie de l'impératrice, les médecins et les secrétaires avaient tous de l'influence, mais les favoris en avaient un peu plus parce qu'elle les aimait. Toutefois, ces « subalternes éphémères » n'eurent aucun pouvoir réel, même dans sa vieillesse, tant que Potemkine fut en vie. Ils étaient, dit le comte von der Goertz à Frédéric II, « expressément choisis pour n'avoir ni talent ni les moyens d'exercer [...] une influence directe ».

Un homme a besoin du prestige public pour se faire obéir et user du pouvoir. Le système même des favoris ne leur garantissait qu'un prestige limité. « Cette façon définitive qu'elle avait de proclamer leur position [...] était précisément ce qui limitait l'importance des honneurs qu'elle leur accordait, observa le comte de Damas, qui connaissait bien Catherine et Potemkine. Ils prenaient quotidiennement le pas sur elle dans les petites choses, mais jamais ils ne s'imposaient dans les grandes affaires. » Seul Potemkine et, dans une moindre mesure, Orlov virent leur prestige accru en devenant les amants de Catherine. D'ordinaire, l'ascension d'un nouveau favori était un « événement sans importance pour qui que ce soit sauf pour les parties concernées, expliqua Harris à son secrétaire d'État, le vicomte Weymouth. Ce sont [...] des créatures choisies par Potemkine et leur changement ne servira qu'à accentuer son pouvoir et son influence ». Donc, s'ils se maintenaient en place, ils étaient ses hommes ; s'ils étaient renvoyés, il profitait de la crise. C'était du moins la théorie, mais les choses ne furent jamais aussi claires.

La légende dit que Potemkine pouvait les faire expulser quand bon lui semblait. Tant que Catherine était heureuse, Potemkine pouvait continuer à gouverner sa part de l'empire. Il tenta bien d'obtenir le départ de *tous* les favoris à un moment ou un autre. Mais Catherine ne se défit que d'un seul favori parce que Potemkine l'avait exigé. D'habitude, elle était amoureuse d'eux et ignorait ses ronchonnements. Le Sérénissime, qui n'était ni rigide ni vindicatif, coexistait alors avec bonheur avec eux jusqu'à ce que survienne une autre crise. Il savait que les moins malins des favoris croyaient pouvoir le supplanter. Ce qui, souvent, aboutissait à leur départ.

En général, les favoris précipitaient leur propre déchéance, soit en trompant l'impératrice comme Korsakov, en sombrant dans un profond malheur comme Zavadovski et Potemkine lui-même, soit en se laissant entraîner dans des intrigues maladroites contre Potemkine, comme Zoritch, ce qui amenait l'impératrice à se lasser d'eux. Lorsque Potemkine réclamait leur renvoi, ce qu'il faisait régulièrement, elle devait sans doute l'inviter à s'occuper de ses affaires, avant de lui offrir un nouveau domaine ou d'admirer les derniers plans de ses villes. Parfois aussi, elle lui reprochait de ne pas lui dire quand ils la trompaient, mais il est probable qu'il savait qu'elle était si amoureuse sur le moment que cela n'aurait servi à rien.

Le prince aimait se vanter que Catherine avait toujours besoin de lui quand les choses allaient mal, tant sur le plan politique qu'amoureux. Durant les crises du boudoir, il lui devenait particulièrement indispensable, comme l'indiqua Harris à Londres lors du léger froid entre Catherine et Lanskoï en mai 1781 : « Ces révolutions sont des moments où l'influence de mon ami est sans limites et où rien de ce qu'il demande, aussi extravagant que celui puisse être, ne lui est refusé. » Mais il ne s'agissait sans doute pas que de cela.

En temps de crise, comme quand elle avait été humiliée par Korsakov, il redevenait son mari et amant. « Quand toutes les autres ressources ne lui suffisent plus pour obtenir ce qu'il veut, commenta l'envoyé autrichien, le comte Louis Cobenzl, l'un des rares étrangers à vraiment connaître Catherine et Potemkine dans l'intimité, à l'adresse de son empereur Joseph II, il reprend pour quelques jours les fonctions de favori. » Les lettres entre l'impératrice et le prince suggèrent que leur relation était si informelle et intime que jamais ils n'hésitèrent à passer la nuit ensemble tout au long de leurs vies. D'où le choix de certains auteurs de le présenter comme le « *favori-en-chef** », les autres n'étant que des « *sous-favoris** ». Il n'est donc pas surprenant que les « sous-favoris » n'aient pas réussi à comprendre le rôle de Potemkine et aient tenté de comploter contre lui.

Potemkine et Catherine avaient réglé leur dilemme personnel avec la mise en place de ce système formel, censé préserver leur amitié, tenir les amours impériales à l'écart de la politique et garantir le pouvoir politique à Potemkine. Même s'il fonctionnait mieux que la plupart des mariages, il n'était malgré tout pas sans défaut. Personne, pas même ces deux habiles manipulateurs, ne pouvait vraiment contrôler le favoritisme, cette fusion romantique et pratique entre amour et sexe, cupidité et ambition.

Néanmoins, c'était le remède qu'ils avaient trouvé à la jalousie. Si Catherine était vraiment enfin heureuse avec Lanskoï en 1780, elle faisait du même coup preuve d'une absence totale de jalousie vis-à-vis des frasques scandaleuses de Potemkine. « Cette mesure a renforcé le pouvoir de Potemkine, dit Harris à Weymouth, que rien ne peut détruire à moins que ne se vérifie une certaine rumeur. » Quelle rumeur ? Celle qui prétendait que Potemkine comptait « épouser sa nièce préférée ».

12

Ses nièces et lui

« Il y avait un homme, si toutefois c'était un homme ;
non que sa virilité pût être mise en question. »

Lord Byron, *Don Juan*, Chant VII, 36

Quand les cinq sœurs Engelhardt arrivèrent à la cour en 1775, belles filles de province, à peine instruites et orphelines de mère, elles furent immédiatement transformées par leur oncle en des créatures raffinées, et traitées comme des membres de la famille impériale, « presque comme des grandes-duchesses ». Lorsque Potemkine mit fin à sa relation avec l'impératrice de Russie, il se rapprocha aussitôt de Varvara Engelhardt, sa superbe nièce encore adolescente. Il ne fallut pas longtemps avant que les potins de la cour affirment que le prince décadent avait séduit chacune de ces cinq jeunes filles.

De nouveau plus ou moins célibataire, Potemkine s'abîma immédiatement dans un imbroglio de liaisons secrètes et publiques avec des aventurières et des aristocrates, si étroitement liées qu'elles fascinèrent son époque et sont encore aujourd'hui difficiles à démêler. « Comme Catherine, c'était un épicurien, écrivit le comte Alexandre Ribeaupierre, fils d'un aide de camp de Potemkine, qui épousa sa petite-nièce. Les plaisirs sensuels occupaient une place importante dans sa vie. Il aimait passionnément les femmes et rien ne pouvait s'opposer à ses passions. » Il pouvait désormais recommencer à vivre comme bon lui semblait. Se levant tard, rendant visite à Catherine par le passage couvert, il oscillait en permanence entre un travail acharné et un hédonisme fébrile, entre de longues séances de rédaction de documents politiques et de créativité stratégique, et des aventures amoureuses, des débats théologiques et des beuveries nocturnes jusqu'à l'aube, autour des tables de jeu recouvertes de feutrine verte.

Rien ne choqua tant ses contemporains que la légende des cinq nièces. Tous les diplomates écrivirent à ce sujet à leurs monarques captivés avec une délectation à peine dissimulée : « Vous aurez une idée de la morale russe, déclara Corberon à Versailles où régnait le prude nouveau roi Louis XVI, par la façon qu'a le prince Potemkine de protéger ses nièces. » Pour mieux souligner l'horreur de cette situation immorale, il ajouta dans un frisson : « Il en est une qui n'a que douze ans et qui subira sans aucun doute le même sort. » Simon Vorontsov aussi était dégoûté : « Nous avons vu le prince Potemkine faire de sa propre famille un harem dans le palais impérial dont il occupait une partie. » Quelle « scandaleuse impudence ! ». Pour ses contemporains, ce scandale était une réalité, mais séduisit-il vraiment ses cinq nièces, jusqu'à la plus jeune ?

Les « presque grandes-duchesses » devinrent les grâces dorées de la cour de Catherine, les plus riches héritières de Russie et matriarches de bien des dynasties aristocratiques de l'empire. Aucune n'oublia jamais qui elle était et qui était son oncle : leurs vies furent illuminées par leur statut quasi royal et le prestige du Sérénissime, qui fit d'elles des mythes.

Cinq seulement des sœurs Engelhardt jouèrent un rôle à la cour parce que l'aînée, Anna, avait quitté la maison et épousé Mikhaïl Joukov avant l'ascension de Potemkine, bien qu'il ait veillé sur le couple et promu le mari gouverneur d'Astrakhan. La deuxième, la redoutable Alexandra Vassilievna, âgée de vingt-deux ans en 1776, fut la nièce préférée de Potemkine, son amie la plus chère en dehors de l'impératrice. Déjà femme quand elle arriva à la cour, il lui fut difficile de s'adapter au raffinement ambiant. Mais elle était aussi hautaine que Potemkine l'avait été, « intelligente et volontaire ». Douée d'une « sorte de grandeur », elle s'en servit pour masquer son « manque d'éducation ». Elle était faite pour les affaires et la politique, mais aussi pour l'amitié. Ses portraits nous la décrivent comme une brune mince, les cheveux coiffés en arrière, avec des pommettes saillantes, des yeux bleus lumineux et intelligents, une bouche large et sensuelle, un petit nez et une peau d'albâtre, associant la sveltesse et la grandeur d'une femme qui était membre d'honneur de la famille impériale et la confidente de son plus grand homme d'État.

La troisième sœur était Varvara, vingt ans, qui se fraya un chemin dans la vie grâce à son charme. « *Plenira aux cheveux d'or** », comme la surnommait le poète Derjavine, était admirée pour sa blondeur rayonnante. Même à l'âge mûr, elle conserva sa silhouette élancée, et ses traits furent dépeints par le mémorialiste Wiegel comme « parfaits [...] avec la fraîcheur d'une fille de vingt ans ». Elle n'avait rien d'une politicienne comme sa sœur Alexandra, mais était nerveuse, coquette, capricieuse, colérique et inlassablement exigeante. Nul ne pouvait critiquer son caractère déplorable et ses mauvaises manières quand le prince était encore en vie, mais un jour elle tira une amie par les cheveux ; une autre fois, elle fit fouetter l'intendant d'une de ses propriétés. Elle était dure avec les prétentieux et les corrompus, très bonne avec ses serviteurs, mais pas forcément avec ses serfs. Des années plus tard, il fallut employer la force pour réprimer une révolte paysanne sur ses terres.

Nadejda avait quinze ans, et elle était à la fois rousse et basanée. Elle devait souffrir d'être le vilain petit canard d'une famille de cygnes, mais Potemkine n'en fit pas moins d'elle une demoiselle d'honneur comme les autres. Elle était entêtée et agaçante. Nadejda signifie « espoir » en russe, aussi Potemkine, qui inventait des surnoms pour tout le monde, l'appelait méchamment sa « *beznadejnaïa* », ou « Désespérante ». La cinquième sœur était la paisible et passive Ekaterina, incarnation idéale du physique familial : son portrait par Vigée-Lebrun, peint en 1790, nous montre son visage séraphique encadré de boucles d'un blond auburn et chaud, en train de se contempler dans un miroir. Ekaterina, écrivit Ségur, l'envoyé français, aurait pu « servir de modèle à un artiste pour peindre la tête de Vénus ». Enfin, Tatiana était la plus jeune – elle n'avait que sept ans en 1776 –, mais en grandissant, elle devint aussi belle et intelligente qu'Alexandra. Quand Potemkine eut quitté l'alcôve de Catherine, il tomba amoureux de Varvara.

« Petite Mère, Varenka, mon âme, ma vie, écrivait Potemkine à Varvara. Tu as dormi, petite sotte, et ne t'es souvenue de rien. Moi, en te quittant, je t'ai embrassée et revêtue de la couverture et d'une robe, puis je t'ai bénie. » Il est tout à fait possible de prétendre que c'était là la lettre d'un oncle qui avait simplement bordé et embrassé sa nièce pour lui souhaiter bonne nuit, mais on peut aussi considérer qu'il l'avait quittée le matin après avoir passé la nuit avec elle.

« Mon ange, ta caresse est si agréable, si aimable, prends en compte mon amour pour toi et tu verras que tu es ma vie, ma joie, mon ange, je t'embrasse un nombre incalculable de fois et je pense à toi plus encore. » Même en cette ère de la *sensibilité** et même sous la plume d'un prince émotif et décomplexé, ces sentiments ne sont pas ceux d'un oncle conventionnel. Souvent, il l'appelait « ma douce » ou « mon trésor », « mon âme, ma tendre amante », « ma déesse chérie » et « lèvres adorables ». Et il concluait souvent par : « Je t'embrasse de la tête aux pieds. » Les lettres sont d'une sensualité débridée – tout en restant familiales : « Ma douce, Varenka, mon âme [...]. Adieu, douces lèvres, viens dîner. J'ai invité tes sœurs. » Dans une autre lettre, il lui dit : « Demain, je vais à la banya. » Se souvenant de ses rendez-vous dans la banya du Palais d'hiver avec Catherine, y retrouvait-il également sa nièce ?

Le prince avait maintenant trente-sept ans, dix-sept de plus que Varvara, aussi, tout au moins en termes d'âge, leur histoire d'amour n'avait rien de remarquable. Désormais, les sœurs, ainsi que leur colosse de frère, Vassili, vivaient la journée à la cour et dans les demeures de Potemkine – la maison Chepilev, la maison Anichkov – le soir venu. Ils assistaient à ses dîners et le regardaient jouer aux cartes avec l'impératrice dans son Petit Ermitage. Ses nièces étaient ses plus précieux ornements, ainsi que ses amies, sa famille, son entourage. Pour ce que nous en savons, il n'avait pas d'enfants : elles étaient donc aussi ses héritières. Ce n'est pas un hasard si Varvara devint sa maîtresse, car elle était la séductrice et lui le héros de la famille.

Les lettres sont clairement ceux d'un homme mûr et d'une jeune femme ; par exemple, lorsque Potemkine lui annonça que l'impératrice l'avait invitée à un dîner, il ajouta : « Ma chère, habille-toi fort bien et efforce-toi d'être gentille et belle », lui recommandant de surveiller ses « manières ». Se trouvant peut-être à Tsarskoïé Selo, il lui demanda : « J'envisage de venir en ville demain [...]. Écris-moi où tu as l'intention de me rendre visite – à l'Anichkov ou au palais ? » Varenka voyait souvent l'impératrice et le Sérénissime ensemble. « L'impératrice a été saignée aujourd'hui, il n'est donc pas nécessaire de la déranger, lui dit-il. Je me rends auprès d'elle, puis je viendrai te voir. »

Varenka était amoureuse elle aussi – elle l'appelait souvent « ma vie » – et se souciait, comme toutes ses femmes, de ses maladies tout en profitant de son luxe : « Père, ma vie, grand merci pour le présent et la lettre [...]. Je t'embrasse un million de fois dans mon esprit. » Toutefois, elle commençait à souffrir et à lui chercher querelle. « Il est inutile de me caresser, dit-elle. Écoute, je te le dis aujourd'hui sérieusement [...] si tu m'as aimée un temps, je te demande de m'oublier pour toujours, j'ai décidé de te quitter. Je te souhaite d'être aimé par une autre [...] bien que personne ne t'aimera comme je t'ai aimé. » La plus rouée des sœurs Engelhardt était-elle jalouse d'une autre femme, car il y en avait d'autres en effet, ou faisait-elle simplement semblant de l'être ?

« Varenka, tu es une sotte et une coquine ingrate, lui écrivit Potemkine, peut-être à ce moment-là. Franchement, Varenka se sent mal et Grishenka ne sent rien ? Quand je viendrai, je t'arracherai les oreilles pour cela ! » Est-ce après qu'il avait fait irruption, hors de lui, qu'elle lui déclara : « Bien, mon ami, si c'est moi qui t'ai alors mis en colère, allons, pars ! » Puis elle lui dit qu'elle avait trop dormi et que c'était peut-être pour cela qu'elle était de mauvaise humeur. Ainsi, Varenka boudait et prenait des poses tandis que Potemkine subissait les affres que connaît tout homme mûr qui tombe amoureux d'une jeune fille gâtée. L'impératrice, qui invitait Varvara en toute occasion et était au courant de leur relation, ne s'en souciait pas tant que Potemkine était heureux. À vrai dire, elle faisait tout son possible pour s'assurer que la nièce était en leur compagnie. Lorsque l'une des courtisanes quitta le palais, Potemkine demanda à l'impératrice d'« ordonner à Madame Maltiz[1] de donner les appartements de la princesse Ekaterina à [s]a Varvara Vassilievna ». Catherine répondit : « Je vais l'ordonner. »

La rumeur de cette liaison scandaleuse parvint à Daria Potemkina à Moscou. Consternée, la mère du prince tenta d'y mettre fin. Furieux, le Sérénissime jeta ses lettres dans la cheminée sans les lire. Daria écrivit également à Varvara pour la réprimander. « J'ai reçu des lettres de grand-mère, expliqua Varvara à Potemkine, qui m'ont grandement contrariée. Est-ce la raison de ton départ ? » Puis la jeune fille s'offrit à nouveau : « Mon petit *méchant** chéri, mon ange, ne me veux-tu point, mon trésor adoré ? »

Lorsque Potemkine commença à passer plus de temps dans ses provinces du Sud, Varvara se mit à bouder à la cour. Catherine décida d'intervenir. Harris en eut vent : « Sa Majesté a reproché au prince XXX l'irrégularité de sa conduite avec sa nièce et le déshonneur qu'elle a entraîné. » Harris considérait avec une morale typiquement anglaise cette relation qu'il ne comprenait pas. Indulgente, Catherine taquinait Potemkine à propos de sa nièce-maîtresse, ce qui traduit bien la liberté de leur relation : « Écoute, ma petite Varenka ne va pas bien du tout, c'est ton départ qui en est la cause. C'est très mal

1. Maîtresse des demoiselles d'honneur de l'impératrice.

de ta part. Cela va la tuer, or, elle m'est de plus en plus chère. Ils veulent la saigner. »

Varenka dépérissait-elle par amour pour son oncle ? Ou y avait-il une autre raison ? La rusée jouait peut-être à un double jeu avec le prince. Au début, l'amour était omniprésent dans les lettres qu'elle lui envoyait. Plus tard, le ton changea. Potemkine était toujours amoureux d'elle – mais il savait qu'il faudrait bientôt qu'elle se marie : « Ta victoire sur moi est totale et éternelle. Si tu m'aimes, je suis heureux, si tu savais comment je t'aime, jamais tu ne désirerais autre chose. » Elle était désormais une femme, elle voulait effectivement vivre une autre vie. Elle avait déjà rencontré le prince Serge Fiodorovitch Golitsyne, un autre représentant de cette famille aussi nombreuse que puissante, et était tombée amoureuse de lui.

Nous ne savons pas si Potemkine en eut le cœur brisé pendant longtemps, mais il avait en tout cas décidé que ses nièces devraient faire de magnifiques mariages, leur attribuant des fortunes pour faciliter la chose. La liaison dut donc prendre fin, au nom du devoir familial. « Maintenant, tout est fini, lui écrivit-elle. Je m'y suis attendue à tout instant depuis un mois, quand j'ai commencé à remarquer ton changement d'attitude envers moi. Qu'ai-je donc fait, moi qui suis si malheureuse ? Je te renvoie toutes tes lettres. » Mais les torts étaient, semble-t-il, partagés. « Si je me suis mal comportée, dit-elle, souviens-toi de qui en fut la cause. »

Potemkine se montra généreux. En septembre 1778, « il obtint qu'un prince XXX l'épouse ». Le prince XXX – Serge Golitsyne – accepta. « Ils se sont fiancés en grande pompe au palais avant-hier », nota Harris. En janvier 1779, comme pour tous les mariages des Engelhardt, l'impératrice assista aux noces de Varvara. Varvara et Potemkine restèrent proches tout au long de sa vie, et elle continua à lui écrire des lettres galantes et affectueuses : « Je te baise les mains et te demande de te souvenir de moi, père. Je ne sais pas pourquoi, mais il me semble que tu m'oublies. » Puis, comme tous ceux qui le connaissaient, elle ajouta : « Viens, mon ami, dès que possible, c'est tellement triste sans toi. » Elle signait toujours : « Le petit chat de Grichenka. »

Varvara et Serge Golitsyne vécurent heureux et eurent dix enfants. L'impératrice et le Sérénissime furent marraine et parrain de l'aîné, baptisé Grigori, et qui naquit cette année-là. Les contemporains ont laissé entendre qu'il était le fils de Potemkine. C'était fort possible. Enfant, puis adulte, Grigori Golitsyne afficha une étrange ressemblance avec son grand-oncle – encore un mystère de la consanguinité.

Au lendemain du mariage de Varvara, Harris constata qu'« Alexandra Engelhardt sembl[ait] avoir un pouvoir encore plus grand » sur Potemkine. Apparemment, le prince s'était tourné vers la nièce avec laquelle il avait le plus en commun. Ils ne nous ont pas laissé de lettres d'amour et personne ne sait ce qui se passe derrière les portes des chambres à coucher, mais leurs contemporains étaient convaincus qu'ils étaient amants. Alexandra, ou « Sachenka », était « une jeune femme d'une personnalité très agréable, de bonne composition et d'une aptitude très supérieure à mener des intrigues de cour », précisa Harris avec une admiration mêlée de jalousie, car lui-même intriguait avec ferveur, sans grand succès. Il était sûr que c'était Alexandra qui avait orienté Catherine vers la chambre où elle avait trouvé la comtesse Bruce et Korsakov.

Sachenka devint inséparable de l'impératrice et du Sérénissime. « Si les sentiments de son oncle ne changent pas à son égard, réfléchit Harris, elle pourrait fort bien devenir la confidente [de Catherine]. » Cette relation se fit si étroite qu'une légende absurde se répandit, et fut apparemment crue parmi quelques familles polonaises, selon laquelle Alexandra aurait été la fille de Catherine. Le grand-duc Paul et Alexandra étaient nés en 1754, aussi, d'après cette histoire, Catherine aurait donné naissance à une fille à la place de l'héritier mâle attendu. Elle fit cacher l'enfant et la remplaça par le fils d'une paysanne kalmouk qui finit par régner en tant que Paul Ier. Alors qu'en réalité il lui suffisait d'être la nièce de Potemkine, et elle était en outre naturellement fascinante. La position de Sachenka en tant que membre non officiel de la famille impériale était encore reconnue quarante ans plus tard.

Elle devint l'hôtesse de Potemkine. Qu'elle donnât un dîner, et c'était perçu comme un signe de la faveur du prince. Alexandra, expliqua Harris avec délicatesse à Londres, avait « une notion fort bien ancrée de la valeur des présents ». Elle accepta des cadeaux et de l'argent de l'émissaire britannique – et il la recommanda à Alleyne Fitzherbert, son successeur, en tant que source de renseignements. Femme d'affaires efficace, elle gagna des millions en vendant des céréales et du bois – et, pourtant, elle était célébrée pour sa générosité envers ses serfs. À la fin de 1779, la relation intense entre Potemkine et Sachenka prit fin, mais ils restèrent très proches.

Le prince s'engagea dans une relation durable avec la cinquième sœur – Ekaterina – même si, là encore, aucune lettre d'amour ne le prouve. « Ils parlent même du mariage entre Potemkine et sa petite nièce dont il est plus amoureux que jamais. » Ekaterina – « Katinka », « Katich » ou le « chaton », comme l'appelaient l'impératrice et Potemkine – était la Vénus d'une famille de beautés. « Gracieusement dotée d'un visage ravissant, écrivait Vigée-Lebrun, et d'une douceur angélique, elle avait un charme irrésistible. » Potemkine disait d'elle qu'elle était son « ange incarné » – « et jamais personne ne fut plus justement nommé », rapporta plus tard le prince de Nassau-Siegen à son épouse.

Elle était inculte et peu curieuse, mais tout à fait séduisante. Son tempérament était digne d'une mulâtresse blonde – d'une langueur éternelle et d'une sexualité nonchalante. « Son bonheur, se souvenait Vigée-Lebrun, était de vivre étendue sur un canapé, drapée dans une épaisse fourrure noire sans corset. » Quand les visiteurs demandaient pourquoi elle ne portait jamais les « diamants énormes [...] les plus somptueux que vous pouvez imaginer » que lui avait offerts le « célèbre Potemkine », elle répondait paresseusement : « À quoi bon, pour qui, pour quoi ? » Elle était la « plus douce des trois » nièces-maîtresses et « croyait en l'amour de Potemkine pour ne pas le chagriner ». Elle était trop rêveuse et passive pour lui, qui ne tombait amoureux que de femmes passionnées ou calculatrices. Ainsi, si elle fut celle des trois qu'il aima le moins, c'est avec elle qu'il resta le plus longtemps. Le Sérénissime déclara qu'être son amant, c'était goûter à la quintessence des délices de la chair, un compliment fort peu galant de la part d'un incontestable connaisseur.

À la fin de 1780, les diplomates affirmèrent que le « harem familial » de Potemkine avait provoqué une « querelle diabolique » à la cour. Varvara Golitsyna, obstinée et d'une arrogante respectabilité maintenant qu'elle était mariée, exprima son point de vue sur la vie de l'impératrice. Cette maladresse brutale irrita Catherine. Varvara aggrava encore son cas en clamant haut et fort que le fait d'avoir dit la vérité ne méritait pas le knout. Potemkine était tout aussi furieux, et il la renvoya sur le domaine de Golitsyne. À ce moment gênant, Ekaterina, l'« ange incarné », serait tombée enceinte de son oncle. Le docteur Rogerson lui prescrivit de prendre les eaux dans une station thermale. Le Sérénissime persuada Varvara d'emmener sa sœur. Corberon admira la gestion par Potemkine de ce qui aurait pu être une catastrophe.

Avec son habileté coutumière, il donna l'impression que Varvara se contentait d'accompagner sa sœur pour des raisons médicales au lieu d'être exilée, et qu'Ekaterina, elle, n'était pas renvoyée pour cacher son ventre, mais partait simplement en voyage avec les Golitsyne. Le temps qu'elle s'en aille, elle aurait déjà été enceinte de six mois.

Catherine eut alors une idée qui bouleversa un peu plus Potemkine et déclencha une nouvelle dispute. Quand Ekaterina fut nommée demoiselle d'honneur durant l'été 1777, elle attira immédiatement l'attention de Bobrinski, le fils de Catherine et du prince Orlov, au grand amusement de l'impératrice, qui plaisanta à ce sujet dans ses lettres à Potemkine. Bobrinski tomba amoureux de la jeune fille. L'impératrice, selon Corberon, lui avait même promis qu'il pourrait l'épouser. Bobrinski était un séducteur sans envergure, victime de sa naissance qui faisait de lui à la fois tout et rien. Beaucoup de bâtards royaux menaient de brillantes carrières à l'époque – en particulier le maréchal Maurice de Saxe, au service de Louis XV, fils d'Auguste le Fort de Pologne et de Saxe – mais ce ne fut pas le cas de Bobrinski, qui était un bon à rien notoire. Refusa-t-il finalement d'épouser une jeune fille enceinte de son oncle ? Ou Potemkine s'y opposa-t-il parce qu'il considérait Bobrinski comme un imbécile – et, pire encore, un Orlov ? Ce casse-tête éthique, sexuel et familial nous permet d'entrevoir un peu de la moralité qui régnait à la cour.

Alexis Orlov-Tchesmenski, qui s'était retiré à Moscou et haïssait Potemkine, sentit que le moment était idéal pour se ruer à la curée, et il arriva à Saint-Pétersbourg en septembre 1778 dans l'espoir de renverser le prince. Le Sérénissime afficha « la plus belle humeur et une grande indifférence » tandis que ces deux adversaires titanesques, le Cyclope et le Balafré, étaient publiquement invités à la table de l'impératrice. « C'est au-delà des compétences de ma plume, confia Harris, que de décrire [...] une scène où toutes les passions qui peuvent influer sur l'esprit humain jouaient un rôle dissimulé par tous les acteurs avec l'hypocrisie la plus magistrale. » Orlov-Tchesmenski était décidé à tenter une dernière fois de renverser le Sérénissime qui, dit-il à Catherine, avait « ruiné [son] armée » : « Il n'a de talent supérieur que la ruse » et son seul but est de « s'investir du pouvoir souverain ». Catherine en fut mécontente, mais elle s'efforça de les réconcilier. « Soyez ami avec Potemkine, supplia-t-elle Orlov-Tchesmenski. Convainquez cet homme extraordinaire de se montrer plus circonspect dans sa conduite [...] [et] d'accorder plus d'attention aux devoirs des grands offices qu'il occupe. »

« Vous savez, Madame, répondit le Balafré, que je suis votre esclave [...] si Potemkine trouble votre tranquillité d'esprit, donnez-moi vos ordres. Il disparaîtra sur-le-champ. » Cette offre de tuer Potemkine n'est peut-être qu'un ragot diplomatique, mais tout le monde savait qu'Orlov-Tchesmenski était tout à fait capable de mettre sa menace à exécution. Il en fallait plus pour impressionner Catherine et ce fut là l'ultime soubresaut du pouvoir des Orlov.

En dépit de ces querelles, Potemkine et l'impératrice étaient tellement impliqués à ce moment-là dans la réorientation de la politique étrangère que la position du Sérénissime était tout à fait stable. Quand la dispute s'envenima, Potemkine se contenta de s'absenter, se repliant dans une bouderie diplomatique jusqu'à ce que l'impératrice se soit calmée. Ekaterina revint quant à elle sans l'ombre d'un bébé, pour ce que l'on en sait.

La plus jeune nièce, Tatiana, était déjà « pleine d'esprit » quand, âgée de douze ans en 1781, elle fut nommée demoiselle d'honneur. Quand son oncle partit dans le Sud, elle lui adressa des lettres, d'une écriture laborieuse de petite fille, qui nous donnent des indices sur la nature de la « famille » de Catherine et Potemkine. Elle concluait habituellement comme elle le fit le 3 juin 1785 : « J'attends votre retour avec la plus vive impatience. » Comme tout le monde, Tatiana s'ennuyait sans le Sérénissime : « Je ne sais pas, mon cher oncle, quand j'aurai le bonheur de vous voir, mais ceux à qui je pose la question me disent qu'ils ne savent rien et que vous resterez tout l'hiver. Ah ! Que ce temps me paraîtra long si cela est vrai, mais je ne crois pas ces bouffons. » Il la couvrait de cadeaux généreux : « Mon cher oncle, mille et mille et un million de mercis pour votre gracieux présent, je n'oublierai jamais votre gentillesse et vous prie de continuer pour toujours. Je ferai tout mon possible pour les mériter. » Elle ne devint jamais sa maîtresse.

Tout le clan Potemkine était traité comme un membre de la grande famille de Catherine, dont faisait également partie Lanskoï, son amant. L'impératrice se souciait non seulement des sœurs Engelhardt, mais aussi d'autres représentants de la famille Potemkine – son cousin Pavel Potemkine, après avoir servi contre Pougatchev, devint vice-roi du Caucase, et son frère Mikhaïl inspecteur en chef du collège de la Guerre et l'un des intimes de Catherine. Le vaillant neveu du prince, Alexandre Samoïlov, fils de sa sœur Maria, devint secrétaire du Conseil d'État et un général « courageux mais inutile ». D'autres neveux, tels que Vassili Engelhardt et Nikolaï Vyssotski, fils de sa sœur Pélagueïa, servirent comme aides de camp de Catherine, et furent traités presque comme des membres de la famille.

Sacha Lanskoï, le favori de l'impératrice, se montra très gentil avec les nièces de Potemkine, comme nous le savons par les lettres de Tatiana, encore jamais citées jusqu'à présent. « Monsieur Lanskoï a eu toutes sortes d'attentions », rapporta-t-elle innocemment. Dans une lettre, Tatiana parle à son oncle du grand-duc et de la grande-duchesse : « [Ils] m'ont rencontrée dans le jardin – ils ont trouvé que j'avais bien grandi et m'ont parlé avec beaucoup de gentillesse. » Lorsque, quelques années plus tard, Ekaterina fut mariée et enceinte, c'est Lanskoï qui tint Potemkine au courant de la naissance. « Père, lui écrivit-il, la Souveraine m'a aimablement demandé de m'incliner devant vous et que soit baptisé le bébé [...] je joins ici une lettre d'Ekaterina Vassilievna. » Quelques jours plus tard, il lui apprit que l'impératrice avait de la fièvre, mais que sa nièce reprenait des forces jour après jour.

On a le sentiment que, loin des âpres luttes politiques, l'impératrice, dans une certaine mesure, avait réussi à créer une famille recomposée autour de ses – ou, comme elle le disait, « nos » – « parents » Potemkine et de son bien-aimé Lanskoï. Elle avait choisi sa famille comme d'autres choisissent leurs amis. Il y avait une symétrie entre les favoris de Catherine et les nièces de Potemkine. Quand la politique devenait plus sereine, elle traitait les nièces comme ses filles et les favoris comme ses fils. Ensemble, ils étaient presque les enfants de ce mariage sans enfant et si peu conventionnel.

Les relations de Potemkine avec ses nièces étaient aussi irrégulières que particulières, mais elles n'étaient pas inhabituelles pour l'époque, et Catherine ne semble certainement pas en avoir été choquée. Elle raconte dans ses *Mémoires* comment, au cours de sa propre enfance avant de partir pour la Russie, elle avait flirté (et peut-être plus) avec son oncle, le prince Georg-Ludwig de Holstein, qui voulait l'épouser[1]. Un tel comportement – voire pire – n'était pas rare dans les familles royales. Les Habsbourg épousaient souvent leurs nièces. Au

1. Ce Georg-Ludwig était également l'oncle de son mari Pierre III, qui l'avait fait venir à Saint-Pétersbourg durant son court règne. Ironie du sort, son ordonnance était alors le jeune Potemkine.

début du siècle, le régent de France, Philippe, duc d'Orléans, était censé avoir eu une liaison avec sa fille, la duchesse de Berry[1].

Auguste le Fort, roi de Pologne, Électeur de Saxe et fourbe allié de Pierre le Grand, avait créé un précédent incestueux d'une vigoureuse décadence que même Potemkine ne pouvait égaler. Auguste, bon vivant amateur d'art, sans le sou et politiquement insaisissable, que Carlyle décrivait comme ce « joyeux pécheur, fils de Bélial gai et jovial », avait, selon la légende, non seulement engendré un héritier et trois cent cinquante-quatre bâtards grâce à une légion de maîtresses, mais aussi fait de sa fille la comtesse Orczelska sa maîtresse. Pour compliquer les choses, la fille-maîtresse était elle-même amoureuse du comte Rudorfski, son demi-frère, un autre des enfants naturels d'Auguste. Il en allait autrement pour les roturiers, même si, dans la France du XVIIe siècle, le cardinal Mazarin avait fait de ses nièces – les Mazarinettes – les plus riches héritières du royaume, et des rumeurs couraient sur ses relations avec elles. Par ailleurs, Voltaire vécut la dernière liaison de sa longue vie avec sa nièce avide et aux mœurs légères, Mme Denis, mais il en garda le secret – qui ne fut dévoilé que par leur correspondance. Dans la génération qui suivit Potemkine, Lord Byron fit étalage de sa liaison avec sa demi-sœur, et le prince de Talleyrand se mit en ménage avec la femme de son neveu, la duchesse de Dino.

En Russie, l'inceste entre oncle et nièce était beaucoup plus courant. L'Église orthodoxe fermait les yeux. Nikita Panine aurait entretenu une liaison avec sa nièce (par mariage) la princesse Dachkova – bien qu'elle l'ait nié. Cyrille Razoumovski résidait à Batourine avec la fille de sa sœur Anna, la comtesse S. Apraxina, avec qui il vivait comme mari et femme. Pourtant, la relation incestueuse de ce grand personnage, aussi éminent que respecté, était à peine mentionnée parce qu'elle se déroulait à l'abri des regards, à la campagne. Personne n'en faisait état. Potemkine péchait par sa façon ostentatoire d'aimer. Cela choquait ses contemporains, tout comme la célébrité de Catherine doit beaucoup à la liberté avec laquelle elle s'affichait avec ses favoris : or, ce sont là les deux parties d'un même arrangement. Le Sérénissime lui-même se considérait comme faisant presque partie de la royauté, aussi faisait-il ce qu'il voulait au vu et au su de tous.

Potemkine l'oncle pervers fut crucifié par les historiens pour son comportement, mais ses nièces étaient elles-mêmes des partenaires

1. À sa mort, les ennemis d'Orléans chantèrent : « La pleures-tu comme mari / Comme ta fille ou ta maîtresse ? »

consentantes – Varvara était amoureuse de lui – et elles l'adorèrent tout au long de leur vie. Loin d'être maltraitées et traumatisées, Alexandra et Varvara furent heureuses en mariage, tout en continuant à être proches de leur oncle. Ekaterina, maîtresse occasionnelle pour le restant de ses jours, n'aurait que « toléré » son étreinte, mais c'était une jeune fille alanguie qui « tolérait » tout, son mari, les diamants et le reste : c'était dans sa nature. Il est probable qu'elles vénéraient le protecteur de la famille. Dans leurs lettres, elles se disaient toujours impatientes de le voir. Comme Catherine, elles trouvaient la vie ennuyeuse sans lui. Il n'est pas question d'abus sexuel : en Russie à l'époque, cela devait paraître naturel.

Ses nièces ne furent pas ses seules maîtresses après son départ du boudoir de Catherine. Les archives de Potemkine sont pleines à craquer de centaines de lettres d'amour de femmes inconnues mais semble-t-il follement éprises du géant borgne. Il y a deux sortes de coureur de jupons – le fornicateur mécanique qui méprise ses conquêtes, et l'authentique amoureux des femmes pour qui la séduction est un fondement de l'amour et de l'amitié. Ce qui correspond tout à fait à Potemkine – il adorait la compagnie des femmes. Plus tard, sa cour se trouva si bondée d'étrangers qu'il est impossible de ne pas identifier ses maîtresses. Mais, dans les années 1770, il ne nous reste que des lettres ardentes rédigées dans des écritures féminines ouvragées, et qui demandent : « Comment avez-vous passé la nuit, mon chéri ; mieux que moi. Je n'ai pas dormi une seconde. » Elles n'étaient jamais satisfaites du temps qu'il leur consacrait. « Je ne suis pas heureuse avec vous, écrivit l'une. Vous avez l'air distrait. Quelque chose vous préoccupe sûrement. » Ses maîtresses devaient attendre dans les palais de leurs maris, apprenant par leurs amis et serviteurs ce que Potemkine faisait exactement : « Je sais que vous étiez chez l'impératrice durant la soirée et que vous êtes tombé malade. Dites-moi comment vous vous portez, cela m'inquiète et je n'ai point de vos nouvelles. Adieu, mon ange, je ne peux vous en dire plus, tout m'en empêche [...]. » Elle se termine abruptement – le mari de la dame avait peut-être surgi, aussi transmit-elle sa lettre inachevée par l'entremise de sa fidèle femme de chambre.

Ces femmes se soucient de son état de santé, de ses voyages, du jeu, de sa nourriture. Sa capacité à attirer une telle attention était peut-être le résultat de son enfance, entouré de tant de sœurs aimantes. « Mon cher prince, pouvez-vous faire ce sacrifice pour moi et ne pas consacrer autant de temps au jeu ? Cela ne peut que ruiner votre santé. » Les maîtresses brûlaient de le retrouver en chair et en os : « Demain, il y a un bal chez le grand-duc. J'espère avoir le plaisir de vous y voir. » Vers la même époque, une autre écrivait :

« C'est vraiment dommage que je ne vous aie vu qu'à distance, moi qui voulais tant vous embrasser, mon cher ami [...]. Mon Dieu, c'est une honte et je ne peux le supporter ! Dites-moi au moins que vous m'aimez, mon cher. C'est la seule chose qui peut me réconcilier avec moi-même [...]. Je vous embrasserais bien tout le temps mais vous vous lasseriez de moi bien vite. Je vous écris devant un miroir et j'ai ainsi l'illusion de bavarder avec vous et je vous dis tout ce qui me vient à l'esprit. »

Dans les billets doux de ces inconnues assises en face de miroirs et de pots de fond de teint, environnées de rouleaux de soie, de nuages de poudre, une plume à la main, il y a deux cents ans, nous voyons comme le reflet de Potemkine vivant. « Je vous embrasse un million de fois avant que vous partiez [...]. Vous travaillez trop [...]. Je vous embrasse trente millions de fois et avec une tendresse qui ne cesse de croître [...]. Embrassez-moi dans vos pensées. Adieu, ma vie. »

Pourtant, elles dissimulaient un dilemme poignant lié à la position exceptionnelle qu'occupait Potemkine. Il n'appartint jamais vraiment à personne d'autre. Ses aventures avec ses nièces avaient un sens, car jamais il ne pourrait se marier et avoir une vie de famille normale. S'il était incapable d'avoir des enfants, cette solution était donc doublement adaptée. Il aima bien des femmes – mais il était marié à l'impératrice et à l'empire.

13

Duchesses, diplomates et charlatans

« Ou dans un carrosse doré
Tiré par un splendide tandem
Avec chien, compagnon ou bouffon
Ou – mieux encore – quelque beauté. »

Gavril Derjavine, *Ode à la princesse Felitsa*

« Votre Seigneurie ne peut concevoir le niveau qu'atteint la corruption dans ce pays. »

Sir James Harris au vicomte Stormont, 13 décembre 1780

Durant l'été 1777, le somptueux yacht d'Elizabeth, duchesse de Kingston, également comtesse de Bristol, accosta à Saint-Pétersbourg. La duchesse était une tentatrice sur le retour, considérée à Londres comme adultère, bigame et impudique. Cependant, Saint-Pétersbourg était bien loin de l'Angleterre et les Russes mettaient parfois un temps étonnamment long à comprendre qu'ils étaient les jouets de bonimenteurs. Rares étaient les duchesses anglaises qui se rendaient en Russie à une époque où tout ce qui était anglais était à la mode en Europe. Les marchands d'outre-Manche étaient si nombreux à venir vendre leurs produits aux Russes qu'ils logeaient sur le célèbre « quai des Anglais » à Saint-Pétersbourg. À la cour de Russie, Potemkine était le chef de file des anglophiles.

Déjà aussi cosmopolite que possible pour un homme qui n'avait quitté son pays qu'une fois, Potemkine se préparait à son rôle d'homme d'État en étudiant soigneusement les langues, les coutumes et les mœurs politiques des Occidentaux tout en remplissant sa propre cour – la « *basse-cour** », comme la surnommait Catherine – de ces étrangers douteux qu'attirait la Russie. À la fin des années 1770, il devint à la mode d'ajouter la Russie au Grand Tour entrepris par les jeunes gentilshommes britanniques, et Potemkine en fut l'une des attractions incontournables. La duchesse fut une pionnière dans ce domaine.

Elle fut accueillie par le président du collège de la Marine, Ivan Tchernichev (frère de Zakhar Tchernichev, qui avait été séduit par Kingston quand il était ambassadeur à Londres). Il la présenta à Catherine, au grand-duc et, bien sûr, au prince. Même Catherine et Potemkine furent quelque peu impressionnés par la fabuleuse richesse de cette célèbre aristocrate à bord de son palais des plaisirs flottant, orné des plus belles antiquités d'Angleterre, d'engins mécaniques et de trésors inestimables.

La duchesse de Kingston était une de ces femmes typiques du XVIIIe siècle qui parvenaient à tirer parti d'une aristocratie dominée par les hommes en usant tout au long de leur carrière des armes qu'étaient la séduction, le mariage, la tromperie, l'exhibitionnisme et le vol. Elizabeth Chudleigh était née en 1720 et, à vingt-quatre ans, s'était mariée secrètement à Augustus Hervey, qui, en guise d'alliance, lui passa au doigt un anneau de rideau de lit plutôt qu'un diamant. Héritier du comte de Bristol, il était le descendant d'une famille aussi habile à amasser des richesses que vorace en termes de plaisir. Chudleigh était l'une des plus femmes les plus courtisées et les plus légères de son temps, et devint rapidement une célébrité dans les gravures populaires. Elle recherchait la publicité et ses exploits étaient suivis et diffusés avec force détails. Sa réputation sulfureuse atteignit son apogée quand elle parut, échevelée, dans une robe de gaze translucide, au bal donné par l'ambassadeur de Venise en 1749, vêtue comme Iphigénie au sacrifice – « si nue, commenta Mary Wortley Montagu, fille du premier duc de Kingston, que le grand prêtre pourrait aisément lire les entrailles de la victime ». C'était un spectacle d'une audace si voluptueuse qu'on la vit reproduite avec un sourire narquois dans des centaines de publications. Une image si dévergondée qu'elle aurait même accompli l'exploit de séduire le vieux Georges II.

Après avoir été pendant des années la maîtresse du duc de Kingston, un magnat whig vieillissant, elle l'épousa, devenant du même coup bigame. Quand il mourut, sa fortune fit l'objet d'une vilaine dispute. Sa famille, les Pierrepont, découvrit son mariage avec Hervey et la traîna en justice devant la Chambre des lords, où elle fut jugée coupable en présence de cinq mille spectateurs. Ce qui lui aurait normalement valu d'être marquée au fer rouge – mais Hervey hérita de son comté juste à temps pour lui assurer l'immunité. Elle perdit le duché mais garda l'argent – et continua à se présenter comme une duchesse de toute façon. Elle s'enfuit à Calais, poursuivie par les Pierrepont outrés, et la « comtesse ducale », comme la surnommait Horace Walpole, dota son nouveau yacht d'une salle à manger, d'un salon, d'une cuisine, d'une galerie de peintures et d'un orgue, pillant ce que bon lui semblait dans le manoir de Kingston, Thoresby Hall. Son équipage se livrait à toutes les extravagances imaginables, dont deux mutineries, aussi fallut-il remplacer les marins anglais. Enfin, elle prit la mer avec un entourage coloré, y compris un équipage français, un aumônier anglais qui se prétendait écrivain (et qui était apparemment le correspondant officieux des journaux) et tout un assemblage de canailles et de vauriens.

À son arrivée en Russie, ce cirque déclencha une guerre de chapelle plus à sa place dans les environs de Londres que dans les palais de Saint-Pétersbourg. Kingston organisa un « magnifique divertissement à bord de son yacht » qui fut fidèlement rapporté au *Gentleman Magazine* par son aumônier obséquieux. « Dès que le dîner fut servi, une fanfare composée de fifres, tambours, clarinettes et cors joua quelques marches anglaises [...]. Après le dîner, il y eut quelques concertos à l'orgue installé dans l'antichambre. » La communauté britannique de Saint-Pétersbourg fut scandalisée par l'impudence de cette bigame parvenue qui, à en croire *leur* aumônier William Took, suscitait une réprobation unanime. Mais ces « démonstrations ostentatoires » furent fort appréciées à Saint-Pétersbourg.

La duchesse et son entourage se virent accorder par l'impératrice une maison sur la Neva et commencèrent à passer beaucoup de temps avec Potemkine. En fait, ils étaient plutôt bien adaptés à son *ménage** dissolu. En effet, Potemkine flirta avec la duchesse sourde, outrageusement maquillée et toujours vêtue comme une jeune fille. Mais, en réalité, il s'intéressait à ses antiquités. Un de ses officiers, le colonel Mikhaïl Garnovski, « prit soin » d'elle. Garnovski était ce que l'on pourrait appeler un artisan-soldat : il était l'espion de Potemkine, son conseiller et son agent commercial, et il ajouta le rôle de gigolo à son curriculum vitæ. Il devint l'amant de la duchesse, qui devait passer « cinq ou six heures à sa toilette » et s'apprêtait toujours désespérément comme une coquette. Elle offrit des trésors à Potemkine et un Raphaël à Ivan Tchernichev. Elle voulait ramener Tatiana, la nièce de Potemkine, âgée de huit ans, avec elle afin de lui donner une éducation « kingstonienne », une absurdité que le Sérénissime n'envisagea même pas.

Kingston, qui avait neuf ans de plus que Catherine, avait compté éblouir Saint-Pétersbourg avant de filer rapidement au son des trompettes. Mais tout alla de travers quand, à la joie secrète d'observateurs comme Corberon, la tempête de septembre 1777 fit s'échouer son yacht. Puis son équipage français se mutina à son tour et s'enfuit, obligeant l'impératrice à lui trouver de nouveaux marins et à faire réparer son navire. Quand elle partit finalement, par la terre, la duchesse appelait Catherine sa « grande amie », et était éprise de Potemkine, dont elle disait qu'il était « un grand ministre, plein d'esprit [...] en un mot tout ce qui peut faire un homme honnête et galant ». Catherine et lui l'invitèrent poliment à revenir, bien qu'elle commençât à les lasser. Garnovski l'accompagna à la frontière.

Deux ans plus tard, elle était de retour – comme tous les pique-assiette, elle acceptait toutes les invitations, même formulées à la légère. Elle commanda pour Potemkine un livre magnifiquement relié avec ses titres en argent et diamants, mais comme par hasard il ne lui fut jamais livré. Elle décora une « fort belle » maison à Saint-Pétersbourg, d'après son ancien jardinier à Thoresby, qui travaillait maintenant pour l'impératrice, de « tentures pourpres de Damas » et de « cinq lustres musicaux ! Un bon orgue, de la vaisselle, des tableaux ! ». Elle acheta des domaines en Livonie, dont un à Potemkine pour plus de 100 000 livres sterling, selon Samuel Bentham, un jeune Anglais, et nomma ses terres « Chudleigh », en toute modestie.

En 1780, Catherine et Potemkine commençaient à en avoir assez de « Kingstoncha » – la Kingston. Samuel Bentham aperçut la vieille souillon débraillée chez les Razoumovski, dormant pendant un concert : « Elle était l'objet de la risée de la société. » Mais elle n'avait pas perdu son savoir-faire tout à fait moderne de ce que nous appelons aujourd'hui les relations publiques, et communiquait des histoires mensongères sur son intimité avec l'impératrice aux journaux de Londres. « L'impératrice se montre polie en public, constata Bentham, mais elle n'a pas eu d'entretiens privés [avec Catherine], ce qu'elle [...] a prétendu dans les journaux anglais. » Elle recevait sans cesse, « mais n'attir[ait] que les officiers russes, qui cherch[ai]ent à dîner ». Elle tenta sans succès d'épouser l'un des Radziwill, se rendit à « Chudleigh », puis partit pour Calais. Elle effectua sa dernière visite en Russie en 1784. Quand elle s'en fut enfin en 1785, le temps l'avait rattrapée. Après sa mort à Paris en 1788, Garnovski, à qui elle légua 50 000 roubles dans son testament, réussit à récupérer presque tout ce qui se trouvait à « Chudleigh » et dans trois de ses propriétés, ce qui fut le départ de sa propre fortune.

Les goûts esthétiques du prince furent influencés par la duchesse – en fait, il hérita de ses trésors les plus précieux[1]. Son horloge au paon, réalisée par James Cox, et qu'elle avait apportée à Saint-Pétersbourg en 1778, est l'un des objets les plus raffinés jamais fabriqués : un paon en or resplendissant, avec une queue en éventail, est perché sur un arbre d'or orné de branches et de feuilles, accompagné d'un coq et d'un hibou, dans une cage d'or de douze pieds de haut encadrée de cloches. Le cadran de l'horloge est un champignon avec une libellule qui marque les secondes. Lorsque l'heure sonnait, cette merveilleuse mécanique se mettait soudain en mouvement : le hibou hochait la tête et le paon chantait, relevant noblement la tête, puis faisait la roue dans toute sa gloire[2]. Elle avait également apporté avec elle un orgue-horloge, autre objet d'une beauté à couper le souffle, dont elle devait probablement se servir sur son yacht. Vu de l'extérieur, son large cadran donne l'impression qu'il s'agit d'une horloge comme les autres, mais il s'ouvre pour se transformer en orgue qui joue dans les aigus comme un instrument d'église[3]. Lorsque la duchesse mourut, le prince racheta ces objets et ordonna à ses mécaniciens de les assembler dans son palais.

La duchesse laissa aussi derrière elle un souvenir moins reluisant dans l'entourage de Potemkine. Quand elle revint en 1779, alors encore appréciée, elle amenait dans ses bagages un jeune Anglais qui prétendait être un officier de l'armée, expert dans les affaires militaires et commerciales. Le « commandant » James George Semple avait en effet servi dans l'armée britannique contre les Américains et il était assurément un spécialiste, mais d'un autre genre de commerce. (Un portrait de lui, exposé au British Museum, nous le montre arborant une expression insolente, avec un grand chapeau, une chemise blanche bouffante et un uniforme – la panoplie du bonimenteur.)

---

1. Potemkine exhiba plusieurs des trésors de Kingston lors du bal qu'il donna en 1791, décrit dans le chapitre 32. L'Ermitage, qui détient une grande partie des collections de Potemkine, regorge aujourd'hui des anciennes possessions de la duchesse de Kingston. Garnovski fut puni pour sa cupidité, car l'empereur Paul le fit jeter en prison pour dettes et il mourut dans le dénuement en 1810.

2. L'horloge au paon est une des pièces maîtresses du musée de l'Ermitage. Elle fonctionne toujours.

3. Il se trouve désormais dans le palais Menchikov, qui appartient à l'Ermitage, et joue à midi le dimanche. Grâce à sa musique, on peut entendre les échos du salon de Potemkine il y a plus de deux siècles.

Quand il arriva en Russie, Semple était déjà un voyou célèbre connu comme « l'imposteur du Nord et le prince des escrocs ». Quelques années plus tard, un livre fut d'ailleurs publié à son sujet : *Le Héros du Nord – surprenantes aventures, intrigues amoureuses, curieuses visées, hypocrisie inégalée, évasions remarquables, fraudes infernales, projets retors et autres exploits crapuleux.* Semple avait épousé une cousine de Kingston, mais il était derrière les barreaux pour dettes à Calais tandis qu'elle préparait sa deuxième escapade en Russie. Elle le fit sortir de prison et l'invita à l'accompagner à Saint-Pétersbourg. Il est probable que ce gibier de potence séduisit la comtesse ducale.

Il plut aussitôt à Potemkine. Le prince avait toujours aimé les aventuriers et Semple, comme tous les coquins, vivait de ses boniments. À ses débuts d'homme d'État, alors qu'il rencontrait pour la première fois des Occidentaux, Potemkine était certainement peu regardant quant à ses amis étrangers, mais il préféra toujours les charlatans amusants aux aristocrates ennuyeux. L'imposteur du Nord et prince des escrocs rejoignit la divertissante racaille franco-anglaise qui peuplait la *basse-cour**, dont un mercenaire irlandais du nom de Newton, qui finirait guillotiné pendant la Révolution ; le chevalier de Vivarais, un prêtre défroqué français qui était accompagné de sa maîtresse, et un mystérieux aventurier français, le chevalier de la Teyssonière, qui aidait Corberon à défendre les intérêts de la France. On ne peut que regretter que le plus grand aventurier de l'époque, le cultivé et spirituel Casanova, fût arrivé trop tôt pour Potemkine : ils se seraient sans doute appréciés.

Le cirque international de la *basse-cour** était un microcosme grotesque de l'univers cosmopolite de la diplomatie. Le Sérénissime, tout en travaillant sérieusement à la réforme de l'armée et à la gestion des territoires du Sud, commença à s'intéresser au domaine de Nikita Panine – les Affaires étrangères. Comme la comtesse Roumiantseva l'avait astucieusement fait remarquer à son mari après la fin de la liaison de Potemkine avec Catherine : « L'impulsivité, qui le passionnait autrefois, est terminée. Il mène une vie tout à fait différente. Il ne joue pas aux cartes le soir, travaille tout le temps […]. Vous ne le reconnaîtriez pas. »

Le prince était un diplomate néophyte, mais il était idéalement adapté à la nature des affaires internationales de l'époque. Le monde diplomatique du XVIIIe siècle est souvent décrit comme un ballet élégant où chaque danseur connaissait ses pas dans les moindres détails. Mais c'était un peu une illusion car, si les pas étaient familiers, la musique, à la fin du siècle, n'avait plus rien de prévisible. L'« Ancien système » avait été bouleversé par la « Révolution diplomatique » de 1756. Le fil conducteur de la diplomatie était l'intérêt impitoyable de la *raison d'État**. Tout dépendait du pouvoir de l'État, qui était fonction de la population, de l'expansion territoriale et de la taille de l'armée. L'« équilibre du pouvoir », maintenu par la menace omniprésente de la force, était en réalité un argument en faveur de l'implacable expansion des grandes puissances au détriment des autres. Cela signifiait souvent que si une puissance marquait des points, il fallait que ses rivales y trouvent une compensation, comme la Pologne en avait fait l'expérience en 1772.

Les ambassadeurs étaient généralement des aristocrates cultivés, qui, selon la distance à laquelle ils se trouvaient de leurs capitales, étaient assez indépendants pour appliquer la politique de leurs souverains à leur façon. Mais les initiatives des diplomates pouvaient parfois être dangereusement en décalage avec les intentions de leur gouvernement. Il arrivait que des traités soient signés par des diplomates puis désavoués par leurs propres ministères. Par conséquent, les développements politiques étaient lents et malhabiles, tandis que des courriers allaient et venaient en toute hâte le long de routes boueuses et défoncées, esquivant les coupe-jarrets et séjournant dans des tavernes infestées de rats et de cafards. Les diplomates aimaient à donner l'impression qu'ils étaient des amateurs aristocratiques. Il n'était pas rare, par exemple, que les ambassadeurs britanniques à Paris et français à Londres échangent leur logement et leur personnel jusqu'à ce que leurs missions soient terminées. Les ministères des Affaires étrangères du XVIIIe siècle étaient minuscules : dans les années 1780, le Foreign Office ne comptait qu'une vingtaine d'employés.

La diplomatie était considérée comme la prérogative du roi. Parfois, les monarques poursuivaient des politiques clandestines tout à fait contraires à la mission de leurs propres ministres. C'est ainsi que la politique antirusse de Louis XV en Pologne, connue comme « le Secret », parvint à coûter à la France les derniers vestiges de son influence à Varsovie. Les ambassadeurs et les soldats servaient des rois, non des pays. Comme la *basse-cour** et l'entourage militaire de Potemkine allaient le démontrer, c'était une époque de cosmopolitisme où des étrangers pouvaient servir dans n'importe quelle cour, en particulier dans les domaines de la diplomatie et de l'armée. Notre idée moderne qui veut qu'un homme ne puisse servir que le pays où il est né, aurait semblé stupide et contraignante à ses contemporains.

« J'aime être un étranger partout, dit à sa maîtresse française le prince de Ligne, *grand seigneur** international, aussi longtemps que je vous ai et que je possède quelque bien quelque part. » Il expliquait que « l'on perd son respect pour un pays si l'on y passe trop de temps ». Les ambassades et les armées abritaient diverses nationalités aux talents réputés dans ces domaines : barons de Livonie, marquis italiens, comtes allemands et, les plus omniprésents de tous, Irlandais et jacobites écossais. Les Italiens se spécialisaient dans la diplomatie, tandis que les Écossais et les Irlandais excellaient dans l'art de la guerre.

Après les rébellions de 1715 et 1745, de nombreuses familles celtes s'étaient trouvées éparpillées dans différents pays. Elles étaient surnommées les « oies sauvages » et beaucoup vinrent servir en Russie[1]. Trois familles d'« oies sauvages » – les Lacey, les Browne et les Keith[2] – semblent avoir dominé les armées de l'Europe. Les frères Keith – George, comte-maréchal d'Écosse en exil, et James – devinrent les amis intimes de Frédéric le Grand après avoir servi la Russie contre les Turcs. Lorsque le général James Keith salua un émissaire ottoman durant ces conflits, il fut stupéfait d'entendre une réponse en écossais fuser de sous le turban turc – l'émissaire en question était un renégat de Calédonie, de Kirkcaldy. Lors d'une bataille typique de l'époque, comme Zorndorf pendant la guerre de Sept Ans, les commandants des Russes, des Prussiens et des Suédois voisins s'appelaient Fermor, Keith et Hamilton.

Derrière la rigidité de l'étiquette, les ambassadeurs se livraient à une concurrence sans merci pour influencer la politique et récolter des informations. Les vedettes de ce tournoi sans scrupule étaient de faux aristocrates, des actrices reines du vol à la tire, des casseurs de codes, des coursiers au grand galop, des maîtres de poste qui lisaient le courrier, des servantes, des tentatrices et de nobles dames payés par des gouvernements étrangers. La plupart des dépêches étaient

1. La Russie entretenait un lien particulier avec les Écossais. Ces derniers se russifièrent souvent. Bestoujev, chancelier de l'impératrice Élisabeth, descendait d'un Écossais du nom de Best ; le comte Yakov Bruce était issu de mercenaires écossais ; Lermontov, le poète du XIXe siècle, d'un Learmond dit « Thomas the Rhymer ».

2. Un cousin de Browne était feld-maréchal dans l'armée autrichienne, tandis que George Browne avait rejoint les forces russes. Il fut capturé par les Turcs, vendu trois fois à Constantinople, puis devint gouverneur de la Livonie durant l'essentiel du règne de la Grande Catherine, et mourut à plus de quatre-vingt-dix ans. Le feld-maréchal-comte Lacey devint le plus proche conseiller militaire et correspondant de Joseph II, tandis qu'un autre, le comte Francis Antony Lacey, était ambassadeur d'Espagne à Saint-Pétersbourg et capitaine général de toute la Catalogne.

interceptées par le Cabinet noir, un département secret du gouvernement qui ouvrait, copiait et refermait les lettres, puis en cassait le code. Le Cabinet noir russe était particulièrement efficace[1]. Rois et diplomates tiraient parti de ce système en n'utilisant pas de code quand ils écrivaient quelque chose qu'ils tenaient à faire savoir à un gouvernement étranger – ce que l'on appelait écrire « *en clair** ».

Des ambassadeurs rivaux faisaient appel à un coûteux réseau d'espions, en particulier parmi les domestiques, et ils dépensaient une fortune pour payer des « pensions » à des ministres et des courtisans. Des fonds secrets servaient soit à obtenir des informations (d'où les cadeaux anglais à Alexandra Engelhardt), soit à influencer la politique (Catherine elle-même bénéficia de prêts anglais dans les années 1750). Ces versements n'avaient souvent aucun effet sur la politique générale et l'ampleur de la corruption était largement exagérée. La Russie était réputée pour être particulièrement vénale, mais elle ne l'était probablement pas plus que la France ou l'Angleterre. En Russie, les principaux agents d'influence étaient l'Angleterre, la France, la Prusse et l'Autriche. Tous allaient désormais déployer toutes les armes de leur arsenal pour s'attirer les faveurs de Potemkine.

L'Europe était confrontée à trois sources de conflit en 1778. La France, désireuse de se venger de la guerre de Sept Ans, était sur le point de soutenir les rebelles américains et d'entrer en guerre contre l'Angleterre. (La guerre commença en juin 1778 et l'Espagne se joignit à la France l'année suivante). Cependant, la Russie était beaucoup plus préoccupée par les deux autres points chauds. Le sultan ottoman n'avait jamais accepté les termes du traité de Koutchouk-Kaïnardji de 1774, en particulier l'indépendance de la Crimée et l'ouverture de la mer Noire et de la Méditerranée aux navires marchands russes. En novembre 1776, Catherine et Potemkine avaient dû envoyer une armée en Crimée pour imposer le khan de leur choix, Shagin Giray, face à l'agitation suscitée par Constantinople. Le khanat venait de se révolter contre le protégé de la Russie, et la guerre menaçait de nouveau entre les Empires ottoman et russe.

La troisième source de conflit était la rivalité entre la Prusse et l'Autriche pour la domination de l'Allemagne. La Russie avait toujours

---

1. Le Cabinet noir britannique était redouté car il était basé dans l'Électorat de Hanovre de Georges III, un véritable carrefour géographique qui lui permettait d'intercepter le courrier de toute l'Europe.

eu le choix entre une alliance avec l'Autriche ou la Prusse : chacune avait ses propres avantages. La Russie était alliée à l'Autriche depuis 1726, et ce n'était qu'à cause de Pierre III qu'elle avait penché pour l'option prussienne en 1762. L'Autriche n'avait pas pardonné cette trahison à la Russie, si bien que Catherine et Frédéric étaient en quelque sorte coincés ensemble. Le ministre des Affaires étrangères Nikita Panine avait joué sa carrière sur le maintien de cette alliance, mais le système du Nord – son réseau de puissances du Nord, dont faisait partie la Grande-Bretagne – ne s'était jamais matérialisé au-delà de son implantation prussienne. En outre, il avait donné à Frédéric la possibilité d'exercer sur la politique russe en Pologne et dans l'Empire ottoman une influence qui était presque un droit de veto.

Potemkine, quant à lui, avait toujours considéré que les intérêts de la Russie – et les siens – étaient de pousser vers le sud plutôt que vers le nord. Il ne se souciait des conflits austro-prussien et franco-anglais que dans la mesure où ils affectaient les relations de la Russie avec l'Empire ottoman autour de la mer Noire. Les victoires dans la guerre russo-turque avaient montré que l'alliance avec la Prusse n'était pas adaptée à ses objectifs, tout en exposant la duplicité de Frédéric.

Le Sérénissime commença donc à étudier la diplomatie. « Comme il est courtois avec tout le monde. Il fait semblant d'être gai et bavard, mais il est clair que ce n'est que de la dissimulation. Rien de ce qu'il veut ou demande ne lui sera refusé. » En 1773-1774, Potemkine avait fait la cour « la plus assidue » à Nikita Panine. Le ministre était l'incarnation de la lenteur et de l'opiniâtreté de la bureaucratie russe – avec de petits yeux, ironique et perspicace, il pesait sur la politique étrangère de la Russie comme un crapaud boursouflé et assoupi. Les diplomates considéraient Panine comme « un grand glouton, un grand joueur et un grand dormeur », à qui il était arrivé de laisser une dépêche, sans l'ouvrir, dans sa robe de chambre pendant quatre mois. Il « passe sa vie avec des femmes et des courtisanes de second ordre » avec « tous les goûts et les caprices d'un jeune homme efféminé ». En réponse à la tentative courageuse de l'ambassadeur de Suède d'aborder les affaires de l'État lors d'un repas, il eut ce bon mot : « Il est évident, mon cher baron, que vous n'êtes pas habitué aux affaires de l'État si vous les laissez interférer avec le dîner. » Le ton de Harris masquait mal son admiration quand il expliqua à sa cour : « Vous ne m'accorderez point de crédit si je vous dis qu'en vingt-quatre heures, le comte Panine ne consacre qu'une demi-heure à l'accomplissement de ses fonctions. »

À l'origine, Potemkine « ne pensait qu'à solidement asseoir sa position et ne s'occupait pas des affaires étrangères alors que Panine avait une prédilection pour le roi de Prusse », constatait le roi de Pologne Stanislas-Auguste. Mais maintenant, il commençait à jouer des muscles. Au début de son amitié avec Catherine, il est probable que Potemkine l'avait convaincue qu'il était dans l'intérêt de la Russie de préserver les conquêtes de Pierre le Grand en Baltique et de garder le contrôle de la Pologne, puis de profiter de l'alliance autrichienne pour faire de la mer Noire un lac russe. Catherine n'avait jamais aimé Frédéric le Grand, pas plus qu'elle ne faisait confiance à Panine, mais Potemkine suggérait un bouleversement de la politique russe en se tournant vers l'Autriche. Il faudrait procéder lentement. Mais les tensions avec Panine s'aggravèrent. Un jour, au Conseil, Potemkine signala que de nouveaux troubles avec la Perse menaçaient et il laissa entendre que cela pourrait être profitable pour la Russie. Panine, obsédé par les intérêts russes dans le Nord, s'en prit à lui sans ménagement, et Potemkine, furieux, interrompit la réunion. La rivalité entre les deux hommes d'État et leurs politiques était désormais manifeste.

Panine n'était pas homme à abandonner sans combattre, et Catherine dut agir avec prudence, car Potemkine devait encore faire ses preuves sur la scène internationale. Panine fut de plus en plus nerveux quand il devint clair que Potemkine ne serait pas renvoyé. En juin 1777, Corberon écrivit que Panine avait même dit à un proche : « Attendez. Cela ne peut pas durer. » Mais il n'en fut rien et Potemkine consolida son pouvoir. Catherine poussait délibérément Potemkine dans le domaine de la politique étrangère. Elle lui avait demandé de s'en charger lors de la visite du prince Henri de Prusse. Quand Gustave III de Suède, qui avait récemment réimposé son pouvoir absolu à la suite d'un coup d'État, arriva pour une visite incognito en se faisant passer pour le comte de Gothland, Potemkine le rencontra et l'accompagna durant son séjour. Potemkine s'était fixé comme objectif de détruire le pouvoir de Panine, d'abolir le système du Nord et de mettre en place une alliance qui lui permettrait de poursuivre ses rêves dans le Sud.

Les deux conflits orientaux en Europe s'aggravèrent en même temps au début de 1778 – au point que l'alliance prussienne n'en fut que plus obsolète et que Potemkine eut les mains libres pour entamer ses projets de construction dans le Sud. Dans les deux cas, Catherine et Potemkine coordonnèrent l'action diplomatique et militaire.

La première fut la « guerre des Pommes de terre », ou guerre de Succession de Bavière. L'Électeur de Bavière était mort en décembre 1777. L'empereur Joseph II, dont l'influence croissait alors que sa mère, Marie-Thérèse, vieillissait, avait longtemps intrigué pour échanger les Pays-Bas autrichiens contre la Bavière, ce qui renforcerait son pouvoir en Allemagne et compenserait la perte de la Silésie autrichienne au profit de la Prusse. En janvier 1778, l'Autriche occupa presque toute la Bavière, menaçant le statut de nouvelle grande puissance de la Prusse dans le Saint-Empire romain germanique. Frédéric, alors âgé de soixante-cinq ans, rallia les princes allemands, inquiets de l'expansion autrichienne, et envahit la Bohême des Habsbourg en juillet. La France alliée de l'Autriche était occupée par son conflit avec la Grande-Bretagne et ne soutiendrait donc pas Joseph. Catherine, de son côté, ne tenait pas à appuyer son allié prussien. Joseph marcha sur Frédéric. L'Europe centrale était de nouveau en guerre. Mais aucun des deux camps n'osait prendre le risque d'une bataille décisive. Il y eut quelques escarmouches. Les hommes passèrent un hiver glacial à déterrer de misérables pommes de terre de Bohême, la seule chose qu'il leur restait à manger – d'où le surnom du conflit.

Pendant ce temps, en Crimée, désormais « indépendante » de la Turquie après Koutchouk-Kaïnardji, le khan Shagin Giray, prorusse, avait été renversé par ses sujets. Potemkine ordonna à ses troupes d'entrer en Crimée pour le remettre sur le trône. Les Turcs, qui avaient même envoyé une expédition avortée en août 1777 pour renverser le khan, avaient besoin d'un allié occidental pour les soutenir contre la Russie, mais l'Autriche et la Prusse étaient occupées à récolter des pommes de terre en Bohême et la France était sur le point de se joindre aux Américains dans leur guerre d'Indépendance.

Potemkine et Panine, qui devenaient peu à peu secrètement les chefs de file des factions pro-autrichienne et proprussienne, partageaient l'opinion de Catherine, qui estimait que la Russie, bien que tenue par traité d'aider son allié la Prusse, ne voulait pas de guerre allemande, qui affaiblirait sa position en Crimée. La France ne voulait pas elle non plus que ces points chauds basculent dans la guerre. Son seul but était d'empêcher la Grande-Bretagne de se trouver un allié sur le continent. Ainsi, au lieu d'encourager la guerre, la France s'efforçait de réconcilier les camps en présence dans les deux litiges. La Russie proposa ses offices de médiation avec la France entre la Prusse et l'Autriche. Si Catherine n'aidait pas la Prusse, la France acceptait en contrepartie de servir d'intermédiaire entre la Russie et les Turcs.

Les médiateurs contraignirent l'Autriche à faire marche arrière. Catherine et Potemkine travaillaient ensemble tout en se chamaillant au sujet de leur propre relation, de leurs favoris et nièces. « Batinka, écrivit-elle au prince, je serai heureuse de recevoir le plan d'opérations de tes mains [...]. Je suis en colère contre vous, monsieur, pourquoi me parlez-vous par des paraboles ? » Potemkine ordonna au prince Repnine de marcher vers l'ouest pour soutenir la Prusse. Les deux camps auraient offert d'énormes pots-de-vin à Potemkine. Le chancelier autrichien Kaunitz lui proposa une « somme considérable », Frédéric, le duché de Courlande. « Si j'avais accepté le duché de Courlande, il n'aurait pas été difficile pour moi d'obtenir la couronne de Pologne puisque l'impératrice aurait incité le roi à abdiquer en ma faveur », affirma Potemkine lui-même plus tard. En fait, il n'existe aucune preuve que de l'argent fut offert ou accepté, d'autant plus que la pingrerie de Frédéric était légendaire[1].

La paix fut conclue à Teschen le 2/13 mai 1779, la Russie jouant le rôle de garant du *statu quo* dans le Saint-Empire romain germanique. La Russie et la Turquie parvinrent à un accord en mars, lors de la convention d'Aïnalikawak, qui reconnut l'indépendance de la Crimée avec Shagin Giray comme khan. Ces deux succès accrurent l'assurance de Catherine et son prestige en Europe.

Le Sérénissime accueillit le prince Henri de Prusse, de retour à Saint-Pétersbourg en 1779 pour consolider l'alliance prussienne chancelante. Le Hohenzollern fit de son mieux pour cultiver ses relations avec Potemkine, déclarant pour le flatter qu'il était le membre d'un triumvirat avec les deux autres personnalités impériales. Henri se dit touché « par les marques de bonne volonté de l'impératrice, l'amitié du grand-duc et votre attention, mon prince ». Henri avait entre-temps appris à bien connaître Potemkine. Mais on peut se demander s'il appréciait que Potemkine lâche son singe de compagnie durant les discussions avec l'impératrice, qui se mettait alors à jouer avec lui. Catherine se délectait de la stupeur du Hohenzollern. Mais, que le prince Henri s'en soit rendu compte ou non, ces jeux simiens étaient la preuve que Potemkine n'était plus intéressé par l'alliance prussienne. Le Sérénissime cherchait par tous les moyens à saper Panine et à faire avancer sa nouvelle stratégie.

1. D'où l'expression « travailler pour le roi de Prusse », ou « travailler sans salaire ».

Le 15 décembre 1777, Potemkine dénicha celui qui serait son instrument involontaire dans ce bras de fer. Sir James Harris arriva à Saint-Pétersbourg en tant que nouveau ministre plénipotentiaire et envoyé extraordinaire de la cour anglaise. Harris était un Anglo-Saxon fort différent des amis de Potemkine, Semple et Kingston. Il était la parfaite incarnation du gentleman anglais cultivé et policé. Âgé de trente-deux ans, il s'était fait une réputation d'une manière digne du XVIIIe siècle, lors de sa première mission à Madrid. Quand l'Espagne et la Grande-Bretagne manquèrent entrer en guerre pour certaines îles obscures répondant au nom de Malouines, il aurait dû rentrer chez lui, mais il préféra s'attarder, à une trentaine de kilomètres de Madrid, pour vivre une liaison amoureuse. Il s'était donc miraculeusement retrouvé dans une position idéale pour réagir aussi rapidement qu'habilement quand la guerre fut évitée. Sa carrière était assurée.

La Grande-Bretagne se battait contre les Américains, soutenus par la France dans leur guerre d'Indépendance, aussi Harris se vit-il ordonner par le secrétaire d'État au Nord, le comte de Suffolk, de négocier une « alliance offensive défensive » avec la Russie, qui devait fournir des renforts navals. Harris se tourna d'abord vers Panine, qui n'était pas disposé à l'aider. Ayant eu vent de la « haine invétérée [de Potemkine] pour Monsieur de Panine », il décida de se rapprocher du Sérénissime.

Le 28 juin 1779, Sir James rassembla son courage et vint voir le prince dans l'antichambre de l'impératrice, armé du toupet et des flagorneries les plus à même d'attirer son attention. « Je lui ai dit que le moment était venu pour la Russie de jouer le plus grand rôle en Europe – et que lui seul était capable de l'assumer. » Harris avait remarqué l'intérêt croissant de Potemkine pour les relations internationales et admirait « sa compréhension très aiguë et son ambition sans bornes ». Ce fut le début d'une amitié qui ne fit que renforcer l'anglophilie de Potemkine – sans pour autant qu'il s'engage vraiment dans une alliance avec Londres.

Sir James Harris (comme ses homologues français) présuma tout au long de sa mission en Russie que Potemkine et Catherine se préoccupaient avant tout du conflit franco-anglais, non des visées russes sur les possessions turques. Potemkine sut profiter de cet « anglocentrisme » illusoire d'un gentilhomme whig dans les derniers jours du premier Empire britannique. De sorte que ces deux scènes – la rivalité entre les diplomates occidentaux et les rêves secrets de Potemkine et Catherine – se déroulaient simultanément. Les seules choses que

Potemkine avait vraiment en commun avec Harris étaient l'amour de l'Angleterre et l'hostilité envers Panine.

Le Sérénissime fut ravi des premières manœuvres de Harris et il apprécia l'Anglais, puisqu'il l'invita sur un coup de tête à dîner avec son cercle familial dans la maison de campagne d'un neveu. Au début, l'Anglais avait dénoncé la dépravation de Catherine et la « dissolution » de Potemkine, mais désormais il était presque amoureux de l'exubérance de l'homme qu'il appelait fièrement « mon ami ». Harris supplia Potemkine d'envoyer un « armement », une expédition navale, afin d'aider la Grande-Bretagne, en échange de certains avantages encore flous, à rétablir l'équilibre du pouvoir, ce qui du même coup accroîtrait l'influence de la Russie. Le prince sembla séduit par cette idée : « À qui doit-on confier la rédaction de cette déclaration et la préparation de l'armement ? Le comte Panine n'en a ni la volonté ni la capacité [...] c'est un Prussien et rien d'autre ; le comte Tchernichev[1] est un méchant qui trahirait tout ordre qui lui serait donné. »

Potemkine était également courtisé par Corberon et Goertz, le nouvel envoyé de la Prusse, qui ont tous deux décrit son extravagance, ses plaisirs et sa fantaisie. Mais le Prussien fut particulièrement impressionné par « un homme si supérieur par son génie [...] que tout le monde s'écroul[ait] devant lui ». Cette compétition-là fut remportée par Harris. Le Sérénissime convint d'organiser une audience privée avec l'impératrice afin que l'Anglais puisse plaider directement sa cause.

Le 22 juillet 1779, Korsakov, le favori du moment, approcha Harris après que Catherine eut terminé sa partie de cartes lors d'un bal masqué et le conduisit jusqu'aux appartements de l'impératrice. Harris proposa son alliance à l'impératrice, qui se montra aimable, mais resta vague. Elle comprenait que l'« armement » de Harris impliquerait la Russie dans la guerre franco-anglaise. Harris demanda à Catherine si elle accorderait l'indépendance à l'Amérique. « Je préférerais perdre la tête », répondit-elle avec véhémence. Le lendemain, Harris transmit à Potemkine un mémorandum où il défendait sa position.

La rivalité de Potemkine avec Panine semblait œuvrer en faveur de Harris – mais cela aurait dû l'incliner à la prudence. Quand le Conseil se réunit pour discuter des propositions britanniques, Catherine, par la voix du prince, demanda à Harris de rédiger un autre mémorandum. Quand ils abordèrent la conduite de Panine, Potemkine embobina

1. Le ministre de la Marine.

l'Anglais en affirmant : « [Il] savait si peu de chose des affaires étrangères que beaucoup de ce que je lui ai dit était tout à fait nouveau pour lui. » Mais nul n'apprenait aussi vite que Potemkine.

Le prince et Sir James passaient leurs journées et leurs nuits à bavarder, boire, comploter et jouer. Potemkine trompait peut-être Harris comme dans une partie de poker, mais il éprouvait aussi une sincère affection pour lui. On a clairement le sentiment que, tandis que Harris parlait de diplomatie, Potemkine, lui, prenait un cours de civilisation anglaise. Des courriers se hâtaient sans cesse de l'un à l'autre. Les lettres publiées de Harris nous donnent sa version officielle de leur amitié, mais ses lettres inédites à Potemkine, conservées dans les archives russes, dépeignent mieux l'étendue de leur lien. L'une d'elles parle d'une garde-robe que l'un des débiteurs de Harris lui donna à la place des 1 500 guinées qui lui étaient dues. « Vous me donneriez une preuve incontestable de votre amitié, écrivit l'envoyé extraordinaire, si vous pouviez obtenir de l'impératrice qu'elle l'achète [...]. Pardonnez-moi de vous parler si franchement. » On ne sait pas si Potemkine s'en chargea, mais c'était un ami généreux. En mai 1780, Harris envoya à son père, un érudit respecté, un « paquet de productions grecques qui [lui avaient] été données pour [lui] par le prince Potemkine ». Quand le père de Harris mourut, Potemkine l'assura assidûment de sa sympathie. Dans un billet sans date, l'envoyé le remerciait : « Je ne suis pas encore en état de venir vous voir, mon prince, mais le rôle que vous avez eu la gentillesse de jouer dans mon chagrin l'a infiniment adouci [...]. Nul ne saurait vous aimer, vous estimer, vous respecter plus que moi. »

Lorsqu'ils se rencontraient au Palais d'hiver, Potemkine entraînait Harris dans les appartements de l'impératrice comme s'il s'était agi des siens et tous deux bavardaient toute la soirée. Ils faisaient évidemment bombance ensemble. « J'ai donné un *souper dansant** il y a environ trois semaines pour le prince Potemkine et sa suite », dit Harris à sa sœur Gertrude en 1780, au cours de laquelle ils burent « trois bouteilles de tokay du roi de Pologne et une douzaine de bordeaux et de champagne ». Harris affirma n'avoir bu que de l'eau.

Cette amitié anglo-russe accentua les intrigues diplomatiques à Saint-Pétersbourg tandis que les autres diplomates surveillaient, espionnaient et soudoyaient à tour de bras pour découvrir de quoi l'on parlait. La surveillance et l'espionnage étaient si évidents qu'ils devaient en être comique, et nous pouvons presque entendre le bruissement des rideaux et voir des yeux papillonner aux serrures des portes. Les Français étaient les plus inquiets. Corberon en fut réduit à espionner constamment les diverses demeures de Potemkine. Il remarqua que Harris avait une tente « pour dix » dans son jardin qu'il prétendait être un cadeau de Potemkine. Rogerson, le médecin de Catherine, était forcément un « espion de Harris ». Corberon alla même jusqu'à rendre visite à Potemkine pour l'accuser d'hostilité envers la France. Puis il « sortit de sa poche un papier sur lequel il lut une liste de toutes les fois » où Harris avait été vu en compagnie de Potemkine. Le prince mit brusquement fin cette conversation oiseuse en disant qu'il était occupé. Harris eut probablement vent de cette rencontre par son espionne, l'omniprésente nièce-maîtresse du prince, Alexandra. L'Anglais devint si proche d'elle que Corberon l'accusa de la courtiser. Les Prussiens, eux aussi, suivaient de près l'évolution de la situation. « Depuis un mois, la table et la maison de l'ambassadeur britannique ne désemplissent pas des relations et des créatures du favori », dit Goertz à Frédéric le 21 septembre 1779.

Ces élégantes combines touchèrent le fond quand Harris transmit son deuxième mémorandum à Potemkine, qui l'aurait glissé avec langueur dans la poche de sa robe de chambre ou « sous son oreiller ». Curieusement, il fut récupéré et confié à Corberon, puis à Panine. Le chevalier de la Teyssonière, membre de la *basse-cour**, aurait joué un rôle dans l'affaire, mais ce fut une autre Française, une maîtresse du prince et une gouvernante de ses nièces, Mademoiselle Guibald, qui subtilisa bel et bien le document. On affirma par la suite que Panine y ajouta des notes contredisant les arguments britanniques et le laissa sur le bureau de Catherine de sorte qu'elle croie que les annotations étaient des conseils de Potemkine. Toute cette affaire est manifestement conçue pour donner de la maisonnée de Potemkine une image désordonnée, aussi la plupart des historiens l'ont-ils rejetée, ainsi que Guibald, comme autant de mythes. Catherine aurait évidemment reconnu l'écriture de Potemkine et ses points de vue, ce qui fait que ce détail sur les notes paraît peu probable. Mais il est certain que Teyssonière rôdait effectivement dans l'entourage de Potemkine et des lettres de Tatiana Engelhardt à son oncle révèlent que Mademoiselle Guibald a existé. En outre, presque tous les membres de la maisonnée de Potemkine devaient toucher des pots-de-vin des uns ou des autres, et c'est probablement pour cela que Guibald ne fut pas chassée. Elle resta dans l'entourage de Potemkine pendant des années. L'histoire contient peut-être une part de vérité, après tout.

Le Sérénissime ne passait pas tout son temps avec Harris. Au beau milieu de cette intrigue, un phénomène européen débarqua à Saint-Pétersbourg. Le *soi-disant** comte Alessandro Cagliostro, accompagné d'une jolie femme et se faisant passer pour un colonel espagnol, s'installa en tant que guérisseur, maître du rite maçonnique égyptien, alchimiste, mage et nécromancien. Le vrai nom de ce célèbre charlatan était probablement Giuseppe Balsamo, mais ce Sicilien trapu, basané, à la calvitie naissante et aux yeux noirs ne manquait visiblement ni d'audace, ni de charisme.

L'âge de la Raison avait sapé les assises de la religion, mais les gens aspiraient naturellement à la spiritualité pour combler le vide. C'est entre autres ce qui explique la mode de la franc-maçonnerie, qui existe sous une forme à la fois rationaliste et occulte. Cette dernière forme se répandit rapidement dans toute sa diversité ésotérique – l'hypnose, la nécromancie, l'alchimie, la Kabbale, prêchées dans les cultes tels que le martinisme, l'illuminisme, les rosicruciens et les swedenborgiens. Ces idées étaient propagées par les loges maçonniques et par une remarquable succession de guérisseurs et de charlatans. Certains, comme Swedenborg, Mesmer et Lavater, étaient des mages dont la connaissance de la nature humaine, à défaut de pouvoirs de guérison, aidait les gens à une époque où les médecins et les scientifiques ne pouvaient fournir que peu d'explications. Beaucoup n'étaient que des charlatans, comme Casanova le séducteur et le tristement célèbre Georges Psalmanazar, qui sillonnaient l'Europe en trompant des nobles innocents avec leurs contes sur la pierre philosophale et la Fontaine de Jouvence. Ils se présentaient toujours comme des riches et exotiques artistocrates, raffinés et mystérieux. Chacun diffusait un mélange séduisant de bon sens, de conseils médicaux pratiques, de promesses d'éternelle jeunesse et de vie après la mort. Et certains prétendaient pouvoir convertir les métaux de base, et même l'urine, en or.

Leur doyen, le soi-disant comte de Saint-Germain, qui prétendait avoir près de deux mille ans et avoir été témoin de la Passion du Christ dans sa jeunesse (son valet aussi disait s'en souvenir), impressionna Louis XV en créant, à partir de rien, un diamant d'une valeur de 10 000 livres. Une partie non négligeable de l'aristocratie de l'Europe à cette époque était impliquée dans ces cultes de la franc-maçonnerie.

Cagliostro avait ébloui Mittau, capitale de la Courlande, qu'il avait ensuite dû quitter précipitamment. Il espérait connaître le même succès à Saint-Pétersbourg. Comme Catherine le dit à Grimm, le hiérophante était « arrivé au bon moment pour lui, alors que plusieurs loges maçonniques voulaient voir des esprits ». Le « maître sorcier » en contacta autant que nécessaire, usant d'astuces diverses impliquant l'escamotage d'argent, la vente de mystérieuses potions et des « opérations chimiques qui ne fonctionn[ai]ent pas ». L'impératrice riait surtout de sa prétention à être capable de créer de l'or à partir d'urine et de donner la vie éternelle.

Néanmoins, Cagliostro procédait à des guérisons et s'attira un éminent public avec son rite maçonnique égyptien. Corberon et des courtisans comme Ivan Yelaguine ou le comte Alexandre Stroganov croyaient avec ferveur aux pouvoirs du nécromancien. Beaucoup de nobles russes rejoignirent les loges maçonniques. Quelques-unes se transformèrent peu à peu en une sorte d'opposition à Catherine, ce qui explique sa méfiance profonde vis-à-vis de la franc-maçonnerie.

Potemkine assista à certaines séances de Cagliostro, mais il n'y crut jamais. Il fut l'un des rares courtisans de haut rang à ne pas devenir franc-maçon. Catherine et lui adoraient se gausser des tours de Cagliostro. En réalité, c'était la comtesse de Cagliostro qui suscitait l'intérêt de Potemkine. Le Sérénissime aurait eu une liaison avec la femme du charlatan, née Lorenza, rebaptisée Serafina et se présentant parfois comme la princesse di Santa Croce. Ce qui dut porter tort à Cagliostro plus qu'il ne le pensait. Catherine taquinait Potemkine sur le temps qu'il passait chez eux : peut-être devrait-il veiller à ne pas tourmenter Cagliostro... Parlait-elle là de sa liaison avec la fausse princesse-comtesse ?

Il se rendait si souvent au domicile luxueux mais criblé de dettes de Cagliostro que, selon la légende, une des maîtresses aristocratiques de Potemkine décida de corrompre l'aventurière afin qu'elle le quitte. Au cours d'une rencontre étonnante, mais empreinte de respect entre noble dame et courtisane, la première versa à Serafina 30 000 roubles, une somme plus que coquette, pour qu'elle déguerpisse. Potemkine en fut flatté. Il dit à la compagne de Cagliostro qu'elle pouvait rester, et qu'elle pouvait garder l'argent – et il remboursa la totalité du montant à la noble dame. Certaines légendes idiotes assurent que la « noble dame » n'était autre que l'impératrice en personne.

Les dettes et la vérité semblaient toujours finir par rattraper les personnages de ce genre, même dans ce siècle dissolu. Peu de temps après, l'ambassadeur d'Espagne se plaignit que Cagliostro n'était ni un grand d'Espagne ni colonel. Catherine annonça joyeusement à Grimm que le sorcier et sa « comtesse » avaient été expulsés de Russie[1].

Lorsque Panine convoqua Harris au début de février 1780 pour lui signifier le rejet des propositions d'alliance britanniques, Sir James se précipita chez Potemkine pour en connaître la raison. Le prince lui dit clairement (pour une fois) que la peur de Catherine « de se lancer dans une nouvelle guerre avait été plus forte encore que sa soif de gloire ». Harris ne sembla pas comprendre. Potemkine lui expliqua que le nouveau favori, Lanskoï, était gravement malade, ce qui avait « dérangé » l'impératrice. Sir James le crut quand il affirma : « Mon influence est temporairement suspendue. » Harris critiqua ces « timides résolutions » et « le Prince s'enflamma », se vantant qu'avant de se coucher il « aura[it] orchestré quelque concours pour montrer s'il y avait dans l'empire une influence plus grande que la sienne ». Harris en fut des plus encouragé, mais Potemkine choisit alors de tomber malade et ne put le recevoir de nouveau pendant des semaines.

Le Sérénissime confia alors à l'Anglais crédule que l'impératrice était une femme trop prudente, sujette à l'hystérie féminine à propos de ses mignons. Potemkine lui-même enchaînait les aveux de son impuissance politique et les explosions de vantardise. Il attaqua Panine, ce « ministre indolent et engourdi », alors que lui-même était vautré dans son lit au beau milieu de la journée. Harris était presque envoûté par l'amitié de Potemkine, son caractère flamboyant et son apparente honnêteté.

En février 1780, le Sérénissime convoqua Harris pour lui annoncer, « avec une joie impétueuse conforme à son caractère », l'envoi d'une flotte de quinze vaisseaux de ligne et de cinq frégates pour « protéger le commerce russe ». Mais Potemkine devait savoir qu'il portait ainsi un coup fatal à l'ensemble de la mission de Harris. C'était la conséquence du succès de la médiation de Catherine dans la guerre

1. Après Saint-Pétersbourg, Cagliostro parcourut l'Europe, faisant sensation partout, à l'image d'une pop star plutôt que d'un mage, mais à Paris il se retrouva impliqué, par le biais de son mécène le cardinal de Rohan, dans l'affaire du Collier, qui causa tant de tort à Marie-Antoinette. Napoléon y voyait une des causes de la Révolution française. Cagliostro fut lavé de tout soupçon lors du procès que Marie-Antoinette eut la sottise de réclamer et Louis XVI l'imprudence d'autoriser, mais il était ruiné. Il mourut en Italie en 1795, emprisonné dans la forteresse papale de San Leone.

de Succession de Bavière. La Grande-Bretagne revendiquait le droit d'arraisonner les navires neutres et de saisir leur cargaison, mais Londres avait commis l'erreur de s'en prendre à des navires russes. Cette morgue maritime avait provoqué la colère des pays neutres, dont la Russie. En mars 1780, Catherine déclara donc les principes du droit des pays neutres en mer et proclama sa « neutralité armée », qui avait pour but de désenfler l'arrogance britannique, renforcer la marine marchande russe et augmenter son prestige. Harris devrait faire beaucoup plus s'il souhaitait attirer l'attention de Russie.

Sir James se demanda si Potemkine avait été soudoyé par la France ou la Prusse. Dans le même temps, les Français et les Prussiens crurent soudain que Potemkine avait été soudoyé par les Anglais. Cette paranoïa vénale engendra une orgie de corruption, une manne tombée du ciel pour les fonctionnaires cupides de Saint-Pétersbourg qui en furent les principaux bénéficiaires.

Harris était sûr que Corberon avait corrompu tous les « valets de chambre et gens des maisons russes [...] [puisqu'ils] étaient principalement français ». Versailles était prêt à arroser d'argent tout Saint-Pétersbourg pour s'assurer que la Russie n'entre pas dans la guerre – les Français se vantèrent même d'avoir de quoi acheter Potemkine. « Je soupçonne presque la fidélité de mon ami d'en avoir été ébranlée », confia Harris au vicomte Stormont, secrétaire d'État pour le Nord. Corberon disait déjà à Versailles que Harris disposait d'un crédit de 36 000 livres sterling et qu'il avait payé 100 000 roubles à Potemkine. Orlov-Tchesmenski accusa le prince d'avoir reçu 150 000 guinées anglaises. Harris pensait que la France versait 4 000 à 5 000 livres à la famille Panine.

À la fin du mois de mars 1780, Harris ne put se contenir plus longtemps. Si les Français corrompaient son « ami », alors la Grande-Bretagne devait surenchérir avec un « appât de même ordre ». Le marché des pots-de-vin à Saint-Pétersbourg se mit à prospérer. Rappelant à Stormont qu'il traitait avec une « personne immensément riche », Harris suggéra de donner « autant que ce qu'avait proposé Torcy, mais en vain, à Marlborough ». Même celui que l'on surnommait le trésorier de l'Europe dut s'en étrangler[1]. Les Prussiens

1. Stormont savait sans doute qu'il s'agissait de la somme effectivement impériale de deux millions de francs. Le ministre de Louis XIV à La Haye avait ainsi offert le pot-de-vin le plus célèbre du siècle à Marlborough en mai 1709.

et les Autrichiens faisaient également la cour à Potemkine. Harris remarqua que l'envoyé prussien assistait à des réunions quotidiennes avec Potemkine et entendit dire qu'il lui avait de nouveau proposé la Courlande ou avait promis « de garantir, dans l'éventualité de la disparition de l'impératrice, sa personne, ses honneurs et ses biens » – autrement dit, si Paul succédait à sa mère. Les Autrichiens, eux, lui auraient offert une autre principauté.

Potemkine fut-il ou non corrompu ? On évoqua la somme titanesque de 100 000 roubles, soit 150 000 guinées à la fin de 1779, mais les recherches sur les « Fonds des services secrets » montrent que, en novembre, Harris n'avait retiré que 1 450 livres sterling, et qu'il se fit plus tard taper sur les doigts pour avoir dépensé plus de 3 000 livres. Tout additionné, cela aurait pu satisfaire Sachenka Engelhardt, mais ne pouvait même pas être considéré comme de l'argent de poche pour le prince en personne. Les doutes de Harris « se dissipèrent » quand il comprit que « l'immense fortune [de Potemkine] le pla[çait] hors de portée de la corruption ». Les hommes riches peuvent souvent être subornés avec un peu plus d'argent, mais Harris avait probablement raison quand il disait que Potemkine ne pouvait « être atteint que par une attention rigoureuse à son humour et à sa personnalité ». Ce qui fut démontré quand Catherine donna à son ami 40 000 livres sterling, selon Harris, pour le remercier de son aide sur la neutralité armée. Il s'agissait d'une somme énorme, mais : « cet homme singulier est tellement gâté qu'il considère que cela vaut à peine un remerciement ». Goertz, le Prussien, reconnut que Potemkine était incorruptible : « La richesse n'y peut rien – la sienne est immense. »

Panine replaça tous ces chiffres dans leur contexte quand il demanda avec dédain : « Croyez-vous vraiment que cinquante mille livres sterling suffisent à acheter le prince Potemkine ? » Quand celui-ci entendit la rumeur selon laquelle Harris lui aurait donné deux millions de roubles, il n'eut que mépris pour cette idée. L'Anglais était convaincu de la noblesse de Potemkine. Le Sérénissime était trop fier et trop riche pour se laisser corrompre.

La tactique de Potemkine commençait à user Panine. Tous deux croyaient que l'autre touchait des pots-de-vin. Cela aboutit à une confrontation tumultueuse au Conseil quand Potemkine accusa Panine d'accepter de l'argent français ou, comme il le dit, les « portraits de Louis XVI » étaient parfaits pour une « mise au whist ». Panine rétorqua, furieux, que s'il avait eu besoin d'argent, il était plus aisé de se procurer des guinées. On peut supposer que Panine croyait que

Potemkine recevait plus que la somme risible de 50 000 livres sterling. L'impératrice dut intervenir pour rétablir le calme.

Harris voulait savoir si le Sérénissime soutenait effectivement une alliance avec la France. Aussi soudoya-t-il le « secrétaire favori du prince Potemkine [...] également secrétaire de l'impératrice ». Il devait probablement s'agir d'Alexandre Bezborodko, devenu le principal factotum de Catherine dans le domaine des affaires étrangères alors que Panine était en déclin. Stormont accepta une offre de 500 livres, tout en ajoutant que c'était un peu trop. Au bout du compte, l'affaire coûta à Harris près de 3 000 livres, ce qui lui permit quand même de s'approcher d'un peu plus près de la véritable politique de Potemkine. Bezborodko révéla que les monarques d'Europe, de Frédéric à Joseph, bombardaient Potemkine de propositions de trônes et d'argent. Aucune offre ne semblait le faire plier. Il ne faisait guère montre de zèle en faveur de la cause anglaise, sauf quand il y était incité par sa rivalité avec Panine. L'« espion » ajouta que Potemkine vivait selon l'« impulsion du moment » et était tout à fait capable d'« adopter les principes politiques de tous les pays », mais qu'il était grandement attiré à ce moment-là par l'Autriche. Et, cette fois, c'était vrai.

Les diplomates avaient déjà entendu parler des vrais projets de Potemkine dans le Sud. Même alors qu'ils discutaient des flottes anglaises, Harris avait constaté que « l'esprit [de Potemkine] [était] continuellement occupé par l'idée de fonder un empire à l'Est » et qu'il était « le seul à attiser l'intérêt de l'impératrice pour ce projet ». Catherine avait effectivement été contaminée par les rêves enthousiastes de Potemkine. Quand elle avait parlé à Harris, elle avait « longuement discouru [...] sur les anciens Grecs, leur vivacité et leur supériorité [...] et que l'on retrouvait ce caractère chez les Grecs modernes ». Corberon, qui connaissait aussi ce discours, n'exagérait pas quand il écrivait : « Les idées romantiques sont adoptées ici avec fureur. » Mais les diplomates ne comprenaient pas l'importance des « idées romantiques » de Potemkine – son « Projet grec » qui fascinait tant Catherine. L'esprit du Sérénissime n'était pas tourné vers Londres, Paris, Berlin ou Philadelphie, mais vers Tsargrad, la cité des empereurs – Constantinople. Le démembrement de l'Empire ottoman serait le thème dominant du reste de sa vie, et le fondement de sa grandeur.

V

LE COLOSSE

1777-1783

14

Byzance

> « Je fus convié à une fête que donnait le prince Potemkine dans son orangerie [...]. Devant la porte se trouvait un petit temple consacré à l'Amitié, qui contenait un buste de l'impératrice [...]. Le lieu où l'impératrice soupa était orné de meubles chinois et magnifiquement peint pour ressembler à une tente [...] il ne pouvait abriter que cinq ou six personnes [...]. Une autre petite pièce était meublée d'un canapé pour deux, brodé et rembourré par l'impératrice en personne. »
>
> Chevalier de Corberon, 20 mars 1779

Quand le sultan ottoman Mehmed II prit Constantinople en 1453, il chevaucha dans les rues jusqu'à la superbe cathédrale de Sainte-Sophie, construite par l'empereur Justinien. Au pied de ce formidable monument du christianisme, il se couvrit la tête de terre pour symboliser son humilité devant Dieu, puis il entra. À l'intérieur, il repéra de son regard perçant un soldat turc qui pillait des marbres. Le sultan exigea une explication. « C'est au nom de la foi », répliqua le soldat. Mehmed le tua d'un coup d'épée. « Pour vous, les trésors et les prisonniers suffisent, décréta-t-il. Les bâtiments de la ville me reviennent. » Ce n'était pas parce que les Ottomans avaient conquis Byzance qu'ils comptaient souiller la grandeur de Constantin.

Mehmed était désormais en mesure d'ajouter *kaiser-i-rum* – césar de Rome – à ses titres de khan turc, sultan arabe et padichah persan. Pour les Occidentaux, il était déjà le Grand Seigneur ou le Grand Turc ; dorénavant, il serait aussi appelé empereur. À partir de ce jour, les Ottomans firent le prestige de Byzance. « Nul ne doute que vous êtes l'empereur des Romains, déclara Georges

Trapezountios, l'historien crétois, à Mehmed le Conquérant en 1466. Qui est légalement maître de la capitale de l'empire est l'empereur et Constantinople est la capitale de l'Empire romain [...]. Et qui est et demeure empereur des Romains est aussi empereur de toute la terre. » C'était ce joyau qui se trouvait maintenant au centre des attentions de Potemkine et Catherine.

L'Empire ottoman s'étendait de Bagdad à Belgrade et de la Crimée jusqu'au Caire, englobant une grande partie du sud-est de l'Europe – la Bulgarie, la Roumanie, l'Albanie, la Grèce, la Serbie et la Bosnie. Il tenait en son pouvoir les villes les plus saintes de l'islam, de Damas et de Jérusalem aux Lieux saints eux-mêmes, La Mecque et Médine. La mer Noire avait été pendant des siècles la « vierge pure et immaculée », le lac privé du sultan, et même les rivages de la Méditerranée étaient toujours sous la domination de ses ports, de Chypre jusqu'à Alger et Tunis. C'était donc véritablement un empire international, qu'à tort on disait turc. D'ordinaire, le seul dirigeant turc de sa hiérarchie méticuleusement agencée était le sultan lui-même. Ironie du sort, le prétendu Empire turc était un État sciemment multinational, édifié par les Slaves orthodoxes renégats des Balkans qui occupaient les échelons supérieurs de la cour, de la bureaucratie et des janissaires, la garde prétorienne de Constantinople.

Il y avait peu de notions de classe. Alors que les chevaliers occidentaux cherchaient à se rattacher à une noble généalogie, l'Empire ottoman était une méritocratie gouvernée au nom du sultan par les fils de paysans albanais. Une seule chose importait : tous, même les grands vizirs eux-mêmes, étaient des esclaves du sultan, qui *était* l'État. Jusque vers le milieu du XVIe siècle, les sultans qui se succédèrent furent des chefs énergiques, brillants et impitoyables. Mais ils finirent par être victimes de leur propre Projet grec, car progressivement ils abandonnèrent la sale besogne du pouvoir à leur principal ministre, le grand vizir, tandis qu'eux-mêmes se retrouvaient sacralisés dans un rituel étouffant et complexe digne des empereurs byzantins. Quand le baron de Tott, un militaire français, assista au couronnement de Mustafa III en 1755, il constata que le sultan, environné de décorations romaines, et même de faisceaux, semblait littéralement écrasé par la magnificence de sa propre importance. Reposant sur l'ordre des cérémonies compilé au Xe siècle par Constantin Porphyrogénète, le rituel impérial byzantin fut pour les Ottomans autant une bénédiction qu'une malédiction, et il fit des sultans, conquérants dynamiques à la tête de leurs armées, des personnages mous et précieux chevauchant des odalisques à la tête de phalanges d'eunuques. Ce n'était pas seulement la faute des traditions grecques.

Au début, la succession du sultan n'était régie par aucune loi, ce qui signifiait souvent que les accessions au trône se traduisaient par des massacres royaux. Le nouvel empereur exterminait ses frères – parfois jusqu'à dix-neuf d'entre eux – par strangulation avec une corde, délicate attention afin de ne pas faire couler le sang impérial. Finalement, l'instinct de conservation monarchique mit fin à ce gaspillage stupide. Au lieu de cela, les princes ottomans se retrouvèrent assignés à résidence, comme des prisonniers de luxe, dans la Cage – au cœur du harem –, à demi embaumés par le plaisir, à demi instruits par négligence, et redoutant toujours de finir étranglés. Quand ils émergeaient à la lumière du monde, comme des animaux effrayés et clignant des yeux, les nouveaux sultans étaient terrifiés, jusqu'à ce que la vue des cadavres de leurs prédécesseurs les rassure.

L'État dans son ensemble devint une hiérarchie rigide et stratifiée avec le grand vizir, souvent d'origine slave, au sommet, disposant de deux mille serviteurs et d'une garde de cinq cents Albanais. Chaque haut fonctionnaire, chaque pacha (littéralement le « pied du sultan »), affichait son rang par des queues-de-cheval, reliques des origines nomades de la maison d'Othman. Le grand vizir en exhibait cinq ; les pachas de moindre importance entre une et trois. Les vizirs portaient des pantoufles et des turbans verts, les chambellans des rouges, les mollahs des bleus. Les têtes et les pieds des Ottomans indiquaient leur rang aussi clairement que des galons sur une épaulette. Les fonctionnaires portaient du vert, les courtisans du palais du rouge. Toutes les nationalités de l'empire étaient dotées des pantoufles appropriées : les Grecs en noir, les Arméniens en violet, les Juifs en bleu. Quant aux couvre-chefs, le pouvoir de l'empire se traduisait par un carrousel de bonnets surmontés de fourrure et de plumes.

Le sultan vivait dans un palais construit dans le style turc, à la pointe du Sérail, sur l'acropole byzantine, emboîtement de cours de plus en plus espacées qui menait au sérail impérial par une série de portails. Ces portes, où la justice turque était traditionnellement administrée, devinrent ainsi les symboles ostensibles du gouvernement ottoman. C'est pourquoi ce dernier était surnommé en Occident la Sublime Porte.

Les désirs des empereurs étaient encouragés afin d'engendrer un riche réservoir d'héritiers mâles. Ainsi, si les sultans étaient à la recherche de la qualité, la logique du harem privilégiait la quantité. Par ailleurs, les eunuques qui servaient à la cour étaient apparemment capables d'avoir des rapports sexuels, étant seulement privés des moyens de procréer – si bien qu'eux aussi profitaient du harem. Tout comme l'École du palais, qui formait les pages impériaux destinés à gérer l'empire, était peuplée d'Albanais et de Serbes, le harem, qui produisait héritiers impériaux destinés à gouverner, était peuplé de filles slaves aux cheveux blonds et aux yeux bleus venues des marchés d'esclaves de Crimée. Jusqu'à la fin du XVIIe siècle, la langue véhiculaire de la cour fut, curieusement, le serbo-croate.

Le Sultanat ottoman mourait peu à peu, étranglé non par la corde, mais par la tradition. À l'époque de Potemkine, les sultans avaient les mains liées non seulement par le byzantinisme, mais aussi par le fondamentalisme religieux imposé par les tribunaux islamiques, les oulémas, et par le conservatisme politique que défendaient des groupes d'intérêts au sein de la cour et de l'armée.

L'empire était régi par la peur et la force. Le sultan avait encore droit de vie et de mort sur ses sujets, et il en usait à profusion. La mort instantanée faisait partie des règles subtiles de l'étiquette à la cour. Beaucoup de grands vizirs sont plus célèbres pour avoir été exécutés que pour les décisions qu'ils prirent. Malgré les richesses associées à leur charge, ils étaient décapités à un tel rythme que le nombre de candidats à ce poste ne manque pas d'étonner. Le sultan Sélim en fit tuer sept durant son règne, si bien que l'expression « Puisses-tu être le vizir de Sélim » en vint à remplacer « Que Dieu te foudroie ! » dans la langue vernaculaire. Les vizirs avaient toujours leur testament sur eux quand ils étaient convoqués par le sultan. Au cours de la guerre que Potemkine allait mener contre les Turcs, soixante pour cent des vizirs furent exécutés.

Les condamnations à mort du sultan, signifiées par un léger battement de pied dans la salle du Trône ou par l'ouverture d'une certaine fenêtre grillagée, étaient généralement exécutées par de redoutables muets, capables de vous expédier à la corde ou à la hache. L'exhibition des têtes faisait partie du rituel morbide des Ottomans. Celles des hauts fonctionnaires étaient placées sur des piliers de marbre blanc dans le palais. Les têtes importantes étaient bourrées de coton ; celles des gens de moindre valeur avaient droit à de la paille. Les plus insignifiantes étaient exposées dans des niches tandis que des monceaux de débris humains, de nez et de langues embellissaient les édifices du palais. Les victimes féminines, parfois des beautés qui avaient perdu de leur influence au harem, étaient cousues dans des sacs et jetées dans le Bosphore.

La menace la plus directe pour un sultan était représentée par les janissaires de sa propre armée, et par la foule. Les habitants de Constantinople avaient toujours formé un pouvoir à part entière, même sous Justinien. Au XVIIIe siècle, la racaille de Constantinople, manipulée par les janissaires ou les oulémas, décidait de plus en plus de la politique. Tout au long des années 1780, Pisani, l'agent de Potemkine, décrivit comment les vizirs et d'autres « agitaient la *canaille** » pour « intimider leur souverain » en « commettant toutes sortes d'excès ».

Le commandement était catastrophique, la discipline risible et la corruption endémique. L'incompétence commençait tout en haut de l'échelle : en 1774, Abdülhamid avait succédé à Mustafa III, plus compétent, après avoir été claquemuré pendant quarante-trois ans dans la Cage. Cet homme doux et craintif n'avait rien d'un chef de guerre ou d'un réformateur, bien qu'il se soit montré à la hauteur en engendrant vingt-deux enfants avant sa mort[1]. Amoureux du vin, il aimait à dire que, s'il devait devenir un infidèle, il épouserait la religion des catholiques parce que les meilleures vignes poussaient dans leur pays : avait-on jamais entendu parler d'un vin protestant ? Cet esprit dépourvu de finesse ne contribua pas à améliorer la discipline de ses troupes.

Alors que Tott s'efforçait de créer un corps d'artillerie, il réclama l'aide d'un honnête homme pour en gérer les fonds. « Un honnête homme, rétorqua le vizir. Où allons-nous le trouver ? Quant à moi je n'en connais pas. » Le vizir finit par se tourner vers son ministre des Affaires étrangères : « Et vous ? Pouvez-vous nous indiquer un honnête homme ? – Moins que quiconque, rit le Reis-effendi. Je ne connais que des brigands. » La puissance intellectuelle du gouvernement ottoman s'était elle aussi atrophiée : l'ignorance des fonctionnaires ottomans était une source de plaisanterie chez les diplomates. Lors du congrès de Sistova, un négociateur turc crut que l'Espagne se trouvait en Afrique ; le Reis-effendi, le ministre des Affaires étrangères d'un empire international, pensait que les vaisseaux de guerre ne pouvaient pas naviguer en Baltique, et tous étaient convaincus que Gibraltar était en Angleterre.

L'empire ne pouvait plus compter sur sa puissance militaire. Les Ottomans résolurent ce problème en devenant une puissance européenne comme les autres. Ils inversèrent même la maxime de Clausewitz : alors que, pour la plupart des puissances, la guerre était un autre genre de diplomatie, pour les Ottomans, la diplomatie n'était que la poursuite de la guerre. L'ascension de la Russie

---

1. L'un d'eux, qui régna plus tard en tant que Mahmoud II, était censé être le fils de son odalisque favorite, Aimée Dubucq de Rivery, cousine de la future impératrice Joséphine.

avait bouleversé les priorités des Ottomans. Les ennemis potentiels de la Russie – la France, la Prusse, la Suède et la Pologne – devinrent les quatre alliés potentiels de la Sublime Porte. Le principe était simple : chacun offrait des subventions à la Porte afin qu'elle attaque la Russie. Aucune de ces puissances n'avait l'intention de rester sans rien faire tandis que la Russie dévorerait les Turcs.

L'empire était, selon l'un des émissaires de Potemkine, « comme une beauté vieillissante qui ne pouvait comprendre qu'elle avait fait son temps ». Mais il possédait encore d'immenses réserves militaires, en termes d'hommes, et de fanatisme, par sa foi islamique. Gouverné par la corde, la pantoufle verte et la *canaille** de Constantinople, l'empire en 1780 ressemblait plutôt à un géant lépreux, dont les membres titanesques étaient encore impressionnants même s'ils se détachaient peu à peu de son corps colossal.

Le 27 avril 1779, la grande-duchesse Maria Féodorovna donna naissance à un fils, que Catherine et Potemkine baptisèrent Constantin et qui devait être destiné à devenir empereur de Constantinople après la destruction de la Sublime Porte. La grande-duchesse avait déjà donné un héritier à l'Empire russe deux ans plus tôt – le premier petit-fils de Catherine, le grand-duc Alexandre. Elle venait maintenant d'accoucher de l'héritier de l'Empire byzantin.

Puisant dans l'histoire classique, dans l'orthodoxie et dans sa propre imagination romantique, Potemkine s'attela à développer un programme culturel, un système géopolitique et une campagne de propagande, le tout en un : le Projet grec de conquête de Constantinople pour placer le grand-duc Constantin sur le trône. Catherine embaucha pour Constantin une infirmière grecque du nom d'Hélène et elle insista sur le fait qu'il devrait apprendre le grec. Potemkine contribua personnellement à l'éducation grecque des grands-ducs jusque dans les années 1780. « Je tiens à vous rappeler, écrivait-il à l'impératrice qui envisageait de modifier l'enseignement d'Alexandre et Constantin, que parmi l'apprentissage des langues, le grec devrait être le plus capital car il est à la base des autres [...]. Là où vous avez mentionné la lecture de l'Évangile en latin, le grec serait plus approprié, car il était la langue [des textes] d'origine. » Catherine nota au bas de la lettre : « Suivre ces recommandations. »

Nous ne savons pas exactement quand les partenaires commencèrent à discuter de grandeur classique et de restauration byzantine, mais cela remonte clairement au tout début de leur relation (quand Catherine le taquinait en le traitant de « *Giaour* » – le nom donné par les Turcs aux infidèles). Catherine dut être impressionnée par ce curieux mélange qu'était le Projet, associant imagination, histoire et pragmatisme. Le Sérénissime était fait pour son Projet grec comme celui-ci était fait pour lui. Il maîtrisait l'histoire et la théologie de l'orthodoxie byzantine. Catherine et Potemkine, comme la plupart des gens éduqués de leur époque, avaient étudié les auteurs classiques, de Tacite à Plutarque – d'où le surnom d'Alcibiade dont avait été gratifié Potemkine –, mais, contrairement à elle, il lisait le grec. Il demandait souvent à ses lecteurs de lui réciter les historiens antiques, dont la plupart se trouvaient dans ses bibliothèques. Les amateurs de classiques du XVIIIe siècle ne se contentaient pas de lire sur l'Antiquité : ils rêvaient de l'imiter. Ils construisaient comme les Grecs et les Romains[1]. Potemkine entreprit de devenir également un spécialiste de l'Empire ottoman.

L'idée elle-même n'avait rien de nouveau : la propagande moscovite avait fait de la Russie la « troisième Rome » depuis la chute de Constantinople, que les Russes appelaient encore Tsargrad, la ville des césars. En 1472, le grand-duc de Moscovie, Ivan III, avait épousé Zoé Paléologue, la nièce du dernier empereur. Son métropolite saluait en lui le « nouvel empereur de la nouvelle Constantinople – Moscou » et il utilisait le titre de tsar (césar), qu'Ivan le Terrible adopta. Au siècle suivant, Filofeï, un moine, souligna que « deux Romes sont tombées, mais la troisième est toujours debout et il n'y en aura pas de quatrième ». Toutefois, la splendeur néoclassique, l'audacieuse symétrie entre la religion, la culture et la politique, le caractère pragmatique de l'alliance autrichienne, et le projet précis d'une partition (de l'Empire ottoman), tout cela était uniquement dû à Potemkine. Il n'était pas seulement doué de la capacité à accoucher impulsivement d'idées, mais aussi de la patience et de l'instinct nécessaires pour les concrétiser. Il poursuivait ce mirage byzantin depuis son arrivée au pouvoir, et il lui avait fallu six ans pour contourner Panine et ses velléités proprussiennes.

Dès 1775, alors que Catherine et Potemkine célébraient la paix avec la Turquie à Moscou, le prince avait sympathisé avec le moine grec Eugenios Voulgaris, qui se chargerait d'étayer le Projet sur le plan de la théologie orthodoxe grecque. Le 9 septembre 1775, Catherine nomma Voulgaris, sur les conseils de Potemkine, premier archevêque de Kherson et Slaviansk. Ces villes n'existaient pas encore. Kherson, baptisée d'après l'antique cité grecque de Chersonèse et

1. Même le valet de Potemkine, Zakhar Constantinov, était grec.

lieu de naissance de l'orthodoxie russe, n'était rien de plus qu'un nom grec dans l'imagination enfiévrée de Potemkine.

Le décret de Catherine nommant l'archevêque proclamait les douteuses origines grecques de l'orthodoxie russe, un texte sans doute rédigé par Potemkine. Un de ses premiers gestes, quand il devint le favori, fut de fonder un lycée grec. Il choisit Voulgaris pour en prendre la direction. Potemkine s'efforça de faire de son archevêque grec son « Hésiode, Strabon et Chrysostome » et lui demanda d'écrire une histoire de la région, de « déterrer le passé oublié » et de démontrer le lien entre les anciens Scythes et les Gréco-Slaves. Voulgaris n'écrivit jamais cette histoire, mais il traduisit les *Géorgiques* de Virgile et dédia son œuvre à Potemkine, le « très haut et éminent prince philhellène », ainsi qu'une ode à sa nouvelle Athènes sur le Dniepr qui se concluait par ces mots : « Ici de nouveau se dressera l'antique Grèce ; Que le sort des armes te sourie, prince renommé. » Tout cela s'inscrivait dans le programme philhellénique de Potemkine, qui envisageait la recréation d'une civilisation grecque au sein d'un nouvel Empire byzantin sur le pourtour de la mer Noire.

La genèse du Projet grec nous permet d'entrevoir comment l'impératrice et le prince travaillaient ensemble. En 1780, Alexandre Bezborodko, le secrétaire de Catherine, rédigea effectivement la « Note sur les affaires politiques » qui exposait le projet et il fut affirmé qu'il avait été à l'origine de l'idée. Ce serait mal comprendre la relation entre les membres de la troïka qui, désormais, décidait de la politique étrangère russe.

Potemkine conçut le Projet grec juste avant que Bezborodko arrive à Saint-Pétersbourg, comme le montrent ses lettres et ses conversations, son soutien à Voulgaris, le baptême de Constantin et la fondation de Kherson en 1778. La « Note » de Bezborodko est une étude de faisabilité de l'idée en question, qui s'appuie sur une explication des relations russo-byzantino-ottomanes depuis le milieu du Xe siècle, clairement commanditée par Catherine et Potemkine. En s'intéressant à l'ébauche du traité autrichien de 1781 de Bezborodko, on peut voir comment ils travaillaient : le secrétaire rédigeait sur le côté droit de la page. Puis Potemkine corrigeait à gauche au crayon, avant de soumettre le document à Catherine. Dorénavant, Potemkine aurait les idées et Bezborodko les coucherait sur le papier. Ainsi, à la mort du prince, Bezborodko disait littéralement la vérité quand il assurait que Potemkine était doué pour « trouver des idées mais [que] c'était à quelqu'un d'autre de les réaliser ».

Bezborodko était un grand dadais ukrainien, « gauche, clownesque et négligent », aux lèvres épaisses et aux yeux globuleux, qui se prenait les pieds dans les tapis, bas plissés sur les talons, avec la démarche d'un éléphant. Toutefois, comme Ségur s'en aperçut, il « dissimulait l'esprit le plus fin dans l'enveloppe la plus brute ». Il aurait régulièrement participé à des orgies dans les bordels des quartiers chauds de Saint-Pétersbourg. Il lui arrivait en effet souvent de disparaître pendant trente-six heures d'affilée. Des chanteurs d'opéra italiens faisaient venir de jeunes filles pour son sérail ; il payait Davia, une soprano, 8 000 roubles par mois qu'elle lui remboursait en le trompant avec tous ceux qui passaient à sa portée. « Bien que richement vêtu, il donnait toujours l'impression de venir d'enfiler ses vêtements à la fin d'une orgie », ce qui était probablement le cas.

Un jour, il arriva ivre chez lui et trouva une convocation d'urgence de l'impératrice. Au palais, Catherine exigea un document qu'il avait promis. Le factotum sortit un morceau de papier et lut l'oukase superbement rédigé. Catherine le remercia et lui dit de lui donner le manuscrit. Il lui tendit le morceau de papier blanc et tomba à genoux. Bezborodko avait oublié de l'écrire, mais elle le pardonna au nom de son sens de l'improvisation. C'était un personnage indépendant, d'une remarquable précision et d'une intelligence réfléchie, qui commença en tant que protégé de Potemkine et devint son allié politique, même s'il était ami avec certains de ses opposants comme les Vorontsov. Dans ses lettres, sa gratitude pour le soutien de Potemkine montre que le prince était toujours, et de loin, son principal partenaire. « Il continue de fort bien me traiter, écrivait-il à un ami, et [...] je le mérite parce que très souvent, je passe autant de temps sur ses affaires privées que sur celles de l'Europe. »

Le Sérénissime travaillait avec les ministres de Catherine, comme le procureur général Viazemski et le président du collège du Commerce Alexandre Vorontsov (le frère de Simon). Potemkine, connu pour la subtilité de ses intrigues politiques, dédaignait la politique traditionnelle de la cour. Il considérait les ministres, notamment Vorontsov, « avec le plus grand mépris » et il dit à Harris que « même s'il pouvait se débarrasser d'eux, il ne voyait personne de préférable à mettre à leur place ». Bezborodko était le seul qu'il semblait respecter. Potemkine déclara fièrement à Catherine qu'il n'avait jamais essayé de se constituer un parti à Saint-Pétersbourg. Il se considérait comme un prince consort, non comme un tâcheron de la politique ou un simple favori. Le seul autre membre de son parti, c'était Catherine.

La première étape du Projet grec passait par un apaisement des relations avec l'Autriche. Il y avait déjà un moment que les deux pays évoluaient en ce sens, multipliant les signaux diplomatiques encourageants. Le saint-empereur romain et codirigeant de la monarchie des Habsbourg, Joseph II, n'avait jamais renoncé à ses ambitions bavaroises, qui avaient entraîné la guerre des Pommes de terre. Il se rendait compte qu'il avait besoin de Potemkine et Catherine pour prendre le contrôle de la Bavière qui conférerait davantage de cohésion au territoire des Habsbourg. À cette fin, Joseph devait amadouer la Russie et l'éloigner de l'alliance avec la Prusse, chère à Panine. Si, en cours de route, il en profitait pour élargir son royaume aux dépens de l'Empire ottoman, c'était encore mieux. Tous les chemins menaient à Saint-Pétersbourg.

Depuis des années, Joseph et sa mère Marie-Thérèse considéraient Catherine comme une régicide nymphomane qu'ils surnommaient la « princesse catherinisée de Zerbst ». Or, Joseph envisageait maintenant une alliance russe en dépit de l'opposition de sa mère. Il bénéficiait du soutien de son chancelier, le prince Wenzel von Kaunitz-Rietberg, qui avait orchestré la révolution diplomatique de 1756 pendant laquelle l'Autriche s'était alliée avec sa vieille ennemie la France. Kaunitz était un névrosé prétentieux, impitoyable et libidineux, qui avait si peur de la maladie qu'il demandait à Marie-Thérèse de fermer ses fenêtres. À la fin de chaque repas, il se livrait à une cérémonie complexe de nettoyage de ses dents, réputée pour être le moment le plus répugnant de la vie publique à Vienne. Kaunitz fit en sorte que l'envoyé autrichien à Saint-Pétersbourg, Cobenzl, veille « à établir avec M. de Potemkine des relations d'amitié cordiale [...] » : « Dites-moi comment vous vous entendez avec lui ces temps-ci. »

Le 22 janvier 1780, Joseph adressa un message à Catherine, par le biais de son émissaire à Vienne, le prince Dmitri Golitsyne, lui annonçant qu'il souhaitait la rencontrer. Le moment était idéal. Elle accepta le 4 février, n'en informant que Potemkine, Bezborodko et Nikita Panine, fort mécontent. La rencontre aurait lieu le 27 mai à Moguilev en Biélorussie.

L'impératrice et le prince attendaient beaucoup de cet événement. De février à avril, ils ne cessèrent d'en débattre. Surexcités, ils se calmaient mutuellement, comme un couple marié, puis exultaient face au développement de leurs projets comme deux conspirateurs. Un jour d'avril, Lanskoï, l'amant de Catherine, lui expliqua que « l'âme [sensible de Potemkine était] pleine d'angoisse ». Il s'inquiétait probablement des intrigues qui menaçaient ses plans pour le Sud, mais elle l'apaisa en l'assurant de la « vraie amitié que vous trouverez toujours dans mon cœur [...] et dans le cœur attaché au mien[1], qui vous aime et vous respecte autant que je le fais ». Elle concluait avec tendresse : « Notre seul souci, c'est vous, que vous soyez anxieux. » Potemkine s'emporta contre le pauvre petit Lanskoï, qui se réfugia auprès de Catherine. Elle craignait que son favori ait irrité le prince : « S'il vous plaît faites-moi savoir si Alexandre Dmitrievitch [Lanskoï] vous a agacé en quoi que ce soit et si vous êtes en colère contre lui et pourquoi exactement. » On retrouve parfois le ton des jours d'antan, quand ils étaient amants, mais peut-être ne discutaient-ils que de leurs plans : « Mon cher ami, j'ai fini de dîner et la porte du petit escalier est ouverte. Si tu veux me parler, tu peux venir. »

À la fin du mois d'avril, le Sérénissime se rendit à Moguilev afin de préparer la réception de la tsarine et du saint-empereur romain. C'était son idée politique, et Catherine lui confia donc la responsabilité de la mise en scène de la rencontre. Dès qu'il fut parti, Catherine se languit de son consort. « Je suis sans mon ami, mon prince », lui écrivit-elle. Ils échangèrent des lettres enthousiastes. Le 9 mai 1780, Catherine quitta Tsarskoïé Selo avec une suite comprenant Alexandra et Ekaterina Engelhardt, et Bezborodko. Nikita Panine resta à Saint-Pétersbourg. Alors que l'empereur Joseph arrivait à Moguilev pour y être accueilli par Potemkine, Catherine approchait par la route de Saint-Pétersbourg. Son consort et elle discutaient encore des détails de dernière minute et du fait qu'ils se manquaient l'un à l'autre. « Si vous trouvez une meilleure solution, veuillez me le faire savoir », écrivit-elle à propos de son emploi du temps. Puis elle termina : « Au revoir, mon ami, nous avons mal au cœur sans vous. Je meurs d'envie de vous voir dès que possible. »

1. Autrement dit, celui de Lanskoï.

15

Le saint-empereur romain

« N'est-ce pas vous qui osâtes élever
La puissance de la Russie, l'esprit de Catherine
Et avec des deux le soutien désirâtes
Déchaîner le tonnerre de ces rapides
Sur lesquels se tenait la Rome antique
Et tremblait tout l'univers ? »

Gavril Derjavine, *La Cascade*

Le 21 mai 1780, le prince Potemkine accueillit en Russie l'empereur Joseph II, qui voyageait incognito sous le nom de comte de Falkenstein. On imagine mal deux hommes plus différents et mal appariés. Nerveux, égocentrique, le despote autrichien souhaitait discuter immédiatement de politique, tandis que le prince insistait pour l'emmener à l'église orthodoxe. « Jusqu'à l'instant, la conversation avec Potemkine ne fut qu'un enchaînement de lieux communs et il n'a pas dit un mot de politique », se plaignit à sa mère, la sévère impératrice-reine Marie-Thérèse, l'empereur, âgé de trente-neuf ans, au visage ovale, au front dégarni, et plutôt beau pour un Habsbourg. L'impatience de Joseph était sans importance car Catherine n'était plus qu'à une journée de route. L'empereur continua de ronger son frein alors que Potemkine ne se montrait que d'une énigmatique affabilité : c'était une manœuvre politique délibérée pour obliger Joseph à faire le premier pas. Personne ne savait ce que tramaient Potemkine et Catherine, mais Frédéric le Grand et le sultan ottoman suivaient cette rencontre avec appréhension, car ils en étaient l'un et l'autre les principaux objectifs.

Le prince remit à l'empereur une lettre de Catherine qui ne faisait pas mystère de ses espoirs : « Je jure en ce moment que rien ne m'est plus difficile que de cacher mon sentiment de joie. Le nom même de M. le comte de Falkenstein inspire une telle confiance. » Potemkine fit part à Catherine de ses impressions, et les partenaires en discutèrent avec fébrilité. Le prince lui transmit les compliments extravagants de Joseph au sujet de l'impératrice. Le caractère exceptionnel de leur partenariat est résumé dans une lettre de Catherine, alors qu'elle ne se trouvait plus qu'à une journée de Moguilev : « Demain j'espère être avec vous, vous manquez à tout le monde [...]. Nous allons essayer de comprendre Falk[enstein] ensemble. »

C'était plus facile à dire qu'à faire. La gaucherie de l'empereur déconcertait ses contemporains – et les historiens. Nul n'incarnait mieux les contradictions du despote éclairé : Joseph était à la fois un autocrate expansionniste et militariste et un philosophe qui voulait libérer son peuple des superstitions du passé, un croisement qui n'avait rien d'aisé. Il se prenait pour un génie militaire et un roi-philosophe comme son héros Frédéric le Grand (l'ennemi qui avait failli détruire l'héritage même de Joseph). Les idéaux de Joseph étaient admirables, mais il méprisait ses congénères, était maladroit et ne pouvait imaginer que la politique est l'art du possible. Ses réformes doctrinaires, trop exhaustives, étaient le fruit d'une vanité austère qui le rendait un peu ridicule. Il croyait qu'il était l'État.

La fausse identité choisie par Joseph pour son voyage était le symbole de toute sa philosophie de la monarchie. Il était aussi pompeux et arrogant à propos de son nom qu'il l'était au sujet de ses conditions de vie et de ses réformes. « Vous savez que [...] à chacun de mes voyages, j'observe rigoureusement et défends jalousement mes droits et les avantages que le personnage du comte de Falkenstein me confère, rappela Joseph à Cobenzl, je serai, de ce fait, en uniforme mais sans décorations [...]. Vous prendrez soin de m'assurer des quartiers fort modestes et ordinaires à Moguilev. »

Ce « premier commis de l'État », comme il aimait à se présenter, portait un uniforme gris clair, ne voyageait qu'avec un ou deux compagnons, ne souhaitait manger que de la nourriture simple dans les auberges et aimait dormir sur un lit de camp dans une taverne en bord de route plutôt que dans un palais. Ce qui constituait un véritable défi pour le maître de cérémonies de la visite, Potemkine, mais il sut se montrer à la hauteur. En Russie, on trouvait peu de ces tavernes miteuses qu'avait espérées l'empereur, mais Potemkine fit camoufler des manoirs pour qu'ils ressemblent à de piètres établissements.

L'empereur s'enorgueillissait de tout inspecter de l'aube au crépuscule. Il ne comprit jamais que l'inactivité pouvait aussi être un signe de maîtrise. D'où le commentaire du prince de Ligne, selon lequel « il gouverna trop et ne régna pas assez ». Ligne comprenait bien Joseph – et il l'adorait : « En tant qu'homme, il a le plus grand mérite [...] en tant que prince, il souffrira d'érections continuelles et ne sera jamais satisfait. Son règne sera un incessant priapisme. » Depuis la mort de son père en 1765, Joseph régnait avec le titre de saint-empereur romain germanique ou, comme l'appelaient les Allemands, *Kaiser,* mais il devait partager la monarchie des Habsbourg – qui englobait l'Autriche, la Hongrie, la Galicie, les Pays-Bas autrichiens, la Toscane, la Croatie et la Slovénie – avec sa mère, la redoutable Marie-Thérèse, aussi humaine qu'astucieuse. En dépit de toute sa pruderie et de la rigidité de sa foi catholique, c'était elle qui avait jeté les bases des réformes de Joseph. Mais il les imposa avec tant de rigueur qu'elles tournèrent à la plaisanterie, puis à la catastrophe. Plus tard, il prit des mesures en vue de l'émancipation des serfs et des Juifs, qui n'eurent plus à porter l'étoile jaune de David, purent pratiquer leur culte en toute liberté, s'inscrire dans les universités et s'engager dans le commerce. Il dédaignait ses nobles, et pourtant ses réformes pleuvaient sur ses peuples comme des coups de trique. Il ne pouvait pas comprendre leur ingratitude obstinée. Quand il interdit les cercueils pour économiser du bois et du temps, il fut dérouté par l'indignation populaire, qui le contraignit à revenir sur sa décision. « Par Dieu, il veut même faire passer l'uniforme à leurs âmes, s'exclama Mirabeau. C'est le comble du despotisme. »

Sa vie affective fut tragique : sa première épouse, la talentueuse Isabelle de Parme, préférait sa belle-sœur à son mari dans ce qui semblait être une liaison lesbienne, mais il l'aimait. Quand elle mourut jeune, après trois ans de mariage, Joseph, alors âgé de vingt-deux ans, en fut inconsolable. « J'ai tout perdu. Ma femme adorée, l'objet de toute ma tendresse, ma seule amie est partie [...]. Je ne sais plus si je suis encore en vie. » Sept ans plus tard, son seul enfant, une fille qu'il chérissait, décéda d'une pleurésie : « Je ne vous demande qu'une chose, c'est de me laisser sa robe de basin blanc brodée de fleurs. » Pourtant, même lors de ces épanchements émotionnels, c'était sur lui-même qu'il s'apitoyait plutôt que sur autrui. Il se remaria avec une laide héritière des Wittelsbach, Josepha, afin de consolider ses prétentions sur la Bavière, puis il la traita sans égards. « Sa silhouette est courtaude, trapue et sans une once de charme, écrivit-il. Son visage est couvert de taches et de boutons. Ses dents sont horribles. »

Il alterna par la suite entre princesses et prostituées, et quand il sentait qu'il risquait de tomber amoureux d'une femme, il se purgeait de tout désir en rendant d'abord visite à une fille de joie. Ligne disait de lui qu'il n'avait « aucune idée de la bonne humeur ou des divertissements, et il ne lisait rien d'autre que des documents officiels ». Il se considérait comme un modèle d'honnêteté rationnelle et n'avait que mépris et sarcasme pour les autres. En tant qu'homme, c'était une enveloppe vide ; en tant que dirigeant, « le plus grand ennemi de ce prince, écrit Catherine, c'était lui-même ». Tel était le kaiser dont Potemkine avait besoin pour accomplir ce qui fut le plus grand succès de sa carrière.

Le 24 mai 1780, l'impératrice de Russie entra dans Moguilev par un arc de triomphe, escortée par des escadrons de cuirassiers – un spectacle qui impressionna même le sardonique kaiser : « C'était beau – toute la noblesse polonaise à cheval, les hussards, les cuirassiers, beaucoup de généraux [...] enfin, elle-même dans une voiture à deux places avec la demoiselle d'honneur, Mlle Engelhardt. » Alors que les canons tonnaient et que les cloches sonnaient, l'impératrice, accompagnée de Potemkine et du feld-maréchal Roumiantsev-Zadounaïski, assista à une messe, puis se rendit à la résidence du gouverneur. Ce fut le début de quatre jours de théâtre, de chants et, bien sûr, de feux d'artifice. On ne regarda pas à la dépense pour transformer cette terne capitale provinciale, qui n'avait été arrachée à la Pologne qu'en 1772 et grouillait de Polonais et de Juifs, en une ville digne d'un césar. L'architecte italien Brigonzi avait construit spécialement un théâtre où son compatriote Bonafina chanta pour les invités.

Joseph mit son uniforme : « le prince Potemkine m'a emmené à la cour ». Le Sérénissime mit en présence les deux césars, qui s'apprécièrent au premier regard, rêvant sans doute l'un et l'autre de Sainte-Sophie. Ils parlèrent politique, après le dîner, seuls, à l'exception de Potemkine et de sa nièce-maîtresse Alexandra Engelhardt. Catherine trouva Joseph « très intelligent, il aime parler et il parle très bien ». Elle parla aussi. Elle ne proposa pas officiellement le Projet grec ou une partition de l'Empire ottoman, mais tous deux savaient pourquoi ils étaient là. Elle fit allusion à ses rêves byzantins, car Joseph dit à sa mère : son « projet de création d'un empire à l'Est tourne dans sa tête et est niché dans son âme ». Le lendemain, ils s'entendirent si bien lors de la représentation d'un *opéra comique** que Joseph lui fit part de plans que « je n'ose écrire », comme Catherine s'en vanta à Grimm. Ils étaient censés s'impressionner mutuellement et s'apprécier. Ils firent tout pour qu'il en soit ainsi.

Ce réalignement suscitait encore une certaine opposition, et pas seulement de la part de Panine et du grand-duc prussophile Paul. Roumiantsev-Zadounaïski s'inquiéta de savoir si ces festivités annonçaient une alliance autrichienne – une requête que seul pouvait formuler un héros de guerre aussi chatouilleux. L'impératrice répondit : « Cela serait avantageux dans l'éventualité d'une guerre contre les Turcs et le prince Potemkine l'a conseillé. » Roumiantsev-Zadounaïski lui recommanda aigrement de suivre plutôt son propre conseil. « Un esprit est bien, répondit laconiquement Catherine, mais deux, c'est mieux. » C'était ainsi qu'ils travaillaient.

Joseph, toujours aussi obsédé par les inspections, se levait tôt et inspectait tout ce qu'il pouvait trouver. Comme beaucoup de militaires peu doués – on ne peut que penser à Pierre III et au grand-duc Paul –, il pensait que les inspections et les défilés suffiraient à faire de lui un Frédéric le Grand. Potemkine l'escorta poliment pour passer en revue l'armée russe, mais de toute évidence il trouvait ennuyeuse sa passion pour les prises d'armes. Joseph ne cessait d'évoquer l'un des « magnifiques régiments » de Potemkine, qu'il n'avait pas encore inspectés, mais le prince prétexta du « mauvais temps, attendu à tout moment », pour ne pas y aller. Pour finir, Catherine, comme une épouse acariâtre, lui ordonna d'emmener Joseph, quel que soit le temps.

Les deux monarques assistèrent à un spectacle d'équitation depuis une tente splendide érigée pour l'occasion, tandis que les autres spectateurs, y compris le neveu du roi de Pologne, le prince Stanislas Poniatowski, à qui nous devons cette histoire, y assistaient à cheval. Il y eut un grondement lointain quand le prince Potemkine, à la tête de plusieurs milliers de cavaliers, surgit au galop. Le prince brandit son sabre pour ordonner la charge quand tout à coup son cheval ploya sous son poids et s'effondra, « comme un centaure sur ses membres postérieurs ». Toutefois, en dépit de ce que ce moment avait d'embarrassant, il ne fut pas désarçonné et lança ses ordres. Le régiment commença sa charge à plus d'une lieue de distance et, alors que la terre tremblait, s'arrêta juste devant de la tente impériale, en formation parfaite. « Je n'ai jamais rien vu de tel de la part d'un régiment de cavalerie », dit Joseph. En revanche, nous ne savons pas ce qu'il pensa de la monture de Potemkine.

Le 30 mai, Catherine et Joseph quittèrent Moguilev et partirent à bord du même carrosse pour Smolensk, où ils durent se séparer temporairement. Joseph, seulement accompagné de cinq hommes, partit visiter Moscou. Catherine n'était pas loin de Tchijova, là où était né Potemkine. Une légende dit que Potemkine invita Catherine à visiter le village, où, avec son neveu, Vassili Engelhardt, un de ses aides de camp et maintenant propriétaire dudit village, il l'accueillit à la porte et lui montra les bains en bois. Le puits porta dès lors le nom de Catherine. Puis ils allèrent chacun leur chemin, le prince rejoignit Joseph sur la route de Moscou, tandis que l'impératrice rentrait à Saint-Pétersbourg. « Mon bon ami, écrivit-elle à Potemkine, tout est vide sans vous. »

Joseph ne parvenait pas à comprendre Potemkine. « Le prince Potemkine veut aller à Moscou pour tout m'expliquer, dit-il à sa mère. Jamais il n'a été aussi influent. Sa Majesté a même dit à table qu'il était véritablement son disciple [...]. Jusque-là, il ne m'a rien montré de particulièrement impressionnant », ajouta Joseph, mais « je ne doute pas qu'il va se dévoiler durant le voyage ». Une fois de plus, Joseph fut confondu. Alors qu'il ne cessait de pérorer sur ses propres idées, entre deux rapides tournées d'inspection, Potemkine se perdait dans des rêveries silencieuses. Le prince recherchait l'alliance de Joseph, mais il n'avait rien d'un flagorneur et il n'était pas aussi impressionné qu'il l'aurait dû de se trouver en compagnie du chef de la maison de Habsbourg. Une fois à Moscou, Joseph expliqua à sa « très chère mère » que Potemkine lui avait « expliqué le nécessaire » au sujet de certains monuments, mais que pour « d'autres » il devait se « débrouiller seul ». Il était tout à fait caractéristique de Potemkine de somnoler dans son lit tandis que l'inspecteur-empereur se levait aux aurores pour se livrer à toujours plus d'inspections. Quand ils quittèrent Moscou, Joseph était indigné : « [Potemkine] en prend bien trop à son aise. Je ne l'ai vu que trois fois à Moscou et il ne m'a absolument pas parlé des affaires. » Cet homme, conclut-il, était « trop paresseux, trop détaché pour mettre quelque chose en mouvement – et insouciant ».

Le 18 juin, Joseph et Potemkine arrivèrent à Saint-Pétersbourg, où les deux parties commencèrent à réfléchir à leur alliance et à ce qu'ils pouvaient en retirer. À Tsarskoïé Selo, Potemkine organisa une fête pour le comte de Falkenstein. Il avait recruté le jardinier anglais de Catherine, venu de Hackney (en réalité originaire de Hanovre), le bien nommé Bush[1], afin qu'il crée une taverne spéciale pour l'empe-

1. « Buisson », en anglais. *(N.d.T.)*

reur, qui adorait les auberges. Quand la baronne Dimsdale, l'épouse anglaise du médecin qui vaccinait la famille impériale, y passa un an plus tard, le jardinier lui raconta fièrement comment il avait accroché un panneau à l'extérieur de l'édifice sur lequel il avait écrit : « Aux armes du comte de Falkenstein. » Lui-même avait arboré une pancarte indiquant « Maître de l'auberge ». Joseph avait dîné sur place de bœuf bouilli, de soupe, de jambon et des « plats russes les plus communs et les plus agréables ». On peut se demander si ce pédant personnage, dépourvu d'humour, comprit le sens de la plaisanterie.

Tout au long des festivités, les ministres et les diplomates russes furent sur les dents, pressentant de formidables bouleversements, bien qu'encore imperceptibles. Quand le cortège revint à Saint-Pétersbourg, Joseph rencontra Nikita Panine. « Cet homme, remarqua le kaiser, semble craindre que l'on se tourne vers son antagoniste, le prince Potemkine. » Au début de juillet, le prince lui-même travaillait avec l'empereur, l'impératrice et l'émissaire autrichien, Cobenzl, sur les prémisses d'une relation plus officielle afin de « rétablir l'ancienne confiance et l'intimité entre les deux cours ». Catherine était consciente de cette hésitation chez l'empereur, mais, dans la semi-intimité de ses lettres à Grimm, elle déclara qu'il avait l'esprit « le plus solide, le plus profond et le plus intelligent » qu'elle connût. Quand l'empereur repartit, les deux camps s'étaient rapprochés, mais rien n'avait été décidé. Marie-Thérèse régnait toujours à Vienne.

Après le départ de Joseph, alors que l'Autriche, la Prusse et la Grande-Bretagne se disputaient l'alliance de la Russie, Daria, la mère de Potemkine, qu'il ne voyait plus, décéda à Moscou. Quand l'impératrice l'apprit, elle était en route pour Tsarskoïé Selo et le prince se trouvait non loin de là, dans sa résidence d'été, Ozerki. Catherine insista pour lui annoncer elle-même la nouvelle, aussi se détourna-t-elle de son chemin pour le retrouver. La perte d'un parent éloigné est souvent plus douloureuse que celle d'un proche : Potemkine pleura copieusement parce que « ce prince, observa Corberon, associ[ait] les qualités et les défauts de la *sensitivité** ». C'était un euphémisme.

Le voyage réussi de Joseph fit l'effet d'une bombe. Le camp pro-prussien, avec Panine et le grand-duc Paul, était en plein désarroi. Frédéric le Grand décida d'envoyer un prince prussien à Saint-Pétersbourg pour damer le pion aux Habsbourg. Bien avant la rencontre de Moguilev, son envoyé Goertz avait discuté d'une telle visite avec Potemkine et Panine. Au lieu du prince Henri, qui, maintenant, connaissait bien Potemkine, Frédéric envoya son neveu et héritier, Frédéric-Guillaume. Ce n'était pas une bonne idée. Joseph, en dépit de sa pédanterie, était un compagnon remarquable, mais Frédéric-Guillaume, qui avait reçu du roi l'ordre spécifique de flatter Potemkine, était un lourdaud et un rustre prussien mal dégrossi sans aucune qualité susceptible de le racheter en société. Le prince Henri écrivit consciencieusement à Potemkine pour lui demander d'accueillir son grossier neveu – du ton d'un homme qui envoie à contrecœur un cadeau bon marché, et s'excuse à l'avance de sa qualité décevante[1].

Potemkine et Panine reçurent le prince de Prusse ensemble le 26 août. Cependant, Potemkine décréta ostensiblement qu'Alexandra Engelhardt ne « le convierait pas à souper », et Catherine surnomma « Gros Gu » celui qu'elle considérait comme un Prussien « lourd, timoré et maladroit ». Le Hohenzollern ne tarda pas à ennuyer toute la capitale à l'exception du grand-duc, qui était si impressionné par Frédéric le Grand et ses compétences militaires que n'importe quel prince prussien aurait fait l'affaire. En outre, les plans de Frédéric avaient déjà été sapés par l'arrivée de l'arme secrète de Joseph II : le prince de Ligne.

Corberon et Goertz se persuadèrent que la visite de Joseph serait sans conséquence. Toutefois, le Français assista ensuite à un dîner avec « Cobenzl et les nouveaux venus, le prince de Ligne et son fils ». Corberon crut bon d'ignorer ce « grand seigneur des Flandres » en qui il ne vit qu'un « aimable *roué** », alors qu'il était bien plus que cela.

Charles-Joseph, prince de Ligne, alors âgé de cinquante ans, était un éternel gamin, aristocrate espiègle et d'un humour irrésistible, incarnation idéale du siècle des Lumières. Héritier d'une principauté impériale attribuée à sa famille en 1602, il avait été élevé par une nourrice qui le faisait danser et dormir nu avec elle. Il avait épousé une héritière Liechtenstein mais avait trouvé le mariage « absurde pendant plusieurs semaines, puis indifférent ». Au bout de trois semaines, il commit sa première infidélité avec une femme de chambre. Il avait commandé son régiment de Ligne pendant la guerre de Sept Ans, se distinguant à la bataille de Kolin. « Je voudrais être une jolie fille jusqu'à trente ans, un général [...] jusqu'à soixante, avait-il dit à Frédéric le Grand après la guerre, puis cardinal jusqu'à quatre-vingts. »

1. Même Frédéric le Grand disait de lui qu'il était un « nuage d'ennui et de dégoût ».

Cependant, il était rongé par l'amertume dans un domaine – il rêvait d'être pris au sérieux en tant que général, mais personne, de Joseph à Potemkine, ne lui confierait un commandement militaire indépendant. Ce qui l'ulcérait.

Son plus grand don était l'amitié. Pour le charmeur de l'Europe, chaque jour était une comédie n'attendant que d'être résumée en quelque épigramme, chaque fille une aventure inspirant un poème, et chaque monarque une conquête espérant être séduite par son badinage. Sa flatterie pouvait, à force, être lassante : « Ligne est vraiment un pénible flagorneur ! » s'exclama un de ses observateurs. Mais sa méthode n'était pas sans effet. Ami à la fois de Joseph II et de Frédéric le Grand, ce qui n'était pas un mince exploit, ainsi que de Rousseau, Voltaire, Casanova et de la reine Marie-Antoinette, il montre à quel point le *monde** était petit à l'époque. Personne n'incarnait mieux le cosmopolitisme débauché de la fin du XVIIIe siècle : « J'aime être un étranger partout [...]. Un Français en Autriche, un Autrichien en France, à la fois un Français et un Autrichien en Russie. »

Les lettres de Ligne étaient copiées, ses *bons mots** répétés, dans tous les salons d'Europe – ainsi qu'ils étaient censés être. C'était un magnifique écrivain dont les portraits au vitriol des grands hommes de son temps, en particulier de Potemkine, qui le fascinait, n'ont jamais été égalés. Ses *Mélanges* sont, avec l'*Histoire* de Casanova, le meilleur témoignage sur son époque. Ligne était au sommet et Casanova tout en bas de la même société. Ils rencontraient les mêmes charlatans et ducs, prostituées et comtesses aux bals et aux jeux de cartes, dans les opéras et les bordels, les cours royales et les tavernes en bord de route, encore et encore, dans toute l'Europe.

Ligne fascina Potemkine. Leur amitié, rencontre entre deux des plus beaux causeurs de l'époque, connaîtrait des hauts et des bas avec la même intensité qu'une histoire d'amour, et Ligne en tint la chronique dans de nombreuses lettres inédites conservées dans les archives Potemkine, rédigées de son écriture minuscule, mais débordantes d'esprit et d'intelligence avant de sombrer de nouveau dans l'illisibilité. Ce « *jockey diplomatique** », comme il se surnommait lui-même, était invité à toutes les parties de cartes privées, promenades en calèche et dîners de l'impératrice à Tsarskoïé Selo. Le grossier prince de Prusse n'avait aucune chance face à cet homme que Catherine appelait « la personne la plus agréable et facile à vivre que j'aie jamais connue, un esprit original qui réfléchit profondément et joue toutes sortes de tours, comme un enfant ».

Seul le grand-duc Paul se souciait de Frédéric-Guillaume, ce qui n'eut d'autre effet que de l'écarter un peu plus de Catherine et Potemkine. Quand l'impératrice donna un spectacle, bal et souper au théâtre de l'Ermitage en l'honneur du prince de Prusse, le couple grand-ducal accompagna leur hôte, mais Catherine soupira à l'adresse de Harris : « Je veux que vous me défendiez des rustauds », et elle ne prit pas la peine d'assister au spectacle. Les diplomates se demandèrent où était passée l'impératrice. On la retrouva occupée à jouer au billard avec Potemkine et Ligne.

L'impératrice et le Sérénissime furent soulagés quand Frédéric-Guillaume repartit enfin, sans avoir rien accompli. Il avait remarqué l'accueil glacial qu'on lui avait réservé : une fois roi, il prendrait sa revanche. Par contre, les Russes refusèrent presque de laisser partir Ligne. Éternel gentilhomme, le *jockey diplomatique** resta un peu plus longtemps. Enfin, en octobre, il insista, alors Potemkine sortit avec lui pour lui montrer un de ses régiments et ne le laissa s'en aller que sous un déluge de cadeaux – des chevaux, des serfs et un coffre incrusté de diamants. Ligne manquait à Potemkine, qui n'arrêtait pas de demander à Cobenzl quand il reviendrait.

C'était exactement ce que les Autrichiens voulaient. Ils bombardèrent Potemkine de compliments. Dans une démonstration d'hypocrisie diplomatique, Cobenzl demanda à son empereur de mentionner Potemkine favorablement dans le plus grand nombre possible de ses dépêches *en clair**. Le Russe, flattant Joseph à son tour, accordait plus de valeur à un mot du kaiser qu'à tout ce qui pouvait venir des rois de Prusse et de Suède. Mais les compliments directs de l'empereur devaient être réservés pour des occasions exceptionnelles. Et, de son côté, Joseph aurait été avisé d'adresser son meilleur souvenir aux nièces Engelhardt.

Le 17/28 novembre 1780, Joseph fut libéré du carcan de sagesse que lui imposait Marie-Thérèse. La mort de cette dernière, après quarante ans de règne, laissa son fils libre de quasiment ruiner l'héritage des Habsbourg d'une façon que même Frédéric de Prusse n'aurait pu imaginer. Dans les lugubres lettres endeuillées qui s'échangèrent entre Vienne et Saint-Pétersbourg, on devine des sourires derrière le chagrin. « L'empereur, plaisanta Ligne à l'adresse de Potemkine une semaine seulement après la mort de Marie-Thérèse, le 25 novembre, m'a semblé si sincèrement plein d'amitié pour vous [...] que j'ai eu grand plaisir à me disputer avec lui sur votre compte à tous égards [...]. Faites-moi dire de temps à autre que vous ne m'avez pas oublié. » La question ne se posait même pas.

Quand la dépouille de l'impératrice-reine fut déposée dans le Kaisergruft – la crypte impériale – de l'église des Capucins de Vienne, Joseph sut qu'il pouvait entamer son rapprochement avec la Russie. Potemkine fit part à la fois de son « impatience » et de son « sérieux » à Cobenzl. Catherine veilla à ce que tous les détails lui soient directement communiqués plutôt qu'à Panine, « ce vieil escroc », comme elle le surnommait devant Potemkine. Catherine et Joseph reportèrent alors leur attention sur le conflit qui s'annonçait avec le sultan.

Sir James Harris, qui estimait que l'alliance autrichienne faciliterait sa propre mission, ne comprenait toujours pas la réticence de la Russie à s'allier avec la Grande-Bretagne, même après le retour de Potemkine de Moguilev. Le prince expliqua allègrement le refus de Catherine par une succession de faux prétextes, allant jusqu'à accuser l'« imbécillité du favori » Lanskoï, une vraie « commère », mais aussi la faiblesse de l'impératrice née de ses « passions » et l'« habile flatterie » de l'empereur des Habsbourg, qui lui faisait accroire qu'elle était « la plus grande princesse d'Europe ». Cette diatribe trahit toutefois l'exaspération bien réelle de Potemkine, lassé de devoir gérer Catherine, même si elle pouvait tout aussi bien être une ruse de sa part. C'était caractéristique de la façon qu'il avait de se jouer du pauvre Harris, parce que les lettres secrètes du couple prouvent qu'ils faisaient tous deux dépendre l'ensemble de leur système politique d'une alliance avec l'Autriche. Harris comprit enfin qu'il avait commis une erreur en appuyant Potemkine contre Panine car, tandis que le premier se montrait désormais indifférent, bien qu'amical, le second, lui, ne masquait plus son hostilité.

Une hostilité telle que Harris demanda à être rappelé. Mais Londres le pressait encore de trouver un moyen de s'assurer le soutien de la Russie. Au fil de ses conversations nocturnes avec Potemkine, Harris, toujours plein de ressources, conçut un plan ambitieux. L'imagination de Potemkine se trouvait à la source de ce qui allait devenir la politique officielle de la Grande-Bretagne. Londres, suggéra le prince, devrait offrir à la Russie « quelque objet digne de son ambition » pour qu'elle entre dans la guerre. Dans un message codé, Harris expliqua à son secrétaire d'État, le vicomte Stormont, en novembre 1780 : « Le prince Potemkine, bien qu'il ne l'ait pas dit directement, m'a fait clairement comprendre que *l'unique cession* qui pousserait l'impératrice à devenir notre alliée serait celle de Minorque. » Ce n'était pas aussi farfelu qu'il y paraissait, car, en 1780, Potemkine travaillait à la construction de sa flotte de la mer Noire et à la promotion du commerce par les détroits turcs vers des ports méditerranéens comme Marseille. Port-Mahon, à Minorque, pourrait être une base utile pour sa flotte. La Russie avait occupé des îles grecques au cours de la dernière guerre – mais n'en avait gardé aucune à la signature de la paix. Potemkine offrait régulièrement la Crète à la France et à l'Angleterre dans ses projets de partition de l'Empire ottoman, et plus tard l'empereur Paul fit occuper Malte. Du reste, il prenait soin, comme le soulignait Harris, de ne jamais le proposer directement. C'était là un de ces fabuleux jeux de construction des empires auxquels Potemkine adorait tant se livrer – sans que cela lui coûte quoi que ce soit.

Potemkine fut enthousiasmé par l'idée d'une base navale russe à Minorque, d'autant plus que la Grande-Bretagne y laisserait d'importantes réserves de vivres et d'équipements, d'une valeur de deux millions de livres, à la disposition de la Russie ou de lui-même. Il rencontrait Harris tous les jours pour en discuter et organisa le deuxième tête-à-tête de l'envoyé avec Catherine le 19 décembre 1780. Avant que Harris soit convoqué, le prince descendit voir l'impératrice pendant deux heures, et en revint « rayonnant de satisfaction et de joie ». Ce fut le point culminant de l'amitié de Harris avec le Sérénissime. « Nous étions assis tous les deux très tard dans la soirée quand soudain il entreprit de décrire tous les avantages qui en découleraient pour la Russie. » Nous pouvons presque entendre le bonheur enfantin de Potemkine, ses rêves chimériques et sa surexcitation fébrile, tandis qu'il se prélassait sur un divan dans ses appartements, jonchés de bouteilles de tokay et de champagne, des cartes éparpillées sur les tables recouvertes de feutrine verte. « Puis, avec la vivacité de son imagination, il évoqua l'idée d'une flotte russe ancrée à Mahon, de peupler l'île de Grecs, [et dit] qu'une telle acquisition serait comme une colonne dédiée au milieu de la mer à la gloire de l'impératrice. »

L'impératrice comprenait les avantages de Minorque, mais elle affirma à Potemkine : « La mariée est trop belle, ils cherchent à me flouer. » Elle ne pouvait apparemment pas résister à l'enthousiasme de Potemkine quand ils étaient ensemble, mais réfléchissait souvent plus clairement une fois qu'il était parti. La Russie, avec sa flotte encore en construction, ne pourrait tenir Minorque que selon le bon plaisir de la Grande-Bretagne. Elle préféra donc refuser. Elle avait raison : l'île était trop loin et la Grande-Bretagne elle-même finit bientôt par la perdre.

Potemkine grommela que Catherine était « méfiante, timorée et bornée » mais, une fois encore, c'était plus ou moins de la comédie. Harris ne pouvait s'empêcher d'espérer que le prince tenait à l'alliance avec l'Angleterre : « Dîné mercredi à Tsarskoïé Selo avec le prince Potemkine [...] il parla des intérêts de nos deux cours de façon si amicale et avisée que je regrette plus que jamais ses fréquents écarts dans l'oisiveté et la débauche. » Il n'avait toujours pas compris que l'axe stratégique de Potemkine n'était pas du tout orienté vers l'ouest, mais vers le sud. Néanmoins, alors que le prince négociait secrètement avec les Autrichiens, Sir James ne relâchait pas ses efforts.

Joseph et Catherine s'étaient entre-temps entendus sur les termes d'un traité défensif, comportant une clause secrète visant la Sublime Porte – mais les projets grandioses de Potemkine se heurtèrent alors à un obstacle typique pour l'époque. C'était ce que l'on appelait l'« alternative », une tradition diplomatique qui voulait que les monarques qui signaient un traité inscrivent leur nom en premier sur un exemplaire et en second sur l'autre. Le saint-empereur romain germanique, en tant que principal dirigeant de l'Europe, signait toujours le premier sur les deux copies. Or, Catherine refusait désormais d'admettre que la Russie fût inférieure à Rome, tandis que Joseph refusait d'abaisser la dignité du kaiser en signant en seconde position. Aussi, étonnamment, le réajustement stratégique à l'Est buta sur une question de protocole.

Ce fut une de ces crises où la différence entre Catherine et Potemkine était la plus manifeste, car, alors que l'impératrice s'obstinait, le prince la suppliait de faire preuve de souplesse et de signer le traité. On retrouve l'écho de leurs chamailleries dans leurs lettres et les dépêches de Cobenzl. Potemkine effectua des allées et venues précipitées entre les deux parties. Catherine, à un moment, lui dit d'informer Cobenzl de « renoncer à une telle absurdité sous peine de tout arrêter ». Et tout s'arrêta.

Les tensions ne furent pas apaisées par les exigences de Potemkine, qui réclamait des faveurs pour ses nièces Alexandra et Ekaterina, toutes deux sur le point de se marier. Bientôt, même Lanskoï, le favori de Catherine, se retrouva impliqué dans la dispute. Mais Catherine mit au point une solution habile, que Potemkine suggéra à Joseph : les deux souverains échangeraient des lettres exposant leurs obligations mutuelles, au lieu d'un traité.

Le prince, extrêmement tendu face à cette crise qui venait compromettre le projet de toute une vie, s'effondra, victime d'une « mauvaise digestion ». Catherine lui rendit visite dans ses appartements pour le réconforter et passa la soirée avec lui « de 8 heures à minuit ». La paix était rétablie.

Au moment où la crise sur le traité autrichien atteignait son paroxysme, le 10 mai 1781, Potemkine ordonna au comte Marc Voïnovitch, un marin dalmate, de lancer une discrète incursion en Perse. Il menait de front une politique secrète avec la Perse pour objectif tout en tentant d'aplanir les obstacles sur la voie de son Projet grec.

Pendant près d'un an, ce plan s'était développé parallèlement aux négociations avec l'Autriche. Dix jours avant que Joseph II propose de rencontrer Catherine à Moguilev, le 11 janvier 1780, le Sérénissime avait ordonné au général Alexandre Souvorov, son commandant le plus efficace, de rassembler une force d'invasion à Astrakhan, et aux navires qu'il avait fait construire à Kazan, sur la Volga, depuis 1778 de se déplacer vers le sud. Il faudrait peut-être encore des années avant que l'alliance avec l'Autriche ne soit effective. Dans le même temps, la Russie testerait les défenses de la Perse plutôt que des Ottomans.

L'Empire perse, à l'époque, s'étendait sur la rive sud de la mer Caspienne et englobait Bakou et Derbent, aujourd'hui en Azerbaïdjan, presque toute l'Arménie et la moitié de la Géorgie. Les Arméniens et les Géorgiens étaient des chrétiens orthodoxes. Comme dans le cas des Grecs, des Valaques et des Moldaves, Potemkine rêvait de libérer ses frères orthodoxes et de les intégrer dans l'Empire russe. Dans le même temps, il rencontrait des représentants arméniens à Saint-Pétersbourg, pour discuter de la libération des chrétiens d'Arménie du joug perse.

Le prince était l'un des rares hommes d'État russes à comprendre le commerce à cette époque. Il savait qu'un comptoir sur la rive orientale de la Caspienne ne se trouvait qu'à « trente jours de marche depuis le golfe Persique, à seulement cinq semaines de l'Inde par Kandahar ». En d'autres termes, ce fut le premier coup, certes mineur, de Potemkine dans ce qui serait connu plus tard sous le nom de

« Grand Jeu[1] ». Nous savons que Potemkine jonglait à la fois avec son Projet grec et ses visées en Perse parce qu'il en parla à ses amis britanniques. Les Français et les Britanniques considéraient les plans secrets de Potemkine en Perse avec intérêt. D'ailleurs, six ans plus tard, l'ambassadeur français en était encore à essayer d'en comprendre les rouages.

En février 1780, Sacha Lanskoï était tombé malade et Potemkine avait reporté ses derniers ordres à Souvorov, qui n'eut d'autre choix que de piaffer d'impatience dans la morne province d'Astrakhan. Une fois confirmés le Projet grec anti-ottoman et la visite de Joseph, il aurait été idiot de la part de Potemkine de trop disperser ses forces. Ainsi le plan fut-il modifié. Au début de 1781, le prince annula donc l'invasion et persuada Catherine de lancer une expédition limitée, commandée par Voïnovitch, âgé de trente ans, un « dangereux pirate » de Dalmatie pour les uns, une « sorte d'espion italien des ministres de Vienne » pour les autres, qui s'était battu pour Catherine durant la guerre russo-turque et s'était un temps emparé de Beyrouth.

Le 29 juin 1781, cette expédition navale minuscule, composée de trois frégates et de plusieurs transports, traversa la mer Caspienne pour fonder un comptoir en Perse et jeter les bases de l'empire de Catherine en Asie centrale. En Perse, le désordre régnait, mais le satrape de la province d'Ashkabad, de l'autre côté de la Caspienne, Agha Mohammad Shah, suivait ses propres règles. Ce redoutable bâtisseur d'empire, qui avait été castré, enfant, par les ennemis de son père, espérait devenir lui-même shah. Il salua l'idée d'un comptoir russe sur les rives orientales de la Caspienne, peut-être pour financer ses propres armées avec l'aide de la Russie.

L'expédition de Voïnovitch était typique du siècle des Lumières, conciliant la fascination de Potemkine pour les sciences, son enthousiasme mercantile et sa soif de conquête pure et simple. Elle ne comptait en tout que six cents hommes, dont seulement cinquante fantassins, ainsi que Karl-Ludwig Hablitz, le botaniste juif allemand respecté de Potemkine, qui fut sans doute l'auteur du compte-rendu non signé de l'expédition destiné au prince et qui se trouve dans les archives du Quai d'Orsay. Voïnovitch n'était pas adapté à un rôle aussi subtil, et de toute façon l'expédition était trop modeste et se

1. Surnom donné au XIXe siècle à la rivalité entre la Grande-Bretagne et la Russie en Asie centrale, concernant la Perse, l'Afghanistan et le nord de l'Inde, et évoquée entre autres dans les œuvres de Rudyard Kipling.

voyait désormais livrée à elle-même. C'est sans doute le résultat de l'un des nombreux compromis entre la prudence de Catherine et l'imagination de Potemkine. Au moment du départ de l'expédition, l'impératrice et le prince se concentraient déjà exclusivement sur Tsargrad et Vienne plutôt qu'Ashkabad et Kandahar.

Voïnovitch avait reçu l'ordre du prince de n'user « que de persuasion », mais à son arrivée « il fit exactement le contraire ». Quand il débarqua sur l'autre rive de la Caspienne et y trouva Agha Mohammad bivouaquant avec son armée, Voïnovitch prouva qu'il était « aussi piètre courtisan que politicien ». Le prince perse était toujours intéressé par l'établissement d'un comptoir russe et suggéra même que son neveu prenne la tête d'une mission de représentation à Saint-Pétersbourg. Voïnovitch, au lieu de cela, commit l'imprudence d'établir un fort, avec seulement vingt bouches à feu, comme si ses six cents hommes étaient capables de défier une armée perse. Tout en donnant des fêtes pour les Perses et en faisant ostentatoirement tirer ses canons, il ne réussit qu'à inquiéter les habitants de la région, déjà méfiants, et qui avaient entendu dire que Souvorov traversait le Daghestan avec soixante mille hommes. Cette fausse information fut probablement la première intrigue britannique dans le Grand Jeu et elle eut le résultat escompté. Agha Mohammad décida de se débarrasser de ces Russes ineptes et odieux.

Le chef du village invita Voïnovitch et Hablitz à dîner. Ils étaient à peine arrivés que la maison fut encerclée par six cents guerriers perses. Voïnovitch et Hablitz eurent le choix entre perdre la tête ou évacuer le fort et s'éloigner sans délai. Ils choisirent la seconde solution, à raison car Agha Mohammad était capable de faire preuve d'une sauvagerie sans nom. Plus tard, il fit crever les yeux de toute la population mâle – vingt mille hommes – d'une ville qui lui avait résisté. Il accomplit également l'exploit d'être le seul eunuque de l'histoire à fonder une dynastie : les Qajar, descendants de son neveu, gouvernèrent la Perse jusqu'au début du XXe siècle, quand ils furent remplacés par les Pahlavi. Il fallut un siècle de plus avant que la Russie ne s'empare de l'Asie centrale.

La flottille rentra piteusement en Russie. La faute de cette expédition rocambolesque qui aurait pu facilement se terminer en catastrophe est imputable à Potemkine, mais, dans son style byzantin habituel, il menait parallèlement une politique alternative au cas où les choses se seraient mal passées à Vienne.

Ce ne fut pas le cas. Joseph accepta de signer le traité de défense secret par le biais de l'échange de lettres. Pendant six mois, l'Europe crut que les négociations avaient échoué, mais le 18 mai Catherine signa sa lettre à « Mon cher frère » – et Joseph fit de même. Elle accepta que la Russie aide l'Autriche contre la Prusse. Mais, plus important encore pour Potemkine, Joseph promit de défendre la Russie si elle était attaquée par les Turcs – « Je suis obligé trois mois après [...] de déclarer la guerre ». L'Autriche soutenait donc les projets russes vis-à-vis de la Turquie. Cette réorientation de la politique russe était le triomphe personnel de Potemkine.

Catherine et lui savouraient le fait qu'ils avaient floué la communauté internationale. Les émissaires français, prussiens et britanniques distribuaient des pots-de-vin à la ronde afin de savoir ce qui se passait. Harris, soupçonneux, remarqua que son « ami » était de « bonne humeur », mais qu'il « évitait tout sujet politique ». Cobenzl, qui savait tout, bien sûr, s'amusait beaucoup lui aussi. « Toute cette affaire, dit-il à son empereur, continue d'être un mystère pour tout le monde à l'exception du prince Potemkine et Bezborodko. » Joseph ne mit pas longtemps à s'apercevoir que Catherine obtenait généralement ce qu'elle voulait. En dépit de la priorité du Projet grec, elle ne revint pas sur le principe de la neutralité armée et persuada tant la Prusse que l'Autriche de s'y joindre. « Ce que femme veut, Dieu le veut, dit le proverbe, réfléchit Joseph, et une fois entre leurs mains, on va toujours plus loin qu'on ne le veut. » Catherine et Potemkine exultaient. Catherine fut si heureuse d'une lettre flatteuse de Joseph qu'elle en rougit littéralement.

Le traité resta secret. Ce n'est que le 25 juin, un mois plus tard, que Harris commença à se douter qu'un traité avait été signé, grâce à un pot-de-vin de 1 600 livres au secrétaire Bezborodko, mais étonnamment le secret fut gardé pendant près de deux ans. Seuls Catherine, Potemkine et Bezborodko étaient au courant de tout. Le grand-duc Paul n'en fut pas averti. Panine se retira sur ses terres de Smolensk. Les partenaires se félicitèrent. Catherine les considérait, Potemkine et elle, comme les légendaires meilleurs amis du monde antique – Pylade et Oreste. « Mon vieux Pylade, le congratula-t-elle, est un homme brillant. »

Ils se trouvèrent alors confrontés à un nouveau défi. Le grand-duc Paul était tout à fait sceptique quant à l'expansion au Sud et l'alliance autrichienne. À l'image de son père, il était toujours « prussien ». En juillet, quand Catherine invita le médecin britannique, le baron Dimsdale, avec son épouse, pour vacciner les jeunes grands-ducs

Alexandre et Constantin contre la variole, Nikita Panine réclama le droit de revenir pour superviser la procédure, une ruse dont il avait convenu avec Paul. « S'il s'imagine être réintégré à son poste de Premier ministre, cingla Catherine, il se leurre grandement. Il ne sera jamais rien d'autre à ma cour qu'un garde-malade. »

Catherine et Potemkine durent discuter des moyens de défendre leur politique contre Paul et, si possible, de le convertir à la cause autrichienne. Pourquoi ne pas l'envoyer avec son épouse effectuer une grande tournée à Vienne et à Paris, en évitant le vieux Frédéric le Grand à Berlin ? Si c'était Catherine qui avançait cette idée, Paul, anxieux, n'y verrait qu'une astuce de Potemkine pour l'éloigner. Le Sérénissime œuvrait à la création de son propre royaume, la fondation de ses premières villes sur la mer Noire et la préparation des mariages de ses nièces. Il ne fallait pas permettre à Paul de faire capoter l'un ou l'autre de ces projets. Potemkine trouva une solution.

16

Trois mariages et une couronne

« Ou au milieu d'un joli petit verger
Une tonnelle, où une fontaine joue
D'une harpe douce à mes oreilles
Piège mes pensées de plaisirs variés,
Lasse d'abord, puis échauffe mon sang ;
Couché sur un divan de velours,
Caressé du doux sentiment d'une jeune fille
Je remplis d'amour son jeune cœur. »

Gavril Derjavine, *Ode à la princesse Felitsa*

Peu de temps après la signature du traité autrichien, Catherine mit en pratique le plan de son consort. Elle persuada le prince Repnine, neveu de Panine, de proposer à Paul de se rendre à Vienne, comme si l'idée venait de lui. Paul mordit à l'hameçon et supplia l'impératrice de le laisser partir. Après avoir feint d'être réticente, Catherine accepta – tout en redoutant les inévitables maladresses de son fils instable et amer. « J'ose implorer l'indulgence de Votre Majesté Impériale, écrivit-elle à Joseph, pour [...] l'inexpérience de la jeunesse. » Joseph envoya une invitation officielle. Paul et Maria Féodorovna étaient ravis. Ils se montrèrent même polis avec Potemkine, qui à son tour fit l'éloge de l'héritier devant tout le monde.

Panine avait eu vent de ce plan. Le « vieil escroc » ne se donnait même plus la peine de cacher son aigreur. Il se hâta de rentrer à Saint-Pétersbourg et attisa les peurs de Paul en lui affirmant que ce voyage était un complot. Ces déplacements n'étaient pas sans danger pour les princes russes. Personne n'avait oublié qu'Alexis, le fils de Pierre le Grand, avait été ramené de Vienne et torturé à mort. Tout cela paraissait bien réel pour un tsarévitch dont le père avait été assassiné par la mère et qui ne pouvait avoir confiance en personne ou presque. Panine suggéra que Berlin serait une meilleure idée que Vienne – puis laissa entendre que Paul ne serait pas seulement exclu de la succession et peut-être assassiné, mais que ses enfants lui seraient retirés. Paul sombra dans une agitation hystérique.

À Tsarskoïé Selo le lendemain matin, dimanche 13 septembre, le grand-duc et la grande-duchesse, tous deux en proie à la panique, refusèrent de partir. Ils invoquèrent entre autres la nécessité de rester auprès des enfants après leur vaccination. Catherine fit venir les docteurs Rogerson et Dimsdale pour les rassurer. La cour fut en effervescence pendant trois jours et les diplomates analysèrent la façon qu'avait l'héritier de saper le rapprochement avec l'Autriche, défiant l'impératrice et son prince. Potemkine en fut si « perplexe, indécis, voire découragé » qu'il envisagea même de laisser Paul rendre visite au renard rusé de Berlin. Harris, qui se trouvait avec lui dans ses appartements ce vendredi-là et croyait que l'alliance autrichienne était synonyme d'un nouvel espoir pour la Grande-Bretagne, l'avertit que cette faiblesse pourrait causer sa perte. Potemkine faisait les cent pas dans la chambre, « comme il en a[vait] coutume », sans rien dire, puis se précipita auprès de l'impératrice. Catherine n'était pas Pierre le Grand, mais le refus de Paul d'obéir à ses ordres aurait pu provoquer une grave crise de succession. Les partenaires décidèrent d'obliger Paul à partir. Lorsque Potemkine rejoignit Harris une heure plus tard, tout était réglé.

Le départ fut une de ces petites tragédies comme en comptait la vie des familles royales, et elle se déroula sous les yeux de la cour, de l'entourage de Paul, et de dizaines de chevaux et de serfs. Le 19 septembre, l'héritier, voyageant incognito sous le nom de *Comte du Nord**, et sa femme dirent au revoir à leurs enfants. La grande-duchesse se pâma et fut en fait installée inconsciente dans la voiture. Le grand-duc suivit son épouse avec une expression de terreur sur le visage. L'impératrice et ses principaux conseillers, Potemkine, le prince Orlov et le peu fiable comte Panine, firent leurs adieux au tsarévitch. Alors qu'il grimpait, lugubre, dans la voiture, Paul murmura quelque chose à Panine, qui ne répondit pas.

L'héritier tira les rideaux et ordonna au cocher de partir en toute hâte. Le lendemain matin, Panine était renvoyé.

Le Sérénissime, savourant sa victoire politique, orchestrait en même temps les mariages de ses deux nièces-maîtresses encore célibataires, Sachenka et Katinka. Le 10 novembre 1781, Katinka la « Vénus » – Ekaterina Engelhardt, dont la moitié des hommes de la cour, et parmi eux les deux fils de Catherine, Paul et Bobrinski, étaient amoureux – épousa Pavel Martinovitch Skavronski, un comte souffreteux, mais riche, dans la chapelle du palais. Descendant du frère livonien de l'épouse de Pierre le Grand, Catherine Ire, Skavronski était un fabuleux excentrique. Élevé en Italie, qu'il considérait comme sa patrie, il plaisait à Potemkine parce qu'il était un bouffon tolérant obsédé par la musique – un mélomane qui composait et donnait des concerts, bien que n'ayant absolument aucun talent pour la musique. Il interdisait à ses serviteurs de parler, leur ordonnant de ne communiquer qu'en récitatif. Il donnait tous ses ordres en musique et ses visiteurs conversaient avec lui sous la forme d'improvisations vocales. Ses dîners chantants, agrémentés de la présence de la coquette et somnolente Katinka, frisaient sans doute la loufoquerie. Catherine avait des doutes au sujet de la capacité de Skavronski à satisfaire une femme – « il est un peu idiot et maladroit », pensait-elle, ajoutant qu'elle ne s'en souciait que parce que c'était une affaire « proche de nous », ce qui signifie qu'elle considérait les nièces de Potemkine comme sa quasi-famille. Le prince n'était pas de cet avis – la faiblesse et la richesse de Skavronski lui convenaient.

Deux jours plus tard, Sachenka épousait l'allié polonais de son oncle, le grand hetman (ou grand général) de la couronne polonaise Ksawery Branicki, âgé de quarante-neuf ans, brigand jovial et ambitieux qui ne devait son ascension qu'à lui-même et était devenu l'exécuteur des basses œuvres du roi Stanislas-Auguste. Il était ce que Casanova appelait un « bretteur polonais » simple d'esprit. Casanova s'était battu en duel avec Branicki à Varsovie pour avoir insulté sa maîtresse, la Binetti, une actrice italienne. Tous deux en étaient sortis blessés – Branicki gravement – mais étaient devenus amis. Quand Ségur passa par Varsovie, Branicki se présenta dans ses appartements en costume traditionnel polonais – bottes rouges, manteau marron, chapeau bordé de fourrure et sabre – et lui dit : « Voici deux compagnons pour votre voyage », en lui offrant une paire de pistolets richement incrustés de joyaux.

Branicki s'était brouillé avec le roi de Pologne et, pensant avoir de l'avenir comme allié de la Russie, avait trouvé une âme sœur en la personne du Sérénissime. Ils s'étaient rencontrés à Saint-Pétersbourg en 1775 et Branicki était depuis dans les petits papiers du prince, travaillant pour lui en Pologne. Le 27 mars de cette année, il lui écrivit pour dire à son « cher général » : « La Pologne m'a choisi » pour annoncer à Potemkine qu'il avait reçu le certificat d'*indigénat** ou de noblesse polonaise, première étape de ses intrigues à long terme pour devenir soit duc de Courlande, soit roi de Pologne, son issue de secours si Catherine venait à mourir. Le mariage de Branicki à sa nièce avait clairement pour but de servir de tête de pont à la famille Potemkine en Pologne.

L'impératrice supervisa le mariage d'Alexandra avec le « bretteur polonais ». La mariée fut menée dans les appartements de Catherine ce matin-là et « très richement parée de certains des bijoux de l'impératrice, qu'elle lui passa de ses propres mains ». Nous disposons de la description d'un mariage comparable, celui de l'une des plus proches demoiselles d'honneur de l'impératrice, la fille de Lev Narychkine. « La robe de cette dame était une robe de soirée italienne d'un tissu blanc argenté aux manches pendantes [...] et un très large cerceau. » La mariée dîna avec l'impératrice. Dans l'église, la mariée se tenait sur un « morceau de brocart de soie vert d'eau ». Le couple tenait des cierges tandis que des couronnes étaient brandies au-dessus de leurs têtes, comme le veut la tradition orthodoxe. Ils échangèrent leurs alliances et le prêtre prit un morceau « de soie de deux ou trois mètres de long et leur lia les mains ». Une fois le mariage terminé, une fête fut donnée, puis la mariée rendit ses bijoux à l'impératrice et reçut 5 000 roubles en cadeau.

À peu près au même moment, la quatrième sœur, la « désespérante » Nadejda, qui avait épousé le colonel P. A. Ismailov à l'occasion de noces moins somptueuses en 1779, perdit son mari et épousa alors un allié de Potemkine, le sénateur P. A. Chepilev. La dernière nièce, Tatiana, se maria quant à elle avec son cousin, le lieutenant-général Mikhaïl Sergueiévitch Potemkine, qui avait vingt-cinq ans de plus qu'elle, en 1785. Le Sérénissime le surnommait « le Saint » en hommage à sa nature généreuse, et leur mariage fut heureux jusqu'à sa mort prématurée.

Si Varvara et Alexandra mirent fin à leur liaison avec Potemkine, la comtesse Ekaterina Skavronskaïa, comme nous l'appellerons dorénavant, semble être restée sa maîtresse. « Les choses sont sur le même pied qu'elles l'étaient entre son oncle et elle, dit Cobenzl à Joseph II. Le mari, qui est très jaloux, n'approuve pas, mais n'a pas le courage de l'en empêcher. » Même cinq ans plus tard, Skavronskaïa était toujours « plus belle que jamais et la sultane en chef favorite de l'oncle ».

Potemkine fit nommer Skavronski ambassadeur à Naples en 1784, ce qui le réjouit, car il partait ainsi pour le pays des maestros. Mais Skavronskaïa ne s'intéressait pas à l'opéra italien, et Potemkine, tout en ayant plusieurs autres maîtresses, était heureux avec sa paisible nièce et ne tenait pas à s'en séparer. Elle finit par partir, mais ne resta pas longtemps. Le mari adressa des notes au Sérénissime, chefs-d'œuvre d'une flagornerie pitoyable : « Je n'arrive pas à exprimer toute la joie et la gratitude avec laquelle je lis ce que vous avez daigné m'écrire et à quel point j'ai été ému de voir que vous daignez m'accorder votre gentillesse et votre souvenir que j'ai consacré ma vie à mériter et auquel j'ose croire que personne au monde ne pourrait accorder une plus grande valeur. » Mais, surtout, Skavronski écrivait désespérément à Potemkine pour le supplier de l'aider à éviter les *faux pas** diplomatiques. Le prince dut sans doute glousser à la lecture de ces lettres, mais il appréciait les sculptures que Skavronski lui envoyait d'Italie. Étonnamment, le comte parvint à devenir père de famille entre deux arias à Naples, et eut entre autres une fille qui serait un jour très célèbre en Europe.

Skavronski veillait toujours à rappeler au prince que sa femme brûlait de le rejoindre en Russie, ce qui était probablement vrai, car l'« Ange » rêveur se languissait de sa patrie. Alors qu'elle était à Naples, elle gardait une « femme esclave » sous son lit, qui l'aidait à trouver le sommeil en « lui racontant la même histoire tous les soirs ». Le jour, elle était « d'une perpétuelle oisiveté », sa conversation était « aussi vide de sens que vous pouvez l'imaginer », mais elle ne pouvait pas s'empêcher de flirter. Elle devint la plus grande coquette de Naples, un exploit dans une ville qui, bientôt, serait le théâtre des exploits d'Emma, Lady Hamilton. Mais, quand les succès de Potemkine lui offrirent l'occasion de courtiser toute l'Europe, Katinka se hâta de rentrer pour partager ses honneurs.

La comtesse Alexandra Branicka resta non seulement la confidente de Potemkine et son agent d'influence en Pologne, mais aussi la meilleure amie de Catherine. Alors que son mari dépensier faisait tout son possible pour dilapider leur fortune, elle l'accroissait prodigieusement, ce qui menait à des disputes avec son oncle – mais ils se réconciliaient toujours. Tout au long de sa vie, elle rendit souvent visite à Potemkine et à l'impératrice – même si elle vivait dans ses domaines polonais et biélorusses. Les lettres presque illisibles qu'elle adressait à son oncle débordent d'affection : « Mon père, ma vie, je me sens si triste de me trouver si loin [...]. Je vous demande une miséricorde – ne m'oubliez pas, aimez-moi pour toujours, personne ne vous aime comme moi. Mon Dieu, que je serai heureuse quand je vous aurai vu. » Elle était très respectée. Ses contemporains soulignaient ses bonnes mœurs, un « modèle de fidélité toute sa vie », ce qui était remarquable à l'époque, d'autant plus qu'elle était mariée à un homme plus vieux qu'elle, lui-même séducteur impénitent. Ils eurent une grande famille. Peut-être tomba-t-elle amoureuse de la rugosité attachante de Branicki.

Cette troïka de mariages déclencha des querelles avec l'impératrice sur les médailles et l'argent accordés à sa famille – « six cent mille roubles, de l'argent, l'Ordre de Sainte-Catherine pour la future *Grande générale** [Alexandra] et le portrait [de l'impératrice] pour la princesse Golitsyne [Varvara] ». Potemkine escomptait que ses nièces soient dotées par l'État – n'étaient-elles pas membre de la famille élargie de Catherine ? Il parvint à ses fins au bout de plusieurs semaines de disputes. C'était assurément un homme qui savait veiller sur les siens.

Paul quitta Tsarskoïé Selo animé d'une haine viscérale pour le Sérénissime. Pourtant, comme un monarque plutôt qu'un ministre, Potemkine s'efforçait de garantir l'équilibre entre les factions de la cour et les puissances étrangères. En novembre, il parla à Harris de redonner à Panine un certain pouvoir, probablement pour contrebalancer l'ascension de Bezborodko. L'un de ses meilleurs atouts – qui fait défaut à bien des hommes politiques, même les plus démocratiques – était son absence de rancune. Peut-être qu'il ne tenait tout simplement pas à ce que Panine soit un peu plus humilié. Quoi qu'il en soit, le triomphe de Potemkine avait brisé Panine, qui tomba malade en octobre.

De même, au début de 1782, Cobenzl, confus, annonçait à Joseph que Potemkine penchait de nouveau en faveur de la Prusse. Cobenzl et Harris concluaient tous deux leurs rapports en avouant qu'ils étaient incapables de comprendre les mobiles des manœuvres de Potemkine, mais le prince, tout en privilégiant l'Autriche, continua de louvoyer entre ces deux monarchies allemandes jusqu'à la fin de ses jours.

À Vienne, Paul consterna ses hôtes, en particulier après que Joseph lui eut confié le secret de l'alliance autrichienne. Le Habsbourg comprit que « la faiblesse et la pusillanimité du grand-duc s'associ[ai]ent à la fausseté » et qu'il était peu probable que ce paranoïaque colérique au nez en pied de marmite soit un jour un autocrate à succès. Paul passa six semaines en Autriche, où il abreuva Joseph de sa haine pour Potemkine. Quand il arriva sur les terres des Habsbourg en Italie, il se lança devant Léopold, grand-duc de Toscane et frère de Joseph, dans des diatribes sur la cour de sa mère et dénonça le Projet grec et l'alliance autrichienne. Les plans de Catherine « pour se glorifier au détriment des Turcs et ressusciter l'empire de Constantinople » étaient « vains ». L'Autriche avait évidemment corrompu ce traître de Potemkine. Quand il monterait sur le trône, Paul le ferait arrêter et enfermer en prison ! Les frères Habsbourg furent sûrement soulagés quand le comte du Nord partit pour Paris.

Le prince ne pouvait se prémunir contre Paul qu'en modifiant la succession ou en se dotant d'un point de chute hors de Russie. Il ourdit donc un plan différent pour discréditer Paul une fois pour toutes – et peut-être plus tard l'éliminer de la succession, afin que son fils Alexandre monte sur le trône à sa place. Quand Potemkine apprit que dans la suite de Paul se trouvait le prince Alexandre Kourakine, un autre ennemi prussophile et neveu de Panine, il demanda aux Autrichiens, par l'intermédiaire de Cobenzl, de lui laisser voir les courriers de Paul interceptés par le Cabinet noir. Les services secrets autrichiens transmirent à Potemkine ce qu'ils avaient tiré des contacts de Paul avec Panine. Le prince était sûr qu'il pourrait faire tomber Kourakine pour espionnage au profit des Prussiens, ce qui entacherait la réputation du tsarévitch Paul.

Nikita Panine, tout malade qu'il était, savait que le courrier de Kourakine serait ouvert. Aussi se débrouilla-t-il pour que Paul garde le contact avec ses partisans en Russie par l'intermédiaire d'un tiers, Pavel Bibikov, le fils du général. La lettre de Bibikov à Kourakine, ouverte au début de 1782, eut l'effet d'une bombe qui, plus encore que le complot de Saldern, garantit l'exclusion de Paul du pouvoir jusqu'à la mort de Catherine. Bibikov y décrivait le règne de Catherine comme l'« horrible situation dans la mère patrie » et reprochait à Potemkine, « Cyclope *par excellence** » et « le Borgne », d'avoir ruiné l'armée. « S'il se cassait le cou », tout retrouverait son « ordre naturel ».

Catherine était inquiète et furieuse. Bibikov fut arrêté sur-le-champ. Catherine rédigea personnellement les questions de son interrogatoire mené par Chechkovski. Bibikov avança comme excuse le fait qu'il était mécontent que son régiment soit cantonné dans le Sud. Catherine fit transmettre ses réponses au prince, tout en ordonnant que Bibikov soit jugé par l'Expédition secrète du Sénat. À l'issue du procès à huis clos, il fut reconnu coupable de trahison et, conformément à la loi militaire, d'avoir diffamé son commandant, Potemkine. Il fut condamné à mort.

La bienveillance du prince entra en jeu. Même si le cercle de Paul avait effectivement parlé de lui casser le cou, Potemkine, le 15 avril

1782, demanda à Catherine de faire preuve de pitié : « Quand bien même la vertu engendre la jalousie, ce n'est rien encore par rapport à tout le bien qu'elle accorde à ceux qui la servent [...]. Vous avez probablement déjà pardonné [...]. Il surmontera sans doute ses inclinations dissolues et deviendra un sujet digne de Votre Majesté et j'ajouterai cette grâce à vos autres faveurs pour ma personne. » Reconnaissant qu'il était terrifié par l'éventuelle vengeance de Potemkine, Bibikov pleura pendant l'interrogatoire. Il proposa de présenter des excuses publiques.

« Il ne devrait pas craindre ma vengeance, écrivit Potemkine à Catherine, dans la mesure où, parmi les capacités que Dieu m'a accordées, ce penchant-là me fait défaut. Je ne veux même pas du triomphe d'excuses publiques [...]. Jamais il ne pourra trouver d'exemple de ma vengeance, envers qui que ce soit, durant ma vie entière. » C'était vrai. Mais, surtout, cela donnait de l'homme d'État une image de mesure et de modération : il n'allait jamais trop loin et donc ne provoquait jamais de réaction peu souhaitable.

Bibikov et Kourakine, rappelé de la suite de Paul à Paris, furent exilés dans le Sud. Quand l'héritier rentra à Saint-Pétersbourg à la fin de son voyage, c'en était fini de son influence et ses alliés étaient dispersés. Même sa mère dédaignait son fils déséquilibré et pointilleux, et son épouse, les surnommant *« Die schwere Bagage »*, les « lourds bagages ». « Le prince Potemkine est plus heureux, dit Cobenzl à Joseph, que je ne l'ai jamais vu. »

Le traité secret avec l'Autriche fut bientôt mis à l'épreuve en Crimée, la clé de la mer Noire, la dernière forteresse tatare et le pivot de la politique expansionniste de Potemkine dans le Sud. En mai, le prince partit au-delà de Moscou « pour un court voyage », et visita quelques domaines. Alors qu'il était sur la route, les Turcs soutinrent une fois de plus une révolte en Crimée contre le khan fantoche de Catherine, Shagin Giray, qui fut expulsé, en compagnie du représentant russe. Le khanat sombra dans l'anarchie.

L'impératrice envoya un courrier sur les traces du prince. « Mon cher ami, rentrez dès que possible », écrivait-elle le 3 juin 1782, ajoutant avec lassitude qu'il leur faudrait honorer leur promesse de rétablir le khan – pour la troisième fois. Elle apprit à Potemkine que l'amiral britannique Rodney avait défait la flotte française de l'amiral Joseph de Grasse lors de la bataille des Saintes, dans les Caraïbes, le 1er/12 avril, ce qui atténuait légèrement le fardeau de la Grande-Bretagne alors que l'Amérique lui arrachait sa liberté. En Crimée, elle se rendait compte que sa politique de soutien à Shagin Giray était dépassée, mais l'épineuse question de ce qu'il fallait faire dépendait des puissances européennes – et de Potemkine. « Nous pourrions décider le tout en une demi-heure ensemble, dit-elle à son consort, mais aujourd'hui, je ne sais où vous trouver. Je vous demande de hâter votre arrivée car rien ne me fait plus peur que de passer à côté de quelque chose ou de me tromper. » Jamais leur partenariat et leur égalité ne furent explicités aussi clairement.

Le prince vit dans les troubles de Crimée une occasion historique, car la Grande-Bretagne et la France étaient occupées par la guerre. Il revint au galop dans la capitale. Il envoya aussitôt cette lettre espiègle à Sir James Harris en français, griffonnée à la main en toute hâte : « *Vive la Grande-Bretagne et Rodney ; je viens d'arriver, mon cher Harris ; devinez qui vous écrit et venez me voir tout de suite**. »

Harris se rua à Tsarskoïé Selo à minuit pour rendre visite à « cet homme extraordinaire qui, dit-il au nouveau ministre des Affaires étrangères, son ami Charles James Fox, tous les jours est source d'un nouvel étonnement ». Sir James trouva Potemkine dans un état d'excitation presque fébrile. Le Sérénissime tint à discuter toute la nuit, alors même qu'il revenait « d'un voyage de trois mille verstes, qu'il avait accompli en seize jours, période durant laquelle il avait dormi seulement trois fois et, outre la visite de plusieurs domaines et de la moindre église qu'il avait approchée, il avait été exposé à tous les retards et aux ennuyeuses cérémonies des honneurs militaires et civils qui, sur ordre de l'impératrice, devaient lui être accordés [...] » : « pourtant, il n'affiche pas la moindre apparence de fatigue [...] et lorsque nous nous sommes séparés, j'étais certainement le plus épuisé des deux ».

Le prince et l'impératrice, quand ils se furent retrouvés, décidèrent de rétablir Shagin Giray sur le trône du khan de Crimée, mais aussi d'invoquer le traité autrichien au cas où cela aboutirait à la guerre avec la Sublime Porte. Joseph répondit avec tant d'enthousiasme – « mon impératrice, mon amie, mon alliée, mon héroïne » – que, tandis que Potemkine organisait la réaction militaire russe à la crise de Crimée, Catherine commençait à envisager la possibilité de transformer la chimère de leur Projet grec en politique bien réelle. Le 10 septembre 1782, elle proposa le projet à Joseph, qui, s'il fut choqué par son absence de réalisme, n'en fut pas moins impressionné. Pour commencer, Catherine souhaitait rétablir l'« ancienne monarchie grecque sur les ruines [...] du gouvernement barbare qui y règne aujourd'hui », pour le « plus jeune de [s]es petits-fils, le grand-duc Constantin ». Ensuite, elle voulait pour créer le royaume de Dacie, du nom de la province romaine qui s'étendait sur la Roumanie actuelle, « un État indépendant des trois monarchies [...] sous un souverain de religion chrétienne [...] et une personne de loyauté sur laquelle les deux cours impériales peuvent compter ». Les lettres de Cobenzl montrent bien que la Dacie était clairement prévue pour être le royaume de Potemkine.

La réponse de Joseph fut tout aussi radicale : il acceptait le projet sur le principe. En retour, il réclamait la forteresse de Khotin, une partie de la Valachie, et Belgrade. Venise lui céderait l'Istrie et la Dalmatie et récupérerait la Morée, Chypre et la Crète en retour. Tout cela, ajouta-t-il, était impossible sans l'aide de la France – cette dernière pourrait-elle avoir l'Égypte ? Seules la guerre et les négociations pourraient décider des modalités – mais il ne s'y opposait pas.

Potemkine croyait-il vraiment que l'on assisterait à la renaissance d'un Empire byzantin gouverné par Constantin, avec lui-même sur le trône d'une éventuelle Dacie ? L'idée le fascinait, mais il avait toujours été réaliste. Le projet dace se concrétisa avec la création de la Roumanie au milieu du XIXe siècle, et Potemkine y songeait sans doute sérieusement. Mais ce sujet ne lui fit pas perdre la tête. Pendant l'année 1785, il discuta des Turcs avec l'ambassadeur français Ségur et affirma qu'il était en mesure de prendre Constantinople, tout en insistant sur le fait que la nouvelle Byzance n'était qu'une « chimère ». Tout cela était une « absurdité », ajouta-t-il. « Ce n'est rien. » Mais ensuite il suggéra malicieusement que trois ou quatre puissances devraient pouvoir chasser les Turcs en Asie et libérer l'Égypte, les îles grecques, la Grèce, toute l'Europe du joug ottoman. Bien des années plus tard, Potemkine demanda à son lecteur, qui lui déclamait du Plutarque, s'il pourrait aller à Constantinople. Le lecteur répondit avec tact que c'était tout à fait possible. « C'est suffisant, s'écria Potemkine, si quelqu'un me disait que je ne peux pas y aller, je me tirerais une balle dans la tête. » Mais il continuait à se montrer d'une grande souplesse – c'est lui qui suggéra en septembre 1788 que Constantin pourrait être fait roi de Suède, bien loin de Tsargrad. Il tenait donc à ce que son projet serve son but stratégique, tout en étant aussi réalisable que possible.

La Grande Catherine en personne mit fin à toute controverse à propos de la contribution de Potemkine à l'alliance autrichienne et au Projet grec. « Le système avec la cour de Vienne, lui écrivit-elle plus tard, est votre réussite. »

Le 7 août 1782, l'impératrice et le Sérénissime assistèrent à l'inauguration de la statue colossale de Pierre le Grand – le *Cavalier de bronze* – par Falconet, qui se dresse toujours sur la place du Sénat de Saint-Pétersbourg. Cette œuvre était pour eux un moyen de déclarer leurs ambitions et leur volonté d'imiter les réalisations de Pierre, qui avait si brillamment réussi en Baltique, mais pas dans le Sud.

Le prince ordonna à son neveu, le major-général Samoïlov, d'entamer des actions préliminaires pour rétablir l'ordre en Crimée. Puis il décida de se rendre lui-même dans le Sud pour prendre le commandement des opérations. Ce voyage marque la fin de l'ère domestique du partenariat entre Potemkine et Catherine, et le début de sa colossale concrétisation. Dès lors, Catherine comprit qu'ils seraient séparés autant qu'ils avaient été ensemble. C'était là le chemin qui le mènerait à la grandeur et à la satisfaction, même si, comme elle le lui avoua gentiment alors qu'il était loin : « Mon cher maître, je déteste tant quand tu n'es pas là à mes côtés. » Le 1er septembre 1782, le prince quitta Saint-Pétersbourg pour aller soumettre la Crimée.

17

La Crimée, paradis de Potemkine

« Je vole aujourd'hui des captifs aux Perses
Ou sur les Turcs dirige mes traits. »

Gavril Derjavine, *Ode à la princesse Felitsa*

La Crimée était ce que Potemkine appelait la « verrue » sur le bout du nez de Catherine – mais elle allait devenir son propre « paradis » russe. La péninsule elle-même n'était pas seulement d'une beauté éblouissante et luxuriante ; c'était aussi un joyau cosmopolite et un antique entrepôt qui contrôlait la mer Noire. Les Grecs de l'Antiquité, les Goths, les Huns, les Byzantins, les Khazars, les Juifs karaïtes, les Géorgiens, les Arméniens, les Génois et les Tatars, qui arrivèrent plus tard, tous ne firent qu'y passer, pour négocier et commercer dans cette péninsule qui semblait n'appartenir à aucun peuple. Pour un passionné du classicisme comme le prince, on y trouvait les ruines de Chersonèse et le temple mythique d'Iphigénie, fille d'Agamemnon. Mais il s'intéressait bien plus à l'importance stratégique de la Crimée et à son histoire en tant que bastion mongol qui avait terrorisé la Russie pendant trois siècles.

Le khanat tatar de Crimée, connu en Occident sous le nom de Tartarie du Crim, semblait archaïque, même en 1782 – ultime avant-poste mongol. La dynastie des Giray était la deuxième famille de l'Empire ottoman parce qu'elle descendait de Gengis Khan en personne, des origines beaucoup plus nobles que celles de la maison d'Othman. Si Rome et Byzance incarnaient deux des trois traditions internationales de la légitimité impériale, le sang de Gengis Khan était considéré comme la troisième. La famille possédait des domaines en Anatolie, où les Ottomans avaient commodément coutume d'emprisonner les prétendants potentiels dans une imitation de la Cage des sultans de Constantinople. Si jamais les Ottomans venaient à disparaître, les Giray genghiskhanides leur succéderaient. Ils avaient toujours été considérés davantage comme des alliés que comme des vassaux.

Le khanat avait été fondé en 1441 quand Haci Giray avait rompu avec la Horde d'Or et s'est fait khan de Crimée et des rives de la mer Noire. Son successeur Mengli Giray avait reconnu la suzeraineté de l'empereur ottoman, et dès lors les deux États avaient coexisté dans le cadre d'une alliance difficile mais respectueuse. Les Tatars défendaient l'accès à la mer Noire et les frontières du nord de la Turquie, fournissant un flot d'esclaves slaves blonds destinés aux lieux de plaisir et aux galères de Constantinople. On estime qu'entre 1601 et 1655 ils enlevèrent plus de cent cinquante mille esclaves. Leurs armées de cinquante mille à cent mille cavaliers contrôlaient les steppes orientales, menant des raids en Moscovie chaque fois qu'il leur fallait plus d'esclaves pour remplir leurs marchés. Ils portaient des arcs de forme carrée de six pieds de long, qui tiraient des flèches de deux pieds de long ; des mousquets et des boucliers ronds, parés de bijoux, ainsi que des pistolets incrustés de lapis et d'émeraude. Jusqu'au XVIIIe siècle, les khans genghizides percevaient un tribut des tsars de Russie et des rois de Pologne. Les Giray croyaient que leur grandeur était sans égale. « Son étoile impériale se levait à l'horizon glorieux, écrivit un khan dans une inscription du palais de Bakhtchissaraï, où les khans résidaient dans leur sérail comme des Grands Turcs miniatures, sous la garde de deux mille cent Sekbans, des janissaires de Constantinople. Son beau trône de Crimée illuminait brillamment le monde entier. »

Pendant trois cents ans, la Tartarie avait été l'un des États les plus importants d'Europe de l'Est, sa cavalerie considérée comme la meilleure du continent. Elle dépassait de loin les frontières de la Crimée : à son apogée au XVIe siècle, elle s'étendait de la Transylvanie et de la Pologne à Astrakhan et à Kazan, et jusqu'à mi-chemin de Moscou. Même à l'époque de Potemkine, le khanat régnait des steppes du Kouban à l'est à la Bessarabie à l'ouest, de la pointe de la Crimée à la Sitch zaporogue – « tout ce territoire qui sépare l'Empire russe de la mer Noire ». Souvent alliés avec la Lituanie contre la Moscovie, les khans tatars du XVIe siècle avaient même incendié la banlieue de Moscou. Mais leur État souffrait d'un défaut structurel fondamental. La fonction de khan n'était pas héréditaire ; ils étaient élus. En dessous des Giray se trouvaient les *murzas*, les dynasties tatares qui elles aussi descendaient des Mongols, qui élisaient un Giray khan et un autre, pas nécessairement son fils, en tant qu'héritier présomptif, le Kalgai khan. En outre, beaucoup de sujets du khan étaient des nomades tatares Nogaï impossibles à maîtriser. Il n'y avait qu'en temps de guerre que le khan en prenait vraiment le commandement.

Le baron de Tott, conseiller français des Ottomans, fut détaché en Crimée, où il chevaucha, chassa au faucon et assista à des courses de lévriers avec le khan, qui était toujours accompagné de six mille cavaliers. Quand la Sublime Porte déclara la guerre à la Russie en 1768, le khan Kirim Giray, accompagné de Tott, surgit au galop de la Crimée à la tête d'une armée de cent mille hommes pour attaquer l'armée russe à la frontière entre la Bessarabie et la Pologne, où servait le jeune Potemkine. Quand Kirim Giray mourut (peut-être empoisonné), les Tatars firent halte en Bessarabie pour mettre sur le trône le nouveau khan Devlet Giray, et le baron fut un des derniers à être le témoin de la primitive magnificence de cette monarchie genghizide : « Coiffé d'un chapeau surmonté de deux aigrettes incrustées de diamants, son arc et son carquois en bandoulière, précédé de ses gardes et de plusieurs chevaux dont les têtes étaient ornées de panaches de plumes, suivi de l'étendard du Prophète et accompagné de toute sa cour, il se rendit à son palais où, dans la salle du Divan, assis sur son trône, il reçut l'hommage de tous les notables. » Cette noble scène peuplée de guerriers nomades était curieusement accompagnée par « un orchestre et une troupe nombreuse d'acteurs et de bouffons ». Quand il partait à la guerre, le khan résidait sous une tente, comme ses ancêtres mongols, « décorée de pourpre à l'intérieur ».

Si les premiers raids furent impressionnants, la guerre russo-turque fut une catastrophe pour la Crimée. Devlet Giray périt à son tour sous sa tente décorée de pourpre et fut remplacé par un homme de moindre envergure. Tott fut rappelé à Constantinople, mais, malheureusement, l'armée tatare resta sur le Danube avec les principales troupes ottomanes, si bien qu'il n'était pas là en 1771 lorsque Vassili Dolgorouki occupa la péninsule. Comme nous l'avons vu, Pougatchev et la conjoncture diplomatique empêchèrent les Russes de conserver toutes leurs conquêtes en 1774. Mais Catherine, habilement conseillée par Potemkine, insista dans le traité de Koutchouk-Kaïnardji sur le fait que la Tartarie devait devenir indépendante du sultan, qui en gardait toujours le contrôle religieux nominal en tant que calife. Cette « indépendance » fut synonyme de ruine.

La tragédie de la Crimée avait un visage et un nom. Shagin Giray, le Kalgai khan ou, comme Catherine le disait, le « Dauphin » tatar, avait conduit la délégation de Crimée à Saint-Pétersbourg en 1771. « Un charmant personnage, dit-elle à Voltaire, il écrit des poèmes arabes [...] il va venir dans mon cercle le dimanche après le dîner, quand il est autorisé à entrer pour regarder danser les filles. » Shagin n'était pas seulement beau, il avait en outre fait ses études à Venise. Ainsi, il devint le candidat russe au titre de khan quand les habitants de Crimée acceptèrent d'être indépendants de Constantinople comme le prévoyait le traité de Karasubazaar en novembre 1772. Cette année-là, Shagin quitta la capitale avec 20 000 roubles et une épée en or. Toutefois, les Ottomans n'acceptèrent jamais l'indépendance de la Crimée, en dépit de leur accord dans le cadre des deux traités de Koutchouk-Kaïnardji et Aïnalikawak. Ils cédèrent Kil-Bouroun sur le Dniepr et deux de leurs forts sur la mer d'Azov. Mais ils conservèrent la puissante forteresse d'Otchakov à partir de laquelle ils menaçaient les Russes, qui occupaient le territoire entre le Dniepr et le Boug.

En avril 1777, Shagin Giray réussit à se faire élire khan. Il avait été beaucoup trop impressionné par la cour de Russie. Son vernis de culture occidentale ne lui permit pas longtemps de masquer son incompétence politique et militaire et son sadisme effréné. Comme une sorte de Joseph II musulman, dépourvu cependant de sa philanthropie, Shagin entreprit de développer un despotisme éclairé, soutenu par une armée de mercenaires commandée par un noble polonais. Pendant ce temps, les Russes avaient installé mille deux cents de leurs alliés grecs du temps de la guerre dans leur ville de Yenikale, sur la mer d'Azov. Ces « Albanais », comme ils étaient appelés, ne tardèrent pas à se disputer avec les Tatars. Quand les Ottomans envoyèrent une flotte avec à son bord un autre ex-khan pour remplacer Shagin, les Tatars se révoltèrent et Shagin s'enfuit de nouveau. En février 1778, Potemkine lança une nouvelle opération, tandis que les Ottomans déclaraient, de façon ridicule, qu'ils étaient en mesure de prouver que Shagin était un infidèle : il « dort dans un lit, s'assied sur une chaise et ne prie pas selon la manière correcte ». Le khan remis sur le trône, se berçant tellement d'illusions sur ses capacités politiques que, selon Potemkine, il se prenait pour un Pierre le Grand de Crimée, fit assassiner ses ennemis avec une telle sauvagerie qu'il consterna même les Russes. Catherine espérait au moins que le khan avait appris sa leçon.

Potemkine, cependant, s'activait pour couper l'herbe sous le pied du khanat. Son économie dépendait des commerçants et fruiticulteurs grecs, géorgiens et arméniens – tous orthodoxes. Les Tatars, excités par leurs mollahs, provoqués par les « Albanais » et les mercenaires polonais de Shagin, se retournèrent contre ces chrétiens. En 1779, la Russie supervisa l'exode de 31 098 chrétiens, sous le contrôle du général Alexandre Souvorov. Les chrétiens étaient heureux, faut-il supposer, de quitter ce bourbier musulman chaotique et de trouver refuge dans un empire orthodoxe. On leur avait promis des privilèges économiques en Russie. Mais l'exode ressembla à une marche de la mort. Leurs maisons n'étaient pas prêtes et beaucoup moururent en route. Potemkine et Roumiantsev-Zadounaïski, les hauts responsables politiques et militaires, se partagent la responsabilité de leur malheur. Potemkine en installa toutefois la majorité à Taganrog et dans sa nouvelle ville de Marioupol. D'un point de vue impérialiste, tout cela fonctionna à merveille : privé de commerce ou d'agriculture, Shagin se retrouva appauvri, dépendant de la générosité russe. Ses frères se rebellèrent durant l'été 1782. Quand il s'enfuit de nouveau, en quémandant l'aide de la Russie, l'un d'eux, Bahadir Giray, fut élu khan. Son règne serait de courte durée.

Il fallut à Potemkine, qui assuma le commandement total du théâtre du Sud, à peine seize jours pour traverser l'Europe de la Baltique à la mer Noire. Il voyagea au rythme qui était habituellement celui des courriers. Il se plaignit à Catherine « de la déplaisante compagnie, du mauvais temps, du mauvais état des routes et de la lenteur des chevaux ». La déplaisante compagnie en question était sans doute le commandant Semple. Potemkine l'interrogea sur les armées d'Europe occidentale, et le coquin prétendit l'avoir conseillé sur les réformes militaires russes, bien que les idées de Potemkine aient précédé l'arrivée de Semple et qu'il les ait mises en œuvre après son départ. Le prince perdait patience avec l'escroc. Potemkine et Catherine échangèrent des lettres chaleureuses tout au long du chemin. Elle voulait entendre parler de la Crimée, mais lui donnait les dernières nouvelles de Katinka Skavronskaïa, qui était malade. Lanskoï lui rendit visite, puis rapporta à Catherine et Potemkine qu'elle allait de mieux en mieux – c'était ainsi que leur famille particulière fonctionnait.

Le 16 septembre 1782, le Sérénissime entra dans sa nouvelle ville de Kherson. Le 22, il rencontra Shagin Giray à Petrovsk (aujourd'hui Berdyansk) pour négocier l'intervention russe. Il ordonna ensuite au général de Balmain d'envahir la Crimée. Les Russes mirent les rebelles en déroute, tuant quatre cents d'entre eux « plutôt sans motif » avant de s'emparer de la capitale, Bakhtchissaraï. Shagin Giray, protégé par des soldats russes, prit de nouveau possession de sa capitale. Le

30 septembre, pour la fête de Potemkine, qu'il célébrait d'ordinaire avec Catherine dans ses appartements, elle lui envoya des cadeaux dignes d'une épouse – un service à thé de voyage et une penderie : « En quel endroit sauvage t'es-tu rendu pour ta fête, mon ami ? »

La Crimée retrouva une certaine tranquillité à la mi-octobre et Potemkine retourna dans sa ville nouvelle, Kherson. Pour le restant de ses jours, il passa une grande partie de son temps dans le Sud. Catherine lui manquait profondément, mais elle lui dit : « Mon maître, je dois admettre que votre séjour de quatre semaines à Kherson fut extrêmement utile. » Il redoubla d'efforts pour accélérer le développement de Kherson et la construction navale, et inspecta le bâtiment de la forteresse de Kil-Bouroun, en face d'Otchakov, bastion des Ottomans. « Comment cette petite ville ose-t-elle défier le jeune colosse de Kherson ? » demanda Catherine alors qu'ils attendaient de voir si la Sublime Porte allait entrer guerre contre elle. Heureusement, le front uni de l'Autriche et de la Russie se montra suffisant pour intimider la Porte. Le Colosse se précipita à Saint-Pétersbourg afin de convaincre Catherine d'annexer le khanat.

C'est un prince différent qui revint à Saint-Pétersbourg à la fin octobre. Il était en mission – et tout le monde remarqua que « le caractère et la conduite du prince Potemkine [avaient] nettement changé au cours de ces six mois », comme le rapporta Harris à Lord Grantham, le nouveau ministre des Affaires étrangères. « Il se lève tôt, mène ses affaires, devient non seulement visible, mais aimable envers tout le monde. »

Le Sérénissime renvoya même sa *basse-cour**. Le commandant Semple tenta de profiter de la protection de Potemkine pour pressurer les marchands de Saint-Pétersbourg et extorquer de l'argent à la duchesse de Kingston. Quand il menaça d'envoyer des soldats russes chez elle pour récupérer l'argent, Potemkine abandonna le « prince des escrocs », qui dut fuir la Russie, trompant des marchands sur le chemin du retour. On sait peu de chose des aventures ultérieures de Semple, mais Ligne écrivit plus tard à Potemkine qu'il avait rencontré « l'un des Anglais de Votre Altesse, le commandant Semple, qui m'a dit qu'il vous avait accompagné lors de la conquête de la Crimée ». Il fut reconnu coupable de fraude en Angleterre, déporté en 1795, s'évada, puis mourut en prison à Londres en 1799. Le Sérénissime appréciait sa ménagerie de saltimbanques, apprenant tout ce qu'il pouvait d'eux et conservant ces informations dans sa mémoire prodigieuse. Ils se servaient de lui. Mais ce fut toujours lui qui en profita le plus.

Il commença alors à vendre ses maisons, ses chevaux, ses domaines, ses bijoux, amassa « énormément d'argent », et déclara qu'il souhaitait prendre sa retraite en Italie. Il confia à Harris qu'il avait perdu son pouvoir et qu'il avait offert sa démission à Catherine, mais qu'elle avait refusé. Potemkine brandissait sans cesse la menace de sa démission – Catherine devait en avoir l'habitude. Néanmoins, personne n'était tout à fait certain de ce qui se tramait. Il remboursa même ses dettes.

Dieu aussi, semblait-il, l'aidait à les payer. Le prince Orlov était devenu fou après la mort de sa nouvelle jeune épouse en juin 1781 et errait en délirant dans les couloirs du palais. Nikita Panine eut une attaque le 31 mars 1783. Quand ces deux soleils éclipsés, qui se détestaient mutuellement, mais admiraient Potemkine à contrecœur, décédèrent à quelques jours d'intervalle, Catherine pensa qu'ils seraient « surpris de se rencontrer dans l'autre monde ».

Le prince mettait de l'ordre dans ses affaires parce qu'il se préparait à accomplir l'œuvre de sa vie dans le Sud. Il était à son apogée en termes de créativité quand il était rentré à Saint-Pétersbourg – il fourmillait d'idées avec autant de force et de génie qu'un feu d'artifice. Il entreprit immédiatement de la convaincre de régler le problème de Crimée une fois pour toutes. Catherine était-elle le stratège implacable et obstiné et Potemkine le tacticien prudent, comme les historiens le prétendraient plus tard ? Si tel est le cas, Potemkine opta pour la ligne la plus dure et il eut gain de cause. Mais, sur d'autres affaires, ils adoptèrent des attitudes différentes, il faut se garder de généraliser. Face à un problème ou à un risque, le couple se disputait, criait, boudait, se réconciliait constamment, jusqu'à accoucher d'une politique commune tout à fait cohérente.

À la fin du mois de novembre, le prince expliqua à Catherine, au cours d'un *tour de force** passionné, que la Crimée, qui « interromp[ai]t [leur] frontière », devait être conquise parce que les Ottomans « pourraient [les] atteindre en plein cœur » grâce à elle. Ce devait être fait maintenant, pendant qu'il en était encore temps, alors que les Britanniques étaient toujours en guerre avec les Français et les Américains, que l'Autriche était encore enthousiaste, que Constantinople était en proie à des émeutes et à la peste. Dans un flot de rhétorique impérialiste et d'érudition historique, il s'écria :

> Imaginez que la Crimée est à vous et la verrue sur votre nez n'est plus ! […] Gracieuse Dame […]. Vous êtes obligée de faire la gloire

> de la Russie ! Voyez qui a gagné quoi : la France a pris la Corse, les Autrichiens sans guerre ont pris plus en Moldavie que nous ne l'avons fait. Il n'est pas de pouvoir en Europe qui n'ait participé au dépeçage de l'Asie, l'Afrique, l'Amérique. Croyez-moi, ce faisant vous acquerrez une gloire immortelle plus que tout autre souverain russe. Cette gloire mènera à une autre plus grande encore : avec la Crimée, vous dominerez la mer Noire.

Et il conclut : « La Russie a besoin de paradis. » Catherine hésita : cela risquait-il d'entraîner la guerre ? Ne pourraient-ils simplement prendre le port d'Akhtiar au lieu de tout le khanat ? Potemkine se plaignit à Harris de la prudence de Catherine : « Ici, nous ne regardons jamais en avant ou en arrière et ne sommes exclusivement régis que par l'impulsion du moment [...]. Si j'étais sûr d'être applaudi quand j'agis bien ou blâmé quand j'ai tort, je saurais sur quoi m'appuyer. » Harris s'avéra enfin utile quand Potemkine obtint de lui l'assurance que la Grande-Bretagne ne s'opposerait pas à l'expansion russe aux frais de la Porte.

Puis, quelques semaines après le retour de Potemkine, Catherine lui ordonna par le décret « le plus secret » d'annexer la Crimée – mais seulement si Shagin Giray était mort ou renversé ou s'il refusait de céder le port d'Akhtiar ou si les Ottomans attaquaient ou... Il y avait tellement de conditions que tous deux savaient qu'il avait enfin les mains libres. « Nous déclarons par la présente notre volonté, écrivit l'impératrice au prince le 14 décembre 1782, d'annexer la Crimée et de la rattacher à l'Empire russe, avec une foi totale en vous et étant absolument sûre que vous ne perdrez pas de temps utile et userez des moyens opportuns pour vous en acquitter. » On courait toujours le risque que l'Empire ottoman n'entre en guerre ou que les grandes puissances ne s'interposent.

Il n'est pas surprenant que Potemkine ait travaillé si dur. Il devait se préparer à la guerre avec la Sublime Porte tout en espérant l'éviter. Catherine tint Joseph régulièrement informé par courrier, en se disant finement que moins il aurait le sentiment d'être pris au dépourvu, moins il renâclerait. S'ils agissaient rapidement et que les opérations se déroulaient sans effusion de sang, ils pourraient mettre la main sur la Crimée avant que le reste de l'Europe n'ait pu réagir. Le temps pressait, car la France et la Grande-Bretagne avaient entamé des négociations de paix à propos de la guerre d'Indépendance américaine. Elles en ratifièrent les préliminaires le 9/20 janvier à Paris. La paix n'était pas encore signée, aussi les Russes savaient qu'ils avaient six mois devant eux. Les diplomates cherchèrent à deviner juqu'où les partenaires étaient prêts à aller : « Les vues du prince Potemkine s'étendent de jour en jour et sont d'une telle ampleur, rapporta Harris, qu'elles dépassent l'ambition de l'impératrice elle-même. » Il ajouta : « malgré ses efforts pour le dissimuler, [le Sérénissime est] fort désolé de voir notre guerre si près de sa fin ». C'était un euphémisme.

C'était pour Potemkine l'une des dernières occasions de profiter de la compagnie de Sir James Harris. L'Anglais estimait qu'il avait joué ses dernières cartes à Saint-Pétersbourg. Quand son ami Charles James Fox revint au ministère en tant que partie de la coalition Fox-North, menant une politique prorusse, Harris demanda à être rappelé tant que les relations avec la Russie étaient amicales. Sir James et le prince se virent pour la dernière fois au printemps, alors que Potemkine était de plus en plus occupé par ses préparatifs. Harris prit officiellement congé de l'impératrice après le départ de Potemkine le 20 août 1783, puis il rentra en Angleterre[1].

Harris avait fait l'erreur de fonder ses espoirs sur un homme heureux de plaider en faveur d'une alliance anglaise, mais qui, en réalité, poursuivait une politique tout à fait différente dans le Sud. Quand l'alliance autrichienne entra en vigueur, cela révéla à quel point Harris avait été leurré par Potemkine.

Sir James quitta Saint-Pétersbourg auréolé d'un grand prestige à Londres parce que son rôle en tant qu'ami de Potemkine, à qui il avait fait découvrir la civilisation anglaise, lui avait permis d'approcher le pouvoir impérial plus près qu'aucun autre ambassadeur en Russie. Mais il devait éprouver des sentiments mitigés à propos de Potemkine, qui s'était tant joué de lui. « Le prince Potemkine n'est plus notre ami », dit-il tristement à Charles James Fox. Les archives de Potemkine montrent qu'ils maintinrent un contact amical longtemps après. Harris recommandait souvent des voyageurs au prince :

1. On peut encore admirer un témoignage des faveurs de Catherine et Potemkine envers Harris à Londres sous la forme d'un magnifique bibelot. Quand Harris partit, elle lui offrit un lustre créé dans les verreries de Potemkine. Le descendant de Harris, le 6e comte de Malmesbury, l'a récemment donné à la Skinner's Company de la ville de Londres, où il se trouve désormais suspendu dans le hall d'entrée.

l'un d'eux était l'archidiacre Coxe, le mémorialiste. « Je sais que je vous dois des excuses, écrivit Harris [...]. Mais je sais que vous appréciez grandement les hommes de lettres. » Catherine en était venue à considérer Harris comme « un fauteur de troubles et un intrigant ». Potemkine avait des « coups de cœur » pour ses amis, puis passait à autre chose. Il dit plus tard à un ambassadeur qu'il avait fait beaucoup pour Harris, qui avait « tout gâché », et il gronda devant Bezborodko que Harris était « insidieux, menteur et pas très honnête ». Leur amitié fut détruite plus tard par l'hostilité croissante de la Grande-Bretagne vis-à-vis de la Russie – un triste exemple de plus du funeste destin réservé aux amitiés diplomatiques.

Le prince passa février et mars 1783 à préparer des plans militaires pour faire face à la Suède et à la Prusse, alliés potentiels des Ottomans contre la Russie, tout en déployant des armées contre les Turcs et en dépêchant la flotte de la Baltique en Méditerranée. Il serait crucial de s'emparer de la forteresse ottomane d'Otchakov, qui dominait le Liman, l'estuaire du Dniepr et donc l'accès à la mer Noire. Potemkine se concentra également sur la réforme de l'uniforme et des armes du soldat russe. Dans un de ses mémorandums grandiloquents à Catherine, où il faisait appel à son bon sens tout en utilisant des expressions familières imagées, il proposait de réduire le fardeau du simple soldat en se débarrassant de tout l'attirail alambiqué hérité de la Prusse. Exceptionnellement pour un général russe et un commandant du XVIIIe siècle, il souhaitait améliorer le confort de sa chair à canon.

Le fantassin russe était censé poudrer ses cheveux et les tresser, ce qui pouvait prendre douze heures, et porter les vêtements les moins pratiques, dont de hautes bottes serrées, des bas, de coûteuses culottes en peau de daim et le tricorne rigide qui ne protégeait pas contre les éléments. Tout cela « ne pouvait être mieux trouvé pour peser sur le soldat », écrivait Potemkine, qui proposait : « Toute superficialité doit être éliminée. » Sa façon de dénoncer la coiffure martiale à la prussienne est typique de Potemkine : « À propos de la coiffure. La boucler, la gonfler, la tresser – est-ce là l'affaire des soldats ? Ils n'ont pas de valets. À quoi donc leur servent les boucles ? Tout le monde doit reconnaître qu'il est plus sain de laver et peigner les cheveux que de les charger de poudre, graisse, farine, épingles et tresses. L'habit du soldat doit être comme ceci : prêt à l'emploi. » Quelques mois seulement après être devenu favori, il avait également ordonné aux officiers d'instruire les soldats sans les « coups inhumains » qui faisaient du service dans l'armée une activité écœurante et insupportable. Au lieu de cela, il avait recommandé de faire preuve d'une « interprétation affectueuse et patiente ». Depuis 1774, il avait également allégé et amélioré la cavalerie russe, créant de nouveaux régiments de dragons et rendant l'équipement et l'armure des cuirassiers plus faciles à manipuler.

Avec des années d'avance sur son temps et sans se soucier de la prussomanie grossière de la plupart des généraux occidentaux (et russes), Potemkine s'était inspiré des costumes légers des Cosaques plutôt que des uniformes rigides des champs de manœuvres prussiens pour concevoir le nouvel uniforme, qui finirait par porter son nom : des coiffes chaudes et confortables qui pouvaient couvrir les oreilles, les cheveux coupés court, des bandes molletières au lieu des bas, des bottes souples, aucune épée d'apparat, mais seulement des baïonnettes. Le nouvel uniforme de Potemkine respectait les règles de « la beauté, la simplicité et la commodité du vêtement, adapté au climat et à l'esprit du pays ».

Il était temps de partir. Potemkine savait que si l'aventure en Crimée était couronnée de succès, il serait « bientôt vu sous un autre angle » : « et lors si ma conduite n'est pas approuvée je me retirerai à la campagne et ne reparaîtrai jamais à la cour ». Mais c'était une fois de plus de faux-semblants. Il était convaincu de pouvoir tout faire. Il quitta la capitale alors qu'il était au pinacle de la faveur impériale. « Ils considèrent son œil, cet œil omniscient », déclara Zavadovski à Roumiantsev-Zadounaïski avec amertume. Pourtant, Harris savait qu'il y avait un risque : « Le prince Potemkine va prendre le commandement de l'armée, aussi dangereuse que puisse être une telle démarche pour sa faveur. »

Enfin, le prince se fit couper les cheveux, peut-être pour ressembler un peu plus à un homme d'État. « La grande-duchesse, écrivit Mikhaïl Potemkine au Sérénissime, dit que, après vous être fait couper les cheveux, votre image a changé pour le mieux. » Il est rassurant de voir que les coiffures avaient déjà un impact politique deux siècles avant la télévision. Ayant réglé ses comptes et coupé tous ses liens – humains, politiques, financiers et capillaires –, Potemkine fit route vers le sud le 6 avril 1783, accompagné d'une suite, dont sa plus jeune nièce Tatiana Engelhardt, à la conquête du « paradis ».

Avant de participer à une guerre, le prince allait assister à un baptême. L'oncle et la vive petite Tatiana arrivèrent sur le domaine de Belaïa Tserkov, où Sachenka Branicka se préparait au baptême de son nouveau-né. Bezborodko suivait les déplacements de Potemkine depuis Saint-Pétersbourg : « Nous avons reçu un message disant que le prince Potemkine avait quitté Kritchev le 27 avril, dit le ministre à Simon Vorontsov, et ayant œuvré comme parrain à Belaïa Tserkov, il était reparti dès le lendemain. » Rares sont les baptêmes qui furent observés d'aussi près par les gouvernements d'Europe.

Le voyage du prince était d'une nonchalance inhabituelle. Il était poursuivi par les lettres de plus en plus inquiètes de l'impératrice. Au début, les partenaires savourèrent leurs acrobaties diplomatiques comme deux bandits de grand chemin préparant une attaque. Ils soupçonnaient l'empereur Joseph de jalouser les conquêtes russes sur la Turquie en 1774, aussi Catherine dit à Potemkine : « Je me suis résolue à ne compter sur personne d'autre que moi-même. Quand le gâteau sera cuit, tout le monde en voudra une part. » Quant à la France, l'amie de la Turquie, elle ne se souciait guère du « tonnerre français, ou devrais-je dire ses éclairs de chaleur », pas plus qu'elle ne redoutait les atermoiements de Joseph. « S'il vous plaît ne me laissez pas sans information à la fois sur vous et les affaires. » Potemkine avait toujours été conscient de la valeur de l'alliance autrichienne, mais adorait se moquer de Joseph et des hésitations de son chancelier : « Kaunitz agit comme un serpent ou un crapaud », écrivit-il à Catherine le 22 avril, mais il la rassura : « Soyez résolue, Matiouchka, contre toutes les approches, en particulier d'ennemis intérieurs ou extérieurs [...]. Vous ne devriez pas beaucoup compter sur l'empereur mais il est nécessaire de le traiter avec amitié. »

Les agents de Potemkine travaillaient les Tatars de Crimée et du Kouban tandis que ses troupes se préparaient à combattre les Ottomans. Balmain se chargeait de régler la pièce la plus simple du puzzle : le 19 avril, il obtint l'abdication de Shagin Giray à Karasubazaar, en Crimée, en échange de généreuses subventions et, éventuellement, d'un autre trône. « Ma colombe, mon prince », exulta Catherine quand elle eut vent de ces nouvelles. Quand le prince arriva enfin à Kherson au début de mai, il constata que, comme toujours, la bureaucratie russe était incapable de faire grand-chose sans y être poussée. « Dame Matiouchka, indiqua-t-il à Catherine au début du mois de mai, je suis épuisé comme un chien et incapable de trouver un sens quelconque à l'amirauté. Tout est désert et il n'y a pas un seul rapport digne de ce nom. » Comme tout enfant de la campagne, il avait tendance à imaginer les ministres d'Europe comme autant de chiens, de loups et de crapauds.

Le prince se jeta alors dans un tourbillon d'activités et d'angoisses, pour s'emparer de la Crimée sans ingérence extérieure. Les archives nous montrent ce génie polyvalent et énergique au travail. Les ordres de Potemkine à ses généraux – Balmain en Crimée, Souvorov et Pavel Potemkine dans le Kouban – veillaient à chaque détail : les Tatars devaient être traités avec bonté ; des régiments étaient déployés ; l'artillerie devrait être mobilisée au cas où il en aurait besoin pour assiéger Otchakov ; un espion était en chemin (« l'arrêter et me l'envoyer »). Quand un colonel fit preuve de trop de déférence envers le khan déchu, il eut droit à une dose de sarcasme caractéristique : « Êtes-vous le maître d'hôtel du khan ou un officier ? » Et il précisa chaque étape de la prestation du serment d'allégeance.

Pendant ce temps, à l'est de la Crimée et du Kouban, au sud des monts du Caucase, il menait des négociations avec deux rois géorgiens à propos d'un protectorat russe, et avec un satrape perse, ainsi que des rebelles arméniens, au sujet de la création d'un État arménien indépendant. C'est alors qu'une épidémie de peste frappa la Crimée, venue de Constantinople, et il fallut mettre en place des quarantaines. « J'ordonne que des précautions soient prises – revenir aux règles essentielles, préconiser l'hygiène, visiter les hôpitaux des pestiférés pour donner ainsi l'exemple », écrivit Potemkine à Bezborodko. C'étaient là quelques-uns des innombrables projets que Potemkine menait de front à cette époque. « Dieu seul sait à quel point je ne me suis pas ménagé. » Comme si cela ne suffisait pas pour un seul homme, il surveillait les puissances européennes et devait gérer Catherine. Il lui reprocha : « Vous m'avez toujours comblé de vos faveurs [...] donc ne me refusez pas celle dont j'ai le plus besoin : prenez soin de votre santé. »

Frédéric le Grand s'efforça alors de saboter les plans de Catherine en poussant les Français à l'arrêter. Potemkine mit le « vieux bonimenteur prussien [au défi] d'envoyer des troupes françaises ici » – « nous leur enseignerions une leçon à la Russe ». Le roi Gustave de Suède, qui rêvait d'imiter son héros Alexandre le Grand, insista pour rendre visite à Catherine, cherchant à profiter des difficultés de la Russie avec la Turquie pour récupérer l'empire perdu de la Suède dans la Baltique. Mais sa visite fut retardée lorsque son cheval le désarçonna au cours d'un défilé militaire, ce qui lui valut de se casser le bras. « Quel héros maladroit », gloussa Catherine à l'adresse de Potemkine. Jamais Alexandre le Grand ne s'était ainsi couvert de ridicule. Le temps que Gustave arrive à Saint-Pétersbourg, le gâteau était cuit et la Crimée mangée.

Le comte de Vergennes, le ministre français des Affaires étrangères, contacta l'envoyé d'Autriche à Paris afin de coordonner une réaction aux plans russes. Joseph II, aiguillonné par la décision de Catherine et redoutant d'être privé de sa part des conquêtes ottomanes, se reprit soudain et informa Vergennes, horrifié, de l'existence du traité russo-autrichien. Sans l'appui de son alliée l'Autriche, la France épuisée n'avait plus la volonté d'agir. Quant à la Grande-Bretagne, elle était soulagée de s'être extirpée de ses sables mouvants américains ; Lord Grantham dit à Harris : « [Si] la France compte rester discrète sur les Turcs [...] pourquoi devrions-nous nous en mêler ? Ce n'est pas le moment de chercher une nouvelle querelle. »

L'alliance de Joseph s'avéra décisive. « Votre prédiction s'est réalisée, mon joyeux ami intelligent, dit l'impératrice à son consort. L'appétit vient en mangeant. » Tout portait à croire qu'ils allaient s'en sortir haut la main.

Potemkine était tant plongé dans ses nombreuses activités qu'il cessa d'écrire ses lettres habituelles à Catherine. Elle s'en inquiéta et lui écrivit à plusieurs reprises en mai et juin, cinglant : « Alors que vous vous plaignez de n'avoir aucune nouvelle de moi, je pense que c'est moi qui suis longtemps restée sans nouvelles de votre part. » Ils s'irritaient mutuellement, comme ils le faisaient toujours durant les crises politiques. Elle voulait savoir si le khan avait quitté la Crimée afin que les Tatars puissent prêter le serment d'allégeance et qu'elle puisse publier son manifeste sur l'annexion.

À Kherson, Potemkine s'escrimait à gérer le départ de Shagin, qui retardait l'entreprise en dépit de sa pension de 200 000 roubles. Les Tatars ne coopéreraient pas tant que le khan serait encore là. Bien que ses bagages aient été envoyés à Petrovsk, les agents du khan déconseillaient aux mollahs de faire confiance à la Russie. Pavel Potemkine et Souvorov signalèrent enfin, depuis le lointain Kouban, que les nomades Nogaï étaient prêts à prêter serment à Catherine. Tout devait être coordonné. Le prince tenait à ce que l'annexion se déroule sans effusion de sang et qu'elle ait au moins l'air d'être souhaitée par les habitants de Crimée. Enfin, à la fin du mois de mai, Potemkine écrivit qu'il quittait Kherson pour la Crimée : « Au revoir Matiouchka, ma chérie [...]. Le khan sera parti en un rien de temps. »

Le prince arriva en Crimée et dressa son camp à Karasubazaar, prêt à orchestrer la prestation de serment le 28 juin, jour anniversaire de l'accession au trône de Catherine. Mais les affaires traînaient en longueur. Tout en travaillant avec acharnement et en s'épuisant, le prince semblait l'incarnation de la langueur orientale. « Je l'ai vu en Crimée, écrivit un de ses officiers, couché sur un sofa entouré de fruits et apparemment inconscient de tous – et pourtant, au milieu de toute cette indifférence, la Russie a conquis la péninsule. »

Catherine se languissait de Potemkine tout en désespérant de lui. « Ni moi ni personne ne sait où vous êtes. » Au début de juin, il lui manquait. « Je déplore souvent que vous soyez là-bas et non ici parce que je me sens impuissante sans vous. » Un mois plus tard, elle était en colère : « Vous pouvez imaginer quelle est mon anxiété de ne pas avoir de vos nouvelles depuis plus de cinq semaines [...]. Je m'attendais à l'occupation de la Crimée à la mi-mai au plus tard et maintenant nous sommes à la mi-juillet, et je n'en sais pas plus à ce sujet que le pape de Rome. » Puis elle commença à craindre qu'il ne meure de la peste. On peut supposer que Potemkine avait décidé d'attendre afin de pouvoir déposer toute la Crimée et le Kouban aux pieds de Catherine.

Partout dans l'ancien khanat de Crimée, les murzas et les mollahs se rassemblaient dans leurs plus beaux habits afin de prêter serment sur le Coran à une impératrice orthodoxe qui se trouvait à plus de mille six cents kilomètres de là. Potemkine présida au serment en personne, d'abord pour le clergé, puis pour les autres. C'est dans le Kouban, loin à l'est, qu'eut lieu le spectacle la plus frappant. Au jour dit, six mille tentes tatares de la horde Nogaï furent dressées dans la steppe d'Eysk. Des milliers de petits chevaux mongols rétifs caracolaient dans le camp. Les soldats russes se montraient d'une vigilance nonchalante. L'abdication de Shagin fut lue aux Nogaï, qui prêtèrent alors serment à l'impératrice devant Souvorov. Ils revinrent vers leurs hordes, qui prêtèrent serment à leur tour. Puis la fête commença : cent bœufs, huit cents béliers furent cuits et mangés. Les Nogaï burent de la vodka – le vin était interdit par le Coran. Après de nombreux toasts et hourras, les Cosaques et les Nogaï participèrent à des courses de chevaux. Ensuite, les Nogaï, ayant perdu leur liberté six cents ans après que Gengis Khan avait lancé ses hordes vers l'ouest, repartirent.

Le 10 juillet, le prince rompit le silence et écrivit à l'impératrice : « Dans trois jours, je vous féliciterai en vous offrant la Crimée. Tous les notables ont déjà juré, maintenant le reste suivra. » Le 20/31 juillet, Catherine apprit de Potemkine que les Tatars de Crimée et les deux hordes Nogaï avaient prêté serment. Elle était tellement soulagée et épuisée d'avoir attendu qu'elle répondit avec détachement. Mais, quand elle comprit et reçut les explications Potemkine, elle apprécia pleinement son succès. « Que d'actes glorieux ont été accomplis en peu de temps. » Les lettres de Potemkine débordèrent rapidement d'idées pour des villes, des ports et des navires, entremêlées de références classiques à ses nouveaux territoires. Son effervescence était toujours contagieuse. Quand il écrivit que les rumeurs au sujet de la peste étaient répandues par des poltrons à « Spa et Paris », Catherine se mit enfin à rire.

Quelques jours plus tard, le Sérénissime sortit un autre lapin doré de son chapeau : dans le Caucase, le royaume de Géorgie acceptait la protection russe. Le Caucase, l'isthme s'étendant entre la mer Noire et la Caspienne, était un assemblage montagneux de royaumes et de principautés, dominés par les empires qui les entouraient – la Russie, la Turquie et la Perse. Dans le Nord-Ouest, Potemkine venait d'annexer le Kouban, gouverné par les gens de Crimée. Sur les contreforts, les généraux russes peinaient à contrôler les sauvages montagnards musulmans de Tchétchénie et du Daghestan. Au sud des montagnes, les Empires perse et turc se partageaient la région. Là, les deux royaumes géorgiens orthodoxes, la Kartl-Kakhétie et l'Iméréthie, étaient d'une férocité romantique, mythique, pour ne pas dire biblique, il était donc tout à fait approprié que leurs tsars aient respectivement pour nom Hercule et Salomon.

Hercule (Héraclius, ou Irakli en géorgien), un remarquable bâtisseur, semblait être le dernier chevalier médiéval encore vivant au siècle de Voltaire. Son nom lui convenait parfaitement. Descendant de la dynastie des Bagratides qui avait donné des monarques au pays pendant près de mille ans, c'était un roi guerrier qui devait son trône au fait qu'il s'était battu pour le shah de Perse en Inde. Il avait réussi à se forger un mini-empire dans l'arrière-cour de la Perse et de la Turquie. Déjà âgé, « de taille moyenne, le visage long, avec de grands yeux et une courte barbe, il avait passé sa jeunesse, nota un voyageur, à la cour de Nadir Shah, où il avait contracté un penchant pour les coutumes persanes ». Hercule était « réputé pour son courage et ses compétences militaires ». « À cheval, il a toujours une paire de pistolets chargés à la ceinture et, si l'ennemi est proche, un mousquet à l'épaule. » L'autre tsar géorgien, Salomon d'Iméréthie, était tout aussi spectaculaire car, renversé à plusieurs reprises, il avait « vécu comme un sauvage pendant seize ans dans des grottes et des trous et avait souvent, par son courage personnel, échappé à des assassinats ». Lui aussi vivait le mousquet à l'épaule.

Lorsque les Russes étaient entrés en guerre en 1768, Catherine avait soutenu Hercule et Salomon, mais les avait ensuite abandonnés après 1774 à la merci du shah et du sultan. Potemkine, enhardi par son alliance autrichienne, décida de faire monter la pression sur les Ottomans en négociant avec les Géorgiens. Il correspondait avec Hercule, pour lui demander s'il était maintenant en paix avec Salomon : il voulait rattacher leurs deux royaumes à la Russie.

Le 31 décembre 1782, le roi Hercule déclara au « prince Sérénissime et Miséricordieux » : « Je confie ma personne, mes enfants et ma nation orthodoxe » à la Russie. Le Sérénissime ordonna à son cousin, qui commandait le corps du Caucase, de mener des négociations. Le 24 juillet 1783, Pavel Potemkine signa le traité de Gueorguievsk avec Hercule au nom du prince. Le Sérénissime, campant toujours à Karasubazaar en Crimée, était ravi. À la nouvelle de ce nouveau magnifique présent à l'impératrice, il fit preuve d'une exubérance irrésistible, mêlant classicisme et orthodoxie :

> Dame Matiouchka, ma mère adoptive, l'affaire de Géorgie est également terminée. Est-ce qu'un autre Souverain a vécu une époque aussi radieuse que vous ? Car il ne s'agit point seulement de brillance. Vous avez rattaché les territoires, qu'Alexandre et Pompée n'avaient pu que contempler, sous la férule de la Russie, et Kherson et la Tauride [la Crimée] – la source de notre christianisme et donc de notre humanité – sont déjà entre les mains de sa fille[1]. Il y a là quelque chose de mystique. Vous avez détruit la horde tatare – tyran de la Russie dans les temps anciens qui la dévastait encore récemment. La nouvelle frontière d'aujourd'hui promet la paix à la Russie, la jalousie à l'Europe et la peur à la Porte ottomane. Alors, consignez cette annexion, qui n'est rougie d'aucun sang, et ordonnez à vos historiens de préparer quantité d'encre et de papier.

Catherine fut impressionnée. Pour le remercier de ses accomplissements, elle ratifia le traité, qui confirmait Hercule dans ses titres,

1. Potemkine l'orthodoxe se réjouissait de posséder le lieu même, l'antique ville de Chersonèse en Crimée, où Vladimir, grand-prince de Kiev, avait été baptisé en 988, date à laquelle le christianisme était entré en terre russe.

ses frontières et son droit à battre sa propre monnaie. En septembre, Pavel Potemkine fit construire une route à partir d'un sentier et partit au galop dans une calèche à huit chevaux, traversant le Caucase pour atteindre Tiflis (aujourd'hui Tbilissi). En novembre, deux bataillons russes firent leur entrée dans la capitale. Le prince commença à superviser la construction de forts sur la nouvelle frontière de la Russie tandis que deux tsarévitchs géorgiens, les fils d'Hercule, partaient à vivre à la cour cosmopolite de Potemkine.

Et ce n'était pas fini. L'échec de l'aventure en Caspienne de Voïnovitch deux ans plus tôt n'avait pas découragé Potemkine, qui continuait d'envisager une alliance anti-ottomane avec la Perse. Bezborodko, l'un des rares qui comprenait les visées géopolitiques de Potemkine, expliqua que le prince ne prévoyait pas seulement cette version orientale de l'alliance autrichienne. Il avait persuadé Catherine, dans le décret sur la Crimée, de l'autoriser à pousser jusqu'à la mer Caspienne pour y créer deux autres principautés : une arménienne (l'Arménie d'aujourd'hui) et une autre sur les bords de la mer Caspienne (aujourd'hui l'Azerbaïdjan) qui pourraient être gouvernées par Shagin Giray, le khan déposé de Crimée.

Au début de 1784, Potemkine était en négociation avec le khan perse à Ispahan pour savoir s'il pourrait également rejoindre l'empire, ce qui lui donnerait une chance de fonder son royaume arménien. « L'Arménie lève les mains vers le trône sacré de Votre Majesté Impériale pour demander la délivrance du joug de l'Agha », déclara Potemkine à l'impératrice. Les négociations avec les potentats persans, les khans de Choucha et Goya, et les Arméniens du Karabakh se poursuivirent tout au long de l'année[1]. Potemkine envoya un émissaire à Ispahan, mais le khan mourut et l'émissaire rentra bredouille. En fin de compte, le projet perso-arménien n'aboutit à rien. Pour l'heure, ses gains étaient déjà assez substantiels.

Catherine était ravie et vanta ses mérites à la fois en tant qu'impératrice, amante et amie : « Pour tous les travaux que vous avez accomplis et le soin infini que vous apportez à mes affaires, je ne saurais assez exprimer ma reconnaissance ; vous-même savez que je suis sensible au mérite et le vôtre est exceptionnel, tout comme mon amitié et mon amour pour vous. Que Dieu vous donne la santé et toujours plus de pouvoirs du corps et de l'âme. »

1. Les Arméniens du Haut-Karabakh se battirent une fois encore pour échapper au contrôle musulman de la République d'Azerbaïdjan et rejoindre la République d'Arménie lors d'une guerre sans merci au début des années 1990.

À la fin août 1783, le prince était victime d'une mauvaise fièvre. Épuisé par ses grands projets, ses voyages incessants, la proximité de la peste et l'eau de mauvaise qualité, Potemkine frôla la mort, gisant dans un joli chalet tatar au milieu des pâturages verdoyants de Karasubazaar.

Potemkine ne pouvait se reposer, mais sa santé s'améliora à la mi-septembre. L'Europe grondait encore face aux succès de la Russie. Alors que sa fièvre allait et venait, il inspecta les forces russes. Dans ce qui devint un modèle, voire une tradition, Catherine, Bezborodko et les ambassadeurs suivaient chaque nouvelle péripétie depuis Saint-Pétersbourg. Quand il déménagea dans la capitale régionale du Sud, Krementchouk, loin des pestiférés de Crimée et Kherson, Catherine, toujours soucieuse, lui écrivit : « Vous ne prenez jamais soin de vous-même quand vous êtes en convalescence. Faites-moi cette faveur, pour une fois, n'oubliez pas l'importance de votre santé : [elle est] le bien-être de l'empire et ma gloire. » Elle savait que la conquête et le développement du Sud dépendaient de lui. « L'entreprise la plus importante au monde ne sera rien sans vous. Je salue votre déménagement à Krementchouk mais cela ne devrait se faire au plus fort d'une maladie dangereuse ; j'ai été horrifiée d'entendre que vous aviez couvert trois cents verstes dans un tel état. »

Les deux impérialistes russes savouraient leur succès. Potemkine se perdit dans rêves néoclassiques et romantiques, tandis que Catherine réagissait avec une satisfaction brute, digne de Staline : « Suscitant l'envie de l'Europe, je les contemple avec quiétude : qu'ils plaisantent donc pendant que nous faisons nos affaires. » Elle lui confirma qu'il était inamovible : « Sachez que je me suis liée à vous pour un siècle. » Pour le prouver, elle lui alloua 100 000 roubles pour qu'il bâtisse une nouvelle demeure, qui deviendrait le palais de Tauride.

Il était incapable de ne pas travailler. Il savait que les hordes Nogaï seraient toujours une source d'instabilité dans le Kouban. Aussi, prenant une décision qui préfigure la part d'ombre de l'histoire russe à venir, il élabora un plan pour déplacer les nomades et les réinstaller entre la Volga et l'Oural. Les rumeurs parvinrent aux Nogaï. Dans le même temps, Shagin Giray, fat et exaspérant, s'attardait dans le Taman et restait en contact avec les hordes Nogaï. Peut-être encouragés par lui, ceux-ci avaient à peine quitté le banquet de Souvorov dans la steppe qu'ils massacraient leurs murzas prorusses. L'énergique

Souvorov pourchassa immédiatement les rebelles et les massacra le 1er octobre.

L'ambassadeur de Russie auprès de la Porte était Yakov Boulgakov, ami de Potemkine du temps de l'université, qui épiait désormais la réaction des Ottomans tout en négociant un accord commercial. Il signala : les Turcs « ne se querelleront pas pour la Crimée si aucune circonstance nouvelle ne vient d'Europe ». Le traité de Versailles mit fin à la guerre d'Indépendance américaine le 23 août/3 septembre, mais il était trop tard. La Prusse et la France tentèrent bien de mobiliser une certaine résistance et, à la fin de septembre, Catherine s'attendait toujours « à tout instant » à une déclaration de guerre ottomane, mais Joseph avait tenu bon face à Vergennes et Frédéric. Le kaiser félicita même l'impératrice pour le « succès du prince de Potemkine » : « Je connais fort bien la valeur et la difficulté qu'il y a à trouver de bons et loyaux *serviteurs** comme lui et à quel point il est rare dans notre état de trouver quelqu'un qui nous comprend. » Le 28 décembre 1783, les Turcs reconnurent implicitement la perte de la Crimée par la nouvelle convention d'Aïnalikawak, négociée par Boulgakov.

Les lettres et les éloges se mirent à pleuvoir sur la chancellerie de Potemkine. Il est vrai qu'il avait maintenant « atteint le plus haut degré de puissance que des souverains accordent aux individus », comme son général, Igelstrom, lui écrivit. Mieux encore, « ce que les siècles n'avaient accompli, ce que Pierre Ier n'avait su commander, dit l'écrivain Glinka, ce géant de son temps fut en mesure de l'atteindre ». Il manquait plus que tout à Catherine, qui lui envoya la confirmation la plus simple de leur partenariat début octobre : « Que Dieu te fasse aller mieux et te ramène ici. Honnêtement, quand je suis sans toi, c'est souvent comme si je n'avais pas de mains. » Le prince répondit : « Dieu merci, je vais mieux d'heure en heure [...] et quand je serai complètement rétabli, je viendrai voir ma chère Matiouchka. »

Le prince Potemkine rentra à Saint-Pétersbourg à la fin novembre 1783, pour y trouver des courtisans hostiles, au paroxysme de la jalousie. Son allié Bezborodko était harcelé de toutes parts, aussi Potemkine le défendit-il, et se retrouva donc entouré d'ennemis. « La jalousie de beaucoup, constata Bezborodko, reconnaissant à Potemkine de son soutien, est claire. » Elle prit la forme d'une intrigue visant à discréditer le Sérénissime.

L'impératrice avait entendu dire que les épidémies de peste dans le Sud étaient en quelque sorte dues à la négligence de Potemkine.

Elle était sensible à ce sujet, après la peste et les émeutes de Moscou en 1770. D'aucuns prétendaient que des colons italiens venus cultiver les steppes du Sud étaient morts car il n'y avait pas de toits pour eux. Toutes ces allégations étaient infondées – Potemkine n'avait pas ménagé ses efforts afin d'endiguer la peste, avec succès. Il dut être déprimant d'avoir tant accompli et d'être allé aussi loin pour s'apercevoir qu'à son retour il lui faudrait encore se battre pour se justifier. L'intrigue, selon Bezborodko, fut ourdie par le ministre de la Marine, Ivan Tchernichev, qui avait le plus de raisons de jalouser le succès du Sérénissime, car le grand amiral Potemkine se faisait construire sa propre flotte de la mer Noire en se soustrayant aux compétences du collège de la Marine. La princesse Dachkova, de retour de ses voyages, et même Lanskoï étaient en quelque sorte impliqués eux aussi. Ces accusations aboutirent à un conflit entre les partenaires et ces deux fiers piliers du pouvoir se détachèrent l'un de l'autre avec froideur.

Potemkine cessa de venir voir Catherine. Lev Engelhardt, un autre cousin de Smolensk qui venait de rejoindre l'état-major du prince en tant qu'aide de camp, nous a laissé un récit très imagé de cette époque. D'ordinaire, la route, connue sous le nom de Millionaïa (l'allée des Millionnaires), qui longeait la maison de Potemkine jouxtant le Palais d'hiver, était si bondée de carrosses et de pétitionnaires qu'il était impossible de passer. Mais maintenant, à l'apogée de son succès, elle était déserte. Ses ennemis s'en réjouissaient.

Le 2 février 1784, le Sérénissime se réveilla tard comme à son habitude. Son valet de chambre avait placé une petite enveloppe ornée du sceau impérial près de son lit. L'impératrice, debout depuis 7 heures, avait bien sûr ordonné que le prince ne soit pas réveillé. Potemkine lut la lettre et fit mander son secrétaire, Vassili Popov. « Lisez ! » dit-il. Popov courut dans l'antichambre, où l'aide de camp Engelhardt était de service : « Allez féliciter le prince. Il est promu feld-maréchal. » Engelhardt entra dans la chambre et félicita son maître. Le prince-maréchal sauta du lit, passa un manteau, enroula son foulard de soie rose autour de son cou et fila voir l'impératrice. Il avait également été fait président du collège de la Guerre. En outre, sur sa recommandation, l'impératrice avait créé la province de Tauride, le nom antique de la Crimée, qui s'ajoutait à l'immense vice-royauté de la Nouvelle-Russie de Potemkine. En deux heures, ses appartements se remplirent de visiteurs. Millionaïa se retrouva de nouveau encombrée de voitures. Les courtisans qui s'étaient montrés les plus distants se prosternaient le plus bas. Le 10 février, Catherine dîna en tant qu'invitée de Potemkine dans l'une des maisons de ses nièces.

Le prince, impulsivement, décida qu'il voulait voir Constantinople, aussi il demanda à Boulgakov : « Et si je venais vous voir comme invité depuis la Crimée par bateau ? Sérieusement, je voudrais savoir si cela est possible. » Ce n'était pas qu'une impulsion romantique – bien qu'il ait toujours rêvé de voir la ville des césars. Il savait désormais ce qu'il voulait faire, tout ce qu'il voulait construire dans le Sud, et pour cela il avait besoin de temps, et de paix. Il comptait sûrement se rendre à Tsargrad pour négocier cette paix avec le sultan en personne. L'ambassadeur Boulgakov dut trembler à cette seule idée. Le 15 mars, il répondit de Constantinople que cela serait extrêmement compliqué. « Ils pensent, expliqua-t-il, que vous êtes notre grand vizir. » Potemkine ne vit jamais Constantinople – mais son destin était lié au Sud. Dès lors, il envisagea de « passer les quatre ou cinq premiers mois de chaque année dans ses provinces ». À la mi-mars, le prince quitta de nouveau Saint-Pétersbourg. Il avait des villes à construire, des flottes à armer, des royaumes à fonder.

VI

CO-TSAR

1784-1786

18

L'empereur du Sud

« N'est-ce pas vous qui chassâtes
Les hordes puissantes de voisins avides
Et de vastes et désertes régions
Fîtes villes habitables et champs de blé
Et couvrîtes la mer Noire de navires
Et trembler la terre de votre tonnerre ? »

Gavril Derjavine, *La Cascade*

« À chaque heure, il m'était donné de découvrir quelque nouvel exemple fantastique des particularités asiatiques du prince Potemkine, écrivait le comte de Damas, qui avait pu observer l'énergie et la créativité du vice-roi du Sud à l'œuvre à la fin des années 1780. Il déplace une *guberniya*[1], démolit une ville en vue de la reconstruire ailleurs, fonde une nouvelle colonie ou un nouveau centre industriel, et modifie l'administration d'une province, le tout en une demi-heure avant de consacrer toute son attention à la préparation d'un bal ou une fête. » C'était ainsi que les Occidentaux voyaient le prince – comme une sorte de satrape un peu magicien qui ordonnait la construction de villes aussi aisément qu'il commandait des robes de bal pour ses maîtresses. Ils avaient toujours pensé que les « barbares » russes ne savaient jamais vraiment rien faire correctement, pas comme les Allemands ou les Français, si bien que le travail de Potemkine devait forcément comporter des défauts. Quand il s'avéra qu'il faisait bel et bien les choses comme il convenait et que ses accomplissements avaient un côté presque miraculeux dans leur conception et leur réalisation, ses ennemis jaloux, occidentaux et russes, propagèrent le grand mensonge, celui de ses faux « villages Potemkine ».

1. Une province.

La réussite de Potemkine dans le Sud, dans les quinze années dont il disposa, fut remarquable. « On a tenté de ridiculiser les premières fondations de villes et de colonies, écrivit l'un de ses premiers biographes. Pourtant, de tels établissements ne méritent pas moins notre admiration [...]. Le temps a rendu justice à nos observations. Écoutez les voyageurs qui ont vu Kherson et Odessa. » Les prétendus villages Potemkine sont aujourd'hui des villes comptant des millions d'habitants.

La Russie a vécu deux grandes campagnes d'expansion dans le Sud, sous le règne d'Ivan le Terrible, qui annexa les khanats d'Astrakhan et Kazan, et de la Grande Catherine. Potemkine fut, comme Pouchkine et d'autres le reconnurent, le cerveau énergique à l'origine des succès de Catherine dans le Sud. En revanche, il n'est pas le père de cette politique. Ainsi que l'a dit l'historien russe Klioutchevski, la colonisation est un « fait essentiel de l'histoire russe ». Mais ce que Potemkine avait d'exceptionnel, c'est qu'il associait les idées créatives d'un entrepreneur à la force d'un soldat et à la clairvoyance d'un homme d'État. Et il imposa littéralement le Sud au Nord. Si, avec Panine, la Russie avait adopté le système du Nord, sous Potemkine, toute la politique étrangère de la Russie se tourna vers le Sud.

Le prince fut nommé gouverneur général (*namestvo*) de Nouvelle-Russie, d'Azov, Saratov, Astrakhan et du Caucase peu après son ascension au statut de favori mais, à la fin des années 1770 et en tout cas après l'annexion de la Crimée, il devint le codirigeant efficace de l'Empire russe. Tout comme Dioclétien avait compris que l'Empire romain était si vaste qu'il fallait un empereur d'Orient et un empereur d'Occident, Catherine laissa Potemkine gouverner le Sud et le contrôler sans conteste. Potemkine avait enflé depuis 1774 – tant en stature qu'en tour de taille. Il était fait pour les vastes steppes dégagées du Sud et ne pouvait pas rester cantonné à la cour. Saint-Pétersbourg était devenue trop petite pour elle et lui.

La puissance de Potemkine était à la fois verticale et horizontale, car il était en charge de l'armée au collège de la Guerre et commandant en chef de toutes les forces irrégulières, en particulier des Cosaques. Quand il commença à construire la flotte de la mer Noire, elle rendit des comptes non à l'Amirauté à Saint-Pétersbourg, mais à lui en tant que grand amiral. Mais, surtout, son pouvoir dépendait de sa propre personnalité, du prestige de ses succès, comme en

Crimée, et de sa capacité à avoir des idées et à imposer leur mise en œuvre – et non plus seulement de sa proximité avec Catherine.

Le Sérénissime gouvernait sa vice-royauté – les noms et les frontières des provinces ont changé, mais, pour l'essentiel, elles couvraient toutes les nouvelles terres annexées entre 1774 et 1783, depuis le Boug à l'ouest jusqu'à la mer Caspienne à l'est, depuis les montagnes du Caucase et la Volga en passant par toute l'Ukraine jusqu'à Kiev – comme un véritable empereur. Il était exceptionnel qu'une souveraine de Russie comme Catherine délègue tant de pouvoirs à un consort – mais leur relation était elle aussi sans précédent.

Le Sérénissime tenait sa propre cour dans le Sud, rivalisant avec celle de Catherine dans le Nord tout en la complémentant. Comme un tsar, il se souciait des pauvres gens, dédaignait la noblesse et accordait des titres et des domaines sur ses terres. Potemkine se déplaçait avec une suite royale, il était accueilli dans les villes par tous les nobles et les citadins ; son arrivée était saluée par des salves d'artillerie et des bals. Mais cela allait au-delà de ces symboles apparents de la royauté. Quand il donnait ses ordres, il le faisait au nom de l'impératrice, mais il dressait aussi la liste interminable de ses titres et médailles comme un roi. Et ses ordres aussi avaient un caractère absolu : que ce soit un jardinier ou un ingénieur, ses subordonnés étaient généralement dotés d'un grade militaire et les ordres qu'ils recevaient étaient typiques de l'armée. « Égal par son pouvoir des rois les plus puissants, se souvenait Wiegel, je doute que même Napoléon ait été mieux obéi. »

Le prince aimait se présenter avec une langueur majestueuse – comme tant de Mémoires le soulignent – mais cela avait quelque chose d'artificiel. Il se ruinait la santé avec la quantité colossale de travail qu'il abattait. Il ressemblait sans doute plutôt à un de ces bons élèves qui veut donner l'illusion de ne pas travailler tout en bûchant toute la nuit. Au début des années 1780, il gouvernait par l'entremise de sa chancellerie privée, qui regroupait près de cinquante fonctionnaires, dont des spécialistes de la correspondance en français et en grec. Il disposait même de son propre Premier ministre – l'inépuisable et efficace Vassili Stépanovitch Popov, en qui il avait, comme l'impératrice plus tard, une confiance absolue. Comme Potemkine, Popov jouait toute la nuit, dormait la moitié de la journée, ne quittait jamais son uniforme et était toujours prêt, même au milieu de la nuit, à répondre à l'appel du prince, le plus souvent depuis son lit : « Vassili Stépanovitch ! » C'était tout ce que l'on entendait : « Vassili Stépanovitch ! » Si Popov était son chancelier, le tout aussi infatigable Mikhaïl Léontovitch Faleev, un jeune marchand que Potemkine avait rencontré pendant la guerre russo-turque, devint l'intendant, le maître d'œuvre et collaborateur de ses travaux gigantesques. Son portrait nous montre le beau visage de cet homme au regard bleu, à la fois méfiant et malicieux, mince, strict et soigné, entrepreneur russe hors du commun vêtu d'un manteau bleu et d'une chemise blanche bouffante. Potemkine le fit anoblir et il amassa une fortune considérable, mais, chose rare pour les princes marchands, Faleev était honoré et aimé dans la ville qu'il construisit avec le Sérénissime, Nikolaïev. Ils correspondaient sans cesse.

Potemkine était constamment en mouvement, sauf quand il succombait à des épisodes de dépression et de fièvre. Quel que soit le nombre de villes qu'il fonda, où qu'il se trouvât, que ce soit seul dans un traîneau *kibitka,* sa chancellerie à des centaines de verstes derrière lui ou dans un palais, la capitale de cet empire du Sud était comme l'incarnation vivace, mais imparfaite et tourmentée, de Potemkine lui-même.

La carrière de Potemkine commença et se termina par son amour pour les Cosaques. Tout d'abord, il détruisit les Cosaques zaporogues, puis il reconstitua leurs forces au sein de l'armée impériale. Installés sur une île au milieu du large Dniepr – d'où leur nom, « *za-porogi* », « au-delà des rapides » –, ils avaient développé une république unique en son genre, composée de vingt mille guerriers, qui contrôlaient un immense territoire triangulaire dans les steppes désolées au nord de la mer Noire. Les Zaporogues ne cultivaient pas la terre, car l'agriculture était laissée aux esclaves et eux-mêmes étaient des hommes libres – le mot même de cosaque viendrait d'un terme de l'ancien turc signifiant « homme libre ». Mais, comme la plupart des Cosaques, leur Sitch était une démocratie brutale qui élisait un hetman – ou ataman – en temps de guerre. Ils avaient leurs propres lois : les coupables de trahison étaient cousus dans un sac et jetés dans les rapides. Les meurtriers étaient enterrés vivants, prisonniers de l'étreinte glacée des cadavres de leurs victimes, auxquels ils étaient attachés.

À bien des égards, ils étaient des Cosaques hors norme, aussi à l'aise sur leurs bateaux à rames de vingt mètres de long – les *tchaïki* ou mouettes – qu'à cheval. On rapporte qu'ils auraient inventé le premier sous-marin, en utilisant du sable comme ballast et un tuyau de bois pour respirer. Les Cosaques zaporogues ne vivaient pas avec les femmes. Aucune d'entre elles n'était admise à l'intérieur de leur *Sitch* ou « clairière » afin de préserver la discipline militaire à laquelle ils accordaient une importance capitale : « Ils étaient célibataires, expliqua Lev Engelhardt, comme les Chevaliers de Malte. »

Ces « Cosaques embarqués » arboraient de longues moustaches tombantes, se rasaient le crâne en ne conservant qu'une longue queue-de-cheval, portaient des pantalons turcs brodés de fils d'or, de larges ceintures de soie, des gilets de satin, de hautes toques de fourrure souvent agrémentées de plumes d'autruche et d'insignes incrustés de pierreries. Leur véritable métier était la guerre. Quand ils ne se battaient pas pour leur propre cause, ils servaient les autres, parfois en tant que mercenaires – vers le milieu du XVIIe siècle, des Zaporogues furent prêtés à la France par le roi de Pologne pour lutter contre l'Espagne à Dunkerque, sous les ordres du prince de Condé, et, à deux reprises au cours de ce même siècle, leur flotte de près de cent tchaïki était descendue piller Constantinople elle-même.

Les Cosaques étaient devenus les gardiens un peu flibustiers des frontières de la Russie, mais en 1774 leurs légions indisciplinées et indépendantes n'étaient plus nécessaires pour protéger l'empire des Turcs – et la Sitch se dressait sur le chemin de la Russie qui voulait affronter les Tatars. Commandés par Mazeppa, les Cosaques ukrainiens avaient abandonné Pierre le Grand et rejoint Charles XII de Suède. Des pillards cosaques avaient également déclenché la guerre russo-turque en 1768 et les Zaporogues avaient plusieurs fois rançonné les troupes russes en route pour le front. De plus, c'était chez les Cosaques du Iaïk et du Don que Pougatchev avait lancé sa révolte. Au cours de la guerre, Potemkine avait développé des liens spéciaux avec la Sitch – il était un Zaporogue honoraire. En effet, en mai 1774, il écrivait à ses amis cosaques depuis Tsarskoïé Selo, pour leur faire part de sa montée en puissance en leur assurant avoir « tout dit à la souveraine ». Néanmoins, dès que la révolte de Pougatchev fut réprimée, il changea son fusil d'épaule, les avertit de cesser leur pillage et recommanda la liquidation de la Sitch et la réorganisation de toutes les forces cosaques. Ces dernières étaient de plus en plus un problème pour l'État russe – et les projets de colonisation et d'exploitation de nouveaux territoires de Potemkine.

Le 4 juin 1775 à l'aube, les troupes russes sous les ordres de Potemkine approchèrent de la Sitch, l'encerclèrent et lui ordonnèrent de se rendre, sous peine d'être détruite. La Sitch, que le prince traitait de « canaille stupide », se rendit sans résistance. Potemkine rédigea un manifeste pour Catherine, qui fut publié le 3 août 1775 : « Il faut rappeler toute leur violence, les raisons pour lesquelles une société aussi néfaste sera détruite. » Les Zaporogues ne furent pas exécutés : seuls trois de leurs chefs, dont le riche hetman Petro Kalnychevski, furent envoyés dans l'Arctique, dans le monastère des Solovki sur la mer Blanche. Les autres furent transférés à Astrakhan, mais beaucoup d'entre eux s'enfuirent pour se battre aux côtés des Turcs. Potemkine réussirait à les faire revenir dans les années 1780. La Sitch ne fut pas la seule visée : les Cosaques du Iaïk furent déplacés et leur force rebaptisée, les Cosaques du Don réformés et placés sous le contrôle direct de Potemkine. Il en désigna le nouvel hetman et le comité qui gérerait leurs affaires civiles. Efremov, le trop puissant hetman du Don, fut arrêté, mais Potemkine lui assura sa protection, à lui et aux siens.

Potemkine proposa immédiatement que les Zaporogues loyaux soient organisés en régiments particuliers. Après Pougatchev, Catherine redoutait les Cosaques, aussi prit-il son temps. Mais il fit construire une flottille cosaque sur la mer Caspienne et la mer d'Azov. Il se montra si généreux dans son traitement des Cosaques que la noblesse grommela qu'il était amoureux d'eux. Il sut en tout cas s'entourer de Zaporogues fidèles. Il veilla en outre à ce que les serfs en fuite qui se trouvaient parmi ces aventuriers ne soient pas rendus à leurs maîtres. Il est révélateur que Potemkine ait suscité leur adoration de son vivant, ce qui lui valut le titre de « Protecteur des Cosaques ».

Pourtant, la destruction des Zaporogues est toujours citée comme l'un des crimes de Potemkine – notamment en Ukraine moderne, où la Sitch est considérée comme le précurseur de l'État ukrainien. Mais la Sitch et les autres groupes étaient condamnés après Pougatchev, leur territoire n'était pas colonisé, leurs terres incultes, et ils barraient la route à la Russie dans sa marche vers la mer Noire. Leur élimination facilita l'annexion de la Crimée. Le Sérénissime est accusé d'avoir pillé les trésors des églises zaporogues et d'avoir distribué les terres à ses proches – or, ne se trouvant pas sur place en personne, il ordonna au général Tekeli d'inventorier tous les ornements ecclésiaux et de les confier à l'Église. (Quoi qu'il en soit, la majorité de leurs bijoux étaient eux-mêmes le résultat de pillages.) Quant à la répartition et l'exploitation des terres, elles étaient précisément le but de l'annexion. Il y installa des Grecs qui s'étaient battus pour Orlov-Tchesmenski et, plus tard, des paysans d'État venus du centre de la Russie. Puis il entreprit la construction de forteresses pour les protéger. De fait, un historien moderne affirme que c'est l'exploitation agricole de ces steppes qui a fourni à la Russie les ressources et l'approvisionnement alimentaire qui lui permirent de vaincre Napoléon en 1812.

Le 31 mai 1778, Catherine approuva le plan de Potemkine pour la création d'un port sur la mer Noire, Kherson, nom qui évoquait à la fois l'Antiquité et les rêves orthodoxes de Chersonèse. La naissance de la ville avait été rendue possible par la paix avec la Turquie et la liquidation des Zaporogues. On ordonna l'ouverture de chantiers. Des charpentiers furent appelés de tous les coins de l'empire. Le 25 juillet, le prince nomma l'un des officiers de l'Amirauté pour en être le premier gouverneur – Ivan Abramovitch Hannibal. Il est probable que Potemkine avait été séduit par l'exotisme de son histoire et son lien avec Pierre le Grand.

Il était le fils aîné, à demi noir, du célèbre nègre de Pierre le Grand, Abraham Hannibal, un prince abyssin acheté à Constantinople pour le tsar et qu'il avait adopté. Le baptisant, pour des raisons évidentes, du nom de l'adversaire de Scipion, Pierre fit éduquer son pupille, le promut et fut même le parrain de son fils Ivan. Pouchkine, qui écrivit *Le Nègre de Pierre le Grand,* une œuvre inachevée, était le petit-neveu d'Ivan Hannibal. Le grand-père de Pouchkine, Ossip Hannibal, était mauvais père, si bien que la mère du poète grandit en fait dans la maison du premier gouverneur de Potemkine à Kherson. Ivan Hannibal était aussi fier de ses origines que Pouchkine. Quand il mourut en 1801, il fut inscrit sur sa pierre tombale : « La chaleur étouffante de l'Afrique lui a donné le jour, le froid a tempéré son sang. » Son portrait au Musée historique d'État de Kherson montre qu'il avait la peau foncée et les traits fins de son père abyssin, et les cheveux raides et la robustesse de sa mère russe. À présent, Catherine ordonnait à Hannibal de se charger de cette tâche considérable.

La première ville Potemkine était conçue pour être à la fois la base de sa nouvelle flotte de la mer Noire, qui jusqu'à présent n'existait que discrètement dans les ports russes de moindre importance sur la mer d'Azov, et une plaque tournante du commerce vers la Méditerranée. Le choix du site pour ce port ne fut pas une mince affaire, parce que les conquêtes réalisées par la Russie en 1774 ne lui avaient laissé qu'un couloir exigu menant à la mer Noire. Elle y accédait par l'embouchure du Dniepr, l'un des grands cours d'eau historiques de la Rous, qui se jetait dans la mer Noire par un estuaire étroit et peu profond, le Liman. À l'extrémité du Liman, à la pointe de Kil-Bouroun, Potemkine avait fait ériger une petite forteresse. Mais les Ottomans conservaient la puissante ville fortifiée d'Otchakov sur l'autre rive, qui contrôlait en réalité le delta. Il n'y avait pas d'endroit idéal, qui soit à la fois défendable et un port naturel. Les ingénieurs navals préféraient Gloubokaïa Pristan, un port profond, mais il était indéfendable, aussi Potemkine choisit-il un site en amont du Dniepr où se dressait déjà le fort Alexander-Schanz. Sur le fleuve, une île protégeait le port et les quais. À cause des rapides du Dniepr, la cité était difficile à atteindre sans l'aide de « chameaux », tandis qu'une barre au sud de la ville bloquait l'accès par la mer. Pire encore, Kherson se trouvait à la lisière de marécages et des steppes où régnait une chaleur brûlante en été, et à des milliers de verstes de la source de bois la plus proche pour les constructions navales, sans parler des approvisionnements en vivres.

Les obstacles semblaient insurmontables, mais Potemkine en triompha pour développer sa ville. À Saint-Pétersbourg, personne ne croyait qu'elle finirait par voir le jour. Ce n'est pas un hasard si Catherine lui écrivit : « Kherson ne sera jamais construite sans vous. » Dans le même temps, les jaloux qui s'employaient à ruiner la réputation de Potemkine enragèrent avant même que la première pierre ait été posée. « La fondation de Kherson restera dans l'histoire, fulminait Zavadovski. Son créateur aime son projet et le défend. » Il avait raison. Potemkine voulait que sa ville prenne corps, et il harcelait Hannibal sans relâche. En août, le Russo-Abyssin avait déployé douze équipes d'ouvriers et acheté du bois sur le cours supérieur du Dniepr en Biélorussie et en Pologne. Il fallut faire flotter le tout sur le fleuve jusqu'à Kherson.

Potemkine recruta plus de cinq cents charpentiers et des milliers d'ouvriers, fonda les chantiers navals et dessina les plans de la ville. Les quilles des premiers vaisseaux de guerre furent posées en mai 1779. Deux autres étaient en cours de construction dès 1781. Le Sérénissime décida de faire appel à l'armée, qui commença par édifier les baraquements en bois de ses casernes, dont les murs furent d'abord faits de clayonnages et de torchis. Ensuite, il fit venir mille prisonniers qu'il mit au travail dans les carrières. Puis il donna sa chance au marchand Faleev, le persuadant de faire sauter les rochers des rapides du Dniepr en échange d'une part sur les futurs négoces de Kherson. Faleev, investi dans le succès de l'entreprise, s'acquitta de cette tâche capitale. Potemkine fournit la poudre à canon. En 1783, Faleev avait réussi, et quelques barges pouvaient désormais emprunter le fleuve jusqu'à Kherson. Le prince le récompensa en lui accordant le grade de commandant, et des titres de noblesse.

Les détracteurs de Potemkine affirmaient que le chantier n'avançait pas et que rien n'était bien fait – et l'Histoire les a crus. Heureusement, les Occidentaux bien nés qui passaient par Saint-Pétersbourg lors de leurs tours d'Europe rencontraient Potemkine, qui ne négligeait jamais de les envoyer à Kherson. L'un des premiers fut un jeune ingénieur anglais, Samuel Bentham, frère du philosophe utilitariste Jeremy, qui travaillerait avec Potemkine pendant cinq ans. En 1780, il découvrit que Kherson comptait déjà cent quatre-vingts maisons et avait lancé un vaisseau de ligne de soixante-quatre canons et cinq frégates, et il s'émerveilla : « Il a choisi un endroit où, il y a à peine deux [...] ans, on ne trouvait pas même une cabane ici. » Le bois des chantiers, nota-t-il, était apporté en flottant par le fleuve depuis une ville en Pologne qui, plus tard, deviendrait célèbre : Tchernobyl.

Reginald Pole Carew était un autre de ces Anglais intrépides, et un ami de Samuel Bentham. Ce diplômé d'Oxford et propriétaire terrien de Cornouailles, qui approchait la trentaine, fut témoin de l'étape suivante. Il était de ces jeunes gens qui, au siècle suivant, prendraient part au Grand Jeu. Potemkine se prit d'affection pour lui, et lui montra ses terres et ses *fabriks* (manufactures) autour de Saint-Pétersbourg avant qu'il ne parte pour le Sud. Les notes de Pole Carew, toujours inédites, se lisent comme s'il avait voulu écrire un livre ou se livrer à l'espionnage en amateur. Quand il atteignit Kherson, il y avait déjà trois cents maisons. En dehors de neuf unités d'infanterie, « pour l'heure, la ville [était] principalement peuplée de Juifs polonais et de Grecs [...]. Les soldats, les marins, les paysans serv[ai]ent tous [...] de maçons », mais il constata que les travaux sur les fortifications étaient effectués à la hâte, « par peur de déplaire aux puissances supérieures ». Si c'était là son sentiment, il n'en déclara pas moins au prince avec tact : « Ce que je vois ici dépasse l'imagination. »

Potemkine était déterminé à attirer le commerce dans sa vice-royauté. En 1781, Pole Carew discuta d'un négoce potentiel avec le général Hannibal, et avec les deux magnats de Kherson – le marchand Faleev et le Français Antoine. Faleev avait fondé la Compagnie de la mer Noire pour faire du commerce avec les Ottomans et mit bientôt à l'eau sa frégate, le *Borysthène.* Il contrôlait également la production de spiritueux pour les trois guberniya de Potemkine et fournissait l'armée en viande. Pole Carew calcula qu'il devait déjà gagner dans les 500 000 roubles par an. Il énuméra les biens qui pourraient être négociés à Kherson – la cire, le drap, la corde, le bois, et trouva les possibilités commerciales alléchantes. « C'est un bourgeois de Kherson qui vous écrit », dit-il au prince.

François Anthoine, futur baron de Saint-Joseph, contrôlait, lui, le transport maritime. En route pour Saint-Pétersbourg, il passa voir le prince pour lui proposer la création d'un comptoir et d'un port franc à Kherson. Potemkine était ravi, et invita Catherine « à abolir l'octroi et à reconsidérer les droits de douanes ». Aussi favorable qu'il ait été à la Grande-Bretagne, le prince savait que la France dominait le commerce en Méditerranée depuis Marseille, ce qui ne serait pas sans conséquences politiques. En 1786, Antoine déclara à Potemkine qu'au cours de l'année écoulée onze de ses navires étaient arrivés de Marseille.

Cependant, rien n'était simple à Kherson. Potemkine supervisait tous les détails quand il avait le temps. Le 3 août 1783, il écrivit à son ingénieur, le colonel Gaks, à Kherson : « Je confirme pour la deuxième fois que la construction de l'hôpital doit être achevée. » Le 14 octobre : « Je suis surpris de constater que, bien que vous m'ayez assuré que l'hôpital était fini, le chantier n'a même pas commencé. » Et il ajouta : « Il me paraît curieux que, parfois, les ordres soient annulés alors que je les ai confirmés. » En d'autres termes, s'il y avait tromperie dans la construction de Kherson, Potemkine en était la victime, mais il ne pouvait pas être partout à la fois. Une semaine plus tard, il ordonna à Gaks de construire deux thermes pour lutter contre la peste, « un pour les gens en parfaite santé, l'autre pour les faibles ». « N'oubliez pas de construire des distilleries. » Mais Hannibal et Gaks n'arrivaient tout simplement pas à faire avancer les choses. Potemkine était exaspéré. En février suivant, il limogea Gaks et le remplaça par le colonel Nikolaï Korsakov, un ingénieur de talent formé en Grande-Bretagne. Potemkine confirma le budget annuel de 233 740 roubles, mais souhaitait que tout soit terminé « en peu de temps », tout en insistant à la fois sur la « durabilité » et la « beauté intérieure ». Le prince lui-même approuvait chaque plan, chaque façade – de l'école à la maison de l'archevêque en passant par sa propre résidence –, et la ville commença à prendre forme.

Dans le musée de Kherson, un tableau en montre la place centrale telle que Potemkine la conçut, avec la magnifique église de Sainte-Catherine. Plus tard, en 1790, le prince continuait à l'embellir. Lorsque son architecte favori Ivan Starov le rejoignit dans le Sud, Potemkine lui ordonna de « refaire la coupole de la cathédrale de Kherson » pour qu'elle ressemble à celle de son palais de Saint-Pétersbourg, et de « prévoir une place pour le beffroi ». Ce qui fut fait. Le dôme et le campanile sont encore aujourd'hui tels que le prince l'avait souhaité. Le palais de Potemkine se dressait perpendiculairement à l'église.

Les notes qu'il adressait à ses officiers prennent complètement à rebours l'image que donnent de Potemkine la plupart des récits occidentaux. Elles sont l'œuvre d'un homme conscient des difficultés auxquelles étaient confrontés ses représentants. Il était certainement autoritaire, soucieux des moindres détails, mais tout à fait tolérant quand il s'agissait de laisser une seconde chance à des fonctionnaires surmenés. Potemkine savait mieux que personne que l'emplacement de Kherson en faisait un site extrêmement vulnérable aux maladies. Pour être plus précis, ce devait être une rude affectation. Pole Carew rapporte que les charpentiers de marine envoyés de Kronstadt et Saint-Pétersbourg étaient « tous morts ». Lorsque des navires de Constantinople et des soldats de tout l'empire commencèrent à affluer alors que Potemkine orchestrait l'annexion de la Crimée, le danger d'une épidémie se fit plus menaçant. En 1786, le marchand français Antoine avait perdu ses frères et de nombreux employés. Kherson « ressemblait à un vaste hôpital : l'on n'y voyait que morts et mourants ». Le prince tenta de contrôler l'hygiène dans la région et d'écarter les risques de fièvre. Il s'occupa plus particulièrement des hôpitaux et des brasseries (pour fournir de l'eau potable), recommandant même aux habitants de manger des légumes verts, et se chargea personnellement de nommer les médecins de ses hôpitaux[1].

Tout dépendait de l'enthousiasme frénétique de celui que Catherine appelait le « jeune colosse de Kherson ». Son énergie communicative était la seule chose susceptible de triompher de la paresse des bureaucrates russes. De retour de sa ville nouvelle, il parla avec ravissement à James Harris du climat, du sol, et de la situation de Kherson. Mais, à chaque visite, il découvrait d'autres erreurs commises par ses subordonnés. C'est pourquoi il commença à passer de plus en plus de temps loin de Catherine, et pourquoi elle reconnut que ces voyages en valaient la peine, même s'il lui manquait beaucoup.

On affirme souvent que Potemkine s'efforça de masquer ses erreurs à Kherson. Rien n'est plus éloigné de la vérité. Il n'hésita pas à dresser le catalogue des échecs à Catherine. Il renvoya Hannibal – apparemment pour avoir mal construit les fortifications ; il trouvait absurde la gestion de l'Amirauté ; trop d'argent avait été dépensé ; il n'y avait pas assez de bois ; celui dont il disposait était de mauvaise qualité. « Oh Matiouchka, quel gâchis et quelle malhonnêteté règnent ici à l'Amirauté ! » Il faisait trop chaud. Les bâtiments étaient toujours perdus au beau milieu d'un désert. « Personne n'a seulement eu l'idée

1. Quand l'auteur a visité Kherson, la ville était toujours infestée par les insectes : le lit et le plafond du plus grand hôtel grouillaient tellement de moustiques que les draps et les murs en étaient littéralement noircis.

de planter des arbres. Je viens de l'ordonner. » Il réclama davantage de spécialistes : « Envoyez le personnel en fonction de la liste jointe. Il n'y a pas assez de forgerons ici. J'en ai envoyé chercher à Toula. »

La ville continuait malgré tout de se développer. Quand Cyrille Razoumovski s'y rendit en 1782, il fut surpris par les édifices en pierre, la forteresse, les vaisseaux de guerre, les « faubourgs spacieux », les casernes et les navires marchands grecs : « Imaginez tout cela et vous comprendrez mon étonnement, car il n'y a pas si longtemps, il n'y avait rien ici, en dehors d'un bâtiment où étaient remisées les ruches en hiver. » Francisco de Miranda, le révolutionnaire sud-américain qui fut lui aussi temporairement adopté par Potemkine, eut la chance de contempler Kherson en décembre 1786. Il affirma que la ville abritait 40 000 habitants – 30 000 militaires et 10 000 civils. Il y avait 1 200 « très bonnes maisons bâties sur de la pierre ». Après la mort de Potemkine, la voyageuse anglaise Maria Guthrie et l'écrivain russe Soumarokov firent l'éloge de cette « belle ville », avec Sainte-Catherine ainsi que quatorze églises et synagogues, 22 000 habitants orthodoxes et 2 500 Juifs.

Potemkine tira les leçons de ses erreurs à Kherson. Il se vantait d'avoir économisé l'argent de l'État en transformant ses soldats en main-d'œuvre, mais il avait une vision des questions budgétaires digne d'un tsar. Le travail devait être exécuté rapidement, mais, s'il était mal fait, comme la forteresse, il ordonnait de recommencer : seuls comptaient les résultats, les coûts importaient peu pour un quasi-empereur qui était autorisé à user du Trésor impérial comme s'il s'était agi du sien. Quoi qu'il en soit, la meilleure preuve que ses détracteurs se trompaient, c'est l'existence de la ville et de ses chantiers navals aujourd'hui[1].

---

1. Le centre-ville ressemble encore aujourd'hui à ce que Potemkine avait prévu. La forteresse a été détruite, il n'en subsiste que les deux portes fortifiées. L'énorme puits, peut-être celui que Potemkine ordonna au colonel Gaks de creuser, est bouché par une grille. Au cours de la Seconde Guerre mondiale, les nazis y jetèrent les Russes qu'ils avaient exécutés quand ils se replièrent. L'immense palais de Potemkine survécut jusqu'en 1922. L'arsenal à la forme courbée, la Monnaie, l'Amirauté et surtout l'église Sainte-Catherine sont toujours debout. Cette dernière, en pierre de couleur sable, avec ses piliers et son noble dôme de Starov, servit un temps de musée de l'athéisme, où étaient présentés les cadavres en décomposition de ceux qui avaient été enterrés dans son cimetière. Aujourd'hui, c'est de nouveau une église. L'ingénieur Korsakov est enterré dans son cimetière. Et son prêtre et ses paroissiens n'ont pas de plus grande fierté que de rappeler que Potemkine, son constructeur, y repose aussi, sous le sol de l'église (voir Épilogue).

Le Sérénissime commanda deux icônes grandeur nature pour la belle église néoclassique de Kherson – l'une de saint Georges, l'autre de sainte Catherine, lui brandissant une lance et portant la tenue de l'armée romaine, cuirasse et manteau rouge, elle en robe d'or et manteau rouge bordé d'hermine. Il a les yeux levés vers le ciel, elle nous regarde droit dans les yeux. Et c'est alors que l'on s'en aperçoit : si sainte Catherine ressemble à peu près à l'impératrice, saint Georges, lui, est incontestablement Potemkine[1].

Si la chute des Zaporogues avait rendu possible la fondation de Kherson, la fin du khanat de Crimée donna véritablement à Potemkine la possibilité de développer le Sud. Elle fit également de Kherson une ville commerciale, devenue moins utile en tant que base navale puisque la Crimée ne manquait pas de ports. Kherson était perdue à la lisière de la steppe, tandis que la Crimée était le marché de la mer Noire, la serre et le potager de Constantinople.

Potemkine et son impératrice brûlaient de marcher sur les traces de Pierre le Grand. Pierre avait pris la Baltique aux Suédois, y avait construit une flotte russe et fondé une ville. Potemkine avait pris la mer Noire aux Tatars et aux Turcs, y faisait bâtir une flotte russe et aspirait à fonder sa propre Saint-Pétersbourg. « Saint-Pétersbourg, sur les rives de la mer Baltique, est la capitale du nord de la Russie, Moscou celle du centre, alors, que Kherson d'Akhtiar soit la capitale méridionale de ma souveraine », écrivit-il à Catherine. Kherson, encore ! Ils en adoraient le nom même.

Pour commencer, il assista à la création d'un port pour sa flotte. Akhtiar, dit le Sérénissime à l'impératrice depuis la Crimée en juin 1783, était « le meilleur port du monde ». Il deviendrait la nouvelle base navale de la Russie et Potemkine se hâta de le fortifier et d'y ouvrir des chantiers navals, avant même d'avoir définitivement annexé le khanat. Le prince, bien sûr, donna un nom grec à Akhtiar : Sébastopol. Il fonda aussitôt une ville dans l'« amphithéâtre naturel au flanc d'une colline » et ordonna à son ingénieur Korsakov

1. L'auteur connaissait la légende qui veut que les icônes soient de V.L. Borovikovski et qu'elles représentent Potemkine et Catherine sanctifiés. Le prêtre de l'église n'en avait jamais entendu parler. Apparemment, les icônes de l'église étaient entreposées dans le Musée d'art de Kherson, où elles sont attribuées à Mikhaïl Shibanov. Potemkine est instantanément reconnaissable en tueur de dragon.

de construire « de puissantes fortifications. L'Amirauté d[evai]t être idéalement située pour les déchargements » et il devait y avoir une route à travers la péninsule « aussi bonne qu'une [route] romaine ». « Je l'appellerai la route Catherine. » L'ingénieur approuva le choix de Potemkine pour la ville : « L'endroit le plus approprié ici est celui que Votre Altesse a établi. » Quatre ans plus tard seulement, lorsque Potemkine visita la ville avec son ami Francisco de Miranda, le Sud-Américain dénombra « quatorze frégates, trois vaisseaux de ligne de soixante-six canons et une canonnière ». Miranda comprit immédiatement la valeur de la nouvelle ville de Potemkine : le port pouvait abriter une flotte de « plus de cent vaisseaux ». Confrontée à un désastre, une flotte pouvait y être réparée dans un délai d'une semaine. Peu de temps après la mort de Potemkine, Maria Guthrie estima qu'il s'agissait d'« un des plus beaux ports du monde ». Sébastopol reste la plus grande base navale de la Russie (et de l'Ukraine[1]).

La Crimée comblait de joie le Sérénissime, qui effectua une tournée dans la péninsule tout en ordonnant à son ingénieur favori Nikolaï Korsakov de le conseiller dans le domaine des fortifications, et entraînant dans son sillage des scientifiques tels que le botaniste Hablitz, réchappé de l'expédition perse de Potemkine, chargés de décrire la population et la faune.

« Je ne décris pas les beautés de la Crimée, car cela prendrait beaucoup trop de temps », déclara le prince à son impératrice en juin 1783, alors qu'il venait d'annexer la péninsule et en vantait les charmes, le potentiel stratégique et l'histoire antique. Il est impossible de ne pas partager sa fièvre et sa ferveur créatrice dans ce lieu magique dont il était tombé amoureux. Même aujourd'hui, on comprend aisément pourquoi. Quand on franchit l'isthme de Perekop, par-delà des marais salants, principale source de revenus du khan, le nord de la Crimée semble plat, aride et monotone. Mais une heure de route plus au sud et le paysage se métamorphose complètement,

1. Base navale, la ville est toujours d'un accès limité. Elle est désormais partagée entre les flottes de la mer Noire ukrainienne et russe. Aucun des édifices originaux de Potemkine n'a survécu au siège franco-anglais pendant la guerre de Crimée ni au siège des nazis pendant la Seconde Guerre mondiale. Mais un monument, juste au-dessus du port – encombré de bâtiments de guerre –, proclame : « Ici, le 3 (14) juin 1783, fut fondée la ville de Sébastopol – la forteresse maritime de la Russie du Sud. »

devenant un luxuriant jardin d'Éden semblable aux vignobles du sud de l'Italie ou de l'Espagne. Des collines couvertes de verdure et de vignes sont surmontées des remparts de forteresses génoises médiévales surplombant des falaises blanches et des baies azuréennes. Potemkine, qui adorait les jardins, commença à planter des arbres pour célébrer la naissance des enfants du grand-duc en flanquant ses avenues de lauriers et d'oliviers. Il voyait déjà l'impératrice visiter son « paradis ». Les Romanov au XIXe siècle et les apparatchiks du Politburo après eux feraient de la Crimée le site de villégiature de l'élite, mais Potemkine, et c'est tout à son honneur, rêva toujours qu'elle soit beaucoup plus que cela.

Ses premières mesures visèrent à protéger les Tatars musulmans de la barbarie de ses propres troupes. Régulièrement, il ordonnait à ses généraux de « traiter les habitants avec bonté et ne pas les offenser. Les commandants des [...] régiments d[evai]ent donner l'exemple ». Il déploya des observateurs dans ses régiments pour surveiller leur comportement ou, comme il le dit, « pour la protection des villages ». Ils avaient ordre de lui signaler « toutes les actions interdites », et il plaça la région de Tauride sous l'autorité des murzas de Crimée, en particulier le renégat Iakub Agha, qui était devenu Yakov Izmailovitch Roudzevitch. Comme il l'expliqua à Catherine, il versa de l'argent pour entretenir les mosquées et les muftis. D'ailleurs, quand il se déplaçait dans la péninsule avec Francisco de Miranda, il ne manquait jamais de rencontrer le mufti local et de faire un don à la mosquée. Potemkine donna aux murzas tatars le statut de la noblesse russe et le droit de posséder des terres. De façon caractéristique, il entreprit de créer une armée tatare de Crimée, aux effectifs modestes car destinés à parader. L'impérialisme russe a toujours eu pour tradition de coopter les hiérarchies musulmanes, mais le respect que Potemkine leur manifesta est inhabituel chez un militaire russe de quelque époque que ce soit.

Les Tatars n'étaient pas des agriculteurs et n'avaient jamais cultivé la terre. « Cette péninsule pourrait être encore meilleure si nous nous débarrassions des Tatars en les faisant partir [...]. Par Dieu, ils ne méritent pas cette terre et le Kouban est un endroit approprié pour eux. » En bon impérialiste russe, Potemkine avait tendance à vouloir déraciner les gens pour les bouger comme des pièces d'échecs – mais il ne les expulsa pas. En fait, il lui arriva souvent de les privilégier, et il fit tout son possible pour qu'ils restent. Cependant, des milliers de Tatars partirent malgré tout. Leur attitude fut habilement résumée par le compliment équivoque d'un mufti de Crimée devant

Miranda : il se souvenait de l'annexion de la Crimée par Potemkine comme « une femme se souvient de l'homme qui la déflore ».

Potemkine décida que la capitale de Crimée devrait être érigée sur le site de la ville tatare d'Ak-Mechet, dans la plaine desséchée au milieu de la péninsule : il la baptisa Simferopol, et elle en est toujours la capitale aujourd'hui, toujours la même cité monotone, soigneusement planifiée, telle que l'avait créée Potemkine. Les plans du prince, d'une échelle époustouflante, s'étendaient de Kherson à Sébastopol, en passant par Balaklava, Théodosie, Kertch et Yenikale. Dans tous ces endroits, de nouvelles villes furent fondées ou des forteresses existantes transformées en villes. Le colonel Korsakov était à la hauteur de la mission. « Matiouchka, délira Potemkine à l'adresse de Catherine, jamais encore nous n'avons eu un ingénieur comme Korsakov [...]. Voilà un homme sur qui il faudra veiller. » Cinq ans plus tard, Sébastopol et sa flotte étaient prêts à être inspectés par les deux césars de l'Est.

En 1784, Potemkine décida de construire une capitale somptueuse pour cet empire du Sud – une authentique nouvelle Athènes –, sur le site d'un petit village zaporogue du nom de Palavitsa. Il voulait l'appeler « Ekaterinoslav ». Incapable de faire les choses à moitié, il était tombé amoureux de ce nom qui signifiait « Gloire de Catherine » et qu'il voulait utiliser partout. (Il s'en servit effectivement pour rebaptiser toute sa vice-royauté.) « Souveraine miséricordieuse, écrivit le prince, où, si ce n'est sur la terre consacrée à votre gloire, devrait se dresser une ville ornée de magnifiques bâtiments ? C'est pourquoi j'ai entrepris le développement de projets qui conviendront au nom glorieux de cette cité. » Potemkine envisageait une métropole néoclassique : les tribunaux devaient ressembler aux « antiques basiliques », son marché serait un grand demi-cercle « comme les Propylées, le seuil [de l'Acropole] d'Athènes ». La demeure du gouverneur général serait « de style grec et romain ».

Catherine, qui partageait sa vision du classicisme et de l'altruisme, approuva ses plans. Pendant plus d'un an, le Sérénissime étudia divers projets. Enfin, en 1786, l'architecte français Claude Giroir lui soumit son idée d'une place centrale et d'un réseau de rues à angle droit par rapport au Dniepr. Starov, l'architecte de Potemkine, en perfectionna les plans définitifs. En janvier 1787, le prince les présenta fièrement à Francisco de Miranda, qui fut impressionné par « leur grandeur romaine et leur goût architectural ». Potemkine voulait faire travailler seize mille ouvriers pendant neuf ou dix ans. Miranda se demanda si la ville serait jamais terminée.

Rien dans la carrière de Potemkine ne suscita autant la moquerie qu'Ekaterinoslav. La construction d'une ville à cet endroit était nécessaire afin de favoriser le développement des steppes zaporogues désertes, mais le projet avait un défaut, sa majesté. Même les mensonges anti-Potemkine sont intéressants parce qu'ils montrent jusqu'où étaient prêts à aller ses ennemis pour salir son nom. La plupart des histoires racontent que Potemkine fonda Ekaterinoslav dans un lieu malsain et qu'il dut presque immédiatement la déplacer, en raison de sa propre incompétence. Il est vrai qu'en 1778 il avait laissé un gouverneur de province fonder une colonie pour des Arméniens et des Grecs, réfugiés de Crimée, sur la Kilchen, en utilisant le nom « Ekaterinoslav ». Nom qu'il se contentait maintenant de reprendre pour sa « célèbre ville », mais il ne déplaça pas celle d'origine, qui comptait déjà des quartiers grec, arménien et catholique avec trois églises et près de trois mille habitants. Il la rebaptisa simplement Novomoskovsk.

Ses ennemis assurèrent que le prince avait prévu de construire au milieu de la steppe jusque-là désolée une cathédrale plus imposante que Saint-Pierre de Rome. Depuis, les historiens, même le seul biographe moderne de Potemkine, George Soloveychik, ont voulu eux aussi voir dans cette ambition gênante le signe de la folie des grandeurs du prince. Cependant, si Potemkine mentionna peut-être Saint-Pierre, jamais il ne proposa de la construire. Dans sa lettre à Catherine, il dit : « J'imagine ici une excellente cathédrale, une sorte d'imitation de Saint-Paul-Hors-les-Murs, consacrée à la Transfiguration de Dieu, en tant que symbole de la transformation de ce pays par vos soins, d'une steppe désertique en un grand jardin, des terres sauvages abandonnées aux animaux en un foyer accueillant des peuples venus de partout. » Saint-Paul-Hors-les-Murs était certes un projet ambitieux, mais pas tout à fait aussi absurde que Saint-Pierre. Il est peu probable que Catherine ait approuvé un jour une copie de Saint-Pierre, ni affecté ces énormes financements de deux et trois millions de roubles au développement du Sud si les idées de Potemkine avaient été à ce point délirantes.

La seule partie de la ville qui exista dès le début fut l'université d'Ekaterinoslav, dotée de son propre *conservatoire**. Potemkine transféra immédiatement le lycée grec, fondé sur son domaine d'Ozerki dans le cadre du Projet grec, vers sa Nouvelle-Athènes, affirmant qu'il avait assez économisé pour y reconstruire l'établissement. Le *conservatoire** lui tenait plus à cœur, du fait de ses goûts lyriques. « C'est la première fois, ricana Cobenzl à Joseph, en novembre 1786, que quelqu'un décide de créer un *corps de musique** dans une ville avant même qu'elle ne soit construite. » Potemkine recruta Giuseppe Sarti, son compositeur et chef d'orchestre personnel, comme premier directeur du *conservatoire**. Il n'y eut pas que Sarti : le prince embaucha effectivement des musiciens en Italie avant la construction de la ville. « Ci-joint, j'ai l'honneur de vous présenter, Monseigneur, la facture de deux mille huit cents roubles pour l'ordre de Votre Altesse, écrivit un certain Castelli de Milan le 21 mars 1787, à M. Joseph Canta qui les a transmis aux quatre professeurs de musique [...]. Ils ont l'intention de partir pour la Russie le 26. » Nous n'en savons pas plus sur le destin des quatre professeurs milanais.

En 1786, Potemkine ordonna au gouverneur local Ivan Sinelnikov d'engager deux peintres, Nérétine et Boukharov, pour enseigner les arts à l'université, avec des salaires de 150 roubles. Même en pleine guerre, en janvier 1791, il intima au gouverneur d'Ekaterinoslav d'employer un Français nommé de Guienne comme « historien de l'Académie » pour un salaire de 500 roubles. Comme Potemkine le dit à Sinelnikov, les écoles publiques devaient être améliorées pour fournir de bons élèves à l'université. En tout, 300 000 roubles furent attribuées aux seuls établissements d'enseignement, ce qui fut tourné en dérision. Pourtant, il est difficile de critiquer les priorités de Potemkine, lui qui accordait autant d'attention aux enseignants qu'aux navires de guerre.

Tout cela était sans aucun doute excentrique, mais sa capacité à concrétiser ses idées était l'essence même de son génie. Beaucoup de ce qui sembla ridicule après sa mort avait paru possible durant sa vie. Il se lança dans des créations d'une échelle improbable, que ce soit des villes ou la flotte de la mer Noire, mais il réussit. Ainsi, l'université et la ville ne purent être bâties que de son vivant. Il était animé de nobles intentions, qui allaient bien au-delà du seul *conservatoire**. L'université devait être un établissement orthodoxe international où Potemkine pensait que des « jeunes » de Pologne, de Grèce, de Valachie et de Moldavie pourraient venir étudier. Comme toujours dans son cas, le choix de ces étudiants était étroitement lié à ses objectifs, impériaux et personnels. Il essaya toujours de former de meilleurs marins pour ses navires. En 1787, après la visite de Catherine, il rassembla toutes les écoles navales de la région et de Saint-Pétersbourg et les transféra à Ekaterinoslav. Ce devait être l'académie du Projet grec, l'école pour les royaumes de Potemkine.

Les travaux ne commencèrent pas avant la mi-1787, puis furent retardés par la guerre, si bien que peu de choses avaient encore été réalisées. Mais quand même plus que ce que l'on croit. En 1790, Starov arriva dans le Sud, et dressa de nouveaux plans pour toute la ville, en particulier sa cathédrale et le palais princier, le tout approuvé par Potemkine, le 15 février 1790. Les résidences des professeurs et les bâtiments de l'administration de l'université furent achevés. En 1792, on recensait cinq cent quarante-six bâtiments officiels et exactement deux mille cinq cents habitants. Son gouverneur, Vassili Kahovski, rapporta à l'impératrice après la mort du prince que la ville se développait conformément aux plans. Mais sans son maître, pourrait-elle continuer ? En 1815, un fonctionnaire en déplacement déclara qu'elle ressemblait « plus à une colonie hollandaise qu'à un centre administratif de province ». Pourtant, il reste quelque chose de l'Athènes de Potemkine.

Ekaterinoslav ne devint jamais une Saint-Pétersbourg du Sud ; son université ne fut jamais l'Oxford des steppes. Le gouffre entre les espoirs et la réalité en fit le plus grand échec de Potemkine, qui servit à le discréditer au détriment de ce qui fut bien fait. Pourtant, aucun des historiens des deux derniers siècles n'a eu la possibilité de visiter Ekaterinoslav, qui, comme Sébastopol, était une ville interdite à l'époque soviétique. Quand on s'intéresse de plus près à la ville, qui s'appelle maintenant Dniepropetrovsk, on comprend vite que son emplacement a été admirablement choisi, sur la rive haute et verdoyante d'un méandre du Dniepr, là où le grand fleuve fait près d'un kilomètre et demi de large. La grande avenue Catherine de Potemkine devint la perspective Karl Marx, encore appelée « la plus longue, la plus large, la plus élégante avenue de toutes les Russies » par la population locale. (William Hastie, l'architecte écossais, s'en servit comme base pour son plan de la ville en 1816.)

En plein cœur de la ville se dresse une église du XVIIIe siècle, qui assiste aujourd'hui au retour des fidèles orthodoxes. Son nom – l'église de la Transfiguration – est celui que Potemkine avait suggéré en 1784. C'est un édifice de grande taille, imposant, tout à fait accordé aux dimensions de la ville. Elle est surmontée d'une haute flèche, est ornée de piliers classiques et d'une coupole, inspirée des plans originaux de Starov. Commencée en 1788, pendant la guerre, terminée longtemps après la mort de Potemkine, en 1837, voilà la noble cathédrale du prince au milieu de la ville qui était censée n'avoir jamais été construite.

Non loin de l'église se trouve un hideux arc de triomphe jaune de conception soviétique qui mène vers le parc Potemkine, où se trouve le massif palais du prince. Il faudrait attendre quatre-vingts ans après la mort de Potemkine avant que des *conservatoires** de musique ne soient ouverts à Saint-Pétersbourg et à Moscou. Quant à Ekaterinoslav, c'est sous les Soviétiques qu'elle connut son épanouissement, quand elle devint un centre industriel et ouvrier – comme Potemkine l'avait voulu[1].

Les villes de Potemkine apparaissaient au fil de ses conquêtes territoriales. Les dernières qu'il fonda ne purent exister que grâce à l'expansion liée à une nouvelle guerre contre la Turquie – Nikolaïev, après la chute de la forteresse d'Otchakov, et Odessa, grâce la progression sur le pourtour de la mer Noire.

Le 27 août 1789, le prince griffonna l'ordre de fonder Nikolaïev, du nom de saint Nicolas, le patron des gens de mer dont la fête tombait le jour où Potemkine s'empara enfin d'Otchakov. Construit sur une hauteur fraîche et venteuse où l'Ingoul se jette dans le Boug à une trentaine de kilomètres en amont de Kherson et à quatre-vingt-dix kilomètres de la mer Noire, Nikolaïev fut le mieux planifié de ses chantiers, et le plus réussi (à l'exception d'Odessa).

La ville fut construite par Faleev sur les ordres aussi précis qu'exhaustifs de Potemkine. Dans un mémorandum en vingt et un points, il ordonna à Faleev de bâtir un monastère, de déplacer l'état-major de la Marine de Kherson à Nikolaïev, d'y construire une école militaire capable d'accueillir trois cents cadets, de financer une église avec les revenus des tavernes locales, de refondre la cloche brisée du couvent de Mejigorski en y ajoutant du cuivre, de cultiver la terre « selon la méthode anglaise telle qu'elle [était] pratiquée par trois assistants du professeur Livanov instruits en Grande-Bretagne », de construire des

1. Dniepropetrovsk était célèbre à l'époque soviétique pour avoir fourni à l'URSS sa clique de dirigeants dans les années 70. En 1938, un apparatchik communiste de trente-deux ans, Léonid Brejnev, devint chef de la propagande à Dniepropetrovsk, par-dessus les cadavres de ses supérieurs liquidés pendant la grande purge de Staline. Là, il rassembla ses proches, ceux qui, avec lui, allaient dominer l'Union soviétique de 1964 à 1980 : la « Mafia de Dniepropetrovsk ». Aujourd'hui, les habitants racontent que Brejnev aimait particulièrement recevoir dans le palais de Potemkine.

hôpitaux et des maisons de repos pour les invalides, de créer un port franc, de revêtir toutes les fontaines de marbre, d'édifier des bains turcs et une amirauté, puis de mettre en place un conseil municipal et une force de police.

Faleev, étonnamment, parvint à répondre à chacune de ces saillies énergiques, une par une. Il écrivit d'abord : « Votre Altesse m'a ordonné de », puis indiqua ensuite que la quasi-totalité de ses exigences avaient été satisfaites – et plus encore, parvenant aussi bien à installer des prêtres vieux-croyants qu'à semer des jardins potagers. Les chantiers navals furent construits en premier. Les paysans, les soldats et les prisonniers turcs travaillèrent à la construction de la ville : ils étaient deux mille cinq cents sur les chantiers en 1789. Faleev les faisant manifestement travailler trop dur, le Sérénissime ordonna qu'ils soient protégés et reçoivent une ration quotidienne de vin chaud. Une estampe de l'époque, au musée de Mykolaïv[1], montre les soldats et les prisonniers de guerre turcs s'escrimant à pied, sous la direction d'officiers russes à cheval. Une autre dépeint des bœufs tirant des poutres destinées à la construction de la ville.

En octobre, Faleev put annoncer au prince que l'embarcadère était achevé et que le terrassement serait terminé dans un mois par les conscrits et les Turcs. On recensait déjà neuf maisons en pierre et cinq baraquements en bois. En 1791, les principaux chantiers navals furent transférés de Kherson à Nikolaïev. Nous voyons là comment Potemkine travaillait. Il n'y a aucune trace du fainéant, ni du clown qui se donnait en spectacle devant les Occidentaux, ni de l'autocrate grandiose qui ne prêtait aucune attention aux détails. Potemkine harcelait Faleev. « Travaillez rapidement », lui écrivit-il à propos d'un vaisseau de guerre dont il avait besoin, et « de toutes vos forces ». Ensuite, il le remercia pour les pastèques que Faleev lui avait envoyées, mais ajouta : « Vous ne pouvez imaginer à quel point mon honneur et l'avenir du chantier de Nikolaïev dépendent de ce navire. » La première frégate de sa nouvelle ville fut lancée avant sa mort – et son propre palais était presque achevé.

Quatre ans plus tard, Maria Guthrie fut impressionnée par ses dix mille habitants, « ses rues larges, droites et d'une remarquable longueur » et ses « beaux édifices publics ». L'emplacement de la ville, aujourd'hui encore, est idéal : elle est bien aménagée et conçue, même si bien peu des bâtiments de Potemkine ont survécu. Ses chantiers

1. Nom ukrainien actuel de Nikolaïev.

navals sont encore en activité là où il en ordonna la construction il y a plus de deux cents ans.

Odessa fut conquise par Potemkine, qui exigea qu'une ville et une forteresse y soient érigées – bien qu'elles n'aient été ni nommées ni commencées avant sa mort. Quand le prince prit le fort ottoman de Hadjibey en 1789, il comprit qu'il s'agissait d'un site stratégique exceptionnel. Il fit détruire le vieux château à l'explosif et choisit personnellement le site du port et de la colonie. Les travaux devaient commencer sur-le-champ.

Ils étaient déjà en cours à sa mort, mais la ville fut officiellement fondée trois ans plus tard par son protégé « José » (Ossip) de Ribas, l'aventurier espagnol de Naples qui avait aidé Orlov-Tchesmenski à enlever la « princesse Tarakanova ». « Le général (plus tard amiral) de Ribas était accompli en esprit, en artifice et en talent, mais ce n'était pas un saint », disait Langeron. Son portrait par Lampi nous montre son visage rusé, impitoyable et fin. En 1776, il épousa la fille illégitime d'Ivan Betskoï, l'ami de Catherine et arbitre des arts, qui avait eu une liaison avec la mère de l'impératrice. Ribas et son épouse furent l'un des couples les plus politiquement habiles de Saint-Pétersbourg. Désormais, où que se trouvait le prince, Ribas n'était jamais loin. Toujours enthousiaste et compétent, qu'il s'agisse de la construction des navires de Potemkine, de commander ses flottes ou de lui procurer des maîtresses, Ribas, avec Popov et Faleev, était l'un des trois hommes d'action hors du commun sur lesquels pouvait compter Potemkine[1].

Catherine baptisa le port du nom d'Odessos – la ville grecque antique que l'on croyait se trouver à proximité – mais le féminisa en Odessa. Elle reste l'un des joyaux de l'héritage de Potemkine.

« Je signale que le premier navire à être lancé sera appelé *Gloire de Catherine – Ekaterinoslav*, écrivait Potemkine, trop enthousiaste, à son impératrice. S'il vous plaît permettez-moi de lui donner ce nom. » Le nom Ekaterinoslav était devenu une obsession. Les villes, les navires et les régiments gémissaient sous sa grandiloquence. Prudente, l'impératrice s'en inquiéta : « Veuillez ne pas donner de

1. Aujourd'hui, Deribassovskaïa est une des artères les plus élégantes d'Odessa.

noms trop grandioses aux navires, de peur que ces noms puissants ne deviennent un fardeau pour eux [...]. Faites ce que vous voulez avec les noms, mais avec modération, car mieux vaut être que paraître. » Mais Potemkine n'allait pas changer *Gloire de Catherine,* même pour préserver la gloire de Catherine comme elle l'ordonnait. Ainsi, il ignora sa requête et, en septembre, annonça fièrement le lancement sur ses chantiers navals de Kherson de l'*Ekaterinoslav,* un vaisseau de ligne de soixante-six canons. Leur échange à ce sujet est des plus caractéristiques[1].

Le prince avait des raisons d'être heureux. Les vaisseaux de ligne, énormes forteresses flottantes avec leurs rangées de plus de quarante ou cinquante canons, autant que des armées entières, étaient au XVIIIe siècle les armes les plus prestigieuses – l'équivalent des porte-avions de nos jours. (Catherine accorda à Potemkine la somme initiale de 2,4 millions de roubles pour financer ce projet le 26 juin 1786.) La construction d'une flotte de ces navires a été comparée par un historien moderne à un programme spatial, en termes de coût et d'efforts. Toutefois, les critiques de Potemkine affirment que les navires ne valaient rien, si même ils furent construits. C'était absurde. Pole Carew étudia soigneusement les constructions navales en cours. Il y avait trois vaisseaux de ligne de soixante-six canons dans un « état avancé », tandis que des frégates de trente et quarante canons avaient déjà été lancées. Quatre quilles de plus étaient posées. L'État n'était pas le seul armateur – Faleev y faisait aussi construire ses navires marchands. À Glouboka, à trente-cinq verstes en aval, il y avait déjà sept frégates possédant vingt-quatre à trente-deux canons. Quand Miranda, qui n'avait pas de préjugés européens et une grande expérience militaire, visita les lieux cinq ans plus tard, il déclara que ni le bois ni la conception des navires ne pouvaient être surclassés et estima que le travail était de meilleure qualité que sur les navires espagnols ou français. Ils avaient été construits, dit-il, et c'était le plus beau compliment que l'on pouvait faire à un navire à l'époque, « à l'anglaise ».

Cela montre qu'il savait de quoi il parlait, car les critiques allemands, français et russes des navires de Potemkine ne comprenaient pas que

1. À Kherson aujourd'hui, sur le site des premiers quais, se dresse une hideuse sculpture soviétique en béton représentant un voilier. L'inscription ne fait bien sûr pas mention de Potemkine, mais lui rend malgré tout hommage. « Ici, en 1783, peut-on lire, fut lancé le premier vaisseau de ligne de soixante-six canons de la flotte de la mer Noire, le *Gloire de Catherine.* »

leur bois provenait des mêmes endroits que celui des navires de guerre anglais. En outre, ils furent construits par des marins et des ingénieurs formés en Angleterre, comme l'amiral de Potemkine Nikolaï Mordvinov (qui épousa une Française) et l'ingénieur Korsakov. De fait, en 1786, Kherson vivait à l'heure anglaise. « Mordvinov et Korsakov sont tous deux beaucoup plus anglais que tous les étrangers que j'ai jamais rencontrés », décréta l'ardente voyageuse Lady Craven. Pourtant, l'empereur Joseph, qui n'était certes pas un expert des questions navales, affirma que les navires avaient été « construits en bois vert, rongé par les vers ».

En 1787, le prince avait créé une flotte redoutable qui, selon l'ambassadeur britannique, alignait vingt-sept navires de guerre. Si l'on part du principe que les vaisseaux de ligne étaient armés de plus de quarante canons, il en avait vingt-quatre, construits en neuf ans, à partir de Kherson. Plus tard, le port de Sébastopol devint la base navale idéale de la flotte de Potemkine et Nikolaïev son principal chantier naval. Cette force, ainsi que les trente-sept vaisseaux de ligne de la flotte de la Baltique, mettaient la puissance maritime russe à peu près au niveau de celle de l'Espagne, juste derrière la France – mais loin derrière les cent soixante-quatorze vaisseaux de ligne de la Grande-Bretagne, la seule superpuissance navale du monde à l'époque.

Potemkine est le père de la flotte de la mer Noire, tout comme Pierre le Grand créa celle de la Baltique. Le prince en était particulièrement fier. C'était son « enfant » chéri et on peut le voir poser, sur un rare portrait de Lampi, dans son uniforme blanc de grand amiral des flottes de la mer Noire et de la Caspienne avec le Pont-Euxin (la mer Noire) en arrière-plan. Catherine savait que c'était sa création. « Cela peut paraître exagéré, rapporta un émissaire britannique en citant des propos tenus par le Sérénissime à la fin de sa vie, mais il pouvait, presque littéralement, dire qu'il avait porté sur ses épaules chaque planche utilisée dans la construction de la flotte. »

Il entreprit un autre effort herculéen, qui consista à attirer les gens simples pour peupler ces vastes territoires déserts. L'implantation de colons et d'anciens soldats sur les frontières était une pratique ancienne en Russie mais la campagne de recrutement de Potemkine, qui vit Catherine publier des manifestes offrant toutes sortes d'avantages aux colons – dix ans d'exonération d'impôts, du bétail ou des équipements agricoles gratuits, des licences pour ouvrir des distilleries ou des brasseries –, étonne par son inventivité, son échelle et son succès. Des centaines de milliers de personnes furent déplacées, logées, implantées et reçurent en cadeaux des charrues, des bœufs et de l'argent. Frédéric le Grand avait établi les principes d'une telle colonisation au cours du *rétablissement** de ses territoires ravagés par la guerre, en y tolérant toutes les sectes, de sorte que, au moment de sa mort, vingt pour cent des Prussiens étaient des immigrés. Le prince avait une vision moderne de la puissance des relations publiques. Il publiait des annonces dans les journaux étrangers et mit en place un réseau d'agents de recrutement dans toute l'Europe. « Les journaux étrangers, expliqua-t-il à Catherine, ne tarissent pas d'éloges au sujet des nouveaux établissements créés en Nouvelle-Russie et à Azov. » Le public entendait parler des privilèges accordés aux colons arméniens et grecs et « comprenait toute leur valeur ». Il préconisait également, idée moderne, de faire appel aux ambassades russes pour faciliter le recrutement. Potemkine avait été un colon enthousiaste depuis son arrivée au pouvoir. Déjà, dans les années 1770, il recrutait des étrangers pour ses nouvelles colonies sur la ligne de Mozdok, dans le Caucase du Nord. Ses colons idéaux devaient planter, labourer, commercer et fabriquer en temps de paix, et, quand la guerre éclatait, marcher contre les Turcs.

Les premiers colons de Potemkine furent les Albanais, de la flotte méditerranéenne des Orlov-Tchesmenski en 1769, et les chrétiens de Crimée. Les uns s'installèrent à l'origine à Yenikale, les autres dans leurs propres villes, comme Marioupol. Les Albanais étaient des soldats-paysans. Potemkine fonda des écoles et des hôpitaux ainsi que des villes avec ces immigrés. Une fois la Crimée annexée, Potemkine forma les Albanais en régiments et les installa à Balaklava. Le prince conçut spécifiquement Marioupol pour les Grecs de Crimée. Comme pour toutes ses villes, il en supervisa le développement, l'embellissant tout au long de sa carrière. En 1781, le gouverneur d'Azov rapporta qu'elle était en grande partie terminée. On y trouvait quatre églises, les Grecs disposaient de leur propre tribunal et la cité devint un centre prospère pour les négociants grecs. Plus tard, Potemkine fonda Nakhitchevan, sur le cours inférieur du Don à proximité d'Azov, et Grégoripol (qui portait son propre nom, bien sûr), sur le Dniestr, pour les Arméniens.

Le Sérénissime se creusait la tête pour trouver des citoyens productifs à l'intérieur de l'empire, attirant les nobles et leurs serfs, les militaires à la retraite ou blessés, les vieux-croyants[1] ou *raskolniki,* les Cosaques et, évidemment, des femmes pour bâtir des foyers avec eux. Les filles étaient envoyées vers le Sud comme les fiancées par correspondance des colons du Midwest dans l'Amérique du XIXe siècle. Potemkine visait également les prêtres des villages pauvres. Hors des frontières de l'empire, il offrit l'amnistie aux exilés, tels que les serfs en fuite, les *raskolniki* et les Cosaques qui avaient fui en Pologne ou en Turquie. Des familles, des villages, des villes entières se déplaçaient ou revenaient pour peupler ses provinces. On estime que, en 1782, il avait doublé la population de la Nouvelle-Russie et d'Azov.

La campagne de Potemkine s'intensifia après la conquête de la Crimée – et, en utilisant un réseau d'intermédiaires en développement, il l'étendit à toute l'Europe. La population de la Crimée avait été réduite de moitié durant les troubles, pour ne plus compter qu'environ cinquante mille hommes. Le prince estimait que ces territoires n'abritaient que dix pour cent de la population qu'ils pouvaient contenir. « J'use de tous mes pouvoirs, dit-il à Catherine. De divers endroits, j'ai fait venir des colons compétents dans tous les domaines de l'économie. » Bénéficiant quasiment des pleins pouvoirs, il décidait qui devait ou non être imposé et la superficie des terres que les colons, qu'ils soient nobles ou étrangers, obtiendraient. Les immigrés étaient généralement exonérés d'impôts pendant un an et demi, ce qui fut plus tard porté à six ans.

Les agents étaient payés cinq roubles par colon. « J'ai trouvé un homme qui est chargé d'attirer des colons étrangers en Crimée, écrivit l'un d'eux au prince. J'ai accepté de lui verser trente roubles par famille amenée en ces lieux. » Par la suite, il envoya à Potemkine un autre agent : « J'ai convenu [avec lui] de deux cents âmes, mais il promet d'en faire venir bien plus. »

Les paysans du sud de l'Europe constituaient un terreau particulièrement fertile. En 1782, soixante et une familles corses arrivèrent pour être installées près de Kherson. Au début de 1783, Potemkine s'organisait pour accueillir des Corses et des Juifs recrutés par le duc de Crillon. Mais le prince décréta : « Je ne juge pas nécessaire d'accroître le nombre de ces habitants à l'exception de ceux déjà envoyés par le comte Mocenigo » (qui était le ministre russe à Florence).

1. Ces derniers respectaient les rites anciens de l'orthodoxie. Ils avaient été exclus de la vie quotidienne russe depuis un siècle, résidant souvent dans des colonies reculées en Sibérie afin de pratiquer leur culte en toute liberté. Fasciné par leur foi, Potemkine les protégeait et les tolérait.

Dans les archives du prince, nous pouvons suivre cet étrange commerce d'honnêtes agriculteurs et de canailles opportunistes. Certains écrivirent directement à la chancellerie du prince. Dans une lettre type, des colons grecs potentiels, Panaio et Alexiano, demandent à rapatrier leur famille de l'« Archipel » afin qu'ils « puissent tous venir pour constituer une colonie plus importante que celle faite avec les Corses ». Certains des agents étaient des bonimenteurs de la pire espèce : combien d'innocents grugèrent-ils ? Il est possible que les propriétaires terriens aient vu dans ce système un moyen commode de débarrasser leurs domaines de la racaille. Potemkine ne s'en souciait pas. « Ils seront transportés à Kherson, écrivit-il, où tout est prêt pour les recevoir. »

Le prince réussissait aussi à attirer les colons les plus industrieux, les plus sobres dont tout bâtisseur d'empire pouvait rêver : les mennonites de Dantzig, qui réclamaient le droit de disposer de leurs propres églises et de ne pas payer de taxes pendant dix ans. Georges Trappe, agent de Potemkine, leur expliqua les conditions – ils recevraient de l'argent pour le voyage et leurs logements à leur arrivée. Les privilèges leur furent accordés. Une lettre de Potemkine à son banquier écossais, Richard Sutherland, nous montre comment le ministre le plus puissant de l'empire gérait personnellement les détails du déplacement d'un nombre relativement important de personnes à travers l'Europe : « *Monsieur**, Sa Majesté Impériale ayant daigné accorder des privilèges aux Mennonites qui souhaitent venir s'installer dans le gouvernement d'Ekaterinoslav [...] veuillez avoir la bonté de préparer les sommes nécessaires, à Dantzig, Riga et Kherson, pour leur voyage et leur installation [...]. Sachant la grâce que Sa Majesté Impériale a daigné accorder à ces bons agriculteurs, j'espère qu'il n'y aura pas obstacle à la prestation des sommes [...] pour [ne pas] empêcher leur installation à Ekaterinoslav. » Les archives recèlent bien d'autres lettres inédites de ce genre. Les deux cent vingt-huit familles, soit probablement deux mille personnes, partirent pour leur long voyage et vinrent fonder huit colonies au début de 1790.

Dans le même temps, à Kherson, Potemkine ordonnait à l'incompétent colonel Gaks d'accueillir un groupe de Suédois dans leur colonie, « où ils ne trouveront pas seulement des maisons [...]. Pour les denrées alimentaires, donnez cinq roubles à chacun ». Huit cent quatre-vingts autres Suédois furent installés dans la nouvelle ville d'Ekaterinoslav. Des milliers de Moldaves et de Valaques, Roumains orthodoxes vivant sous la domination ottomane, franchirent aussi les frontières. En 1782, près de vingt-trois mille avaient fait le déplacement. Beaucoup vivaient à

Elizabethgrad, où ils étaient plus nombreux que les Russes. « Un Grec de Bulgarie, peut-on lire dans une lettre caractéristique de Potemkine à un de ses agents en 1785, m'a dit qu'il se trouve un certain nombre de Moldaves à la frontière moldave – il serait facile de les convaincre tous de venir. » Et ils vinrent, sans aucun doute.

Cas presque unique parmi les militaires et les hommes d'État russes, Potemkine faisait plus que simplement tolérer les Juifs : il étudia leur culture, appréciait la compagnie de leurs rabbins, et se fit leur champion. Le siècle des Lumières avait déjà modifié les attitudes envers les Juifs. L'impératrice Élisabeth avait banni de l'empire tous ces « ennemis du Christ » en 1742. En 1777 encore, Marie-Thérèse haïssait tant les juifs que, au moment où Potemkine leur accordait des privilèges pour leur installation, elle écrivait : « Je ne connais de pire fléau que cette race. » Elle ne pouvait pas supporter de poser les yeux sur un Juif ; elle s'adressait à son banquier Diego Aguilar de derrière un paravent. Mais son fils Joseph II améliora considérablement leur sort. Quand Catherine avait usurpé le trône, jouant la carte orthodoxe, elle n'avait pas été en mesure de favoriser les Juifs. Son décret d'octobre 1762 avait invité tous les colons « à l'exception des Juifs », mais elle les laissa secrètement entrer en ordonnant spécifiquement au comte Browne, son gouverneur général irlandais de Livonie, de ne pas questionner les colons potentiels sur leur religion.

Le partage de la Pologne en 1772 avait introduit pour la première fois un grand nombre de Juifs en Russie – près de quarante-cinq mille. Potemkine rencontra d'abord tous ceux qui vivaient sur son domaine de Kritchev, en territoire autrefois polonais. Lorsque le prince invita les colons dans le Sud dès 1775, il ajouta cette précision : « Même les Juifs. » Le 30 septembre 1777, il donna ses directives : les Juifs étaient autorisés à s'installer sur ses terres, parfois dans les « petites exploitations vides laissées par les Cosaques zaporogues », à condition qu'ils amènent avec eux cinq colons polonais chacun et de l'argent à investir. Plus tard, il rendit cette offre plus alléchante : pas d'impôts pendant sept ans et le droit au commerce des vins et spiritueux ; ils seraient protégés des soldats en maraude ; leurs différends seraient tranchés par les rabbins, ils auraient droit à leurs synagogues et à leurs cimetières et pourraient faire venir leurs épouses des communautés juives de Pologne. Ces immigrés étaient utiles : outre le négoce, la fabrication de briques, dont Potemkine avait besoin pour ses villes nouvelles, était une spécialité juive. Bientôt

Kherson et Ekaterinoslav, creusets de Cosaques, de *raskolniki* et de Grecs, devinrent au moins en partie des villes juives.

Le Sérénissime noua des relations amicales avec Joshua Zeitlin, un marchand juif hors du commun et érudit hébraïque, qui voyageait avec le prince, gérait ses terres, faisait construire des villages, concluait des accords financiers pour le ravitaillement de ses armées, et dirigea même l'hôtel des monnaies qui avait été restauré à Kaffa en Crimée – il est présent dans toutes les archives. Zeitlin « marchait avec Potemkine comme un frère et ami » – une relation unique dans l'histoire russe car ce Juif ne s'assimila pas pour autant, ancré dans l'étude des textes et la piété rabbinique, et pourtant très haut placé dans l'entourage du prince. Potemkine le promut au rang de « conseiller de la Cour », lui conférant ainsi le statut de noble, ce qui lui permit de posséder des serfs et domaines. Les Juifs russes appelaient Zeitlin « Ha-sar », « Seigneur ». Le prince appréciait autant la capacité de Zeitlin à faire des affaires que de discuter avec lui de théologie talmudique, et ils étaient souvent ensemble. Alors qu'ils inspectaient les routes et les villes nouvelles, Zeitlin « montait un cheval majestueux aux côtés de Potemkine ». Tandis que le prince recevait ses pétitionnaires, le rabbin noble et ploutocratique « écoutait les requêtes halakhiques [...] des érudits. Il descendait de son cheval et leur donnait des réponses halakhiques en s'agenouillant », puis remontait en selle et chevauchait avec le Sérénissime. Il ne saurait trop souligner à quel point c'était là une preuve étonnante de tolérance, non seulement pour la Russie, mais pour toute l'Europe.

Potemkine aidait les Juifs et intervenait régulièrement pour les défendre. Lors de la visite de Catherine dans le Sud en 1787, il favorisa même l'envoi de la délégation, présidée par Zeitlin, qui lui demanda de faire en sorte que les Juifs ne soient plus traités de « *jidy* », « youpins ». Catherine les reçut et décréta que dorénavant ils devraient être appelés « *Evrei* », Hébreux. Quand Zeitlin entra en conflit avec le banquier du prince, Sutherland, Potemkine soutint même ses bien-aimés Juifs contre son bien-aimé Britannique. Toutes sortes de rabbins juifs rejoignirent bientôt Zeitlin dans la cour hétéroclite de Potemkine, aux côtés des mollahs et des prêtres. C'est cette tolérance particulière qui poussa les nobles antisémites parmi ses détracteurs à ironiser que le prince privilégiait les étrangers avec « un gros museau » – mais Potemkine ne se laissa jamais arrêter par les préjugés des autres.

Il n'est donc pas étonnant que le prince soit devenu un héros juif. Partout où il allait, notamment en Biélorussie, des foules de Juifs en liesse lui réservaient des accueils si grandioses que parfois il s'en agaçait.

Ils lui offraient « de grands plateaux d'argent, de pain, de sel et de citron », ce que Miranda, qui observa ces rituels à Kherson, décrit sèchement comme « sans doute une quelconque cérémonie d'hospitalité ».

À la mort de Potemkine, Zeitlin se retira dans son palais somptueux d'Oustyé en Biélorussie, où ce financier hors norme favorisa l'érudition juive dans sa bibliothèque hébraïque et sa synagogue, tout en menant des expériences scientifiques dans son laboratoire, et en tenant sa propre cour avec l'excentricité et la magnificence d'un Potemkine juif. La position des Juifs russes se détériora à nouveau. Jamais plus ils ne connaîtraient de si éminent protecteur.

Ensuite, le prince eut l'idée d'importer des condamnés britanniques pour les installer en Crimée.

19

« Nègres » britanniques et guerriers tchétchènes

« Mais ne me levant pas avant midi
Je bois du café et fume une cigarette ;
Je fais de mes journées de travail des vacances
Et laisse mes pensées dériver en chimères. »

Gavril Derjavine, *Ode à la princesse Felitsa*

Le Sérénissime apprit qu'à cause de la guerre en Amérique la Grande-Bretagne ne pouvait plus déporter ses prisonniers dans les colonies, ce qui lui donna une idée. Son ami le prince de Ligne fut probablement à la source de cette information, parce que Joseph II avait envisagé de les installer en Galicie, avant de changer d'avis. Un jour, Simon Vorontsov, entre-temps devenu ambassadeur à Londres, reçut la visite d'un aventurier irlandais du nom de Dillon, qui affirma que Ligne lui avait demandé de trouver « des délinquants [...] et des nègres » pour les transférer en Crimée. Vorontsov, qui n'aimait pas Potemkine, était consterné par ce qu'il voyait comme la « honte de la Russie : toute l'Europe saura quels genres de monstres auront été installés ». Leur dispersion les rendrait malades et ils ne pourraient survivre qu'en revenant à leur « ancienne profession – le brigandage et l'escroquerie »[1].

En octobre 1785, Vorontsov fut surpris de recevoir un ordre impérial, par le biais de Bezborodko, lui intimant de négocier l'envoi de ces criminels britanniques à Riga afin qu'ils soient transportés en Crimée. Le gouvernement britannique devait financer leur voyage.

1. Qui étaient ces « nègres » ? Potemkine cherchait-il vraiment à faire venir des colons noirs – des esclaves venus d'Afrique ? Le terme anglais de « *blackamoor* », ou « Maure » s'appliquait sûrement à des « gamins des rues » de Londres, ce que nous appellerions aujourd'hui des sans-domicile fixe.

Vorontsov y vit une occasion de saper l'influence de Potemkine, aussi écrivit-il à l'impératrice pour l'avertir de l'effet que cela aurait sur sa réputation en Europe. « Malgré la prodigieuse influence et le pouvoir du prince Potemkine », se vanta Vorontsov, l'impératrice décida qu'il avait raison – cela risquait de ternir son image. « Il est vrai, claironna Vorontsov des années plus tard, que le prince Potemkine ne m'a jamais pardonné. »

Cette histoire fut propagée par Vorontsov – et reprise depuis – pour mieux faire la démonstration de l'incompétence clownesque de Potemkine et de son manque de jugement. Cependant, l'idée n'était ni folle, ni répugnante. La plupart des ces « délinquants » n'étaient pas des criminels endurcis – en ce temps-là, des malheureux pouvaient être déportés d'Angleterre, mis aux fers dans de sinistres vaisseaux-prisons pour avoir volé un mouchoir ou braconné un lapin. La colonie pénitentiaire par excellence, l'Australie, qui serait la destination finale de ces mêmes condamnés, prospérait. L'impératrice, Ligne et Bezborodko, qui étaient tout sauf des imbéciles, soutenaient l'idée de Potemkine. En outre, c'était un concept familier car de nombreux criminels russes étaient envoyés en Sibérie comme « colons ».

Certains des colons étaient déjà plus ou moins des délinquants de toute façon. En 1784, une cargaison de ce que Samuel Bentham appelle des « gueux italiens », essentiellement des Corses, arriva de Livourne. Ils s'étaient mutinés en chemin, tuant leur capitaine, mais avaient été capturés et amenés à Kherson, où ils furent mis au travail sur le chantier de la ville. Un Anglais se trouvait parmi ces coupe-jarrets – il y a toujours un Anglais dans les plans de Potemkine. S'étant présenté comme un mineur, il reçut l'ordre de chercher du charbon. Bentham le retrouva « presque nu et vivant de cinq kopeks par jour », et il parla de son malheureux compatriote au prince, qui « lui promit un bon salaire » : « et quand je lui dis qu'il était presque nu, il m'ordonna de lui donner trois cents roubles pour acheter des vêtements. Cela, je pense, est la preuve d'une considérable générosité – ainsi que d'une disposition favorable envers nous autres Anglais ».

Cette histoire se conclut par un épilogue américain révélateur. En 1784, des Américains fidèles à la couronne britannique, qui avaient dû quitter les États-Unis, demandèrent à Potemkine d'être acceptés comme colons. Potemkine eut peur qu'ils « soient les descendants de ces personnes qui ont émigré d'Angleterre au cours des guerres civiles du siècle dernier et dont on peut supposer qu'ils aient des opinions aucunement compatibles avec l'esprit de [la Russie] ». Ainsi, s'il était prêt à prendre des criminels britanniques, il refusait de respectables loyalistes américains. Mais Potemkine, pour qui Cromwell, Danton et Pougatchev étaient du pareil au même, était logique : la rébellion politique était beaucoup plus dangereuse que la simple délinquance.

Le Sérénissime expliqua avec précision à ses gouverneurs comment ces colons devaient être accueillis à l'issue de leur long voyage. « Les nouveaux sujets qui ne connaissent pas notre langue ou nos coutumes doivent être défendus et protégés », dit-il à Kahovski, son gouverneur de Crimée. Le prince décidait clairement du destin des colons en fonction de ses caprices : « J'ai proposé de les installer sur la rive gauche du Dniepr. Mais maintenant, je pense qu'il serait plus facile de les déplacer dans les terres grecques désertes en Tauride où il y a déjà des bâtiments. » Il réfléchissait sans cesse au moyen d'améliorer leur sort : « Ayez la gentillesse de distribuer des taureaux, vaches et chevaux, laissés par les Tatars de Tauride après leur départ, aux nouveaux colons, ordonna-t-il à Kahovski, en ne veillant pas seulement à vous montrer équitable, mais à aider les pauvres. » Il exigea du gouverneur d'Ekaterinoslav, Sinelnikov, que chaque famille perçoive la même chose, ainsi que huit déciatines de terre par tête. « Quarante autres familles descendent en ce moment le Dniepr ; ne manquez pas de les recevoir en personne. » Une fois encore, cet accueil personnalisé de la part d'un gouverneur débordé fait davantage penser aux actions sociales que nous connaissons qu'à la colonisation des steppes par l'armée russe.

Potemkine est souvent accusé d'avoir abandonné ces gens à leur sort. Il ne pouvait pas s'occuper de tout et ses fonctionnaires lui mentaient souvent. Cette pour cela qu'il était constamment sur les routes – pour s'assurer que rien ne lui était caché. Néanmoins, ces colons durent connaître bien des malheurs. Le départ de certains de la Crimée « prouve leur misère », écrivit Potemkine à Kahovski. « Veuillez en comprendre les raisons et accomplir votre devoir avec fermeté, afin de satisfaire les offensés. » Cet ordre presque brutal trahit l'impossibilité qu'il y a à combiner sensibilité psychologique et commandement militaire.

Toutefois, beaucoup d'autres colons connurent une implantation heureuse. Les archives prouvent que, chaque fois que Potemkine découvrait un manquement, il réagissait sur-le-champ, comme sa note à Kahovski dans laquelle il proposait cinq façons de surmonter les « grandes privations » des villageois parce que l'État n'avait pas fourni assez de bétail : « Seules trois paires de bœufs, une charrue et une charrette ont été données à quatre ou même davantage de familles. » Il est remarquable de constater que le codirigeant d'un empire ordonna effectivement à ses généraux de rectifier une telle erreur et de donner un certain nombre de bœufs à une famille de paysans précise dans un village. Et cela se produisit à maintes reprises.

Il avait en revanche tendance à résoudre les problèmes de sécurité en déportant les peuples – une partie de la horde Nogaï fut réinstallée dans l'Oural, à Taman et dans le nord de la Crimée, puis fut de nouveau déplacée. À ses yeux, ils n'étaient pas assez fiables et se trouvaient trop près du turbulent Caucase. Ces migrations furent sans doute de tristes processions, dont Potemkine porte la responsabilité, tout comme les ministres britanniques de l'époque, par exemple, sont responsables de la honte de la traite négrière.

Dans l'ensemble, Potemkine se souciait énormément du sort des colons et il fit tout ce qu'un administrateur de ce siècle pouvait faire. Plus tard, peut-être pendant la construction de Nikolaïev, sa dernière ville, il adressa une note mélancolique à Faleev sur les conditions de vie de son petit peuple : « Vous devez me dire la vérité. Je ne peux pas le savoir, mais vous devriez avoir honte de me cacher la vérité. J'ai donné du travail à des gens en leur promettant de leur verser des salaires, mais cela s'est transformé en travaux forcés. Malheureusement, mon nom est partout, de sorte qu'ils pourraient commencer à croire que je suis un tyran. »

Le prince prévoyait de transformer la Crimée et le Sud en verger de l'empire. « C'est un endroit incroyablement bon et fertile », dit-il à Catherine. Il était manifestement un Vert avant l'heure : à tout le moins, il comprenait instinctivement ce que l'on appelle aujourd'hui l'écologie. Pour lui, planter un arbre, c'était aider à bâtir l'avenir de ses terres, aussi ordonnait-il fréquemment à ses hommes de « planter des magnolias » ou « des châtaigniers ». Le 5 août 1785, Potemkine fit imprimer un discours à la noblesse de Crimée par lequel il l'obligeait à planter et à faire prospérer la péninsule : « Je considère le travail du sol comme la première source de richesse. » C'était un secteur fiable parce que l'armée avait toujours besoin de vivres et que c'était un service rendu à l'État. Mais, si la terre n'était pas cultivée, « cela f[er]ait la honte de son propriétaire, à qui l'on reprochera[it] sa paresse ».

Il était le premier à le faire. « Désireux de promouvoir la colonisation de la steppe de Perekop et de donner l'exemple », Potemkine lui-même acheta des forêts et six mille déciatines « pour récolte de la canne à sucre ». Il ordonnait régulièrement aux responsables de l'agriculture en Crimée, les professeurs Livanov et Prokopovitch (qui avaient étudié en Angleterre, avec d'autres élèves envoyés par Potemkine), et au botaniste Hablitz, de parcourir la péninsule afin d'améliorer tout ce qu'ils pourraient trouver. Il commanda à Korsakov de construire des ponts de sel pour faciliter l'exploitation des marais salants, et envoya des ingénieurs prospecter en quête de charbon bitumineux le long du Donetz et de la Lougansk. La région de Tauride disposait même d'un expert minier à résidence.

Le prince était obsédé par la possibilité d'utiliser ses propriétés et celles qu'il donna à d'autres comme des comptoirs commerciaux entre le Sud et le Nord. « Les bateaux qui transportent les approvisionnements en provenance des plantations et des manufactures du prince Potemkine [en Biélorussie] pour la marine à Kherson sont remplis de sel à leur retour », expliqua un diplomate français à Paris. En acquérant les steppes désolées du khanat de Crimée et la Sitch zaporogue, Potemkine avait l'intention de distribuer des terres pour encourager le commerce et la manufacture, en particulier auprès d'étrangers comme les Bentham. En cela aussi, il privilégiait les Anglo-Saxons. « Les Russes ne sont pas aptes au négoce, déclara Potemkine plus tard à un émissaire britannique, et [j'ai] toujours été d'avis que le commerce extérieur de l'empire devrait être confié entièrement » aux Anglais.

Potemkine ordonna qu'aucune terre ne devrait être accordée sans son ordre. Il y avait plusieurs façons de coloniser ces immenses contrées : en premier lieu, il attribua des domaines gigantesques aux grands de l'empire, fonctionnaires (comme son secrétaire Popov et son allié Bezborodko qui fut ravi de sa propriété « presque royale »), amis étrangers (comme le prince de Ligne), Cosaques fidèles et Tatars renégats – et il s'arrogea soixante-treize mille déciatines sur le continent, treize mille dans la péninsule. Si les propriétaires obtenaient de bons résultats, le Sérénissime les exonérait d'impôts, comme il le fit pour trois étudiants de l'agriculture anglaise pour les féliciter de « leurs grands progrès ». S'ils gaspillaient leur cadeau, Potemkine pouvait le leur reprendre. Beaucoup d'étrangers, des nobles génois aux dames anglaises, bombardaient le prince de projets et de demandes de terres – qu'ils n'obtenaient que s'ils lui proposaient des plans audacieux.

« J'ai, mon prince, un grand désir de devenir propriétaire de quelques terres ici », lui écrivit de Crimée la séduisante et arrogante comtesse de Craven. Fille du comte de Berkeley, avec ses cheveux bouclés digne de la Méduse elle était déjà l'une des beautés préférées des journaux à scandales de Londres, un peu comme les duchesses de Kingston et du Devonshire, mais cette femme brillante et indépendante était aussi une aventurière courageuse, auteur de récits de voyage qui connurent un franc succès. Après un mariage très bref avec le pair du royaume dont elle utilisait le nom sans vergogne, elle avait été prise en flagrant délit avec un duc français, émissaire à Londres, mais elle était aussi notoirement « démocratique » dans ses goûts, choisissant même certains de ses amants dans les classes laborieuses. Puis elle partit en voyage avec un jeune amant tout en rédigeant des lettres pittoresques à son prétendant, le margrave d'Anspach, beau-frère de Frédéric le Grand. Celles-ci furent ensuite publiées sous le titre de *Voyage à travers la Crimée jusqu'à Constantinople*. Elle conclut son périple géographique, amoureux et littéraire en 1791 en se mariant avec le margrave, avec lequel Potemkine entretenait aussi une correspondance, rejoignant ainsi les rangs de la petite royauté impériale.

Elizabeth Craven rencontra le prince à Saint-Pétersbourg pour se rendre en Crimée avec sa bénédiction. Elle était consciente des possibilités de la région. « J'y établirais une colonie de gens honnêtes et industrieux de mon pays, lui suggéra-t-elle. Je serais très heureuse de voir mes propres terres prospérer [...]. Je vous le dis franchement, mon prince, je souhaiterais avoir deux propriétés dans différents endroits de Tauride. » Elle joua sur son célèbre romantisme, parlant de son « beau rêve ». Sa Seigneurie, étrangement, le pria de « ne point en faire part à M. Fitzherbert[1] ni à [s]es compatriotes », sans doute parce qu'elle ne tenait pas à ce que l'information parvienne aux journaux de Londres. Au cas où Potemkine n'aurait pas été suffisamment tenté par son offre, Sa Seigneurie veilla à qu'il sache exactement qui elle était, signant chacune de ses lettres : « Elizabeth Craven, pairesse d'Angleterre, née Lady Elizabeth Berkeley. » On ne sait pas ce que lui répondit Potemkine, mais elle n'installa jamais sa famille en Crimée. Peut-être le prince, qui n'était plus le néophyte capable d'être charmé par Semple, trouva-t-il que cette « pairesse d'Angleterre » en faisait trop.

Le prince rêvait de couvrir ses terres de plantations prospères et de manufactures industrieuses : cette fois, il ne voulait plus de soldats, mais des spécialistes de l'agriculture. Catherine cita Potemkine à son ami le docteur allemand Zimmerman : « En Tauride, la question essentielle doit [...] être la culture de la terre et l'élevage de vers à soie et par conséquent la plantation de mûriers. La soie pourrait être

1. Successeur de Harris au poste de représentant britannique en Russie.

produite ici [...] la fabrication de fromage serait également fort souhaitable [...] des jardins, par-dessus tout des jardins botaniques [...] nous avons besoin de gens raisonnables et experts. »

Quand l'officier espagnol Antonio d'Estandas demanda des terres pour fonder des manufactures de porcelaine, non loin de Simferopol, le prince ordonna aussitôt à son gouverneur de lui fournir « autant de terrain que nécessaire », tout en rappelant l'« obligation que l'usine soit établie sans délai ». Il mettait l'accent sur l'agriculture, les vergers et les troupeaux de moutons plutôt que de bovins, considérant que la Crimée était idéale pour la laine et l'élevage d'ovins. « En faisant de la meilleure laine à l'aide de méthodes simples et correctes, se vanta-t-il à Catherine, nous allons battre tous les pays en Europe avec nos étoffes. Je fais venir des hommes de tous les pays où ils ont les meilleurs moutons et je les attends l'été prochain. »

Le prince lui-même favorisait des secteurs divers – en particulier le vin et la soie. Il se comportait tout à la fois comme un autocrate, un banquier, un chef d'entreprise et un client. Quand il décida de fabriquer de la soie, comme il avait déjà réussi à le faire à Astrakhan, il conclut un accord avec le comte de Parme pour en produire sur une grande propriété. Le prince fournit une vingtaine de familles de paysans de ses terres russes, promettant d'en ajouter vingt autres au bout de cinq ans, et avança au comte 4 000 roubles en guise de capital initial. Pour encourager l'industrie, il acheta ensuite toute la soie produite localement à un prix surévalué. Quant au succès de l'entreprise, Maria Guthrie s'aperçut que le comte « zélé » produisait encore de la soie fine au tournant du siècle.

Le prince voulait faire d'Ekaterinoslav la plaque tournante pour le négoce de la soie provenant de ses plantations de mûriers en Crimée. Une manufacture de bas de soie fut construite pour un montant de 340 000 roubles et il envoya bientôt à l'impératrice une paire de bas si fins qu'elle pouvait être rangée dans la coquille d'une noix. « Ma Mère miséricordieuse, écrivit le prince, quand vous visiterez les domaines que je préside, vous verrez votre chemin recouvert de soie. »

Dans le domaine viticole, le prince fit planter trente mille pieds de vigne de tokay, importés de Hongrie avec la permission de Joseph, à quatre emplacements dans la péninsule. Depuis des années, il faisait pousser des vergers et des vignobles à Astrakhan, d'où il appela son viticulteur français Joseph Banq, qu'il fit venir à Soudak, un magnifique village du bord de mer en Crimée, à l'ombre des ruines d'une forteresse génoise, qui devint le centre de sa production de vin. Preuve de la prévoyance de Potemkine, dès septembre 1783, quelques semaines après l'annexion du khanat, il fit acheter des domaines sur place pour son jardinier. Les lettres de Banq, éparpillées dans les archives de Potemkine, sont mal écrites, d'un ton acerbe, et souvent tachées, comme s'il les avait rédigées en arrosant ses vignes. Elles démontrent la difficulté de concrétiser les désirs de Potemkine. Le malheureux Banq se languissait amèrement de son épouse – « sans ma famille, je ne peux pas rester à Soudak quand bien même Son Altesse m'offrirait le monde entier ». De toute façon, il lui était impossible de travailler sans une vingtaine de personnes – pas des soldats ! Mais les ouvriers se montrèrent grossiers envers Banq et il revint donc se plaindre au prince. Quand les vignobles prospérèrent, il envoya fièrement au Sérénissime cent cinquante bouteilles de son vin rouge de Soudak.

Banq avait pour but de développer les vignobles, planter des vergers et, en guise d'à-côté lucratif, de « construire une distillerie de vodka comme en France ». Son salaire pour cette mission de cinq ans était de 2 000 roubles par an (beaucoup plus que la moyenne des officiers russes) ainsi qu'un logement, du bois de chauffage, une paire de chevaux et quarante tonneaux d'un litre de vin. À l'arrivée, le Français grommela que les jardins achetés pour lui ne « val[ai]ent rien […] » : « ils n'ont pas été cultivés depuis trois ans […] c'est une perte de temps de faire du vin cette année ». Pour finir, Potemkine renvoya le malheureux, qui aurait peut-être été surpris à voler, car il implora son pardon en éprouvant le « plus horrible désespoir ». On ne sait ce qu'il advint de lui, mais il fut remplacé par un autre Français. « Le vin de Soudak, déclara l'envoyé français, le comte de Ségur, dans un rapport à Versailles, est très agréable » – avis que partagea Maria Guthrie au tournant du siècle.

Même en pleine guerre russo-turque, en 1789, alors qu'il progressait en territoire ottoman, le prince trouva le temps d'ordonner à Faleev « de labourer les terres les plus fertiles et de préparer assez de haricots verts pour les semailles de l'été prochain ». « Je vous enverrai les graines de Jassy. Je vais organiser une école ici pour l'élevage. » Le planteur et bâtisseur qu'il était ne prenait jamais de repos, pas plus qu'il ne cessait de s'amuser en créant.

L'empire dans l'empire de Potemkine ne se limitait pas à la Nouvelle-Russie : il commandait également les frontières militaires du Caucase et du Kouban, qui étaient presque constamment en guerre dans les années 1780 alors que les Tchétchènes et d'autres peuples montagnards résistaient à l'avancée russe. La solution russe consistait à entretenir une ligne de forts dans le Caucase, tenus par de rudes colons cosaques. Dès qu'il arriva au pouvoir dans les années 1770, Potemkine se pencha sur les plans de défense du Caucase. Il décida de déplacer les défenses frontalières de l'ancienne ligne de Tsaritsyne à la nouvelle ligne Azov-Mozdok.

Le prince réfléchissait déjà à autre chose qu'aux canons et aux tours. La ligne, écrivit-il, « [nous] offre la possibilité de mettre en place des vignobles, des plantations de soie et de coton, d'accroître l'élevage, les haras, les vergers et la production de céréales, elle relie Azov avec la province d'Astrakhan, et en temps de guerre [...] limite leur pression sur nos terres ». La nouvelle ligne fut lancée à l'été 1777 par la construction d'une série de forts à Ekaterinograd, Gueorguievsk et Stavropol. Les Kabardes, les Tcherkesses et les Nogaï se révoltèrent et furent écrasés. En 1780, Potemkine installa les premiers colons civils, souvent des paysans d'État venus de l'intérieur des terres, dans les villes qui allaient devenir de grands centres régionaux[1]. Lorsque les fortifications furent presque terminées à la fin de 1782, l'impératrice décréta que Potemkine devrait se voir confier le « seul contrôle » de la distribution des terres sur place. Le prince déplaça les Cosaques depuis leurs colonies sur la Volga jusqu'à la ligne. Quand il créa la forteresse de Vladikavkaz en 1784, il lui donna un nom qui était comme un défi pour les tribus des montagnes : « Maître du Caucase ».

Le traité de Gueorguievsk conclu en 1783 avec le roi Hercule fit progresser les frontières russes, au-delà du Caucase, pour atteindre Tiflis. Entre-temps, les projets de Potemkine avaient pris de telles proportions, et ses territoires étaient si vastes qu'il recommanda à l'impératrice de former une vice-royauté séparée pour le Caucase, englobant les provinces du Caucase, d'Astrakhan et Saratov – sous son contrôle, bien sûr. Pavel Potemkine, le dynamique cousin du prince, fut nommé vice-roi : après avoir percé la route militaire géorgienne traversant les montagnes jusqu'à Tiflis, il installa des paysans de l'État et de l'Église pour peupler ses villes nouvelles. Rien qu'en 1786, le prince put affecter au Caucase (et à Ekaterinoslav) 30 307 colons

1. L'enfant le plus célèbre de Stavropol est Mikhaïl Gorbatchev. Si le général Souvorov fut responsable de la construction de certains de ces forts de sa ligne du Kouban et s'il fut ainsi présenté comme leur fondateur par divers historiens soviétiques, ce fut Potemkine qui en ordonna la construction.

de l'intérieur de la Russie. Pavel Sergueiévitch était un authentique Potemkine : il fonda Ekaterinograd, dont il fit la capitale de sa vice-royauté, tenant cour dans un palais splendide.

La poussée russe dans le Caucase provoqua une rébellion islamique parmi les Tchétchènes, les Avars et d'autres tribus. En 1785, un chef mystérieux drapé dans un manteau vert et se faisant appeler le cheikh Mansour – « le Vainqueur » – surgit des montagnes, prêchant les idéaux mystiques soufis de la fraternité Naqshbandi, et déclara une *ghazavat* – la guerre sainte – contre les Russes. Personne ne saura jamais qui il était vraiment. C'était probablement un berger tchétchène appelé Ushurma, né vers 1748, mais d'aucuns ont affirmé qu'il était le fils d'un notaire italien de Montferrat du nom de Giovanni Battista Boetti, qui s'était enfui pour devenir un missionnaire dominicain, s'était converti à l'islam, avait étudié le Coran dans les madrassas de Boukhara et avait fini par prêcher la guerre sainte. Certains Russes ne croyaient même pas à son existence, et disaient qu'il n'était qu'un symbole drapé dans un manteau vert[1]. Ses guerriers et lui, précurseurs des Mourides, qui, sous Chamil, défièrent la Russie au XIXe siècle, réussirent à détruire une colonne de six cents soldats russes, mais il fut battu plus souvent qu'il ne fut victorieux. Néanmoins, il commanda sa coalition de tribus montagnardes avec un génie et une audace qui firent de lui une légende.

Le conflit contre le cheikh Mansour était sous la responsabilité directe de Pavel Potemkine à Ekaterinograd. Mais les archives de Potemkine montrent que ce fut en fin de compte le prince lui-même qui prit les rênes de cette guerre éternelle, où les forces russes dans le Caucase et le Kouban étaient sans cesse en action. Avant que la guerre russo-turque n'éclate à nouveau en 1787, Mansour, vaincu, s'enfuit pour mobiliser les Tcherkesses en territoire ottoman. Lorsque la guerre fut déclarée, il était prêt à se battre. Les Russes ne parvinrent jamais à juguler définitivement ces guerriers maîtres de la guérilla, et consacrèrent une grande partie du siècle suivant aux guerres dites mourides.

1. Cheikh Mansour et le chef de la résistance contre les Russes au XIXe siècle, l'imam Chamill, un Avar, sont les deux grands héros des rebelles tchétchènes modernes. Lorsque l'auteur se trouvait à Grozny avant la guerre de Tchétchénie en 1994, des portraits du visage aux traits fins et à la barbe épaisse du cheikh Mansour ornaient les bureaux du président et des ministres. L'aéroport de Grozny fut baptisé en son honneur lors de la brève indépendance de la Tchétchénie dans les années 1990.

Le prince se fit également construire des palais dans tout le Sud, dignes d'un vice-roi, pour ne pas dire d'un tsar. Il avait la « grande maison » à Krementchouk, qui reçut la visite de Lady Craven et Francisco de Miranda, un vaste palais à Kherson[1] avec deux ailes, chacune comportant deux étages et un portique central de quatre étages, qui était la pièce maîtresse de la nouvelle ville. Et il y avait son glorieux « Athènes », le palais monumental d'Ekaterinoslav[2], conçu par Ivan Starov avec deux ailes qui s'étendaient sur cent vingt mètres depuis le portique orné de six colonnes et auquel on accédait par deux escaliers en pierre. Le jardinier de Potemkine William Gould succéda à Starov, avec ses centaines d'ouvriers. À Ekaterinoslav, il créa un jardin à l'anglaise et deux serres dans le palais de Potemkine pour correspondre à sa « beauté pratique », comme le dit le jardinier au prince.

Curieusement, Potemkine ne se fit rien bâtir à une échelle particulièrement grande en Crimée, mais Starov lui construisit quand même un palais de marbre rose aujourd'hui disparu à Karasubazaar. Son dernier palais se trouvait à Nikolaïev[3]. Le chantier fut lancé alors que Potemkine était pratiquement devenu un sultan ottoman. Il le

---

1. Sur les plans conservés au Musée national d'histoire de Kherson, on peut le voir dans toute sa gloire au XIXe siècle. Mais il n'existe plus. Pillé pour son bois de chauffage et honni pour sa grandeur, il fut détruit pendant la guerre civile.

2. Le « palais de Potemkine » se dresse toujours au centre de Dniepropetrovsk. Le musée local abrite quelques-uns des miroirs incrustés d'or, peut-être fabriqués dans ses propres manufactures, dont Potemkine prévoyait de décorer le palais. À sa mort, un étage seulement était terminé. Le reste fut construit selon les plans de Starov dans les années 1830 : il devint la Maison de la noblesse. En 1917, il fut transformé en maison de repos des travailleurs. Aujourd'hui, il abrite la Maison des étudiants. Ravagé pendant la guerre, il fut reconstruit en 1951. Les deux serres du jardin d'hiver d'Ekaterinoslav s'écroulèrent en 1794. De nos jours, le jardin de Gould, qui contient un Parc de la culture, est baptisé « Parc Potemkine », et il a toujours quelque chose d'anglais.

3. Il survécut longtemps après sa mort. L'auteur a retrouvé l'endroit où il se dressait : aujourd'hui, les habitants viennent nager et plonger depuis son front de mer. Les deux volées de marches en pierre blanche qui y menaient sont toujours là, ainsi qu'une fontaine blanche et ouvragée due à Starov, datée de 1792. Un terrain de basket-ball recouvre les fondations du palais. Le bâtiment abrita le Club des armateurs au XIXe siècle, mais il fut détruit à la Révolution. Sur une photo, on voit qu'il fut démonté pour le bois de chauffage. Ironie du sort, aujourd'hui les hôtels particuliers de style moldave des nouveaux millionnaires russes poussent comme des champignons, tels des reflets déformés du palais de Potemkine, dans la banlieue de Nikolaïev.

commanda à des architectes locaux dans un style turco-moldave – un dôme flanqué de quatre tours, comme une mosquée. Son emplacement était pittoresque, en hauteur, ensoleillé mais frais et venteux, à la jonction des deux cours d'eau. Comme il se trouvait sur les rives de l'Ingoul, il comptait deux étages en façade, avec plus tard un troisième, mais un seul à l'arrière. Dans ses derniers mois, le prince ordonna à Starov d'ajouter une banya et une fontaine « comme la mienne à Tsarskoïé Selo ». Ce fut la dernière œuvre de Starov pour son maître[1].

Le prince lui-même considéra toujours que le Sud était l'œuvre de sa vie. Durant les derniers jours qu'il passa à Saint-Pétersbourg en juin 1791, il soumit l'envoyé britannique William Fawkener, qui ne parvint jamais à placer un mot, à un soliloque exubérant prouvant qu'il ne perdit jamais son enthousiasme. Potemkine manifestait toute l'excitation, l'énergie, l'imagination et l'arrogance qui avaient fait de lui un grand homme d'État impérial. Il se devait de partir dans le Sud pour poursuivre ses grands projets, lui dit-il, « dont tout le succès dépendait uniquement de lui ». Il y avait la flotte qu'il avait construite pratiquement de ses propres mains, et « la population de son gouvernement [qui] a[vait] augmenté depuis sa nomination de plus de 80 000 à 400 000 combattants, et le tout s'élèverait à près d'un million ».

Avant que les mensonges ne supplantent la vérité, l'ambassadeur français Ségur, qui envoya un rapport à Versailles sur les gigantesques accomplissements de Potemkine, signalait avec enthousiasme : « quand il prit possession de son immense vice-royauté, il n'y avait que 204 000 habitants et, sous son administration, la population en seulement trois ans était passée à 800 000. Cette croissance se compose de colons grecs, d'Allemands, de Polonais, d'invalides, de soldats et de marins à la retraite ».

Potemkine augmenta la population estimée de la Crimée de 52 000 hommes en 1782 à 130 000 en 1795. Dans le reste de la

1. Les deux planificateurs créatifs de Potemkine, Starov et Gould, firent fortune, comme tous ceux qui travaillaient pour lui. C'était clairement un employeur très généreux, comme le prouvent les richesses accumulées par Faleev, Zeitlin, Chemiakine, Garnovski et bien d'autres. Ivan Starov mourut riche en 1808.

Nouvelle-Russie au cours de la même période, la population masculine augmenta de 339 000 à 554 000, ce qui signifie que Potemkine avait presque réussi à doubler la population de la vice-royauté, de 391 000 à 684 000, en un peu plus de dix ans. Un historien réputé estime que la population mâle est passée de 724 678 en 1787 à 819 731 en 1793. Quels que soient les chiffres réels, ce fut une réussite impressionnante. « Jusqu'à ce que l'invention des bateaux à vapeur et des chemins de fer au XIXe siècle ouvre [...] des régions éloignées comme le Middle West américain [...] à l'agriculture commerciale, cette expansion russe, écrit un historien moderne, est restée sans égale en termes d'échelle, de portée et de rapidité. »

Il fonda littéralement des centaines de colonies – « Un Français, consigna Ségur, m'a dit que chaque année, il trouvait de nouveaux villages établis et prospérant dans des lieux qui avaient été autrefois des déserts » –, dont certaines de grande taille. La plupart existent toujours aujourd'hui : Kherson, 355 000 habitants ; Nikolaïev (Mykolaïv), 1,2 million ; Ekaterinoslav (aujourd'hui Dniepropetrovsk), 600 000 ; Sébastopol, 375 000 ; Simferopol, 358 000 ; Stravropol, 350 000 ; Vladikavkaz (capitale de l'Ossétie du Nord), 300 000 ; et Odessa, 1,1 million. La plupart abritent encore des chantiers et des bases navales.

La construction de la flotte russe de la mer Noire, ainsi que d'une flottille à rames, en moins de dix ans fut un exploit tout aussi stupéfiant, qui allait avoir des conséquences profondes jusqu'à la guerre de Crimée et au-delà. La présence de la flotte et l'exploitation de l'immense potentiel agricole de la steppe eurent un énorme retentissement, qui résonne encore de nos jours. La Russie devint pour la première fois une puissance au Proche-Orient. « Cet accomplissement véritablement gigantesque, écrit un historien moderne, fit de la Russie [...] l'arbitre de l'Europe orientale et permit à la puissance russe de surclasser l'Autriche et d'éclipser les Ottomans. » Mais l'amour de Potemkine pour le Sud ne fut pas qu'une affaire de puissance brute : il était profondément empreint de romantisme. Parfois, il s'essayait à la poésie. Comme il l'écrivit à l'impératrice à propos de la fondation d'Ekaterinoslav :

Les pierres éparses de ruines antiques
Répondront à votre inspiration divine
D'agréable et brillante manière
Elles créeront une Nouvelle-Athènes

20

Anglomanie : les Bentham en Russie et l'empereur des jardins

« Mon histoire d'amour est terminée [...]. Je dois certainement quitter Saint-Pétersbourg [...]. Donc, il est heureux que l'offre du prince Potemkine m'en donne l'occasion [...]. »

Samuel Bentham à son frère,
Jeremy Bentham

Le 11 décembre 1783, le prince Potemkine convoqua dans ses appartements à Saint-Pétersbourg un jeune Anglais nommé Samuel Bentham, dont l'histoire d'amour, qui venait de lui briser le cœur, avait été suivie comme un feuilleton par toute la cour, et lui offrit une nouvelle carrière glorieuse. Cette opportunité permit à Bentham de vivre la vie la plus aventureuse, en temps de guerre comme en temps de paix, qu'ait jamais connue un Anglais en Russie. Elle déboucha également sur une farce qui vit une bande mal assortie d'artisans gallois et du nord-est de l'Angleterre s'installer sur un domaine biélorusse où ils allaient contribuer à développer le propre empire industriel de Potemkine. Les expériences de Samuel Bentham, qui serait bientôt rejoint dans le domaine de Potemkine par son frère philosophe Jeremy, dévoilent non seulement le dynamisme irrépressible du Sérénissime, mais aussi la façon dont il utilisait ses propres domaines comme arsenaux et marchés de l'État, sans frontière entre ses propres fonds et ceux de l'empire.

Samuel Bentham était le plus jeune de sept enfants : Jeremy était l'aîné, et ils étaient les deux seuls à avoir survécu. Leur père Jeremiah était un avocat réputé dont le protecteur était le futur Premier ministre whig, le comte de Shelburne, original mais retors, surnommé le « Jésuite de Berkeley Square » par ses nombreux ennemis. Les membres de la famille étaient très proches les uns des autres, ils s'écrivaient souvent, s'inquiétant des escapades de Samuel en Russie. Les deux frères avaient en commun une intelligence brillante, une grande énergie et une remarquable inventivité, mais sur le plan personnel ils étaient à des pôles opposés : Jeremy, désormais âgé de presque quarante ans, était un savant et un juriste timide. Samuel était loquace, sociable, irritable et amoureux. Ayant suivi une formation d'ingénieur, dont il ne semblait guère se soucier, c'était un génie inventif et entreprenant. À certains égards, il semblait atteint de la même effervescence que Potemkine – il courait « toujours d'un bon projet à un meilleur [...] la vie passe et rien n'est achevé ».

En 1780, alors que Jeremy travaillait sur ses réformes judiciaires à Londres, Samuel, âgé de vingt-trois ans, partit pour un voyage qui l'emmena en mer Noire (où il observa l'éclosion de Kherson) et, de là, à Saint-Pétersbourg, où il rendit visite à Potemkine. Il espérait faire fortune, tandis que Jeremy voulait qu'il soumette ses idées juridiques à l'impératrice. Le Sérénissime surveillait les progrès du jeune Bentham. L'Anglais se rendit compte que le prince était l'homme qui pouvait mettre ses idées en pratique. Potemkine avait besoin de son aide au sujet des rapides du Dniepr et de ses domaines, et lui fit une offre assez vague peu après l'avoir rencontré. Mais Samuel souhaitait voyager, aussi, en 1781, le prince l'envoya en Sibérie pour en étudier le potentiel économique, lui fournissant une poignée de soldats en guise de gardes. Le prince communiqua ses travaux sur les *Mines, fabriques et usines de sel* à l'impératrice.

Potemkine était en quête d'ingénieurs de talent, de constructeurs, d'entrepreneurs et d'Anglais : Samuel était tout cela. Écrivant à son frère Jeremy depuis Irkoutsk, en Sibérie, Samuel tressa les louanges de son nouveau contact – l'« homme au pouvoir ». Le voyageur enthousiaste en était persuadé, ce potentat et lui étaient faits l'un pour l'autre :

> L'entreprise de cet homme est plus vaste que toute autre dont j'ai pu avoir vent dans l'empire. Sa position à la cour est aussi la meilleure, et c'est pour cela, ainsi que du fait de sa richesse, que les gouverneurs se prosternent bien sûr devant lui. Ses affaires principales se trouvent sur la mer Noire. Il y contrôle l'exploitation de certains articles, construit des navires pour la Couronne, fournit à l'armée et la Couronne en général toutes les choses nécessaires, a des manufactures de divers types et dégage les cataractes du Dniepr à ses propres

> frais. Il était très désireux de bénéficier d'une assistance dans ses entreprises avant que je quitte Saint-Pétersbourg.

Cependant, à son retour, Bentham fut distrait par quelque chose de beaucoup plus séduisant.

L'objet de son affection était la comtesse Sophie Matouchkina, jolie nièce et pupille du feld-maréchal prince Alexandre Golitsyne, le gouverneur de Saint-Pétersbourg, dont les échecs pendant la guerre russo-turque étaient désormais effacés par le prestige de l'âge. Samuel et la comtesse, à peu près du même âge, se rencontrèrent dans les salons du feld-maréchal, tombèrent amoureux et réussirent à se voir deux fois par semaine. Leur passion fut attisée par les manigances auxquelles les contraignaient la désapprobation de la vieille Golitsyne et l'intérêt manifesté par l'ensemble de la cour. Le feld-maréchal était contre toute idée de cour, et voulait encore moins entendre parler de mariage entre sa pupille et cet aventurier anglais. L'impératrice, cependant, toujours malicieuse et éternelle amoureuse, fit comprendre à la cour qu'elle appréciait pleinement le scandale.

À ce stade, l'imagination ambitieuse de Samuel se déchaîna. « Si vous avez quelque chose à dire pour ou contre une connexion matrimoniale, demanda-t-il à Jeremy, faites-le-moi savoir. » Il aimait cette jeune fille – et sa position, ajouta-t-il avec une franchise désarmante : « Elle est héritière de deux personnes riches. » Samuel estima que son histoire d'amour avait suscité tant d'intérêt qu'elle l'aiderait à trouver un emploi auprès de l'impératrice, sorte de curriculum vitæ d'un genre un peu particulier, mais qui n'avait rien de nouveau en Russie : « Je reconnais tout à fait que le désir de Sa Majesté d'aider à mon affaire sera un excellent moyen de la disposer en ma faveur [...] elle croit fermement que c'est mon amour qui m'a incité à [lui] offrir mes services. » Il écrivit également des lettres au feld-maréchal Golitsyne, lui déclarant : « Cela fait déjà plus de cinq mois que j'aime votre nièce. » Ce qui ne manqua sans doute pas d'irriter un peu plus le maréchal, qui interdit au couple de se revoir.

Les courtisans savouraient cette romance interdite autant que l'impératrice – et, bien qu'étant occupé à annexer la Crimée, Potemkine en était également informé. C'était un moment merveilleux pour être un Anglais à Saint-Pétersbourg, et Samuel vécut une vie sociale étourdissante, suscitant l'attention des princes, des ducs et des comtesses. Saint-Pétersbourg grouillait d'Anglais – l'émissaire britannique James Harris, et son successeur Alleyne Fitzherbert, le prirent sous leur protection. Son seul ennemi parmi eux était le résident écossais de la cour – le docteur Rogerson, joueur accompli, mais médecin souvent fatal pour ses malades. Se doutant peut-être des motifs de Bentham, Rogerson dit à Catherine que Samuel ne valait pas la peine d'être rencontré car il était affligé d'un défaut d'élocution. Ce qui ne suffit guère à le freiner. Les deux meilleurs amis russes de Samuel faisaient partie de l'état-major de Potemkine. Il s'agissait du prince Pavel Mikhaïlovitch Dachkov, fils de la princesse Dachkova, et du colonel Korsakov, l'ingénieur, tous deux formés en Grande-Bretagne. Ils emmenèrent Bentham dans les salons de tous les grands ouvrant toujours leurs portes aux étrangers. Voici le compte-rendu, non daté, d'une journée typique de Samuel : « Déjeuné chez Fitzherbert, dîné à l'invitation de la duchesse de Kingston [qui était de retour], puis chez le prince Dachkov, et chez Potemkine mais, comme il n'était pas chez lui, suis allé chez la baronne Stroganov et de là souper chez Dachkov. »

Probablement à la demande de Catherine, son favori, Lanskoï, intervint alors au nom de Samuel, expliquant à la tante de Sophie et à sa mère : « l'impératrice pense qu'ils ont mal agi en s'opposant aux inclinations de la jeune comtesse [...]. Ce qui n'a fait qu'irriter la tante un peu plus ». Peu de villes au monde, même en Italie, semblaient aussi adaptées aux intrigues que Saint-Pétersbourg, où la cour elle-même donnait le ton et où des bataillons de serviteurs se chargeaient de l'envoi de notes, d'épier les conversations et de surveiller les signes clandestins aux fenêtres, le tout pour un prix modique. Alors, aidé par ses amis, Samuel et Sophie pouvaient rejouer *Roméo et Juliette* aux balcons dans la pénombre des jardins du palais. Valets et cochers apportaient des lettres secrètes qu'ils glissaient dans des mains manucurées. La comtesse Sophie laissait choir par ses fenêtres des épîtres parfumées destinées à son amoureux. Samuel, enivré par la grandeur des personnalités impliquées dans ses affaires, souffrit de l'illusion commune à tous les amoureux et se crut alors au centre du monde. Il avait l'impression que même les gouvernements d'Europe avaient oublié guerres et traités, et ne se souciaient plus que de discuter de ses rendez-vous galants.

Par conséquent, quand Potemkine rentra triomphalement avec la Crimée et la Géorgie à ses pieds, Samuel était convaincu que la première question du Sérénissime concernerait son histoire d'amour. Le prince s'intéressait bien plus à ses compétences dans le domaine de la construction navale. Mais il savait par ses courtisans que la liaison de Bentham était condamnée. L'impératrice aimait peut-être à taquiner les Golitsyne – mais elle ne soutiendrait jamais un Anglais contre les descendants de Gedimin de Lituanie. Par conséquent, Lanskoï, incarnation même de la volonté impériale, intervint à nouveau : la liaison devait prendre fin.

Le 6 décembre, la mine déconfite, Samuel vint voir le prince, qui demanda à Korsakov de lui trouver un emploi à Kherson. Samuel hésita – espérant toujours que l'amour de la comtesse Sophie aboutirait au mariage. Mais c'était bien fini. Saint-Pétersbourg n'était soudain plus aussi divertissant. Samuel décida de partir « par délicatesse » envers la comtesse qui se languissait, et accepta donc le poste. Potemkine le nomma lieutenant-colonel avec un salaire de 1 200 roubles par an et « beaucoup plus d'argent pour les frais de bouche ». Le prince avait de grands projets pour le jeune Samuel – il comptait transférer ses chantiers navals en dessous de la barre du Dniepr et il voulait que Samuel concrétise ses diverses inventions mécaniques « sous son commandement ».

L'heureux colonel était désormais presque amoureux de Potemkine, comme tant d'autres Occidentaux avant et après lui. Il est intéressant de voir comment Bentham percevait la position unique du prince : « Il a sous son commandement immédiat toute la partie sud du pays et sous son commandement indirect l'ensemble de l'empire. » L'amant mélodramatique des mois précédents laissa la place au protégé plein d'assurance de Potemkine : « Si je jouis de la bonne opinion du prince et de la confiance dont je me flatte à l'heure actuelle, ma situation ne peut être désagréable. Tout ce que je lui propose, il y adhère. » Quand le prince s'intéressait à quelqu'un, il le traitait avec plus d'égards que tous les généraux des empires d'Europe réunis : désormais, cette personne était Samuel. « Je vais à lui sur-le-champ. Il me parle à chaque fois que j'entre dans la salle, me donne le *bonjour** et me fait asseoir alors que les généraux peuvent entrer dix fois sans qu'il les invite à s'asseoir ou même les gratifie d'un regard. »

Les méthodes de gestion particulières de Potemkine laissaient le colonel Bentham perplexe : « Quant à l'emploi que je dois occuper à Kherson ou ailleurs [...]... » Le Sérénissime mentionna également un « domaine à la frontière de la Pologne [...] ». « Un jour, il parle d'un nouveau port et d'un chantier naval au-delà de la Barre, le lendemain, il parle de m'envoyer ériger des moulins à vent en Crimée. D'ici un mois, je peux commander un régiment de hussards et être envoyé contre [...] les Chinois, puis commander un vaisseau de cent canons. » Il finit d'ailleurs par faire la quasi-totalité de ce qui précède. Il ne pouvait certainement pas se plaindre que le fait de travailler pour Potemkine risquait d'être ennuyeux. Cependant, en ce qui concernait son destin immédiat, il ne put qu'avouer à son frère : « Je ne peux rien vous dire. »

Le 10 mars 1784, le prince quitta brusquement Saint-Pétersbourg pour le Sud, laissant au colonel Popov, le chef de sa chancellerie, le soin de s'occuper de Bentham. Le mercredi 13 mars à minuit, l'Anglais le suivit dans un convoi de sept kibitkas. Il tint un journal de ces journées. Il arriva à Moscou le samedi pour retrouver Potemkine. Quand il se présenta au prince le dimanche matin dans sa redingote habituelle, le Sérénissime appela Popov, toujours prêt à obéir, et lui dit d'inscrire le garçon sur les rôles de l'armée, dans la cavalerie ou l'infanterie, selon sa préférence – il choisit l'infanterie –, et de lui passer un uniforme de lieutenant-colonel. Dorénavant, Bentham porterait toujours son habit vert à revers écarlates, avec un gilet écarlate à parements dorés et une culotte blanche.

Parcourir son empire avec le prince était un privilège accordé à très peu d'étrangers – Potemkine ne tolérait que ceux qui étaient de la meilleure compagnie. Pendant six mois, Samuel voyagea « toujours dans la même voiture » que Potemkine. « Le voyage que j'ai accompli ce printemps avec le prince, moi qui ne me soucie guère de la fatigue, fut à tous égards très agréable [...]. Il y avait longtemps que je n'avais passé mon temps si joyeusement. » Ils se dirigèrent vers le sud par Borodino, Viazma et Smolensk, traversèrent les domaines de Potemkine à Orcha sur le Dniepr supérieur, remarquant que la tannerie de Potemkine employait déjà deux tanneurs de Newcastle. Ils se dirigèrent ensuite vers Krementchouk, le quartier général de Potemkine dans le Sud. Bentham se trouvait sans doute avec le prince quand il inaugura sa nouvelle vice-royauté d'Ekaterinoslav. Ils furent en Crimée au début de juin. Ils visitèrent probablement ensemble la nouvelle base navale de Sébastopol. Sur la route, le lieutenant-colonel Bentham put voir comment Potemkine gérait son empire à l'arrière d'un traîneau qui filait sur des milliers de verstes en soulevant derrière lui des giclées de glace.

Tout en gouvernant depuis ce siège hippomobile du pouvoir, le prince décréta alors que le lieutenant-colonel Bentham ne resterait pas à Kherson. En juillet, Bentham arriva à sa nouvelle affectation –

Kritchev. La gigantesque propriété de Potemkine « à la frontière de la Pologne » était en elle-même un monde à part.

Bentham fut nommé seul maître d'un domaine qui était « plus grand que n'importe quel comté d'Angleterre » et même que de nombreuses principautés allemandes. Kritchev elle-même s'étendait, selon Bentham, sur plus de deux cent cinquante kilomètres carrés, mais elle jouxtait un autre domaine de Potemkine, Doubrovna, qui était encore plus grand. Kritchev regroupait cinq cantons et cent quarante-cinq hameaux – quatorze mille serfs masculins. En tout, la population de ces deux territoires était « supérieure à quarante mille vassaux masculins », comme le dit Samuel, ce qui signifie que le nombre total d'habitants doit avoisiner au moins le double.

Les domaines de Kritchev-Dubrovna n'étaient pas seulement grands, ils étaient aussi essentiels sur le plan stratégique : quand la Russie avait annexé ces territoires polonais lors du premier partage en 1772, Catherine prit le contrôle de la partie supérieure de deux des plus grands axes du commerce fluvial en Europe, la rive droite (nord) de la Dvina qui menait à Riga sur la Baltique et la rive gauche ou orientale du Dniepr, sur laquelle Potemkine allait bâtir un si grand nombre de ses villes. Quand Catherine accorda des terres à Potemkine en 1776, il est possible qu'il ait demandé des domaines ayant accès à ces deux cours d'eau et pouvant donc devenir des comptoirs potentiels tant vers la Baltique que vers la mer Noire. Idéales pour la construction de petits bateaux, les terres de Potemkine longeaient la rive nord du Dniepr sur quatre-vingt-dix kilomètres, une distance impressionnante.

Potemkine était déjà le maître d'un empire industriel, surtout réputé pour ses manufactures de miroirs, les plus beaux de Russie, signe d'un boom de la demande pour ces produits qui sont littéralement le reflet de la nouvelle conscience de soi du XVIIIe siècle[1]. Et il y avait Kritchev. Bentham y trouva une distillerie, une manufacture, une tannerie, une cuivrerie, une filature comptant cent soixante-douze métiers à tisser

1. Potemkine emmena Reginald Pole Carew visiter ses manufactures en 1780, y compris ses verreries et briqueteries près de Chlisselbourg, une autre verrerie près du monastère Saint-Alexandre Nevski, et sa fonderie à trente kilomètres de Saint-Pétersbourg, sur son domaine d'Eschenbaum, qui était dirigée par un Anglais, M. Hill. Pole Carew visita également Kritchev et les autres domaines de Potemkine sur le Dniepr, et il suggéra la fondation d'une colonie anglaise sur une île autrefois zaporogue où Potemkine installa plus tard des immigrés.

qui fabriquaient de la toile pour les voiles, une corderie dotée d'une vingtaine de roues, qui fournissait les chantiers navals de Kherson, un complexe de serres, une poterie, un chantier naval et une autre miroiterie. Kritchev était une extension de Kherson. « Le domaine [...] fournit tous les principaux entrepôts navals en grande abondance par une rivière navigable qui [...] facilite le transport vers la mer Noire. » Le commerce fonctionnait dans les deux sens : il y avait déjà un surplus de cordages et de voiles exportés vers Constantinople, ainsi qu'une entreprise d'import-export florissante à Riga. C'était l'arsenal impérial de Potemkine, son centre de production et de commerce, son chantier à l'intérieur des terres et le principal fournisseur de ses nouvelles villes et de la marine sur la mer Noire.

Kritchev était un monde différent des salons de Saint-Pétersbourg, et plus encore des chambres de Lincoln's Inn[1], mais les plus stupéfaits furent sans doute les recrues de Bentham fraîchement débarquées d'Angleterre. Bentham emménagea dans ce que l'on appelait la « maison de Potemkine », qui n'était en réalité rien d'autre qu'une « grange branlante ». L'Anglais enthousiaste et arrogant se retrouvait à l'un des carrefours de l'Europe. Non seulement les voies navigables y convergeaient, mais l'endroit était aussi un creuset culturel. « La situation est pittoresque et agréable, les gens [...] calmes et patients au dernier degré [...] industrieux ou oisifs et ivres. » Il y avait quarante nobles polonais désargentés qui travaillaient sur la propriété « presque comme des esclaves ». Les lieux grouillaient de races et de langues différentes.

Cela était d'autant plus déroutant et inquiétant pour un artisan nouvellement arrivé de Newcastle, qui n'avait jamais voyagé auparavant. « Le mélange hétérogène des gens est surprenant », admit Beaty, un fauteur de troubles venu du nord-est de l'Angleterre. Il y avait des Russes, des Allemands, des Cosaques du Don, des Juifs polonais – et les Anglais. Au début, « j'ai considéré [tout cela] comme la collection de sons les plus étranges qui aient jamais envahi mes oreilles anglaises ». Les Juifs, auxquels « nous avons dû acheter toutes les nécessités de la vie », parlaient allemand ou yiddish. Beaty s'étonnait : « Les jours de marché, quand je vois un tel mélange de visages et de vêtures, il m'arrive plus d'une fois de sursauter, et je me demande alors ce qui m'a amené parmi eux. »

Les responsabilités de Samuel sur ces gens étaient tout aussi étendues. Pour commencer, il était désormais « le législateur, le juge, le jury et le

1. Lincoln's Inn, une des quatre « Inns of Court », faculté de droit où les futurs avocats préparent leur accession au Barreau.

shérif » des serfs locaux. Puis, il avait « à charge de diriger et mettre en ordre toutes les *fabriks* du prince ici ». Les manufactures étaient dans un état lamentable. Bentham offrit alors de s'en occuper. « Extrêmement agréable », répondit Potemkine de Tsarskoïé Selo, se disant « charmé de votre activité et du projet de votre obligeante responsabilité ».

Le prince pensait toujours à améliorer ses villes et ses navires de guerre. Contrairement à la légende qui veut qu'il ait été allergique aux détails et qu'il n'ait su mener ses projets à bien, il s'intéressa à la corderie. « On me dit que les cordages [...] sont à peine utilisables. » Il supplia Bentham d'y veiller et lui envoya un expert de Kronstadt. Quand les amis de Samuel, Korsakov et le marin Mordvinov, tous deux officiers supérieurs de Potemkine, lui rendirent visite en route pour Kherson, Bentham rapporta au Sérénissime qu'il leur fournirait tout ce dont ils avaient besoin pour leurs constructions navales. Au bout de deux ans, Samuel se débrouillait si bien avec ses filatures qu'il proposa un accord au prince : il prendrait en main les usines les moins efficaces pendant dix ans tandis que Potemkine garderait celles qui étaient rentables. On lui fournirait tous les bâtiments et les matériaux, ainsi que 20 000 roubles de capital, qu'il rembourserait progressivement. Dans l'accord signé en janvier 1786, le Sérénissime s'engageait à ne demander aucun revenu au cours des dix prochaines années – il espérait simplement récupérer ses manufactures quand elles seraient devenues rentables. Car son intérêt véritable n'était pas le profit, mais l'empire.

Bentham suggéra également d'importer des pommes de terre et d'en planter à Kritchev : Potemkine approuva. Les douze premiers hectares furent ensemencés en 1787, et le prince, « très satisfait », entreprit ensuite d'en cultiver sur ses autres domaines. Certains auteurs prétendent que Potemkine et Bentham firent entrer les pommes de terre en Russie. En fait, Catherine organisa leur importation dans les années 1760, mais le prince fut le premier à les cultiver et c'est probablement grâce à lui qu'elles sont devenues un élément incontournable de la cuisine russe.

La tâche principale de Bentham était de construire des navires pour Potemkine – absolument de toutes sortes. « J'ai semble-t-il toute latitude pour construire tout type de navire [...] que ce soit pour la guerre, le commerce ou le loisir. » Le prince voulait des frégates armées pour la Marine, une frégate de loisir pour l'impératrice, des barges pour le commerce sur le Dniepr et enfin des péniches de luxe pour la visite de l'impératrice prévue de longue date dans le Sud. C'était un défi de taille, pour ne pas dire impossible. Bentham fut l'objet des foudres inimitables de Potemkine quand il essaya d'en savoir plus au sujet de la conception des navires. Le Sérénissime voulait-il un mât, deux mâts, et combien de canons ? « Il me dit, pour mettre fin au différend, qu'il pourrait bien y avoir vingt mâts et un seul canon si cela me faisait plaisir. Je suis un peu perdu. » Un inventeur peut-il rêver maître plus indulgent, et exaspérant ?

Samuel ne tarda pas à comprendre qu'il lui fallait de l'aide. Ses navires auraient besoin de rameurs, que ce soit des paysans ou des soldats. Ce n'était pas un problème. Le prince lui fournit, comme par magie, un bataillon de mousquetaires. « Je vous en donne le commandement », écrivit le Sérénissime de Saint-Pétersbourg en septembre. Potemkine pensait toujours à sa chère marine : « J'ai l'intention, monsieur, qu'ils soient un jour capable de servir à la mer, c'est pourquoi je vous exhorte [...] à les y préparer. » Bentham ne savait naturellement pas comment commander des soldats, pas plus qu'il ne parlait russe, aussi, quand un officier lui demanda quels étaient ses ordres pour une prise d'armes, Samuel répondit : « Les mêmes qu'hier. » Et comment effectuer la manœuvre ? « Comme d'habitude », ordonna Bentham. Il n'y avait que « deux ou trois sergents » capables d'écrire, et peu savaient dessiner, outre les deux tanneurs de Newcastle à Orcha, un jeune mathématicien de Strasbourg, un fondeur de laiton danois et un horloger écossais. Samuel bombarda le prince de demandes d'artisans. « Je trouve qu'il est très difficile de recruter des gens de talent », se plaignait-il dans une lettre inédite. Le prince répondit qu'il pouvait embaucher des ouvriers comme il l'entendait.

L'anglomanie obsessionnelle du prince se transforma alors en une des campagnes de recrutement les plus énergiques jamais conçues pour attirer des spécialistes britanniques vers des contrées lointaines. L'anglophilie était à la mode dans toute l'Europe. À Paris, les hommes arboraient des « cols Windsor » et des redingotes, les dames buvaient du scotch, prenaient le thé tout en misant sur les jockeys lors des courses et jouaient au whist[1]. Potemkine ne se souciait pas des détails,

1. Les jeux de cartes suivaient les modes politiques. Par exemple, le comte de Ségur explique dans ses *Mémoires* comment, à Paris, le pharaon pratiqué par la haute aristocratie céda la place au whist anglais, symbole d'une liberté modérée telle qu'elle était expliquée par Montesquieu, mais, quand la guerre d'Indépendance américaine eut montré qu'il était possible de défier les rois, le boston devint à la mode.

mais il savait qu'il ne voulait que des Anglais, non seulement pour diriger les filatures de Kritchev, mais aussi ses jardins botaniques, ses laiteries, ses moulins à vent et les chantiers navals de la Crimée à Kritchev. Les Bentham passèrent des annonces dans les journaux anglais. Elles reflètent inconsciemment les exigences capricieuses de Potemkine. « Le prince veut introduire l'usage de la bière », disait l'une d'elles. Ou alors, il « escompte disposer d'une laiterie élégante » avec « le meilleur des beurres et autant de sortes de fromages que possible ». Bientôt, les annonces se répandirent dans tout le monde britannique. « Toute personne intelligente capable d'apporter des améliorations au gouvernement du prince pourrait bénéficier d'un bon encouragement », assurait une réclame de Bentham en Grande-Bretagne. Enfin, Potemkine déclara à Samuel qu'il souhaitait créer « toute une colonie d'Anglais » avec leur propre église et leurs propres privilèges. L'anglophilie de Potemkine toucha évidemment ses subordonnés. Les propriétaires terriens locaux voulaient que leurs paysans soient formés auprès de forgerons anglais, aussi les serfs de Dachkov furent-ils envoyés apprendre la menuiserie anglaise. Quand le futur amiral de Potemkine, Mordvinov, épousa Henriette Cobley, Nikolaï Korsakov avoua à Samuel que lui aussi « rêvait grandement d'une épouse anglaise ». Les jardiniers, les marins et les artisans ne suffisaient plus. Les Russes voulaient aussi des femmes.

Le budget de Bentham était sans limite. Et quand il ennuya le Sérénissime en lui posant la question de l'étendue de son crédit : « "Ce qui est nécessaire" fut la seule réponse que je pus obtenir. » Sutherland, le banquier de Potemkine, se contentait de négocier les crédits à Londres. Samuel Bentham comprit tout de suite que son frère Jeremy et lui pourraient négocier les échanges de marchandises entre l'Angleterre et la Russie et ainsi devenir les intermédiaires de la campagne de recrutement de Potemkine. Dans les semaines qui suivirent les premières annonces, Samuel envoyait à Jeremy des dizaines de listes de commissions. L'une d'elles, par exemple, réclamait un mécanicien de chantier, un expert en moulins à vent, un tisserand, des charpentiers navals, des cordonniers, des maçons, des marins, des femmes de ménage, « deux servantes, l'une pour comprendre la fabrication du fromage, l'autre, la filature et le tricot ».

Son père et son frère, Jeremiah et Jeremy Bentham, écumèrent la Grande-Bretagne avec enthousiasme. Le vieux Jeremiah se surpassa – il contacta Lord Howen à l'Amirauté, puis invita chez lui le sous-secrétaire d'État Fraser et deux connaisseurs de la Russie de retour depuis peu, Sir James Harris et Reginald Pole Carew, pour en discuter. Il impliqua même l'ancien Premier ministre Shelburne, entre-temps devenu premier marquis de Lansdowne – « le tout pour trouver des charpentiers navals qui doivent être envoyés assister mon fils ». Le marquis trouvait Potemkine intéressant mais peu fiable et ses compliments au sujet des frères Bentham étaient nettement à double tranchant. « Vos deux fils sont par trop libéraux de tempérament pour adopter un esprit mercantile et l'esprit de votre Sam plus préoccupé d'inventions nouvelles que de calculer les intérêts composés que les hommes les plus sots en Russie sont peut-être capables de faire aussi bien, écrivit Lansdowne depuis Weymouth le 21 août 1786. Il passe ses plus belles années dans un pays changeant et se fie à des hommes de caractère versatile. »

Tout le projet commença alors à ressembler à une comédie du XVIIIe siècle qui voit un groupe hétéroclite de philosophes, de marins, d'escrocs, de gourgandines et d'ouvriers abandonnés, alors qu'ils ne parlent pas un mot d'une langue étrangère, dans un village biélorusse multilingue appartenant à un Sérénissime la plupart du temps invisible mais impulsif. Chacun de ces personnages se révèle avoir un objectif complètement différent de celui que lui ont attribué les Bentham.

Jeremy fut saisi d'une sorte de frénésie épistolaire digne de Catherine et ne cessa plus d'écrire à Samuel pour l'abreuver de détails interminables et superflus sur le défilé des candidats à des postes allant de responsable des jardins botaniques à laitière. « Avec tout le respect que je dois au botaniste, je conçois qu'il ne puisse y avoir la moindre difficulté à trouver un homme de science. » Puis ils débattirent du coût de la « dame de la laiterie ». Enfin, Jeremy recruta un certain Logan Henderson pour gérer ledit jardin botanique. Naturellement, une telle aventure attira une foule bigarrée : Henderson, par exemple, était un Écossais qui prétendait être un « expert » en jardins, machines à vapeur, plantation de canne à sucre et feux d'artifice au phosphore. Il fut engagé en promettant aussi de faire venir ses deux nièces, les demoiselles Kirtland, pour travailler à la laiterie. Le docteur John Debraw, ancien apothicaire de l'hôpital d'Addenbrooke à Cambridge et auteur respecté d'une œuvre incontournable intitulée *Découvertes sur le sexe des abeilles* (qui venait de paraître et avait été froidement accueillie par la critique), fut embauché en tant que chimiste expérimental de Potemkine, en même temps que des jardiniers, des constructeurs de moulins, et quelques perturbateurs, venus la plupart du temps de Newcastle ou d'Écosse. La première vague arriva à Riga en juin 1785.

Jeremy Bentham désirait rejoindre Samuel en Biélorussie. Il était attiré par les possibilités mercantiles, mais aussi par la paix qu'il espérait y trouver pour travailler sur ses traités, tout en comptant rencontrer des hommes d'État comme Potemkine qui pourraient mettre ses idées utilitaristes en pratique. (Sa théorie mesurait la réussite des dirigeants à leur capacité à fournir le plus grand bonheur au plus grand nombre.) Les domaines de Potemkine ressemblaient à un rêve de philosophe. Jeremy décida de faire venir un autre groupe de ses recrues. Au moment où il partit, Samuel ne supportait plus les lettres ridicules de son frère. Les choses se détériorèrent vraiment quand le philosophe commença à écrire directement au prince pour lui proposer des idées chimériques et lui parler de jardiniers et de chimistes. Les archives de Potemkine contiennent plusieurs de ces textes inédits de Jeremy Bentham. Ils n'ont pas de prix à la fois en tant que documents historiques et qu'œuvres comiques. À leur lecture, le terme de « savant fou » vient à l'esprit.

Jeremy prévoyait d'acheter un navire pour transporter les artisans du prince, en proposant de le nommer *The Prince Potemkine.* Puis il passait aux choses sérieuses : « Voici, Monseigneur, votre botaniste. Voici votre laitière. Le lait est bon dans le Cheshire, comté du fromage. » Mademoiselle Kirtland, la laitière qui était également une admirable chimiste, fut à l'origine de cette manifestation benthamienne de féminisme : « Les femmes cultivées perdent si souvent la perfection de leur propre sexe par l'acquisition de celle du nôtre [...]. Cela n'est guère vrai avec Mademoiselle Kirtland. » Le philosophe espérait vraiment vendre à Potemkine une « *machine de feu** » ou, mieux encore, la dernière machine à vapeur de Watt et Bolton, en expliquant qu'il s'agissait de « mécanismes qui fonctionnent par la force de l'eau réduite en vapeurs par l'ébullition. De toutes les machines de la modernité [...] la plus facile à construire est la machine de feu », mais la plus complexe et la plus coûteuse était celle de Watt et Bolton. Si le prince ne voulait pas de machine à vapeur, que pensait-il de la mise en place d'une presse à imprimer en Crimée avec l'aide d'un certain M. Titler ? Que publierait cette imprimerie ? Jeremy suggéra le *Project of the Body of the Laws,* d'un certain J. Bentham. Jeremy, s'excusant, signa : « Ici pour la quatrième fois, votre éternel correspondant. »

Samuel paniqua. Le Sérénissime haïssait les longues lettres et voulait des résultats. Le colonel Bentham redouta que sa carrière ne soit ruinée par l'« Éternel Correspondant », aussi gronda-t-il son frère maladroit. Le prince aurait trouvé les détails « gênants » et « s'attend[ait] à ne plus rien entendre jusqu'à ce que ces gens aient fait leur apparition ». Samuel était inquiet parce que Potemkine n'avait pas répondu : « Je crains le pire [...]. J'espère en rejeter la faute sur votre trop grand zèle. » Mais le philosophe reçut finalement une lettre courtoise du prince par l'intermédiaire de l'ambassade de Russie à Londres. « Monsieur, écrivit le prince à Jeremy, je tiens à vous remercier pour le souci que vous vous êtes donné dans l'exécution des commissions [...] pour mon compte. Le temps ne m'a pas permis de parvenir à une résolution plus tôt [...] mais maintenant je dois vous prier d'engager M. Henderson pour accompagner les personnes. » En réalité, les longues mais brillantes lettres de Jeremy Bentham étaient exactement le genre de distraction passionnante dont le prince raffolait. Il fit savoir qu'il les appréciait énormément et les faisait traduire en Russe.

Jeremy Bentham était particulièrement fier d'avoir recruté un jardinier paysagiste pour Kritchev du nom de John Ayton, parce que, comme il s'en vanta à son père, « notre jardinier est neveu du jardinier du roi à Kew ». En ce temps-là, les jardiniers aussi avaient leur propre aristocratie. Pourtant, ce ne fut pas Ayton qui devint l'étoile des jardiniers du prince. Le génie à la main verte de Potemkine était déjà arrivé en Russie en 1780, à peu près au même moment que Samuel Bentham. Son nom était William Gould, un protégé de Lancelot Brown, le maître du jardin à l'anglaise. Dans les années 1770, Catherine et Potemkine avaient tous deux commencé à se passionner pour cet art. Jamais l'anglomanie du prince ne fut aussi marquée que dans son désir de créer des jardins à l'anglaise où qu'il se soit trouvé.

Le chaos naturel et pittoresque (mais soigneusement planifié) du jardin à l'anglaise, avec ses lacs, grottes, son aménagement paysager et ses ruines, surclassait peu à peu la précision formelle du jardin à la française. Il en allait de la fortune des jardins comme de celle des royaumes : quand Louis XIV dominait l'Europe, les jardins à la française dominaient aussi. La France déclinait à présent tandis que la Grande-Bretagne conquérait son empire, et ses jardins triomphèrent à leur tour. « J'adore les jardins anglais, déclara Catherine à Voltaire, avec leurs courbes, leur *pente-douce**, leurs étangs comme des lacs (des archipels sur la terre ferme) ; et je méprise profondément les lignes droites et les *allées** identiques [...]. En un mot, l'anglomanie est pour moi plus importante que la "plantomanie". »

L'impératrice aborda son nouveau passe-temps avec son inévitable esprit pratique, tandis que Potemkine s'y adonna avec sa ténacité obsessionnelle caractéristique. En 1779, Catherine avait embauché John Bush et son fils Joseph pour qu'ils se chargent de ses jardins de Tsarskoïé Selo. Pour ses autres domaines, elle avait fait venir d'autres Anglais à la main verte – Sparrow et Hackett. Preuve de son anglomanie, Potemkine considérait manifestement les jardiniers anglais comme les égaux des aristocrates russes. Il éprouvait un tel respect pour ces seigneurs des plates-bandes qu'il dîna chez les Bush avec deux de ses nièces, un de leurs maris, le comte Skavronski, et trois ambassadeurs, un casse-tête social qui inquiéta la baronne Dimsdale, visiteuse anglaise théoriquement plus démocratique. Elle observa que Potemkine avait apprécié l'« excellent dîner dans le goût anglais » de Bush et mangé autant qu'il l'avait pu. (Le Sérénissime aimait tant la cuisine anglaise que, lorsque son banquier Sutherland lui offrit du bœuf rôti à dîner, il emporta le reste chez lui.) Bientôt, les exigences de Potemkine dans le secteur du jardinage prirent de telles proportions qu'il recruta Ayton en Angleterre et emprunta Sparrow à Catherine.

Aucun d'entre eux n'acquit la renommée de Gould, qui est aujourd'hui encore admiré dans des coins reculés de Russie et d'Ukraine. En 1998, l'auteur a entendu prononcer son nom dans des endroits aussi éloignés l'un de l'autre que Saint-Pétersbourg et Dniepropetrovsk. Gould eut la chance d'être engagé par un homme décrit par l'*Encyclopaedia of Gardening* (1822) comme « l'un des plus extravagants mécènes de notre art dont l'époque moderne peut s'enorgueillir ». Mais Potemkine eut quant à lui le bonheur de trouver son alter ego en matière de jardinage – créateur à la fois doué et ambitieux de gigantesques jardins à l'anglaise qui, dans tout l'empire, défiaient les distances et l'imagination.

Gould disposait d'un effectif de « plusieurs centaines d'assistants » qui voyageaient dans le sillage de Potemkine. Il planifia et réalisa des jardins à Astrakhan, Ekaterinoslav, Nikolaïev et en Crimée, y compris sur sa côte luxuriante, à Artek, Massandra et sur le site du palais d'Aloupka[1]. Les connaisseurs locaux évoquent encore son nom avec vénération, deux siècles après son dernier coup de houe. Potemkine découvrit les ruines de l'un des châteaux de Charles XII de Suède, peut-être près de Poltava. Non seulement il le fit restaurer, mais il demanda à Gould de l'entourer d'autres jardins à l'anglaise.

1. Aloupka est un remarquable palais de Crimée, construit dans un style faisant à la fois penser à une demeure de seigneur écossais, au gothique et au mozarabe, sur ordre du prince Mikhaïl Vorontsov et de son épouse, Lise, qui était petite-nièce de Potemkine. C'est aujourd'hui un musée (voir Épilogue).

Gould avait la capacité incroyable de créer des jardins anglais du jour au lendemain, sur-le-champ, là où se trouvait Potemkine. L'*Encyclopaedia of Gardening*, citant l'un des apprentis de Gould, affirme que chaque fois que Potemkine s'arrêtait, il faisait ériger un palais temporaire et Gould créait un jardin à l'anglaise, composé « de bosquets et d'arbres, divisé par des allées de gravier et orné de bancs et de statues, toutes transportées avec son cortège ». La plupart des historiens ont supposé que les histoires des jardins anglais de Potemkine n'étaient que des légendes – il devait être impossible que Gould se déplace avec un convoi de chênes, de rocailles et de massifs. Mais c'est là que la réalité rejoint le mythe : les archives d'État à Saint-Pétersbourg, qui contiennent des récits sur Potemkine, montrent que Gould s'est constamment rendu avec Potemkine dans des endroits où nous savons par d'autres sources que ces jardins furent effectivement créés en quelques jours. Potemkine avait quelque chose d'Haroun al-Rachid. Il était, comme le dit Élisabeth Vigée-Lebrun, « une sorte d'enchanteur tel que l'on en voit dans les *Mille et une Nuits*[1] ».

Gould parcourait désormais toute la Russie, travaillant en tandem avec le prince. Il devint le « Brown de Russie », mais, mettait en garde l'*Encyclopaedia of Gardening*, « un étranger établi comme jardinier en chef d'un empereur devient un despote comme son maître ». On devine là la jalousie d'un jardinier face à celui qui fut élevé au rang de tsar des bosquets, le Potemkine des jardins.

L'anglomanie de Potemkine concernait évidemment aussi la peinture. Il collectionnait les tableaux et gravures et aurait possédé des œuvres du Titien, de Van Dyck, Poussin, Raphaël et Léonard de Vinci. Le prince faisait appel à des négociants et aux ambassadeurs russes en guise de marchands d'art : « Je n'ai pas encore trouvé le paysage que vous souhaitiez, mon prince, mais j'espère l'avoir bientôt », écrivait l'ambassadeur russe à Dresde, capitale baroque de la Saxe.

Le réseau anglais de Potemkine le fit alors entrer en contact avec Sir Joshua Reynolds. Lorsque Harris retourna à Londres en 1784, il

1. Nous pouvons suivre quelques-unes des aventures de Gould dans les archives. En 1785, il perçoit 1 453 roubles pour un outil nécessaire en Crimée ; l'année suivante, 500 roubles pour des jardiniers venus d'Angleterre se joindre à l'équipe. En 1786-1787, Gould partit de Saint-Pétersbourg pour la Crimée avec 200 roubles pour le voyage et 225 pour sa voiture. Puis il rejoignit le prince en Moldavie pendant la guerre, voyageant avec lui jusqu'à Dubossary en 1789 (800 roubles) et l'année suivante à Jassy (650 roubles).

donna à John Joshua Proby, Lord Carysfort, une lettre d'introduction pour Potemkine : « Le porteur de cette lettre est un homme de bonne famille – un pair d'Irlande. » Carysfort arriva à Saint-Pétersbourg et suggéra tant à l'impératrice qu'au prince que leurs collections anglaises manquaient d'œuvres : que pensaient-ils de son ami Reynolds ? Tous deux en convinrent. Les sujets furent laissés au choix de l'artiste – mais Potemkine voulait quelque chose d'historique, en accord avec les goûts de Reynolds. Quatre ans plus tard, après bien des retards, Catherine reçut un tableau et Potemkine deux. Carysfort et Reynolds écrivirent au prince, en français, alors que les peintures partaient à bord du *Friendship*. Pour le remercier de son hospitalité en Russie, Carysfort expliqua à Potemkine que la peinture de Catherine était un « jeune Hercule qui étrangle le Serpent », ajoutant : « Il serait superflu de faire remarquer à Votre Altesse, qui a une si parfaite connaissance de la littérature ancienne, que le tableau s'inspire des *Odes* de Pindare[1]. » Reynolds assura Potemkine qu'il allait lui faire le même tableau, puis lui préféra un autre sujet. Celui-ci devint *La Clémence de Scipion*. Carysfort lui envoya aussi *Cupidon défaisant la ceinture de Vénus* de Reynolds. « Des connaisseurs qui l'ont vu, écrivit Carysfort, l'ont trouvé d'une grande beauté. »

Il l'était en effet. Les deux tableaux semblent appropriés pour Potemkine. *La Nymphe,* telle qu'on l'appelle de nos jours, représente l'espiègle petit Cupidon déliant la ceinture d'une Vénus radieuse aux seins nus. L'autre tableau, *Scipion,* héros classique idéal de Potemkine – qui avait vaincu les Carthaginois comme lui avait vaincu les Turcs –, résiste à la tentation des femmes et de l'argent, deux choses auxquelles Potemkine, lui, ne pourrait jamais résister. Ni Catherine, ni Potemkine n'étaient pressés de payer. Reynolds factura 105 livres à Carysfort pour la *Nymphe.* Catherine finira par régler les exécuteurs testamentaires de Reynolds[2]. Plus tard, Potemkine ajouta un Kneller et un Thomas Jones à sa collection anglaise.

Le Sérénissime était également le mécène du meilleur peintre anglais de Saint-Pétersbourg, Richard Brompton, un bohémien, « sorte de peintre hurluberlu et génial », selon Jeremy Bentham, que Catherine

1. Horace Walpole, toujours acide, se moqua de l'adéquation du sujet, puisque deux tsars avaient été tués, dont un par étranglement, pour permettre à Catherine de se maintenir sur le trône.

2. Parkinson eut l'occasion d'admirer les tableaux de Potemkine à l'Ermitage en 1792. Aucun des trois Reynolds n'y est aujourd'hui exposé, mais ils sont parfois prêtés à l'étranger. Quand l'auteur les a cherchés en 1998, ils traînaient dans un couloir poussiéreux servant de remise, posés tristement contre un mur.

sauva de la prison où il se trouvait pour dettes. Potemkine devint presque l'agent du bohème Brompton, allant jusqu'à lui conseiller quelles sommes demander pour ses œuvres. Il lui commanda un portrait de Branicka : cette toile splendide, en taille réelle, qui orne aujourd'hui le palais d'Aloupka en Crimée, a saisi la beauté mutine de Sachenka, son intelligence et sa morgue. Brompton peignit aussi l'impératrice, mais Potemkine ordonna personnellement qu'il change ses cheveux. Joseph II acheta le tableau, tout cela pour se plaindre que cette « croûte » était « si horriblement peinte que je voulus la retourner ». Brompton fit souvent appel à Potemkine, dans des lettres presque illisibles et inédites, pour lui faire part de ses soucis d'argent et s'inquiéter du mécénat impérial. Quand il mourut, laissant derrière lui 5 000 roubles de dettes, Potemkine donna 1 000 roubles à sa veuve.

L'enthousiasme avec lequel Potemkine et Catherine partageaient leurs goûts artistiques est un autre aspect charmant de leur relation. Quand tous deux se retirèrent à l'écart pendant deux heures en 1785, les diplomates crurent qu'une guerre allait éclater, jusqu'à ce qu'ils apprennent que le couple avait plaisamment pris le temps de feuilleter quelques dessins du Levant rapportés par Sir Richard Worsley, un voyageur anglais. Par respect pour leur passion commune, il était normal que, après la disparition du prince, sa collection rejoigne celle de Catherine à l'Ermitage.

Entre-temps, le 28 juillet 1785, Jeremy Bentham partit de Brighton, emportant avec lui les conseils avisés de Shelburne : « Ne vous liez à aucune intrigue pour servir l'Angleterre ou la Russie, pas même avec une belle dame. » Il rencontra Logan Henderson et les deux séduisantes demoiselles Kirtland à Paris et poursuivit son voyage en passant par Nice et Florence (où il remarqua un « pauvre vieillard » à l'Opéra – le Jeune Prétendant[1]). Le groupe partit de Livourne pour Constantinople. De là, Jeremy envoya Henderson et les deux demoiselles Kirtland par mer en Crimée. Il continua par voie de terre. Après un voyage spectaculaire en compagnie de la sœur de l'hospodar de Moldavie et vingt cavaliers, il arriva à Kritchev en février 1786. Les retrouvailles furent joyeuses, les frères Bentham ne s'étaient pas revus depuis cinq ans et demi.

1. Charles Édouard Stuart (1720-1788), prétendant aux couronnes anglaise et écossaise, qui prit la tête d'une tentative de révolte des clans écossais en 1745, et vécut ensuite toute sa vie en exil.

Une fois la fête terminée, le village biélorusse se mua en une tour de Babel où les querelles, les excès de boisson et l'échangisme étaient monnaie courante. Les recrues constituaient une équipe des plus hétéroclites, et rares étaient ceux qui étaient effectivement ce qu'ils prétendaient. Samuel s'efforça de garder le contrôle de cette « racaille de Newcastle – des mercenaires originaires de cette ville canaille ».

Jeremy avoua à Samuel que les « nièces » de Henderson, les laitières, qui l'avaient tant impressionné par leur féminité et leurs connaissances, n'étaient pas plus fromagères qu'elles n'avaient de lien familial avec le jardinier : ces trois-là pratiquaient apparemment le triolisme. La carrière de Henderson ne fut pas synonyme de succès. Potemkine installa le jardinier et ses deux « nièces » laitières dans la maison tatare près de Karasubazaar. Le prince, toujours sentimental, n'avait pas oublié qu'il s'y était remis de la fièvre en août 1783 et l'avait achetée. Cependant, il apprit bientôt que Henderson était un « imposteur éhonté » qui n'avait jamais encore « planté un seul brin d'herbe, quant à Mamzel[1], elle n'a[vait] pas fait un seul fromage ».

Roebuck, une autre recrue, voyageait avec sa « *soi-disant** épouse », qui s'avéra être une authentique souillon. Elle offrit « ses services à chacun des hommes de Newcastle », souhaitant se débarrasser de son bandit de mari. Samuel réussit à l'envoyer chez le prince Dachkov : ces anglophiles russes étaient heureux de la présence de la fille d'un jardinier – du moment qu'elle venait du pays de Shakespeare. Samuel soupçonnait le « très fâcheux » Roebuck d'avoir volé des diamants à Riga – il n'était « pas le plus honnête ». Quand Potemkine convoqua Samuel, Jeremy resta aux commandes du domaine, ce qui aboutit à de nouveaux débordements. Le docteur Debraw, le sexologue des abeilles, se révéla extrêmement néfaste. Il pénétra dans l'étude de Jeremy « avec l'air d'un homme cherchant querelle » et exigea un laissez-passer pour pouvoir partir. Cette équipe d'escrocs finit même par voler l'argent de Samuel pour payer leurs dettes. Il y eut des rébellions contre les Bentham, dirigées par Benson, le contremaître général, qui, une fois encore « comme quelque fâcheux », insulta Jeremy, qui ne l'avait jamais rencontré jusque-là. Puis la « harpie cuisinière et gouvernante » se joignit aux « séducteurs masculins » en attirant le « vieux Benson dans son lit ». Le mot « querelle » se mit à apparaître avec une fréquence inquiétante dans les lettres des Bentham.

Malgré les excentricités de ces expatriés, les Bentham obtinrent des résultats considérables, tant sur le plan littéraire que commercial. « La

1. L'une des filles.

journée me semble compter davantage d'heures à Kritchev ou plutôt dans notre cottage à trois miles de là, où je vis maintenant, écrivit Jeremy. Je me lève un peu avant le soleil, prends mon petit déjeuner en moins d'une heure et ne mange plus ensuite, jusqu'à 8 heures [...] du soir. » Il travaillait sur son *Code* de droit civil, sur une version française de son *Rationale of Reward* et de la *Defence of Usury*. Mais il avait aussi « été obligé de [s]'aller mendier auprès de [s]on frère et de lui emprunter une idée ». Le *Panopticon* fut la solution trouvée par Samuel pour contrôler cette racaille composée de Russes, de Juifs et d'Anglais du Nord : une manufacture construite de telle façon que le responsable pouvait voir tous ses travailleurs depuis un poste d'observation central. Jeremy, le réformateur juridique, en vit aussitôt l'intérêt pour les prisons. Il s'escrima du matin au soir sur le *Panopticon.*

Jeremy et Samuel avaient tous deux une autre grande ambition qui tenait aussi à cœur à Potemkine : ils rêvaient de devenir propriétaires en Crimée. « Nous serons d'excellents agriculteurs, affirma Jeremy. J'ose dire qu'il nous donnerait une belle parcelle à chacun de nous si nous le souhaitions. » Potemkine narguait cruellement Samuel – « vous n'avez qu'à me dire ce qu'il vous faut » – et jamais les Bentham ne devinrent des propriétaires en Crimée, bien qu'ils aient obtenu une part dans l'un des domaines de Korsakov.

Samuel, pendant ce temps, gérait les manufactures, le commerce avec Riga et Kherson en devises (changeant les 20 000 roubles de Potemkine en ducats) et en étoffes anglaises, et faisant construire des *baidaks* (bateaux fluviaux) pour le Dniepr. En dépit du comportement « querelleur » de ses recrues, il fit souvent l'éloge d'autres ouvriers, qui l'aidèrent à accomplir tant de choses. Au cours des deux premières années, il avait déjà construit deux grands navires et huit baidaks ; en 1786, il produisit encore le nombre impressionnant de vingt baidaks. Tout cela était si passionnant, si palpitant que le vieux Jeremiah Bentham décida qu'il les rejoindrait peut-être lui aussi. Mais deux Bentham suffisaient.

En 1786, les ordres de Potemkine changèrent. Depuis 1783, Catherine et Potemkine se demandaient quand l'impératrice inspecterait ses nouveaux domaines dans le Sud. Le voyage avait toujours été reporté, mais à présent il semblait bel et bien sur le point de se concrétiser. Samuel était déjà passé maître dans l'art de construire des barges et des baidaks pour le Dniepr. Potemkine lui ordonna alors de fabriquer treize yachts et douze péniches de luxe sur lesquels l'impératrice pourrait descendre en croisière sur le Dniepr jusqu'à Kherson. Samuel expérimentait une nouvelle invention qu'il appelait le « vermiculaire », que l'on ne saurait décrire autrement que comme « un train articulé flottant à rames, une série de boîtes flottantes astucieusement reliées entre elles ». Samuel se mit au travail et parvint à s'acquitter de l'énorme commande de Potemkine, à laquelle il ajouta un vermiculaire impérial, une barge en six parties, de plus de quatre-vingts mètres de long, propulsée par des rames.

Jeremy Bentham, qui voulait rencontrer le célèbre Potemkine, attendait la visite du Sérénissime tandis que Samuel était parti tester ses navires. Puisqu'il semble que toute la Russie ou presque ait passé une grande partie de cette période à anticiper fébrilement l'arrivée du « prince des princes », cela n'avait rien de surprenant. Pendant ce temps, la communauté hétéroclite des querelleurs britanniques de Biélorussie se comportait de façon d'autant plus anarchique qu'elle était désormais maladroitement gouvernée à temps partiel par l'un des pères de la philosophie utilitariste.

Potemkine ne les avait pas encore payés. Le Dr Debraw, le jardinier Roebuck et le majordome-contremaître Benson entrèrent ouvertement en rébellion. Nombre des Britanniques sur place avaient manifestement adopté le mode de vie traditionnel des expatriés en se livrant sans retenue à la débauche. Bientôt, ils commencèrent à périr en grand nombre, un malheur qui, dit Samuel, avait plus à voir avec leur intempérance qu'avec le climat malsain. Debraw venait d'être nommé médecin général dans l'armée quand il mourut, ce qui vaut peut-être mieux pour les soldats russes. Le reste soit expira, soit s'éparpilla.

« Nous attendons le prince d'heure en heure, en route pour ses États depuis un temps considérable », écrivit Jeremy Bentham. Mais, comme c'était souvent le cas, le prince était en retard. Quelques jours plus tard, la comtesse Skavronskaïa, la nièce et maîtresse de Potemkine, fit étape à Kritchev en rentrant à Saint-Pétersbourg depuis Naples, et elle leur fit savoir que « le prince des princes avait renoncé à son intention de venir ». Certains biographes ont affirmé que Potemkine et Jeremy Bentham eurent de longues discussions philosophiques, mais il n'existe aucun récit d'une telle rencontre. S'ils s'étaient croisés, on peine à croire que Jeremy n'aurait pas écrit à ce sujet[1].

1. Potemkine n'eut peut-être jamais la chance de rencontrer Jeremy Bentham. Mais nous le pouvons : il repose, empaillé, pâle et desséché, mais aisément reconnaissable, sous la forme de son « auto-icône », dans les couloirs de l'University College de Londres.

Enfin, après plus d'un an passé dans l'univers de Potemkine, Jeremy Bentham rentra chez lui en passant par la Pologne, séjournant dans bien des « auberges juives ». Il y avait des compensations à vivre dans des masures sales entouré d'animaux repoussants : de magnifiques Juives. Il en fait ici une description caractéristique : « Belle Juive, des porcs dans l'étable [...] la volaille en liberté dans la maison. » Le philosophe troussa même un compliment singulier pour un voyageur anglais de son siècle : les Juives d'une maison lui parurent si belles que « toute la famille, d'un beau sang et d'une belle chair, [n'était] *pas inférieure*[1] aux Anglais ».

Le domaine prospérait. À Kritchev, Potemkine avait interrogé son conseiller médical suisse, le Dr Behr, sur la réduction de la mortalité, peut-être par inoculation. La population masculine des serfs passa de 14 000 à 21 000 en quelques années. Les comptes du domaine prouvent qu'il était essentiel pour la flotte de Kherson, alors que les lettres inédites de Bentham dans les archives de Potemkine montrent comment les villes de la mer Noire utilisaient Kritchev comme leur source de ravitaillement. En deux ans et huit mois, jusqu'en août 1785, l'entreprise de Bentham envoya à Kherson des gréements, des voiles et des embarcations fluviales pour une valeur de 120 000 roubles et des cordages et de la toile pour un montant de 90 000 roubles. En 1786, Bentham livra des baidaks d'une valeur de 11 000 roubles. Quand Samuel fut parti, la production de voiles avait triplé, celle des gréements doublé. Plusieurs manufactures étaient très lucratives en 1786. La distillerie rapportait 25 000 roubles par an ; les 172 métiers à tisser 25 000 roubles de plus, et la corderie produisait 1 000 pouds, ou seize tonnes, par semaine, rapportant ainsi peut-être 12 000 roubles. Toutefois, les pertes et les profits importaient peu à Potemkine : son seul critère était le synonyme de gloire et de puissance pour l'empire – autrement dit son armée, sa marine et ses villes. Selon ce critère, ces manufactures et arsenaux impériaux étaient un franc succès.

Brusquement, en 1787, le prince vendit l'ensemble du complexe, pour 900 000 roubles, afin d'acheter des domaines encore plus grands en Pologne. Kritchev lui avait été donné et, s'il y avait beaucoup investi, il est peu probable que le recrutement d'artisans anglais lui ait coûté une somme ne serait-ce qu'approchante. Comme toujours avec ce prince digne de Machiavel, la vente subite de ce qu'il

1. Italiques de l'auteur.

avait édifié avec tant de soin avait d'importantes motivations politiques. Il déménagea une partie des manufactures de son domaine à Krementchouk, confiant à d'autres le soin de continuer sous une nouvelle direction. Quand le domaine fut mis en vente, les Juifs de Kritchev tentèrent de récolter des fonds « pour permettre à Sam[uel Bentham] de racheter cette ville ». Mais il n'en fut rien.

Ce fut la fin de l'aventure Kritchev pour Jeremy Bentham et ses recrues britanniques. Mais c'était encore loin d'être la fin pour les deux Anglais préférés de Potemkine – Samuel Bentham et William Gould. Tous deux seraient appelés à jouer un grand rôle dans son avenir. Le prince avait jusqu'ici eu recours à Samuel Bentham en tant que consultant minier en Sibérie, gestionnaire de manufacture et de chantier naval, colonel des mousquetaires, agronome et inventeur. Il devrait maintenant remonter le fleuve avec ses barges en mission spéciale, et deviendrait alors intendant, spécialiste en artillerie, officier de marine combattant, instructeur sibérien et négociant en Alaska et en Chine, le tout dans cet ordre.

Gould, son équipe sans cesse grossie de nouveaux experts venus d'Angleterre, devint un élément indispensable de l'entourage du prince – son apparition annonçait toujours l'arrivée de Potemkine en personne, quand il débarquait avec ses outils, ses ouvriers et ses arbres, quelques semaines avant le grand homme lui-même. Dans la guerre qui s'annonçait, pas une fois le quartier général itinérant de Potemkine ne s'installa sans un jardin de Gould. Mais son chef-d'œuvre serait le jardin d'hiver du palais de Tauride.

Le Sérénissime négligeait parfois ses hôtes britanniques en raison des impératifs de la politique à Saint-Pétersbourg, d'autant plus qu'il jonglait en même temps avec ses projets au sud. Au tout début de l'aventure de Samuel Bentham, quand il voyageait avec Potemkine de retour de Crimée, le prince promit de l'accompagner à Kritchev pour décider de ce qu'il faudrait y faire. Ils firent halte à Krementchouk, où leur parvinrent des nouvelles de Saint-Pétersbourg qui bouleversèrent leurs plans.

Sans un mot d'adieu, le prince quitta Krementchouk avec la « plus grande hâte », n'emmenant qu'un serviteur avec lui. Une seule personne au monde était capable de le pousser à tout laisser tomber de la sorte.

21

Le Nègre blanc

« D'ailleurs, un adolescent plaisait parfois à l'impératrice, et elle venait tout récemment d'enterrer le beau Lanskoï. »

Lord Byron, *Don Juan*, Chant IX, 47

Le 25 juin 1784, le lieutenant-général Alexandre Lanskoï, le favori de Catherine, âgé de vingt-six ans, décéda à Tsarskoïé Selo avec l'impératrice à ses côtés. Sa maladie avait été soudaine : il s'était levé avec un mal de gorge moins d'une semaine plus tôt. Lanskoï semblait savoir qu'il allait mourir – même si Catherine essaya de le convaincre du contraire – et il le fit avec le calme et la dignité avec lesquels il avait occupé sa difficile position. Pourtant, les rumeurs les plus scabreuses ne tardèrent pas à se répandre à l'étranger au sujet de son trépas. Il serait mort « en place » avec Catherine, il aurait ruiné sa santé fragile en prenant de dangereux aphrodisiaques pour satisfaire sa vieille maîtresse nymphomane. À sa mort, il fut dit qu'il avait « littéralement éclaté – son ventre éclata ». Peu de temps après son décès, « ses jambes se détachèrent. La puanteur était insupportable aussi. Ceux qui le mirent en bière […] moururent ». On parla d'empoisonnement. Potemkine, déjà accusé d'avoir poussé le prince Orlov à la folie à l'aide d'un poison lent, avait-il éliminé un rival ? À en juger par le récit tragique que Catherine en fit à Grimm et par d'autres témoignages, Lanskoï mourut probablement de la diphtérie. Du fait de la fournaise de l'été et du temps qui s'écoula avant que Catherine accepte de l'enterrer, il est fort possible que la puanteur ait été intolérable. Les entrailles des cadavres non enterrés ont tendance à gonfler avec la chaleur.

L'impératrice s'effondra, au paroxysme d'une douleur accablante. Ses courtisans ne l'avaient jamais vue dans un tel état. Le médecin impérial Rogerson et le ministre Bezborodko, partenaires de jeu et de boisson, s'entretinrent, sans doute par de rapides chuchotements, si fréquents dès que la cour traversait une crise. Rogerson déploya ses saignées et ses purgatifs souvent mortels, mais les deux hommes comprirent qu'il fallait à Catherine un remède émotionnel[1]. L'impératrice pensait naturellement à son « mari », son « cher ami ». Dans son malheur et son désespoir, elle n'arrêtait pas de demander de façon émouvante si Potemkine avait été prévenu. Rogerson informa Bezborodko qu'il était « tout à fait nécessaire » de calmer la douleur et l'anxiété de l'impératrice : « Et nous savons qu'il n'y a qu'une seule façon d'y parvenir : l'arrivée la plus prompte de Son Altesse. » Dès que Lanskoï expira, Bezborodko expédia vers le Sud le courrier le plus rapide de la cour. Comme une enfant, Catherine demandait si le prince serait bientôt là. Oui, lui répondaient-ils, sans aucun doute le prince était en route.

Le courrier trouva le Sérénissime, accompagné de Samuel Bentham, à Krementchouk, en pleine organisation de la base de Sébastopol et de Kritchev. Le prince partit sur-le-champ. Ses actions étaient comme toujours dominées par deux sentiments indissociables : son amie bien-aimée avait besoin de lui et son pouvoir en dépendait. Potemkine se vantait d'être le voyageur le plus rapide de toute la Russie. S'il fallait en général dix jours aux courriers pour couvrir cette distance, Potemkine réussit à n'en mettre que sept pour rentrer. Le 10 juillet, il arriva à Tsarskoïé Selo.

Alors que Potemkine galopait dans les steppes, Catherine dut faire face à la perte tragique du favori avec lequel elle avait été la plus heureuse. « Enthousiaste, honnête et doux », Lanskoï était son élève chéri, avec qui elle laissa libre cours à ses instincts maternels et pédagogiques, et il était devenu un membre de la famille de Catherine et Potemkine. Il était d'une beauté frappante – ses portraits nous montrent ses traits raffinés de jeune homme. Catherine pensait qu'elle avait trouvé en lui son Saint-Graal, un compagnon pour le reste de sa vie. « J'espère, dit-elle à Grimm dix jours seulement avant le mal de gorge de Lanskoï, qu'il sera mon bâton de vieillesse. »

1. Le Dr Rogerson venait de faire une autre victime. Peu de temps après avoir rejeté l'amour de Samuel Bentham pour sa nièce, le feld-maréchal prince Alexandre Golitsyne mourut aux bons soins de Rogerson, probablement saigné et purgé à mort. « Je crains, dit Catherine à Potemkine en plaisantant à moitié, que quiconque tombe entre les mains de Rogerson ne soit déjà mort. »

Potemkine débarqua dans la cour paralysée par la prostration de l'impératrice, hantée par le cadavre en décomposition de Lanskoï, toujours sans sépulture, et bruissant de mensonges cruels et narquois. Catherine elle-même était inconsolable. « J'ai été plongée dans la douleur la plus aiguë et mon bonheur n'est plus, dit-elle à Grimm. [Lanskoï] partageait mes peines et se réjouissait de mes joies. » Les nobles, à Saint-Pétersbourg et à Tsarskoïé Selo, commencèrent à redouter l'effondrement de Catherine. Des semaines après la mort du favori, des courtisans rapportaient : « l'impératrice est aussi affligée que le jour de la mort de M. Lanskoï ». Catherine était presque folle de douleur, posant sans cesse des questions sur le corps de son amant, espérant peut-être : son décès n'était qu'un mensonge. Elle ne quitta pas son lit pendant trois semaines. Quand elle finit par se lever, elle ne sortit pas. Personne ne la vit plus durant des mois. Il n'y avait plus d'animation, la cour était « extrêmement triste ». Catherine tomba malade. Rogerson lui prescrivit ses saignées et ses panacées habituelles, ce qui explique sans doute ses flatulences et sa faiblesse. Dans un premier temps, seuls Potemkine et Bezborodko purent la voir. Plus tard, Fiodor Orlov, le plus doux des frères, lui rendit visite dans la soirée. Le prince consola Catherine en partageant son deuil. On dit que les courtisans entendaient Potemkine et Catherine « hurlant » ensemble au souvenir du favori disparu.

Catherine estimait que personne ne pouvait comprendre sa souffrance. Au début, même l'empathie de Potemkine lui fut insupportable, mais il finit, par ses attentions, par l'arracher à sa souffrance : « il nous éveilla ainsi du sommeil de la mort ». Il resta à ses côtés, du matin au soir. Il vécut sans doute presque avec elle durant ces semaines. Il est probable que ce fut une de ces crises, comme le comte Cobenzl le dit à Joseph II, au cours desquelles Potemkine reprit son ancien rôle de mari et d'amant. Leur relation défie notre entendement moderne, mais fut plus proche de ce que les Français appellent une « *amitié amoureuse** ». Le moment n'était pas forcément propice à faire l'amour, mais à beaucoup d'amour. C'est dans de tels instants que Potemkine obtenait un « pouvoir sans limite », comme il le dit une fois à Harris : « Quand tout se passe bien, mon influence est moindre, mais quand elle rencontre des difficultés, elle me veut toujours et alors mon influence devient aussi grande que jamais. »

Peu à peu, Catherine se reprit. Lanskoï fut enterré près de Tsarskoïé Selo en son absence, plus d'un mois après sa mort. Catherine quitta sa résidence d'été le 5 septembre, affirmant qu'elle ne pourrait jamais y revenir. Quand elle arriva à la capitale, elle ne put supporter de séjourner dans ses propres appartements, avec tous ses souvenirs de Lanskoï, aussi emménagea-t-elle dans son Ermitage. Pendant l'année suivant la mort de Lanskoï, il n'y eut pas de favori. Catherine était en deuil. Potemkine l'était avec elle : en un sens, ils se retrouvèrent ainsi pendant un certain temps. Ce fut un soulagement quand l'impératrice se montra enfin en public : elle alla à l'église trois jours plus tard. C'était la première fois que la cour la voyait depuis deux mois et demi.

Potemkine dut rentrer dans le Sud pour mettre la dernière main à ses projets. Il partit en janvier 1785. Malgré la distance, il veilla à la réconforter. Certaines de leurs lettres, qui datent sans doute de cette période, renouent avec la chevalerie et l'amusement, mais pas la passion brûlante et les éclats de rire de leur liaison, dix ans auparavant. Cette résurgence de leur romance se parait de teintes automnales, comme si l'un et l'autre se sentaient plus âgés. Tout d'abord, il lui envoya une tabatière et elle le remercia pour ce bel objet « de tout [s]on cœur ». Puis il lui envoya une robe faite de la soie de ses filatures et l'invita, romantique, à emprunter la route du Sud, qui serait pour elle « couverte de soie ».

Le Sérénissime revint au début de l'été 1785, alors que Catherine était de nouveau en pleine forme. Les deux anciens amants se livrèrent à leurs jeux familiers. « Je m'en vais maintenant à confesse. Pardonnez-moi, madame Matiouchka, pour tous mes péchés – qu'ils soient délibérés ou inconscients », écrivit Potemkine dans l'ancienne écriture slave du Sud. Le prince lui avait joué un tour. Catherine répondit : « Je vous demande également de me pardonner, et que Dieu vous bénisse. Quant à ce qui précède, je peux le deviner à peu près, mais je ne comprends rien ou presque. J'ai bien ri en le lisant. » C'était tout à fait lui : souvent incompréhensible, mais toujours enthousiasmant. Le rire occupa une grande place dans sa thérapie. Mais il lui manqua au cours des six mois qu'il passa dans le Sud.

Catherine ayant l'habitude de confier au favori un rôle semi-officiel, la cour y était maintenant tellement accoutumée que les courtisans s'attendaient à ce que le poste soit bientôt pourvu. Ce qui revenait à faire curieusement pression sur elle pour qu'elle trouve quelqu'un. Un an après la mort de Lanskoï, Potemkine comprit qu'elle – qui disait ne pas pouvoir vivre « sans amour ne serait-ce qu'une heure » – avait besoin en permanence de plus d'amour qu'il n'en pouvait donner. Si Potemkine escomptait atteindre les sommets de la gloire dans l'empire, il lui fallait quelqu'un pour prendre soin de Catherine. À cette époque, quand Catherine se rendait à l'église, les jeunes hommes se pomponnaient et se dressaient fièrement dans leurs plus beaux uniformes, dans l'espoir de se faire remarquer à son passage. Catherine avait toujours eu du mal à se concentrer à l'église, comme Casanova s'en aperçut. C'était une scène de mauvais goût, mais compréhensible. Le fait que ces jeunes gens aient redoublé d'efforts prouve que les candidats n'étaient pas choisis par Potemkine, comme l'affirmaient les ragots malveillants – ils se faisaient simplement remarquer à la cour, même si un protecteur astucieux veillait ensuite à les placer sur le chemin de l'impératrice. Quoi qu'il en soit, la chasse était ouverte. La disparition de Lanskoï marqua le début de l'apogée de la splendeur de Catherine, mais aussi de son basculement dans l'indignité. Ses amours devinrent de plus en plus déséquilibrées.

Une fois le Sérénissime de retour dans la capitale, l'impératrice remarqua effectivement quelques-uns des officiers de la garde en service. Il y avait le prince Pavel Dachkov, l'ami de Bentham formé à Édimbourg et fils de la princesse Dachkova, et deux autres gardes – Alexandre Pétrovitch Yermolov et Alexandre Matveevich Dmitriev-Mamonov, un cousin éloigné de Potemkine. Tous trois faisaient partie de l'état-major du prince. L'affaire se mit alors à ressembler à un concours de beauté impérial, dont le vainqueur serait annoncé lors d'un bal masqué.

Catherine avait un faible pour Dachkov depuis un certain temps. Elle posait régulièrement des questions sur son « cœur excellent ». Cinq ans plus tôt, le prince Orlov était tombé sur la princesse Dachkova, en voyage avec son fils à Bruxelles – deux puissants russes en demi-exil. Orlov avait taquiné l'orgueilleuse princesse en suggérant que son fils pourrait devenir favori. Dès que le jeune homme eut quitté les lieux, Dachkova s'emporta contre Orlov. Comment osait-il parler à un garçon de dix-sept ans de ces questions répugnantes ? « Quant aux favoris, conclut-elle, je lui rappelai que je ne connaissais ni n'avais jamais reconnu de telles personnes. » La réponse obscène que lui fit Orlov était « indigne d'être répétée » – et pourtant bien méritée. Maintenant, Orlov était mort, la princesse Dachkova était de retour après des années de voyage et Dachkov avait vingt-trois ans.

Il est difficile de ne pas songer que la princesse Dachkova, tout en considérant le favoritisme avec un mépris mal déguisé, ne put surmonter l'ambition de voir son fils occuper ce poste. Potemkine continuait de faire rire l'impératrice avec ses imitations des principaux courtisans – et celle de la hautaine Dachkova était sans doute une de ses plus réussies, si bien que Catherine la lui réclamait souvent.

Le Sérénissime dut donc particulièrement apprécier de prendre cette pompeuse mouche du coche à son propre piège.

La princesse Dachkova vint voir Potemkine et se montra des plus charmantes. Il l'encouragea évidemment dans ses ambitions et lui donna malicieusement des raisons d'espérer que la famille Dachkov soit sur le point d'être honorée. Entre ces discussions, Potemkine devait sans doute surgir dans les appartements de Catherine afin de s'y livrer à des imitations cruelles de la princesse, suscitant de grands éclats de rire impériaux. À l'insu de Dachkov, Catherine flirtait avec Yermolov et Mamonov, qui étaient tout aussi beaux – et n'étaient pas affligés d'un dragon comparable en guise de mère. Tous avaient bon espoir que leur candidat serait choisi, mais apparemment Potemkine n'avait pas de préférence.

La princesse Dachkova, savourant son prochain retour en grâce, affirma dans ses Mémoires que Potemkine envoya son neveu Samoïlov à l'« heure de l'amant », après le dîner, « pour demander si le prince Dachkov était à la maison ». Il ne l'était pas. Samoïlov laissa un message : Potemkine voulait le voir chez lui dès que possible. La princesse, écrivant des années plus tard, soutint que Potemkine avait offert à son fils le poste dégoûtant de favori, ce qu'elle aurait ainsi refusé devant Samoïlov : « Bien qu'aimant beaucoup l'impératrice et n'osant pas s'opposer à sa volonté, j'ai trop de quant-à-soi [...] pour prendre part à une affaire de cette nature. » Si son fils devenait effectivement favori, ajouta-t-elle, le seul usage qu'elle ferait de son influence serait pour réclamer un passeport afin de partir à l'étranger.

Cette anecdote douteuse est à l'origine du mythe qui veut que Potemkine ait envoyé des jeunes gens à Catherine à l'« heure de l'amant ». Dachkov étant l'aide de camp de Potemkine, une telle convocation n'avait rien de sordide. Il est beaucoup plus probable que Potemkine se soit moqué de la princesse. Il ne fait aucun doute qu'il dut aussitôt donner sa réponse à Catherine en prenant sa « voix de Dachkova ».

Le Sérénissime donna un bal masqué dans son palais Anichkov – il ne vécut jamais dans cette maison colossale[1], à l'angle de la perspective

1. À sa mort, le palais passa aux Romanov. Il devint la résidence à Saint-Pétersbourg de Catherine, la sœur adorée d'Alexandre Ier, jusqu'à sa mort en 1818. Ensuite, il appartint à Nicolas Ier jusqu'à son accession au trône, puis servit aux bals de l'impératrice : Pouchkine et son épouse y allèrent souvent danser. Plus tard, il fut la propriété de la mère du tsar Nicolas II, l'impératrice Maria Féodorovna, jusqu'en 1917. En février 1914, le prince Félix Youssoupov, le futur assassin de Raspoutine, y épousa la grande-duchesse Irina.

Nevski et de la Fontanka, mais il y conservait sa bibliothèque et s'en servait pour les divertissements. Il ordonna à son architecte Starov de construire un troisième étage et de modifier la façade pour y ajouter un peu plus de ces colonnes doriques qu'il aimait tant. Quand Potemkine se trouva à court de fonds, il remboursa ses dettes à son ami marchand Nikita Chemiakine en lui donnant l'Anichkov. Mais Catherine le racheta pour lui. Ces échanges de palais pour cause de dettes étaient fréquents, et l'impératrice était toujours là pour l'aider.

Deux mille personnes déferlèrent pendant toute la soirée, portant masques et costumes. Il installa l'orchestre, dans l'immense galerie ovale de l'Anichkov, autour d'une pyramide richement décorée. Plus de cent musiciens, dirigés par Rosetti, jouèrent des bois, accompagnés d'une chorale. La star de l'orchestre était un « nègre drapé de soie jouant des timbales » au sommet de la pyramide. La salle était coupée en deux par des tentures. Des couples dansaient le quadrille. Les courtisans regardaient le prince Dachkov servir de cavalier à une adolescente, la princesse Ekaterina Bariatinskaïa, une beauté exceptionnelle, dont c'était la première sortie. Elle serait l'une des dernières maîtresses de Potemkine.

Lorsque l'impératrice arriva en compagnie du grand-duc Paul, tout le monde l'observa pour voir si l'un des trois jeunes gens pressentis serait distingué. Lev Engelhardt, qui nous a transmis une description vivante de la soirée, remarqua Yermolov. Potemkine avait ordonné à son état-major de porter des uniformes de la cavalerie légère, mais Yermolov était habillé comme un dragon, au mépris des exigences du prince. Engelhardt se précipita pour l'avertir de rentrer chez lui se changer. « Ne vous inquiétez pas, répondit Yermolov en toute confiance. Mais merci quand même. » Cette arrogance audacieuse intrigua Engelhardt.

La princesse Dachkova ne quittait pas Potemkine. Ensemble, ils admirèrent la silhouette athlétique de son fils. Puis elle alla trop loin, soit en présumant que son fils avait été désigné, soit en demandant au prince de proposer un autre membre de sa famille. Devant l'assemblée, Potemkine se tourna vers elle avec un air narquois. Le poste n'est plus vacant, dit-il. Il vient d'être confié au lieutenant Yermolov. « Qui, balbutia la princesse humiliée, qui ? »

Potemkine l'abandonna sur place, prit Yermolov par la main et s'éloigna dans la foule avec lui « comme s'il était un noble de haut rang ». Le prince guida Yermolov jusqu'à la table où l'impératrice jouait au whist et le déposa, pour ainsi dire, à seulement quatre pas derrière son fauteuil, sous le nez des principaux courtisans. À cet instant, tout le monde, même Dachkov, comprit que l'impératrice s'était choisi un nouveau favori. Le rideau fut tiré pour dévoiler des tables magnifiquement dressées. L'impératrice, le grand-duc et les courtisans s'installèrent à une grande table ronde tandis que quarante autres étaient aménagées pour le reste de l'assistance. Le bal a continué jusqu'à 3 heures.

Le lendemain matin, onze mois après la mort du tant regretté Lanskoï, Yermolov emménagea dans ses anciens appartements dans le Palais d'hiver, et il fut nommé aide de camp général de l'impératrice. Il avait trente et un ans, était grand, blond, avec des yeux en amande et un nez épaté – Potemkine le surnommait le « Nègre blanc ». Il n'était ni aussi discret, ni aussi beau que Lanskoï, ni aussi intelligent que Zavadovski : « C'est un bon garçon, constata Cobenzl, mais fort limité. » Bientôt promu major-général et décoré de l'Ordre de l'Aigle blanc, Yermolov était le neveu d'un des amis de Potemkine, Levachov, et entretenait aussi des liens d'amitié avec Bezborodko. Potemkine fut probablement soulagé de voir que Catherine avait trouvé quelqu'un d'acceptable après cette année lugubre. Bien que certains historiens aient assuré que le prince était jaloux de chacun des favoris, des observateurs plus avisés comme Cobenzl comprirent qu'il était satisfait à l'idée que Yermolov empêcherait l'impératrice de « sombrer dans la mélancolie » et stimulerait sa « gaieté naturelle ».

Avec l'ascension de Yermolov, Potemkine se retrouva au faîte de sa puissance. Quand le prince tomba malade quelques jours plus tard, Catherine « lui rendit visite, l'obligea à prendre des médicaments et prit un soin infini de sa santé ». Enfin, la position Potemkine n'était plus contestée. L'harmonie régnait à la cour. Le prince pouvait repartir gérer ses provinces et ses armées, parce que Catherine, en tant que femme, était heureuse.

La cour de Catherine avait atteint le paroxysme de l'extravagance et de la splendeur au milieu des années 1780 : « un grand étalage de magnificence et de solennité, avec le goût et le charme de la cour de France », écrivit le comte de Damas. « La splendeur de la cérémonie était rehaussée d'un luxe asiatique. » Catherine et Potemkine aimaient tous deux dépenser sans compter pour donner des fêtes et des bals, masqués ou non. L'impératrice elle-même avait un faible pour les bals travestis. « Je viens d'avoir une idée plaisante, écrivait-elle au début de son règne, nous devons donner un bal à l'Ermitage [...] nous devons dire aux dames de venir moins vêtues et sans *paniers** et *grande parure** sur la tête [...]. Des comédiens français dresseront des étals de marché où ils vendront à crédit des vêtements de femmes pour les hommes et des vêtements d'hommes pour les femmes. » Peut-être était-ce parce que l'impératrice, replète, savait qu'elle avait fière allure en costume masculin.

Si l'on avait rencontré l'impératrice de toutes les Russies au bal de la cour dans les années 1780, on l'aurait trouvée « vêtue d'une robe très élégante [...] d'un jupon de tissu violet et de longues manches blanches descendant au poignet et le corsage ouvert », assise « sur un grand fauteuil à accoudoirs revêtu de velours pourpre et richement orné », entourée de courtisans debout. Les manches, le jupon et le corsage de la robe étaient souvent de différentes couleurs. Catherine portait maintenant toujours ces robes russes à longues manches, à l'ancienne. Elles dissimulaient sa corpulence, et étaient aussi beaucoup plus confortables que les corsets et les *paniers**. La princesse Dachkova et la comtesse Branicka l'imitaient, mais la baronne Dimsdale souligna que d'autres dames les portaient « tout à fait à la française », bien que « la gaze et les fleurs françaises n'aient jamais été, décréta Lady Craven, destinées aux beautés russes ». Il y avait partout des tables de jeu, tout le monde jouait au whist tandis que l'impératrice déambulait dans la salle, insistant avec grâce sur le fait que personne n'était tenu de se lever – ce que tous faisaient évidemment aussitôt.

Durant l'hiver, la cour se déplaçait entre les Palais d'hiver et d'été à Saint-Pétersbourg. Elle respectait le même programme hebdomadaire – les grands rassemblements de l'Ermitage le dimanche avec tous les diplomates ; le lundi, bal chez le grand-duc et ainsi de suite. Lorsque Potemkine était dans la capitale, il avait l'habitude de passer ses soirées du jeudi à errer dans le Petit Ermitage de l'impératrice, où elle continuait à se détendre avec son amant Yermolov et des amis proches comme Narychkine et Branicka. Les conversations y étaient privées. Aucun serviteur ne les espionnait. Au dîner, les invités commandaient leurs plats en écrivant au crayon sur de petites ardoises qu'ils plaçaient au milieu de la table mécanique conçue à cet effet, et les faisaient descendre à l'aide d'un monte-plats qui leur apportait ensuite leurs repas.

Pendant les mois d'été, toute la cour parcourait la trentaine de kilomètres menant aux diverses stations balnéaires impériales voisines. Catherine aimait Peterhof, sur le golfe de Finlande, mais la principale demeure de la cour à cette époque de l'année était Tsarskoïé Selo, où Catherine séjournait généralement au palais Catherine, de style baroque, construit par Élisabeth, qui lui avait donné le nom de sa mère, la paysanne devenue l'épouse de Pierre le Grand.

« C'est un bâtiment magnifique, écrivit la baronne Dimsdale, l'édifice en briques revêtu de stuc [...] les piliers extérieurs tout dorés. » À l'intérieur, certaines des salles étaient tout simplement « superbes » ; l'une d'elles, meublée au goût chinois, la frappa, mais elle « n'oublierai[t] jamais » la petite suite « semblable à quelque palais enchanté » par « ses murs incrustés de feuilles rouges et vertes qui en éblouiss[ai]ent le regard ». Les tapisseries de la salle de Lyon étaient censées avoir coûté 201 250 roubles. Catherine avait fait redessiner l'ensemble des lieux par l'architecte écossais Charles Cameron, et les jardins étaient bien sûr à l'anglaise, aménagés par M. Bush, avec des pelouses, des allées de gravier, de kiosques et de bosquets – et un grand lac au milieu. La Galerie de Cameron était comme un temple antique, suspendue dans la lumière au sommet de ses piliers, ce qui donnait une impression de légèreté et d'espace. À l'intérieur se trouvait la galerie de bustes, dont ceux de Démosthène et de Platon. Le parc était rempli de monuments et de kiosques dédiés aux victoires de la Russie, de sorte que ce panorama magique n'est pas sans rappeler une version impériale d'un parc à thèmes Disney, ayant en occurrence pour sujet la gloire de l'impératrice et l'expansion de l'empire. Il y avait la colonne Chesme, conçue par Antonio Rinaldi, se dressant avec une impressionnante dignité sur une île au milieu du Grand Étang, et la colonne Roumiantsev en mémoire de la bataille de Kagoul. Il y avait des ponts sibériens, turcs et chinois, un village chinois, une tour en ruines, une pyramide et un mausolée pour trois de ses lévriers anglais, où était gravé : « Ci-gît Zemira et les grâces en deuil se devraient de jeter des fleurs sur sa tombe. Comme Tom, son aïeul, et Lady, sa mère, elle fut constante dans sa loyauté et n'avait qu'un seul défaut, elle était un peu colérique. » Non loin de là se tenait le mausolée de Lanskoï. Il y avait même des jeux forains, comme la montagne volante – une sorte de grand huit.

L'impératrice se levait tôt et sortait se promener, avec ses lévriers, dans son long manteau, ses chaussures en cuir et son bonnet, comme on la voit sur le portrait peint par Borovikovski et telle qu'elle est décrite dans le roman de Pouchkine *La Fille du capitaine*. Plus tard dans la journée, il pouvait y avoir des défilés militaires. Un jour que la baronne Dimsdale était là, Catherine se tenait sur le balcon pour passer en revue Potemkine chevauchant en tête de ses gardes.

Le prince disposait de ses propres demeures aux alentours de Tsarskoïé Selo, et l'impératrice y séjournait souvent aussi. Parfois, ils faisaient construire leurs palais côte à côte – par exemple, elle fit édifier Pella près de son Ostrovki afin qu'ils puissent facilement se rendre visite. Comme il résidait plutôt dans ses appartements dans les palais impériaux, ses nombreuses résidences n'étaient qu'autant de caravansérails pour ce sultan ambulant – mais il ne cessait d'en acquérir de nouveaux, les construisant ou les reconstruisant sur un coup de tête ou pour suivre la mode anglaise. Le premier fut le petit palais Eschenbaum sur la côte finlandaise, « donné à mon prince Potemkine » en 1777, où Catherine vivait quand elle entama sa liaison avec Korsakov. « Quelle vue depuis chaque fenêtre, dit-elle à Grimm. Je vois deux lacs depuis la mienne, trois monticules, un champ et un bois. » C'est probablement là que Harris séjourna avec la famille Potemkine. Il avait une autre résidence sur la route de Peterhof[1], qu'il acheta en 1779 : Starov y abattit un palais baroque et le reconstruisit en style néoclassique.

Toutefois, dans les années 1780, Potemkine tomba amoureux du style néogothique symbolisé par le Strawberry Hill de Walpole, en Grande-Bretagne. Starov modifia donc deux de ses palais pour en faire des châteaux néogothiques, Ozerki et Ostrovki[2]. Ostrovki se retrouva affublé de tours et de flèches, d'arcs et de remparts. Un seul des châteaux gothiques du prince a survécu : il possédait une grande propriété dans les bois de Bablovski, qui jouxtent Tsarskoïé Selo. En 1782-1785, il engagea Ilya Neyelov (de retour d'Angleterre où il s'était imprégné de l'architecture) pour créer son propre Strawberry Hill. Bablovo[3] était un palais pittoresque et asymétrique avec des tourelles gothiques, des tours, des arcs et des fenêtres cintrées : ses deux ailes s'étendaient à partir d'une tour ronde médiévale. Vu à travers bois, il ressemble aujourd'hui à un croisement entre une église en ruine et un château magique.

---

1. Un hideux cinéma soviétique s'y tient aujourd'hui.

2. Une tradition sinistre prétend que la « princesse Tarakanova » y aurait été enfermée pendant un certain temps, avec l'enfant prétendument engendré par Alexis Orlov-Tchesmenski, mais il n'existe aucune preuve de son séjour, ni de l'existence de l'enfant. Ostrovki survécut jusqu'à ce que les nazis le détruisent, mais heureusement il fut photographié dans les années 30.

3. L'auteur en a retrouvé les ruines dans le parc Bablovski. Il y a une surprise à l'intérieur de la tour : un bassin circulaire de granit rouge de trois mètres de diamètre environ. Il s'agissait de la première version d'une piscine, construite par Alexandre Ier, où il avait l'habitude de nager en privé durant les chauds étés de Tsarskoïé Selo.

Quand il était temps pour la cour de rentrer à Saint-Pétersbourg, un laquais en uniforme écarlate garni de franges d'or plaçait un petit tabouret revêtu de velours pourpre pour que l'impératrice monte dans un carrosse tiré par dix chevaux. Quinze voitures la suivaient. À chacun de ces voyages, le cortège comptait plus de huit cents chevaux. Une centaine de canons tiraient une salve, les trompettes résonnaient sous les acclamations de la foule. Il y avait des palais sur la route de Saint-Pétersbourg où l'impératrice pouvait se reposer.

Il y avait plus de dix ans que Potemkine et Catherine étaient tombés amoureux : elle avait cinquante-sept ans. Tout le monde en sa présence, écrivait Damas, était frappé par « la dignité et la majesté de son maintien et la gentillesse et la douceur de son expression ». Bentham trouvait « ses yeux les plus beaux que l'on puisse imaginer et sa personne tout à fait avenante ». Ses yeux bleus et son front redoutable et volontaire étaient plus frappants que jamais, mais elle était petite, de plus en plus grosse et sans cesse tourmentée par des problèmes de digestion.

Son attitude envers le pouvoir était toujours ce mélange d'expansion impitoyable et de *raison d'État** associé à la ruse et à une modestie tout à fait feinte. Lorsque Ligne et Grimm commencèrent à répandre dans les salons son surnom de « Grande Catherine », elle affecta son humilité coutumière : « Merci de ne pas m'appeler du sobriquet de la Grande Catherine car (i) je n'aime guère les surnoms (ii) mon nom est Catherine II et je ne tiens pas à ce que les gens disent de moi comme Louis XV que j'étais nommée à tort » (Louis XV, dit le *Bien-Aimé**, ne le fut guère après sa mort). Sa seule faiblesse restait sa quête éternelle et attachante de l'amour. « Il vaudrait mieux qu'elle n'éprouve dans ces amours qu'une attirance physique, écrivait un diplomate français, mais c'est chose rare chez les personnes âgées et quand leur imagination n'est pas morte, elles se couvrent cent fois plus de ridicule qu'un jeune homme. » Dès lors, elle commença à se moquer d'elle-même, autant que le pouvait une *autocratrix*.

Potemkine savait exactement comment la gérer, et elle lui. Vers le milieu des années 1780, leur relation tint autant à leurs séparations qu'à leurs retrouvailles. Le prince savait que « ce n'était jamais dans le voisinage de l'impératrice que son pouvoir était le plus élevé puisque alors il devait le partager avec elle, expliquait Damas. C'est pourquoi il préférait dernièrement se trouver loin d'elle. Quand il était à une certaine distance, tous les détails des affaires de l'administration et de l'armée étaient entre ses mains ». Potemkine respectait son « intrusion excessive » et sa capacité à repérer d'éventuelles incohérences dans les arguments, mais il n'hésitait jamais à la flatter à la truelle, comme le dirait plus tard le Premier ministre britannique Benjamin Disraeli à propos de ses relations avec la famille royale. « Flattez autant que vous le pouvez, conseilla-t-il à Harris, vous ne pouvez jamais trop en faire, mais flattez-la pour ce qu'elle *devrait* être, non pour ce qu'elle *est.* » Il s'en prenait aussi sans pitié à sa timidité et à sa féminité : « Parlez à ses passions, à ses sentiments [...] elle ne demande rien que des éloges et compliments, offrez-en-lui et elle vous donnera toute la force de son empire. » Mais Potemkine jouait là encore un rôle avec Harris, peut-être discuté au préalable avec Catherine. Si la flatterie avait été la clé, Harris aurait eu plus de succès, et Potemkine moins, parce que le prince et l'impératrice ne cessaient de se disputer.

Quand il lui écrivait, il l'appelait du nom révélateur de « *kormilitsa* », sa nourrice ou mère adoptive ; elle continuait de l'appeler « *gossoudar* » – « seigneur » – ou usait d'un surnom, mais elle les voyait, elle et lui, comme Pylade et Oreste, les David et Jonathan de la mythologie. Elle se comportait à la fois comme son impératrice et comme son épouse : quand il était loin, elle reprisait les coudes de ses vareuses comme une brave femme au foyer, lui envoyait manteau après manteau et lui disait de prendre ses médicaments comme à un enfant. Politiquement, elle le considérait comme l'homme clé de son gouvernement, son ami – le consort. Elle lui disait constamment : « sans toi je me sens comme si je n'avais pas de mains », ou tout simplement le priait de revenir la voir à Saint-Pétersbourg. Souvent, elle aurait voulu qu'il soit à ses côtés, pas dans le Sud, afin qu'ils puissent régler les questions complexes en « une demi-heure ». Son admiration pour son inventivité, son intelligence et son énergie transparaît clairement dans leurs lettres, et elle redoute souvent de mal faire sans lui : « Je suis perplexe comme je ne le suis jamais quand je suis avec vous. Je ne cesse de craindre d'être passée à côté de quelque chose. » Leurs « deux esprits » valaient toujours « mieux qu'un ». Elle le pensait « plus intelligent que je ne le suis, tout ce qu'il fait est méticuleusement réfléchi ». Il ne pouvait pas la forcer à faire ce qu'elle ne voulait pas, mais ils avaient leur façon à eux de surmonter les problèmes à coups de cajoleries et de disputes jusqu'à ce qu'ils trouvent une solution. « Il est le seul homme que l'impératrice respecte, et elle l'aime et le craint à la fois. »

Elle tolérait son mode de vie libertin, se montrait indulgente vis-à-vis de ses excentricités et savait bien qu'il était presque comme un empereur. « Le prince Potemkine s'est retiré à 11 heures ce soir, sous le prétexte d'aller au lit, écrivit-elle à Grimm le 30 juin 1785 de Peterhof, où elle séjournait avec son nouvel amant Yermolov, bien que l'on sache parfaitement qu'il organise une réunion cette nuit » pour consulter des cartes et décider des affaires de l'État. « On a même entendu dire qu'il serait plus qu'un roi. » Elle ne se faisait pas d'illusions sur son impopularité parmi les grandes familles de la noblesse – mais elle semblait secrètement heureuse quand son valet de chambre lui affirmait qu'il était détesté par tout le monde sauf elle. Son mépris pour sa propre popularité plaisait à l'impératrice, et le fait qu'il dépendait totalement d'elle apaisait les peurs que pouvait susciter sa puissance. En effet, elle se plaisait à dire : « Même si toute la Russie se soulevait contre le prince, je serais à ses côtés. »

Quand il revenait à Saint-Pétersbourg de ses voyages, il l'aidait souvent dans ses entreprises : Catherine décida qu'elle souhaitait nommer son ennuyeuse co-conspiratrice, la princesse Dachkova, directrice de l'Académie des sciences. La princesse lui adressa une lettre dans laquelle elle disait ne pas se sentir à la hauteur de la tâche, et se rendit chez Potemkine pour lui expliquer son refus, mais Potemkine la coupa : « Je suis déjà au courant par Sa Majesté. » Le Sérénissime lut la lettre de Dachkova, puis « la déchira en morceaux » sous ses yeux. « En proie à l'étonnement et à la colère », Dachkova exigea de savoir comment il avait pu oser déchirer une lettre adressée à l'impératrice.

« Reprenez-vous, princesse, dit-il, et écoutez-moi. Vous êtes sincèrement attachée à Sa Majesté [...] alors pourquoi voulez-vous la troubler sur un sujet qui, ces deux derniers jours, a exclusivement occupé ses pensées et sur lequel elle a fixé son cœur ? Si vous n'en démordez pas, voici une plume, de l'encre, et écrivez à nouveau votre lettre. Mais je n'agis qu'en tant qu'homme dévoué à vos intérêts. » Puis il ajouta cet habile compliment caractéristique de sa façon de procéder : l'impératrice avait une autre raison de vouloir que Dachkova se trouve à Saint-Pétersbourg. Elle voulait être en mesure de lui parler davantage : « pour dire la vérité, elle est épuisée par ces imbéciles qui l'entourent éternellement ». Cela suffit à la convaincre. « Ma colère, écrivit Dachkov, se dissipa. » Le Sérénissime pouvait être irrésistible quand il le voulait. Naturellement, elle accepta le poste.

Dès que Yermolov se fut installé dans ses nouveaux locaux, l'impératrice, accompagnée de la cour, du nouveau favori, du Sérénissime et des ambassadeurs de Grande-Bretagne, de France et d'Autriche, partit en croisière depuis le lac Ladoga jusqu'à la haute Volga. Catherine et Potemkine aimaient voir les choses par eux-mêmes – comme le disait l'impératrice, « l'œil du maître engraisse le cheval ». Ce voyage montre parfaitement comment la cour se divertissait – et comment Potemkine faisait de la politique. Le principal défi de la vie de cour était de lutter contre l'ennui.

Les trois émissaires étaient des parangons de l'esprit des Lumières. L'ambassadeur autrichien était toujours le hideux mais charmant coureur de jupons Louis Cobenzl, qui, bien que d'âge mûr, rêvait de monter sur les planches et prenait des leçons de chant. Quand des courriers impériaux arrivaient de Vienne, ils n'étaient plus surpris de trouver l'ambassadeur devant son miroir, en train de chanter, déguisé en comtesse d'Escarbagnas. Alleyne Fitzherbert avait un « *caractère vraiment britannique** », ce qui signifiait qu'il était « perplexe face aux habitudes du prince ». Et Potemkine se trouva un nouvel ami en la personne de l'envoyé français, qui était différent de ses médiocres prédécesseurs. Le visage rond, les sourcils perpétuellement levés, et arborant en permanence une expression amusée comme un ouistiti souriant, Louis-Philippe, comte de Ségur, âgé de trente-deux ans, était un fleuron de cette époque dont il témoigna si élégamment dans ses *Mémoires**. Fils d'un maréchal et ministre de la Guerre français, ami de Marie-Antoinette, Diderot et D'Alembert, et vétéran de la guerre d'Indépendance, il devint un membre intime du cercle de Catherine et Potemkine.

Pendant la croisière, les courtisans se divertissaient en jouant aux cartes, en assistant à des concerts et surtout en s'adonnant à des jeux de mots. Cela peut sembler artificiel aujourd'hui, mais les ambassadeurs pouvaient modifier les relations entre leur souverain et la Russie en y excellant : par exemple, Fitzherbert fut chargé de composer un poème avec des rimes se terminant par les mots *amour, frotte, tambour* et *garde-note**. Sa réponse, combinant la flatterie, le français et les quatre mots, fut considérée comme si brillante que Catherine la répéta à Grimm :

D'un peuple très nombreux Catherine est l'amour
Malheur à l'ennemi qui contre elle se frotte ;
La renommée usa pour elle de son tambour
*L'histoire avec plaisir sera son garde-note**

Certains de ces *bons mots**, parfois lourds, étaient inventés sur place, mais le plus souvent, comme les émissions de télévision comiques théoriquement improvisées d'aujourd'hui, ils étaient laborieusement composés à l'avance, puis prononcés en public comme s'ils avaient été conçus sans effort. Mais Fitzherbert n'était pas le maître de ces drôleries poétiques : il était surpassé par l'« aimable et spirituel » Ségur, que Catherine saluait comme le génie du genre : « Il nous fit des poèmes et des chansons [...] le prince Potemkine en mourut de rire tout au long du voyage. »

Tandis que les barges descendaient la Volga, Ségur vit comment les caprices de Potemkine pouvaient se transformer instantanément en politique. Joseph II avait aidé Potemkine à annexer la Crimée, si bien que Catherine était obligée de le soutenir dans sa volonté obsessionnelle d'échanger les Pays-Bas autrichiens contre la Bavière. Il avait déjà essayé en 1778, mais cela avait abouti à la guerre des Pommes de terre avec la Prusse. Une fois encore, Frédéric le Grand, avant de tirer sa révérence sur cette scène qu'il avait dominée pendant presque un demi-siècle, avait déjoué les plans de Joseph pour annexer la Bavière, en négociant la création d'une ligue des princes allemands pour l'en empêcher. Le traité sur le commerce anglo-russe devait, lui, être renouvelé, mais Catherine exigeait maintenant de meilleures conditions. Toutefois, Hanovre, dont le roi Georges III était Électeur, rejoignit Frédéric dans sa ligue anti-autrichienne. Ce n'était rien de moins qu'un camouflet pour Catherine – et d'autant plus pour l'anglophile Potemkine.

Lorsque ces nouvelles parvinrent à la péniche impériale, le couple en fut de fort mauvaise humeur. Après le dîner, Ségur suivit Potemkine sur sa galère, où le Sérénissime explosa, dénonçant l'égoïsme britannique pour cette « ruse perfide ». « Je l'ai dit à l'impératrice il y a longtemps, mais elle n'a pas voulu me croire. » Le nouveau Premier ministre britannique, William Pitt, âgé de vingt-six ans, « qui ne l'aim[ait] pas personnellement », ne manquerait pas de dresser des obstacles sur la voie de la politique russe en Allemagne, en Pologne et en Turquie. Cette analyse de l'approche orientale de Pitt était exacte. Le prince déclara qu'il donnerait n'importe quoi pour se venger de la « perfide Albion ». Et pourquoi pas un traité franco-russe sur le commerce ? suggéra Ségur. Potemkine éclata de rire : « Le moment est favorable. Saisissez-le ! » Les étrangers aimaient présenter le prince comme un enfant capricieux, mais en fait il encourageait déjà Kherson à commercer avec la France, certain que c'était Marseille, et non Londres, la clé du commerce russe en mer Noire.

Il recommanda immédiatement à Ségur de rédiger un projet de traité secret : « Ne le signez même pas. Vous ne risquez rien [...] Les autres ministres ne le sauront pas [...] Mettez-vous vite au travail ! » Ironie du sort, Ségur dut emprunter l'écritoire de Fitzherbert afin de rédiger cette embuscade antibritannique.

Le lendemain, Potemkine fit irruption dans la cabine de Ségur pour l'informer que, dès qu'ils seraient rentrés à Saint-Pétersbourg, l'impératrice ordonnerait que le traité soit signé. Effectivement, quand ils furent de retour le 28 juin, Ségur assistait à un bal masqué à la cour quand Bezborodko arriva en se dandinant et lui chuchota à l'oreille qu'il avait reçu l'ordre de négocier le traité sur-le-champ. Cela prit du temps, mais il fut signé en janvier 1787.

« Le crédit de Yermolov semble augmenter rapidement, remarqua Ségur à son retour à Saint-Pétersbourg. La cour, étonnée d'un tel changement, se tourne vers ce nouveau soleil levant. » Au printemps 1786, alors que Yermolov n'occupait sa position que depuis un peu moins d'un an, le jeune favori avait commencé à jouer un jeu dangereux : il avait décidé de renverser Potemkine. « Les amis et relations du prince étaient consternés. » Yermolov resta la créature de Potemkine jusqu'à ce que le prince surprenne Levachov, l'oncle du favori, à tricher aux cartes. Potemkine le jeta dehors et l'oncle s'en plaignit au prétentieux Yermolov. On rapporta qu'il refusait désormais de transmettre les demandes de faveurs du Sérénissime. Ce dont Potemkine pouvait fort bien s'acquitter seul. Il est plus probable que Yermolov, à l'intelligence limitée, était réticent à l'idée d'être un membre mineur de la famille de Catherine et Potemkine, qu'il était jaloux de la puissance du prince – et fut manipulé par ses rivaux.

Les mains invisibles derrière l'intrigue de Yermolov étaient probablement celles d'Alexandre Vorontsov, président du collège du Commerce et frère de Simon, l'ambassadeur à Londres, et de l'ancien favori Zavadovski, les deux hommes travaillant avec Potemkine mais le détestant. Ils se servirent de la gestion acrobatique des finances par Potemkine pour laisser entendre qu'il aurait détourné des fonds du Trésor – en particulier trois millions de roubles pour le développement du Sud – et ils avaient, en guise de preuve, une lettre du khan de Crimée déchu, Shagin Giray, qui affirmait que le prince lui volait sa pension. Ce n'était pas suffisant, ils le savaient bien, parce que tous les paiements du Trésor, y compris ceux destinés à Potemkine, et même à Shagin Giray, avaient souvent des années de retard. Il était donc vain d'analyser les comptes de Potemkine, puisqu'il utilisait son propre argent pour financer des projets impériaux, puis se remboursait lorsque les fonds de l'État arrivaient. D'ailleurs, il n'avait pas besoin de détourner de l'argent – Catherine lui accordait tout ce qu'il voulait. Toutefois, les conjurés convainquirent Yermolov de montrer la lettre de Shagin Giray à l'impératrice. C'est ce qu'il fit tandis que la cour était à Tsarskoïé Selo, et il réussit à semer le doute dans l'esprit de la souveraine. Le sort en était jeté.

Catherine se montra soudain plus froide avec Potemkine. Le prince, qui avait tant fait pour développer le Sud, garda fièrement ses distances. Ils se parlaient à peine et il ne passait plus que rarement la voir, même si sa disgrâce était exagérée. Même à la fin du mois mai, au nadir de cette crise, Catherine dit à son nouveau secrétaire, Alexandre Khrapovitski : « Le prince Potemkine ressemble à un loup et n'est pas très aimé pour cela, mais il a bon cœur [...]. Il serait également le premier à demander merci pour ses ennemis. » Néanmoins, les courtisans n'attendaient plus que de se ruer à la curée. Son antichambre se vida. « Tout le monde prit ses distances, se souvenait Ségur. Quant à moi, je redouble d'assiduité auprès du prince. Je le vois tous les jours. » Ce n'était pas seulement de l'amitié de la part de Ségur, car il avait deviné que la relation entre le prince et l'impératrice était basée sur un lien secret et invisible. Pourtant, l'étau semblait se resserrer. Ségur le supplia de se montrer prudent. « Quoi, vous aussi ? répliqua Potemkine. Vous voulez que j'aille mendier honteusement après avoir rendu de si grands services en vertu d'une injustice offensante ? Je sais qu'ils disent que je suis perdu, mais ils ont tort. Permettez-moi de vous rassurer : ce n'est pas un enfant qui va me renverser !

— Soyez prudent ! l'avertit de nouveau Ségur.

— Votre amitié me touche, dit le prince. Mais je méprise trop mes ennemis pour les craindre. »

Le 17 juin, l'impératrice, le grand-duc, Potemkine, Yermolov et Ségur quittèrent Tsarskoïé Selo pour Pella. Le lendemain, elle visita le palais voisin de Potemkine à Ostrovki, preuve supplémentaire que la position de Potemkine était effectivement loin d'être aussi catastrophique que ne le suggéraient les commérages. À leur retour à Tsarskoïé Selo, Potemkine assista à tous les dîners de Catherine durant les trois jours suivants. On peut supposer que les conspirateurs étaient en train de pousser Catherine à agir en se fondant sur leurs informations. Même dans le palais ensoleillé de Catherine, Potemkine n'avait droit qu'à un accueil glacial.

Le lendemain, il quitta tout simplement la cour sans un mot et se rendit à Narva, sur la Baltique. À son retour dans la capitale, il s'établit au palais du maître de la cavalerie, Narychkine, s'adonnant « à des fêtes, au plaisir et à l'amour ». Ses ennemis chantaient victoire. Catherine était censée avoir l'habitude de ses bouderies et ne fit rien. Mais, quand il ne se présenta pas le 28 juin – jour de l'accession au trône de Catherine –, elle se rendit sûrement compte que le maître politicien l'avait percée à jour.

« Je m'inquiète considérablement pour toi, écrivit Catherine secrètement à Potemkine, répondant à son défi. Je n'ai pas entendu un mot de toi depuis tant de jours. » Le ton de la lettre était chaleureux. C'était un de ces signes qu'il comprenait à la perfection. Potemkine patienta quelques jours. Soudain, il parut à la cour – tel le fantôme de Banquo surgissant dans *Macbeth,* sauf qu'il n'avait rien d'un fantôme du tout. Le prince « en furie » serait entré en coup de vent dans le boudoir de l'impératrice et aurait hurlé quelque chose de ce genre : « Je viens, madame, déclarer à Votre Majesté que Votre Majesté doit en cet instant même choisir entre Yermolov et moi – l'un de nous doit ce jour quitter votre cour. Tant que vous garderez ce Nègre blanc, je ne mettrai plus les pieds au palais. » Puis il ressortit comme il était entré et quitta Tsarskoïé Selo.

Le 15 juillet, l'impératrice renvoya Yermolov par le biais d'un de ses tireurs de ficelles, Zavadovski. Le Nègre blanc partit le lendemain, les mains pleines, se retrouvant avec quatre mille paysans, 130 000 roubles et l'ordre de voyager[1]. Le soir même, l'autre jeune officier avec qui Catherine avait flirté un an plus tôt, Alexandre Dmitriev-Mamonov, arriva avec Potemkine. Mamonov était son aide de camp (et parent éloigné). Potemkine aurait envoyé Mamonov à Catherine porteur d'une aquarelle, et d'une question impertinente : que pensait-elle du tableau ? Elle considéra le jeune homme et répondit : « Les contours sont bien, mais le choix des couleurs est moins heureux. » C'est une légende, mais on dirait bien un de ces jeux auxquels seul Potemkine pouvait se livrer avec l'impératrice. Le lendemain, l'impératrice écrivit à Mamonov…

Cette nuit-là, Mamonov croisa son ami Khrapovitski, secrétaire de l'impératrice, alors qu'il était escorté vers la chambre à coucher de Catherine – un moment gênant, ou au contraire de triomphe,

1. Yermolov demanda audience au roi Georges III lors de sa visite à Londres un an plus tard, ce qui fut source d'un certain embarras. Plus tard, il s'installa à Vienne.

pour rencontrer un ami proche. Ce monde était en effet très petit, et Khrapovitski le chroniqua avec un luxe de détails fascinant. Le lendemain matin, le méticuleux secrétaire nota avec malice : « Ils ont dormi jusqu'à 9 heures. » En d'autres termes, l'impératrice passa trois heures de plus au lit. Un jour plus tard : « Ils ont fermé la porte. M-v était là à dîner et selon la coutume, [elle était] poudrée », selon Khrapovitski, dont les yeux ne quittaient presque jamais le trou de la serrure impériale.

La mise en place de Mamonov se déroula si habilement qu'il est tout à fait possible que la « fureur » de Potemkine ait eu lieu beaucoup plus tôt et que la crise n'eût jamais pour motif un détournement de fonds, mais bien Yermolov lui-même. Il est probable que Catherine courtisait Mamonov tandis que Yermolov et ses conjurés chantaient victoire. C'est ce qui explique l'absence inhabituelle d'énergie de Potemkine durant la conspiration – un autre exemple de ses talents de comédien. Potemkine menaça toujours, à un moment ou un autre, de faire chasser les favoris, à partir de Zavadovski. D'ordinaire, Catherine lui assurait que son pouvoir ne risquait rien – et il pouvait s'occuper de ses propres affaires. Elle obligeait ses favoris à le flatter, et lui était assez souple pour se lier d'amitié et travailler avec eux. S'il réussit à écarter Yermolov, c'est sans doute parce que ce mignon refusait de vivre au sein du système Potemkine et que Catherine ne l'aimait pas vraiment. Quoi qu'il en soit, c'était une victoire politique.

« Matiouchka, ayant fait le tour de Saint-Pétersbourg, Peterhof, Oranienbaum, je suis rentré et je vous baise les pieds. Je vous ai ramené le Paraclet, sauf, sain, joyeux et aimable. » Le Paraclet – la consolation de Matiouchka, Mamonov – était déjà avec l'impératrice, qui lui répondit : « C'est une grande joie, Batinka : comment vous sentez-vous sans sommeil, mon seigneur ? Comme je suis heureuse que vous soyez arrivés ! »

« Le prince Grigori Alexandrovitch est de retour », écrivait Khrapovitski le 20 juillet. Mamonov, reconnaissant, offrit au prince une théière dorée gravée des mots « Plus unis par le cœur que par le sang », car leurs relations étaient désormais à distance. Mamonov, âgé de vingt-six ans, était un francophile instruit, issu de la petite noblesse, avec une exquise bouche en cœur et un joli petit nez. Il était beaucoup plus cultivé et intelligent que Yermolov et très apprécié pour son charme, son apparence et sa courtoisie. Catherine le couvrit d'honneurs : l'aide de camp général fut fait comte du Saint-Empire romain germanique et il posséda bientôt vingt-sept mille serfs, tout en touchant 180 000 roubles par an, avec un budget de 36 000 roubles pour ses frais de bouche. Avait-elle le sentiment de devoir encore plus dédommager ses amants pour occulter son propre vieillissement ? Catherine tomba amoureuse et ne tarda pas à délirer à son sujet. Elle le surnommait « Monsieur Tunique rouge », parce qu'il aimait en porter une qui faisait ressortir ses yeux noirs. « Le manteau rouge, s'enflammait-elle en écrivant à Grimm le 17 décembre, abrite un homme au cœur excellent [...] à l'esprit de quatre personnes [...] une source inépuisable de gaieté. » Mamonov rendait Catherine heureuse et rassurait Potemkine. Il devint un membre de leur étrange famille, comme Lanskoï, en aidant les nièces, Branicka et Skavronskaïa, et en adressant des lettres chaleureuses au prince, que Catherine joignait aux siennes. Parfois, elle ajoutait un post-scriptum aux lettres de Mamonov, qu'il avait l'habitude de signer « avec mon absolue dévotion ».

Peu après la chute du Nègre blanc et l'installation de Monsieur Tunique rouge, Potemkine invita Ségur à dîner. « Eh bien, monsieur le diplomate, le salua le prince, dans ce cas au moins [...] mes prédictions sont meilleures que les vôtres ! » Puis, embrassant son ami avec effusion, Potemkine tonna : « Ai-je eu tort en quoi que ce soit, Batiouchka ? L'enfant m'a-t-il renversé ? Ma bravoure m'a-t-elle coulé ? »

Sa bravoure avait en effet porté ses fruits. Le Sérénissime pouvait retourner dans le Sud. Il était si souvent parti que le colonel Mikhaïl Garnovski, son *homme d'affaires** à Saint-Pétersbourg, qui fit fortune aux frais de la duchesse de Kingston, lui envoyait des rapports secrets sur la politique de la cour. Garnovski surveillait de près le comportement du favori et remarqua que, lors des toasts, il se contentait prudemment de ne boire qu'à la santé du prince. Catherine montrait les documents officiels à Mamonov, mais il n'avait rien d'un homme d'État. Les ennemis de Potemkine, Alexandre Vorontsov et Zavadovski, le courtisèrent, espérant en faire un Yermolov. Il resta fidèle, mais il souffrait. Il était jaloux si Catherine s'intéressait à quelqu'un d'autre, et trouvait la vie à la cour solitaire et cruelle : il avait raison quand il disait que les courtisans étaient comme des « loups dans une forêt ».

Catherine et Potemkine estimèrent que le moment était venu pour elle d'inspecter ses réalisations dans le Sud et de démontrer la volonté inébranlable de la Russie de contrôler la mer Noire. La date ne cessait de changer, mais finalement ils convinrent qu'elle se rendrait à Kherson et en Crimée à l'été 1787. À la veille du départ de Catherine pour cette remarquable et glorieuse expédition, le Sérénissime était désormais à l'apogée de sa puissance, exerçant, « en

Russie, un pouvoir supérieur [...] à Wolsey, Olivares et Richelieu », écrivit un étranger. Pendant des années, les diplomates le décrivirent comme le « grand vizir », d'autres l'appelaient « Premier ministre », mais aucun d'entre eux ne prit tout à fait la mesure de sa position unique. Saint-Jean fut le plus proche de la vérité : « Les gens ont compris qu'ils ne pouvaient pas renverser Potemkine [...]. Il ne lui manquait de tsar que le nom. » Mais était-il heureux ? Comment vivait-il ? Qui était Potemkine, l'homme ?

22

Un jour dans la vie de Grigori Alexandrovitch

« C'est vous, le plus courageux de tous les mortels !
L'esprit fertile aux mille plans !
Vous n'avez pas foulé les sentiers battus
Mais les avez agrandis – et le rugissement
Que vous avez laissé à vos descendants.
C'est vous, Potemkine, merveilleux dirigeant ! »

Gavril Derjavine, *La Cascade*

Matin

Le prince se réveillait tard, quand il résidait à la « maison Chepilev », reliée par son passage couvert aux appartements de l'impératrice dans le Palais d'hiver. Les antichambres étaient déjà bondées de dignitaires. Il recevait les privilégiés au lit, dans sa robe de chambre. Quand il se levait, il aimait prendre un bain froid suivi d'une courte prière du matin. Son petit déjeuner se composait généralement d'un chocolat chaud et d'un verre de liqueur.

S'il décidait de recevoir en audience, il s'allongeait dans sa salle de réception, ignorant soigneusement les plus ardents thuriféraires. Mais ils s'exposaient à de graves ennuis s'ils choisissaient de l'ignorer en retour. Un jeune secrétaire, formé à Cambridge et Oxford, attendait de voir le prince avec une mallette de documents, perdu entre tous les généraux et les ambassadeurs. Ils étaient assis dans un silence sépulcral car tout le monde savait que le prince était encore endormi. « Soudain, la porte de la chambre à coucher [...] s'ouvrit en grand et l'énorme Potemkine apparut en robe de chambre, réclamant son valet de chambre. Avant qu'il ait même eu le temps d'appeler, en un moment subit, tout le monde dans la salle – les généraux et les nobles se bousculant dans leur hâte – se précipita hors de la salle pour trouver le valet de chambre du prince. » Tout le monde ayant détalé, le secrétaire resta figé là en présence de Potemkine, « n'osant même pas ciller ».

Le Sérénissime lui lança un regard menaçant et s'éloigna. Quand il réapparut en grand uniforme, il le fit venir : « Dites-moi, Alekseev, savez-vous combien il y a de noyers dans le jardin de mon palais de Tauride ? » Alekseev ne savait pas. « Allez dans mon jardin, comptez-les et dites-le-moi », ordonna le prince. À la nuit tombée, le jeune homme revint et communiqua le nombre au prince. « Vous avez obéi vite et bien. Savez-vous pourquoi on vous a donné un tel ordre ? Pour vous apprendre à être plus rapide car j'ai remarqué que ce matin, quand j'ai appelé mon valet de chambre et que les généraux et les nobles se sont précipités pour le retrouver, vous n'avez pas bougé, jeune blanc-bec [...]. Venez demain avec vos papiers, car aujourd'hui je ne suis pas disposé à les examiner. Au revoir ! »

Les pétitionnaires étaient intrigués par l'apparence et le caractère du prince. Il était imprévisible, fascinant, inquiétant. Il respirait à la fois la menace et la bienveillance : il pouvait être « effrayant », d'une arrogance écrasante, spirituel et espiègle, chaleureux et aimable, maniaque et morose. Quand Alexandre Ribeaupierre avait huit ans, il rencontra Potemkine et n'oublia jamais ni sa puissance bestiale ni sa douceur affectueuse : « J'étais terrifié lorsqu'il me souleva dans ses mains puissantes. Il était immensément grand. Je peux le voir encore dans mes souvenirs, vêtu de sa robe de chambre ample, avec sa poitrine nue et velue. » Ligne dit de lui qu'il était « grand, droit, fier, beau, noble, majestueux et fascinant », tandis que d'autres le décrivent comme un hideux cyclope. Pourtant, Catherine parlait constamment de sa beauté et il ne manquait certes pas de sex-appeal, à en juger par les lettres de femmes qui remplissent ses archives. Il était indéniablement fier de sa gloire, mais timide quant à son apparence, en particulier son œil unique. Quand quelqu'un lui envoyait un courrier borgne, le Sérénissime soupçonnait aussitôt une moquerie et était profondément blessé par cette « plaisanterie malvenue » – et cela alors qu'il était l'homme le plus puissant à l'est de Vienne. C'est pourquoi il y a si peu de portraits de lui.

« Le prince Potemkine n'a jamais consenti à être peint, expliqua Catherine à Grimm, et s'il existe un portrait ou une silhouette de lui, c'est contre sa volonté. » Elle le persuada, vers 1784 et de nouveau en 1791, de poser pour Giambattista Lampi, le seul artiste en qui il avait confiance. Mais le Sérénissime, toujours soucieux de son handicap, ne se présentait que de trois quarts face – même si son œil inutile et mi-clos n'était pas particulièrement répugnant[1]. Les étrangers pensaient que ses yeux représentaient la Russie : « L'un ouvert et l'autre fermé, nous rappelaient le Pont-Euxin toujours ouvert et l'océan Arctique si longtemps pris par les glaces. » Le portrait de lui par Lampi, en grand amiral enjambant la mer Noire, est l'incarnation du Potemkine dynamique que l'Histoire a voulu ignorer. Les portraits plus tardifs de Lampi nous montrent son visage plus rond, plus âgé. Mais le meilleur reste le portrait inachevé du prince à la quarantaine passée – le long visage d'artiste, les lèvres pleines, le menton à fossette, l'épaisse chevelure auburn. Vers la fin des années 1780, son embonpoint égalait sa taille de géant.

Le prince dominait les lieux partout où il se trouvait. « Potemkine créait, détruisait ou troublait, et pourtant animait, tout à la fois, écrivait Masson. Les nobles qui le détestaient semblaient sombrer dans le néant sous son regard. » Pratiquement tous ceux qui l'ont rencontré ont utilisé les mots « extraordinaire », « étonnant », « colosse », « original » et « génie » – mais même ceux qui le connaissaient bien peinaient à le décrire. Il était et est toujours impossible d'étiqueter Potemkine, sinon comme l'un des originaux les plus passionnants de l'Histoire. C'était après tout ainsi que Catherine le voyait. Pourtant, les meilleurs observateurs convenaient qu'il était simplement « remarquable » – simplement un phénomène de la nature. « L'un des hommes les plus extraordinaires, aussi difficiles à définir qu'il est rare de les rencontrer », pensait le duc de Richelieu. Il reste, comme l'écrivit Lewis Littlepage de Virginie, « cet homme indescriptible ».

Tout chez le prince n'était que contrastes les plus fous : il incarnait la vie en clair-obscur – « un mélange inconcevable de grandeur et de mesquinerie, de paresse et d'activité, de courage et de timidité, d'ambition et d'insouciance », constata Ségur. Parfois, il faisait preuve du « génie de l'aigle », parfois de l'« inconstance d'un enfant ». Il était « colossal comme la Russie ». Dans son esprit, « il y avait les régions cultivées et les déserts, la brutalité du XIe siècle et la corruption du XVIIIe, le scintillement des arts et l'ignorance des

1. Giambattista Lampi (1751-1830) fut l'un des portraitistes les plus en vogue à Vienne. Joseph II et Kaunitz posèrent pour lui. Potemkine semble l'avoir partagé avec les Autrichiens, demandant parfois à Kaunitz de le lui envoyer. Les portraits réalisés en 1791, avant sa mort, furent copiés par des peintres comme Roslin et vendus sous forme d'estampes.

cloîtres ». D'une part, « ce qu'il possédait l'ennuyait », de l'autre, il était « jaloux de ce qu'il ne pouvait pas obtenir ». Potemkine « voulait tout, mais était dégoûté de tout ». Sa soif de pouvoir, son extravagance aveugle et son arrogance écrasante étaient toujours rendues supportables par l'exubérance de son génie, son humour espiègle, sa bonté affectueuse, son humanité et son absence de malice. Richelieu vit que « sa nature le portait toujours davantage vers le bien que vers le mal ». La renommée de l'empire fut accrue par ses conquêtes – mais il savait, comme le prédit Ségur, que l'« admiration qu'elles suscitaient » était pour Catherine et la « haine qu'elles éveillaient » était pour lui.

Tout ne pouvait qu'être compliqué avec lui. Ses excentricités irritaient peut-être l'impératrice, mais dans l'ensemble, remarqua Ségur, elles le rendaient beaucoup plus intéressant à ses yeux. Richelieu pensait de lui qu'il était un homme de « supériorité » mais un « étonnant agencement d'absurdité et de génie ». « À certains moments, souligna Littlepage, il paraissait digne de gouverner l'empire de Russie, à d'autres, à peine digne d'être un employé de bureau dans l'empire de Lilliput. » Mais la caractéristique la plus frappante de toutes ses excentricités – celle qu'il ne nous faut jamais oublier –, c'est qu'il parvenait malgré tout à trouver le temps et l'énergie de fournir des quantités colossales de travail et de réaliser ce qui semblait impossible.

Les pétitionnaires attendant qu'il leur accorde son attention étaient habitués à entendre l'orchestre du prince. Il aimait commencer la journée en musique, aussi ordonnait-il à ses musiciens, toujours présents, et à l'une ou l'autre de ses chorales de jouer et chanter pour lui. Ils œuvraient également pendant le déjeuner à 13 heures et devaient être prêts à 18 heures à jouer là où le prince surgissait – et ils voyageaient avec lui s'il partait en Crimée ou à la guerre. La musique occupait une place essentielle dans sa vie ; lui-même composait et cela l'apaisait. Potemkine avait besoin de musique partout où il allait, et il chantait souvent pour lui-même.

Il gérait les divertissements musicaux à la cour parce que l'impératrice reconnaissait volontiers ne pas avoir l'oreille musicale. « Sarti, le chanteur Marchese et Mme Todi faisaient la joie non de l'impératrice dont l'oreille était insensible à l'harmonie, se souvenait Ségur à propos d'un concert, mais du prince Potemkine et de quelques amateurs de musique éclairés. » Il paya 40 000 roubles pour l'orchestre des Razoumovski. Sa passion donna toute sa mesure quand il embaucha le célèbre compositeur et chef d'orchestre italien Giuseppe Sarti en 1784. L'orchestre lui-même, comptant entre soixante et cent musiciens, jouait cette « musique extraordinaire, rapporta Lady Craven, exécutée par des hommes et des garçons, chacun soufflant dans un cor droit, adapté à sa taille. Soixante-cinq de ces musiciens produis[ai]ent une mélodie très harmonieuse, quelque chose comme un orgue immense ». Potemkine fit de Sarti son premier directeur musical de l'université d'Ekaterinoslav avant même qu'elle soit bâtie. Ses livres de comptes montrent qu'il importait des bois et payait des voitures pour transporter les « musiciens italiens Conti et Dophin » dans le Sud. Potemkine accorda à Sarti et à trois de ses musiciens quinze mille déciatines de terre : « Je donne le village [...] aux quatre musiciens [...]. Soyez heureux et vivez tranquilles dans notre pays. » Ainsi le prince implanta-t-il ce qui fut sûrement la première colonie musicale de l'Histoire.

Potemkine et son entourage ne cessaient de s'envoyer des partitions d'opéra, comme les amateurs de musique d'aujourd'hui s'échangent des CD. Catherine aimait que Potemkine envoie de la musique à son ami Grimm, qui l'appelait son « bienfaiteur musical ». La musique était une façon de s'attirer ses faveurs. Le prince Loubomirski, un magnat polonais dont les domaines fournissaient du bois à Potemkine, lui envoyait souvent des partitions pour cor : « Si ce genre de musique est du goût de Votre Altesse, je prendrai la liberté de vous en envoyer encore. » Les Autrichiens se servaient de la musique comme d'une arme diplomatique. Lorsque Cobenzl, lui-même un fanatique de l'Opéra, se trouvait chez lui à Vienne, il signala à Potemkine : « Nous avons eu vent des détails du spectacle charmant » de Sarti et Marchesini à Saint-Pétersbourg. L'Opéra de Vienne ne pouvait rivaliser, assura l'envoyé avec tact. Plus tard, quand la guerre commença, l'empereur Joseph trouva judicieux d'envoyer à Cobenzl « deux pièces chorales pour l'orchestre du prince Potemkine ». Tout comme les ambassadeurs russes se chargeaient de ses transactions dans le domaine des arts, ils étaient aussi toujours à la recherche de nouveaux musiciens pour lui.

Le Sérénissime était particulièrement fier du travail de Sarti, d'autant plus qu'il écrivait lui-même des partitions. Il avait toujours composé des chansons d'amour, comme celle dédiée à Catherine, et de la musique religieuse, comme le « canon à Notre Sauveur », publié par sa propre imprimerie. Il est difficile de juger de la qualité des compositions de Potemkine, mais, étant donné que ses détracteurs ne s'en moquaient pas, il avait probablement du talent, tout comme

Frédéric le Grand à la flûte. En effet, Miranda, cynique invité des voyages de Potemkine et témoin impartial, fut impressionné par ses compétences musicales. Il rencontra Sarti dans le Sud et vit Potemkine « écrire des partitions ici et là, puis les remettre à Sarti en lui indiquant le ton, le rythme et la mélodie de deux compositions écrites sur l'impulsion du moment, ce qui donn[ait] une idée de sa fécondité et de sa grande habileté ». Sarti prenait sans doute ensuite les idées de Potemkine et les arrangeait pour l'orchestre.

Catherine était en tout cas fière de ses capacités musicales. « Je peux vous envoyer l'air de Sarti, écrivit-elle à Grimm, composé à partir de notes assemblées au hasard par le prince Potemkine. » Le prince, qui espérait toujours une réaction immédiate, « est très impatient de savoir si toute la musique vous a été livrée », ajouta-t-elle. Sarti et ses cornistes itinérants restèrent avec Potemkine jusqu'au bout, mais plus tard on lui proposa également le plus grand génie musical de son temps : Mozart.

Vers 11 heures arrivait le moment rituel symbolique du pouvoir mystérieux de Potemkine. Le prince « recevait tous les grands seigneurs à son *lever**, tous portant leurs décorations, racontait le comte de Damas, tandis qu'il était assis au milieu du cercle avec ses cheveux défaits et une grande robe de chambre autour de lui sans culotte en dessous ». Au beau milieu de cette scène orientale, le *valet de chambre** de l'impératrice apparut et chuchota à l'oreille du prince. « Il s'est vivement drapé plus étroitement dans sa robe de chambre, a renvoyé tout le monde en s'inclinant, et, disparaissant par la porte qui menait aux appartements privés, se présenta lui-même à l'impératrice. » Elle était déjà réveillée depuis près de cinq heures.

Il pouvait alors décider de s'habiller – ou non. Potemkine adorait choquer tout le monde, pensait Ligne, de sorte qu'il affectait les « manières les plus attrayantes ou les plus repoussantes ». Il aimait bien s'habiller, comme il pouvait n'y prêter aucune attention. Pour les occasions officielles, nul n'était plus richement vêtu que Potemkine, qui adoptait « le style et les manières d'un grand seigneur à la cour de Louis XIV ». À sa mort, on répertoria les vêtements dans son palais : il y avait des épaulettes ornées de rubis d'un montant de 40 000 roubles et des boutons de diamant de 62 000 roubles, et il portait toujours son portrait de l'impératrice serti de diamants d'une valeur de 31 000 roubles. Il avait un chapeau si lourd de bijoux que seul un aide de camp pouvait le porter, d'une valeur de 40 000 roubles.

Même les jarretières pour ses bas valaient 5 000 roubles. Sa garde-robe de cérémonie valait entre 276 000 et 283 000 roubles. Pourtant, on le voyait souvent « cheveux dénoués, en robe et pantalon, couché sur un sofa ». Il aimait aussi les fourrures. Le prince était « incapable d'exister sans fourrures ; toujours en chemise et sans culotte – ou dans de riches uniformes brodés sur toutes les coutures ». Pour les étrangers, il était évident qu'un homme en robe de chambre ne travaillait pas, mais ce n'était pas le cas : en peignoir ou en uniforme, Potemkine travaillait souvent sans se ménager.

Lorsque Ségur arriva à Saint-Pétersbourg, le Sérénissime consterna l'ambassadeur français en le recevant dans sa robe de chambre bordée de fourrure. Ségur invita alors Potemkine à dîner et l'accueillit dans la même tenue, ce que le prince apprécia beaucoup – mais seul un ami de Marie-Antoinette pouvait s'en tirer de la sorte. Il y avait de la stratégie politique dans cette folie vestimentaire : à un moment où le rituel de la cour de Catherine devenait plus complexe, plus stratifié, les courtisans jouaient des coudes pour suivre l'étiquette tout en s'habillant de façon aussi ostentatoire que possible. Les favoris de Catherine étaient toujours les plus prompts à afficher leur prospérité et leur pouvoir par leurs dentelles, leurs plumes et leurs diamants. Ils se servaient des vêtements pour symboliser leur richesse et leur influence. Les fourrures hirsutes de Potemkine montraient clairement qu'il n'était pas un simple favori. Elles mettaient en relief sa supériorité : il était au-dessus de la cour. Il était le consort impérial.

Le prince était maintenant levé depuis quelques heures, occupé à étudier des documents avec Popov, à recevoir des pétitionnaires et à rencontrer l'impératrice. Mais il y avait des jours où il était trop déprimé pour seulement sortir de son lit. Une fois, il convoqua Ségur dans sa chambre, lui expliquant que « la dépression l'avait empêché de se lever ou de s'habiller ». Harris croyait que ces maladies résultaient uniquement de sa « manière singulière de vivre ». Le Sérénissime vivait assurément sur les nerfs. La vie d'un favori, et à plus forte raison d'un époux secret, était extrêmement usante, car il était l'homme à détruire et il devait se défendre envers et contre tous[1]. Le travail d'un ministre en chef, à une époque où les États

1. Les grands favoris d'époques antérieures, comme le comte-duc d'Olivares et le cardinal de Richelieu, souffraient régulièrement de dépressions nerveuses.

étaient en expansion si rapide, alors que les bureaucraties étaient à la traîne, était débilitant – il n'est pas étonnant que des dirigeants comme Pitt et Potemkine soient respectivement morts à l'âge de quarante-six et cinquante-deux ans.

Potemkine devait s'occuper les mains et la bouche, si bien qu'il « se rongeait les ongles, ou [mangeait] des pommes et des navets ». Il se rongeait même les ongles en compagnie des monarques, une particularité qui, semble-t-il, ne déplaisait pas. Mais il allait trop loin et souffrait souvent d'infections. Catherine n'y voyait qu'un autre élément de son charme unique. Lorsque le grand-duc Alexandre naquit, l'impératrice plaisanta en disant qu'il « mâchait ses ongles comme le prince Potemkine ».

Son humeur était toujours instable – « de la méfiance à la confiance, à la jalousie ou à la reconnaissance, à la mauvaise humeur ou l'agrément », se souvenait Ligne. Les crises ou les épisodes de travail acharné étaient généralement suivis de phases de maladie, ce qui était le cas d'autres politiciens tels que Sir Robert Walpole, qui était toujours frappé par des accès de fièvre une fois que le succès avait dissipé son anxiété. Ceux-ci étaient en partie le résultat des fièvres paludéennes contractées par ce dernier en 1772 et 1783. Les voyages sur de grandes distances à grande vitesse, ainsi que les inspections incessantes, les tensions politiques, la chaleur et le froid, et l'eau de mauvaise qualité, tout cela aurait suffi à rendre malade n'importe qui. L'autre dirigeant russe célèbre pour la rapidité et l'étendue de ses voyages, Pierre le Grand, auquel ressemblait Potemkine à certains égards, était constamment malade de la fièvre lors de ses déplacements. Le besoin qu'avait le prince de parcourir la Russie lui rendit la vie beaucoup plus difficile, car il devait presque littéralement se trouver à deux endroits à la fois.

Son tempérament était anormalement houleux, oscillant entre une exubérance sauvage et des moments de profonde dépression. « À certaines occasions, il était insouciant au point de ne plus bouger et à d'autres capable d'accomplir d'immenses efforts. » Quand il était déprimé, il broyait du noir en silence et se sentait souvent désespéré, voire angoissé. Il convoquait vingt aides de camp, et ne leur adressait pas la parole. Parfois, il ne parlait pas pendant des heures. « Je me suis assise à côté du prince Potemkine au dîner, écrivit Lady Craven, mais, sauf pour me demander de manger et de boire, je ne peux pas dire que j'ai entendu le son de sa voix. »

Il était peut-être cyclothymique, ou même maniaco-dépressif, passant des tréfonds de la dépression, de l'inactivité et du désespoir d'une part, à l'hypomanie, un tourbillon d'énergie, d'exaltation et d'activité, d'autre part. Il a souvent été décrit comme maniaque, et son euphorie, sa grande loquacité, son insomnie, sa tendance à dépenser follement de l'argent et son hypersexualité sont autant de caractéristiques d'un comportement cyclothymique. Mais il en allait de même de la « créativité intense » qui lui permettait de faire plusieurs choses à la fois et, pendant ses périodes d'activité, de faire beaucoup plus qu'une personne normale. Grâce à son optimisme excessif, il parvenait souvent à ses fins. Cela contribuait en outre à l'aura de séduction et de plaisir sexuel qui le rendait si séduisant. Des caractères de ce type sont difficiles à vivre, mais ce sont souvent des gens de talent[1]. Ils possèdent parfois des capacités de dirigeant exceptionnelles, justement parce qu'ils souffrent de cette tendance maniaco-dépressive.

Les gens qui connaissaient Potemkine admiraient son « imagination habile », mais dénonçaient son inconstance. « Nul ne pensait à un plan plus rapidement, ne le réalisait plus lentement et ne l'abandonnait plus facilement », déclara Ségur, ce que réfute l'ampleur de ses accomplissements. Mais c'était certainement l'impression que donnait Potemkine. Ligne était plus proche de la vérité quand il disait : le Sérénissime « semble oisif et est toujours occupé ».

Il était tout à fait capable de faire plusieurs choses à la fois : lorsque Ségur lui rendit visite pour aider le marchand français Antoine à Kherson, il dit au diplomate de lire son mémoire à haute voix. Mais Ségur fut « fort surpris de voir le prince l'inviter à le suivre dans une pièce après l'autre, et donner des ordres à un prêtre, un brodeur, un secrétaire et un modiste ». Le Français eut l'air ennuyé. Potemkine « sourit et dit qu'il avait très bien entendu ». Ségur n'en fut pas convaincu, jusqu'à ce que, trois semaines plus tard, Antoine lui écrive de Kherson pour lui dire que chacune de ses demandes avait été exaucée par le prince. Ségur vint voir Potemkine pour lui présenter ses excuses : « Dès qu'il m'aperçut, il écarta les bras et vint vers moi en disant : "Eh bien, Batiouchka, ne vous ai-je pas écouté ? […] Pensez-vous toujours que je ne peux pas faire plusieurs choses en même temps et continuerais-je à vous ennuyer ?" » Mais il travaillait quand il le voulait et s'il le voulait.

1. Oliver Cromwell, le duc de Marlborough et Clive of India (Robert Clive, à l'origine de la conquête de l'Inde par la Grande-Bretagne) comptent parmi les nombreux dirigeants doués dont on dit qu'ils présentaient des caractéristiques cyclothymiques.

S'il était dans un état d'effondrement dépressif ou quand il se détendait simplement, aucun document n'était signé et une partie du gouvernement russe cessait de fonctionner. Les secrétaires de sa chancellerie rongeaient leur frein, aussi, un petit malin, surnommé « la Poule », sans doute à cause de son agitation perpétuelle, se vanta qu'il réussirait à lui faire signer des papiers. Dénichant le prince, la Poule lui expliqua à quel point il était nécessaire de signer ces documents. « Ah ! Vous arrivez à point nommé. J'ai du temps libre. » Potemkine emmena gentiment le jeune homme dans son étude et signa tout. Le secrétaire se vanta de sa réussite devant ses collègues de la chancellerie. Mais, quand le bureau commença à éplucher les documents, les malheureux fonctionnaires découvrirent que Potemkine avait tout signé « Coq, Coquelet, Poule ». Il pouvait se montrer redoutablement infantile.

Chaque jour, il ignorait et dédaignait soigneusement la plupart des princes, généraux et ambassadeurs qui se bousculaient dans ses antichambres dans l'espoir de s'attirer ses faveurs. Couché à moitié nu sur son divan et enveloppé de fourrures, il était capable de convoquer l'un d'entre eux d'un signe du doigt. Les diplomates redoutaient tant d'être tournés en ridicule qu'ils se terraient dans leurs voitures à l'extérieur du palais et envoyaient leurs sous-fifres attendre à leur place que Potemkine condescende à les recevoir.

Le Sérénissime ne tolérait pas la flagornerie et avait mis au point des châtiments appropriés pour taquiner ceux qui la pratiquaient, mais il respectait et récompensait le courage. « Je suis las de ces méchantes gens », grommela-t-il un jour. L'écrivain Denis von Vizin, spirituel mais vil flatteur, crut bon d'en profiter : « Pourquoi tolérez-vous de tels coquins ? Vous devriez ordonner qu'ils ne puissent entrer.

— Vraiment ? dit le prince. Je vais le faire demain. » Le lendemain, von Vizin arriva au palais, satisfait d'avoir expulsé ses rivaux du cercle du prince. Les gardes ne le laissèrent pas entrer.

« Il doit y avoir une erreur, dit von Vizin.

— Non, répondit le portier. Je vous connais, et Son Altesse m'a ordonné de ne pas vous laisser entrer, sur votre propre conseil. »

Un général, qui dut attendre pendant des heures dans l'antichambre, cria qu'il n'acceptait pas d'être traité « comme un caporal » et demanda à être reçu, quoi que le prince ait pu faire. Potemkine le fit mander dans son bureau. Quand le général arriva, le prince se leva, un honneur inouï. « Votre Altesse, je vous en prie ! fit le général.

— Je m'en vais aux toilettes », rétorqua le prince en riant[1].

Quand un vieux colonel désargenté fit irruption dans son bureau pour réclamer une pension, Potemkine cracha : « Sortez-le d'ici. » Un aide de camp s'approcha le colonel, qui le frappa et continua à le frapper même au sol. Potemkine accourut, les sépara et entraîna le vétéran dans ses appartements. Le colonel obtint un nouvel emploi, des frais de voyage et une prime.

Le Sérénissime ne craignait personne et estimait que, comme un tsar, il se trouvait à un niveau différent de l'aristocratie : en effet, il s'identifiait bien plus au paysan russe ou au cosmopolite européen qu'au noble russe. À Moguilev, quand il surprit le gouverneur de province en train de tricher au pharaon, il l'attrapa par le col et le revers. Il gifla un jour un *grand seigneur**, un Volkonski, parce qu'il avait applaudi à l'une des plaisanteries de Potemkine. « Quoi, tu me salues comme si j'étais un bouffon ? » Pan ! « Voilà [...] c'est ainsi que l'on traite ce genre de crapule. » Le noble réprimandé se tint à l'écart de la table du prince pendant une semaine, mais fut bientôt de retour.

Midi

Une fois les audiences terminées, Popov apparaissait avec des piles de papiers à signer. Potemkine partageait avec Kaunitz la particularité d'être l'hypocondriaque le plus flamboyant d'Europe : il recevait toujours ses médecins en étudiant des documents officiels. « Un flot de correspondance s'est abattu sur le prince Potemkine et je ne sais comment il a pu se montrer si patient avec tous les idiots qui le harcèlent de toutes parts », remarqua Miranda. Ceux-ci allaient de princes allemands et de veuves russes à des pirates grecs et des cardinaux italiens. Tous usaient du mot « importun » dans leurs requêtes, souvent des demandes de terres dans le Sud ou la possibilité de servir dans l'armée. On a l'impression que Potemkine était en correspondance avec pratiquement tous les princes du Saint-Empire, qu'il surnommait l'« archipel des princes ». Même les rois présentaient leurs excuses quand leurs lettres étaient trop longues. « Je sais d'expérience, écrivit le roi Stanislas-Auguste de Pologne, à quel point l'on n'aime guère les longues lettres quand on est occupé. »

1. Au XXe siècle, le président L. B. Johnson avait coutume d'humilier les membres de son gouvernement depuis le siège des toilettes.

Il recevait de nombreuses missives ridicules d'une flatterie dégoulinante, comme celle de l'ennuyeux professeur Bataille qui envoya une ode à Catherine, ajoutant : « Pourrais-je, monseigneur, écrire sans faire mention de Votre Altesse ? Daignez, monseigneur, accorder un regard à mon œuvre. » La chancellerie ambulante de Potemkine, forte de cinquante personnes, répondait à bon nombre d'entre elles, mais il était aussi connu pour oublier de répondre à des personnalités éminentes comme le roi de Suède. Le feld-maréchal Loudon, un Écossais devenu autrichien, se plaignit à Joseph II que « le prince Potemkine avait eu la politesse de ne pas répondre à deux lettres qu'il lui avait envoyées ».

Il y avait aussi des requêtes tragiques de malheureux de toutes origines, qui donnent un aperçu de la vie à cette époque. Un protégé de Potemkine le remercia pour l'avoir aidé à épouser l'une des filles Narychkine, qui venait subitement de lui apprendre qu'elle avait 20 000 roubles de dettes, de toute évidence aux cartes, sans doute au pharaon, la drogue du moment. Certains étaient des aristocrates en difficulté comme la princesse Bariatinskaïa, qui écrivit de Turin : « Je me bats contre les horreurs de la misère », mais « vous seul mon prince pouvez rendre heureuse une femme qui fut malheureuse toute sa vie ». Un autre comte allemand, rejeté par l'impératrice, lui dit : « Je n'ai plus les moyens d'entretenir une femme toujours malade, une jeune fille de quatorze ans, des fils. » Un homme de la rue lui demanda : « Je vous supplie d'avoir pitié de nous. » Mais, s'agissant de Potemkine, l'exotisme n'était jamais bien loin. Un mystérieux correspondant, un certain Elias Abaise, soi-disant prince de Palestine, lui avoua : « Je suis contraint par la misère, manquant tellement d'argent, de crédit et de toutes les premières nécessités, d'implorer la noble protection et la bienveillance de Votre Altesse [...] d'aider à mon départ [...] l'hiver approche. » C'était signé en arabe. Était-ce quelque Juif ou Arabe errant de la province ottomane de Palestine ? Si tel était le cas, que faisait-il à Saint-Pétersbourg en août 1780 ? Potemkine lui vint-il en aide ? « Votre Altesse, dit la lettre suivante, a eu la faveur de m'accorder une aide gracieuse. »

Le prince rédigeait lui-même de nombreuses réponses, de son écriture griffonnée et penchée, en russe ou en français, mais il avait tellement confiance en Popov qu'il lui communiquait ses souhaits et que le secrétaire les transmettait en son nom propre. Potemkine était d'une grande tolérance envers ses subordonnés – même quand ils commettaient des erreurs. Pour commencer, il leur répétait ses ordres. Quand la tolérance ne fonctionnait pas, il avait recours au sarcasme, incisif, mais drôle. Quand l'amiral Voïnovitch lui présenta des excuses après qu'un navire s'était échoué, le prince répondit : « Je suis très heureux d'apprendre que l'*Alexandre* est coincé sur un banc de sable, mais il aurait mieux valu ne pas rentrer dedans [...]. J'aime votre opinion que cet accident poussera les officiers à se montrer plus diligents, mais je souhaite et exige de la diligence sans accidents [...]. Et si le capitaine Baronov est un marin si expérimenté, je serais davantage convaincu [...] s'il poussait les navires turcs sur les bancs de sable plutôt que le sien. »

Avant le déjeuner, le prince aimait être seul pendant une heure. C'était là que lui venait sa profusion d'idées politiques qui le distinguait des autres conseillers de Catherine. Popov et ses secrétaires l'interrompaient rarement. C'était une règle d'or : un secrétaire qui ne l'avait pas compris fut effectivement licencié pour avoir parlé.

Potemkine réclamait ensuite ses bijoux.

Les bijoux apaisaient le prince tout autant que la musique. Il restait là avec une petite scie, un peu d'argent et une cassette de diamants. Parfois, des visiteurs le voyaient assis tout seul comme un enfant géant, jouant avec eux, les faisant couler d'une main à l'autre, dessinant avec eux des schémas et des formes jusqu'à ce qu'il ait trouvé une solution à un problème.

Il couvrait ses nièces de diamants. Vigée-Lebrun dit que la boîte à bijoux de Skavronskaïa à Naples était la plus riche qu'elle ait jamais vue. Ligne s'étonna de la présence d'une rivière de diamants de 100 000 roubles dans sa collection. Les bijoux étaient un bon moyen de s'assurer ses faveurs. « Je vous envoie un petit rubis rouge et un autre, plus gros et bleu », écrivit le mari de Sachenka, Branicki, dans une de ses lettres scandaleusement obséquieuses. La correspondance de Potemkine avec ses bijoutiers trahit son enthousiasme impatient. « Je fais parvenir à Votre Altesse le rubis de Sainte-Catherine, lui dit Alexis Deuza, sans doute un artisan grec travaillant dans la *fabriek* de taille de pierre de Potemkine à Ozerki, elle n'est pas aussi belle que je le voudrais, pour parfaire ce genre de travail, il faut un cylindre et celui que Votre Altesse a commandé ne sera pas prêt avant dix [...] jours et je me suis dit que je ne pouvais attendre. Il semble que Votre Altesse en ait un désir urgent. » Ses dépenses montrent qu'il se livrait à une chasse effrénée aux brillants. Il devait de l'argent à toute une procession de marchands pour des « diamants, pierres précieuses, améthystes, topazes, aigues-marines, et perles ». Tout devait être d'une exquise beauté. Voici une facture type de Duval, un bijoutier français, en février 1784 :

1 grand saphir de 18, 3/4 carats – 1 500 Roubles
2 diamants de 5,3/8 carats – 600 R
10 diamants de 20 carats – 2 200 R
15 diamants de 14,5 carats – 912 R
78 diamants de 14,5 carats – 725 R

Il n'y avait pas que les bijoux : une facture de son banquier Tepper à Varsovie dresse une liste de deux tabatières en or serties de diamants, une montre en or, un réveil à répétition en or serti de diamants, un « *souvenir-à-brillants** », des partitions, dix-huit plumes, des droits de douane pour les tableaux importés de Vienne, des règlements destinés à un agent d'influence polonaise, 15 000 roubles versés au « Juif Hosias » pour un travail qui n'est pas précisé, le tout totalisant près de 30 000 roubles.

Potemkine avait tendance à payer tout cela d'une façon aléatoire entrée dans la légende. Il y avait presque toujours des bijoutiers et des artisans impayés parmi les pétitionnaires se pressant dans ses appartements. On raconte que quand un créancier arrivait, Potemkine faisait un signe à Popov : si c'était une main ouverte, le marchand était payé. Si c'était un poing fermé, il était renvoyé. Aucun d'eux n'osait lui demander des comptes directement à la cour. Mais Fasi, bijoutier suisse, aurait glissé sa facture sous l'assiette de Potemkine à la table de l'impératrice. Le Sérénissime crut que c'était un billet doux et fut furieux quand il le lut. Catherine rit et Potemkine, admirant toujours le courage, paya donc la facture. Mais, pour châtier le bijoutier de son insolence, il le fit en pièces de cuivre, assez pour remplir deux chambres.

Dîner

Vers 13 heures, il remisait ses bijoux et les invités du prince arrivaient pour le « dîner », le repas principal au XVIIIe siècle, à une table dressée pour dix-huit, généralement des officiers, des visiteurs et ses meilleurs amis du moment, de Ségur ou Ligne à Lady Craven ou Samuel Bentham. Les amitiés de Potemkine, comme nous l'avons vu avec Harris, étaient aussi intenses que ses amours – et avaient tendance à finir dans la désillusion. « Le vrai secret pour gagner son amitié, dit Ségur, était de ne pas le craindre. » Quand il arriva à Saint-Pétersbourg et rendit visite à Potemkine, Ségur dut attendre si longtemps qu'il repartit, furieux. Le lendemain, le prince lui adressa des excuses, l'invita et lui offrit un costume magnifique dont toutes les coutures étaient brodées de diamants. Quand Potemkine était couché dans son lit, déprimé, il dit à Ségur : « Mon cher comte, oublions toute cérémonie [...] et vivons comme deux amis. » Une fois qu'il s'était lié d'amitié à quelqu'un, il faisait passer ses compagnons avant les plus grandes familles impériales, comme s'en aperçut Samuel Bentham. Potemkine était un ami loyal : en privé, il était aimable et chaleureux mais, en public, il semblait « hautain et arrogant ». Cela était probablement dû à son étonnante timidité. Miranda le vit en effet rougir face à l'attention obséquieuse dont il était l'objet.

Le prince était un maître de la conversation à une époque où les traits d'esprit étaient particulièrement recherchés. « Parfois sérieux, parfois hilarant, se souvenait Ségur, toujours prêt à débattre de certaines questions ecclésiastiques, passant toujours de la gravité au rire, affichant ses connaissances avec légèreté. » Ligne disait que s'il voulait charmer quelqu'un, il possédait l'« art de conquérir tous les cœurs ». C'était un compagnon aussi enrichissant et agréable qu'impossible, « grondant ou riant, imitant ou jurant, engagé dans le libertinage ou les prières, le chant ou la méditation ». Il pouvait être « exceptionnellement affable ou extrêmement sauvage ». Mais, quand il était « sauvage », sa dureté cachait souvent la « plus grande bienveillance du cœur ». Bentham ne connut jamais autant de « joie » que quand il voyagea dans le carrosse de Potemkine. Le poète Derjavine se rappelait de lui pour « son bon cœur et une grande générosité ». Il était aussi d'une formidable gentillesse. « Plus je découvre de son caractère, dit Samuel Bentham à Pole Carew, plus j'ai de raisons de l'estimer et l'admirer. »

Sa convivialité était associée à une humanité sincère et à sa bienveillance envers les petites gens, en particulier les soldats, ce qui était rare à l'époque de la chair à canon. Ligne remarqua qu'il n'était « jamais vindicatif, demandant pardon pour quelque souffrance qu'il avait infligée, se hâtant de réparer une injustice ». Quand Potemkine acheta les domaines du prince Loubomirski en Pologne, il ordonna que « tous les gibets [...] soient détruits dès que possible, sans laisser de trace », souhaitant que les paysans lui obéissent « par respect de leur devoir et non par crainte du châtiment ». Ses réformes militaires étaient conçues pour apporter plus de confort à ses troupes, une notion tout à fait nouvelle en ce siècle, mais aussi pour accroître leur efficacité. Il appelait constamment à faire preuve de davantage de clémence dans l'administration des punitions, fait unique dans l'armée russe. Régulièrement, il réclamait une réduction des corrections. « Toute contrainte [...] doit être éradiquée, écrivit-il dans un ordre. Les paresseux peuvent être contraints par le bâton, mais pas plus de six coups. Chaque forme de contrainte [...] doit être éradiquée. » Sa volonté, maintes fois affichée, de fournir à ses troupes de la nourriture chaude, ce qui, estimaient les généraux russes, revenait à les materner, est résolument moderne.

« Il n'était ni vindicatif ni rancunier et pourtant tout le monde avait peur de lui », se souvenait le mémorialiste Wiegel, qui pensait que cela expliquait l'attitude ambiguë de tous vis-à-vis de Potemkine. Son immense tolérance et ses bonnes dispositions confondaient les Russes. « La façon dont il regardait les gens, ses gestes, semblait-il, disaient à tous ceux qui l'entouraient : "Vous ne valez pas que je me fâche." Son manque de sévérité et son indulgence étaient clairement attribuables à son mépris sans bornes. »

Le dîner était servi à environ 13 h 30 et même s'il n'y avait que seize personnes au total, comme lorsque Lady Craven assista à un tel événement au palais de Tauride, l'orchestre de soixante cors jouait pendant le repas. Le prince était un épicurien et un gros mangeur réputé – Chtcherbatov l'appelait le « glouton omnipotent ». Quand les tensions politiques s'accentuaient, il devait manger pour se réconforter ou comme une locomotive consomme du charbon. Il ne perdit jamais son goût pour la nourriture simple des paysans, mais il servait également du caviar de la Caspienne, de l'oie fumée de Hambourg, des concombres de Nijni-Novgorod, des pâtisseries de Kalouga, des huîtres de la Baltique, des melons et des oranges d'Astrakhan et de Chine, des figues de Provence. Il aimait le *pain doux de Savoie** pour le dessert et exigeait de manger son plat préféré, la soupe de sterlet de la Caspienne, à base de jeunes esturgeons, partout où il se trouvait. Peu de temps après son arrivée à Saint-Pétersbourg en 1780, Reginald Pole Carew assista à un « simple » dîner chez Potemkine et énuméra les « plats exquis et rares » : « du remarquable et délicieux veau blanc d'Arkhangelsk, un gigot de mouton savoureux de la Petite Boukhara, un cochon de lait en provenance de Pologne, des conserves de Perse, du caviar de la mer Caspienne ». Tout était préparé par Ballez[1], son cuisinier français.

Le Sérénissime aimait aussi le vin, pas seulement le sien, de Soudak en Crimée, mais, comme Pole Carew le nota, « de tous les ports d'Europe et des îles grecques, du Cap et des frontières du Don ». Aucun toast ne pouvait se porter sans champagne. Si un ambassadeur russe dans le sud de l'Europe, comme Skavronski à Naples, souhaitait s'attirer ses faveurs, il lui envoyait une colonne antique – et quelques tonneaux de vin.

Un jour, à l'apogée de sa gloire, le Sérénissime se mit à table. Il était très gai, et plaisanta jusqu'à ce que, vers la fin du repas, il se taise soudain. Il commença à se ronger les ongles. Invités et serviteurs attendaient de voir ce qu'il allait dire. Enfin, il demanda :

> Un homme peut-il être plus heureux que moi ? Tout ce que j'ai toujours voulu, je l'ai, tous mes caprices ont été satisfaits, comme par magie. Je voulais un rang élevé, je l'ai ; je voulais des médailles, je les ai ; j'adorais le jeu, j'ai perdu des sommes énormes ; j'aimais donner des fêtes, j'en ai donné de magnifiques ; j'aimais construire des demeures, j'ai érigé des palais ; j'aimais acheter des domaines, j'en ai de nombreux ; j'adore les diamants et les belles choses, nul individu en Europe ne possède de pierres plus rares ou raffinées. En un mot, toutes mes passions ont été rassasiées. Je suis tout à fait heureux !

À ces mots, le prince balaya la vaisselle de porcelaine précieuse de la table, fracassant tout, puis s'en alla en claquant la porte et s'enferma dans sa chambre.

Potemkine souffrait de ses propres excès : il se considérait lui-même comme un « enfant de la fortune », expression qu'il utilisait souvent. Mais, parfois, l'ampleur de son succès semblait l'écœurer. C'était peut-être profondément russe : il avait honte de son immense pouvoir et était rebuté par la froide machinerie de l'État ; il était fier de son âme turbulente et de sa capacité infinie à supporter la souffrance et le dénigrement de soi qui font la grandeur du caractère russe. Ses appétits de gloire, de fortune et de plaisir étaient insatiables – et pourtant ils ne

1. Le prince aimait manger et quand l'arrivée de France de M. Ballez, tant attendue, fut retardée parce qu'il se trouvait bloqué à Elseneur au Danemark, Potemkine mobilisa l'ambassadeur de Russie et divers émissaires pour le faire rapidement venir à Saint-Pétersbourg par voie terrestre.

le rendaient pas heureux. Seuls de formidables exploits, que ce soit en tant qu'homme d'État ou au combat, la beauté esthétique, dans la musique ou les arts, ou la sérénité du mysticisme religieux, semblaient à ses yeux effacer l'obscénité du pouvoir.

Une fois, il appela son aide de camp et commanda un café. Quelqu'un se précipita pour lui en apporter. Puis il en demanda un autre. Un autre courrier fut envoyé. Enfin, il ne cessa plus d'en réclamer, comme pris de frénésie. Mais, quand les cafés lui furent apportés, il déclara : « C'est inutile. Je voulais simplement attendre quelque chose, mais maintenant que je l'ai, me voilà privé même de ce plaisir. »

L'heure de l'amant

L'après-midi était traditionnellement l'heure de l'« amant » en Russie, comme le *cinq-à-sept** français ou la *siesta* espagnole. Il devait y avoir bien des allées et venues de voitures fermées et de servantes de nobles dames apportant des billets doux à la maison de Potemkine. Toujours plus de femmes mariées lui adressaient des lettres d'amour, suppliant de le revoir. L'une d'elles le saluait toujours ainsi : « Bonjour, mon unique ami ! » Ces notes inédites, rédigées dans un sabir de français et de russe, jamais signées ni datées, remplissent une section entière des archives. « Je n'ai pas été en mesure de vous donner du plaisir parce que je n'en ai pas eu le temps, vous m'avez quittée si promptement », dit une autre d'une grande écriture déliée de jeune fille. Cela se répète dans toutes les lettres d'amour. Lorsque la même femme lui écrivit à nouveau, elle déclara : « J'attends avec la plus tendre impatience le moment où je pourrai venir vous embrasser. En attendant, je le fais dans mon imagination et avec une égale tendresse. »

Les caprices et les humeurs du Sérénissime tourmentaient ses maîtresses. « Vous me rendez folle d'amour », lui écrivait l'une d'elles. Son agitation et ses longues absences dans le Sud le rendaient d'autant plus attirant qu'il était inaccessible : « Je suis tellement en colère d'avoir été privée du plaisir de vous embrasser, lui dit une jeune fille. N'oubliez pas que je vous prie de croire que je n'ai de liaison qu'avec vous ! » Mais Potemkine, semble-t-il, l'oublia bien vite. « Ne m'oubliez pas, l'implora-t-elle plus tard. Vous *m'avez* oubliée. » Et une autre déclara, mélodramatique : « Si je ne vivais dans l'espoir d'être aimée de vous, je me donnerais la mort. » Enfin, poussées à bout par son incapacité totale à s'engager, ces dames devaient se rendre à la raison et se contenter de son amitié : « Je ne veux point me rappeler le passé et j'oublie tout sauf que je vous aime et cela suffit pour souhaiter sincèrement votre bonheur [...]. *Adieu, mon prince**. »

Il avait l'habitude de se vautrer sur son divan entouré de femmes comme un sultan, mais il appelait son harem le « poulailler ». Il appréciait la compagnie des femmes et ne jugeait pas nécessaire de restreindre ses « appétits épicuriens ». Les diplomates surnommaient toujours sa *maîtresse en titre** la « sultane en chef ». Mais il se comportait « noblement » avec ses maîtresses, selon Samoïlov, qui avait des raisons de penser que sa propre épouse en faisait partie. Ses liaisons étaient toujours affaire de passion, et non seulement de vanité, « comme elles le sont pour bien des gens célèbres ». Ses subordonnés savaient qu'ils devaient garder leurs femmes à distance s'ils comptaient préserver leur vertu. « Le regard errant et capricieux [du prince] s'arrêtait parfois ou, plutôt, glissait sur le beau visage de ma mère », se souvenait Wiegel. Un jour, un « idiot » de son entourage lui dit que la mère de Wiegel avait les pieds les plus charmants. « En effet, répondit Potemkine, je n'avais pas remarqué. Je la ferai venir un jour et lui demanderai de me les montrer sans bas. » Le père de Wiegel l'envoya prestement sur leur domaine.

Quand Potemkine s'ennuyait, il se rendait souvent au palais de Lev Narychkine, l'amusant ami de Catherine et maître de la cavalerie, où l'on mangeait, buvait et dansait jour et nuit. Potemkine traitait l'endroit comme son club privé – il y disposait d'une alcôve spéciale – car il était idéal pour rencontrer des maîtresses mariées de haute lignée. « C'était le foyer de tous les plaisirs, écrivait Ségur, le rendez-vous de tous les amoureux parce que, au milieu de tant de gens heureux, il était cent fois plus facile de convenir de rendez-vous galants secrets que dans les bals ou les salons où régnait l'étiquette. » Le prince s'y détendait, parfois en silence, parfois « très gai, bavardant avec les femmes, lui qui ne parlait jamais à personne ». Potemkine, que « l'on ne voyait que rarement ailleurs », était attiré par les filles Narychkine, avec lesquelles il était « toujours » en « *tête à tête** ». Il semble les avoir séduites : « Il se console de l'absence de sa nièce avec Madame de Solougoub, la fille de Madame Narychkina », rapporta Cobenzl à son empereur. Ivan Solougoub était l'un de ses généraux. Tous les officiers devaient supporter ses conquêtes à la fois sur-le-champ de bataille et dans leurs propres foyers.

Le prince continuait de dominer la vie de ses nièces et s'efforçait de se mêler de leurs ménages à la moindre occasion. Son « ange des délices de la chair », Katinka Skavronskaïa, rendait malencontreusement visite à son grandiloquent mari à Naples, mais nous pouvons suivre ses déplacements dans toute l'Europe grâce aux instructions que Potemkine transmettait à ses banquiers pour payer ses dépenses. Quand elle passa par Vienne, même l'empereur Joseph dut recevoir le « chaton » de Potemkine, comme l'appelait Catherine avec indulgence. En 1786, Katinka était « plus belle que jamais », selon ce connaisseur de Cobenzl, et toujours la « sultane en chef favorite » du harem de son oncle.

La brillante Sachenka Branicka était aussi impérieuse que son oncle. Ils ne cessaient de se disputer, même s'ils furent toujours très proches. En 1788, le Sérénissime tenta d'écarter Mademoiselle Guibald de l'un des ménages des Engelhardt. Guibald était cette Française de l'entourage de Potemkine qui aurait prétendument dérobé la lettre de Harris et était devenue une amie des nièces et la directrice du sérail du prince. Branicka refusa de la congédier, aussi écrivit-il pour insister parce que Guibald voulait que « sa nièce reste à jamais une enfant ». Nous ne savons pas de quelle nièce il s'agissait mais, entre-temps, toutes s'étaient mariées. Branicka rassura la Française, ce qui ulcéra Potemkine : « Je suis maître en ma maison et je veux ce que je veux. Je ne comprends pas comment la comtesse Branicka a osé la calmer contre ma volonté. » Le prince pensait : « Mon rang élevé me confère des droits sur mes parents, ils me doivent tout et ils seraient dans une situation misérable sans moi. » Il affirma simplement : « Il y a maintes raisons, mais la principale est que je souhaite qu'il en soit ainsi. »

Soirée

Vers 22 h 30, lorsque l'impératrice se retirait avec son favori, Potemkine, qui passait souvent le début de soirée en leur compagnie, que ce soit au Petit Ermitage ou à un bal, touchait son « billet rose ». Sa véritable journée, pour ainsi dire, ne faisait que commencer. Il se réveillait la nuit, son heure la plus créative. On pourrait définir l'absolutisme par le pouvoir de bouleverser les lois mêmes du temps. Potemkine ne faisait pas attention à l'heure et ses subordonnés devaient faire de même : c'était un insomniaque, déclara Ligne, « constamment couché, mais ne dormant jamais à toute heure du jour ou de la nuit ».

Nuit

Sir James Harris connaissait les habitudes nocturnes du prince : « Ses heures de repas et de sommeil sont incertaines et nous prenions souvent l'air sous la pluie dans une voiture découverte à minuit. » Peut-on imaginer scène plus caractéristique du personnage ?

Potemkine était d'une insatiable curiosité et posait toujours des questions, taquinant et provoquant ses compagnons, discutant de religion, de politique, d'art et de sexe – le « plus grand questionneur au monde ». Ses interrogations rappelaient à Richelieu « une abeille qui, avec l'aide des fleurs, dont elle aspire le pollen, crée une substance exquise ». Dans ce cas, le « miel » en était la conversation osée et piquante de Potemkine, aidé par une mémoire sans faille et une imagination fantasque.

Tous ceux qui le rencontrèrent, et même ceux qui le détestaient, devaient admettre qu'il était doué d'un esprit fabuleux : « Potemkine alliait à sa mémoire prodigieuse un esprit naturel, vif, rapide. » Ligne pensait qu'il avait « des aptitudes naturelles, une excellente mémoire, beaucoup de grandeur d'âme ; de la malice sans désir de blesser, de l'artifice sans calcul, un heureux mélange de caprices », concluant qu'il avait le « talent de deviner ce qu'il ignor[ait] et une connaissance accomplie de l'humanité ». Tous les Occidentaux ne l'aimaient pas. Sir John Sinclair le définissait comme « un personnage vain et dangereux », mais même lui estimait qu'il avait de « grandes capacités ». Avis que partageaient ses adversaires russes parmi les plus fins. Simon Vorontsov considérait que le prince avait « beaucoup d'intelligence, d'intrigue et de crédit », mais n'avait « ni connaissance, application ou vertu ».

Ségur était souvent étonné par le savoir de Potemkine, « non seulement en politique, mais aussi des voyageurs, *savants**, écrivains, artistes et même des artisans ». Tous ceux qui le connaissaient saluaient sa « vaste érudition sur l'Antiquité ». Miranda, son compagnon de voyage dans le Sud, fut surpris par sa maîtrise de l'architecture, des arts et de la musique. « Il semble que cet homme de tant d'esprit et d'une mémoire prodigieuse voulait aussi étudier les sciences et les arts en profondeur et qu'il y parvint dans une certaine mesure », écrivait le Vénézuélien après qu'ils eurent discuté de la musique de Haydn et Boccherini, des tableaux de Murillo et des écrits de Chappe d'Auteroche – il s'était montré très bien informé sur chacun d'eux. Rien d'étonnant à ce que Damas ait dû les « moments les plus instructifs et agréables de [s]a vie » à l'« étrange » prince.

Sa connaissance de l'histoire russe était tout aussi impressionnante. « Merci pour votre chronologie, c'est la meilleure partie de mon histoire russe », lui écrivit Catherine au sujet de ses notes sur l'histoire de la Russie, à laquelle il l'aidait. Le couple aimait l'histoire. « J'ai consacré des années à étudier ce sujet, dit Catherine à Sénac de Meilhan, le politicien et écrivain français. J'ai toujours aimé à lire des choses que personne d'autre ne lit. Je n'ai rencontré qu'un seul homme qui ait les mêmes goûts – c'est le maréchal-prince Potemkine. » C'était encore un plaisir qu'ils partageaient. Quand le traducteur de l'*Histoire de l'Arménie,* l'un des sujets de prédilection de Potemkine, fut pendu par les Turcs, « le prince Potemkine, plaisanta Catherine avec Grimm, en fut très en colère ».

Il voulut toujours créer sa propre imprimerie, et Jeremy Bentham essaya de l'aider à en trouver une. Juste avant le début de la guerre, Potemkine acquit enfin une presse, qui le suivrait partout tout au long du conflit, pour imprimer des journaux politiques et des classiques en russe, en français, latin et grec, ainsi que ses propres compositions.

Ségur et son ami Ligne affirmaient que Potemkine « tirait moins ses connaissances des livres que des hommes ». C'était tout à fait faux. Le prince lisait énormément. Pole Carew, qui passa beaucoup de temps avec lui au début des années 1780, déclara que sa culture provenait de la « lecture abondante dans ses jeunes années » – d'où « ses connaissances et son goût pour le grec ». Les conseils de Potemkine à Catherine sur une éducation grecque pour ses petits-fils sont la preuve de sa passion pour la langue grecque : « On peine à imaginer quel savoir et quelle délicatesse dans le goût on peut acquérir à son apprentissage. Cette langue jouit de la plus belle harmonie et de bien des jeux de l'esprit. »

Sa bibliothèque, qu'il développait progressivement en achetant des collections à des universitaires et à des amis comme le métropolite Voulgaris, nous permet d'entrevoir quels étaient ses intérêts : on y trouvait tous les classiques de Sénèque, Horace et Plutarque jusqu'aux *Amours de Sappho,* publié à Paris en 1724 ; de nombreux ouvrages de théologie, de polémologie, d'agronomie et d'économie, y compris les *Coutumes monastiques,* des manuels d'artillerie, *Uniformes militaires* et *La Richesse des nations de Schmitt* (Adam Smith), de nombreux travaux sur Pierre le Grand, mais aussi les chefs-d'œuvre des philosophes, de Voltaire et de Diderot jusqu'au *Déclin et chute de l'Empire romain* de Gibbon. Son anglophilie et son obsession pour les jardins anglais se retrouvaient dans des histoires d'Angleterre, les travaux de Locke et de Newton, les *Caricatures de Hoguard* (Hogarth) et bien sûr

Britannia illustrée ou Deux livres des vues des principales maisons et jardins [...] de la Grande-Bretagne. Au moment de sa mort, son immense collection contenait mille soixante-cinq œuvres étrangères et cent six en russe : elle remplissait dix-huit voitures.

Ses idées politiques étaient typiquement russes, bien qu'il se soit imprégné de la tolérance des *philosophes** des Lumières et de l'utilitarisme de Bentham. Il pensait que l'absolutisme était le meilleur système pour un empire de la taille de la Russie. Le souverain était une femme et un État et il servait les deux à la fois. Les trois révolutions – l'américaine, la française et la polonaise – le consternaient tout en le fascinant. Il interrogea méticuleusement Ségur sur les Américains, pour qui le Français s'était battu, mais « ne croyait pas que les institutions républicaines pourraient vivre longtemps dans un pays si vaste. Son esprit, tellement habitué au despotisme absolu, ne pouvait admettre la possibilité d'une association entre ordre et liberté ». Quant à la Révolution française, Potemkine dit simplement au comte de Langeron : « Colonel, vos compatriotes sont une meute de fous. » Le prince estimait que la politique était l'art de l'infinie souplesse et de la patience philosophique en vue d'atteindre un objectif précis. « Vous devez faire preuve de patience, recommanda-t-il à Harris, remettez-vous-en à elle. Le chapitre des accidents vous sera d'un meilleur usage que toute votre rhétorique. » Il avait pour slogan : « Améliorer les événements à mesure qu'ils surviennent. »

Le prince aimait parler « divinité à ses généraux et tactique à ses évêques », déclara Ligne, et Lev Engelhardt le vit « opposer » ses « rabbins érudits, vieux-croyants et divers universitaires les uns aux autres ». Son « sujet favori » était la « séparation des Églises grecque et latine », le seul moyen sûr de s'assurer son attention était d'évoquer les « conciles de Nicée, Chalcédoine et Florence ». Parfois, il voulait fonder un ordre religieux, ou encore errer en ermite sur les routes de Russie. C'est pourquoi Frédéric le Grand avait ordonné à son ambassadeur dans les années 1770 d'étudier l'orthodoxie, la meilleure façon de se lier d'amitié avec le prince.

Il plaisantait sur la religion, se moquant de Souvorov qui respectait le jeûne – « Vous voulez entrer au paradis à califourchon sur un esturgeon » –, mais il était fondamentalement un « fils de l'Église » convaincu, et ne rejoignit jamais les loges maçonniques. Il oscillait peut-être entre la vie d'un cénobite et celle d'un sybarite, mais sa foi ne saurait être mise en doute, lui qui dirait à Catherine pendant la guerre : « Le Christ va intercéder, Il va mettre un terme à notre adversité. Considérez votre vie et vous verrez que bien des bienfaits inattendus vous sont venus de Lui dans le malheur [...]. Est-ce un simple hasard si votre couronnement coïncida avec la fête des Apôtres ? » – et était ensuite capable de citer le chapitre XVI verset I de l'Épître de saint Paul aux Romains. Il rêvait souvent de se retirer dans les ordres. « Soyez une bonne mère, demanda-t-il à Catherine, préparez[-moi] une bonne mitre d'évêque et un diocèse paisible. » Potemkine ne laissa cependant jamais la religion ruiner ses plaisirs – Ségur le vit « passer une matinée à examiner les modèles de chapeaux pour ses dragons, des bonnets et des robes pour ses nièces et des mitres et des habits de prêtre ». Il titubait des églises aux orgies et des orgies aux églises, « adressant d'une main un geste aux femmes qui lui plaisent et se signant de l'autre, commenta Ligne, baisant les pieds d'une statue de la Vierge ou le cou d'albâtre de sa maîtresse ». Homme religieux et grand pécheur, il était l'incarnation « de la capacité stupéfiante du Russe à vivre dignement tout enveloppé dans le péché incessant ».

Le prince passait aussi une bonne partie de la nuit aux tables de feutrine verte. Si le français était la langue qui unissait l'Europe, aux cartes, c'était le pharaon : un écuyer du Leicestershire, un saltimbanque de Venise, un planteur de Virginie et un officier de Sébastopol pouvaient tous jouer au même jeu, qui n'avait pas besoin de traduction. Les joueurs prenaient place à une table ovale recouverte de feutrine verte, barrée d'une tringle de bois pour séparer les cartes. Un *tailleur** (le banquier) était assis en face de la *croupe** et les joueurs pariaient sur les cartes retournées de chaque côté de la tringle. Les joueurs pouvaient doubler les enjeux jusqu'à un *soixante et le va** – soixante fois la mise –, le tout annoncé sans un mot par de complexes manipulations, ou flexions, des cartes. Ainsi le pharaon était-il particulièrement adapté à Potemkine : il pouvait y prendre des risques énormes sans avoir besoin de prononcer un mot.

Il se servait du jeu d'une manière très personnelle. Un exemple en fut donné plus tard par Pouchkine. Un jeune homme, nommé « Ch. », était sur le point d'être ruiné par les dettes dues au « prince B. », qui comptait se plaindre à l'impératrice. La famille du jeune homme supplia Potemkine d'intervenir. Il envoya un message à « Ch. » lui disant de passer le voir pendant le jeu de cartes du lendemain et insista : « Dites-lui d'être plus audacieux avec moi. » Quand « Ch. » se présenta, Potemkine jouait déjà. Lorsque le « prince B. » arriva, il fut mal accueilli, de sorte qu'il ne put que s'asseoir et regarder la partie. Soudain, Potemkine appela « Ch. » et, lui montrant ses cartes, lui demanda : « Dites-moi, frère, combien joueriez-vous pour cette main ? » Le jeune « Ch. », se souvenant de ses instructions, répondit brutalement : « En quoi est-ce donc mon affaire ? Jouez au mieux que vous pouvez ! » Tout le monde regarda Potemkine pour voir comment il réagirait à cette insolence. « Pauvre de moi, dit le Sérénissime, on ne peut pas vous dire un mot, Batinka, sans que vous preniez aussitôt la mouche ! » Quand le « prince B. » vit cela, il se rendit compte que « Ch. » devait être très en faveur auprès de Potemkine et Catherine. Il ne réclama jamais le paiement de la dette. Les joueurs misaient d'ordinaire avec des *rouleaux** de billets de banque, mais le prince avait depuis longtemps oublié la valeur de l'argent. Alors, il insistait pour qu'ils jouent des pierres précieuses, posées à côté de lui sur le tapis vert en un tas étincelant. Entre aventuriers, les dettes se réglaient par des duels. Mais pas avec un homme de la stature de Potemkine. Néanmoins, ses camarades joueurs prenaient le risque de tricher parce que, si Potemkine jouait pour le plaisir en puisant dans le trésor sans fond de Catherine, eux mettaient à la merci du hasard toute la fortune de leur famille. Quand un joueur (peut-être Levachov, l'oncle de Yermolov) paya ses gains avec du strass, Potemkine ne dit rien mais prépara sa vengeance avec l'aide d'un cocher. Cet après-midi-là, lors d'une tempête, le prince chevaucha aux côtés de la voiture du tricheur. Quand la voiture se retrouva au milieu d'un champ inondé, Potemkine cria « Allez ! » au cocher, qui partit au galop avec les chevaux, abandonnant leur victime dans sa voiture dételée. Quand il arriva enfin chez lui, des heures plus tard, ses vêtements de soie trempés, le tricheur en piteux état fut accueilli par de grands éclats de rire du prince depuis sa fenêtre. Mais il ne dit rien de plus de sa tricherie.

Quand il jouait, il était impossible de l'interrompre. Mandé au Conseil, il refusa tout simplement de s'y rendre. Quand le messager lui demanda humblement la raison, Potemkine lâcha : « Dans le premier psaume, premier verset. » Les membres du Conseil épluchèrent la Bible, et lurent : *Beatus vir qui non abiit in consilio impiorum*[1], preuve conjuguée de la finesse de son esprit, de sa mémoire, de son arrogance, de ses connaissances théologiques et de son obsession pour le jeu.

Entre le coucher et le lever du soleil, le prince réussissait malgré tout à se plonger dans des tonnes de documents – c'était probablement

1. « Béni soit celui qui n'a pas écouté les conseils des impies. »

pendant la nuit qu'il accomplissait la plus grande partie de son travail. Ses secrétaires étaient en service et Popov, entre deux parties de cartes, se tenait souvent debout derrière son fauteuil, plume et carnet en main, attendant ses ordres, prêt à noter ses idées.

Aube

Lorsque cet insomniaque finissait par s'endormir, la voiture d'une de ses maîtresses attendait parfois rue Millionaïa devant le Palais d'hiver. À l'intérieur, la dame jetait un regard nostalgique et attendri aux fenêtres où brûlaient encore les chandelles, juste avant l'aube. « Je suis passée devant votre maison et j'ai vu toutes les lumières. Nul doute que vous jouiez aux cartes. Mon cher prince [...] donnez-moi ce plaisir, faites-le pour moi, et ne veillez pas ainsi que vous le faites jusqu'à 4 ou 5 heures du matin [...] mon prince chéri. »

Puisque le prince ne pouvait vivre sans ses jardins à l'anglaise, les voyages de son jardinier William Gould nous permettent de suivre en creux les décisions de Potemkine. À la fin de 1786, l'« empereur des jardins » anglais partit pour le Sud en grande pompe avec son « état-major » de jardiniers et d'ouvriers. Les gens avertis comprirent que quelque chose d'important se tramait. L'impératrice était sur le point de se lancer dans son voyage grandiose en Crimée pour rencontrer le saint-empereur romain germanique sous les yeux de toute l'Europe. En novembre 1786, le Sérénissime, l'imprésario de cette tournée impériale, s'en fut procéder aux dernières vérifications. Lors de ce voyage, il se surpassa dans le choix pittoresque de ses compagnons : un aventurier vénézuélien, futur libérateur de son pays, qui tenait le journal de ses escapades avec des prostituées ukrainiennes, et un roi de Ouidah et flibustier en exil, qui avait succombé aux charmes de la reine de Tahiti.

VII

L'APOGÉE

1787-1790

23

Le théâtre magique

« Louis XIV aurait été jaloux de sa sœur Catherine II, ou bien il l'aurait épousée [...]. L'impératrice me reçut [...]. Elle m'a rappelé mille choses dont les monarques seuls se souviennent car leur mémoire est toujours excellente. »

Le prince de Ligne

Le 7 décembre 1786, Francisco de Miranda, âgé de trente-sept ans, révolutionnaire cultivé, cynique et désinvolte de noblesse créole douteuse, qui avait été démobilisé de l'armée espagnole et voyageait depuis Constantinople dans l'espoir d'obtenir un soutien pour la libération du Venezuela, attendait Potemkine à Kherson. Toute la ville se préparait à l'arrivée du prince, qui en était à sa dernière tournée d'inspection avant la visite de Catherine II et de l'empereur du Saint-Empire romain germanique sur ses territoires. Tout le monde guettait. Les canons étaient prêts à tirer, les troupes au garde-à-vous. La rumeur disait qu'il était en chemin, mais la « divinité mystérieuse », comme le surnommait Miranda, n'apparaissait toujours pas. « Personne ne savait où il irait ensuite ». L'attente était l'une des caractéristiques de la puissance de Potemkine. Rien ne pouvait se faire sans lui. Plus il devenait puissant, plus tout s'arrêtait en prévision de son arrivée. Le Sérénissime devait être accueilli comme un tsar ou au moins un membre de la famille impériale – sur ordre de Catherine. Ses caprices étaient imprévisibles, il se déplaçait si rapidement qu'il pouvait surgir dans une ville sans avertissement – et, par conséquent, tout devait être tenu dans un état de préparation absolue. « Vous ne chevauchez pas, le taquinait Catherine. Vous volez. »

Vingt jours plus tard, le 28 décembre, Miranda attendait toujours. Puis, au coucher du soleil, le « prince Potemkine tant désiré » arriva, accueilli par des salves d'honneur. Militaires et notables se pressèrent pour rendre hommage à leur « idole favorite ». Miranda fut emmené par ses amis à la cour exotique du prince, encombrée de tous « les crétins et les gens respectables » que pouvait compter Kherson. « Mon Dieu, quelle bande de flagorneurs et de vauriens retors, nota Miranda, mais ce qui m'amusa le plus, ce fut la variété des costumes que l'on pouvait y voir, des Cosaques, des Grecs, des Juifs » – et des ambassadeurs du Caucase en uniformes à la prussienne. Soudain, un géant surgit, s'inclinant çà et là, ne parlant à personne. Le Vénézuélien fut présenté au prince comme un comte espagnol (ce qu'il n'était pas). Potemkine dit peu de chose, mais sa curiosité fut piquée.

Le 31 décembre, un aide de camp du prince convoqua Miranda, mais le Vénézuélien trouva Potemkine en train de prendre le thé avec le prince Charles de Nassau-Siegen. « Donne-moi la force ! » se dit Miranda à la vue de Nassau, qu'il connaissait de l'Espagne et de Constantinople, et qu'il considérait avec le mépris que seul un aventurier peut éprouver pour un autre. Ils avaient tous deux mené des existences tumultueuses. Miranda avait combattu pour les Espagnols jusqu'à Alger et en Jamaïque, et connaissait Washington et Jefferson pour avoir passé plusieurs années en Amérique du Nord. Nassau-Siegen, âgé de quarante-deux ans, héritier sans le sou d'une petite principauté, était devenu un soldat de fortune à quinze ans, avait rejoint l'expédition de circumnavigation mondiale de Bougainville, au cours de laquelle il avait tué un tigre, essayé de se faire roi de Ouidah en Afrique de l'Ouest, et fait l'amour à la reine de Tahiti. À son retour, il avait commandé le malheureux assaut franco-espagnol sur Gibraltar en 1782 et avait lancé un raid sur Jersey. Impitoyable et téméraire dans la guerre et l'intrigue, Nassau était parti vers l'est. Il avait courtisé la princesse Sangushko, une veuve polonaise. Chacun pensait que l'autre était riche. Une fois qu'ils se furent mariés, tous deux s'aperçurent de la tromperie. Mais ce fut un mariage heureux entre deux personnalités fortes et ils impressionnaient les salons de Varsovie en installant cinquante ours sur leur propriété de Podolie pour repousser les Cosaques. Nassau-Siegen était récemment devenu un des compagnons de voyage de Potemkine quand le roi Stanislas-Auguste l'avait dépêché pour demander au prince de l'aider à mettre au pas ses vassaux polonais. Mais Nassau espérait également s'attirer les faveurs de Potemkine pour obtenir des droits de négoce à Kherson.

Le prince interrogeait Miranda à propos de l'Amérique du Sud quand Ribas, son courtisan napolitain, se précipita à l'intérieur et annonça que sa maîtresse était arrivée. Elle se faisait appeler la « comtesse » de Sèvres, mais « quelles que soient ses origines, écrivit Miranda, c'est une putain ». Cela n'avait guère d'importance : tout le monde se bousculait pour lui faire la cour. Elle était accompagnée de Mlle Guibald, la gouvernante des nièces de Potemkine, et désormais directrice itinérante de son sérail du Sud. Potemkine embrassa sa maîtresse et l'assit à sa droite – « Il dort avec elle sans la moindre cérémonie », nota Miranda. Un quintette commença à jouer du Boccherini. Au cours des jours suivants, l'exubérant Potemkine, tenant sa cour dans les appartements de la « comtesse » de Sèvres dans son palais, ne pouvait pas vivre sans ses deux nouveaux amis, Miranda et Nassau-Siegen. Tous deux, chacun à sa façon, étaient remarquables : Nassau-Siegen était connu comme le « paladin » de l'époque et Miranda était le père de la libération de l'Amérique du Sud, et nous avons donc beaucoup de chance que celui-ci ait consigné ses expériences dans son journal au ton sceptique et sans préjugé. Potemkine leur préparait même une fricassée de ses propres mains tout en discutant de pirates algériens et des aspirations polonaises. Miranda fut heureux de constater que les courtisans « explosaient » de jalousie à la vue de cette nouvelle amitié.

Le prince invita Nassau et Miranda à l'accompagner dans son inspection éclair de la route impériale. Potemkine savait que le succès ou l'échec du voyage de Catherine assurerait à jamais sa position – ou ferait sa ruine. Les gouvernements d'Europe n'en perdaient pas une miette. L'Angleterre, la Prusse et la Sublime Porte voyaient avec inquiétude Potemkine créer de nouvelles villes et des flottes pour menacer Constantinople. Le voyage de l'impératrice en Crimée avait été retardé à cause de la peste, mais l'on craignait toujours qu'il soit annulé parce que rien dans le Sud n'avait été fait – « Il y a des gens qui supposaient, dit Cobenzl à Joseph, que toutes les mesures nécessaires à la tournée ne pourraient être prises à temps. »

À 22 heures, le 5 janvier 1787, Potemkine, Miranda et Nassau se mirent en route, traversant des rivières gelées à grande vitesse – trois des hommes les plus extraordinaires de leur époque dans une voiture. Ils galopèrent toute la nuit, changeant trois fois de chevaux, s'arrêtant dans une propriété de Potemkine sur le chemin, pour atteindre Perekop, aux portes de la Crimée, à 8 heures du matin, après avoir parcouru plus de deux cent cinquante kilomètres en vingt heures. Ils franchissaient de courtes distances dans une voiture spacieuse mais, comme l'on était maintenant en plein hiver, ils montaient souvent à bord de kibitkas, des voitures légères montées sur des skis – dont les roues avaient été enlevées – pour glisser rapidement dans les steppes enneigées, presque seuls. Voyager dans une kibitka, c'était comme se retrouver dans une capsule spatiale : « Elles sont exactement comme des berceaux, dont la tête aurait des fenêtres à l'avant, se souvenait Lady Craven. Je peux m'y tenir assise ou couchée, longtemps, et me sentir comme un bébé, confortablement protégée du froid par des oreillers et des couvertures. » Le terrain accidenté et la grande vitesse rendaient la chose encore plus risquée. Les passagers étaient soumis à « des chocs [incessants] et des coups violents [...] la tête la plus dure pourrait s'y casser. J'ai été renversée deux fois ». Mais les postillons russes ne s'en souciaient pas : ils se contentaient de descendre silencieusement de leurs chevaux et de redresser la voiture sans « jamais [se] demander si la voiture avait souffert ». Puis ils repartaient au grand galop.

Le prince inspecta la Crimée, où Miranda put voir la nouvelle flotte, les troupes, les villes et les plantations. Il admira les palais préparés pour l'impératrice à Simferopol, Bakhtchissaraï, Sébastopol et Karasubazaar, et les jardins anglais que William Gould créait autour d'eux. Quand ils arrivèrent à Sébastopol, les officiers insistèrent pour donner un bal pour le prince, qui rougit quand un toast fut porté en son honneur. Miranda se mit à rire au spectacle de certains officiers, qui « sautaient et bondissaient » comme « de *petits maîtres** parisiens ». Ils inspectèrent ensuite Inkerman avant de foncer jusqu'à Simferopol, où les voyageurs partirent chasser pendant deux jours pendant que Potemkine travaillait.

Le Sérénissime était accompagné partout par des escadrons de cavaliers tatars : « Cinquante d'entre eux escortaient la voiture à tout moment, dit Nassau-Siegen à sa femme, et les Tatars de chaque localité où nous sommes passés arrivaient de toutes les directions de sorte que la campagne était couverte d'hommes qui, accourant de toutes parts, lui donnaient un air de guerre. » Le « paladin » trouva que tout était « superbe ». Miranda remarqua aussi comment Potemkine veillait soigneusement à rencontrer tous les muftis locaux de chaque ville. Le Sérénissime était accompagné de son peintre de la cour, Ivanov, qui jouait du pinceau tout au long du voyage, et de la musique – allant de quatuors à cordes à des chœurs ukrainiens – résonnait partout où ils s'arrêtaient. Un jour, Miranda tomba sur Potemkine admirant un « collier de perles très célèbre agrémenté de diamants ». Le Vénézuélien n'avait jamais vu un « ornement plus noble et plus beau dans [s]a vie ». Il était en effet si précieux que quand il fut acheté chez Mack, le joaillier de la cour viennoise, l'identité de l'acheteur fut tenue secrète. Même Joseph II voulait savoir qui l'avait acheté. Enfin, Cobenzl révéla l'information à son empereur : Potemkine avait l'intention de l'offrir à l'impératrice lors de sa tournée.

Les trois voyageurs prirent le thé à la laiterie anglaise gérée pour Potemkine par M. Henderson et ses deux douteuses « nièces », recrutés par les Bentham, puis se dirigèrent vers les vignobles de Soudak. Le prince offrit un vignoble à Nassau, qui commanda aussitôt des vignes à Constantinople. Les soldats qu'ils inspectèrent impressionnèrent Miranda : les régiments de Kiev et de Tauride « n'auraient pu être mieux ». Ensuite, le cortège visita l'hôtel de la monnaie de Potemkine sur l'ancien marché d'esclaves de Caffa, dirigé par son marchand juif Zeitlin, ainsi que sa nouvelle ville de Théodosie.

Le Sérénissime occupait chaque nuit et chaque chevauchée par des discussions politiques et artistiques avec ses compagnons, allant des vertus de Murillo aux péchés de l'Inquisition. Les trois compagnons s'entendaient bien, trop peut-être, si bien que le prince se divertit en provoquant une querelle entre Nassau et Miranda. Potemkine piégea le Franco-Allemand Nassau en attaquant les Français pour leur ingratitude envers la Russie. Le Vénézuélien se joignit à lui. Nassau, furieux, lança à Miranda que les femmes espagnoles étaient toutes des prostituées et que la plupart étaient atteintes de maladies vénériennes. En effet, quand il avait rencontré la duchesse d'Albe, à la piètre réputation, un Espagnol l'avait immédiatement averti qu'elle était « infestée ». Ce qui enragea Miranda, et les deux se disputèrent pour savoir quel pays était le plus touché par la vérole. Sans doute Potemkine s'en amusa-t-il énormément et le voyage passa d'autant plus vite.

Le 20, la caravane de Potemkine entama sa traversée des steppes de Kherson. Comme d'habitude, ils filèrent toute la nuit à travers l'isthme et se reposèrent pour le petit déjeuner à Perekop, où Miranda admira l'une des nouvelles races de moutons de Potemkine. Il faisait si froid que les visages des voyageurs étaient gelés. « Ils se les frottèrent de neige et de graisse, ce qui est le traitement dont on use ici. » Bauer, l'aide de camp de Potemkine, les attendait. Il avait fait la route depuis Tsarskoïé Selo en sept jours et demi pour annoncer que l'impératrice était en chemin pour son rendez-vous avec Potemkine à Kiev.

À 11 heures, dans la matinée glaciale du 7 janvier, quatorze voitures, cent vingt-quatre traîneaux et quarante de réserve partirent de Tsarskoïé Selo au son du canon. Cinq cent soixante chevaux les attendaient à chaque relais. L'entourage de Catherine comptait vingt-deux personnes et se composait de ses principaux courtisans et de Ségur, Cobenzl et Fitzherbert, des ambassadeurs de France, d'Autriche et d'Angleterre. Tous étaient emmitouflés dans des fourrures d'ours et des bonnets de zibeline. Ils étaient accompagnés par des centaines de serviteurs, dont une vingtaine de valets de pied, trente lavandières, des valets chargés de l'argenterie, des apothicaires, des médecins et des nègres.

Le carrosse de l'impératrice, attelé de dix chevaux et équipé de banquettes rembourrées et de tapis, était si spacieux qu'un homme pouvait s'y tenir debout. Il pouvait loger six personnes. Et chaque place comptait[1]. Le premier jour, il emportait l'impératrice elle-même, Mamonov « Tunique rouge », Protosova, une dame de compagnie, le maître de la cavalerie Narychkine, le chambellan en chef Chouvalov et Cobenzl. La clé de ces voyages sans pitié pour les organismes impériaux était de lutter contre l'ennui, sans porter atteinte à la diplomatie. Donc, tous les jours, Chouvalov et Narychkine échangeaient leurs places avec Ségur et Fitzherbert, que Catherine appelait ses « ministres de poche ». Tous savaient qu'ils étaient sur le point d'assister au spectacle de toute une vie.

Quand le soir tombait à 15 heures, les voitures et les traîneaux filaient le long de chemins gelés dans les froides nuits d'hiver illuminées par des feux de cyprès, de bouleaux et de sapins, brûlant sur les bas-côtés, créant des « avenues de feu plus claires que le jour ». Potemkine avait ordonné que ces brasiers soient alimentés jour et nuit. L'impératrice s'efforçait de reproduire la routine de sa vie à Saint-Pétersbourg, se levant à 6 heures, et se mettant au travail. Elle prenait son petit déjeuner avec ses « ministres de poche » avant de reprendre la route à 9 heures, faisant halte à 14 heures pour le dîner, puis voyageant jusqu'à 19 heures. Partout, des palais avaient été préparés pour elle : leurs poêles étaient tellement bouillants que Ségur avait « plus peur de la chaleur [...] que du froid à l'extérieur ». On jouait aux cartes et on discutait jusqu'à 21 heures, quand

1. Le voyage de l'impératrice fut la cause d'une nouvelle querelle avec son héritier : elle voulait prendre avec elle les petits princes, Alexandre et Constantin. Le grand-duc Paul s'y opposa sèchement : il voulait venir aussi, mais Catherine ne tenait pas à ce que « *Die schwere Bagage* » vienne ternir sa gloire. Paul adressa même un appel désespéré à Potemkine pour empêcher les enfants de partir, reconnaissance humiliante du pouvoir du prince. Potemkine intervint sans doute pour que les enfants restent avec leurs parents, autant par gentillesse que par intérêt. De toute façon, Alexandre tomba malade, ce qui résolut le problème.

l'impératrice se retirait pour travailler jusqu'à l'heure du coucher. Ségur apprécia l'expérience, même si aucune de ses blagues osées n'était tolérée ; Fitzherbert, de méchante humeur, s'ennuyait, malheureux d'avoir dû quitter sa maîtresse russe. Il se plaignit à Jeremy Bentham des « mêmes meubles, mêmes victuailles » : ce n'était « que Saint-Pétersbourg transportée dans tout l'empire ». Alors qu'elle s'installait avec « Tunique rouge » dans son palais, les ambassadeurs risquaient, eux, souvent de se retrouver logés dans la masure insalubre d'un paysan comme dans un manoir.

Se dirigeant vers le sud-ouest et Kiev, les étrangers purent contempler la Russie traditionnelle : « un quart d'heure avant que Sa Majesté ne vienne à eux [les paysans] se jettent à plat ventre sur le sol et ne se relèvent qu'un quart d'heure après notre passage ». La foule se rassemblait pour accueillir l'impératrice mais, comme Frédéric le Grand, elle n'avait que mépris pour leur admiration : « Ils viendraient aussi en foule pour voir un ours. » L'impératrice traversa le domaine de Potemkine, Kritchev, et Jeremy Bentham la vit emprunter la rue principale, « encadrée de branches de sapins et autres conifères, et illuminée par des barils de goudron ». Des bals étaient donnés tous les jours, partout : « C'est ainsi que nous voyageons », se vanta-t-elle à Grimm.

Le 29 janvier, elle arriva à Kiev, où la cour devait résider pour trois mois jusqu'à ce que les glaces du Dniepr aient fondu. Une « multitude de voyageurs de tous les coins de l'Europe » l'y attendait – dont Ligne. Les routes menant à Kiev étaient encombrées par les grands de l'empire. « Je n'ai jamais de ma vie rencontré tant de gaieté, tant de charme et d'esprit, écrivait une noble polonaise sur le chemin de la cour de Catherine et Potemkine[1]. Nos petits dîners dans ces auberges juives sordides sont tout à fait exquis [...]. En fermant les yeux, on pourrait se croire à Paris. »

Catherine reçut cette lettre de Potemkine depuis la Crimée : « Ici, la verdure commence à percer dans les prés. Je pense que les fleurs vont bientôt sortir [...]. Je prie Dieu pour que ce pays ait la chance

1. Il s'agissait de la comtesse Mniszech, née Urszula Zamoyska, nièce du roi de Pologne. Stanislas-Auguste affirma que Potemkine l'aurait demandée en mariage en 1775. Pour des raisons évidentes, cela fut impossible. Potemkine, qui, manifestement, ne lui en voulait pas, la fit décorer par Catherine, ainsi qu'Alexandra Branicka.

de vous plaire, ma mère adoptive. C'est la source de tout mon bonheur. Au revoir, ma chère Matiouchka. »

Accompagné par la musique et les querelles de ses compagnons sur les coutumes vénériennes nationales, Potemkine voyageait jour et nuit, « à la vitesse du diable », à en croire Nassau, pour atteindre Krementchouk. Quelles qu'aient pu être ses immenses responsabilités, alors que des empereurs, des rois et la moitié des courtisans d'Europe convergeaient pour admirer ses œuvres, le prince semblait passer ses journées à écouter des concerts. « Nous avons eu de la musique et toujours plus de musique », s'émerveillait Miranda – des cornistes un jour, un oratorio de Sarti l'autre, puis une chorale ukrainienne, et ensuite encore des quatuors de Boccherini. Mais, derrière sa nonchalance, Potemkine devait travailler en se rongeant les ongles comme jamais encore auparavant. Tout n'était pas parfait : deux jours après l'arrivée de Catherine à Kiev, il inspecta dix escadrons de dragons. « Ce fut horrible, concéda Miranda. PP n'en fut pas très heureux. » Un autre escadron de cuirassiers près de Poltava était dans un tel état de désordre qu'il ne put même pas être inspecté.

Alors que l'impératrice attendait à Kiev, les mesures prises par le prince commencèrent à se bousculer, toujours aussi imprévisibles. Il ordonna à Nassau et Miranda de l'accompagner auprès de l'impératrice. Le 4 février, après avoir passé les troupes en revue et assisté à des fêtes, Potemkine rencontra l'hospodar moldave en exil, Alexandre Mavrocordato, qui venait d'être destitué par les Turcs en violation de l'esprit de Koutchouk-Kaïnardji – preuve supplémentaire que la tension montait entre la Russie et la Sublime Porte.

Miranda se fit faire une tenue de cour en toute hâte. De retour chez lui, il s'aperçut que son serviteur lui avait trouvé une jeune fille russe « qui, au lit, n'avait rien à apprendre de la plus lascive des Andalouses ». Le lendemain matin, un aide de camp annonça que Potemkine était parti dans une kibitka à 5 heures « sans rien dire à personne ». À 15 heures, Nassau et Miranda se lancèrent à sa poursuite, chacun dans sa propre kibitka. Ils ne le rattrapèrent bien sûr jamais, car à l'époque nul ne pouvait espérer égaler Potemkine quand il s'agissait de voyager à toute vitesse. La neige était molle. Les traîneaux s'enlisaient ou se renversaient. Il fallut réclamer de nouveaux chevaux. Ils perdirent ainsi plusieurs heures. Quand Miranda arriva à l'octroi de Kiev deux jours plus tard, il découvrit que Nassau avait mis la main sur les messages de

Potemkine – ce qui était caractéristique de cet intrigant sans scrupule. « Quel gâchis », constata Miranda.

Kiev, sur la rive droite du Dniepr, était la vision d'un « monde gréco-scythe », « des ruines, des couvents, des églises, des palais inachevés », une ancienne ville russe qui avait connu des temps difficiles. Quand tout le monde fut arrivé, il y eut trois somptueux *tableaux** : tout d'abord, « l'œil fut étonné de voir, en une seule fois, une cour fastueuse, une impératrice conquérante, une noblesse riche et querelleuse, des princes et des grands orgueilleux et luxueux » et tous les peuples de l'empire : des Cosaques du Don, des princes géorgiens, des chefs kirghizes et des « Kalmouks sauvages, fidèle image des Huns ». Ségur parla d'un « théâtre magique qui semblait confondre et mélanger l'Antiquité et les temps modernes, la civilisation et la barbarie ».

La demeure de Cobenzl était comme un club de gentlemen pour les étrangers, bien que les deux autres « ministres de poche » aient possédé chacun son propre petit hôtel. Il y avait des Français, des Allemands, beaucoup de Polonais et quelques Américains, y compris le minuscule et bien nommé Lewis Littlepage[1], récemment nommé chambellan de Stanislas-Auguste, roi de Pologne. Âgé de vingt-cinq ans, ce gentilhomme de Virginie ami de George Washington avait combattu les Britanniques à Gibraltar et Minorque, et était un acteur-producteur amateur enthousiaste, qui mit en scène la première polonaise du *Barbier de Séville* chez Nassau. Il était désormais les yeux de Stanislas-Auguste à la cour de Potemkine. Le doyen de ces étrangers était le prince de Ligne. « Affectueux avec ses égaux, populaire avec ses inférieurs, familier avec les princes et même les souverains, il mettait tout le monde à l'aise. » Son charme ne fonctionnait pourtant pas sur tous : Miranda ne vit en lui qu'un flagorneur écœurant.

Et il y avait la cour de Potemkine. Toujours aussi religieux, il s'installa au monastère de la Laure, réseau gigantesque de souterrains, mi-église, mi-forteresse, un labyrinthe sépulcral et médiéval de salles hypogées, de basiliques avec vingt et un dômes et de cellules de troglodytes, beaucoup creusées dans les grottes sous la ville. Soixante-cinq saints gisaient intacts, drapés de soie dans la fraîcheur de leurs catacombes. Quand Potemkine y recevait ses courtisans, ceux-ci avaient le sentiment d'« être reçus en audience par le vizir de Constantinople, de Bagdad ou du Caire. Il y régnait le silence

1. Littéralement : « petit page ». *(N.d.T.)*

et une sorte de peur ». Le prince parut à la cour dans son uniforme de maréchal, tout cliquetant de médailles et de diamants, avec dentelles, poudre et boucles. Mais, dans son monastère, il s'étendait sur un divan dans sa pelisse préférée, ses cheveux épais ébouriffés, feignant d'être « trop occupé à jouer aux échecs pour remarquer » sa cour de princes polonais et de tsarévitchs géorgiens. Ségur craignait d'être l'objet de risées s'il exposait ainsi la dignité du roi de France à une telle morgue : « aussi, voici comment je jouai l'affaire ». Quand Potemkine ne leva même pas les yeux de l'échiquier, Ségur s'approcha de lui, prit sa tête léonine dans ses mains, l'embrassa et s'assit négligemment à côté de lui sur le canapé. En privé, le Sérénissime laissa tomber son orgueil et redevint l'hôte jovial, entouré des nièces Branicka et Skavronskaïa, de Nassau, Miranda et son compositeur Sarti, « habillé comme un macaroni ridicule ». Il chérissait son ami Ségur comme un « enfant »[1].

Kiev devint la capitale russe. Même Ligne fut étonné du spectacle : « Mon Dieu ! Quelle suite ! Quel bruit ! Quelle quantité de diamants, d'étoiles d'or et de décorations ! Combien de chaînes, de rubans, de turbans et bonnets rouges bordés de fourrures ou pointus ! » Potemkine entraîna ses invités, Miranda et Nassau, dans une débauche ambulante de jeux de cartes, de dîners et de danses. Les nièces étaient plus que jamais traitées comme des grandes-duchesses : chez Branicka, où les ambassadeurs et les ministres russes se retrouvèrent, Miranda put à peine croire « à la richesse et à la magnificence » de « roitelets » polonais comme Potocki et Sapieha.

Le 14 février, Potemkine présenta Miranda à l'impératrice. Elle fut séduite par sa virilité, l'interrogea sur l'Inquisition, dont il prétendit

---

1. Une fois dans ce cercle intime, Ségur remarqua que Potemkine passait son temps à s'éclipser dans une pièce dérobée. Quand il essaya de le suivre, les nièces le retardèrent par « de charmantes cajoleries ». Enfin, il parvint à leur échapper et découvrit le spectacle oriental d'une pièce remplie de bijoux et de marchandises interdites, et se trouva entouré de marchands et de badauds. Au centre de la pièce se trouvait son propre valet Evrard, qui avait été pris en flagrant délit de contrebande et dont les biens étaient ainsi vendus, Potemkine s'arrogeant sans doute la plus belle part de ces joyaux. Ségur, très embarrassé, renvoya son valet de chambre sur-le-champ, mais les nièces, qui étaient évidemment ravies de pouvoir profiter de la dernière mode de Paris, l'en dissuadèrent. « Vous feriez mieux d'être gentil avec lui, dit Potemkine, puisque, par un étrange hasard, vous vous trouvez être son [...] complice. » Son valet avait peut-être été effectivement pris en flagrant délit de contrebande, mais l'ambassadeur de Sa Majesté Très-Chrétienne avait lui été clairement le jouet de l'une des plaisanteries de Potemkine.

avoir été victime. Dès lors, Miranda fut inclus dans le cercle intime de Catherine ainsi que de Potemkine. Bientôt, il s'en montra plutôt blasé. « Whist avec les gens habituels », écrivit-il. Nassau se plaignit à son épouse que les enjeux avaient été « un peu chers – deux cents roubles ». À quoi s'attendait-il d'autre en jouant avec l'impératrice et le Sérénissime ? La plupart des soirées finissaient dans une ambiance de décadence tranquille chez Lev Narychkine – exactement comme à Saint-Pétersbourg.

Comme toujours, la vie sexuelle de Catherine et Potemkine était une source de fascination. Les ambassadeurs griffonnaient des rapports à leurs cours et les voyageurs notaient tout ce qu'ils pouvaient glaner. Catherine était toujours accompagnée de Mamonov : « [Il doit] sa fortune au prince Potemkine et il le sait », selon Nassau, mais cela n'empêcha les fausses rumeurs sur Miranda. « Rien n'a échappé à sa pénétration, pas même l'impératrice de toutes les Russies, affirma Stephen Sayre, un jeune diplomate américain jaloux, une déclaration mortifiante pour moi qui me trouvais depuis vingt et un mois dans sa capitale sans que jamais je puisse connaître les parties internes de ses domaines vastes et bien connus. »

La soi-disant « comtesse » de Sèvres, escortée par Mademoiselle Guibald, entama son séjour à Kiev nantie de l'« adoration momentanée » de Potemkine. Et il y avait ses deux nièces, mais Sèvres fut bientôt remplacée en tant que « sultane favorite » par une Narychkina, que Miranda put admirer lors de l'une des fêtes des Narychkine. L'impératrice y dîna. « Il y avait des jeux, de la musique et des danses. » Catherine jouait au whist avec Potemkine, Ségur et Mamonov, puis elle fit venir Miranda pour discuter de l'architecture de Grenade. Quand elle se retira comme d'habitude à 22 heures, les vrais plaisirs commencèrent. Narychkina se lança dans un hopak cosaque puis dans une danse russe, « qui était plus lascive, pensa Miranda, que notre fandango [...] quelle bonne danseuse [...] quel mouvement délicat des épaules et du dos ! Elle pourrait faire lever les morts ! ».

Le Sérénissime partageait clairement l'admiration de Miranda pour ses talents dans le domaine de la résurrection car il passa « un *tête à tête** d'une heure avec Mademoiselle M. Nari... pour la convaincre de quelque affaire politique ». Miranda pouvait l'entendre pousser des « soupirs d'abandon » et s'écrier « Est-ce possible ? » aux histoires de Potemkine. Une source douteuse affirma également que Potemkine se serait jeté sur la fille de Zakhar Tchernichev à la porte même des appartements de Catherine[1]. La jeune fille aurait crié, réveillant l'impératrice. C'est peu probable, car il ne manquait guère de compagnie féminine.

L'entourage du prince, dont Miranda et Nassau, logeait avec lui au monastère – mais leur comportement était bien différent de celui des moines. Kiev bourdonnait de joie – une aubaine pour les prostituées d'Ukraine. Miranda et Kiselev, l'un des aides de camp de Potemkine, allèrent « dans la maison d'une Juive d'origine polonaise qui avait de très bonnes filles et a offert ce qu'il y avait de mieux ce soir », mais quand ils y revinrent après avoir passé l'après-midi chez le feld-maréchal Roumiantsev-Zadounaïski : « Je n'ai trouvé qu'une Polonaise très quelconque. » Miranda fut surpris de voir que même les filles des provinces ukrainiennes s'habillaient à la mode française : « Par Dieu ! Jusqu'où l'infernale frivolité gauloise a-t-elle contaminé la race humaine ? » Les *horizontales** de Kiev surchargées de travail faisaient l'objet d'une telle compétition entre les différents courtisans que, au moment où Miranda et Kiselev arrivaient, les jeunes chambellans de Catherine débarquèrent en force et accaparèrent toutes les filles. Miranda était furieux : il prenait son plaisir au sérieux. Enfin il trouva sa maquerelle juive polonaise mais, quand il voulut expliquer à l'entremetteuse quels services souhaitait Kiselev, l'officier russe se mit en colère à son tour. « Oh, comme il est difficile pour les hommes d'agir librement dans le domaine de l'amour et de la préférence sexuelle ! » grommela Miranda. Les deux séducteurs eurent plus de chance quelques jours plus tard dans une maison où vivaient une courtisane de dix-huit ans et sa femme de chambre. Kiselev jeta son dévolu sur cette dernière. Miranda s'efforça de « conquérir la maîtresse qui, en fin de compte, accepta trois ducats (elle en voulait dix au départ) ». Il passa un moment agréable « avec [s]a nymphe au lit [...] » : « elle était très douée et j'appréciai », mais peut-être pas autant qu'il l'aurait voulu : « Elle ne me laissa pas lui mettre. » Tôt le lendemain matin : « Jeudi Saint. Nous avons assisté à une messe solennelle dans l'église de Petcherski en présence de l'impératrice. » Telle était la vie à Kiev, des mères maquerelles juives aux messes solennelles.

Cette recherche effrénée du plaisir masquait des intrigues bouillonnantes. Les ambassadeurs cherchaient à en savoir plus, mais « les secrets politiques restaient cachés entre Catherine, le prince Potemkine et le

1. Si cette rumeur est vraie, il est probable que Catherine en fut plus amusée que contrariée, contrairement à la reine Victoria lorsque Lord Palmerston tenta de séduire une de ses dames de compagnie à Windsor.

comte Bezborodko ». Quand Ségur annonça que, dans la lointaine Paris, Louis XVI avait convoqué les états généraux, première étape fatale vers la Révolution française, l'impératrice le félicita. « L'esprit de tous était secrètement animé de sentiments libéraux, du désir de réforme. » Catherine et Potemkine parlaient de réforme, mais ils comprirent les signes inquiétants en provenance de Paris. « Cela ne nous plaît guère », dit Catherine à Grimm, promettant que Potemkine lui enverrait de la « musique derviche ».

Ils furent rappelés à la réalité par la présence des plus riches et des plus remuants parmi les trop puissants « roitelets » de Pologne. « La moitié de la Pologne est ici », expliqua Catherine à Grimm. L'impératrice se préparait à rencontrer son ancien amant des années 1750, le roi Stanislas-Auguste de Pologne. Potemkine décida de le voir en premier afin de discuter de l'ordre du jour du sommet avec Catherine. Le Sérénissime continuait à ménager la Pologne, qu'il considérait comme une police d'assurance personnelle, tout en y défendant de plus en plus la politique de la Russie. Il avait pour la Pologne cette sympathie particulière de la szlachta de Smolensk de son enfance, mais ses deux objectifs immédiats étaient d'assurer sa position personnelle en tant que magnat polonais et de gagner le soutien polonais pour la guerre à venir contre les Turcs.

Les affaires polonaises étaient si complexes et instables que Potemkine refusait de s'engager dans une seule voie, préférant agir avec flexibilité dans l'ombre. Il menait au moins trois politiques en même temps. Il continuait à tenir la bride au parti prorusse polonais, qui était hostile au roi Stanislas-Auguste, et qui était rassemblé autour de son neveu Branicki et d'une camarilla de magnats.

À la fin de 1786, il commença à appliquer une autre politique : l'achat d'immenses domaines en Pologne même, ce que son *indigénat** de 1775 lui permettait. (Il avait vendu certaines de ses propriétés russes en 1783 et était sur le point de vendre le complexe de Kritchev.) Il déclara alors à Miranda qu'il venait d'acheter des domaines polonais qui s'étendaient sur 150 000 hectares et coûtaient deux millions de roubles. La rumeur courut à Kiev que ces domaines comprenaient trois cents villages et 60 000 âmes. Toujours à la fin de 1786, Potemkine conclut un marché compliqué avec le prince Ksawery Loubomirski pour acheter les immenses domaines de Smila et Meschiricz, sur la rive droite du Dniepr, dans le triangle du palatinat polonais de Kiev, qui s'enfonçait en coin dans le territoire russe. À elle seule, Smila était si étendue qu'à sa mort elle abritait 112 000 âmes de sexe masculin, ce qui lui donnait une population totale équivalente à celle d'une ville du XVIIIe siècle. Il y disposait de sa propre cour seigneuriale, de son propre système judiciaire et même d'une armée privée.

Potemkine acheta ces terres avec son propre argent, mais il provenait du Trésor d'une manière ou d'une autre, et le prince considérait cet achat comme une entreprise impériale tout autant que privée. Loubomirski était déjà l'un des maîtres de la production de bois pour la flotte de la mer Noire de Potemkine, si bien que le prince ne faisait que racheter ses propres fournisseurs pour créer un conglomérat semi-privé, semi-impérial. Mais cela ne s'arrêtait pas là. L'accord faisait de Potemkine un magnat polonais à part entière – posant les jalons de sa propre principauté privée en dehors de la Russie. C'était aussi une forme de privatisation de l'annexion du territoire polonais, et un cheval de Troie qui lui donnerait le droit de s'infiltrer dans les institutions polonaises. Catherine avait tenté de donner à Potemkine le duché de Courlande et le nouveau royaume de Dacie, à défaut de la couronne de Pologne elle-même. « De ses terres récemment achetées en Pologne, commenta-t-elle à son secrétaire à Kiev, Potemkine fera peut-être une entité tierce indépendante de la Russie et de la Pologne. » Elle comprenait le danger que représentait pour son cher consort l'éventualité de l'accession au trône de Paul – mais cela la mettait également mal à l'aise. Plus tard dans l'année, il lui expliqua qu'il avait acheté ces terres « pour devenir un propriétaire terrien et obtenir le droit de pénétrer à la fois leurs affaires et leur commandement militaire ». Comme tout ce qui concernait la Pologne, l'achat de Smila devint un bourbier, qui déclencha une succession de procédures judiciaires et de disputes familiales entre les Loubomirski qui impliquèrent Potemkine dans quatre années de négociations et de litiges.

Le roi Stanislas-Auguste représentait le troisième volet de la politique polonaise de Potemkine. Tout en œuvrant à lui nuire avec Branicki et ses achats de terres, Potemkine avait toujours eu un faible pour Stanislas-Auguste, esthète impuissant et mécène trop sincère des Lumières : leur correspondance était plus chaleureuse que ne le requérait la simple courtoisie diplomatique, du moins du côté de Potemkine. Le prince croyait qu'un traité avec Stanislas-Auguste lui assurerait le soutien polonais contre les Turcs et maintiendrait la Pologne dans la sphère d'influence russe, hors de portée des griffes avides de la Prusse. Potemkine pourrait alors commander personnellement les troupes polonaises en tant que magnat. Tout cela pouvait se faire plus facilement avec l'aide du roi Stanislas-Auguste.

Les Polonais eux-mêmes se trouvaient à Kiev pour saper le pouvoir de leur propre roi avant la rencontre avec Catherine, et s'attirer les faveurs du Sérénissime. « Ces Polonais de haut rang se montrent humbles et obséquieux devant le prince Potemkine », observa Miranda lors d'un dîner chez les Branicki. La politique et l'adultère s'entremêlaient en sous-main, alors que tous les Polonais « se trompaient eux-mêmes, étaient dupés, et trompaient les autres, le tout fort aimablement, moins, il est vrai, que leurs épouses ». En réalité, toutes ces démonstrations n'avaient d'autre but que d'accroître leur prestige aux yeux de Potemkine, « mais il est difficile d'attirer son regard, plaisantait Ligne, car il ne dispose que d'un œil et il a courte vue ».

Potemkine fit la preuve de sa puissance en favorisant un Polonais et en en humiliant un autre. Tout le monde était jaloux de l'attention de Potemkine. Ligne, Nassau et Lewis Littlepage intriguaient avec les Polonais au nom de leurs maîtres. Branicki enviait Nassau, parce que ce dernier séjournait chez Potemkine – et était donc « maître du champ de bataille ». Branicki et Félix Potocki s'efforçaient de persuader Potemkine que Stanislas-Auguste était opposé à ses acquisitions de terres, ce qui causa naturellement un certain malaise à Varsovie. Alexandra Branicka était déjà si proche de l'impératrice qu'en Pologne les ragots affirmaient qu'elle était sa fille naturelle. Le prince s'irrita des intrigues maladroites de Branicki, et il y eut une « terrible scène », qui rendit Alexandra malade. Pourtant, il veilla à ce que Branicki et Félix Potocki soient reçus chaleureusement par l'impératrice, tandis qu'elle « n'accordait pas un regard » à ses détracteurs, Ignacy Potocki et le prince Sapieha.

Même Miranda finit par se retrouver pris dans ce jeu polonais. Il accueillit le prince devant certains magnats polonais sans se lever. Miranda aurait dû savoir que la royauté, dont Potemkine était maintenant presque un membre à part entière, était chatouilleuse sur l'étiquette. Les étrangers ne pouvaient jamais considérer les faveurs de Potemkine comme acquises. Les rumeurs selon lesquelles Miranda n'était ni un comte espagnol, ni un colonel jouèrent peut-être aussi un rôle dans ce rafraîchissement. Potemkine le traita avec froideur.

Au début de mars, le prince, accompagné de Nassau, Branicki et Stackelberg, ambassadeur russe à Varsovie, parcourut la quarantaine de kilomètres jusqu'à Chwastow pour y rencontrer le roi de Pologne, qui attendait nerveusement son rendez-vous avec Catherine après tant d'années. Potemkine portait l'uniforme de la szlachta polonaise du palatinat de Bratslav avec ses décorations polonaises. Il traita le roi, accompagné par Littlepage, comme son propre monarque. Les deux hommes s'entendirent sur l'idée de Potemkine d'un traité russo-polonais contre les Ottomans. Le Sérénissime laissa Stackelberg sonder Stanislas-Auguste sur son projet de création d'une principauté féodale à Smila. Le roi répondit qu'il souhaitait obtenir l'accord de la Russie sur la réforme de la Constitution polonaise. Potemkine dénonça Ignacy Potocki qu'il traita de « *scélérat** » – et ce fossile de Félix Potocki était « un idiot », alors que Branicki n'était pas vraiment quelqu'un de mauvais. Potemkine fut « enchanté » par le roi – « du moins pendant un moment ». La date de la prochaine rencontre avec Catherine fut confirmée.

De retour à Kiev deux jours plus tard, Miranda attendait nerveusement le retour de Potemkine. Mais le prince, dont les bouderies ne duraient jamais, le salua comme un ami perdu de vue depuis longtemps : « Il me semble qu'il y a un siècle que nous nous sommes vus », lança-t-il. Alors que le départ de Catherine approchait, le moment vint de se séparer de Miranda. L'impératrice, par le biais de Mamonov, lui offrit de servir la Russie, mais il lui fit alors part de ses espoirs d'une révolte contre l'Espagne au Venezuela. Catherine et Potemkine étaient favorables à ce projet anti-Bourbon. « Si l'Inquisition est si nécessaire, qu'ils nomment donc Miranda Inquisiteur », plaisanta Potemkine. Catherine lui promit l'aide de toutes les missions de Russie à l'étranger et il eut le toupet de demander 10 000 roubles de crédit. Mamonov dit à Miranda qu'il lui faudrait l'approbation du Sérénissime, une preuve de plus de la quasi-égalité entre Catherine et Potemkine. Ce dernier accepta. Le 22 avril, le futur (quoique éphémère) dictateur du Venezuela prit congé de l'impératrice et du prince. Les Espagnols finirent par rattraper Francisco de Miranda. Plus tard cette année-là, à Saint-Pétersbourg, les deux ambassadeurs des Bourbons menacèrent de se retirer à moins que le faux comte-colonel soit expulsé. En fin de compte, il n'obtint jamais la somme complète de 10 000 roubles – mais il resta en contact avec Potemkine : les archives révèlent qu'il lui fit parvenir en cadeau un télescope de Londres.

Alors que tous commençaient à en avoir plus qu'assez de Kiev, ville « abominable » selon Catherine, des salves d'artillerie annoncèrent que les glaces avaient fondu et que le spectacle pouvait commencer. À midi, le 22 avril 1787, l'impératrice monta à bord de sa galère, parmi la flotte la plus luxueuse jamais vue sur un grand fleuve.

24

Cléopâtre

> « La galère où elle était assise, ainsi qu'un trône éclatant, semblait brûler sur les eaux. La poupe était d'or massif, les voiles de pourpre, et si parfumées, que les vents venaient s'y jouer avec amour. Les rames d'argent frappaient l'onde en cadence au son des flûtes, et les flots amoureux se pressaient à l'envi à la suite du vaisseau. Pour Cléopâtre, il n'est point d'expression qui puisse la peindre. »
>
> William Shakespeare, *Antoine et Cléopâtre*

À midi, le 22 avril 1787, Catherine, Potemkine et leur entourage embarquèrent sur la barge-restaurant, où un banquet pour cinquante personnes avait été préparé. À 15 heures, les bateaux s'ébranlèrent. Les sept galères impériales de la sublime flotte du prince étaient élégantes, confortables et majestueuses, peintes en or et écarlate à l'extérieur, décorées à l'intérieur d'or et de soie, propulsées et servies par trois mille rameurs, membres d'équipage et gardes, et étaient escortées par plus de quatre-vingts autres bateaux. Chacune avait son propre orchestre, toujours sur le pont, qui jouait quand les invités embarquaient ou débarquaient. Sur la barge de Catherine, le *Dniepr,* l'orchestre était dirigé par le maestro de Potemkine, Sarti. Son boudoir était doté de lits jumeaux pour Mamonov et elle. Chaque péniche disposait d'une grande salle à manger, d'une bibliothèque, d'un salon de musique et d'une véranda sur le pont. Les somptueuses suites étaient tendues de soie chinoise, avec des lits en taffetas ; les bureaux étaient équipés d'écritoires en acajou, d'un confortable divan en chintz et même de toilettes avec leur propre eau courante, déjà une nouveauté à terre, et à plus forte raison sur le Dniepr. La salle à manger flottante pouvait recevoir soixante-dix convives.

Tous les invités gardèrent à jamais le souvenir éblouissant, presque mythique, de cette croisière. « Une multitude de chaloupes et de bateaux rôdaient sans cesse à la tête et sur les côtés de la flotte, qui avait quelque chose d'un conte de fées », racontait Ségur. Les spectateurs lançaient des « acclamations tonitruantes en voyant les marins de son escadron majestueux plonger en rythme leurs rames peintes dans les eaux du Dniepr alors que grondaient les canons ». C'était comme la « flotte de Cléopâtre [...] jamais il n'y eut voyage plus brillant et agréable », pensait Ligne. « C'est vrai, confirma Nassau à sa femme, que notre assemblée sur cette galère est l'une des choses les plus uniques jamais vues. »

Le prince offrit un spectacle perpétuel le long du fleuve. Alors qu'ils partaient sous les salves des canons et les accents des symphonies, de petits escadrons de Cosaques manœuvraient dans les plaines. « Villes, villages, maisons de campagne et parfois cabanes rustiques étaient si merveilleusement ornés de guirlandes et parés de fleurs et de magnifiques décorations architecturales qu'ils semblaient se transformer sous nos yeux en des villes superbes, des palais soudainement se dressaient et comme par magie se créaient des jardins. »

La péniche de Potemkine, le *Boug,* emportait le prince en personne, ses nièces, leurs maris et Nassau-Siegen. Ils s'éloignèrent de Kiev l'ennuyeuse, mais la malice et les méfaits naviguèrent avec eux vers le bas Dniepr. « J'aime me trouver avec le prince, qui m'aime vraiment, assura Nassau à son épouse, en dépit de ses compagnons qui me détestent. » Plus tard, il se lia d'amitié avec Branicki. L'ancien amant de la reine de Tahiti et quasi-roi de Ouidah brossa pour son épouse un tableau de leurs accommodements sur cette « grande [barge] fleurie ». Potemkine occupait la plus grande suite et personne ne pouvait atteindre sa chambre sans passer par son salon. Le premier rendez-vous de Catherine était le roi de Pologne, qui l'attendait en aval à cinq jours de là, et la péniche de Potemkine se transforma en théâtre flottant des intrigues polonaises. Nassau, toujours en mission pour Stanislas-Auguste contre Branicki tout en s'efforçant de faire fortune, se levait tôt et réveillait Potemkine pour profiter de moments seuls avec lui.

Les matinées étaient libres. À midi, la cuisine de l'impératrice tirait un coup de canon pour annoncer le dîner, parfois pour seulement dix personnes, que l'on amenait à la rame. Ensuite, Nassau était transféré sur la barge de Ligne et Ségur, où le premier leur lisait ses carnets. À 18 heures, il fallait remonter sur le bateau de l'impératrice pour le souper. Elle se retirait comme toujours à 21 heures et « tout le monde [allait] chez le prince Potemkine ». Mais, malgré cette pompe sans précédent, la tournée restait intime. Une nuit, Mamonov, las du couvre-feu impérial précoce, demanda à Nassau et quelques autres de rester pour une partie de whist. À peine avaient-ils commencé à jouer dans le salon de Catherine qu'elle entra les cheveux défaits, tenant son bonnet, vêtue d'une robe de chambre de taffetas abricot avec des rubans bleus. Voilà à quoi ressemblait Catherine, plus âgée, quand elle était avec ses jeunes amants derrière la porte de sa chambre. « Les cheveux défaits la rendent plus jeune », remarqua Nassau. Elle espérait ne pas les déranger, s'assit, les pria d'excuser son « *déshabillé** » et se montra « fort gaie ». Elle se retira à 22 heures. Le whist dura jusqu'à 1 h 30.

« Le voyage est vraiment une fête continuelle et absolument superbe, s'enthousiasma Nassau. Une compagnie charmante grâce à Ligne et Ségur. » Tous deux, logés à bord du *Sejm,* étaient les vilains garnements de la tournée, toujours à chahuter. Chaque matin, Ligne tapait sur la mince cloison qui séparait leurs chambres pour réciter des poèmes improvisés à Ségur, puis envoyait son page lui transmettre des lettres « de sagesse, de folie, de politique, de beaux discours, des anecdotes militaires et des épigrammes philosophiques ». Rien n'aurait pu être plus étrange que cette correspondance au lever du jour « entre un général autrichien et un ambassadeur français dormant côte à côte sur la même péniche, non loin de l'impératrice du Nord, qui descendait le Dniepr en traversant le pays cosaque pour rendre visite aux Tatars ». Ségur trouvait que le spectacle de la croisière avait un côté presque poétique : « La belle richesse, la magnificence de notre flotte, la majesté du fleuve, le mouvement, la joie d'innombrables spectateurs le long des rives, l'armée et le mélange asiatique des costumes de trente nations différentes, enfin la certitude de voir de nouvelles choses chaque jour, agitaient et aiguisaient notre imagination. » Le succès même de l'entreprise rejaillissait sur son glorieux organisateur : « Les éléments, les saisons, la nature et l'art, tout semblait conspirer pour assurer le triomphe de ce puissant favori. »

Après trois jours de cette croisière digne de Cléopâtre, le roi de Pologne, Stanislas-Auguste, porté par ses souvenirs romantiques et ses fantasmes politiques, attendait à Kaniev sur la rive polonaise pour retrouver l'impératrice. Cette réunion avait quelque chose d'émouvant : lors de leur dernière rencontre, il était un jeune Polonais idéaliste et elle la femme opprimée d'un despote imbécile. Maintenant, il était roi et elle impératrice. Il n'avait pas vu la femme qu'il n'avait jamais vraiment cessé d'aimer depuis vingt-huit ans et avait sans doute dû se laisser aller à rêver de leurs retrouvailles. « Vous pouvez aisément imaginer, avoua le roi à Potemkine dans une lettre inédite datant de février, avec quel enthousiasme j'attends le moment qui devrait m'apporter cette joie. » C'était le genre de sentimentalité tragique qui ne pouvait manquer de faire vibrer une corde sensible chez Potemkine.

Stanislas-Auguste était toujours beau, sensible, cultivé, mais surtout il voulait faire du mieux qu'il pouvait pour la Pologne. Potemkine et Stanislas-Auguste avaient en commun leur goût pour l'opéra, l'architecture et la littérature, pourtant le Polonais ne pouvait pas se permettre de faire confiance au Russe. Le roi ne connaissait que frustration et humiliation. Politiquement, il était presque dépourvu d'atouts. Personnellement, il n'était pas de taille face à des politiciens comme Potemkine. Catherine trouvait les dilemmes politiques du roi irritants et sans importance – et sa sincérité personnelle presque insupportable. Peut-être, l'ayant autrefois tant aimé dans la prison de son misérable mariage, la seule idée de sa naïveté impuissante à l'époque la gênait-elle.

Le véritable objectif de la réunion n'avait rien à voir avec la nostalgie amoureuse, mais concernait la survie de la Pologne. La République nobiliaire, ce chaos tentaculaire férocement attaché à sa liberté, d'une grandeur fragile et d'un fonctionnement labyrinthique, était une énigme politique qui confondait l'esprit méthodique de Catherine. Pourtant, c'était précisément dans ces conditions que le flexible Potemkine, lui, prospérait. Le plan du roi et du prince, scellé à Chwastow, visant à former une alliance antiturque et à réformer la Constitution polonaise, aurait pu empêcher la tragédie de la destruction de la Pologne. Mais, à cette occasion, la maladresse personnelle compromit l'entente politique.

La flottille jeta l'ancre au large de Kaniev. À 11 heures le 25 avril, Bezborodko et le prince Bariatinski, le maréchal de la cour, vinrent chercher le roi dans une chaloupe. « Messieurs, le roi de Pologne m'a demandé de recommander le comte Poniatowski à vos bons soins », dit-il, reprenant son nom d'origine, car les rois de Pologne n'étaient pas autorisés à quitter le sol polonais. Quand il rencontra l'impératrice, Ségur et les autres formaient un cercle autour d'eux pour assister à leurs premiers mots « dans des circonstances si différentes de celles de leur première rencontre, unis par l'amour, séparés par la jalousie et traqués par la haine ». Mais leurs espoirs furent aussitôt déçus. Il n'y avait plus d'étincelle. Les monarques marchèrent avec raideur sur le pont. La flambée de nostalgie du roi ne résista sans doute pas à quelques allusions pénibles à leur passé car, quand ils s'en revinrent, elle était tendue et gênée, et il y avait la « trace d'une certaine tristesse » dans les yeux de Stanislas-Auguste. Certains racontèrent qu'elle avait profité des compliments du roi pour rendre Mamonov jaloux. « Je ne l'avais pas vu depuis trente ans, écrivit Catherine par la suite, et vous pouvez imaginer que nous nous trouvâmes changés. »

Il y eut un moment émouvant, après que Stanislas-Auguste eut maladroitement accordé l'Aigle blanc au neveu de Potemkine, Engelhardt. L'heure du dîner avait sonné. Le roi chercha son chapeau. Catherine le lui tendit. « Pour me couvrir la tête deux fois, dit-il en plaisantant, la première étant sa couronne. Ah, madame, c'est trop de largesses et de bonté. » Stanislas-Auguste séjourna sur une autre péniche, puis fut transféré en chaloupe jusqu'à la résidence flottante de Potemkine. Le Sérénissime tenta de réconcilier le roi avec Branicki, mais ce dernier se comporta de manière si insolente que Stanislas-Auguste quitta les lieux. Potemkine se précipita à sa suite en s'excusant. L'impératrice et le prince réprimandèrent Branicki sans ménagement, mais il était de la famille : leur créature polonaise continua de faire partie de leur entourage.

À 18 heures, le roi remonta à bord de la barge de Catherine pour des négociations politiques. Il lui proposa une alliance russo-polonaise, tout en se promenant sur le pont. Elle lui promit une réponse. Le prince lui-même jouait aux cartes avec nonchalance à proximité. Catherine était furieuse qu'il ne soit pas venu à son secours. « Pourquoi le prince Potemkine et vous devez-vous tout le temps nous laisser ainsi ? » s'emporta-t-elle contre Ligne. Stanislas-Auguste supplia Catherine de venir souper à Kaniev, où il avait presque ruiné ses maigres ressources par lui offrir deux jours de dîners et de feux d'artifice, mais Catherine le snoba. Elle dit à Potemkine qu'elle ne se souciait pas de faire les choses dans la précipitation comme ils le faisaient en Pologne ; « Vous-même savez que tout changement dans mes intentions m'est désagréable. » Potemkine, que ce soit par respect pour Stanislas-Auguste ou par colère contre Catherine d'avoir gâché sa stratégie polonaise, continua à jouer aux cartes sans rien dire. Catherine devint folle de rage, puis se tut. Le roi était morose. Les courtisans s'agitaient et épiaient. « Le prince Potemkine n'a pas dit un mot, marmonna Catherine à son secrétaire le jour suivant. J'ai dû parler tout le temps, ma langue en était sèche ; ils ont failli me mettre en colère en me demandant de rester. » Catherine daigna enfin contempler les coûteux feux d'artifice polonais depuis sa péniche. Le roi, le cœur brisé et humilié, prit congé. « N'ayez pas l'air si affligé, lui chuchota Ligne fielleusement. Vous ne faites que donner du plaisir à une cour qui [...] vous déteste. » Catherine en voulait toujours à Potemkine. Il boudait sur le *Boug*. Elle lui adressa une série de notes : « Je suis en colère contre vous, vous avez été horriblement maladroit aujourd'hui. » La flottille attendait, admirant les feux d'artifice qui se conclurent par une reproduction de l'éruption du Vésuve. Ainsi, le roi avait, pour reprendre le style inimitable de Ligne, « été ici pendant trois mois et dépensé trois millions pour voir l'impératrice pendant trois heures ». Quelques jours plus tard, Stanislas-Auguste envoya à Potemkine cette note pathétique rédigée dans une écriture à peine lisible : « J'ai été heureux quand j'ai vu l'impératrice. Je ne la connais plus, mais bien que triste, je compte sur l'amitié du prince Potemkine. »

Le kaiser Joseph II et la tsarine Catherine II, les césars de l'Est, se rapprochaient l'un de l'autre. Le 30 avril, la flotte arriva à Krementchouk, retardée par des vents violents. Joseph, toujours incognito sous le nom de comte de Falkenstein, attendait en aval à Kaïdak, hérissé d'une impatience toute militaire.

Les réformes despotiques, mais rationnelles de Joseph avaient déjà conduit plusieurs de ses provinces à la rébellion. Il n'avait pas voulu venir en Russie, mais sa présence était d'autant plus importante pour les Russes que l'alliance autrichienne était leur arme principale contre les Ottomans. « Peut-être a-t-on encore le temps, suggéra Joseph au chancelier Kaunitz, de trouver une excuse. » Le Habsbourg, pompeux, trouvait l'invitation de Catherine « des plus cavalières », aussi dit-il à Kaunitz que sa réponse serait « honnête, courte mais ne se privera[it] pas de faire savoir à cette princesse de Zerbst catherinisée qu'elle devrait faire preuve d'un peu plus de considération [...] dans sa façon de disposer de [lui] ». Puis il accepta avec enthousiasme. Il tenait à inspecter les forces russes, intimement persuadé qu'elles ne pouvaient rien faire de bien, contrairement à ses Autrichiens. Il écrivit ironiquement à Potemkine qu'il attendait avec impatience de voir ses « arrangements intéressants et surprenantes créations ». Et le maniaque de la revue se consola de l'attente en inspectant Kherson de son propre chef.

Catherine s'inquiétait – où était Joseph ? Cobenzl envoya à son empereur des lettres rassurantes. Potemkine semblait ne vivre que dans l'instant, bien que des rumeurs prétendissent qu'il était à court de chevaux pour le reste du voyage. L'impératrice débarqua à Krementchouk et inspecta un élégant palais entouré, bien sûr, d'un « jardin anglais enchanté » au feuillage ombragé, avec de l'eau vive et des poiriers. Potemkine avait fait apporter d'énormes chênes, « aussi larges que lui », plaisantait Ligne, et les avait fait agencer en un bois. William Gould était passé par là. « Tout est en fleur », dit l'impératrice à Grimm. Catherine passa ensuite en revue quinze mille hommes, dont sept régiments de la nouvelle cavalerie légère de Potemkine. Cobenzl salua la tenue des hommes et des chevaux. Après avoir donné un bal pour huit cents personnes cette nuit-là, Catherine repartit vers l'aval pour son rendez-vous impérial.

Au moment précis où le cortège s'éloignait sur le fleuve, Samuel Bentham, laissant son frère Jeremy gérer Kritchev, arriva aux commandes de la création dont il était le plus fier : le vermiculaire en six compartiments qu'il avait fait construire pour Catherine[1]. Le jeune Anglais, du haut d'une plate-forme, aboyait ses ordres par l'intermédiaire d'un porte-voix, spectacle éblouissant qui ne fit qu'ajouter à l'émerveillement général. Potemkine lui ordonna d'amarrer sa péniche près de la sienne. Le lendemain matin, il inspecta son œuvre et en fut « aussi heureux que l'on peut l'être », affirma Samuel. Lorsque la flottille quitta une fois de plus la rive, Bentham la suivit. Il soutint que l'impératrice avait remarqué ses vaisseaux et les avait admirés – mais Potemkine peut-être le lui avait-il dit pour le consoler d'avoir raté son entrée.

À quarante kilomètres de Kaïdak, où ils devaient rencontrer l'empereur, quelques-unes des barges s'échouèrent. La flotte jeta l'ancre. Potemkine comprit qu'ils ne pourraient pas aller jusqu'au bout par le fleuve. On courait le risque que le défilé spectaculaire dégénère en un chaos gênant : une impératrice échouée ; un empereur perdu dans la nature ; il y avait une pénurie de chevaux, et les barges transportant les vivres et les cuisines étaient coincées sur des bancs de sable. Le « ver flottant » de Bentham survint à point nommé.

Laissant derrière lui l'impératrice, Potemkine changea d'embarcation et, à la grande joie de Bentham, continua son parcours à bord du vermiculaire pour retrouver l'empereur. À l'approche de Kaïdak,

1. En tout, le ver flottant mesurait plus de 80 mètres de long et près de 5,60 m de large, et était propulsé par 120 rameurs.

tout près de la Sitch des Zaporogues vaincus, il préféra rester à bord plutôt que de séjourner dans un de ses palais locaux. Le lendemain matin, il partit chercher Joseph II. Ce soir-là, l'empereur choisit lui aussi de s'installer sur le vermiculaire de Bentham. Celui-ci en fut tout gonflé de fierté, ayant reçu les louanges de deux césars et d'un prince – mais ces derniers étaient beaucoup plus impatients de se rencontrer que d'admirer ces ingénieuses barges anglaises[1].

Potemkine et Joseph décidèrent que l'empereur « surprendrait » l'impératrice. Les monarques n'aimant guère les surprises, le Sérénissime envoya rapidement un courrier avertir Catherine, et Cobenzl, de son côté, en envoya un prévenir Joseph que Potemkine l'avait avertie : telles sont les absurdités du service des rois. Le 7 mai, Catherine quitta le cortège fluvial et se dirigea en carrosse vers cette « surprise » qui n'avait plus rien de spontané.

Catherine, accompagnée de Ligne, Mamonov et Alexandra Branicka, traversait un champ quand elle tomba « nez à nez » (selon ses propres termes) avec Joseph, qui était avec Cobenzl. Les deux Majestés montèrent dans un seul carrosse, puis couvrirent les trente verstes jusqu'à Kaïdak. Là, Joseph fut consterné de découvrir que les cuisines et les cuisiniers étaient loin derrière, sur les péniches échouées. Potemkine s'en fut au galop pour tout reprendre en main et en oublia de manger. La tsarine et le kaiser n'avaient aucun espoir de pouvoir se sustenter. « Il n'y avait personne, nota Joseph, ni pour cuisiner, ni pour servir. » Et cela de la part de l'empereur qui aimait voyager sans cérémonie. La visite impériale menaçait de se transformer en farce.

Potemkine était passé maître dans l'art d'improviser, appliquant toujours le principe qui veut que nécessité fasse loi. « Le prince Potemkine en personne se fit *chef de cuisine**, raconta Catherine en riant à Grimm, le prince de Nassau se fit gâte-sauce et le grand général Branicki pâtissier. » La cuisine dut un temps ressembler à quelque désopilant enfer culinaire tandis que s'y agitaient un géant borgne russe, un paladin international tueur de fauves et un « bretteur polonais » aux épais favoris. Potemkine parvint néanmoins à présenter une *girandole**, un feu d'artifice tournant autour des initiales de Catherine, surmonté de quatre mille fusées, ainsi qu'une nouvelle explosion volcanique. Pour la royauté du XVIIIe siècle, les feux d'artifice et les faux

1. « Il ne fait aucun doute, disait Samuel à Jeremy Bentham, se berçant joyeusement d'illusions, que l'empereur, ainsi que tout le monde, a fait l'éloge de l'invention. »

volcans devaient être aussi ennuyeux que les visites dans les Maisons de la jeunesse et les usines le sont aujourd'hui. On peut se demander si le spectacle suffit à leur faire oublier la cuisine de Potemkine, car les trois cuisiniers fous avaient semble-t-il somptueusement raté leur coup. Catherine estima que « les deux Majestés n'avaient jamais été si magnifiquement et si *mal* servies », mais cela s'avéra si amusant que ce fut un « dîner aussi bon qu'il était mauvais ». Une personne – la plus importante – n'était pas de cet avis.

« Le dîner se composa de plats immangeables », dit l'empereur, guère amusé, au feld-maréchal Lacey, mais au moins « la compagnie est tout à fait convenable ». Mais l'empereur, toujours prompt à se réjouir du malheur des autres, était secrètement ravi : « La confusion qui règne dans ce voyage est incroyable. » Il remarqua qu'il y avait « plus de choses et de gens sur les bateaux que les voitures ne pouvaient en contenir et il n'y a pas de chevaux pour les transporter ». Joseph, souffrant d'un complexe de supériorité allemande par rapport à la maladresse des Russes, était « curieux de voir comment tout cela [allait] se terminer », mais conclut avec un soupir las : « Cela sera vraiment un temps de pénitence. »

Joseph prit Ligne à part dès qu'il en eut l'occasion : « Il me semble que ces gens veulent la guerre. Sont-ils prêts ? Je ne le crois pas ; quoi qu'il en soit, je ne le suis pas. » Il avait déjà vu la flotte et les forts de Kherson. Les Russes s'étaient lancés dans une course à l'armement, mais il pensait que tout cela n'était « que de la poudre aux yeux » : « Rien n'est solide et tout est fait à la hâte de la façon la plus coûteuse. » Joseph ne pouvait pas se résoudre à admettre qu'il était impressionné. Il avait raison de penser que la magnificence de la tournée et les accomplissements de Potemkine poussaient Catherine à la guerre. « Nous pouvons la commencer par nous-mêmes », déclara-t-elle à son secrétaire.

Potemkine voulait discuter de la possibilité d'un conflit directement avec Joseph. Aussi, un matin, il se rendit auprès de l'empereur et lui fit part des griefs et des revendications territoriales russes à l'encontre des Ottomans. Sa timidité l'empêchant de dire tout ce qu'il aurait souhaité, il demanda donc à Ligne de le faire pour lui. « Je ne savais pas qu'il voulait tant, murmura Joseph. Je pensais que la Crimée suffirait. Mais que feront-ils pour moi si je me retrouve en guerre avec la Prusse un jour ? Nous verrons bien… »

Deux jours plus tard, les deux césars vinrent contempler, à bord d'une somptueuse voiture noire dont les portes étaient ornées des armes de Catherine, dotée d'un plafond en cuir et de sièges de velours rouge, les fondations désolées de la grandiose Ekaterinoslav de Potemkine[1]. Lorsque les deux Majestés eurent posé les premières pierres de la cathédrale, Joseph murmura à Ségur : « L'impératrice a posé la première pierre, et moi la dernière. » (Il se trompait.) Le lendemain, ils se dirigèrent à travers les steppes, couvertes « d'immenses troupeaux de moutons, [et d']un grand nombre de chevaux », vers Kherson.

Le 12, ils entrèrent dans la première ville de Potemkine en une procession solennelle qui passa une arche portant au frontispice une inscription défiant la Sublime Porte : « Ceci est la route de Byzance. » Joseph, qui avait déjà inspecté la ville, eut alors l'occasion de passer en revue l'entourage de Catherine. « À lui seul, le prince Potemkine, fou de musique, a avec lui cent vingt musiciens », constata le kaiser, mais « il a fallu quatre jours pour qu'un officier dont les mains étaient horriblement brûlées par la poudre à canon obtienne de l'aide ». Quant au favori de l'impératrice, Joseph estima que Mamonov était « à peine intelligent [...] tout juste un enfant ». Il apprécia Ségur, trouva Fitzherbert « brillant » même si ce dernier ne cachait pas son ennui, et fit l'éloge du *jockey diplomatique**, qui possédait tout l'esprit et la *joie de vivre** qui faisaient défaut à l'empereur : « Ligne fait ici des merveilles et défend bien mes intérêts. » Mais les Russes n'étaient pas dupes, au courant des inspections itinérantes de Joseph et conscients de la jalousie qui le rongeait secrètement. Catherine, levant les yeux au ciel, dit à son secrétaire : « Je vois et j'entends tout, mais je ne cours pas partout comme le fait l'empereur. » Il n'était pas étonnant, pensait-elle, qu'il ait poussé les bourgeois du Brabant et des Flandres à se rebeller.

Ségur et Ligne furent éblouis par les accomplissements de Potemkine : « Nous ne pûmes masquer notre étonnement pur et simple, écrit Ségur, à la vue de tant de nouvelles et imposantes créations. » La forteresse était presque terminée ; il y avait de quoi loger vingt-quatre mille personnes, « plusieurs églises d'une noble architecture » ; l'Arsenal contenait six cents canons ; deux cents navires marchands étaient ancrés dans le port, ainsi que deux vaisseaux de ligne et une frégate, prêts à être lancés. La surprise de l'entourage de Catherine s'explique par le fait que tous ou presque à Saint-Pétersbourg pensaient que les réalisations de Potemkine étaient frauduleuses. Maintenant, dit Ségur, tous reconnaissaient « le talent et l'activité du prince Potemkine ». Catherine elle-même, à qui les

1. Le carrosse est exposé au Musée d'histoire nationale de Dniepropetrovsk.

ennemis du prince avaient évidemment affirmé que toute l'entreprise n'était que mensonges, avoua à Grimm : « Ils peuvent dire tout ce qu'ils veulent à Saint-Pétersbourg – les attentions du prince Potemkine ont transformé cette terre qui, à la paix [1774], n'était rien de plus qu'une cabane, en un village florissant. » Les étrangers prirent cependant la mesure des limites du port – « ils ont beaucoup construit à Kherson dans le peu de temps qui s'est écoulé depuis sa fondation, écrivit Joseph, et cela se voit ».

Le 15, Catherine et Joseph lancèrent les trois navires de guerre depuis trois marquises installées en bord de mer et décorées de « gaze, dentelles, falbalas, guirlandes, perles et fleurs », que l'on aurait dit, pensa Ligne, « tout droit sorties des boutiques de la rue Saint-Honoré ». L'un des vaisseaux de ligne à quatre-vingts canons fut baptisé *Saint-Joseph* en l'honneur du kaiser, mais il considéra que le bois en était « si vert [...] les mâts si mauvais » qu'ils tomberaient bientôt en morceaux. Ce qu'ils ne firent pas.

Avant leur départ, Catherine décida qu'elle voulait visiter sa forteresse stratégique de Kil-Bouroun, à l'embouchure du Dniepr. Mais une escadre ottomane croisait sur le Liman, si bien que l'impératrice ne put s'y rendre. Les Russes savaient parfaitement que les Turcs les épiaient, même s'ils n'en laissaient rien paraître aux étrangers. L'ambassadeur de Russie près la Sublime Porte, Yakov Boulgakov, fit le voyage de Constantinople pour débattre de la politique turque. Potemkine taquina Ségur à propos du fait que les Français encourageaient les Turcs, qui avaient « de bonnes raisons de s'inquiéter ».

Après Kherson, les deux césars s'engagèrent dans la steppe déserte en direction de la Crimée. Lorsque Ségur plaisanta imprudemment sur les déserts, Catherine lui lâcha d'un ton cassant : « Pourquoi vous faire du mal, *monsieur le comte**. Si vous redoutez l'ennui des déserts, qui vous empêche de partir pour Paris ? »

Soudain, la voiture impériale se retrouva environnée par trois mille Cosaques du Don en tenue d'apparat, commandés par leur ataman. Puis ils formèrent une seule rangée, prêts à charger. Parmi eux se trouvait un escadron d'un autre de ces peuples de cavaliers des steppes que Potemkine affectionnait : de féroces Kalmouks, « qui ressemblent à des Chinois », estima Nassau. Les Cosaques chargèrent encore et encore, poussant des cris de guerre qui enthousiasmèrent les invités de Potemkine. Puis ils se divisèrent en deux groupes et se livrèrent bataille. Même Joseph fut impressionné par leur force et leur endurance : ils pouvaient couvrir soixante verstes par jour. « Nulle autre cavalerie en Europe n'en est capable », reconnut Nassau.

À Kizikerman[1], à soixante-quinze verstes au nord-est de Kherson, ils arrivèrent à une petite maison de pierre et à un campement de tentes tressées d'argent, dont les tapis étaient parsemés de pierres précieuses. Lorsque les officiers cosaques furent présentés à l'impératrice le lendemain matin par Alexandra Branicka, les diplomates furent emballés par les femmes entourant l'ataman : son épouse était vêtue d'une longue robe semblable à l'habit d'un prêtre, en « brocart d'or et d'argent ». Elle portait un chapeau noir dont la base était recouverte de perles. Nassau tomba surtout sous le charme des « quatre doigts de perles » qui dansaient en un miroitement érotique sur ses joues, jusqu'à sa bouche.

Au crépuscule, Joseph et Ségur sortirent marcher dans les terres sauvages, apparemment sans fin, rien que de l'herbe s'étendant à l'horizon. « Quelle terre étrange, dit le saint-empereur romain. Et qui aurait pu s'attendre à me voir avec Catherine II et les ambassadeurs français et anglais errant dans un désert tatar ? Quelle page d'Histoire !

— Cela ressemble plus à une page des *Mille et une Nuits* », répondit Ségur.

Alors Joseph s'arrêta et se frotta les yeux : « Je ne sais si je suis éveillé ou si votre remarque sur les Mille et une Nuits m'a fait rêver. Regardez là-bas ! »

Une haute tente semblait se déplacer vers eux, glissant par elle-même sur l'herbe. Le kaiser et le comte contemplèrent ce spectacle magique : c'était un campement de Kalmouks qui déménageaient leurs tentes sans les démonter. Trente Kalmouks en jaillirent et encerclèrent les deux hommes, ne se doutant pas que l'un d'eux était un empereur. Ségur entra. Joseph préféra attendre dehors. Quand Ségur en ressortit enfin, Joseph plaisanta en disant qu'il était soulagé que le Français ait été libéré de son « emprisonnement ».

À peine les césars eurent-ils franchi les lignes de Perekop en Crimée qu'ils furent accueillis par un tonnerre de sabots et un nuage de poussière d'où surgirent au galop mille deux cents cavaliers tatars. L'« embuscade tatare » de Potemkine encerclait totalement le cortège impérial. Les cavaliers brandissaient des pistolets incrustés de pierres précieuses, des poignards courbes damasquinés, des lances, des arcs et des flèches, comme si les voyageurs étaient subitement remontés dans le sombre passé de l'Europe.

1. Potemkine préférait le nom grec de la bourgade, Olviopol.

« Cela ne provoquerait-il point un tollé en Europe, mon cher Ségur, déclara Ligne, si les mille deux cents Tatars qui nous entourent décidaient de nous faire galoper jusqu'à un petit port tout près pour de là embarquer la noble Catherine et le grand empereur romain et les emmener à Constantinople pour l'amusement et la satisfaction d'Abdülhamid ? » Heureusement, Catherine n'entendit pas la réflexion de Ligne. Une garde de murzas tatars, vêtus d'uniformes verts richement ornés de parements dorés, forma alors l'escorte personnelle de Catherine. Douze garçons tatars lui servaient de pages.

Carrosses et cavaliers tatars semblaient aller de plus en plus vite. Ils franchirent la colline escarpée qui donnait sur l'ancienne capitale des khans Giray : Bakhtchissaraï. Les chevaux du carrosse à huit places de Catherine et Joseph foncèrent vers le bas de la colline. La voiture bringuebalait sur la route, virant dangereusement entre les rochers. Les Tatars qui les flanquaient au galop tentèrent d'en reprendre le contrôle. Catherine ne manifesta aucune peur. Les Tatars parvinrent à calmer les chevaux, et ils s'arrêtèrent, aussi soudainement qu'ils s'étaient emballés, à l'entrée de la capitale de Crimée.

La demeure du khan était un mélange éclectique de palais, de harem et de mosquée, construit par des esclaves ukrainiens sur les plans d'architectes persans et italiens, de style à la fois mauresque, arabe, chinois et turc, avec quelques touches occidentales étranges comme des cheminées gothiques. Son plan était inspiré des palais ottomans de Constantinople, avec leurs portes et leurs cours menant vers l'intérieur et la résidence du khan et son harem. Le silence et la sérénité régnaient. Des murs imposants dissimulaient des jardins secrets, bercés par le murmure de fontaines raffinées. La discrète influence occidentale et l'épaisseur des parois rappelèrent à Joseph un couvent de carmélites. À côté de la mosquée, avec ses hauts minarets, se trouvait le noble et fascinant cimetière de la dynastie Giray : deux rotondes octogonales s'y dressaient, entourant les mausolées des khans au milieu d'une étendue de pierres tombales finement sculptées. De doux parfums montaient de chandelles allumées sous les fenêtres. Autour du palais s'étalait la cité tatare, avec ses bains et ses minarets, dans une vallée encaissée entre deux à-pics[1]. Potemkine

1. Potemkine fit marquer le voyage en Crimée de Catherine par des bornes, portant des inscriptions en russe et en turc, et placées à intervalle régulier, tous les dix kilomètres. Trois seulement ont survécu : une se dresse aujourd'hui devant le palais du khan à Bakhtchisaray. Le cimetière des Giray existe encore, envahi par les herbes folles.

avait fait ponctuer ces derniers de lampions, si bien que les voyageurs avaient vraiment l'impression de résider dans quelque palais arabe légendaire au milieu d'un amphithéâtre illuminé.

Catherine fut logée dans les appartements du khan, qui comprenaient la « salle d'audience magnifique et excentrique » des Giray – de grande taille et richement agrémentée de cette déclaration des Giray, véritable défi à la suprématie de toutes les dynasties de l'Orient : « Les jaloux et envieux devront admettre que ni à Damas, ni à Ispahan, ni à Constantinople ils ne trouveront son égal. » Le Habsbourg était installé dans les appartements d'un frère du khan. Potemkine, lui, résidait, ce qui paraît logique, dans le harem avec Ligne, qui fut captivé par la magie des lieux. Tout comme Catherine. Les délicieuses senteurs sucrées des jardins – orangers, roses, jasmin, grenades – embaumaient tous les appartements, chacun doté de divans et de fontaines. Lors de ses dîners, Catherine recevait les muftis locaux, qu'elle traitait avec égards. Les appels des imams invitant les fidèles à la prière cinq fois par jour sous ses fenêtres lui inspirèrent un mauvais petit poème en rimes adressé à Potemkine : « N'est-ce point là comme le paradis ? Mes louanges à toi, mon ami. »

Après le dîner, Joseph s'en fut à cheval inspecter la ville voisine de Çufut Qale, où vivait la secte karaïte juive du VIIIe siècle qui rejetait le Talmud, ne croyait qu'en la Torah des origines et vivait dans un isolement tranquille dans des châteaux abandonnés au sommet des montagnes de Crimée. À Bakhtchissaraï, Nassau, Ségur et Ligne explorèrent la ville, comme des écoliers en sortie. Ligne, bien qu'ayant vingt ans de plus que Ségur, était le plus espiègle, et espérait repérer une fille tatare sans voile. Mais cette perspective séduisante dut attendre. Dans le harem, Potemkine, allongé, contemplait des « danseuses arabes », qui, selon Nassau-Siegen, « exécutèrent des danses répugnantes ». Après seulement deux nuits à Bakhtchissaraï, les césars repartirent le 22 mai à 9 heures, entourés de pages, de Tatars et de Cosaques du Don, pour assister au plus grand de tous les spectacles de Potemkine.

La tsarine et le kaiser dînaient magnifiquement dans un joli palais construit sur les hauteurs d'Inkerman, sur une langue de terre qui surplombait la mer. L'orchestre de Potemkine jouait. Les coteaux vibraient de joutes et de charges de cavalerie tatare. Le Sérénissime fit un signe. Des tentures furent tirées, les portes s'ouvrirent sur un balcon. Alors que les monarques regardaient dehors, un escadron de cavalerie tatare, en plein simulacre de combat, s'écarta pour révéler la « vue magnifique » qui leur coupa le souffle.

L'amphithéâtre des montagnes formait une baie profonde et lumineuse. Et, en plein milieu, une flotte nombreuse et puissante – au moins vingt vaisseaux de ligne et des frégates, estima Joseph – était à l'ancre, en ordre de bataille, face à l'endroit même où les rois dînaient. Sur un autre signe discret du prince, la flotte les salua à l'unisson de toutes ses bouches à feu : un tonnerre, se souvint Ségur, qui semblait annoncer que l'Empire russe était arrivé dans le Sud et que « les armées [de Catherine] pouvaient en quelques heures [...] planter leurs drapeaux sur les murs de Constantinople ». Nassau déclara que le moment avait été « presque magique ». C'était la base navale de Sébastopol, fondée trois ans plus tôt. Et il n'avait fallu que deux années à Potemkine pour faire construire toute cette flotte.

Dès que les canons se turent, Catherine, aiguillonnée par cette vision de la puissance russe à l'état pur, se leva pour porter un toast ému à son « meilleur ami », en regardant Joseph sans le nommer[1]. On peut imaginer Joseph hérissé par sa passion, se moquant jalousement de la réussite de la Russie, tout en brûlant d'aller inspecter tout cela par lui-même. Fitzherbert garda un flegme absolu. Tous les regards se tournèrent vers Potemkine : c'était là son succès, un exploit remarquable compte tenu de la paresse de la bureaucratie russe, de l'étendue de ses responsabilités, du manque d'expertise navale russe, et sachant que les forêts les plus proches se trouvaient dans la lointaine Pologne. Les Russes présents durent repenser à la conquête de la Baltique par Pierre le Grand et à la flotte que le tsar y avait créée. Quel courtisan serait le premier à le dire ? « Madame, fit Ségur, en créant Sébastopol, vous avez terminé dans le Sud ce que Pierre le Grand commença dans le Nord. » Nassau embrassa Potemkine et demanda ensuite à faire le baisemain à l'impératrice. Elle refusa. « C'est au prince Potemkine que je dois tout, répétait-elle sans cesse. Donc, c'est lui que vous devez embrasser. » Puis elle se tourna en riant vers son cher consort. « J'espère que plus personne n'osera dire qu'il est paresseux », dit-elle, avertissement voilé à quiconque douterait de la réalité de ses accomplissements. Potemkine lui baisa les mains, si ému qu'il en avait les larmes aux yeux.

Le Sérénissime guida la tsarine et l'empereur jusqu'à un embarcadère et une chaloupe les emporta vers Sébastopol et la nouvelle

1. Le prince de Ligne crut y déceler une règle universelle sur les femmes : « La flatterie l'enivrait [...] l'inconvénient des femmes sur le trône. »

flotte. Le reste suivait dans une autre barque. Ils longèrent trois des vaisseaux de ligne de soixante-six canons, trois frégates de cinquante canons et dix de quarante canons, qui saluèrent l'impératrice par trois salves supplémentaires, sous les acclamations des marins. Ils débarquèrent auprès d'un escalier en pierre qui les conduisit tout droit à l'Amirauté, où elle devait séjourner. Autour d'eux s'étendait la ville nouvelle de Sébastopol. « Le plus beau port que j'ai vu », écrivit Joseph. Enfin, il était plein d'admiration : « Il y avait là cent cinquante navires [...] prêts pour tous les événements de la mer. » Le port était défendu par trois batteries. Il y avait des maisons, des boutiques, deux hôpitaux et des casernes. Cobenzl estima qu'il y aurait bientôt douze vaisseaux de ligne. Même Joseph reconnut qu'ils étaient « très bien construits ». Ségur peinait à croire que Potemkine ait pu y parvenir en si peu de temps. Tout était si réussi, là où moins de trois ans plus tôt il n'y avait rien. « Il faut rendre justice au prince Potemkine », écrivit Catherine ce jour-là à Grimm à Paris. « L'impératrice, nota Joseph, est absolument en extase [...] le prince Potemkine est pour l'heure tout-puissant et fêté au-delà de l'imagination. »

Les césars et le prince avaient la guerre en tête. Catherine et Potemkine pensaient qu'ils pouvaient battre les Turcs sur-le-champ. L'impératrice demanda à Nassau s'il pensait que ses navires valaient ceux des Ottomans à Otchakov. Nassau répondit que les navires russes pourraient mettre la flotte turque dans leur poche s'ils le souhaitaient. « Oserai-je ? » sourit-elle à Ligne avec une coquetterie glaçante. La Russie était prête à la guerre, disait « sans cesse » Potemkine à Ligne : sans la France, « nous commencerions immédiatement ».

« Mais vos canons et les munitions sont si neufs, interjeta Ligne, s'efforçant de le retenir au nom de son kaiser.

— Tout est là, répondit le Sérénissime. Tout ce que j'ai à faire, c'est de dire à cent mille hommes : "En avant, marche !" »

Catherine conserva assez de sang-froid pour ordonner à Boulgakov d'adresser une note rassurante au sultan. Ni elle, ni Potemkine n'étaient aussi belliqueux qu'ils en avaient l'air. Malgré tout, on peut comprendre que les « ministres de poche », la Sublime Porte et les chancelleries de l'Europe aient considéré que la Russie ne faisait que ronger son frein.

Catherine se retira avec l'empereur, encore sous le choc, pour parler avec lui du moment où déclencher la guerre. Potemkine se joignit à eux, mettant ainsi en avant son statut de presque roi. Joseph appela à la prudence, évoquant la France et la Prusse. Frédéric-Guillaume de

Prusse (Frédéric le Grand était mort en 1786) était « trop médiocre » pour les arrêter, affirma Catherine. La France ferait « beaucoup de bruit », convint Potemkine, mais « finira[it] par prendre sa part du gâteau ». Il suggéra que la France engloutirait l'Égypte et Candie (la Crète) quand serait venu le moment du partage des dépouilles. L'impératrice ajouta, menaçante : « Je suis assez forte, il suffit que vous ne l'empêchiez pas. » Joseph, craignant d'être laissé pour compte, leur assura que la Russie pouvait compter sur l'Autriche. Aucun d'entre eux ne se doutait que le même débat – la guerre ou la paix – faisait simultanément rage, sur l'autre rive de la même mer, à une journée de voile de là, au Divan de la Sublime Porte. La *canaille** de Constantinople manifestait dans les rues en appelant à la guerre, et des milliers de soldats défilaient dans la ville, en route vers les forteresses de la mer Noire et des Balkans.

Joseph invita les diplomates à une promenade à cheval autour de Sébastopol pour discuter en privé de l'énigme qu'était Potemkine. La capacité de cet excentrique exotique à accomplir autant de choses confondait l'empereur. Potemkine était « extraordinaire par son génie de l'activité », dit-il à Nassau. « En dépit de sa bizarrerie », déclara Joseph à Ségur, « cet homme unique » n'était pas seulement « utile mais nécessaire » pour contrôler un peuple barbare comme les Russes. Joseph rêvait de trouver quelque défaut à cette démonstration, et il laissa entendre à Nassau, qui avait commandé à la mer, que les navires n'étaient certainement pas prêts à naviguer. « Ils sont prêts et entièrement armés », répondit le paladin. Joseph, pour une fois, dut admettre la défaite : « La vérité, c'est qu'il faut être là pour croire ce que je vois. »

Nassau et Ligne partirent, escortés par des Cosaques et des Tatars, pour inspecter Partheniza et Massandra, les domaines que leur avait donnés le prince. Partheniza, la propriété de Ligne, était censée être le site du temple d'Artémis où Iphigénie avait été sacrifiée. Ligne en fut si ému qu'il écrivit un poème à Potemkine. Les invités visitèrent les ruines de l'antique cité de Chersonèse. Le Sérénissime se dirigea vers les collines pour une journée, emmenant Nassau se détendre dans un domaine si beau qu'il l'avait baptisé « Tentation ».

25

Les Amazones

« Assemblage étonnant des dons de la nature
Qui joignez le génie à l'âme la plus pure
Délicat et sensible à la voix de l'honneur
Tendre, compatissant, et rempli de candeur
Aimable, gai, distrait, pensif et penseur sombre
De ton charmant, ce dernier trait est l'ombre
Apprends-moi par quel art tout se trouve en ta tête ? »

Poème du prince de Ligne au prince
Potemkine, écrit lors du voyage en Crimée

Un régiment d'Amazones cavalcada à la rencontre du kaiser quand il poursuivit sa route en vue d'inspecter Balaklava. Joseph fut étonné par cette nouvelle preuve de l'art de la mise en scène de Potemkine. La colonie militaire grecque, ou « albanaise », du prince qui se trouvait là arborait déjà un costume de style néo-classique – des cuirasses et des manteaux, mais armée de pistolets. Ces Amazones étaient deux cents « Albanaises », toutes de « jolies femmes », à en croire Ligne, portant des jupes de velours cramoisi, bordées de franges de dentelle d'or, des vestes de velours vert, également bordées d'or, des turbans de gaze blanche, des paillettes et des plumes d'autruche. Elles étaient armées jusqu'aux dents « de mousquets, baïonnettes et lances, de cuirasses d'Amazones et leurs longs cheveux [étaient] gracieusement tressés ». Ce caprice était né d'une discussion entre Catherine et Potemkine, à Saint-Pétersbourg avant le voyage, sur les similitudes entre les Grecs modernes et classiques. Il vanta le courage de ses Grecs et de leurs épouses. Catherine, n'ayant rien d'une féministe, doutait que leurs femmes puissent être d'une quelconque utilité. Le prince décida de lui prouver qu'elle se trompait[1].

Le maladroit kaiser admira tant ce spectacle qu'il récompensa Elena Sardanova, la belle commandante des Amazones, âgée de dix-neuf ans et épouse d'un capitaine, d'un baiser fort peu impérial sur les lèvres. Puis il partit au galop rencontrer l'impératrice. Cette dernière croisa les Amazones de Potemkine lors de son étape dans le village grec de Kadykovka alors qu'elle descendait une allée encadrée de lauriers, d'orangers et de citronniers. Potemkine lui dit que les Amazones souhaitaient lui faire la démonstration de leurs prouesses au tir. Catherine, que toutes ces manœuvres militaires devaient secrètement ennuyer, refusa. Au lieu de cela, elle embrassa Sardanova, lui donna une bague en diamant d'une valeur de 1 800 roubles, et 10 000 roubles pour sa troupe.

Les Amazones se joignirent à son escorte de Tatars, de Cosaques et d'Albanais pour le reste du voyage. Alors que le cortège impérial roulait sur la côte fertile et montagneuse du sud-est de la Crimée, où se trouvent ses paysages les plus paradisiaques, il dépassa les vignobles de Potemkine ; leur équipée devait attirer tous les regards. Leur succès sur la « route de Byzance » permit aux deux césars de se détendre. Joseph avoua même que Potemkine le faisait attendre dans son antichambre comme un courtisan ordinaire mais qu'il ne pouvait pas s'empêcher de pardonner à cet homme extraordinaire – changement d'attitude considérable pour ce Habsbourg si pointilleux.

Tressautant dans leur voiture, Catherine et Joseph discutaient de ce que les chefs d'État ont en commun. Ligne était assis entre eux, comme pris dans un royal sandwich, et somnolait, jusqu'à ce qu'il entende l'un des deux dire : « J'ai trente millions de sujets, en ne comptant que la population masculine », tandis que l'autre reconnaissait n'en avoir que vingt. Puis l'un posa à l'autre cette question : « A-t-on jamais essayé de vous assassiner ? » Ils débattirent de

1. Hérodote écrivait que les Amazones, menées par leur reine Penthésilée, avaient traversé la mer Noire, combattu les Scythes, puis s'étaient installées avec eux, non loin de la mer d'Azov. Potemkine devait donc savoir que la Crimée était, pour ainsi dire, l'habitat naturel des Amazones. Lorsqu'il emmena Miranda en Crimée, ils rencontrèrent un colonel allemand, Schutz, dont la femme l'avait « suivi dans ses campagnes habillée en homme et avait été blessée deux fois – elle a[vait] un air un peu masculin ». Frau Schutz joua-t-elle les conseillères pour le régiment des Amazones de Potemkine ? Le fait qu'il y ait eu deux foyers d'Amazones sur cette petite péninsule semble n'être dû qu'au hasard.

leur alliance. « Que diable allons-nous faire de Constantinople ? » demanda Joseph à Catherine.

À Caffa, l'ancien port de la traite des esclaves refondé par Potemkine sous le nom de Théodosie, le Sérénissime joua un de ses tours à Ségur. Alors que la troupe montait dans les voitures ce matin-là, Ségur tomba sur une jeune fille exquise en tenue circassienne. Il blanchit littéralement : elle était le portrait craché de sa femme. « Un instant, je crus que Madame de Ségur était venue de France pour me retrouver. L'imagination agit vivement au pays des merveilles. » La jeune fille disparut. Un Potemkine rayonnant prit sa place. « N'est-ce pas une ressemblance parfaite, alors ? demanda-t-il à Ségur, ajoutant qu'il avait vu le portrait de sa femme dans sa tente.

— Complète et incroyable, répondit le mari stupéfait.

— Eh bien, Batouchka, dit Potemkine, cette jeune fille circassienne appartient à un homme qui va me permettre de disposer d'elle et, dès que vous arriverez à Saint-Pétersbourg, je vous la donnerai. »

Ségur tenta de refuser, car son épouse risquait fort de ne pas apprécier cette manifestation d'affection. Potemkine en fut blessé et l'accusa de fausse pudeur. Alors Ségur promit d'accepter un autre présent[1], quel qu'il soit. Le cortège grimpa dans les collines ondulées et verdoyantes de l'intérieur pour admirer les jardins de Potemkine, mais aussi ses laiteries, ses troupeaux de moutons et de chèvres, et son palais « tatar » de marbre rose à Karasubazaar[2]. Lequel, d'après une Anglaise que le visita dix ans plus tard, était « un de ces palais féeriques » qui semblaient surgir « comme par magie et par quelque arrangement secret de Potemkine, faisant notre surprise et notre charme ».

Ils y trouvèrent une véritable enclave anglaise. Brown aurait reconnu les jardins anglais – « des bouquets d'arbres majestueux, et une fort grande pelouse », menant à des « bois qui composent un charmant terrain d'agrément aménagé par [leur] compatriote Gould », et il y

---

1. Ce serait un jeune garçon kalmouk du nom de Nagu, capturé plus tard lors de l'assaut sur Otchakov, à qui Ségur enseigna le français et dont il réussit ensuite à se délester en le confiant à une comtesse Cobenzl ravie, loin dans le Nord.

2. L'emplacement exact de cette « demeure féerique » – construite sur le site de la masure tatare où Potemkine avait failli mourir à la fin de 1783 – est aujourd'hui inconnu. Mais, quand l'auteur s'est rendu à Beligorsk, le nom moderne de Karasubazaar, il a découvert un espace verdoyant à proximité d'une rivière et un verger qui correspondait à la description qu'en fit la voyageuse anglaise Maria Guthrie. Les Tatars, déportés par Staline, sont depuis revenus dans leur village.

avait aussi les produits laitiers anglais d'Henderson. Aucune ambiance idyllique de Potemkine n'était complète sans un thé à l'anglaise. Les « nièces » d'Henderson, qui avaient voyagé avec Jeremy Bentham, attirèrent l'œil expérimenté de Ligne : « Deux créatures célestes vêtues de blanc » sortirent, firent asseoir les voyageurs à une table couverte de fleurs « sur laquelle elles déposèrent du beurre et de la crème » : « Cela m'a rappelé le petit déjeuner dans les romans anglais. » Il y avait des casernes et des soldats qui n'attendaient que d'être passés en revue par Joseph, mais il y fut insensible. « Nous avons dû emprunter des routes de montagne, grommela-t-il au feld-maréchal Lacey, tout cela pour nous faire voir un bouc, un mouton angora et une sorte de jardin anglais. »

Potemkine fit donner un *feu d'artifice** qui impressionna même les dignitaires les plus blasés. Au beau milieu d'un banquet, vingt mille grandes fusées explosèrent tandis que cinquante-cinq mille pots enflammés couronnaient les montagnes à deux reprises en dessinant les initiales de l'impératrice, alors que les jardins anglais étaient illuminés comme en plein jour. Joseph dit n'avoir jamais rien vu de plus impressionnant et ne put que s'émerveiller de la capacité de Potemkine, et donc de l'État russe, à faire exactement ce qu'il voulait, quel qu'en soit le coût : « Nous en Allemagne ou en France n'aurions jamais osé entreprendre ce qui est fait ici [...]. Ici, la vie et l'effort humains comptent pour rien [...]. Le maître ordonne, l'esclave obéit. »

Quand ils furent de retour à Bakhtchissaraï, les femmes tatares revinrent de nouveau hanter les esprits de ces courtisans expérimentés. Ligne, plus jeune à cinquante ans que quand il en avait trente, ne pouvait plus contenir sa curiosité. « À quoi bon passer par un immense jardin où il est interdit de contempler les fleurs ? Avant de quitter la Crimée, je dois au moins voir une Tatare sans son voile. » Alors il demanda à Ségur : « M'accompagnerez-vous ? » Ligne et Ségur partirent dans les bois. Ils tombèrent sur trois demoiselles occupées à leur toilette, leurs voiles posés sur le sol à côté d'elles. « Mais hélas ! » raconta Ségur, aucune n'était jolie. Bien au contraire. « *Mon Dieu** ! s'exclama Ligne. Mahomet avait bien raison de leur ordonner de se couvrir le visage. » Les femmes s'enfuirent en hurlant. Quant aux indiscrets, ils furent pourchassés par des Tatars leur hurlant des imprécations et leur jetant des pierres.

Le lendemain, à dîner, Catherine garda le silence, et Potemkine boudait – tous deux sans doute épuisés. Ligne se dit qu'il allait leur remonter le moral avec son escapade coquine. L'histoire déplut à l'impératrice : « Messieurs, cette plaisanterie était de mauvais goût. »

Elle avait conquis cette terre et ordonné que l'islam soit respecté. Les Tatars étaient maintenant ses sujets, sous la protection impériale. Si certains de ses pages s'étaient comportés de façon aussi infantile, elle les aurait punis.

Même le kaiser finit par être affecté par l'atmosphère voluptueuse. Catherine laissa Joseph, Ligne et Ségur (peut-être en guise de consolation après les avoir réprimandés) assister à son audience avec une princesse Giray. Mais ils furent déçus par cette descendante de Gengis : « Ses sourcils peints et ses cosmétiques luisants la faisaient ressembler à de la porcelaine en dépit de ses beaux yeux », pensa Ségur. « J'aurais préféré une de ses servantes », dit Joseph à Lacey. Le kaiser fut tellement subjugué par la beauté des femmes circassiennes que ce prétendu pilier des Lumières décida d'en acheter une[1]. Il donna de l'argent à un certain lieutenant Tsirouli et l'envoya dans le Kouban y acheter une « jolie Circassienne ». Potemkine l'approuva. On ne sait comment se termina cette mission. Cependant, Joseph rentra bien à Vienne avec ce qui semble avoir été une autre Circassienne, âgée de six ans, qu'il avait achetée à un marchand d'esclaves. Elle fut baptisée Élisabeth Gulesy, éduquée à la cour, et il lui légua dans son testament une pension de 1 000 florins par an, une jolie somme quand on sait que celle de Mozart, accordée en 1787, n'était que de 800 florins. Plus tard, elle épousa le majordome d'un noble maître et s'effaça ainsi de l'histoire.

Le 2 juin, Leurs Majestés Impériales se séparèrent enfin à Kizikerman, dans les steppes. Joseph repartit vers l'ouest en direction de Vienne, Catherine vers le nord et Moscou. Le 8 juin, l'impératrice atteignit Poltava, site de la victoire de Pierre le Grand sur Charles XII de Suède. Potemkine y fit reconstituer la bataille dans ce que Ségur appela un énorme « tableau animé, vivant et en mouvement, presque une réalité », où cinquante mille soldats incarnaient les troupes russes et suédoises. Les yeux de Catherine rayonnaient d'une fierté digne de Pierre. Puis le Sérénissime lui offrit le collier de perles qu'il avait montré à Miranda. En retour, Catherine publia une charte acclamant les réalisations de Potemkine dans le Sud, lui accorda 100 000 roubles

1. Les monarques occidentaux se procuraient souvent des esclaves de l'Est, en dépit de leur dégoût pour l'esclavage oriental. Ces jeunes filles, capturées lors de razzias ou achetées par les ambassadeurs de la Sublime Porte, faisaient sans doute l'objet d'un véritable trafic. D'où l'offre de Potemkine à Ségur. Le comte-maréchal Keith, ami écossais et jacobite de Frédéric le Grand, se déplaçait avec une esclave turque récupérée pendant les guerres russo-turques, et, comme nous le verrons, l'un des les hommes les plus cultivés de l'époque, le roi Stanislas-Auguste de Pologne, s'en faisait régulièrement livrer.

et le nouveau titre de « Tavritcheski » – il était désormais connu sous le nom de Kniaz Potemkine-Tavritcheski, le prince Potemkine de Tauride[1].

« Papa, lui écrivit-elle le 9 juin. J'espère que vous me laisserez partir demain sans grandes cérémonies. » Le lendemain, dans les environs de Kharkov, le couple se sépara. Catherine, accompagnée de Branicka et du « chaton » Skavronskaïa, ainsi que des « ministres de poche », retrouva ses petits-fils, Alexandre et Constantin, en arrivant à Moscou. Quand elle atteignit Tsarskoïé Selo le 22 juillet, tous les acteurs ayant pris part à ce voyage magique « durent s'en retourner à la sécheresse des calculs politiques ».

D'aucuns, calculant justement avec sécheresse, faisaient courir la rumeur persistante que Potemkine avait trompé Catherine : la calomnie des Villages Potemkine. Dès qu'ils furent de retour, les « ministres de poche » furent questionnés par les ennemis de Potemkine pour savoir si Kherson, Sébastopol, les troupeaux et les flottes, tout cela était bien réel. Mais les Villages Potemkine furent inventés par un homme qui n'avait jamais visité le Sud, et encore moins été le témoin direct des réalisations de Potemkine.

Dès les années 1770, des bruits malveillants avaient prétendu que Potemkine ne faisait rien dans le Sud. C'était manifestement faux, aussi ses ennemis, et ceux de la Russie, murmuraient-ils maintenant que tout ce spectacle n'avait été qu'une splendide mascarade. Georg von Helbig, l'émissaire saxon aigri qui n'avait pas été invité au voyage, inventa alors l'expression « *Potemkinsche Dörfer* », un concept si adapté à la fraude politique, en particulier en Russie, qu'il est entré dans le langage courant pour décrire « une imposture, une façade, un exploit incroyable ». Helbig ne se contenta pas d'utiliser cette tournure habile dans ses dépêches diplomatiques, il publia aussi une biographie, *Potemkin der Taurier*, dans la revue *Minerva* de Hambourg, dans les années 1790, qui fut reprise par les ennemis de la Russie. Plus tard, une version complète fut publiée en allemand en 1809, étoffée et diffusée en français et en anglais au XIXe siècle. Il posa ainsi les jalons d'une version historique de Potemkine aussi artificielle et fausse que les villages qu'elle l'accusait

1. Cela sonne mieux en allemand – « *Potemkin der Taurier* ». Catherine et Grimm discutèrent de la traduction du mot et le philosophe suggéra qu'il faudrait opter pour « *Tauricus* » ou « le Taurien ».

d'avoir bâtis. Cela ne ressemblait pas au Sérénissime – mais l'image négative est restée.

La croisière le long du Dniepr servit de base à la légende des Villages Potemkine. Helbig prétendit que les colonies y étaient composées de façades – des écrans peints sur des tréteaux – qui furent déplacées le long du fleuve et vues cinq ou six fois par l'impératrice. Helbig écrivit que des milliers de paysans avaient été arrachés à leurs foyers en Russie et poussés le long du fleuve pendant la nuit avec leurs troupeaux pour être prêts le lendemain matin à accueillir l'impératrice – mille villages auraient été vidés de leur population et beaucoup seraient morts de faim pendant la famine qui en résulta. Les étrangers n'avaient simplement vu que les mêmes paysans tous les jours.

L'existence de Villages Potemkine avait déjà été évoquée des années avant même que le voyage ait lieu. Quand Cyrille Razoumovski visita Kherson en 1782, il constata que l'existence même de la ville était une « bonne surprise », manifestement parce qu'on lui avait dit que le projet n'était qu'un mirage. Tout étranger qui comptait s'y rendre était mis en garde à Saint-Pétersbourg : le Sud n'était qu'un vaste mensonge. Lady Craven rapporta, un an avant le déplacement de Catherine, que « ceux qui, à Saint-Pétersbourg, étaient jaloux du mérite de Potemkine » lui avaient dit qu'il n'y avait pas d'eau en Crimée – « le fait qu'il eût le gouvernement de Tauride, et qu'il y ait commandé les troupes, peut avoir causé l'invention de mille méchants mensonges sur ce nouveau pays [...] afin de réduire la part des louanges qui lui étaient dues ». Des années durant, il avait été affirmé à l'impératrice – que ce soit par l'entourage de l'héritier ou par des courtisans envieux – que Potemkine ne faisait qu'inventer ses réalisations. Garnovski signala au prince, avant le départ de Catherine, qu'on lui avait dit qu'elle ne verrait que des écrans peints, et non de vrais bâtiments. À Kiev, les histoires se sont faites plus insistantes. Une des raisons pour lesquelles Catherine tenait tant à effectuer ce voyage était sans doute qu'elle voulait vérifier les choses par elle-même. Quand Potemkine essaya de retarder son départ de Kiev parce que tout n'était pas encore prêt, elle dit à son secrétaire Khrapovitski qu'elle voulait s'y rendre par elle-même, « en dépit du manque de préparation ».

On ne dispose d'absolument aucun élément de preuve, dans les ordres de Potemkine ou dans les récits de témoins oculaires, de l'existence des Villages Potemkine. Il entama certes les préparatifs de la visite de Catherine dès 1784, nous n'avons donc aucune raison de croire que tout le spectacle fut créé du jour au lendemain. Cette année-là, le général Kahovski rapporta que des palais avaient été construits ou de vieilles maisons redécorées pour sa visite imminente. Potemkine avait recours à des palais provisoires – mais la plupart des palais de Catherine étaient permanents : ceux de Kherson étaient encore debout un siècle plus tard. À Bakhtchissaraï, il fallut « réparer » et « repeindre » le palais du khan. L'année suivante, dans une liste d'améliorations en Crimée allant de la construction de nouveaux entrepôts de sel à Perekop au « paradis » des châtaigniers de Gould à Caffa, Potemkine ordonna que Kahovski flanque la « grande rue [de Bakhtchissaraï] où l'impératrice [allait] passer de bonnes maisons et de boutiques ». Cet ordre, dans les milliers de documents des archives de Potemkine, est ce qui pourrait se rapprocher le plus d'une volonté d'appliquer des changements « cosmétiques ». Miranda est un témoin clé et impartial, car il accompagna Potemkine lors de son inspection avant le voyage impérial ; or, il ne vit aucun chantier falsifié. Au contraire, ce témoin atteste de la réalité incontestable des travaux de Potemkine.

Qu'en est-il des paysans qui dansaient sur les berges et de leurs troupeaux ? Il était tout simplement impossible de déplacer tant de gens à cette époque, surtout la nuit. Les bovins et les moutons meurent si on les malmène de la sorte. L'incapacité de Potemkine à dissimuler le fiasco de la cuisine ratée à Kaïdak, où il dut lui-même préparer le dîner pour les deux monarques, prouve qu'il est peu probable qu'il ait fait déplacer des milliers d'hommes et d'animaux sur de grandes distances pour leurrer ses invités. Du reste, ces troupeaux n'étaient pas non plus entièrement nouveaux : les nomades avaient toujours élevé des bovins et des ovins. Potemkine augmenta simplement leur cheptel et en améliora la qualité. Miranda vit des troupeaux de moutons dans la steppe. Un an avant, Lady Craven prouva que Potemkine n'avait pas eu recours à la magie sur les berges et dans les steppes, parlant d'immenses troupeaux « de chevaux, de vaches et de moutons approchant, composant sur-le-champ un paysage simple et majestueux, respirant la paix et l'abondance ». Les troupeaux étaient déjà là. Ils étaient bien réels.

Il n'était pas nécessaire d'obliger la foule à venir voir l'impératrice. Aucun tsar ne s'était rendu dans le Sud depuis Pierre le Grand soixante ans plus tôt, aussi, qui ne se serait pas bousculé pour admirer non pas un, mais deux césars ? Même à Smolensk, les foules parcoururent vingt lieues pour venir voir l'impératrice. Par ailleurs, les paysans espéraient sans doute vendre leurs produits aux cuisines impériales. Lorsque Lady Craven visita Bakhtchissaraï un an plus tôt, étrangère solitaire et inconnue, les rues étaient bordées de Tatars et de soldats curieux et enthousiastes, de sorte que leur réaction à l'arrivée de deux monarques fut sans doute encore plus marquée. Cela ne veut pas dire qu'il n'y a pas eu de spectacle sur les rives du Dniepr, au contraire, Potemkine embellit et orna tout ce qu'il put trouver. C'était un imprésario politique qui comprenait le pouvoir de l'image et appréciait l'aspect « théâtral » de la politique, ce qui était tout à fait conscient et délibéré de sa part.

Aujourd'hui, la visite d'un chef d'État est systématiquement et minutieusement préparée, chorégraphiée en détail, des façades sont repeintes, les rues nettoyées, les prostituées et les clochards arrêtés, des calicots tendus dans les rues. Des fanfares jouent, des écoliers dansent, et les arrêts aux boutiques bien achalandées sont orchestrés à l'avance. À bien des égards, ce fut la première visite du genre. Tout le monde savait que les Amazones, les Cosaques et les jardins anglais instantanés étaient des spectacles, tout comme la reine Elizabeth II savait que les *impis* zoulous armés de sagaies et de boucliers qui se produisaient lors de ses voyages n'étaient pas des habitants typiques de Johannesburg[1]. C'est ce que voulait dire Ségur quand il affirmait que Potemkine avait « un talent incroyable pour surmonter tous les obstacles, vaincre la nature [...] détourner l'œil de la morne uniformité des longues étendues de plaine sablonneuse ».

Il est incontestable que, partout où l'impératrice se rendit, les responsables locaux avaient nettoyé les rues, redonné un coup de peinture aux bâtiments et dissimulé tout ce qui pouvait paraître laid. Dans deux villes, Kharkov et Toula, qui ne se trouvaient pas sur le parcours de la spectaculaire caravane de Potemkine, les gouverneurs tentèrent de lui cacher des choses et firent peut-être construire des maisons factices[2]. Ainsi, il est ironique de constater que les seules

---

1. Mais même cela n'était pas que du spectacle : quand Lady Craven passa chez les Albanais en avril 1786, ils portaient déjà une « sorte de tenue de guerrier romain » et brandissaient des « poignards orientaux et italiens » tandis que les Cosaques la régalèrent d'une démonstration pour leur seul plaisir.

2. Il y eut en effet une famine dans certaines régions, en particulier dans les environs de Moscou, et non dans les provinces du Sud plus riches de Potemkine, à l'issue d'une mauvaise récolte en 1786, qui explique pourquoi Catherine se hâta de rentrer dans la capitale. Quand elle arriva à Toula, loin de la vice-royauté du prince, le gouverneur local dissimula la misère ambiante en érigeant de fausses façades mais aussi en ne l'informant pas de la hausse du prix des denrées alimentaires. Lorsque Lev Narychkine lui fit part du prix du pain, il faut souligner qu'elle préféra annuler le bal donné en son honneur ce soir-là. Catherine et Potemkine étaient tous deux sensibles à la souffrance des petites gens, quand ils en avaient vent, mais ils ne laisseraient jamais une famine mineure interférer avec la glorieuse expansion de l'empire, ni avec la magnificence de leur mode de vie. Ce qui se retrouve chez tous les gouvernements du XVIIIe siècle, aussi éclairés fussent-ils.

preuves de l'existence de Villages Potemkine n'auraient apparemment pas été du tout de son fait. On pourrait avancer que Potemkine fut l'inventeur du spectacle politique moderne – mais, en tout cas, il ne fut pas un bonimenteur de foire.

Le Sérénissime n'avait pas besoin de falsifier les villes et les flottes, comme les étrangers, de Miranda à Joseph, en témoignèrent. L'impératrice ne put visiter tous les sites et même Potemkine était trompé par ses fonctionnaires, mais le kaiser Joseph mit un point d'honneur à tout inspecter et reconnut que tout était réel – ajoutant même, ce qui est révélateur, que s'il n'avait pas vu les choses de ses propres yeux, il ne les aurait pas crues. Ligne aussi avait visité par lui-même et avait découvert « de superbes établissements encore récents, des manufactures en expansion, des villages aux rues régulières entourés d'arbres et irrigués ».

Entre autres allégations, il avait été affirmé à Catherine que Potemkine avait ruiné l'armée en réformant la cavalerie. Quand elle vit sa magnifique cavalerie légère à Krementchouk, elle éprouva de la colère contre ceux qui lui avaient menti, criant à Ligne : « Les mauvaises gens, comme ils m'ont trompée ! » D'où la joie redoublée de Catherine, quand elle put constater que les rumeurs n'étaient que des mensonges et qu'elle tint à raconter à ses petits-fils et à des fonctionnaires comme le comte de Bruce ce qu'elle avait vu : « Il est agréable de voir ces lieux de mes propres yeux. Ils m'ont mise en garde contre la Crimée, m'ont fait peur et ont voulu me dissuader de venir voir par moi-même. Arrivée ici, je me demande quelle est la raison de ces préjugés sans fondement. » Elle admit même « sa grande surprise » face au développement de Kherson. Mais ses affirmations ne freinèrent pas les calomnies contre Potemkine.

« Déjà, une histoire ridicule circule, que des villages de carton ont été peints sur nos routes [...] que les navires et les armes à feu étaient peints, la cavalerie sans chevaux », écrivit Ligne à Paris. Il mit aussitôt le doigt sur la raison : « Même parmi les Russes, [...] il s'en trouvera certains, vexés de ne pas être avec nous, pour prétendre que nous avons été trompés. » Ligne savait « très bien ce que sont les tours de passe-passe », mais les résultats étaient réels. Potemkine était parfaitement au courant des mensonges répandus sur lui par ses ennemis. « Et le principal, écrivit-il ensuite à Catherine, c'est que la méchanceté et la jalousie ne pourraient jamais me faire du mal à vos yeux. » L'impératrice l'en assura : « Vous avez tapé sur les doigts de vos ennemis. »

Les doigts leur cuisaient peut-être, mais cela ne les arrêta pas longtemps. À Saint-Pétersbourg, les ennemis de Potemkine étaient déterminés à le discréditer, en dépit de toutes les preuves. Des courtisans surexcités comme Evgraf Tchertkov (le témoin au mariage de Potemkine et Catherine) n'arrangèrent pas les choses. Ainsi disait-il à tout le monde : « J'ai vu des miracles, qui advinrent Dieu seul sait comment [...]. C'était comme dans un rêve [...]. Lui seul [Potemkine] est capable d'accomplir de telles choses. » C'était exactement ce que des ennemis comme le grand-duc Paul voulaient entendre.

Le tsarévitch convoqua Ligne et Ségur pour les interroger sur les réalisations de Potemkine. Il n'allait pas laisser la vérité se mettre en travers de ses préjugés. « En dépit de tout ce que ces deux voyageurs ont été en mesure de lui rapporter, il ne *souhaite pas* être persuadé que les choses sont en aussi bon état que l'on lui dit. » Lorsque Ligne admit que Catherine n'avait pas pu tout voir, Paul explosa : « Oh ! Je le sais très bien. C'est pourquoi cette garce de nation ne veut être gouvernée que par de femmes ! » Cette détermination, même à la cour, explique la persistance des mensonges, même lorsque des témoins oculaires les réfutaient. Ils furent encore amplifiés par les critiques de l'expansion russe. Il est facile d'imaginer comment, une fois Potemkine et Catherine morts, cette désinformation calculée s'est transformée en parole d'évangile historique. Même l'adaptation anglaise du texte de Helbig, en 1813, concluait que « la jalousie qui s'attache aux grands hommes a magnifié ce qui n'était que spectacle, et diminué ce qui était vrai ». Potemkine fut victime de son propre triomphe écrasant. Les Villages Potemkine sont eux-mêmes un des plus grands faux-semblants de l'Histoire.

Le nouveau prince de Tauride sombra dans un de ses accès de dépression due à l'épuisement, contrecoup à la fois du surmenage et de son succès fulgurant. Il séjourna quelques jours à Krementchouk et, à la mi-juillet, tint cour à Kherson, où il tomba malade, se languissant sur son divan, broyant des idées noires tout en jouant avec ses diamants. Ce n'était pas le moment idéal pour céder à la dépression. Depuis octobre 1786, il était en charge de toute la politique ottomane et était l'« arbitre de la paix et de la guerre ». L'Empire ottoman se préparait à la guerre. Depuis la perte de la Crimée et de la Géorgie, et alors que l'influence russe progressait dans les principautés danubiennes, les Ottomans avaient cherché un moyen de revenir sur ces concessions honteuses.

Constantinople fut la proie de troubles dès le mois de mars et ils duraient encore en mai. « Ici, les gens ne parlent que de la guerre », signala le meilleur agent de Potemkine, N. Pisani, descendant d'une des familles de diplomates professionnels de Constantinople qui jouaient les interprètes et les espions pour tout le monde. Le sultan Abdülhamid, sous la pression de son grand vizir favorable à la guerre, Youssouf Pacha, et des muftis, mit délibérément à l'épreuve la résolution de la Russie. En 1786, l'hospodar de Moldavie Mavrocordato fut chassé, et la Russie lui donna asile. Le tsar Hercule de Géorgie subissait les attaques du pacha local. Les Turcs soutinrent le cheikh Mansour et ses Tchétchènes, aussi Potemkine dut-il renforcer sa ligne de Mozdok. La Porte refortifia ses bases, du Kouban au Danube, d'Anapa et Batoumi à Bendery et Izmail, et reconstruisit ses flottes, d'où la démonstration de force au large d'Otchakov lors de la visite de Catherine. « Les guerriers, ajouta Pisani, se font chaque jour plus insolents et commettent toutes sortes d'excès. »

Potemkine, se sentant en force avec sa nouvelle flotte à l'approche du voyage de Catherine, joua sans doute un rôle dans cette brutale escalade. En décembre 1786, il avait ordonné à Boulgakov, l'envoyé près la Porte, d'exiger que les Turcs cessent immédiatement leurs harcèlements dans les principautés danubiennes et le Caucase. Il ne leur offrait que la guerre ou la garantie des possessions russes en mer Noire en échange de la sécurité de l'Empire ottoman. Sur le moment, la Sublime Porte avait préféré la sécurité. Son discours avait été fort, mais pas trop provocateur. Si cela avait été le cas, les Ottomans auraient attaqué lors de la visite de Catherine. Cobenzl trouvaient les exigences de Potemkine « très modérées ». En mars, Potemkine ordonna à Boulgakov : « Nous faisons tout pour éviter la guerre, mais elle s'ensuivra certainement s'ils ignorent nos exigences [...]. Essayez d'expliquer au sultan à quel point elles sont justes et modérées. » Quand Boulgakov rencontra Potemkine à Kherson en juin, l'objet de leur discussion était d'éviter la guerre, pas de la déclencher. En août, Potemkine invita spécifiquement Boulgakov à lui « gagner encore deux ans ». Ce délai était nécessaire, car les préparatifs n'étaient pas terminés.

Les vantardises martiales du Sérénissime pouvaient donner l'impression qu'il aspirait à la guerre, mais il avait conquis la Sitch, la Crimée et la Géorgie en brandissant la *menace* d'une guerre, sans verser le sang d'un seul grenadier d'Ekaterinoslav. Il savait que, finalement, il lui faudrait affronter les Turcs, parce que leur ressentiment augmentait à chaque succès russe. Mais il est clair qu'il parlait de guerre pour ne pas avoir à la faire. Cependant, Potemkine fut accusé d'avoir provoqué les hostilités par l'agressivité maladroite de sa diplomatie. Ce point de vue est en partie dû au recul qui permet aujourd'hui de considérer que la Russie intimidait des Turcs affaiblis, alors qu'en réalité la Porte levait des armées et des flottes qui avaient été nettement améliorées depuis leur piètre performance lors du conflit précédent. C'est ignorer en outre la fièvre belliciste qui régnait à Constantinople et la politique ottomane consistant à provoquer la Russie dans le Caucase et sur le Danube. Si le prince est coupable de quoi que ce soit, c'est d'avoir créé la flotte de la mer Noire et organisé la visite impériale en Crimée. Cela revenait en effet à déclarer que la présence russe sur la mer Noire était permanente, tout en laissant croire à la Porte que c'était sa dernière chance de la déloger. Ainsi, la course aux armements et les provocations étaient réciproques et simultanées. La guerre fut causée par un durcissement mutuel des attitudes, si bien qu'elle éclata alors qu'aucun des deux camps n'y était tout à fait prêt.

L'émissaire russe rentra à Constantinople qu'il trouva prise de frénésie guerrière. Le grand vizir Youssouf Pacha, soutenu par les janissaires et les imams, poussait délibérément, selon Pisani le 1er juin 1787, la « *canaille** à l'agitation [...] pour intimider leur souverain en lui faisant croire que les gens v[o]ul[ai]ent la guerre et que, sinon, ils [allaient] se révolter contre lui ». La ville devint la proie des émeutes. Les recrues en provenance d'Asie déferlaient dans la ville, en marche pour Izmail, la principale forteresse de Moldavie. Les armées ottomanes étaient fortes de trois cent mille hommes. Seule la volonté de paix du sultan et de son prestigieux Capitan Pacha (grand amiral) Hassan Pacha les retenait. La Prusse, la Suède, la Grande-Bretagne et la France encourageaient les Turcs – et Pisani signala même : « J'ai entre les mains le cahier du plan » établi par des officiers français pour reprendre la Crimée. Le sultan finit par céder. La Porte soumit des exigences impossibles à satisfaire à Boulgakov, telles que la rétrocession de la Géorgie et la présence de consuls turcs dans les villes russes. Boulgakov les rejeta, fut arrêté le 5 août et emprisonné aux Sept Tours. Le 20, des navires ottomans attaquaient deux frégates russes au large d'Otchakov. Au bout d'un combat qui dura six heures, les Russes s'échappèrent. C'était la guerre.

« Je crains que vous n'ayez plus d'ongles aux doigts, déclara Catherine à Potemkine le 24 août, lui écrivant pour débattre de leur stratégie et des membres de son Conseil. Vous les avez tous rongés. » Elle le connaissait si bien. La relation entre Catherine et

Potemkine entra dans une nouvelle phase durant ce mois. Les lettres devinrent beaucoup plus longues, dépassant le cadre des opérations militaires et de la diplomatie. Plus que jamais, ils furent des partenaires à la fois dans la gloire et dans l'angoisse, dans le public comme dans le privé. Ils correspondaient comme un vieux couple gouvernant un empire, s'aimant encore quoique souvent irrités, échangeant des idées politiques et des ragots, se donnant mutuellement confiance, s'offrant louanges, nouveaux vêtements et remèdes contre les maladies. Mais le prince, toujours à Krementchouk, frissonnait de fièvre, et sombrait un peu plus dans l'anxiété. Contrairement à ce que l'on raconte, il ne négligea pas ses fonctions, mais était épuisé parce qu'il avait concentré tant de pouvoirs dans ses propres mains. Ce qui inquiétait Catherine : « Vous faites tout vous-même et ne vous reposez point. »

En dehors de Pierre le Grand lui-même, Potemkine était le premier en Russie à commander à la fois l'armée et la marine sur différents fronts de guerre. En tant que ministre de la Guerre, il était responsable de tous les fronts, depuis les frontières suédoises et chinoises jusqu'à celles de la Pologne et de la Perse. Deux grandes armées faisaient face aux Turcs. Le prince commandait la force principale, l'armée d'Ekaterinoslav au centre, tandis que le maréchal Roumiantsev-Zadounaïski commandait la petite armée d'Ukraine qui le couvrait à l'ouest, à la frontière moldave. En outre, Potemkine était son propre grand amiral de la flotte de la mer Noire. Dans le Caucase et le Kouban, il commandait le corps qui luttait à la fois contre les Ottomans et les tribus tchétchènes et circassiennes dirigées par le cheikh Mansour. Aucune de ces forces n'était au complet ou entièrement préparée – mais, heureusement, c'était aussi le cas des Turcs. Potemkine regroupa ses forces et attendit l'arrivée de cinquante mille nouvelles recrues venues de l'intérieur du pays. En outre, il était en charge de la coordination des opérations avec l'allié autrichien et, de plus en plus, de la politique russe en Pologne. C'était un commandement gigantesque qui nécessitait, non seulement la capacité de ravitailler les forces et de coordonner les opérations terrestres et maritimes, mais aussi une vision stratégique d'ensemble.

Les Ottomans avaient avant tout pour objectif de récupérer la Crimée, en utilisant leur puissante forteresse d'Otchakov comme base. Il leur faudrait d'abord s'emparer de Kherson, la ville de Potemkine. La clé de Kherson était Kil-Bouroun, la petite forteresse russe à l'extrémité d'une langue de terre à l'embouchure du Liman, le long estuaire du Dniepr. Potemkine ordonna énergiquement d'en renforcer les défenses. Des forces furent dépêchées à Kil-Bouroun sous le commandement du meilleur général de Potemkine, Alexandre Souvorov. Le 14 septembre, les Turcs tentèrent de débarquer à Kil-Bouroun, mais ils furent repoussés. Le prince ordonna à la flotte de la mer Noire de prendre la mer depuis Sébastopol pour chasser la flotte ottomane, censée se trouver à Varna. Pourtant la fièvre et la dépression le privaient de ses forces. « La maladie me rend plus faible chaque jour », confia-t-il à Catherine. Au cas où il ne se remettrait pas, il lui conseilla de donner le commandement à Roumiantsev.

« Dieu nous préserve d'apprendre que vous êtes si malade et si faible qu'il faudrait transmettre le commandement à Roumiantsev, répondit Catherine le 6 septembre. Vous êtes dans mon esprit jour et nuit [...]. C'est à Dieu que je demande et prie pour vous garder sain et sauf – vous m'êtes si nécessaire, à moi et à l'empire, vous le savez. » Elle convenait qu'il fallait agir de manière défensive jusqu'au printemps, mais ils redoutaient que les Turcs attaquent avant que les forces russes soient prêtes et que Joseph ait eu le temps d'honorer sa part du traité.

Ses paroles l'encouragèrent. « Vous m'écrivez comme une vraie mère », répondit-il en lui brossant un portrait d'ensemble de sa stratégie avec son style toujours aussi coloré : Souvorov à Kil-Bouroun était « un homme qui ser[vai]t avec sa sueur et son sang » tandis que Kahovski en Crimée « monterait à califourchon sur un canon avec le même sang-froid que quand il s'allonge[ait] sur un canapé ». Il lui conseillait d'apaiser la Grande-Bretagne et la Prusse, prévoyant déjà leurs visées politiques. Puis il suggéra que la Russie déploie sa flotte de Baltique en Méditerranée comme elle l'avait fait pendant la dernière guerre. Puis, soudain, il trahissait de nouveau son épuisement : il ne pouvait ni dormir, ni manger, et était « très faible, des millions d'ennuis, hypocondrie trop forte » : « Même pas une minute de repos, je ne suis même pas sûr de pouvoir le supporter longtemps. » Il cessa de lui écrire.

Alors, brutalement, son monde s'écroula. Il apprit que la flotte de la mer Noire, sa création bien-aimée et l'arsenal même de la puissance russe, avait été détruite lors d'une tempête le 9 septembre. Il en devint presque fou. « Je suis épuisé, Matiouchka, écrivit-il le 19. Je ne suis bon à rien. [...] À Dieu ne plaise, si les pertes se produisent, si je ne suis pas mort de chagrin, je déposerai mes insignes à vos pieds et me cacherai dans l'obscurité [...] que je puisse me reposer, un peu. Vraiment je ne peux en supporter davantage. » Pourtant, il restait lucide et efficace – les armées se déployaient, manœuvraient et se ravitaillaient – et Kil-Bouroun était prêt : il avait fait tout ce qu'il pouvait, mais cela n'aidait guère sa santé physique et son état mental.

« Dame Matiouchka, j'ai perdu ma chance, écrivit Potemkine, qui croyait en la Providence, à l'impératrice le 24 septembre. Malgré toutes les mesures que j'ai prises, tout va mal. La flotte de Sébastopol a été broyée [...]. C'est Dieu qui me bat, et non les Turcs. » Hypersensible, il était entraîné vers le fond par sa nature cyclothymique au moment critique pour lequel toute sa carrière n'avait été qu'une répétition. Il sombra dans un profond désespoir mais, sur le plan historique, son effondrement le trouve en bonne compagnie : Pierre le Grand connut des crises émotionnelles presque suicidaires après Narva en 1700, tout comme Frédéric le Grand à la fois à Mollwitz en 1740, d'où il s'était enfui, et à Hochkirch en 1758. Plus près de nous, les deux meilleurs exemples de telles pannes temporaires à des moments tout aussi cruciaux nous sont fournis par Joseph Staline, face à l'invasion allemande le 22 juin 1941, et Yitzhak Rabin, chef d'état-major israélien, en mai 1967, alors qu'il planifiait l'attaque préventive de la guerre des Six-Jours[1].

Le prince était dans un tel état de dépression qu'il confia à Roumiantsev-Zadounaïski, son ancien professeur : « Ma carrière est finie. Je suis presque devenu fou. » Il griffonna une deuxième note à Catherine ce jour-là, où il suggérait que la Russie abandonne la Crimée, son joyau, son paradis – car, sans flotte à Sébastopol, à quoi bon y garder autant de troupes enfermées ? « Confiez le commandement à quelqu'un d'autre », la suppliait-il. Il lui jura qu'il lui avait toujours été dévoué. Mais maintenant : « Vraiment, je suis presque mort. »

1. Quand Hitler envahit la Russie le 22 juin 1941, Staline disparut, ayant perdu tout courage, ne recevant personne et semblant dépassé par l'ampleur de ses responsabilités. Il se retrouva apparemment atteint d'une sorte de dépression. En mai 1967, Rabin « bégayait, [était] nerveux, incohérent ». Son biographe cite un témoin oculaire qui constata que « c'était presque comme s'il avait perdu son sang-froid, [comme s'il] avait perdu le contrôle ».

26

Cosaques juifs et amiraux américains : la guerre de Potemkine

« Le prince Potemkine a formé le projet singulier de lever un régiment de Juifs [...] il a l'intention de faire d'eux des Cosaques. Rien ne m'a plus amusé. »

Le prince de Ligne

« Vous seriez charmé par le prince Potemkine car nul ne saurait être plus noble. »

John Paul Jones au marquis de Lafayette

Catherine aida le prince de Tauride à se reprendre. « Dans ces moments-là, mon cher ami, vous n'êtes pas simplement une personne privée qui vit, et fait ce qu'elle veut, lui dit-elle le jour même où il lui faisait part de son grand désespoir. Vous appartenez à l'État, vous m'appartenez. » Néanmoins, elle lui envoya un ordre par lequel elle l'autorisait à transférer le commandement à Roumiantsev-Zadounaïski s'il le souhaitait.

Quand elle reçut ses lettres les plus angoissées, elle afficha son sang-froid et son bon sens. « Rien n'est perdu, lui affirma-t-elle. La tempête qui nous a fait tant de tort fut tout aussi néfaste à l'ennemi. » Quant au retrait de la Crimée, il semblait n'y avoir « aucun besoin de se précipiter pour commencer la guerre en évacuant une province qui n'[était] pas en danger[1] ». Elle attribua sa dépression

1. Le retrait des 26 bataillons d'infanterie, 22 escadrons de cavalerie et 5 régiments cosaques, tous isolés en Crimée, n'était pas le fait d'un hystérique et d'un lâche, mais était au contraire logique sur le plan militaire. Potemkine prévoyait de laisser les Turcs débarquer dans la péninsule pour les détruire dans une bataille terrestre. (C'est précisément ce que fit Souvorov à Kil-Bouroun à une plus petite échelle). Une fois le danger d'un débarquement écarté, ils auraient pu être redéployés, mais Catherine rejeta l'idée pour des raisons politiques.

à ce qu'elle appela « la sensibilité excessive et l'assiduité ardente » de « [s]on meilleur ami, [s]on enfant adoptif et [s]on élève », « qui est parfois plus sain d'esprit que moi. Mais, cette fois, j'ai plus de vigueur que vous parce que vous êtes malade et que je suis en bonne santé ». C'était l'essence de leur partenariat : celui des deux qui était en forme s'occupait de celui qui allait mal. La guerre avait apporté au couple davantage de soucis, mais aussi davantage de choses à partager. Leurs discussions militaires alternaient souvent avec les plus ferventes déclarations d'amour et d'amitié.

Une semaine plus tard, Potemkine s'arracha à sa dépression, en partie grâce aux lettres de Catherine, mais plus encore parce qu'il s'avéra que si la flotte était endommagée, elle n'avait pas été détruite : un seul navire avait été perdu. « La destruction de la flotte de Sébastopol fut un tel choc que je ne sais même pas comment j'y ai survécu », avoua-t-il à son impératrice. Il était soulagé de savoir qu'il pouvait confier le commandement à Roumiantsev en cas de besoin. Ils convinrent qu'elle devrait lui envoyer le prince Nikolaï Repnine, un général de talent et neveu de Panine, pour commander l'armée sous ses ordres. Le Sérénissime s'excusa de lui avoir fait une telle peur : « Ce n'est pas ma faute si je suis si sensible. » Elle lui manifesta sa sympathie. Puis, se livrant à un diagnostic typique du XVIIIe siècle, Catherine rejeta en grande partie la faute sur ses intestins : ces spasmes « ne sont que des vents, décréta-t-elle. Ordonnez-leur de vous donner quelque chose pour vous débarrasser des vents [...]. Je sais à quel point ils peuvent être douloureux pour les gens aussi sensibles et impatients que nous ».

Potemkine venait de se remettre quand la guerre commença vraiment. Dans la nuit du 1er octobre, après un bombardement et plusieurs faux départs, les Turcs débarquèrent cinq mille janissaires d'élite sur la mince langue de terre de Kil-Bouroun et tentèrent de prendre d'assaut la forteresse. Ils creusèrent des fortifications et s'enterrèrent. Les Russes, sous le commandement brillant de Souvorov, effectuèrent trois sorties et finirent par massacrer presque tous les Ottomans, mais le prix avait été élevé. Souvorov lui-même fut blessé à deux reprises. Toutefois, la victoire de Kil-Bouroun signifiait que Kherson et la Crimée étaient à l'abri jusqu'au printemps.

« Je peine à trouver les mots pour exprimer à quel point j'apprécie et je respecte vos services essentiels, Alexandre Vassilievitch », écrivit Potemkine à Souvorov, qui avait neuf ans de plus que lui. Ces deux grands excentriques, parmi les hommes les plus doués de leur temps, se connaissaient depuis la guerre précédente. Leur relation était faite de tensions, d'admiration mutuelle et d'irritation. Souvorov était un petit général sec et nerveux au visage émacié de comédien, brutal, avec des yeux intelligents et disposant de tout un répertoire de pitreries loufoques. « Héros, bouffon, mi-démon, mi-racaille, écrivait Byron, Arlequin en uniforme. » Tous les matins, il se roulait nu dans l'herbe, faisait des galipettes devant son armée, sautait sur les tables, chantait au milieu de la haute société, avait porté le deuil d'une dinde décapitée en tentant de rattacher sa tête à son cou, vivait dans une paillote sur la plage, se tenait debout sur une jambe pendant les défilés et donnait à ses armées l'ordre de se mettre en marche en poussant trois puissants cocoricos. Il posait à ses hommes des questions folles : « Combien de poissons y a-t-il dans le Danube ? » La bonne réponse se devait d'être ferme. « Dieu nous préserve des "Ne sait pas" », avait-il coutume de s'écrier.

Peu de temps après Kil-Bouroun, un jeune volontaire français écrivait une lettre lorsque sa tente s'ouvrit brusquement et qu'un épouvantail fit son entrée, seulement vêtu d'une chemise. Cette « apparition fantastique » demanda à qui était destinée la missive. Sa sœur à Paris, répondit le jeune homme. « Moi aussi, je veux écrire une lettre », dit Souvorov, se saisissant d'une plume et lui rédigeant une longue lettre. Quand la sœur la reçut, elle expliqua qu'elle était pour l'essentiel illisible – et que le reste était totalement absurde. Le Français conclut : « J'ai eu affaire à un fou. » La légende raconte que Souvorov avait un jour entendu Catherine dire, à propos de Potemkine, que tous les grands hommes étaient des excentriques. Souvorov entreprit aussitôt d'afficher chaque jour une nouvelle singularité, ce qui finit par être chez lui une seconde nature. Pourtant, il parlait six langues étrangères et était un fin connaisseur de l'histoire et de la littérature antiques.

Souvorov, qui, comme Potemkine, préconisait des vêtements aisés à porter et des tactiques d'attaque simples, affichait, contrairement au prince, une indifférence impitoyable, très russe, pour la vie de ses hommes. La baïonnette était son arme favorite : « L'acier froid – baïonnettes et sabres ! Bousculez l'ennemi, martelez-le, ne perdez pas un instant. » Ne jamais faire confiance au mousquet, « cette sale garce ». Il brûlait toujours de donner l'assaut et de charger au mépris des pertes : à ses yeux, la vitesse et l'impact étaient tout. Ses plus grandes batailles, Izmail et Praga, furent des bains de sang. Tous les commandants en chef ont besoin d'un Souvorov.

Potemkine était heureux de pouvoir compter sur lui, mais il s'en servait habilement[1].

Le Sérénissime saluait désormais Souvorov comme « [s]on cher ami » et lui envoyait sans cesse des cadeaux, que ce soit des manteaux, ou encore un panier de « *pâté de Périgord** », du *foie gras**. Il exhorta Catherine à promouvoir Souvorov au-delà de ce qu'il était en droit d'attendre de son ancienneté : « Qui, Matiouchka, pourrait avoir un courage si léonin ? » Il souhaitait que lui soit accordée la plus haute distinction militaire russe, l'Ordre de Saint-André. « Qui le mérite plus que lui ? [...] À commencer par moi-même – donnez-lui le mien ! » La prétendue jalousie de Potemkine à l'égard de son subordonné devint partie de la légende de Souvorov, mais il n'y en a aucune trace dans les lettres du prince et elle aurait semblé absurde de leur vivant : Potemkine était au-dessus de tout et Souvorov n'était qu'un de ses généraux. Souvorov fut si touché par les lettres affectueuses de Potemkine qu'il lui répondit : « Je suis un homme du peuple ! Comment ne pas être flatté par la faveur de Votre Altesse ! La clé des secrets de mon âme se trouve à jamais entre vos mains. » Souvorov n'avait rien à envier à Potemkine en termes d'excentricité et de talent : contrairement à ce que raconte la légende, ils ne se haïssaient pas mais s'admiraient mutuellement. En effet, leurs lettres passionnées et à demi folles se lisent presque comme des mots d'amour. « Il est impossible d'être plus Souvorov que Souvorov », plaisanta le Sérénissime.

Potemkine inspecta Kherson, Kil-Bouroun et les flottes lors d'une de ses tournées surprises, puis établit son quartier général à Élisabethgrad, où il tint sa cour l'hiver et prépara la campagne à venir. Il poursuivit ses inspections : après mille verstes sur la route par un temps glacial, il se plaignit à Catherine d'hémorroïdes et de maux de tête. Mais il réalisait des miracles, faisant réparer la flotte tout en lançant la construction d'une nouvelle flottille pour se battre sur le Liman.

Le grand-duc Paul déclara qu'il souhaitait combattre les Turcs et faire venir sa femme sur le front. La présence de Paul était une perspective désastreuse pour le Sérénissime, qui courait le risque de voir

1. Plus tard, Souvorov fut plus que célèbre : il devint prince d'Italie, étoile européenne de la lutte contre la Révolution française en Italie et en Suisse. En 1799, il était l'idole absolue de la Russie et le resta jusqu'en 1917. Puis, en 1941, Staline restaura son statut de héros national et institua l'Ordre de Souvorov. Les historiens soviétiques le réinventèrent en héros du peuple. Le résultat de ce culte, c'est qu'encore aujourd'hui Souvorov est admiré pour bien des choses qui furent en réalité accomplies par Potemkine.

l'héritier empiéter sur son commandement. Néanmoins, il en accepta le principe. Catherine détestait son fils maintenant, le comparant à de la « moutarde après le dîner ». En dépit de ses deux requêtes, elle réussit à le dissuader, invoquant tous les prétextes – des mauvaises récoltes à la dernière grossesse de la grande-duchesse – afin d'épargner au Sérénissime cette présence aussi pénible que dangereuse. Paul passa le reste de la guerre à entraîner ses troupes à Gatchina « comme un commandant prussien, exagérant l'importance du plus infime détail », tout en se tourmentant avec l'assassinat de son père et en menaçant tout le monde « de dureté et de vengeance » après son accession au trône. Il dut faire un effort et accepter de féliciter le Sérénissime pour ses victoires, mais sa femme était reconnaissante à Potemkine de sa gentillesse envers ses frères, qui servaient dans l'armée. Alors que Catherine vieillissait, Potemkine se mit à flatter Paul, plus aigri que jamais : « Le Ciel et la Terre étaient coupables à ses yeux. » Il profitait de la moindre occasion pour dénoncer le partenaire de sa mère à qui voulait bien l'entendre.

Joseph n'avait pas encore accepté la clause du traité entraînant son intervention, mais ne se plaignait pas moins que Potemkine et Roumiantsev ne faisaient rien. Les Russes et les Autrichiens se surveillaient de près : chacun voulait que l'autre supporte le poids de la guerre sans être lésé au moment du partage. Et chacun envoya des espions chez l'autre.

L'espion de Joseph était le prince de Ligne, qui reçut l'ordre de profiter de son amitié avec Potemkine pour amener les Russes à se charger de l'essentiel des combats. « Vous m'adresserez vos rapports en français sur une feuille de papier distincte, ordonna secrètement Joseph à Ligne, qui sera dissimulée et placée dans un paquet ordinaire dont l'enveloppe portera soigneusement l'adresse : Uniquement pour Sa Majesté. » Le *jockey diplomatique** ne sut pas que cette lettre était tombée entre les mains du Cabinet noir russe – elle se trouve toujours dans les archives de Potemkine – mais il remarqua l'attitude réservée du Sérénissime quand il arriva à Élisabethgrad. « Le prince de Ligne, que j'aime, est maintenant un fardeau », dit Potemkine à Catherine. La guerre causa la fin de leur amitié.

Élisabethgrad était une petite ville de garnison, perdue à soixante-quinze kilomètres de la frontière ottomane. « Quel temps, quelles routes, quel l'hiver, quel quartier général j'ai trouvés à Élisabeth », écrivait Ligne, qui embrassa Potemkine et lui demanda : Quand marche-t-on sur Otchakov ? La question était idiote étant donné que c'était le milieu de l'hiver et que les

Autrichiens, aussi surpris et mal préparés que les Russes, n'avaient jusqu'à présent pas encore déclaré la guerre. « Mon Dieu, répondit Potemkine, toujours déprimé. La garnison compte dix-huit mille hommes. Je n'en ai même pas autant dans mon armée. Je manque de tout. Je suis l'homme le plus malchanceux si Dieu ne m'aide pas. » Potemkine entreprit de dresser la liste des garnisons turques des forteresses ottomanes voisines, Akkerman, Bendery et Khotine. « Pas un mot de vrai dans tout cela », commenta Ligne. Il avait tort. Les rapports de Pisani en provenance de Constantinople prouvaient que de nouveaux effectifs avaient été affectés à la forteresse, dont les fortifications avaient été restaurées[1]. Potemkine n'avait pas l'intention de gaspiller des vies russes pour sauver la réputation des Autrichiens : on a la nette impression que sa dépression fut en partie une crise de folie diplomatique pour distraire les Autrichiens.

Potemkine vivait somptueusement dans une Élisabethgrad misérable, dans un palais de bois à côté de l'ancienne forteresse. Les volontaires étrangers – Espagnols, Piémontais, aristocrates portugais et surtout français – déferlèrent dans la ville gelée avec une « troupe de vils aventuriers de second rang ». Le 12 janvier 1788, Roger, comte de Damas, après avoir fui la France pour trouver la *gloire**, se présenta pour offrir ses services à l'armée russe. Âgé de tout juste vingt-trois ans, les cheveux noirs et bouclés, gracieux et intrépide, le cousin de Talleyrand était l'amant de la marquise de Coigny, maîtresse occasionnelle de Ligne que Marie-Antoinette surnommait la « reine de Paris ». À son arrivée, il demanda où se trouvait Ligne. Au château, lui dit-on. Et on lui indiqua le palais de Potemkine. Il passa deux gardes et pénétra dans une salle immense, pleine d'ordonnances. Elle donnait sur une longue suite qui était aussi brillamment éclairée qu'une « fête dans une capitale ».

La première pièce qu'il vit était remplie d'aides de camp qui attendaient Potemkine, dans la deuxième, Sarti dirigeait son orchestre de cors, dans la troisième, entre trente et quarante généraux entouraient

1. Ce n'est que la première des nombreuses occasions où les critiques de Ligne, largement diffusées et acceptées par l'Histoire comme étant la vérité, étaient en réalité inexactes, fondées sur son parti pris autrichien. Ses récits, célèbres à juste titre, où il décrit Potemkine en guerre, et qu'il reproduisit dans ses belles lettres à Joseph, Ségur et la marquise de Coigny et donc à toute l'Europe, ne mentaient jamais délibérément, mais ils doivent être lus dans le contexte de son travail, qui était d'espionner son ami, et de le persuader de décharger son propre empereur de la responsabilité du conflit. Il avait aussi été amèrement déçu de ne pas avoir son propre commandement.

une énorme table de billard. Sur la gauche, le Sérénissime jouait de l'argent avec une de ses nièces et un général. Cette cour n'était « pas inférieure à [celles d'] un grand nombre de souverains d'Europe ». Les généraux russes étaient si serviles que, si Potemkine faisait tomber quelque chose, vingt d'entre eux se bousculaient pour le ramasser. Le prince se leva pour rencontrer Damas, le fit asseoir à ses côtés et l'invita à dîner avec Ligne et sa nièce à une petite table, tandis que les généraux déjeunaient à une autre, plus grande. Damas dîna avec Potemkine tous les jours pendant trois mois de luxe et d'impatience. Ligne était la consolation des étrangers – « un enfant en société, séducteur avec les femmes ». Ces dernières ne manquaient pas.

Potemkine n'aurait jamais pu supporter la guerre sans les femmes. Il fut bientôt rejoint pour l'hiver par une coterie de déesses, âgées tout au plus d'une vingtaine d'années, venues retrouver leurs maris dans l'armée. Il y avait l'Aphrodite russe – la princesse Ekaterina Dolgoroukaïa, femme d'un officier et fille du prince Fiodor Bariatinski, l'un des principaux courtisans de Catherine. Elle était acclamée pour « sa beauté, sa grâce, le raffinement de ses goûts, la délicatesse de son tact, son humour et son talent ». Il y avait aussi la séduisante et peu farouche Ekaterina Samoïlova, épouse du neveu de Potemkine et fille du prince Sergueï Troubetskoï. C'était la « plus adorable des femmes », dont Ligne ne tarda pas à être amoureux et qui écrivait des poèmes qui décrivent la dureté de la vie sur place : « Dromadaires, chevaux ; Zaporogues, moutons ; ils sont tout ce que nous croisons ici. » Le troisième membre de cette gracieuse troïka était l'épouse de Pavel Potemkine, Praskovia. Ségur taquina Potemkine depuis Saint-Pétersbourg sur sa liaison avec une jeune fille aux « beaux yeux noirs avec qui l'on dit que vous tentez les douze travaux d'Hercule ». Damas déclara que Potemkine « subordonnait l'art de la guerre, la science de la politique et le gouvernement du royaume à ses passions particulières ». Cette constellation de Vénus tournait autour de Potemkine : qui était la prochaine sultane en chef ?

Potemkine et Ligne se tourmentaient mutuellement. Potemkine faisait pression sur les Autrichiens pour qu'ils entrent en guerre « contre [leur] ennemi commun ». Ligne brandit une lettre de Joseph, qui contenait un plan de guerre, et exigea de connaître la stratégie de Potemkine. Ce dernier usa de manœuvres dilatoires, et au bout de deux semaines Ligne affirma qu'il avait été renvoyé avec cette phrase : « Avec l'aide de Dieu, je vais attaquer tout ce qui se trouve entre le Boug et le Dniestr. » C'était un autre mensonge de Ligne. Dans une lettre inédite, Potemkine lui avait clairement expliqué le plan russe :

« Nous allons entreprendre le siège d'Otchakov, tandis que l'armée de l'Ukraine couvrira Bendery, et le corps du Caucase et du Kouban se battra contre les tribus montagnardes et les Ottomans à l'est. »

Cependant, Ligne n'exagéra pas les sautes d'humeur impossibles du Sérénissime vis-à-vis de lui : ils étaient « parfois bien, parfois mal, s'entretenant à couteaux tirés ou favoris incontestés, à jouer parfois avec lui, à parler ou se taire, debout jusqu'à 6 heures du matin ». Ligne dit qu'il était la gouvernante d'un « enfant gâté », et un vilain garnement, en plus. Mais Potemkine en avait lui aussi plus qu'assez de la « vilaine ingratitude » de Ligne, parce que son Cabinet noir avait ouvert les lettres mensongères de Ligne à ses amis. Le Sérénissime grommela à Catherine que le *jockey diplomatique** n'arrivait pas à se décider : « À ses yeux, je suis tantôt Thersite, tantôt Achille », le Thersite démagogue et persifleur de l'*Iliade* ou l'héroïque Achille. C'était une relation d'amour-haine.

Entre deux adultères, la contemplation amusée des dromadaires et des parties de billard, Potemkine œuvrait au miracle de l'année suivante. Pour commencer, il attendait ses réserves et ses nouvelles recrues, si bien que, peu à peu, une armée de quarante mille à cinquante mille hommes se rassembla à Élisabethgrad. Dans toute la Méditerranée, les agents du prince s'efforçaient de recruter davantage d'hommes, en particulier en Grèce et en Italie. Ainsi, en Corse, un jeune homme aurait proposé ses services à un recruteur russe, le général I. A. Zaborovski. Le Corse exigeait un rang russe équivalent à sa position dans la garde nationale corse. Il écrivit même à son supérieur, le général Tamara, à ce sujet[1]. Mais sa demande fut refusée et il resta en France. Le nom de cette recrue manquée de l'armée Potemkine était Napoléon Bonaparte.

Le Sérénissime travailla à la création de la force cosaque dont il rêvait depuis la destruction de la Sitch zaporogue. Lui-même Zaporogue honoraire, Potemkine avait une « passion pour les Cosaques ». Son entourage en était plein, souvent de vieux amis de la guerre précédente, comme Sidor Bely, Tchepega et Golavaty. Potemkine pensait que la cavalerie lourde traditionnelle avait vécu et qu'elle n'avait que peu d'utilité dans les guerres du Sud. Les Cosaques avaient copié

1. L'Histoire tient en effet à peu de chose. Le comte Fiodor Rostopchine qui, plus tard, en tant que gouverneur de Moscou, fit incendier la ville en 1812, affirma l'avoir vue dans *La Vérité sur l'incendie de Moscou* : « J'ai tenu cette lettre dans mes mains plusieurs fois. » Il regrettait que Bonaparte n'ait pas rejoint l'armée russe.

la façon de monter des Tatars et maintenant Potemkine voulait que sa cavalerie légère imite les Cosaques. Mais il avait aussi décidé de remettre les Cosaques zaporogues en selle, et d'inviter à rentrer ceux de leurs frères qui étaient passés dans les rangs turcs. « Essayez de faire appel aux Cosaques, ordonna-t-il à Bely. Je les passerai tous en revue moi-même. » Il comblait aussi leurs rangs en recrutant de nouveaux Cosaques parmi les Polonais, les vieux-croyants et même chez les cochers et dans la petite bourgeoisie. Surmontant les réticences de Catherine, il avait fondé une nouvelle force cosaque « de la mer Noire et d'Ekaterinoslav », sous le commandement de Bely et de ses protégés cosaques. Ils furent ensuite été rebaptisés Cosaques du Kouban, la deuxième grande unité cosaque de Russie (celle du Don étant la première) jusqu'à la Révolution. Potemkine fit d'eux les piliers du régime tsariste.

Le prince décida d'armer les Juifs contre les Turcs. Ce « projet singulier », sans doute l'idée de son ami juif Zeitlin, née de quelque débat rabbinique avec le prince, commença sous la forme d'un escadron de cavalerie levé parmi les Juifs de son domaine de Kritchev. En décembre, il créa un régiment juif dit « Israélovski », ce qui rappelait les gardes d'Izmailovski. Mais la ressemblance s'arrête là. Commandés par le prince Ferdinand de Brunswick, leur objectif ultime était de libérer Jérusalem pour les Juifs, tout comme Potemkine voulait conquérir Constantinople pour les orthodoxes. Le philosémitisme unique de Potemkine et l'influence de Zeitlin étaient singuliers compte tenu de l'antisémitisme russe, et en particulier cosaque, mais c'était sûrement la première tentative d'un pouvoir étranger d'armer les juifs depuis que Titus avait détruit le Temple.

Le prince voulait que son Israélovski soit composé pour moitié d'infanterie, pour moitié de cavalerie, cette dernière étant des Cosaques juifs armés de lances zaporogues : « Nous avons déjà un escadron, annonça Ligne à Joseph II. Du fait de leurs courts étriers, leurs barbes leur descendent sur les genoux et, avec leur peur des chevaux, ils ressemblent à des singes. » Joseph, qui avait lui-même assoupli les restrictions dont faisaient l'objet les Juifs de son empire, en fut probablement amusé.

En mars 1788, trente-cinq de ces Cosaques juifs barbus étaient en formation. Bientôt, il y eut deux escadrons, et Ligne dit à Potemkine qu'il y en avait beaucoup plus en Pologne. Ligne était sceptique, mais il admit qu'il avait vu d'excellents maîtres de poste et même des postillons juifs. Manifestement, l'Israélovski était envoyé en patrouille avec la cavalerie car Ligne écrivit qu'ils avaient autant peur de leurs propres chevaux que de ceux de l'ennemi. Mais, cinq mois plus tard, Potemkine dispersa l'Israélovski. Ligne plaisanta en disant qu'il n'avait pas osé continuer, de peur de se retrouver « mêlé à la Bible ». Ainsi se termina cette expérience rare qui en dit long sur l'originalité et l'imagination de Potemkine[1]. Ligne pensait que les Cosaques juifs étaient « trop ridicules » mais Potemkine fit tout pour qu'un grand nombre « de Zaporogues et d'autres Cosaques volontaires affluent pour former la nouvelle force cosaque de la mer Noire ».

Le « prince-maréchal », comme l'appelaient les étrangers, s'occupait en même temps de faire réparer la flotte endommagée tout en préparant une escadre imposante pour se battre sur le Liman, sous Otchakov. Les Russes s'y trouvaient exposés. Cet estuaire étant peu profond, Potemkine devrait livrer un autre type de guerre avec un autre genre de flotte. Le prince et son amiral Mordvinov firent appel à l'ingénieur naval le plus inventif qu'ils connaissaient. Samuel Bentham et ses péniches vermiculaires avaient été abandonnés et oubliés quand le cortège de l'impératrice était parti pour Kherson, le laissant à la traîne[2]. Maintenant, on avait de nouveau besoin de lui, mais le Sérénissime avait oublié de le payer. L'affaire fut rapidement réglée, même si Potemkine était tellement embarrassé au sujet de ses dettes qu'il osait à peine adresser la parole à Bentham. « Par ordre de Son Altesse », Samuel fut enrôlé dans la Marine, bien qu'il eût « préféré continuer sur la terre ferme ». Potemkine lui ordonna de créer une flottille légère capable d'affronter la flotte turque sur le Liman. Alors qu'il semblait se la couler douce à Élisabethgrad tout en se disputant avec Ligne, les archives montrent qu'il était pleinement aux commandes de la création de cette flottille. « Équipez-les

1. On peut se demander ce qu'il advint de ces Cosaques juifs. Six ans plus tard, en 1794, des Juifs polonais levèrent une force de 500 cavaliers pour combattre les Russes. Leur colonel, Berek (Berko) Joselewicz, s'engagea dans la Légion polonaise de Napoléon en 1807. Berek fut décoré de la Légion d'honneur, mais il trouva la mort en combattant contre les Autrichiens en 1809. Certains des Cosaques juifs de Potemkine se battirent-ils pour Napoléon ? Plus tard, vers le milieu du XIXe siècle, le grand poète polonais Adam Mickiewicz forma un autre régiment de cavalerie juif appelé les Hussards d'Israël, recruté parmi les exilés polonais à Constantinople. Un certain lieutenant Michal Horenstein conçut même un élégant uniforme gris. Pendant la guerre de Crimée, les cavaliers juifs se battirent aux côtés des autres Cosaques ottomans contre les Russes devant Sébastopol.

2. Samuel en avait été tellement déprimé qu'il avait écrit une lettre au Premier ministre Pitt le Jeune, qui lui offrit d'abandonner son « bataillon de 900 Russes » et de superviser à la place un panoptique de « malandrins britanniques ».

complètement le plus vite possible avec leurs gréements et tout leur armement, ordonna-t-il à Mordvinov. Ne perdez pas de temps. »

Joseph avait enfin accepté la clause l'impliquant dans le conflit, et il lança une offensive préventive ratée contre la forteresse ottomane de Belgrade, en Serbie. L'opération dégénéra en farce quand des commandos autrichiens, vêtus d'uniformes spéciaux, se perdirent dans le brouillard. Potemkine était « furieux » contre Ligne à propos de cette bouffonnerie militaire, mais au moins elle avait eu le mérite de soulager les Russes. « Ce n'est pas très bon pour eux, dit Catherine à Potemkine, mais c'est bon pour nous. » Joseph déploya alors ses deux cent quarante-cinq mille hommes, mais il opta pour la tactique défensive dans toute l'Europe centrale, ce qui permit au moins de fixer les Turcs, donnant à Potemkine le temps de livrer bataille sur le Liman.

Cette stratégie faisait le désespoir des Autrichiens. Potemkine était catégorique. Il répéta à Catherine : « personne ne peut m'encourager à entreprendre une chose quand cette dernière n'apporte aucun profit et personne ne peut me dissuader quand une occasion se présente ». Ligne essaya de le convaincre, mais Potemkine se mit à rire malicieusement : « Pensez-vous que vous pouvez venir ici et me mener par le bout du nez ? » Le général autrichien, le prince Frédéric-Joseph de Saxe-Cobourg-Saarlfeld, ne parvint pas non plus à prendre Khotine. Une nouvelle offensive sur Belgrade ne fut même jamais lancée. Du côté autrichien, la guerre démarrait sous de mauvais auspices.

Potemkine présenta à Ligne deux mémorandums stratégiques que le *jockey diplomatique** ne mentionne pas dans ses fameuses lettres parce qu'ils rétablissent clairement la vérité au sujet des opérations austro-russes : « Il me semble qu'à plusieurs reprises nous n'avons pas été assez sur nos gardes », et le Sérénissime entreprit ensuite d'expliquer comment les Turcs se battaient : « Ils aiment envelopper l'ennemi de toutes parts. » Potemkine recommandait de concentrer ses forces, de ne pas étirer ses lignes, comme Joseph le faisait. Que Joseph ait vu ou non ces documents, il fit exactement ce que Potemkine lui déconseillait, avec des résultats désastreux.

Ligne ne put qu'accuser le prince d'être un vaniteux assoiffé de médailles et de mentir sur ses victoires. Quand un courrier arriva avec la nouvelle d'une victoire dans le Caucase, Potemkine fut ravi : « Voyez donc si je ne fais rien ! Je viens de tuer dix mille Circassiens, Abyssins, Imérétiens et Géorgiens et j'ai déjà tué cinq mille Turcs à Kil-Bouroun. » Ligne affirma que c'était un mensonge, mais les généraux du prince, Tekeli et Pavel Potemkine, avaient remporté une série de victoires dans le Kouban en septembre et novembre contre l'allié des Ottomans, le cheikh Mansour. Ligne n'avait tout simplement pas la moindre idée de l'ampleur du commandement de Potemkine[1].

C'était maintenant au tour de Catherine de perdre momentanément confiance et à Potemkine de l'encourager dans sa conviction que tous deux étaient bénis. Le Christ aiderait l'impératrice – comme il l'avait toujours fait. « Il fut un temps, la rassura-t-il, où toutes les issues semblaient bloquées. Et puis, tout d'un coup, le hasard intervient. Reposez-vous sur Lui. » Il la remercia pour le manteau de fourrure qu'elle lui avait fait parvenir. Il lui manquait – en particulier en temps de crise : « Sans vous, c'est comme s'il me manquait une main et je me mets dans des situations que je saurais éviter avec vous. Je ne cesse de craindre que je sois passée à côté de quelque chose. » Plus tard, au printemps, elle ajouta un post-scriptum à une courte note, le remerciant de l'avoir rassurée : « Je pensais que ce serait agréable de vous dire que je vous aime, mon ami, beaucoup et sans cérémonie. » Ils étaient encore si proches qu'ils pensaient généralement de la même façon, et souffraient même des mêmes maux.

Une délégation polonaise arriva alors à Élisabethgrad. Potemkine la fit attendre pendant des jours, puis la choqua en la recevant en peignoir et sans culotte. Néanmoins, Potemkine accordait une grande attention au problème de la Pologne. La République nobiliaire était à l'aube de ce que l'on appela la « Diète de quatre ans », le parlement qui fut à l'origine de la révolution polonaise et de la fin du protectorat russe. C'était ce que l'alliance envisagée par Potemkine et le roi Stanislas-Auguste aurait permis d'éviter. « Faites en sorte que la

1. Les lettres de Ligne ne nous racontant que la moitié de l'histoire, c'est dans les archives de Potemkine que se trouve l'autre moitié. Ligne affirme que Potemkine mentait sur ses victoires sur d'autres fronts, ce qui fut pris pour argent comptant par les historiens, alors que c'est justement là qu'est le mensonge. Le réseau d'espionnage de Potemkine, dont ses archives nous donnent une idée, le tenait au courant des événements sur son immense théâtre des opérations. Il recevait des rapports réguliers du gouverneur de la forteresse polonaise de Kamenets-Podolski, le général de Witte, qui lui expliqua comment il avait réussi à faire entrer des espions dans la ville de Khotine, sous contrôle turc, dans un chargement de beurre – mais le fait que la sœur de l'épouse grecque de Witte était mariée au pacha de Khotin pourrait aussi avoir joué un rôle dans cet exploit.

Pologne se joigne à nous dans la guerre », exhorta-t-il Catherine. Il offrit aux Polonais cinquante mille fusils pour équiper leurs forces, qui comprendraient douze mille cavaliers pour combattre les Turcs. Potemkine voulait commander en personne certaines unités polonaises : « ne serait-ce qu'une brigade. Je suis autant polonais qu'eux », s'indigna-t-il, faisant référence à ses origines de Smolensk et à son *indigénat** qui faisait de lui un noble polonais.

Cette volonté de commander des troupes polonaises n'avait rien de superficiel. Il continuait de réfléchir à l'avenir de la Pologne et aux siens sous le futur règne de Paul, et ses réflexions reposaient en grande partie sur ses nouvelles terres de Podolie. Quoi qu'il en soit, ce projet suscitait la méfiance de Catherine, peut-être inquiète de l'immensité de ses terres polonaises et de ce qu'il comptait en faire. Elle ne proposa qu'un traité garantissant la Constitution polonaise telle qu'elle était, et dont la faiblesse et l'incohérence servaient les intérêts russes. Il ne fut jamais signé.

La comédie avait toujours sa place avec le Sérénissime, même en temps de guerre. Quand ses Cosaques capturèrent quatre Tatars, les prisonniers s'attendirent à être tués. Mais Potemkine les fit joyeusement plonger dans un tonneau d'eau, puis leur annonça qu'ils avaient été baptisés. Quand un Français à moitié sénile se présenta, prétendant être un expert de la guerre de siège, le prince l'interrogea, et ne tarda pas à s'apercevoir que le vieux sage avait oublié l'essentiel de son savoir. « J'aimerais pouvoir [...] étudier encore une fois les œuvres que j'ai oubliées », dit le vieil homme. Potemkine, « toujours gentil et aimable » avec les personnalités hautes en couleur, se mit à rire et lui dit de se détendre : « N'allez pas vous tuer avec toute cette lecture. »

Samuel Bentham, travaillant sous l'amiral Mordvinov et le général Souvorov à Kherson, se consacra à la création d'une flottille à rames, faisant appel à toute son ingéniosité[1]. Il transforma les péniches impériales « maudites » de Catherine en canonnières, mais sa véritable mission était de retaper tout un arsenal de vieux canons afin d'en équiper toutes les embarcations légères qu'il pourrait convertir ou construire. « Je me flatte d'être l'agent principal, armant les galères et de plus petits vaisseaux », écrivit-il.

1. En cours de route, il inventa un chariot amphibie, peut-être la première barge de débarquement ; une bombe à retardement flottante ; une sorte de précurseur de la torpille et des bouteilles remplies de liquide inflammable qu'il fallait allumer et lancer – cent soixante ans avant les cocktails Molotov. Peut-être faudrait-il les appeler les « cocktails Bentham » ou « Potemkine ».

Le génie de Bentham fut d'armer ses navires de pièces beaucoup plus lourdes que celles que l'on trouvait d'ordinaire sur des canonnières. « L'emploi de gros canons de trente-six ou même de quarante-six livres sur des embarcations aussi modestes que des chaloupes, se vanta Bentham non sans raison à son frère, fut entièrement mon idée. » Potemkine, quand il passa inspecter le chantier en octobre, eut l'intelligence de comprendre immédiatement l'importance de l'idée de Bentham. Il l'adopta pour l'équipement de toutes les frégates et canonnières, dont vingt-cinq tchaïki zaporogues, construites séparément par son factotum Faleev. « Ils respectent le calibre des canons de la flotte, et non la quantité », expliqua Potemkine à Catherine. Il parvint à surmonter sa gêne et remercia publiquement Bentham pour tout ce qu'il avait fait. L'Anglais en fut ravi.

Au printemps, Potemkine avait créé une flottille légère d'une centaine de bateaux lourdement armés, à partir de presque rien. Même Ligne dut concéder qu'« il avait fallu un grand mérite au prince pour avoir imaginé, créé et équipé » ces navires si rapidement. La naissance de la flotte du Liman, son nouvel « enfant chéri », fut peut-être le « service le plus essentiel que Potemkine rendit à la Russie ». Qui la commanderait ? Nassau-Siegen arriva à Élisabethgrad à la nouvelle année, impatient de servir. Potemkine aimait beaucoup le parcours de Nassau – du lit de la reine de Tahiti au raid sur Jersey pendant la guerre d'Indépendance américaine – mais il connaissait ses limites. « Presque un marin », disait-il de lui – ce qui faisait de lui l'homme idéal pour sa presque flotte sur le Liman. Le 26 mars, il nomma Nassau, dont la « bravoure » était « renommée », au commandement de la flottille à rames.

Potemkine se livra à des inspections à un rythme effréné. « L'étendue de son autorité, la crainte qu'il inspirait et la prompte exécution de ses volontés faisaient que ses tournées d'inspection étaient rarement nécessaires. » À la fin du mois de mars, tout était presque prêt. « Nous pouvons entrer dans la danse », déclara Nassau. Mais, alors que la question du commandement semblait réglée, un amiral américain fit son apparition sur le Liman.

« Paul Jones est arrivé, dit Catherine à Grimm le 25 avril 1788. Je l'ai vu aujourd'hui. Je pense qu'il va faire des choses merveilleuses pour nous. » Catherine s'imaginait que Jones serait à même de foncer droit sur Constantinople. John Paul Jones, fils d'un jardinier né sur une île d'Écosse, fut le plus célèbre commandant des forces navales de l'époque. Il est toujours considéré comme l'un des fondateurs de la marine américaine. Sa minuscule escadre avait terrorisé les côtes britanniques pendant la guerre d'Indépendance. Son exploit le plus fou fut un raid sur la côte écossaise, durant lequel il prit en otages les occupants d'une gentilhommière. Cela lui valut une réputation enviable de héros de la liberté en Amérique, de fringant séducteur en France et de pirate méprisable en Angleterre. On vendait des gravures le représentant ; les nourrices anglaises faisaient peur aux enfants avec des histoires sur cet ogre sanguinaire. Lorsque la guerre d'Indépendance prit fin en 1783, Jones, vivant à Paris, se trouva désœuvré. Grimm, Thomas Jefferson et le Virginien du roi de Pologne, Lewis Littlepage, contribuèrent tous à l'orienter vers Catherine, qui savait que la Russie avait besoin de marins – et qui n'avait jamais pu résister à une célébrité occidentale. C'est généralement à Catherine que l'on attribue le recrutement de Jones, sans avoir consulté Potemkine. Mais les archives montrent que Potemkine négociait simultanément avec lui. « Au cas où cet officier serait présent en France, dit-il à Simoline, l'ambassadeur russe à Paris, le 5 mars, je prie Votre Excellence de le faire venir le plus tôt possible afin que nous puissions utiliser ses talents à l'ouverture de la campagne. »

Jones arriva dûment à Tsarskoïé Selo, mais l'amiral Samuel Greig et les officiers britanniques de la flotte de Baltique refusèrent de servir avec cet infâme corsaire, si bien que Catherine envoya Jones directement dans le Sud, à Élisabethgrad. Le 19 mai 1788, Potemkine confia au contre-amiral « Pavel Ivanovitch Djons » le commandement de ses onze vaisseaux de ligne, tandis que Nassau gardait celui de la flottille à rames. Jones n'était pas le seul Américain à se battre pour Potemkine. Lewis Littlepage, que le prince connaissait depuis Kiev, fut dépêché par le roi de Pologne pour espionner le quartier général russe. Lors de la bataille du Liman, il commanda une division de canonnières. Le prince nomma Damas, Bentham et un autre volontaire anglais, Henry Fanshawe (que Potemkine appelait « Fensch »), un gentilhomme du Lancashire, à la tête d'unités sous les ordres de Nassau. « Les lieutenants-colonels Fensch et Bentham ont finalement accepté de servir à bord des navires », informa-t-il Mordvinov.

Nassau et les trois autres s'avérèrent d'excellents choix pour la flottille, ce qui ne fut pas tout à fait le cas des deux Américains. Jones suscitait ressentiment et surexcitation. Fanshawe et Bentham ne furent guère impressionnés par le « célèbre, ou plutôt notoire » Jones et le premier déclara : « seule la présence de l'ennemi pourrait nous amener à *travailler avec* lui et nulle considération d'aucune sorte ne pourrait nous amener à *servir sous* ses ordres ». À Saint-Pétersbourg, Ségur écrivit à Potemkine une lettre très moderne, quoique flatteuse, sur la renommée : « Je ne m'attendais pas, ayant fait la guerre en Amérique avec le courageux Paul Jones, à le rencontrer ici si loin de chez lui, mais la célébrité attire la célébrité et je ne peux être surpris de voir tous ceux qui aiment la gloire [...] venir associer leurs lauriers aux vôtres. » Mais Ségur, de façon prémonitoire, supplia Potemkine de se montrer juste avec Jones et de ne jamais « le condamner sans l'avoir entendu ».

Le 20 mai 1788, Nassau contempla la forêt de mâts de la flotte ottomane sur le Liman au large d'Otchakov. « Il nous faut offrir une danse au Capitan Pacha », se vanta-t-il à sa femme. Il jura à Damas que, dans deux mois, soit il serait mort, soit il porterait la croix de Saint-Georges.

Ghazi Hassan Pacha, le Capitan Pacha, commandait dix-huit vaisseaux de ligne, quarante frégates et des dizaines de galères, une flotte de plus d'une centaine de navires, nettement supérieure à celle des Russes en nombre et en tonnage. Le Capitan Pacha lui-même, fils renégat d'un fonctionnaire orthodoxe géorgien en poste sur la côte de Barbarie, fut le plus grand guerrier ottoman de la fin du XVIIIe siècle, le dernier d'une succession de pirates algériens venus à la rescousse du sultan. Le « renégat algérois », immédiatement reconnaissable à sa « belle barbe blanche », avait vécu l'enfer de Tchesmé et s'était précipité pour défendre Constantinople ; il avait vaincu les révoltes égyptiennes contre le sultan, et était surnommé le « Crocodile des batailles navales ». La foule l'adorait. Quand Lady Craven visita sa maison à Constantinople en 1786, elle décrivit la magnificence de son intérieur et les grappes de diamants qui ornaient le turban de sa femme. Il était toujours accompagné d'un lion apprivoisé qui se couchait sur son ordre.

Potemkine, de nouveau victime d'un début de dépression, se demanda s'il ne devrait pas évacuer la Crimée. « Quand vous êtes à cheval, répondit Catherine, il ne sert à rien de descendre et de le tenir par la queue. » Potemkine espérait que son impératrice le rassure plus qu'il ne songeait vraiment à une évacuation – et c'est ce qu'elle fit.

Le Liman ou estuaire du Dniepr était une baie encaissée, longue et dangereuse, qui s'étendait sur quarante-cinq kilomètres vers l'ouest, débouchant sur la mer Noire. Il ne faisait qu'une douzaine de kilomètres de large, et son embouchure en faisait à peine trois. La rive sud était russe, se terminant par la langue de terre exiguë de Kil-Bouroun, mais son embouchure était dominée par les défenses imposantes de la forteresse ottomane d'Otchakov. L'estuaire était d'une grande importance stratégique parce que Otchakov était l'objectif principal de la première campagne russe. Mais elle ne pourrait pas être prise tant que les Ottomans contrôleraient le Liman. En outre, une victoire permettrait aux Turcs d'attaquer une nouvelle fois Kil-Bouroun, d'avancer à une vingtaine de kilomètres en amont jusqu'à Kherson et, éventuellement, de reconquérir la Crimée. La stratégie de Potemkine visait à s'assurer le contrôle naval du Liman et ensuite d'assiéger la puissante Otchakov, ce qui ouvrirait un axe de communication entre Kherson et Sébastopol, protégerait la Crimée et accroîtrait la pénétration russe sur le littoral. Donc, tout dépendait du prince de Nassau-Siegen, du contre-amiral John Paul Jones et du Crocodile des batailles navales.

Le 27 mai, Potemkine quitta Élisabethgrad avec son armée alors que le Capitan Pacha rassemblait sa flotte. Dans la matinée du 7 juin, le Capitan Pacha remonta le long du Liman avec sa flottille à rames appuyée par ses navires de guerre. C'était un spectacle magnifique, et impressionnant – « mieux qu'un bal à Varsovie, pensa Nassau, et je suis persuadé que nous nous amuserons autant que le prince Sapieha quand il danse l'*"Allemande*"* ». Nassau et Damas se montrèrent les portraits de leurs femmes restées chez eux. Les Turcs ouvrirent le feu. Alors que l'escadre de Jones était freinée par un vent contraire, Nassau lança les légères tchaïki zaporogues sur sa gauche pour attaquer l'ennemi tout le long de sa ligne de bataille. Les Turcs se retirèrent en désordre. Le Capitan Pacha fit tirer sur ses propres forces en retraite. C'était, après tout, l'homme qui avait résolu le problème des pompiers paresseux à Constantinople en en poussant quatre dans un incendie *pour encourager les autres**.

Nassau et Jones ordonnèrent à leurs flottes respectives de leur donner la chasse. Bentham, qui commandait une division de sept galères et deux canonnières, vit son artillerie lourde remporter la victoire, mais se roussit les sourcils quand un de ses canons explosa. La première bataille du Liman était plus un match nul qu'une victoire, mais elle était encourageante.

« C'est un signe de Dieu ! » s'exclama le Sérénissime, dont l'armée campait à Novy Grigory, où il avait consacré une église à son patron saint Georges. Il embrassa Ligne. Curieusement, pour un homme connu pour son indolence, Potemkine commandait en s'assurant une vision d'ensemble de la situation, et supervisait tout dans les moindres détails. Il surveilla la manœuvre de la flottille, sa formation et les codes de signalisation entre les navires et Kil-Bouroun. Il pensait d'abord aux hommes du rang : il ordonna à Nassau que chacun touche chaque jour une ration d'*eau-de-vie** et il stipula que les repas devaient être servis à l'heure, toujours chauds, et devaient inclure une soupe de légumes et de la viande les jours de fête. L'été venu, les hommes devaient se laver tous les jours. Mais le plus remarquable était son point de vue sur la discipline. « Je suis tout à fait persuadé », écrivait-il, que les « sentiments d'humanité » contribuent à la santé des troupes et à leur efficacité. « Pour y parvenir, je vous recommande d'interdire la bastonnade. Le meilleur remède est d'expliquer exactement et clairement ce que vous avez fait. » Ses contemporains considéraient l'humanité et la générosité de Potemkine envers ses hommes comme une folie et un laxisme dangereux. Ses préceptes auraient encore été vus comme de la mollesse dans la Royal Marine un demi-siècle plus tard.

Une haine implacable se développa entre Nassau et Jones. Le paladin téméraire n'était pas impressionné par la façon qu'avait Jones d'économiser ses navires, tandis que Jones pensait que Nassau le détestait parce qu'il l'avait « tiré de son embarras et du péril ». Tous deux se plaignirent au prince, qui s'efforça de préserver la paix tout en soutenant secrètement Nassau. « C'est à vous seul, lui écrivit-il deux jours plus tard, que j'attribue cette victoire. » Mais il lui ordonna aussi de s'entendre avec Jones : « Modérez un peu votre belle ardeur. »

Le 16 juin, le Crocodile décida de sortir de l'impasse en déployant l'ensemble de sa flotte, y compris les vaisseaux de ligne, sur le Liman. « Rien ne pouvait présenter un front plus formidable que cette ligne s'étendant d'une rive à l'autre », écrivait Fanshawe. La concentration de navires était telle qu'il ne voyait aucun espace entre leurs voiles. L'attaque était imminente. Cette nuit-là, après l'arrivée de vingt-deux canonnières russes supplémentaires, Nassau convoqua un conseil de guerre. Jones déclara : « Je vois dans vos yeux les âmes de héros », mais recommanda la prudence. Nassau perdit son sang-froid, dit à l'Américain qu'il pourrait rester en arrière avec ses navires s'il le voulait, et ordonna une attaque préventive à l'aube. Les deux amiraux se livraient leur propre guerre privée.

Damas mena l'assaut sur la droite avec ses galères, des batteries d'artillerie et des galiotes à bombes, tandis que Bentham et Fanshawe, soutenus par les vaisseaux de ligne cuirassés de Jones, le *Vladimir* et l'*Alexandre,* attaquaient les lourds bâtiments turcs. Les Turcs avancèrent sur eux au son des trompettes et des cymbales tout en invoquant le nom d'Allah, mais, ébranlés par l'attaque préventive russe, ils cherchèrent promptement à battre en retraite. Les vaisseaux amiraux de leur vice-amiral, puis de Ghazi Hassan lui-même, s'échouèrent sur des hauts-fonds. Les canonnières de Damas fondirent sur eux, mais les tirs turcs réussirent à couler un petit bateau russe. Quand Jones aperçut les hauts-fonds, il ordonna à ses vaisseaux de ligne d'arrêter la poursuite. Sa prudence ne lui valut pas que des amis. Bentham, Fanshawe et le reste continuèrent à bord de leurs canonnières plus légères. Mais c'est l'après-midi que fut servie la *pièce de résistance**,* quand Damas réussit à détruire le vaisseau amiral du Crocodile. Son explosion fut un « spectacle magnifique », se souvenait Fanshawe. Le « renégat algérien » transféra son commandant sur la langue de terre voisine. À la nuit tombée, les jeunes Anglais pourchassèrent l'ennemi avec encore plus d'entrain. Les Turcs se retirèrent sous la protection des canons d'Otchakov, laissant derrière deux vaisseaux de ligne et six canonnières détruits.

Pendant la nuit, le vieux Crocodile replia les vaisseaux de ligne qui lui avaient coûté la victoire mais, alors qu'ils dépassaient la langue de terre de Kil-Bouroun, Souvorov ouvrit le feu avec une batterie déployée là pour une telle occasion. Les deux vaisseaux de ligne et les cinq frégates tentèrent d'éviter le bombardement, mais ne purent que s'échouer. Ils étaient clairement visibles dans le clair de lune. Au cours d'une accalmie, Jones procéda à une reconnaissance discrète et écrivit à la craie sur la poupe d'un des navires pris au piège : « À brûler. Paul Jones 17/28 juin. » Jones, Bentham et Damas se rendirent à bord du vaisseau amiral de Nassau. Il y eut une nouvelle dispute entre les amiraux. « Je sais comment capturer des navires aussi bien que vous ! » cria Nassau. « J'ai prouvé ma capacité à capturer des navires qui ne sont pas turcs », répondit Jones avec insistance. Ces déclarations lui valurent des ennemis qui ne reculèrent devant rien pour le détruire.

Nassau et les jeunes officiers enthousiastes décidèrent d'attaquer. Ils s'élancèrent en désordre dans leurs bateaux pour bombarder ces baleines échouées. « Nous avons fait preuve d'à peu près autant de discipline, écrivit Bentham, que la populace de Londres. » Samuel tirait tant de boulets qu'il ne pouvait même plus distinguer son objectif à cause la fumée. Il captura un vaisseau de ligne, mais la « populace de Londres » avait goûté au sang, et fit sauter les autres navires turcs avec trois mille de leurs esclaves toujours enchaînés aux rames. Ils durent pousser des hurlements épouvantables. « Des cadavres flottaient encore quinze jours plus tard », raconta Samuel à son père. Le reste de la flotte se réfugia sous les murs d'Otchakov. Le Capitan Pacha fit exécuter plusieurs de ses officiers.

« Notre victoire est totale – ma flottille l'a fait ! » déclara Nassau, *soi-disant** « maître du Liman ». Dans les deux jours qu'avait durés la deuxième bataille du Liman, les Turcs avaient perdu 10 navires de guerre et 5 galères, ainsi que 1 673 prisonniers et plus de 3 000 tués, tandis que les Russes avaient perdu une unique frégate, 18 hommes et comptaient 67 blessés. Damas se vit accorder l'honneur d'annoncer la nouvelle au prince, qui attendait à Novy Grigory pour traverser la Boug. Cette fois, Potemkine était aux anges. Ligne fut de nouveau l'objet de ses effusions : « Qu'est-ce que je vous avais dit à propos de Novy Grigory ? Ici même ! N'est-ce pas incroyable ? Je suis l'enfant gâté de Dieu. » Ligne commenta froidement qu'il était l'« homme le plus extraordinaire qu'il y ait jamais eu ». Le prince de Tauride exultait : « Les barcasses ont battu les vaisseaux. J'en suis fou de joie ! »

Ce soir-là, Potemkine vint de la rive dîner avec Nassau et Lewis Littlepage sur le vaisseau amiral de Jones, le *Vladimir*. On fit hisser les couleurs de Potemkine en tant que grand amiral des flottes de la mer Noire et de la Caspienne. Nassau et Jones étaient toujours à couteaux tirés. « Si brillant au second rang, dit Nassau de Jones, éclipsé au premier. » Le prince-maréchal persuada Nassau de présenter des excuses au susceptible Américain, tout en sachant pertinemment que c'était à Nassau que revenaient les victoires. « Il a tout fait », rapporta-t-il à Catherine. Quant au « pirate » Jones, il n'était pas un « camarade de combat ». La victoire devait plus, en réalité, à l'artillerie de Bentham qu'à la « populace » de Nassau. Samuel en était évidemment convaincu. Il fut promu au grade de colonel[1], et se vit accorder la médaille de Saint-Georges ainsi qu'une épée à poignée d'or. Catherine fit parvenir à Potemkine une épée d'or « sertie de trois gros diamants, la plus belle chose possible », et une assiette

1. Potemkine lui écrivit : « Monsieur, Sa Majesté Impériale, distinguant le courage dont vous fîtes preuve contre les Turcs sur le Liman d'Otchakov [...] a la grâce et la joie de vous offrir une épée gravée pour commémorer votre bravoure. »

en or où était gravé : « Pour le feld-maréchal prince Potemkine de Tauride, commandant de l'armée de terre et de l'armée de mer victorieuse sur le Liman et créateur de la flotte. » L'irritable Jones fut moins récompensé que le fougueux Nassau : le camouflet était clair. Quant au Crocodile des batailles navales, humilié, il prit la mer avec les restes de sa flotte.

Au moment même où tout allait si bien, Catherine apprit une nouvelle inquiétante : Gustave III de Suède avait attaqué la Russie le 21 juin, s'inventant un *casus belli* en mettant en scène une attaque contre ses propres frontières, à l'aide de troupes suédoises en uniformes russes. Avant de quitter Stockholm pour mener ses troupes en Finlande, Gustave se vanta qu'il prendrait bientôt son « déjeuner à Saint-Pétersbourg ». La capitale était exposée, car les meilleures forces russes se trouvaient dans le Sud, bien que Potemkine ait laissé un corps d'observation pour défendre la frontière, et envoyé des Kalmouks et des Bachkirs, avec leurs lances, leurs arcs et leurs flèches, pour effrayer les Suédois. (Ils faisaient tout aussi peur aux Russes.) Heureusement, la flotte de la Baltique, commandée par Greig, n'était pas partie combattre les Turcs en Méditerranée. Potemkine nomma le comte Moussine-Pouchkine à la tête du front finlandais contre Gustave. Peu de temps après, Alexis Orlov-Tchesmenski arriva à Saint-Pétersbourg, espérant exploiter la négligence supposée du prince – une expérience que Catherine compara à la sensation de recevoir un « tas de neige » sur la tête. Saint-Pétersbourg eut bientôt le sentiment d'être une ville fortifiée, précisa-t-elle. La première bataille navale, le 6 juillet dans le Gotland, fut une victoire pour la Russie. « Alors, mon ami, dit-elle à son consort, moi aussi, j'ai senti la poudre. » Mais Gustave avançait toujours par la terre. Dans un de ces moments caractéristiques où Potemkine envisageait sans merci d'évacuer des peuples entiers, il suggéra, plaisantant à moitié, de vider la Finlande, d'en disperser les habitants et d'en faire une terre de friches.

Malheureusement, la Suède n'était que le sommet de l'iceberg. L'Angleterre, la Hollande et la Prusse étaient sur le point de conclure une Triple Alliance fortement antirusse. La France était paralysée par la révolution imminente. Catherine se retrouvait à cheval sur les deux lignes de faille de l'Europe – la Russie contre la Turquie et l'Autriche contre la Prusse. La Prusse, jalouse, sous la férule de son nouveau roi Frédéric-Guillaume, était déterminée à profiter des conquêtes russo-autrichiennes contre les Turcs et espérait bien se tailler une nouvelle part du savoureux gâteau polonais – autant de souhaits que le chancelier prussien, le comte von Hertzberg, cataloguerait dans le plan qui porte son nom. L'Autriche se sentait exposée à une offensive prussienne sur ses arrières, mais la Russie assura Joseph qu'elle ne laisserait pas faire Berlin. La pression s'accrut donc de nouveau sur Potemkine ; la Russie était une fois de plus confrontée à une crise.

Le 1er juillet, Potemkine franchit le Boug avec son armée pour investir Otchakov, tandis que Nassau lançait un raid sur les navires qui se trouvaient sous ses murs. À l'issue d'une nouvelle bataille, les Turcs abandonnèrent leurs vaisseaux et se replièrent en désordre à l'abri de la forteresse. Deux heures plus tard, Fanshawe entendit Potemkine attaquer la ville. Le Sérénissime monta sur son cheval et avança sur Otchakov à la tête de 13 000 Cosaques et 4 000 hussards. La garnison les accueillit par un barrage d'artillerie, suivi de la sortie de 600 sipahis et 300 fantassins. Le prince fit immédiatement déployer vingt pièces dans la plaine sous les murs de la forteresse et commanda personnellement le feu, alors que « tous les immenses diamants du beau portrait de l'impératrice qui se trouv[ait] toujours à sa boutonnière attiraient les tirs ». Deux chevaux et un cocher furent tués à ses côtés.

Ligne salua la « belle vaillance » de Potemkine, mais Catherine fut loin d'être favorablement impressionnée. « Si vous vous tuez, écrivait-elle, vous me tuez aussi. Ayez la bonté de vous abstenir de tels plaisirs. » Ainsi commença le siège d'Otchakov.

27

À l'assaut : la prise d'Otchakov

« Le matin ça commença
Au lever d'un soleil rouge
Quand Potemkine nous parla
Le plus brave de nos chefs
Un seul signe de sa main et Otchakov est prise
Ordonne-le et Constantinople tombera
Nous marcherons avec toi dans le feu et sous la pluie. »

Chanson de marche,
La Chute d'Otchakov

La redoutable forteresse d'Otchakov était l'objectif le plus pressant pour la Russie en 1788, car elle contrôlait l'embouchure du Dniepr et du Boug. Elle était la clé de Kherson, et par conséquent de la Crimée elle-même. Les Turcs avaient donc renforcé son réseau de défenses, conseillés par un « ingénieur français réputé », Lafite. « La ville, observa Fanshawe, dessinait un parallélogramme allongé de la crête d'une colline jusqu'à la berge, fortifié par une muraille d'une épaisseur considérable qui l'entourait, un double fossé [...] flanqué de six bastions, une langue de sable qui s'enfonce depuis le flanc ouest dans le Liman et longe la digue, se terminant par une batterie recouverte. » C'était une ville imposante, abritant des mosquées, des palais, des jardins et des casernes, avec une garnison de huit mille à douze mille sipahis et janissaires, vêtus de leurs vestes et tuniques vertes sur des pantalons bouffants, portant des turbans, armés de boucliers, de poignards courbes, de haches et de lances[1]. Même Joseph II, qui avait vu Otchakov de loin lors

1. Aujourd'hui, bien que les fortifications aient disparu, on peut se tenir là où se dressaient les murailles et contempler en contrebas l'étendue du Liman et

de sa visite, reconnaissait qu'il était impossible de s'en emparer par un *coup de main**.

Dès qu'il commença à investir la forteresse, le Sérénissime insista pour partir avec Ligne, Nassau et son entourage dans un bateau à rames pour effectuer une reconnaissance et procéder à quelques tirs de mortiers. Otchakov salua le prince par un bombardement et la sortie d'un groupe de Turcs à bord de petites barques. Potemkine les ignora superbement. « Il n'y avait rien de plus noble et d'un joyeux courage que le prince, dit Ligne. Je l'aimai à la folie ce jour-là. » Potemkine impressionnait tout le monde par ses démonstrations de vaillance – en particulier quelques semaines plus tard, quand Sinelnikov, gouverneur d'Ekaterinoslav, fut touché à l'aine par un boulet de canon, alors qu'il se tenait entre un Potemkine imperturbable et un Ligne au comble de l'excitation. Le Sérénissime ordonna la réduction d'un bastion turc qui se trouvait dans les jardins du pacha. Ce qui déclencha une escarmouche que Potemkine et deux cents courtisans observèrent sous les tirs d'artillerie. « Jamais je n'ai vu d'homme, déclara Nassau, avoir meilleure tenue sous le feu que lui. » Potemkine se précipita pour aider Sinelnikov, qui, courtisan jusqu'au bout, même à l'agonie, lui demanda de « ne pas s'exposer à un tel danger, car il n'y a[vait] qu'un Potemkine en Russie ». La douleur était si atroce qu'il supplia Potemkine de l'abattre. Sinelnikov décéda deux jours plus tard.

Le prince étendit les deux ailes de ses forces en un arc de cercle autour de la ville et ordonna un bombardement par l'artillerie. Tout le monde attendait le début de l'assaut – en particulier Souvorov, toujours impatient de laisser s'exprimer la baïonnette sanglante, plutôt que cette « sale garce » de mousquet.

Le lendemain, 27 juillet, les Turcs effectuèrent une sortie avec une cinquantaine de sipahis. Souvorov, « ivre après le dîner », les attaqua, jetant de plus en plus d'hommes dans un combat féroce, sans ordres de Potemkine. Les Turcs s'enfuirent, mais revinrent avec des forces plus nombreuses et repoussèrent Souvorov et les Russes jusque dans leurs lignes, tuant un grand nombre de ses meilleurs hommes, dont

---

l'emplacement des campements des assiégeants russes. Plus loin sur la gauche se trouve l'embouchure du Boug. En face, sur sa propre langue de terre étroite, se tient la forteresse russe de Kil-Bouroun. À droite, au bout de la langue de sable d'Otchakov, la redoute Hassan-Pacha est toujours impressionnante. Les pavés dans les rues sont presque tout ce qui reste de l'ancienne cité. La ville moderne d'Otchakov se trouve au-delà.

beaucoup furent décapités. Quand Potemkine lui envoya une note pour lui demander ce qui se passait, Souvorov lui aurait répondu par ces vers :

Assis sur un rocher
Otchakov je contemple

Trois mille Turcs tombèrent sur les Russes en fuite. Damas parla d'une « boucherie inutile ». Souvorov fut blessé et le reste de sa division ne fut sauvée que par le prince Repnine, qui fit diversion. Les têtes des Russes tués furent exposées sur des pieux autour d'Otchakov.

Le Sérénissime pleura la perte de deux cents soldats, « à cause de l'humanité et la compassion de son cœur », selon son secrétaire Tsebrikov. « Oh mon Dieu ! s'écria Potemkine. Vous êtes heureux de laisser ces barbares mettre tout le monde en pièces. » Furieux, il réprimanda Souvorov, lui rappelant : « Les soldats ne sont pas si bon marché que l'on peut les sacrifier. » Vexé, Souvorov se retira à Kil-Bouroun[1].

Potemkine ne se lançait toujours pas à l'assaut d'Otchakov. La pression ne cessait de monter. Le 18 août, les Turcs firent une autre sortie. Le général Mikhaïl Golenichev-Koutouzov, qui deviendrait plus tard le héros légendaire de 1812 et le vainqueur de Napoléon, fut blessé à la tête pour la deuxième fois – comme Potemkine, il était aveugle d'un œil[2]. Nassau repoussa les Turcs en ouvrant le feu sur leurs flancs avec les canons de sa flottille dans l'estuaire. Alors que l'hiver descendait sur Otchakov, les étrangers – comme Ligne et Nassau – se plaignaient amèrement de l'incompétence et de la lenteur de Potemkine. Nassau dit que Potemkine était l'« homme le moins militaire qui soit au monde et trop fier pour consulter qui que ce soit[3] ». Ligne déclara que

1. L'histoire russe ayant décrété que Souvorov était un génie, il est parfois affirmé que le général avait simplement voulu lancer l'assaut sur Otchakov, exaspéré par les hésitations ineptes de Potemkine. C'est possible, mais peu probable, étant donné que Souvorov n'avait aucun soutien d'artillerie. Il s'est agi d'une opération bâclée, menée par un général ivre et faillible, capable aussi bien de coûteuses erreurs que de victoires éclatantes.

2. La plupart des héros de 1812 avaient combattu sous Potemkine – le futur maréchal et prince Mikhail Barclay de Tolly, ministre de la Guerre et commandant de la première armée sous Koutouzov à Borodino, avait également servi à Otchakov.

3. Pourtant, même Ligne dut admettre auprès de Joseph II que le camp était propre, les soldats bien payés et la cavalerie légère en excellent état, même si les troupes ne faisaient ni manœuvres ni exercices.

le prince perdait « du temps et des hommes » et écrivit à Cobenzl en code pour dénigrer Potemkine, sans toutefois s'en prendre à Catherine. « Il est impossible, écrivit Damas, qui pensait que les batteries étaient mal agencées autour de la ville, que tant d'erreurs aient pu être commises, à moins que le prince Potemkine n'ait eu des raisons personnelles [...] de retarder les choses. » Mais tous ces étrangers étaient victimes de leurs préjugés envers la Russie. Les raisons de Potemkine étaient d'ordre politique et militaire. Le Sérénissime était ravi de laisser les Autrichiens absorber les premières offensives ottomanes, d'autant plus que Joseph, ayant échoué dans pratiquement tous ses plans, en dehors du maigre succès que représentait la prise de Sabatsch, était lui-même sur la défensive. Catherine était tout à fait de son avis : « Mieux vaut être lent mais en bonne santé que rapide, mais en danger. » Compte tenu de la guerre contre la Suède, de l'alliance anglo-prussienne sans cesse plus hostile et du comportement étonnamment vigoureux des armées ottomanes contre l'Autriche, Potemkine savait qu'Otchakov ne mettrait pas fin à la guerre. Il était d'autant plus sage d'économiser les ressources jusqu'à la fin de l'année.

Le Sérénissime n'était pas un génie du mouvement, mais plutôt un partisan de la guerre d'usure, un temporisateur patient capable d'exploiter la situation. À cette époque, les officiers comme Ligne et Souvorov ne voyaient dans la guerre qu'un jeu glorieux de charges et d'assauts, quel qu'en soit le coût en hommes. Potemkine avait jeté au panier le manuel de la guerre conventionnelle à l'occidentale et combattait d'une façon adaptée à la nature de ses ennemis – et à la sienne. Il préférait de beaucoup gagner des batailles sans avoir à les livrer, comme en 1783 en Crimée. Dans le cas des sièges, il préférait soudoyer, négocier et affamer une forteresse pour la contraindre à la soumission. Il n'avait pas une attitude de bravache, mais les généraux modernes apprécieraient son humanité et sa prudence. Potemkine décida sciemment qu'il n'y aurait pas d'assaut sur Otchakov à moins que cela ne soit absolument nécessaire, afin d'économiser le sang de ses hommes. « Je ferai tout mon possible, dit-il à Souvorov, pour que cela ne nous coûte pas cher. » Les émissaires de Potemkine allaient et venaient, négociant avec les Turcs. Le Sérénissime « était convaincu que les Turcs souhaitaient se rendre ». L'assaut était son dernier recours[1]. De plus, les étrangers n'avaient qu'une vague idée

1. Sur le plan militaire, il y avait de bonnes raisons de ne pas donner l'assaut tant que la flotte ne se serait pas assuré le contrôle du Liman et tant que l'artillerie ne serait pas arrivée, ce qui ne fut le cas qu'en août.

de ses vastes responsabilités : assurer le commandement et l'approvisionnement des armées et des flottes du Caucase dans le golfe de Finlande, et gérer la politique polonaise tout en poussant Faleev à créer une nouvelle flottille à rames, dans la perspective des opérations qu'il comptait mener l'année suivante sur le Danube.

« Je ne vais pas être dupe des Russes qui veulent me laisser seul à assumer tout le fardeau », se plaignit amèrement Joseph à Ligne. Joseph ne tenant pas à être le seul à supporter le poids de la guerre, Ligne faisait tout son possible pour forcer Potemkine, parfois sans ménagement, à s'emparer d'Otchakov tout en le rendant responsable des échecs de Joseph. En septembre, le plus habile des commandants ottomans, le grand vizir Youssouf Pacha, surprit Joseph dans son camp et le kaiser en réchappa de justesse, fuyant jusqu'à Vienne. Joseph avait appris à la dure qu'il n'était pas Frédéric le Grand. « Quant à notre allié, plaisanta Potemkine, chaque fois qu'il est là, tout va mal[1]. » Les Turcs avaient certainement amélioré leurs compétences militaires depuis la dernière guerre – « Les Turcs sont différents, dit Potemkine à Catherine, et le diable leur donna des leçons ». Les Autrichiens ne pouvaient pas comprendre pourquoi Catherine n'ordonnait pas à Potemkine de lancer l'assaut ; en vérité « elle négoci[ait] avec lui pour tout ». Bien sûr, il ne répondait même pas à ses lettres. « Il décida de faire ce qu'il v[oulai]t. »

Le prince restait fréquemment debout jusqu'à 6 heures, à jouer au billard avec Ligne ou simplement à discuter. Une nuit, Ligne donna un dîner pour cinquante généraux et tous ses exotiques amis. Potemkine était souvent déprimé, et il « mettait [alors] son mouchoir trempé dans de l'eau de lavande autour de son front, signe de son hypocondrie ». Quand il faisait chaud, il servait glaces et sorbets. La nuit, Ligne et les autres écoutaient son « grand orchestre exceptionnel, sous la direction du célèbre et admirable Sarti ». On raconte que durant l'un de ces récitals, alors que les cors soufflaient, Potemkine, dans sa robe de chambre, demanda à un officier d'artillerie allemand : « Que pensez-vous d'Otchakov ? – Vous croyez

1. Potemkine n'était pas le seul à prendre son temps. Quand Ligne partit rejoindre Roumiantsev-Zadounaïski, il le trouva tout aussi inactif, tandis que le comte Nikolaï Saltykov tardait ostensiblement à attaquer Khotine. C'était la politique russe, ainsi que l'habitude russe – comme Koutouzov allait le démontrer avec tant d'efficacité en 1812.

que les murs d'Otchakov sont semblables à ceux de Jéricho qui sont tombés au son des trompettes ? » rétorqua l'officier.

Ils purent se consoler quand les trois grâces les rejoignirent, que Ligne appelait les « plus belles filles de l'empire ». Le prince tomba amoureux de la femme de Pavel Potemkine, Praskovia Andreevna, née Zakrevskaïa, dont la silhouette était peu plaisante, mais qui avait un superbe « visage, la peau d'une blancheur éblouissante, et de beaux yeux, [était] de peu d'intelligence, mais très indépendante ». Ses lettres espiègles à Potemkine se trouvent encore dans les archives. « Vous vous moquez de moi, mon cher cousin, en me disant en guise d'excuse que vous attendez mon ordre pour venir me voir [...]. Je suis toujours charmée. » Damas était tout aussi charmé par la libidineuse nièce par alliance de Potemkine, Ekaterina Samoïlova, âgée de vingt-cinq ans. Son portrait par Lampi est celui d'une créature sensuelle et audacieuse, aux lèvres pleines, avec des bijoux dans les cheveux et un turban incliné sur l'arrière du crâne. Quand elle eut des enfants plus tard, les mauvaises langues plaisantèrent que son mari, Samoïlov, ne la voyait jamais – ce qui ne l'empêchait pas de faire la « preuve de sa fécondité ». Après une journée passée à geler dans les tranchées, Damas, qui alternait fièrement entre uniforme français et russe un jour sur deux, se rendit à la tente des dames : « J'espérais qu'un siège plus énergique les contraindrait à s'abandonner plus rapidement que la ville. » Très vite, il obtint ce qu'il voulait avec Samoïlova, mais il fut ensuite de nouveau blessé. Potemkine consola son protégé en faisant venir Skavronskaïa, une autre sultane fraîchement arrivée, à son chevet. Le prince ne voulait pas priver Damas du spectacle de l'« une des plus jolies femmes d'Europe »[1].

Le Capitan Pacha rencontra la flotte de Sébastopol au large de Fidonise, près du delta du Danube, le 3 juillet, et la création chérie de Potemkine réussit son premier test – de justesse. Ghazi Hassan se retira pour tenter de sauver Otchakov. Le Crocodile apporta des provisions et mille cinq cents janissaires de plus pour la garnison. Deux

---

1. Pendant ce temps, à Gatchina, microcosme de la « paradomanie » prussienne du grand-duc Paul, le tsarévitch était dégoûté par ce harem en guerre et, en ricanant, demanda où, dans les instructions de siège de Vauban, il était dit que des nièces étaient nécessaires à la prise de villes. Ce qui était un comble, puisque Paul lui-même avait demandé d'emmener sa femme à la guerre avec lui en 1787.

fois, il parvint ainsi à ravitailler la forteresse, à la grande honte des amiraux, suscitant la fureur de Potemkine. Mais toute la flotte turque se retrouva de nouveau prise au piège sous les murs d'Otchakov et donc neutralisée : comme toujours, il y avait de la méthode dans la folie de Potemkine.

Le 5 septembre, le prince, Nassau, Damas et Ligne naviguèrent sur le Liman pour étudier la redoute Hassan-Pacha et discuter du plan de Nassau qui prévoyait de débarquer deux mille hommes sous le mur de la batterie inférieure. Les Turcs ouvrirent le feu à coups de mitraille et d'obus. Potemkine était assis seul à l'arrière, ses médailles scintillant sur sa poitrine, avec une expression de « froide dignité qui était délibérément assumée et vraiment admirable ».

L'entourage de Potemkine, en particulier son étrange cohorte d'amiraux néophytes et d'espions étrangers, commençait à se disloquer, en proie à une désillusion généralisée. La vie à Otchakov devint plus difficile. « Nous n'avons pas d'eau, écrivait Ligne, nous mangeons des mouches et sommes à cent lieues de tout marché. Nous ne buvons que du vin [...] nous dormons quatre heures après le dîner. » L'hiver, particulièrement dur, fut précoce. Ligne dut brûler sa voiture pour faire du feu. Le camp devint « de la neige et de la merde ». Même le Liman était vert à force de charrier les corps calcinés des Turcs.

Samuel Bentham, consterné par la puanteur de la décomposition et de la dysenterie, dit de la guerre qu'elle était « un métier abominable ». Potemkine, indulgent, décida alors de l'envoyer en Extrême-Orient[1], pour se charger d'une mission qui ne pouvait que leur plaire, à l'un comme à l'autre. Littlepage, les yeux du roi de Pologne, partit en claquant la porte quand Potemkine le soupçonna d'avoir voulu compromettre Nassau. Le petit Américain protesta, soutenant qu'il n'avait jamais été « un fauteur de troubles ». Le Sérénissime le calma et il rentra auprès de Stanislas-Auguste. La véritable victime de cette épidémie de séparations fut John Paul Jones, qui, du fait de ses origines obscures, devait toujours prouver sa valeur. Son comportement

1. Le colonel Bentham devait commander deux bataillons à la frontière sino-mongole, y créer une école régimentaire, découvrir de nouvelles terres, conclure des alliances avec les Mongols, les Kalmouks et les Kirghizes, et établir des relations commerciales avec le Japon et l'Alaska. Il conçut également un plan digne de Potemkine pour vaincre la Chine avec 100 000 hommes. En 1790, il revint, via Saint-Pétersbourg, au quartier général de Potemkine à Bendery pour rendre compte au prince et obtenir la permission de retourner en Angleterre, ce qu'il fit. Ainsi prenait fin une aventure unique dans les relations anglo-russes.

pédant et épidermique ne l'avait guère fait apprécier du Sérénissime. Lorsque Nassau fut promu contre-amiral, Jones s'engagea dans une querelle ridicule au sujet de son ancienneté et des relations hiérarchiques – il dressa la liste des six raisons pour lesquelles il n'était pas obligé de saluer Nassau !

Bientôt tout ce qui se passait mal en mer fut imputé au malheureux Jones. Potemkine ordonna à l'Américain de détruire des navires amarrés au large d'Otchakov, ou tout au moins de détruire leurs canons. Jones essaya deux fois, mais pour une raison quelconque il échoua. Potemkine annula l'ordre et confia la mission à Anton Golavaty et ses chers Zaporogues, qui s'en acquittèrent. Jones se plaignit rudement au prince, qui répondit : « Je vous assure, monsieur le contre-amiral, que dans mes ordres je ne me soucie jamais de considérations individuelles, je rends justice quand je le dois [...]. Quant à mes ordres, je ne suis pas obligé d'en rendre compte et j'ai modifié ces mêmes ordres selon les circonstances [...]. J'ai longtemps commandé et j'en connais fort bien les règles. » Le Sérénissime décida que Jones était « incapable de commander » et le fit rappeler par Catherine. « Je regretterai éternellement d'avoir eu le malheur de perdre vos bonnes grâces, dit Jones à Potemkine le 20 octobre. J'ose dire qu'il est difficile, quoique tout à fait possible, de trouver des officiers de marine de ma compétence [...] mais vous ne trouverez jamais homme au cœur plus susceptible de fidélité et de zèle. » Lors d'une dernière entrevue, Jones reprocha sans ménagement à Potemkine d'avoir divisé le commandement. « J'en conviens, le coupa le prince-maréchal, mais il est trop tard maintenant. » Le 29 octobre, Jones partit pour Saint-Pétersbourg, où il apprit bien vite qu'il était dangereux de se faire des ennemis puissants.

Après une nouvelle tentative de soumettre la ville après un pilonnage naval et terrestre, Nassau, irrité par le retard et ayant perdu la faveur de Potemkine depuis que le prince avait découvert ses manipulations tortueuses de la vérité, repartit brusquement pour Varsovie. « Sa chance n'a pas duré », dit Potemkine à Catherine.

Ligne, l'espion de Joseph, s'en alla lui aussi. Potemkine lui écrivit « le plus doux, le plus tendre, le plus naïf » des au revoir. Ligne présenta ses excuses pour avoir blessé son ami dans une note à peine lisible et jusque-là inédite – « Pardon, mille pardons, mon prince » – que l'on croirait rédigée par un amoureux éconduit à la veille du départ. Potemkine, « parfois le meilleur des hommes », sembla s'extirper d'un rêve pour faire ses adieux à Ligne : « Il me prit dans ses bras pendant un long moment, me courut après à plusieurs reprises, recommença, puis enfin me laissa aller dans la douleur. » Mais, de retour à Vienne, Ligne assura à tout le monde qu'Otchakov ne tomberait jamais et entreprit de ruiner la réputation de Potemkine. Le jeune Roger de Damas avait ainsi perdu ses deux tuteurs. Le prince lui-même offrit de les remplacer comme « ami et protecteur ». Potemkine, qui passait en quelques secondes de « la bonté la plus parfaite » à « la grossièreté la plus morose », était-il capable d'inspirer simultanément la gratitude, la dévotion et la haine ?

Catherine se souciait de la gloire de son prince consort et de son confort. Pour garantir la première, elle lui envoya l'assiette et l'épée commémorative, et pour le second, un bijou et un manteau de fourrure. Potemkine était ravi : « Je vous remercie, Madame Matiouchka. » Les bijoux étaient la preuve d'une « générosité royale » et la fourrure de « soins maternels ». « Et cela, ajouta-t-il avec émotion, est plus cher que des perles et de l'or. »

Le temps à Otchakov et la politique en Europe se détériorèrent en même temps à la fin du mois d'octobre. Le froid était maintenant sévère. Lorsque Potemkine inspecta les tranchées, il dit aux soldats qu'ils n'avaient pas besoin de se lever à son approche : « Veillez seulement à ne pas vous coucher devant les canons turcs. » Bientôt, les souffrances de l'armée furent « inconcevables », dans la neige et la glace par des températures de –15 degrés. Les hommes s'enroulaient dans leurs tentes et vivaient dans des terriers creusés dans le sol qui choquèrent Damas, alors qu'en réalité ces *zemlianki* étaient la manière traditionnelle pour les troupes russes de camper dans le froid. Il n'y avait presque rien à manger, plus de viande ni d'alcool. Potemkine et Damas reçurent alors les dernières nouvelles de France. « Pensez-vous que quand votre roi aura réuni les états généraux [...] il dînera à l'heure qui lui plaît ? lui demanda Potemkine. Que diable, il ne mangera plus que quand ils auront eu la bonté de le lui permettre ! »

Bientôt, il fit si mauvais que même Samoïlova dut aller camper avec son mari, qui commandait l'aile gauche. Cela fut pour son amant Damas la source d'inconvénients considérables : « J'ai dû prendre le risque de geler dans la neige afin de lui accorder les attentions qu'elle daignait accepter. »

La misère de l'armée était la « faute absolue du prince Potemkine », dit Cobenzl à Joseph. « C'est lui qui a perdu une année entière devant cette malheureuse Otchakov où l'armée a souffert plus de la maladie et du manque de vivres que ce qu'elle aurait perdu en deux batailles. » Les détracteurs de Potemkine, en particulier les Autrichiens, affirmèrent que son retard avait causé la mort de 20 000 hommes et 2 000 chevaux, selon le comte de Langeron, nourri de préjugés, et qui, du reste, n'était même pas sur place. Quarante à cinquante hommes seraient morts chaque jour à l'hôpital. « Presque aucun homme ne se remet de la dysenterie. » Il est difficile de savoir combien moururent en réalité, mais Potemkine perdit certainement moins d'hommes que d'autres généraux comme Münnich et Roumiantsev-Zadounaïski, dont les deux armées étaient tellement décimées qu'ils pouvaient à peine poursuivre leurs campagnes. Les Autrichiens, qui le critiquaient à propos d'Otchakov, n'étaient pas en position de le faire : au même moment, 172 000 de leurs soldats étaient malades et 33 000 étaient morts, plus que n'en comptait toute l'armée de Potemkine.

Pourtant, les étrangers se moquaient de la générosité de Potemkine et du souci qu'il avait de ses hommes, tout en se plaignant en même temps de son indifférence brutale. Samoïlov, qui vivait avec ses troupes, reconnut qu'il avait fait extraordinairement « froid, mais [que leurs] troupes n'[avaie]nt pas souffert » parce que Potemkine avait veillé à ce qu'elles reçoivent des manteaux de fourrure, des chapeaux et des *kengi* – sortes de galoches de fourrure ou de feutre que l'on enfilait par-dessus les bottes – en plus de tentes spéciales. On leur livrait de la viande et de la vodka et des « tisanes chaudes à base de baume de Riga ».

Le Sérénissime fit distribuer beaucoup d'argent parmi les troupes sur le terrain, « ce qui les gâtait [...] sans soulager leurs besoins », prétendit Damas, trahissant ses choquants préjugés aristocratiques et son mépris pour les simples soldats. Les Russes, eux, le comprenaient mieux. Potemkine était, écrivit son secrétaire, « naturellement disposé à aimer l'humanité ». En ce qui concerne les soins accordés aux mourants, Tsebrikov vit quarante tentes de l'hôpital placées à côté de la tente de Potemkine sur son ordre exprès afin qu'ils soient mieux traités. Le prince leur rendit visite pour s'en assurer, souci dont firent rarement preuve les généraux britanniques au cours de la guerre de Crimée, soixante ans plus tard. Pourtant Tsebrikov croisa également un convoi de charrettes de retour de l'armée, portant chacune les corps de trois ou quatre hommes. L'armée souffrait effectivement, beaucoup mouraient, mais les soins médicaux voulus par Potemkine, l'argent, la nourriture, les vêtements et son humanitarisme, sans précédent en Russie, expliquent sans doute pourquoi son armée survécut à l'hiver.

Pour finir, un déserteur informa le Sérénissime que le seraskier turc ne se rendrait jamais et qu'il avait fait exécuter les officiers avec lesquels il avait négocié. Le prince attendit encore.

L'impératrice elle-même s'impatientait. La Russie était encore en guerre sur deux fronts, mais la situation face à la Suède s'était améliorée depuis la défaite de la marine suédoise dans le Gotland et l'intervention du Danemark, qui avait attaqué la Suède sur ses arrières. En août, l'Angleterre, la Prusse et la Hollande avaient conclu leur Triple Alliance. En Pologne, le ressentiment refoulé face la domination russe explosa en une célébration insurrectionnelle de la liberté. « Une grande haine se lève contre nous en Pologne », dit Catherine à Potemkine le 27 novembre. Elle tenta de négocier le traité avec la Pologne en respectant les conventions traditionnelles, mais la Prusse surenchérit en proposant un traité qui offrait aux Polonais l'espoir d'une forte Constitution et la libération du joug de la Russie. Catherine perdait la Pologne, mais Potemkine pouvait toujours lui faciliter les choses en signant rapidement la paix avec les Turcs.

« Veuillez m'écrire promptement et en détail à ce sujet, dit l'impératrice au prince, afin que je ne passe point à côté de quelque chose d'important et, après la capture d'Otchakov, faites surtout tout votre possible pour entamer des négociations de paix. » Potemkine, toujours adaptable, avait déjà invité Catherine à se rapprocher de la Prusse et lui proposa son alliance polonaise : ses suggestions avaient été ignorées, et ses avertissements s'étaient révélés justifiés. Puis, une fois de plus, il voulut démissionner. Les Polonais, désormais soutenus par la Prusse, exigeaient le retrait de toutes les troupes russes de leur territoire, même si l'armée russe dans le Sud dépendait de la Pologne pour ses quartiers d'hiver et l'essentiel de ses approvisionnements. Ce fut un nouveau choc. « Si vous prenez votre retraite [...], lui dit Catherine, je prendrai cela comme un coup de grâce. » Elle le supplia de capturer Otchakov et de permettre à l'armée de prendre ses quartiers d'hiver. « Il n'y a rien au monde que je souhaite plus que votre venue ici. » En partie pour le voir après une si longue période, et en partie « pour discuter de beaucoup de choses avec vous tête à tête ».

Le prince ne put s'empêcher de donner une leçon à Catherine : « Cela va mal en Pologne, ce qui n'aurait bien sûr pas été le cas avec mon projet, mais c'est ainsi. » Il suggéra de couper l'herbe sous le pied de la Triple Alliance en tâtant le terrain auprès de la Prusse et de l'Angleterre, et de faire la paix avec la Suède. Sa lettre se lit comme un ordre à l'impératrice : « Vous vous vengerez un peu plus tard. » Les rapports secrets de son *homme d'affaires**, Garnovski, depuis Saint-Pétersbourg, lui laissèrent entendre que le mécontentement lié à sa gestion du siège d'Otchakov avait fini par toucher Catherine. La cour grondait déjà depuis août. Alexander Vorontsov et Zavadovski œuvraient à fragiliser la position de Potemkine tout en s'opposant à sa volonté de rapprochement avec l'Angleterre et la Prusse. Catherine était « mécontente ». Seule l'arrivée du Sérénissime serait susceptible d'atténuer son état de confusion et ses atermoiements.

Lorsque les débris de la flotte turque se replièrent pour l'hiver le 4 novembre, laissant la garnison seule, Potemkine se prépara. À la fin de novembre, toute la cavalerie fut renvoyée dans ses quartiers d'hiver, un périple difficile et souvent mortel à travers un désert de neige. Pendant ce temps, à Otchakov, les Turcs firent une nouvelle sortie le 11 novembre contre une des batteries de Potemkine et tuèrent le général S. P. Maximovitch, dont la tête se prélassa dès lors tristement sur les remparts. Des chutes de neige catastrophiques retardaient le dénouement[1].

Le 27 novembre, Catherine le supplia : « Prenez Otchakov et faites la paix avec les Turcs. » Le 1er décembre, Potemkine donna son aval à un assaut de la forteresse avec six colonnes de quelque cinq mille hommes chacune, soit trente mille combattants, mais Fanshawe affirma qu'il n'en restait que quatorze mille cinq cents de valides. Samoïlov, qui commandait une des colonnes, dit que le prince avait délibérément attendu que le Liman lui-même soit gelé, de sorte qu'Otchakov puisse aussi être attaquée par la mer. Le 5, l'ordre de bataille fut défini lors d'un conseil de guerre. Damas fut affecté à la pointe de la colonne qui devait prendre d'assaut la Porte de Stamboul. Il se prépara à mourir en écrivant une lettre d'adieu à sa sœur, renvoyant ses lettres d'amour à sa maîtresse parisienne, la marquise de Coigny, puis passa la soirée avec sa maîtresse russe, Samoïlova, jusqu'à 2 heures, quand il se glissa sous sa tente.

---

1. Mais d'abord, le 7 novembre, Potemkine ordonna à ses Zaporogues de prendre l'île de Berezan, qui était la dernière source potentielle de soutien et de ravitaillement d'Otchakov. Les Cosaques s'en approchèrent à la rame à bord de leurs « mouettes » et s'emparèrent de l'île, poussant leurs célèbres cris de guerre. Ils capturèrent vingt-sept canons et deux mois de provisions pour Otchakov, preuve qu'il s'agissait d'une bonne décision.

Potemkine lui-même passa la nuit la plus importante de sa vie dans un abri dans les positions avancées. Le valet de chambre du prince, entêté, refusa de laisser passer Repnine, qui était venu l'informer que l'assaut était sur le point de commencer, parce qu'il n'osait pas réveiller son maître : « Exemple d'une obéissance passive inimaginable dans n'importe quel autre pays, sauf en Russie. » Le prince de Tauride pria alors que ses hommes gagnaient leurs positions.

Le 6 décembre au matin, à 4 heures, trois obus donnèrent le signal. Avec des hourras, les colonnes se ruèrent vers les retranchements. Les Turcs résistèrent avec acharnement. Les Russes ne leur firent pas de quartier. Damas s'empara de la Porte de Stamboul avec ses grenadiers. Dès qu'ils se trouvèrent à l'intérieur, « le massacre le plus horrible et sans précédent commença aussitôt », les soldats russes méritant bien ce jour-là le surnom dont les avait affublés Frédéric le Grand : les « oursomanes », mi-ours, mi-psychopathes.

Ils étaient presque fous de « rage ». Même quand la garnison se rendit, ils se répandirent dans les rues, tuant chaque homme, femme et enfant qu'ils pouvaient trouver – entre huit mille et onze mille Turcs en tout – « comme un violent tourbillon, raconta Potemkine à Catherine, qui en un instant jetait les gens dans leurs corbillards ». Ce fut un véritable massacre, justifié par les Russes comme une guerre sainte contre les infidèles. Les Turcs furent tués en si grand nombre qu'ils tombaient en tas, que piétinèrent Damas et ses hommes, leurs jambes s'enfonçant dans des cadavres ensanglantés. « Nous nous sommes retrouvés couverts de sang et de cervelle éparpillée » – mais ils étaient dans la ville. Les corps étaient entassés si étroitement que Damas dut marcher dessus pour avancer jusqu'à ce que son pied gauche glisse dans un tas de tripes, sur trois ou quatre cadavres de profondeur, et se retrouve droit dans la bouche d'un Turc blessé. L'homme serra si fort ses mâchoires sur son talon qu'il lui arracha un morceau de sa botte.

Le pillage fut tel que les soldats mirent la main sur des poignées de diamants, de perles et d'or qui, le lendemain, se vendaient pour presque rien dans le camp. Personne ne se donna la peine de voler l'argent. Potemkine garda une émeraude de la taille d'un œuf pour son impératrice. « Le sang turc coulait comme les rivières, chantaient encore les soldats russes au siècle suivant. Et le Pacha tomba à genoux devant Potemkine. »

Le seraskier d'Otchakov, un vieil officier rude, fut amené nu-tête devant le Sérénissime, qui oscillait entre le chagrin et la joie.

« Nous devons cette effusion de sang à votre entêtement », dit le prince. Si Otchakov s'était rendue, ils auraient pu éviter tout cela. Le seraskier sembla surpris de rencontrer un commandant aussi ému par les pertes humaines. « J'ai fait mon devoir, répondit le seraskier Hussein Pacha en haussant les épaules, et vous le vôtre. Le destin n'était pas avec nous. » Il n'avait résisté, ajouta-t-il avec une flatterie toute orientale, que pour que la victoire de Son Altesse n'en soit que plus brillante. Potemkine ordonna que l'on retrouve le turban que le seraskier avait perdu dans les ruines.

À 7 heures du matin, au bout de quatre heures de combats acharnés, Otchakov était russe[1]. Potemkine ordonna l'arrêt du massacre, et fut immédiatement obéi. Des mesures spéciales furent prises pour protéger les vêtements et les bijoux des femmes et pour soigner les blessés. Tous les témoins, même les étrangers, convinrent que l'assaut de Potemkine avait été « excellent » et habilement préparé, compte tenu des fortifications.

Le prince entra à Otchakov avec son entourage et son sérail – « de magnifiques Amazones qui aimaient, selon Charles Masson, précepteur de mathématiques des grands-ducs, à visiter les champs de bataille en admirant les beaux cadavres des Turcs et en posant sur leur dos, cimeterres à la main ». Bien sûr, avant même que des rapports détaillés aient été transmis à Saint-Pétersbourg, la rumeur faisait déjà état de la négligence de Potemkine envers les blessés. « Comme ils ne rapportent que rarement la vérité à mon sujet, rappela Potemkine à Catherine, ils mentent là encore. » Le Sérénissime transforma sa somptueuse tente en hôpital, et s'installa dans un petit abri.

Damas s'empressa de rejoindre Potemkine et ses « nièces » – surtout Ekaterina Samoïlova, qui, évidemment, lui offrit une délicieuse récompense. « Cette forme particulière de bonheur [...] n'a jamais si promptement récompensé un homme pour un matin d'une joie si cruelle. La plupart des hommes doivent attendre avant de rentrer dans leur capitale », y compris, sans aucun doute, le pauvre mari de Samoïlova.

---

1. La ville n'existe plus, à l'exception d'un bâtiment, une ancienne mosquée qui a été transformée en musée. Preuve typique des préjugés soviétiques aveugles contre Potemkine, le musée est dédié à Souvorov. En fait, Souvorov non seulement ne se trouvait pas à la tête de l'assaut d'Otchakov, mais il n'était même pas présent. Pourtant, le musée le salue comme le vainqueur et le génie du siège, et mentionne à peine Potemkine. Tel est le résultat de la planification d'État appliquée à la vérité historique.

Le lieutenant-colonel Bauer, le voyageur le plus rapide de Russie, partit au galop annoncer la nouvelle à l'impératrice. Quand il arriva, Catherine dormait, malade et tendue. Mamonov la réveilla. « J'allais mal, dit l'impératrice, mais vous m'avez guérie. » Potemkine lui écrivit le lendemain. « Je tiens à vous féliciter en vous offrant la forteresse », 310 canons et 180 étendards ; 9 500 Turcs avaient été tués et 2 500 Russes. « Oh, comme je suis désolé pour eux », déclara le prince.

Les massacres sont faciles à commettre et difficiles à expliciter. Il y avait tellement de cadavres turcs qu'ils ne purent tous être enterrés, même si la terre avait été assez molle pour le permettre. Les corps furent entassés dans des chariots et emportés sur le Liman où ils furent jetés sur la glace. Encore humides, ils se figèrent là en de macabres pyramides noircies de sang. Les dames russes venaient en traîneaux sur la glace pour les admirer.

Catherine était radieuse : « Je vous prends par les oreilles avec mes deux mains et vous embrasse, mon cher ami [...]. Vous avez fait taire tout le monde et votre succès dans cette entreprise vous donne la chance de faire preuve de générosité envers ceux qui vous critiquent aveuglément et bêtement. » Ne pouvant plus masquer leur incompétence derrière Potemkine, les Autrichiens étaient presque déçus. « Prendre Otchakov est très avantageux pour continuer la guerre, dit Joseph à Kaunitz, à Vienne. Mais pas pour faire la paix. » Les courtisans se moquaient maintenant de Ligne, qui avait « chanté à tue-tête » qu'Otchakov ne tomberait pas cette année-là. Les détracteurs de Potemkine s'empressèrent de lui écrire des lettres flagorneuses. « Voilà un homme qui n'emprunte jamais les chemins ordinaires, déclara Littlepage, mais atteint toujours son but. »

Des *Te Deum* furent entonnés le 16 décembre tandis que tonnaient cent six canons. « La joie de la foule était formidable. » Bauer, promu au grade de colonel et ayant reçu en cadeau une tabatière en or et en diamants, fut renvoyé en emportant une étoile de Saint-Georges sertie de diamants et une épée incrustée de diamants, d'une valeur de 60 000 roubles, pour le prince de Tauride. Potemkine, épuisé, ne se reposa pas pour autant sur ses lauriers. Il y avait beaucoup à faire avant qu'il puisse retourner à Saint-Pétersbourg. Emporté par un de ces tourbillons d'énergie euphorique dont il avait le secret, il inspecta les nouveaux chantiers navals de Vitovka, décida de fonder une nouvelle ville du nom de Nikolaïev, puis se rendit à Kherson passer la flotte en revue. Mais sa mission la plus importante fut de mettre des troupes en garnison à Otchakov, de renvoyer la flotte à Sébastopol, de convertir les navires turcs capturés en vaisseaux de ligne de soixante-deux canons, et de faire prendre à l'armée ses quartiers d'hiver. Ce n'était pas une tâche facile, car la Pologne se montrait de plus en plus hostile, enhardie par l'alliance anglo-prussienne.

Le prince appela de nouveau à une détente avec la Prusse. Catherine n'était pas de cet avis et laissa entendre que les relations avec l'Europe occidentale étaient *son* domaine. « Madame, Je ne suis pas un cosmopolite, répondit Potemkine. Je ne sais rien de l'Europe, mais, quand elle intervient dans les affaires qui me sont confiées, je ne saurais faire preuve d'indifférence. » C'est une preuve manifeste de la répartition des responsabilités entre les partenaires et du refus de Potemkine de s'y soumettre. En ce qui concernait les Prussiens : « Je n'aime guère le roi de Prusse », pas plus qu'il n'avait peur de ses troupes. Il pensait juste qu'il fallait « moins les mépriser que le reste ».

Enfin, le Sérénissime prit la route pour Saint-Pétersbourg. « Je vous y emmènerai moi-même, dit-il à Damas. Nous ne saurions être séparés. Je vais prendre les dispositions nécessaires. » Les traîneaux étaient prêts. Le prince et Damas grimpèrent dans ces habitacles semblables à des berceaux et s'enroulèrent de fourrures et de cuir. « Êtes-vous prêt ? fit la voix étouffée de Potemkine à l'adresse de Damas. J'ai ordonné que vous vous teniez près de moi. » Un laquais sauta sur les sièges à l'arrière des traîneaux et fouetta les chevaux, qui filèrent dans la nuit, escortés de tous les côtés par des Cosaques brandissant des torches allumées. Damas resta en arrière, et ne rattrapa le cortège qu'à Moguilev. Il n'avait plus qu'une envie, c'était de dormir, mais, partout où le prince arrivait, les gouverneurs locaux et la noblesse organisaient des défilés militaires et une fête l'attendait. À peine sorti de son traîneau, il était entraîné dans un « magnifique bal », où « toute la ville était assemblée ». Le prince dit à Damas de ne se soucier ni de ses vêtements ni de sa fatigue, fit venir toutes les filles : « sans autre forme de procès, il me trouva une partenaire, et [...] je dansai jusqu'à 6 heures ». À midi, ils étaient sur la route.

Saint-Pétersbourg attendait le retour du prince avec un mélange de crainte et d'excitation, comme pour la venue du Messie. « Toute la ville s'inquiète en attendant Son Altesse, rapporta Garnovski. Il est le sujet de toutes les conversations. » Les diplomates surveillaient la route – surtout les Prussiens et les Anglais. Un diplomate britannique se saoula chez Narychkine et porta un toast à Potemkine. John Paul Jones, bien que déçu, attendait lui aussi le prince avec impatience, car il déciderait de son destin. « Le prince n'est pas encore arrivé, se lamenta Zavadovski au feld-maréchal Roumiantsev-Zadounaïski. Et sans lui, rien. »

Catherine suivait sa progression rapide, qui lui rappelait la migration des oiseaux. « Vous vous demandez pourquoi vous êtes fatigué. Si vous arrivez ici malade, je vous tirerai les oreilles à notre première rencontre – mais je suis contente de vous voir. » Catherine, cependant, était nerveuse, assaillie de toutes parts par les guerres, les coalitions et les intrigues de cour. Mamonov était un réconfort, mais il n'était pas d'une grande aide dans les affaires de l'État : d'ailleurs, il était maintenant tout le temps malade. Catherine s'inquiétait de l'accueil de son consort – surtout quand elle se rendit compte qu'elle avait érigé des arcs de triomphe pour le prince Orlov et Roumiantsev-Zadounaïski, mais qu'elle avait oublié le Sérénissime. « Votre Majesté le connaît si bien qu'elle n'a pas besoin de tenir des comptes », la rassura son secrétaire, Khrapovitski. « C'est vrai, dit-elle, mais il est humain aussi, et peut-être que cela lui ferait plaisir. » Alors, elle ordonna que la porte de marbre de Tsarskoïé Selo soit illuminée et décorée avec une ode d'une ambiguïté appropriée par son poète de la cour, Petrov : « Vous entrerez dans la cathédrale Sainte-Sophie sous les applaudissements. » C'était une fois de plus une référence à la Sainte-Sophie de Constantinople. Catherine se demanda si Potemkine n'entrerait pas à Constantinople dans l'année, mais le supplia de ne pas l'en prévenir au dernier moment. La route était éclairée sur dix kilomètres, jour et nuit. Les canons de la forteresse devaient tirer une salve à son approche – prérogative du souverain. « Le prince est-il aimé dans cette ville ? demanda-t-elle à son valet de chambre, Zakhar Zotov. – Seulement par Dieu et vous », eut-il le courage de lui répondre. Ce qui ne dérangea pas Catherine. Elle dit qu'elle se sentait trop malade pour le laisser repartir dans le Sud. « Mon Dieu, murmura-t-elle, j'ai besoin du prince dans l'instant. »

À 18 heures, le mercredi 4 février 1789, le Sérénissime fit son entrée à Saint-Pétersbourg au beau milieu d'un bal pour l'anniversaire de la fille du grand-duc Paul. Potemkine se rendit directement dans ses appartements, dans la maison attenante au Palais d'hiver. L'impératrice quitta les festivités et surprit le prince alors qu'il se changeait. Elle resta avec lui un long moment.

28

Mes succès sont les vôtres

« Nous glorifions Potemkine
Nous lui tressons un bouquet dans nos cœurs. »

Chanson de marche,
La Campagne moldave de 1790

« La faveur de l'impératrice était agréable, et bien que la tâche fût un peu rude, les jeunes gens, à l'âge de Juan, doivent s'en tirer avec honneur. »

Lord Byron, *Don Juan,* Chant x, 22

Le 11 février 1789, deux cents étendards ottomans d'Otchakov défilèrent devant le Palais d'hiver, brandis par un escadron de gardes accompagnés par quatre trompettes. Le défilé fut suivi d'un dîner splendide en l'honneur de Potemkine. « Le prince que nous voyons est extrêmement affable et aimable envers tout le monde ; nous célébrons son arrivée tous les jours, fit Zavadovski d'un ton aigre à Roumiantsev-Zadounaïski. *Une seule personne* fait l'objet de toute la foi. » Potemkine reçut 100 000 roubles de plus pour le palais de Tauride, un bâton de maréchal serti de diamants et, surtout, obtint le départ à la retraite de Roumiantsev-Zadounaïski, commandant de l'armée d'Ukraine. Le prince fut nommé commandant des deux armées.

Potemkine distribua généreusement les honneurs à ses hommes : il insista pour que Souvorov, qu'il avait amené à Saint-Pétersbourg avec lui, reçoive une aigrette de diamants pour son chapeau, avec un « K » pour Kil-Bouroun. Il ordonna aussitôt à son général fraîchement récompensé de repartir immédiatement assumer le commandement de Roumiantsev, où les Turcs lançaient déjà des raids[1]. Le prince promit à Souvorov qu'il disposerait d'un corps distinct.

Les festivités ne suffisaient pas à dissiper ni les tensions liées à la position internationale de la Russie ni les angoisses personnelles de Catherine. Après le dîner ce soir-là, elle se disputa avec son favori, Mamonov. « Larmes, souligna Khrapovitski, la soirée s'est passée au lit. » Le comportement de Mamonov devenait inquiétant : il était souvent malade, hostile ou tout simplement absent. Quand Catherine interrogea le prince à ce sujet, il répondit : « N'avez-vous pas été jalouse de la princesse Chtcherbatova ? » (une dame de compagnie) avant d'ajouter : « N'est-ce pas là une *affaire d'amour** ? » Il lui répéta ensuite « cent fois » : « Oh, Matiouchka, crachez-lui dessus. » Potemkine aurait difficilement pu l'avertir de façon plus claire à propos de son amant. Mais Catherine, fatiguée et approchant des soixante ans, ne l'écouta pas. Elle était tellement habituée à entendre ce qu'elle voulait et à sa routine avec Mamonov qu'elle ne tint pas compte des avertissements de Potemkine. En outre, le Sérénissime avait toujours fini par s'en prendre à tous les favoris à un moment ou un autre. Donc, les ennuis avec Mamonov ne firent qu'empirer – « Encore des larmes », nota Khrapovitski le lendemain. Catherine passa toute la journée au lit et son consort arriva à la rescousse. « Après le dîner, le prince G. A. Potemkine de Tauride a joué les conciliateurs » entre l'impératrice et Mamonov. Mais il ne fit que colmater momentanément les brèches dans leur relation. De même, le prince ne pouvait à lui seul résoudre tous les problèmes de l'empire.

Le gouvernement était divisé quant à l'aggravation de la situation de la Russie. Si elle réussissait à tenir sur deux fronts contre les Turcs et les Suédois, elle était en train de subir un camouflet cuisant en Pologne. La Diète de quatre ans, enthousiaste et désormais encouragée par Berlin, se hâtait naïvement de démanteler le protectorat russe pour mieux se jeter dans les bras de la Prusse. Une « grande haine » de la Russie poussait la Pologne à réformer sa Constitution et à lancer la guerre contre Catherine. La Prusse soutenait cyniquement l'idéalisme des « patriotes » polonais – même Frédéric-Guillaume ne s'intéressait en réalité qu'à la partition de la Pologne, plutôt qu'à sa réforme.

Ce n'était pas tout : la Prusse et l'Angleterre n'avaient pas ménagé leurs efforts pour garantir que la Suède et les Turcs poursuivent le

1. Souvorov, conformément à l'histoire officielle, se serait plaint à Catherine que Potemkine, jaloux, l'empêchait d'accéder à de plus hautes responsabilités, mais c'était faux.

combat. Pitt espérait maintenant enrôler la Pologne dans un « système fédératif » contre les deux puissances impériales. Ce qui alarma Vienne, où la santé de Joseph déclinait – il « vomissait du sang ». Les Autrichiens craignaient que Potemkine ne soit devenu proprussien. Tout ce que Joseph put suggérer à son ambassadeur fut de flatter la vanité de l'« être tout-puissant ».

Par conséquent, la Russie devait-elle prendre le risque d'une guerre avec la Prusse ou parvenir à un accord avec elle, ce qui signifiait faire la paix avec les Turcs, trahir les fragiles Autrichiens et sans doute partager la Pologne, perte qui serait compensée par des territoires ottomans ? C'était le nœud gordien que Potemkine, depuis son arrivée tant attendue, était censé trancher.

Depuis quelque temps, Potemkine conseillait à Catherine de tempérer le mépris obstiné que lui inspirait Frédéric-Guillaume. Le Conseil espérait qu'il la persuaderait de parvenir à un accord parce qu'il savait que la Russie ne pouvait pas lutter contre la Prusse et la Pologne en même temps que contre la Turquie et la Suède. Puisque le moment n'était pas encore venu de faire la paix avec le sultan, Potemkine devait éviter la guerre ailleurs. Le Sérénissime ne voulait pas d'un retour au système prussien de Panine, aussi dit-il à Catherine : « Provoquez le roi de Prusse pour qu'il prenne ce qu'il veut de la Pologne. » S'il leurrait le roi de Prusse pour l'obliger à révéler la cupidité qui était le véritable mobile de sa mascarade, c'en serait fini de l'idylle entre les Polonais et la Prusse. « En politique, déclara-t-il à son allié Bezborodko, la sincérité est inutile. »

Cette visite vit également la fin de son amitié avec l'envoyé français, Ségur, qui avait appuyé les critiques de Ligne et Cobenzl pendant le siège d'Otchakov. Ségur en fut blessé : « Votre amitié pour moi s'est un peu refroidie, la mienne ne pourra jamais l'imiter. Je vous suis dévoué pour la vie. » Ils avaient discuté d'une Quadruple Alliance avec les Bourbons et les Habsbourg, mais la Grande-Bretagne était de plus en plus forte, la France de plus en plus faible. « J'aurais conseillé à ma souveraine de s'allier avec Louis le Gros, Louis le Jeune, Saint-Louis, l'habile Louis XI, le sage Louis XII, Louis le Grand, et même avec Louis le Bien-Aimé, dit le Sérénissime en taquinant Ségur, mais pas avec Louis le Démocrate. »

Le malheureux Ségur, disputant une partie d'échecs avec le prince, dut subir toute une soirée de plaisanteries antifrançaises du « fou » de la cour du prince – les nobles russes en avaient encore dans leur entourage. Mais il prit sa revanche en payant le fou pour qu'il agace Potemkine au sujet des bavures militaires russes. Le prince renversa la table et bombarda le bouffon avec les pièces d'échecs, mais il comprit la blague de Ségur et la soirée se termina « le plus gaiement ».

Ségur était sur le point de se transformer en détective, écumant les bordels et tavernes de Saint-Pétersbourg pour le compte du « pirate » américain Jones. En avril, alors que Potemkine allait faire de Jones le « plus heureux des hommes » en lui offrant un nouvel emploi, l'Américain fut arrêté et accusé de viol pédophile. Cette histoire paraît aussi louche qu'un scandale sexuel moderne. Jones en appela au Sérénissime : « Une mauvaise femme m'a accusé d'avoir violé sa fille ! » Pire encore, la fille était censée n'avoir que neuf ans. Il implora Potemkine : « Dira-t-on que, en Russie, une misérable femme, qui a fui son mari et sa famille, a enlevé sa fille, qui vit ici dans une maison de mauvaise réputation et mène une vie de débauche et d'adultère, a trouvé assez de crédit, sur une simple plainte, étayée par nulle preuve, pour porter atteinte à l'honneur d'un officier général de bonne réputation, qui a mérité et reçu les décorations de l'Amérique, de la France et de cet empire ? » Jones, un temps grand coureur de jupons à Paris, reconnut à Potemkine : « J'aime les femmes [et] les plaisirs que l'on obtient seulement de ce sexe, mais obtenir de telles choses par la force, cela m'est horrible. »

Potemkine, submergé par les responsabilités et détestant déjà Jones, ne répondit pas. La capitale se détourna de l'Américain. Le détective Ségur fut le seul à soutenir son ancien camarade de la guerre d'Indépendance, et il décida d'enquêter sur les auteurs de ce coup monté. Il découvrit que Jones avait dit la vérité à Potemkine – l'accusatrice était une maquerelle qui exerçait un « vil trafic de jeunes filles ». La jeune fille, Katerina Goltzwart, n'avait pas neuf ans, mais douze, voire quatorze ans. Elle vendait du beurre aux invités de l'hôtel de Jones, la London Tavern. Dans sa déclaration au chef de la police trois jours après l'incident, Jones avait admis que la « fille dépravée » était venue plusieurs fois dans sa chambre. Il lui avait toujours donné de l'argent. Il affirma qu'il ne lui avait pas pris sa virginité, mais : « chaque fois qu'elle venait *chez moi**, elle se prêtait d'elle-même de la meilleure grâce à tout ce qu'un homme pouvait désirer d'elle ».

Ségur demanda à Potemkine de réhabiliter Jones et de ne pas le condamner. Il pouvait encore l'exonérer du crime dont il était accusé, mais pas le rétablir dans ses fonctions. « Merci pour ce que vous avez essayé de faire pour Paul Jones, même si vous n'avez pas fait ce que je voulais, écrivit Ségur au prince. Paul Jones n'est pas plus coupable que moi, et un homme de son rang n'a jamais subi une telle humiliation, par le biais de l'accusation d'une femme dont le mari certifie qu'elle est une proxénète et dont la fille sollicite les auberges. » Grâce à l'enquête de Ségur et à l'aide peu enthousiaste de Potemkine, Jones ne fut pas poursuivi et fut reçu par Catherine une dernière fois le 26 juin 1789. Qui avait voulu la peau de Jones ? Potemkine était au-dessus de telles vendettas. Les officiers anglais détestaient suffisamment le corsaire américain pour le piéger, mais Ségur le détective conclut que le coupable n'était autre que le prince de Nassau-Siegen.

De retour à Paris, Jones écrivit un vaniteux compte-rendu des batailles du Liman et bombarda Potemkine de plaintes au sujet des médailles qui lui étaient dues. « Le temps va vous apprendre, mon seigneur, écrivit-il au Sérénissime le 13 juillet 1790, que je ne suis ni un charlatan ni un escroc, mais un homme loyal et sincère. »

Le 27 mars, Abdülhamid, le sultan pacifique et amateur de vin, mourut. Ce qui ne fit qu'aggraver les choses pour la Russie, car Sélim III, son successeur âgé de dix-huit ans, était un réformateur agressif et intelligent, poussé à se battre à la fois par les fanatiques musulmans et par les ambassadeurs de Prusse, d'Angleterre et de Suède. L'Autriche et la Russie souhaitaient parler de paix avec Sélim, afin de parer à une éventuelle intervention prussienne dans la guerre turque, mais les signes n'étaient pas encourageants. Le chancelier autrichien Kaunitz écrivit à Potemkine à propos de la férocité de Sélim, lui rapportant que, quand il avait repéré un Juif polonais dans les rues de Constantinople marchant avec des chaussures jaunes, ce qui était interdit, il avait fait décapiter le malheureux avant qu'il ait eu l'occasion d'expliquer qu'il était étranger. La paix ne pourrait être gagnée que sur les champs de bataille de la prochaine campagne de Potemkine. Il n'est pas étonnant que Catherine ait été si inquiète.

Potemkine et Catherine continuaient de flirter l'un avec l'autre. Après la réception pour l'anniversaire de l'impératrice au palais de Paul le 12 avril, il lui avait gentiment remonté le moral en complimentant la « mère de ses sujets, surtout pour [lui] » et les « vertus angéliques » du « premier-né de la nichée d'aigles », son petit-fils Alexandre. Avant son départ, il lui offrit un cadeau exquis : « Une prétendue bagatelle, lui dit-elle, d'une rare beauté, et surtout, aussi inimitable que vous-même. Je m'émerveille à la fois d'elle, et de vous. Vous êtes vraiment la personnification de l'esprit. »

Le 6 mai 1789, ayant établi des plans avec Catherine pour parer à toutes les éventualités, y compris des guerres contre la Prusse et la Pologne, le prince de Tauride quitta Tsarskoïé Selo pour le Sud. Le couple serait séparé pendant près de deux ans.

Le Sérénissime se précipita vers le front, où il divisa les armées combinées d'Ukraine et d'Ekaterinoslav – environ soixante mille hommes – en une armée principale et quatre corps. La stratégie consisterait à progresser le long du littoral de la mer Noire vers le sud-ouest à travers les principautés de Moldavie et de Valachie, en prenant les forteresses sur chaque cours d'eau : le Dniestr, le Prout, puis le Danube. L'armée de Potemkine devrait défendre le Dniestr jusqu'à ce que les Turcs aient été assez affaiblis, puis les combattre sur le Danube et sur le territoire de la Bulgarie moderne, jusque sous les murs de Constantinople.

La principale armée autrichienne, sous un de leurs nombreux officiers écossais, le feld-maréchal Loudon, devait marcher sur Belgrade, tandis que le prince Frédéric-Joseph de Saxe-Cobourg-Saarlfeld coopérerait avec les Russes en Valachie et en Moldavie. La force la plus importante, à l'exception du propre corps de Potemkine, était le « corps volant » de Souvorov, le Troisième, qui avait pour mission de protéger la « charnière » avec les Autrichiens à l'extrême gauche du dispositif russe. Souvorov se positionna sur trois fleuves parallèles – le Sereth, le Berlad et le Prouth – et attendit.

Le nouveau grand vizir Hassan Pacha Genase commandait une armée ottomane de cent mille hommes. Il comptait écraser les Autrichiens là où le lien entre les alliés était le plus fragile, entre le Prouth et le Sereth, près de la charnière de Souvorov, tandis qu'une nouvelle flotte débarquerait en Crimée. L'ancien Capitan Pacha Ghazi Hassan, le Crocodile à la barbe blanche des batailles navales, se déploya à terre à la tête d'un corps de trente mille hommes qui détournerait l'armée principale de Potemkine pendant que le vizir percerait. Les manœuvres turques étaient particulièrement habiles, mais les Russes étaient sur leurs gardes. Le 11 mai, Potemkine franchit le Boug, massa ses forces à Olviopol puis avança vers la puissante forteresse ottomane de Bendery sur le Dniestr.

En Occident, le monde changeait. Potemkine s'installait dans son nouveau quartier général à Olviopol lorsque la foule parisienne prit d'assaut la Bastille le 3/14 juillet. L'Assemblée nationale adopta la Déclaration des droits de l'homme le 15/26 août. Les patriotes polonais, qui étaient opposés à la Russie, furent encouragés par la Révolution française et Varsovie fut le théâtre de festivités fébriles, symboles de liberté et d'espoir. La Pologne exigea que la Russie retire ses troupes et ses entrepôts militaires. Potemkine suivait de près la situation, mais il n'avait d'autre choix que d'obtempérer. Il poursuivait sa propre politique polonaise, continuant de renforcer ses Cosaques de la mer Noire, destinés à agir comme le fer de lance orthodoxe qui guiderait l'est prorusse de la République nobiliaire le moment venu.

Potemkine faisait l'aller-retour entre son quartier général à Olviopol, où se rejoignaient les frontières russes, polonaises et turques, et Kherson, Otchakov et Élisabethgrad, contrôlant et inspectant son immense front jusqu'à ce qu'il s'écroule, épuisé, souffrant « d'hémorroïdes et de la fièvre », comme il le dit à Catherine, « mais rien ne peut m'arrêter, sauf la mort ». Elle l'encouragea en lui envoyant une de ses récompenses pour Otchakov, son bâton de maréchal constellé de diamants.

Le grand vizir poussa furtivement vers l'avant, avec un corps de trente mille hommes, pour frapper les Autrichiens de Cobourg avant qu'ils aient pu faire leur jonction avec les Russes. À cet instant crucial, l'impératrice adressa à Potemkine une longue lettre angoissée et secrète. Alors que les Turcs sondaient le point le plus faible du front de Potemkine, la relation de Catherine avec Mamonov prenait fin de la manière la plus humiliante.

Catherine avait finalement compris que Mamonov n'était pas heureux : on peut difficilement le lui reprocher. Le favori se plaignait toujours que la vie à la cour était comme survivre dans la jungle. Son rôle en tant que compagnon d'une femme plus âgée l'ennuyait, maintenant qu'il s'était habitué au luxe. Potemkine l'empêchait de jouer un rôle politique – à l'occasion de sa dernière visite, le prince avait opposé son veto à la demande de Mamonov d'être nommé vice-chancelier de la cour. Il lui devenait sans doute pénible, voire répugnant, d'accomplir son devoir sexuel.

Catherine approchait des soixante ans. En public, elle était toujours majestueuse, en privé, simple et amusante. « Je l'ai vue une fois ou deux fois par semaine pendant dix ans, écrivait Masson, à chaque fois avec une admiration renouvelée. » Elle était d'une modestie admirable avec son entourage. La comtesse Golovine racontait comment, alors qu'elle dînait tranquillement avec les autres demoiselles d'honneur, elles s'aperçurent que la « belle » main de la servante qui leur apportait leurs assiettes était ornée d'un « superbe solitaire ». Elles avaient levé les yeux pour découvrir que c'était l'impératrice elle-même qui les servait.

Elle prenait soin de son apparence, avait toujours une belle peau et de jolies mains. Ses cheveux, maintenant blanchis, étaient soigneusement coiffés – mais elle était très grosse ; ses jambes étaient souvent tellement enflées qu'elles avaient « perdu leur forme ». Ses architectes, y compris Cameron à Tsarskoïé Selo, et les nobles chez qui elle se rendait veillaient à installer des *pentes douces** pour lui rendre l'accès plus facile. Sa voix était rauque, son nez s'était peut-être fait « encore plus grec » ou aquilin, elle souffrait de gaz et d'indigestion, et elle avait probablement perdu quelques dents. Elle était âgée[1], et le temps exagérait à la fois sa nature affectueuse et son indigence affective.

L'impératrice écrivit une lettre à Mamonov lui offrant généreusement de le libérer et d'organiser son bonheur en le mariant à l'une des plus riches héritières de Russie. Sa réponse lui porta un coup terrible. Il lui avoua qu'il était amoureux de la princesse Daria Chtcherbatova, une demoiselle d'honneur, depuis un « an et demi » et demandait à l'épouser. Catherine en eut le souffle coupé, puis s'effondra à la suite de cette trahison éhontée de sa confiance et de ses sentiments. Mamonov lui courut après, se jeta à ses pieds et lui dit tout. Anna Narychkina, l'amie de Catherine, s'emporta contre le favori. Profondément blessée, mais toujours correcte avec ses amants, Catherine accepta qu'il épouse Chtcherbatova.

Dans un premier temps, elle dissimula cette crise à Potemkine, sans doute par embarras, et en attendant de voir si elle pourrait nouer une nouvelle relation avec un autre jeune homme. Mais, le 29 juin, elle dit à son entourage qu'elle allait écrire à Potemkine à Olviopol. Au moment où la lettre lui parvint, elle avait réglé le mariage de Mamonov le 1er juillet : le marié reçut deux mille deux cents paysans et 100 000 roubles. Catherine pleura au mariage. « Je n'ai jamais été un tyran pour personne, dit-elle tristement à Potemkine, et je déteste la contrainte. Est-il possible que vous ne me connaissiez pas à ce point, que la générosité de ma personnalité se soit effacée de votre esprit, et que vous me considériez comme une misérable égoïste ? Vous m'auriez guérie en me disant la vérité. » Elle se souvint

1. Ses courtisans aussi étaient vieux : Ivan Tchernychev laissait derrière lui une odeur si répugnante dans les appartements de l'impératrice que le sol devait être aspergé d'eau de lavande chaque fois qu'il sortait.

des avertissements de Potemkine – « Matiouchka, crachez-lui dessus » – qu'elle avait ignorés. « Mais, si vous saviez à propos de son amour, pourquoi ne pas me l'avoir dit franchement ? »

Le Sérénissime répondit : « Quand j'ai entendu dire l'an dernier qu'il lui envoyait des fruits, j'ai aussitôt compris, mais je n'avais aucune preuve exacte à citer devant vous, Matiouchka. Cependant, j'y ai fait allusion. Je me suis senti désolé pour vous, ma mère adoptive, et sa grossièreté et ses fausses maladies n'en ont été que plus intolérables. » Potemkine méprisait le « mélange d'indifférence et d'égoïsme [de Mamonov] [...] Narcisse à un degré extrême », lui conseillant de nommer l'ingrat personnage émissaire en Suisse. Au lieu de cela, le comte et la comtesse Mamonov furent envoyés à Moscou pour y mijoter dans leur jus.

« Un lieu sacré, disait si bien Zavadovski, n'est jamais vide pour longtemps. » Catherine avait déjà trouvé le remplaçant de Mamonov, mais elle souhaitait se reprendre avant d'en parler à Potemkine. Même dans sa première lettre, le regard de Potemkine avait dû être attiré par la mention d'un jeune homme qu'elle surnommait « le Noiraud », et dont elle avait fait la connaissance. Trois jours à peine après la déclaration de Mamonov, Catherine commença à voir plus souvent le Noiraud : son valet de chambre et son secrétaire se doutaient tous deux qu'une idylle était sur le point de se nouer. C'était un protégé d'Anna Narychkina et du comte Nikolaï Saltykov, chef de la maison du grand-duc Paul et l'un des adversaires de Potemkine. Comme toute la cour savait que Mamonov était amoureux de Chtcherbatova, ils ne perdirent pas de temps à pousser le Noiraud dans les bras de l'impératrice, parce qu'ils savaient que Potemkine interviendrait s'ils attendaient. Le prince ne pouvait pas choisir les amoureux de Catherine, mais il aimait veiller à ce qu'ils ne lui soient pas hostiles. Il ne fait aucun doute que les soutiens du Noiraud visaient à saper l'influence de Potemkine, sachant que la guerre l'empêcherait de revenir comme il l'avait fait après la mort de Lanskoï. En juin 1789, l'impératrice, souffrante, tourmentée par la guerre et la dyspepsie, était beaucoup plus susceptible de prendre ce qui lui était offert qu'à n'importe quel autre moment de sa vie. Peut-être son bonheur était-il devenu plus important à ses yeux que sa dignité.

Le Noiraud était Platon Alexandrovitch Zoubov, dernier favori de Catherine. Ce fut probablement le plus beau de tous. Âgé de vingt-deux ans, Zoubov était musclé, mince, délicat et brun – d'où le surnom que Catherine lui avait trouvé – mais il semblait fragile, vaniteux, froid. Souvent malade, il ne pouvait qu'attiser les instincts maternels de Catherine. Il vivait à la cour depuis l'âge de onze ans – Catherine lui avait payé des études à l'étranger. Ce freluquet était intelligent, d'une façon superficielle et stupide, mais il n'était ni imaginatif, ni curieux, ni capable, simplement cupide et ambitieux. Rien de tout cela n'importait chez un favori. Potemkine était là pour aider Catherine à gouverner l'empire et faire la guerre. Zoubov était son compagnon et son élève tandis qu'elle œuvrait pour la Russie. « Je fais beaucoup pour l'État, disait-elle avec hypocrisie, en éduquant les jeunes gens. »

L'ascension de Zoubov vers la grandeur suivit un parcours familier : un soir, la cour remarqua le jeune homme alors qu'il tendait son bras à Catherine. Il portait un nouvel uniforme avec une grande plume au chapeau. Après sa partie de cartes, il fut convoqué pour accompagner Catherine dans ses appartements et prit possession des appartements du favori, où il trouva peut-être un cadeau en liquide. Le lendemain, l'antichambre de la « nouvelle idole » était assiégée par les pétitionnaires. Le 3 juillet, Zoubov fut promu au grade de colonel dans la garde à cheval et aide de camp général, et, ce qui est révélateur, il offrit une montre d'une valeur de 2 000 roubles à Narychkina, qui l'avait ainsi parrainé. Les soutiens de Zoubov redoutaient déjà la réaction de Potemkine et lui conseillèrent de se montrer respectueux envers « Son Altesse ».

Catherine tomba amoureuse. Elle débordait d'admiration pour le Noiraud. « Nous aimons cet enfant qui est vraiment très intéressant », déclara-t-elle, se défendant trop pour être honnête. Sa joie avait la mièvrerie d'une vieille femme en proie à une passion sexuelle pour un jeune homme qui avait presque quarante ans de moins qu'elle, comme elle le dit à Potemkine : « Je suis grosse et joyeuse, je reviens à la vie comme une mouche en été. » Commandant quelques livres français pour Zoubov, elle se laissa même aller à une plaisanterie peu fine et exceptionnellement osée devant son secrétaire. Un des livres était intitulé *Lucine sans commerce – Une lettre dans laquelle il est démontré qu'une femme peut accoucher sans commerce avec un homme.* Catherine rit : « C'est une révélation, et dans les temps anciens Mars, Jupiter et les autres dieux servaient d'excuse. » Mais elle attendait nerveusement la réaction du prince de Tauride.

« Votre tranquillité d'esprit est plus que nécessaire, lui écrivit-il prudemment, et elle m'est plus chère que tout. » Mais il ne s'inquiétait pas de conséquences politiques éventuelles : « votre miséricorde est avec moi ». Potemkine ne porta aucun jugement sur le choix de Zoubov. Catherine ne pouvait pas vraiment se résoudre à mentionner le nom du jeune homme à Potemkine, mais elle ne put s'empêcher de délirer sur sa beauté : « Le Noiraud a de très beaux yeux. » Elle lui rappela leur partenariat secret : « Vous avez raison quand vous écrivez que vous avez ma miséricorde et que rien ne saurait vous porter tort [...]. Vos méchants n'auront pas de succès avec moi. » En retour, elle réclamait l'approbation de Potemkine pour son nouvel amour : « Rassurez-moi, caressez-nous. »

Bientôt, elle obligea Zoubov à écrire des lettres flatteuses à son consort, pour recréer leur « famille » : « Ici, je vous joins une lettre admirative de l'âme la plus innocente [...] qui a bon cœur et une douce façon de penser. » Elle ajouta, pleine d'espoir : « Imaginez quelle fatalité ce serait pour ma santé sans cet homme. *Adieu mon ami**, soyez gentil avec nous. » Quand il se montra « gentil », l'impératrice le remercia de son approbation : « C'est une grande satisfaction pour moi, mon ami, que vous soyez heureux pour moi et le petit Noiraud [...]. J'espère qu'il ne sera pas trop gâté. » C'était trop demander. Zoubov passait des heures devant le miroir à se faire friser les cheveux. Avec arrogance, il laissait son singe tirer les perruques de respectables pétitionnaires. « Potemkine ne devait son ascension qu'à lui-même ou presque, rappelait Masson, qui connaissait les deux hommes. Zoubov devait la sienne aux infirmités de Catherine. » L'avènement de Zoubov est toujours présenté comme un désastre politique pour Potemkine, mais le recul lui a accordé plus d'importance qu'il n'en eut. Le prince songeait avant tout à trouver un favori pour Catherine, afin qu'elle soit heureuse et le laisse gouverner l'empire. Il n'était pas fâché du départ de Mamonov, qu'il avait pourtant choisi à l'origine, parce que celui-ci s'était mis à manquer de respect à Catherine. Quand le prince vint à Saint-Pétersbourg en février, on raconta qu'il avait son propre candidat à mettre en avant – et une source suggère qu'il s'agissait de Valerian, le frère cadet de Zoubov, ce qui signifie que, quels qu'aient pu être leurs amis, les Zoubov n'étaient pas considérés comme forcément hostiles. De fait, Potemkine appréciait Valerian, qu'il trouvait courageux et capable, et qu'il s'efforça de promouvoir dans la mesure du possible. Damas, qui était avec Potemkine, ne constata aucune antipathie particulière de sa part envers les Zoubov. Potemkine et Zoubov entretinrent donc une inévitable correspondance – le jeune favori s'efforçant de plaire au consort plus âgé. Et tous les favoris rêvaient de supplanter le prince. Le danger était désormais plus grand à cause de l'âge de Catherine. Mais le prestige et le pouvoir de Potemkine s'accrurent encore tout au long de la guerre. Donc, Zoubov était politiquement gênant – mais guère plus qu'une piqûre de moustique.

Le Sérénissime prit son temps pour accorder son approbation : « Ma chère Matiouchka, comment pourrais-je ne pas aimer sincèrement l'homme qui vous rend heureux ? Vous pouvez être sûre que j'aurai pour lui une franche amitié à cause de son attachement pour vous. » Mais il avait d'autres nouvelles plus importantes : la victoire.

Le corps ottoman de 30 000 hommes avait brusquement foncé sur Focşani, en Moldavie, où 12 000 Autrichiens couvraient le flanc droit de Potemkine. Cobourg, le robuste commandant autrichien, n'avait aucun doute quant à ses propres limites et appela les Russes à l'aide. Potemkine avait donné à Souvorov des ordres précis afin d'éviter que les Turcs ne concentrent leurs forces ou tentent de diviser les alliés. Dès que Souvorov reçut le message de Cobourg, il en informa Potemkine et avança à marche forcée avec ses 5 000 Russes pour intervenir de manière si agressive que le général turc crut qu'il s'agissait de l'avant-garde d'une armée. Le 20/21 juillet 1789, à la bataille de Focşani, le corps minuscule mais discipliné de Souvorov, appuyé par les Autrichiens, mit les Turcs en déroute, en tuant plus de 1 500 tout en ne perdant que quelques centaines d'hommes. Les Turcs refluèrent vers Bucarest.

L'immense armée du grand vizir s'ébranla de nouveau. Souvorov se hâta de regagner ses positions. Potemkine traversa le Dniestr le 12 août et obliqua vers le sud pour installer son quartier général à Dubossary. Tous les yeux étaient braqués sur le grand vizir : Potemkine déploya son armée entre Dubossary et Kichinev, et se précipita vers Otchakov et Kherson pour les préparer à résister à l'attaque turque prévue par la mer.

À son quartier général de Dubossary, le Sérénissime vivait somptueusement dans une résidence « aussi splendide que celle du vizir ». William Gould, l'empereur des paysagistes, lui créa un jardin anglais sur-le-champ. L'orchestre de Sarti jouait toute la journée. Beaucoup de généraux se déplaçaient avec maîtresses et serviteurs, mais seul Potemkine entra en guerre avec une armée de jardiniers et de violonistes. On aurait pu croire qu'il avait l'intention de passer là le reste de sa vie.

Le vizir avait effectivement compris que la charnière entre les armées alliées était le point le plus faible du dispositif de Potemkine, de sorte qu'il lança deux offensives. Le vieux Crocodile, Ghazi Hassan, effectua une sortie depuis Izmail avec un corps de trente mille hommes, et franchit le Prout pour attirer l'armée principale de Potemkine. Mais le prince maintint son armée en place et expédia Repnine avec pour mission de parer le coup et si possible de prendre la puissante Izmail. Repnine poursuivit l'ancien marin algérien et son corps jusqu'à la forteresse. Une fois là-bas, Repnine perdit du temps et ne fit rien.

Le 1er septembre, Potemkine donna des ordres précis à Souvorov à propos de l'armée du vizir. « Si l'ennemi se présente quelque part dans votre direction, attaquez-le, en invoquant la miséricorde divine, et ne le laissez pas se concentrer. » À peine avait-il reçu les ordres de Potemkine, le 4 septembre, que Souvorov répondit à un nouvel appel à l'aide de Cobourg. Le grand vizir était proche de Focşani, et marchait sur les dix-huit mille soldats de Cobourg avec une armée de quatre-vingt-dix mille hommes. Souvorov envoya à Cobourg le message suivant : « J'arrive. Souvorov. » Il eut juste le temps d'envoyer un courrier au prince avant de se lancer avec ses sept mille hommes dans une marche forcée de cent verstes, digne des Spartiates, franchissant des rivières en crue. Il couvrit la distance en deux jours et demi.

Potemkine craignait qu'il n'arrive pas à temps. Le jour même où il ordonnait à Souvorov de se tenir prêt, il conçut une opération amphibie complexe pour attaquer un port ottoman stratégique et fortifié du nom d'Hadjibey, la future Odessa. Les forces terrestres progressèrent depuis Otchakov, soutenues par une flottille composée de tchaïki zaporogues et d'autres canonnières à rames, sous le commandement de l'aventurier napolitain José de Ribas, dont les arrières étaient couverts par les vaisseaux de ligne de la flotte de la mer Noire. Potemkine lui-même s'élança avec son armée en direction de Kauchany au cas où Repnine ou Souvorov auraient eu besoin de son aide. Ces manœuvres sophistiquées démentent la réputation d'incompétence militaire de Potemkine.

Souvorov trouva Cobourg paralysé face au campement du grand vizir sur la Rymnik. Les Turcs étaient quatre fois plus nombreux que les alliés. Le 8 septembre, Potemkine ordonna à Souvorov d'« aider le prince Cobourg à attaquer l'ennemi, pas à se défendre ». Le 11 septembre, les alliés se lancèrent à l'assaut. Les Turcs se battirent avec leur fanatisme traditionnel, jetant vague après vague de janissaires et de sipahis contre les carrés de Souvorov. Ils ne tinrent que deux heures. Ensuite, les troupes alliées avancèrent, aux cris de « Catherine ! » et « Joseph ! ». Les nouvelles forces légères de Potemkine – ses chasseurs, ses tireurs d'élite mobiles, et sa cavalerie, carabiniers et Cosaques – s'avérèrent aussi habiles et rapides que les forces ottomanes. Les Turcs furent anéantis, quinze mille tombèrent sur le « cruel champ de bataille ». Le grand vizir, comme Potemkine s'en vanta à son ancien ami Ligne, « s'enfuit comme un petit garçon ».

Le Sérénissime, aux anges, ne tarit pas d'éloges au sujet de Souvorov : « Je vous donne l'accolade et vous embrasse sincèrement, mon cher ami, votre zèle infatigable me fait regretter de ne pouvoir vous avoir partout ! » Souvorov lui rendit ses salutations : « J'embrasse votre précieuse lettre et vous assure de mon plus profond respect, Sérénissime, Seigneur Très Miséricordieux ! » Ils se vouaient désormais un respect mutuel : la stratégie était le domaine de Potemkine, la tactique celui de Souvorov. Après le triomphe de Souvorov, Potemkine accentua son avantage sur terre et sur mer. Il prit Kauchany le 13 septembre. Le lendemain, Ribas captura Hadjibey. Le prince ordonna à la flotte de Sébastopol de prendre la mer pour attaquer les Ottomans. Il marcha ensuite sur les deux forteresses ottomanes les plus puissantes du Dniestr. Manipulant comme une arme la mémoire du massacre d'Otchakov, Potemkine espérait qu'elles tomberaient sans trop lui coûter. Il lui fallait d'abord franchir les remparts imposants d'Akkerman (Belgrade-sur-le-Dniestr), qui contrôlait l'embouchure du fleuve. Lorsque la flotte turque rentra à Constantinople, Potemkine ordonna la prise d'Akkerman, qui se rendit le 30 septembre. Le prince se précipita pour l'inspecter et rentra par Kichinev, s'efforçant d'organiser l'approvisionnement de ses armées alors que la Pologne lui fermait ses portes[1].

Le Sérénissime se tourna alors vers l'objectif le plus important sur le Dniestr, la célèbre forteresse de Bendery, érigée sur une falaise au-dessus du fleuve, place forte moderne dotée de quatre puissantes tours et d'une garnison de vingt mille hommes, une vraie petite armée. Potemkine se déploya pour assiéger la forteresse, mais il entama aussi des négociations. Le 4 novembre, il obtint ce qu'il voulait. Plus tard, il eut plaisir à raconter à Catherine l'« affaire miraculeuse » de Bendery et de ses huit généraux, qui avaient rêvé qu'ils devraient se rendre ou périr. Ils vinrent voir le Pacha et lui firent part de leur songe. Les généraux turcs cherchaient de toute évidence une excuse onirique pour éviter un assaut russe, mais cette fable amusait beau-

1. L'énorme forteresse d'Akkerman existe toujours.

coup Potemkine. Bendery se rendit. Potemkine s'empara de trois cents canons et en échange laissa la garnison rentrer chez elle. Le document de la reddition, conservé dans les archives de Potemkine, montre la rigidité formelle et paralysante de la bureaucratie ottomane, et le prince y est mentionné en des termes qui n'étaient d'ordinaire réservés qu'au sultan en personne[1].

Bendery était le succès idéal pour Potemkine, sa prise n'ayant pas coûté un seul homme à la Russie. La réussite était contagieuse : Joseph félicita Potemkine, mais dans une lettre inédite à Ligne il saisit quel avait été le véritable exploit du prince : « C'est un art d'assiéger des forts et de les prendre par la force [...] mais vous en rendre maître de la sorte est le plus grand art de tous. » Ce serait la « plus belle gloire » de Potemkine.

Avis que ne partageait sans doute pas le grand vizir. Le sultan l'avait fait tuer à Schoumla, après Rymnik, tandis que le seraskier de Bendery était décapité à Constantinople. Quatre mois plus tard, l'ambassadeur britannique remarqua sa tête qui pourrissait toujours devant le sérail.

« Eh bien, Matiouchka, tout s'est-il déroulé selon mes plans ? » demanda Potemkine, euphorique, à Catherine. Le triomphe le rendait ludique, et il lui écrivit cette chansonnette :

Nous avons pris neuf lançons
Sans perdre un garçon
Et Bender avec trois Pachas
*Sans perdre un chat**

La réaction du Sérénissime à la victoire de Souvorov à Rymnik n'aurait pu être plus généreuse : « Vraiment, Matiouchka, il mérite votre faveur car ce combat a été crucial, je réfléchis à ce qu'il faut lui donner [...] Pierre le Grand accordait le titre de comte pour rien. Que diriez-vous de lui donner [un titre] avec le nom de "Rymnikski" ? » Potemkine était fier que les Russes aient sauvé

1. « À Son Altesse monseigneur le prince Potemkine : représentant Ahmet Pacha Huhafiz de Bendery. En rendant avec un profond respect les honneurs dus à Votre Altesse, très généreuse, très ferme, très gracieuse, douée d'un génie élevé à concevoir et à exécuter de très grandes entreprises, dont l'autorité est accompagnée de la plus éblouissante dignité, principal ministre, acclamé avec la plus haute précédence et premier représentant de Son Altesse Impériale, le Padishah de la Russie, [...] la pitié pour les enfants et les femmes nous amène à accepter [...] la proposition. »

les Autrichiens rescapés, qui avaient été sur le point de se débander. Il lui demanda de « faire preuve de grâce avec Souvorov » et de faire « honte aux généraux pique-assiette qui ne val[ai]ent pas leurs salaires ».

Catherine comprit le message. Elle accorda le titre à Souvorov et une épée sertie de diamants portant l'inscription : « Conquérant du grand vizir ». Potemkine la remercia pour la récompense de Souvorov (Joseph aussi fit de lui un comte impérial) et donna à chaque soldat un rouble. Quand il envoya toutes ces récompenses – un « chariot entier » des diamants et la Croix de Saint-Georges du premier degré –, il déclara au nouveau comte : « Bien entendu, vous connaîtriez une gloire égale et remporteriez des victoires à tout moment ; mais aucun chef ne sera plus heureux que moi de vous faire part de vos récompenses. » Une fois de plus, ces deux excentriques brillants et trop émotifs se surpassèrent. « Je peux difficilement voir le jour à cause de mes larmes de joie ! s'enthousiasma Souvorov-Rymnikski. Longue vie au prince Grigori Alexandrovitch [...]. C'est un honnête homme, un homme bon, un grand homme ! »

Potemkine était le héros du jour, qui volait « de conquête en conquête », comme le dit Catherine à Ligne. Il venait de s'emparer du Dniestr et du Boug, et de la région qui s'étendait entre eux. À Saint-Pétersbourg, on chanta des *Te Deum* ; cent un canons tirèrent des salves. Si le pouvoir est un aphrodisiaque, la victoire est l'amour même : Catherine lui écrivait comme s'ils étaient presque de nouveau amants. « Ta campagne actuelle est brillante ! Je t'aime beaucoup, beaucoup. » Mais ils discutaient encore de la façon de réagir à la pression prussienne, qui visait à saper les succès russes contre les Turcs. Elle lui dit qu'elle suivait ses conseils à ce sujet : « Nous cajolons les Prussiens », même s'il n'était pas facile de tolérer leurs « insultes ». Elle lui raconta que Zoubov avait exprimé le désir de voir la collection d'art et les appartements de Potemkine sur la Millionaïa, si bien que Catherine lui avait fait visiter, et elle avait remarqué que le décor était un peu vieillot pour un héros conquérant. Elle l'avait donc fait redécorer, parant la chambre à coucher de damasserie blanche et exposant sa collection pour lui. Elle signa : « Je t'aime de tout mon cœur. »

Pendant ce temps, les Autrichiens, entre les mains sûres de Loudon, avaient pris Belgrade le 19 septembre, tandis que Cobourg s'emparait de Bucarest. Des *Te Deum* pour les deux Belgrade (l'autre étant Akkerman) furent chantés en même temps à Saint-Pétersbourg.

La victoire vit se développer le culte du prince en dieu Mars. Catherine avait fait mouler un médaillon de son profil pour commémorer Otchakov. Choubine, le sculpteur, travaillait sur son buste. Alors, elle se mit à lui donner des leçons sur la célébrité comme la mère raisonnable d'un fils célèbre. « Ne soyez pas trop arrogant, lui écrivit-elle, mais montrez au monde la grandeur de votre âme. » « Tout ce qui est bon m'est offert par Dieu », comprit Potemkine, mais il n'en était pas moins un peu vexé. Il menaça de se retirer dans un évêché. Catherine répondit : « Un monastère ne sera jamais la maison d'un homme dont le nom est claironné dans toute l'Asie et l'Europe – il serait trop petit pour lui. »

À Vienne, où même Joseph était désormais populaire, le nom du prince était acclamé dans les théâtres et les femmes portaient des ceintures et des anneaux arborant son nom. Il ne put pas résister à l'envie de le dire à Catherine et lui envoya la bague « Potemkine » de la princesse Esterhazy. Après la leçon qu'elle lui avait infligée, il veilla à ne pas trop se vanter devant l'impératrice, qui lui ressemblait tant dans son amour de la gloire : « Puisque je vous appartiens, mes succès vous appartiennent eux aussi. »

Le kaiser, malade, exhorta Potemkine à conclure une paix que les « mauvaises intentions de [leurs] ennemis communs », les Prussiens, rendaient d'autant plus souhaitable. Les Turcs ne demanderaient sûrement pas mieux. Potemkine installa sa cour à Jassy, la capitale moldave, pour y hiverner comme un sultan, y profiter de ses maîtresses, construire ses villes, créer ses régiments – et négocier la paix avec la Sublime Porte. Il était semblable à l'empereur de tous ses domaines. Il vivait dans des palais turcs, sa cour était de plus en plus exotique – des princes kabardes et des ambassadeurs perses ; ses filles, russes ou non, se comportaient comme des odalisques. La chaleur, les distances, les années passées loin de Saint-Pétersbourg, le changèrent. Ses ennemis commencèrent à le comparer à ce tyran assyrien semi-mythique du VIIe siècle avant Jésus-Christ, célèbre pour ses extravagances capricieuses, sa décadence voluptueuse et ses victoires militaires : Sardanapale.

29

Délices et cruautés : Sardanapale

« Maintenant, je me rêve sultan
De mes regards je terrifie le monde. »

Gavril Derjavine,
Ode à la princesse Felitsa

« Le despotisme du vice, la faiblesse et la corruption d'une vie fastueuse la négligence – l'apathie – les maux de la mollesse et de la sensualité enfantent dix mille tyrans. »

Lord Byron, *Sardanapale*

« Soyez très prudente avec le prince, murmura la princesse Ekaterina Dolgoroukaïa à son amie la comtesse Varvara Golovina quand elle arriva à la cour du Sérénissime à Jassy. Il est comme un souverain ici. » La capitale que Potemkine s'était choisie, Jassy (aujourd'hui Iasi, en Roumanie), semblait avoir été faite pour lui. Elle était entourée de trois Empires – ottoman, russe et Habsbourg –, priait trois religions – musulmane, orthodoxe et juive – et parlait trois langues – grec, turc et français. Ses marchés, dominés par les Juifs, les Grecs et les Italiens, offraient « toutes les marchandises de l'Orient en abondance ». Son raffinement, qui, en 1788, consola Ligne des misères d'Otchakov, avait « assez de l'oriental pour avoir le *piquant** de l'Asie et assez de civilisation pour y adjoindre quelques grâces européennes ».

Les dirigeants, les hospodars (ou princes) de Valachie et de Moldavie, les deux principautés danubiennes, étaient des Grecs venus du Phanar, un quartier de Constantinople, et certains d'entre eux descendaient des empereurs de Byzance. Ces riches Phanariotes achetaient leurs trônes temporaires au sultan ottoman. Leurs sacres orthodoxes-islamiques, byzantins-ottomans à Constantinople faisaient d'eux le seul exemple de souverains couronnés dans un pays qu'ils ne gouvernaient pas. Une fois à Jassy ou à Bucarest, les hospodars hybrides gréco-turcs imposaient leurs royaumes temporaires pour remplir leurs coffres afin de compenser les sommes exorbitantes qu'ils avaient payées aux sultans pour leurs trônes : « Un prince quitte Constantinople avec trois millions de piastres de dette et au bout de quatre ans [...] il y revient avec six millions. » Ils vivaient comme de magnifiques parodies des empereurs ottomans et byzantins, entourés de courtisans phanariotes – leur Premier ministre était appelé le grand postelnik, leur chef de la police le grand spatar et leur ministre de la Justice le grand hetman. Souvent, ils gouvernaient les deux principautés, ou une seule, plusieurs fois.

L'aristocratie, les boyards, était roumaine, mais ils vivaient sous la domination de riches dynasties phanariotes, dont quelques-unes étaient maintenant basées à Jassy, où elles avaient fait construire leurs beaux palais néoclassiques. Ces boyards grecs, qui ressemblaient à des « singes sur un cheval couvert de rubis », portaient des manteaux et des pantalons turcs, se laissaient pousser la barbe, se rasaient la tête et arboraient des bonnets de fourrure ceints de guirlandes de perles. Ils agitaient des chasse-mouches, grignotaient des sorbets et lisaient du Voltaire. Leurs femmes se languissaient sur des divans, coiffées de turbans couverts de diamants et vêtues de courts jupons transparents, le cou et les bras revêtus de gaze agrémentée de perles et de sequins. Elles tenaient à la main des chapelets en forme d'éventail faits de diamants, de perles, de corail, de lapis-lazuli et d'essences rares. Les amateurs de féminité comme Ligne étaient fascinés par ces princesses « jolies, tendres – et apathiques » dont le seul défaut était leur ventre protubérant, considéré comme un signe de beauté. Ligne affirmait que leurs mœurs donnaient l'impression que le Paris des *Liaisons dangereuses* était un monastère et que l'hospodar laissait ses amis « visiter » les femmes de la maisonnée de son épouse – mais seulement après un examen médical. « Les gens se prenaient et se quittaient, il n'y avait ni jalousie, ni mauvaise humeur. »

Ce n'était pas seulement le cosmopolitisme et le luxe qui convenaient à Potemkine, mais aussi la politique. Le trône de Moldavie était très lucratif mais extrêmement dangereux : on pouvait perdre la tête aussi vite que l'on pouvait faire fortune. Ligne entendit les dames de la cour soupirer : « Ici, mon père a été massacré par ordre de la Porte et là, ma sœur, sur l'ordre de l'hospodar. » Tel était le champ de bataille des guerres russo-turques, lesquelles mettaient les hospodars dans une situation impossible. Ils marchaient sur une corde raide politique entre le Dieu orthodoxe et le sultan musulman. Ils étaient contraints de jouer un double jeu complexe. Après la guerre russo-turque de 1768-1774, la Russie avait obtenu le droit de nommer des consuls dans ces principautés. L'une des principales causes du conflit en 1787 était le renversement par les Ottomans de l'hospodar de Moldavie, Alexandre Mavrocordato, qui s'était réfugié en Russie, envoyant à Potemkine des livres et des demandes de soutien financier, tout en écrivant : « Je ne me nourris que de philosophie. » La fragilité de ces hospodars, leur hellénité et l'orthodoxie de leurs sujets fascinaient Potemkine.

Le Sérénissime gouvernait maintenant depuis Jassy, comme s'il avait enfin trouvé son royaume. La Dacie lui avait été destinée depuis le Projet grec de 1782. Les couronnes potentielles dont on prétendait l'affubler étaient de plus en plus pittoresques – le duché de Livonie, un royaume grec de Morée et même l'idée, tout à fait digne de lui, d'acheter deux îles italiennes, Lampedusa et Linosa, au royaume de Naples pour y fonder un ordre de chevalerie – mais la solution de la Dacie était beaucoup plus réaliste. Potemkine « considérait la Moldavie comme un domaine qui lui appartenait ».

Alors que les hospodars de Moldavie et de Valachie correspondaient avec Potemkine depuis le camp turc, le suppliant de faire la paix, le prince lui-même adopta leur splendeur, régnant à l'aide d'un Divan de boyards, sous la férule de son dynamique négociateur géorgien, Sergueï Lajkarev[1]. Les Turcs et les Occidentaux savaient que Potemkine voulait la Moldavie ; il cajolait et charmait les boyards, qui étaient eux-mêmes tout près de lui offrir le trône. À l'époque, dans leurs lettres, ils le remerciaient de les avoir libérés de la « tyrannie des Turcs » : « Nous prions Votre Altesse de garder en votre esprit vigilant les humbles intérêts de notre pays qui verra toujours Votre Altesse comme son libérateur. » Le prince Cantacuzène, des-

1. Lajkarev, que les Occidentaux comparaient à un clown tzigane, avait un jour repoussé une foule musulmane à Negroponte [l'île grecque d'Eubée] en sautant d'un balcon dans un bassin d'eau, les menaçant ainsi tous de l'horreur d'un baptême instantané. Plus tard, faisant partie de l'entourage d'Alexandre Ier à Tilsitt en 1807, ce fut lui qui rencontra Napoléon et négocia l'annexion par la Russie de la Bessarabie, cédée par la Porte lors du traité de 1808, abandonnant l'Europe à la domination française.

cendant des empereurs byzantins, voulut y voir l'aube d'une « ère de bonheur » : « nous osons accourir vers les sages lumières de Votre Altesse, le héros du siècle ».

Le Sérénissime prit alors la décision, très moderne, de devenir un magnat de la presse. Il créa, rédigea et publia son propre journal, *Le Courrier de Moldavie*. Imprimé sur sa presse ambulante, le *Courrier* était un journal à scandales arborant le blason moldave et qui diffusait les informations internationales et les nouvelles locales. Les articles étaient modérément progressistes, farouchement opposés à la Révolution française et discrètement en faveur d'un royaume roumain indépendant sous Potemkine. Certains croyaient même qu'il envisageait de créer une armée moldave à laquelle il affecterait des régiments d'élite russes. Son neveu, le général Samoïlov, que l'on voyait souvent avec lui à cette époque, affirma plus tard que son oncle n'aurait compté faire la paix que si la Moldavie – la Dacie[1] – obtenait l'indépendance.

Le prince ne fut jamais homme à laisser la guerre, l'hiver ou la modeste création d'un nouveau royaume interférer avec ses plaisirs. « Monsieur le moine, si peu monastique », le taquinait Catherine. Il résidait dans les palais des princes Cantacuzène ou Ghika et passait les journées chaudes de l'été à Czerdak dans la campagne environnante[2]. Il fut rejoint par dix mécaniciens de Toula, douze voitures de livres, vingt bijoutiers, vingt-trois tapissières, cent brodeuses, une troupe de mimes, ses deux cents cornistes (pour jouer le *Te Deum* de Sarti à Otchakov, accompagné par les tirs de canons, une idée empruntée par Tchaïkovski pour son *Ouverture solennelle 1812),* une chorale de trois cents chanteurs, un *corps de ballet**, le jardinier Gould, l'architecte Starov, ses neveux, ses nièces et son chancelier Popov.

---

1. Si Potemkine finit par représenter pour les Roumains l'incarnation de l'impérialisme russe honni, un voyageur français, quarante ans plus tard, constata que les boyards de Jassy le considéraient encore comme l'un des précurseurs du nationalisme roumain. C'était logique, puisque la Dacie, géographiquement, correspondait à peu près à la Roumanie. Cependant, le nom ne nous est plus aujourd'hui connu que par la décision du président Ceausescu de baptiser la marque automobile nationale la « Dacia ».

2. Le palais Ghika est toujours debout : il abrite aujourd'hui la faculté de médecine de l'université de Iasi. Il a été agrandi, mais son portique classique d'origine a été préservé.

Seuls ses cuisiniers anglais refusèrent de le suivre, aussi dut-il se contenter de jardins à l'anglaise et de repas français – ce qui était sans doute une bien meilleure idée de toute façon. Mais il se faisait livrer des paniers de spécialités anglaises en guise de consolation. Un de ces envois – dont la facture se trouve dans ses archives – contenait du saumon fumé, du saumon séché, du saumon mariné, des harengs néerlandais, des anchois de Livonie, des ombles fumés, des lamproies, des anguilles, deux barils de pommes, deux bourriches de moules, deux bouteilles de tinto, deux bouteilles de lacrima christi, deux bouteilles de champagne et six d'hermiatate, trois bouteilles de bourgogne rouge, trois de bourgogne blanc, trois bouteilles de rhum de la Jamaïque, et plus encore.

« Il organisait sans cesse des fêtes, des bals, des représentations théâtrales, des ballets. » Lorsque le prince apprit qu'un officier se trouvant à sept cents verstes de là jouait bien du violon, il le fit mander par un courrier ; quand il arriva, il l'écouta avec plaisir, lui fit un cadeau et le renvoya vers l'arrière. Contrairement à ce que penserait bientôt Napoléon, Potemkine était d'avis qu'une armée marchait sur sa joie de vivre, plutôt que sur son estomac. « Une armée triste ne peut jamais entreprendre les missions les plus dures, écrivait-il, et elle est plus susceptible de souffrir de maladies. »

Les belles de Saint-Pétersbourg défilaient dans le Sud pour le divertir et tromper leurs maris. Praskovia Potemkina, à la peau impeccable et au visage parfait, était maintenant solidement installée au poste de « sultane favorite », et les quémandeurs se pressaient dans ses antichambres pour lui demander des faveurs. Praskovia et le prince vécurent une vibrante histoire d'amour à Jassy. « Vous êtes mon plaisir et mon trésor inestimable, vous êtes un don de Dieu pour moi », lui disait-il, ajoutant que son amour pour elle ne s'exprimait pas par une folle passion ou de l'ivresse, mais par une « tendresse infinie ». Sans elle, « je ne suis qu'à moitié moi-même [...] vous êtes l'âme de mon âme, ma Parachinka ». Il avait toujours aimé choisir des robes pour ses nièces et dessiner des habits pour les moines, et Praskovia devait être fort séduisante en uniforme, car il lui écrivit : « Savez-vous, mon bel amour, que vous êtes un cuirassier dans mon régiment ? Le casque vous va à ravir, tout vous sied. Aujourd'hui, je vous mettrai une tiare d'évêque [...]. Faites-moi une faveur, ma beauté inégalée, faites-vous faire une robe de calicot et de satin violet. » Il lui disait quels bijoux porter, lesquels porter sur une chaîne, lesquels monter en diadème. Il leur inventa même une maison de l'amour, qui révèle l'émouvante originalité de cet homme étrange, sensible : « Je vous ai dessiné des modèles, je vous ai apporté des diamants, maintenant je vous dessine une petite maison et un jardin dans le goût oriental avec tout le luxe magique. » Il y aurait une grande salle, le murmure d'une fontaine. À l'étage, une galerie éclairée serait ornée « de portraits d'Héro et Léandre, Apollon et Daphné [...] les poèmes les plus ardents de Sappho » et d'un tableau érotique de Praskovia en personne « dans une robe blanche courte, entourée d'une délicate ceinture lilas, ouverte à la poitrine, les cheveux défaits et non poudrés, la chemise retenue par un rubis ». Le lit serait entouré de tentures « aussi légères que de la fumée » dans une chambre décorée de verre aigue-marine. « Mais ce sont les bains qui épuiseront tout le luxe possible. » Ils seraient environnés de miroirs et remplis d'eau « parfumée à la rose, au lilas, au jasmin et à l'orange ». Le Sérénissime lui disait être « de bonne humeur quand vous êtes gaie » : « je suis comblé quand vous l'êtes ».

Quand le prince était amoureux, il était capable de tout pour sa maîtresse. En mars et avril 1790, il ordonna à Faleev de renommer deux de ses navires en hommage à Praskovia. « Les bijoux, les diamants et tous les trésors des quatre coins du monde furent utilisés pour décorer ses charmes. » Quand elle voulait des bijoux, le colonel Bauer partait au galop pour Paris ; quand elle parlait de parfums, le commandant Lamsdorf filait à Florence et revenait avec deux voitures pleines à craquer d'un chargement odorant.

Voici la liste des produits de l'une de ces expéditions légendaires à Paris, probablement pour Praskovia et d'autres « sultanes », en juillet 1790, la deuxième année de la Révolution française. Le courrier était Lamsdorf. Quand il arrivait à Paris, le baron Simoline, l'émissaire russe, devait tout laisser tomber. « Je n'ai cessé de m'occuper de lui dans l'exécution des commissions que Votre Altesse souhaitait voir accomplies à Paris et de l'aider de mes conseils et de ceux d'une dame de ma connaissance. » On a l'impression que Simoline avait fait intervenir sa maîtresse pour s'assurer que Lamsdorf achetait les bas qui convenaient : « Nous avons pris soin d'exécuter toutes les choses à la dernière mode. » Sans la dame et Lamsdorf, Simoline reconnut qu'il n'aurait pas pu acheter ce qui suit :

— robes de bal confectionnées par Mademoiselle Gosfit, Madame de Modes, 14 333 livres
— robes de bal confectionnées par Henry Desreyeux, 9 488 livres

— une pièce de mousseline des Indes, broderie d'Inde en soie et argent (Henry) Desreyeux, 2 400 livres
— [confection] de Madame Plumesfeur, 724 livres
— marchand de Rubis, 1 224 livres
— madame la fleuriste, 826 livres
— couturier pour 4 corsets, 255 livres
— cordonniers pour 7 paires de chaussures [pantoufles de bal], 446 livres
— brodeuse pour 12 paires de chaussures [pantoufles de bal], 288 livres
— une paire de cache-oreilles, 132 livres
— la confectionneuse de bas pour 6 douzaines de paires, 648 livres
— rubis, 248 livres
— madame la marchande de gaze, 858 livres
— l'emballeur Bocqueux, 1 200 livres

On se doute bien que tout cela n'était pas forcément pour le prince en personne. Dès que tous les artisans et les couturières eurent fini leur travail, Lamsdorf emporta le tout au galop vers Jassy. Ces missions frivoles avaient malgré tout un côté utile : les courriers qui rapportaient des spécialités et des robes de bal de Paris convoyaient également l'énorme correspondance de Potemkine – vingt à trente lettres par jour – et collectaient des renseignements et des réponses ; ainsi, Stackelberg à Varsovie indiqua que le courrier le plus rapide de Potemkine lui avait livré une dépêche urgente sur le chemin de l'Occident. C'était un service qui se chargeait de missions diplomatiques, d'espionnage, de transport de robes de bal et de friandises tout à la fois.

Le Sérénissime était effectivement d'une rare extravagance. Ce voyage précis coûta 44 000 livres pour quatorze articles, soit environ 2 000 livres sterling à une époque où un gentilhomme anglais pouvait vivre confortablement avec 300 livres sterling par an. C'était plus que le salaire annuel d'un feld-maréchal russe (7 000 roubles). Ces missions étaient assez fréquentes. Potemkine envoya même régulièrement à Grimm des listes de vêtements féminins, de cartes ou d'instruments de musique dont le *philosophe** de Catherine se chargeait consciencieusement. Cependant, la tendance bien connue de Potemkine à s'acquitter difficilement de ses dettes était une source d'inquiétude pour Simoline. Le 25 décembre 1788, il dut même en appeler à Bezborodko pour qu'il intervienne afin que le prince règle les frais d'une expédition précédente, qui avait déjà coûté 32 000 livres.

Potemkine menait un train royal, pour ne pas dire impérial, depuis 1774, et il possédait « une fortune supérieure à [celle de] certains rois ». Il est impossible d'en calculer le montant exact : même après sa mort, ses biens étaient de l'ordre de l'inquantifiable. Le prince était « prodigieusement riche et ne va[lai]t pas un sou, écrivait Ligne, préférant la prodigalité et le don à la régularité du paiement ». C'était presque littéralement la vérité, parce qu'il était avant tout membre de l'entourage impérial – si bien que le Trésor était en quelque sorte sa banque privée. « Il est vrai que Potemkine avait un accès direct au Trésor impérial, affirmait Masson, mais il dépensait également beaucoup pour l'État et fut autant un grand prince de Russie qu'un favori de Catherine. » Pouchkine, plus tard, rapporta que, quand un commis du Trésor interrogeait Potemkine au sujet de sa dernière demande de fonds, le prince aurait renvoyé une note qui disait : « Payez ou allez vous faire foutre ! » On dit que Catherine ordonnait au Trésor de considérer ses demandes comme les siennes, mais ce n'était pas tout à fait le cas.

Il semble que Catherine n'ait jamais refusé de l'argent à Potemkine, mais il n'en devait pas moins formuler des demandes officielles, même s'il savait qu'il obtiendrait ce qu'il voulait. Lors de la construction de ses villes et de ses flottes et pendant la guerre, d'énormes quantités d'argent lui passèrent entre les mains, mais la légende qui veut qu'il ait délibérément dilapidé les fonds publics n'est pas étayée par les archives, qui montrent comment l'argent lui était attribué par Catherine, par l'intermédiaire du procureur général Viazemski, puis redistribué par Potemkine, par le biais de ses bureaux et autres responsables, Faleev, Zeitlin ou Popov, jusqu'aux régiments et aux flottes. Une grande partie de ces sommes ne lui parvenait d'ailleurs même pas directement – bien qu'il ait été trop grandiose pour se préoccuper de montants moins importants et que Viazemski se plaignît à l'impératrice qu'il avait négligé d'en tenir des comptes rigoureux. Ce qui nous amène à la question de sa probité financière. Dans son cas précis, c'était un concept vide de sens : le Sérénissime utilisait son propre argent pour l'État et se servait du Trésor à ses fins personnelles, ne voyant que peu de différence entre les deux.

Le prince avait faim d'argent et il aimait le dépenser – mais la fortune financière ne l'intéressait pas en elle-même. Il devait dépenser des sommes colossales pour s'offrir le train de vie d'un consort impérial alors que même les courtisans les plus puissants se ruinaient pour sauver les apparences. En outre, les retards dans les paiements effectués par le Trésor signifiaient que, pour faire avancer ses projets et développer ses armées, il devait puiser dans ses propres fonds. Sa quête avide de richesse était une sorte de police d'assurance pour le moment où Paul monterait sur le trône, ce qui explique aussi pourquoi il avait investi dans des terres en Pologne.

Un jour qu'il faisait visiter un de ses palais à des officiers, ils tombèrent sur une baignoire en or. Ils s'extasièrent tant à son sujet que Potemkine leur cria : « Si vous réussissez à chier assez pour la remplir, elle est à vous. » Quand un flatteur s'émerveilla de la splendeur d'un bal qu'il donnait, le prince lâcha : « Eh quoi, monsieur, avez-vous la prétention de connaître la profondeur de mon portemonnaie ? » Potemkine lui-même n'en eut jamais la moindre idée. Il savait juste qu'il était presque sans fond. Selon les sources, sa fortune a été estimée à neuf, seize, quarante et cinquante millions de roubles. Mais, étant donné que, en temps de guerre et en temps de paix, l'ensemble des budgets impériaux pour le développement du Sud et l'armée passait par sa chancellerie, ces chiffres ne représentent rien et ses dettes devaient être énormes.

Potemkine empruntait des montants astronomiques et il tourmentait son banquier écossais, Richard Sutherland, qui s'enrichit grâce aux affaires du prince et devint ensuite banquier de la cour de Catherine et baron. Les banquiers et les marchands tournaient autour de Potemkine : comme des vautours, jouant des coudes pour lui offrir des produits et des prêts. Sutherland fut toujours le plus acharné à ce jeu-là, et en souffrit le plus. Le 13 septembre 1783, il pria Potemkine « humblement de daigner donner l'ordre que me soient payées les sommes dues que j'ai l'honneur de lui soumettre et qui se montent à 167 029 roubles et soixante kopecks », essentiellement dépensés pour les affaires de l'État, et l'installation d'immigrants. Le banquier angoissé tenta de s'expliquer : « Encore une fois, je prends la liberté de rappeler à Votre Altesse que mon crédit dépend, vraiment, du retour de cet argent. » Sutherland était manifestement désespéré, parce qu'il devait lui-même à d'autres banquiers à Varsovie et au-delà, et on a souvent l'impression que Potemkine était sur le point de déclencher une réaction en chaîne susceptible de provoquer un krach bancaire dans toute l'Europe – mais il est intéressant de noter que l'essentiel de cet argent ne fut pas consacré à des babioles. Grâce à Sutherland, Potemkine put financer le peuplement de ses colonies, son approvisionnement en bois et la construction de ses villes, ce qui montre bien comment ses dépenses personnelles et impériales étaient entremêlées.

En 1788, le prince devait à Sutherland 500 000 roubles. Trois semaines plus tard, Sutherland jura que la situation avait atteint un « point [si] critique et inquiétant » qu'il se voyait contraint de « venir importuner [s]on premier bienfaiteur [...] afin de percevoir [...] la somme sans laquelle [il] ne saurai[t] comment honorer [s]es dettes ». Potemkine griffonna en français sur sa lettre : « *Dites-lui qu'il va recevoir deux cent mille roubles.* »

Le Sérénissime était loin d'être avare – au contraire, il était d'une générosité folle. Il n'était pas dans sa nature d'épargner. Il n'y a qu'à sa mort que l'on eut un aperçu de sa fortune et, même là, cela ne nous éclaire guère. Comme l'impératrice elle-même, il faisait partie de l'État, et l'empire était sa fortune.

Plus un pays a de succès, plus il a d'ennemis. Les ennemis de la Russie, s'inquiétant des redoutables victoires de Potemkine, firent tout leur possible pour encourager les Ottomans à continuer le combat. Pendant ce temps, les activités militaires russes étaient paralysées par la perspective d'une guerre contre la Prusse, la Pologne et l'Angleterre en plus de la Turquie et la Suède. Par conséquent, Potemkine passa l'hiver 1789 et une grande partie de l'année suivante à essayer de négocier avec la Sublime Porte. Au départ, les Turcs semblaient sincères dans leur volonté de faire la paix. Le sultan Sélim libéra l'ambassadeur de Russie des Sept Tours et nomma le « célèbre chevalier algérien », l'ancien Capitan Pacha Ghazi Hassan, grand vizir pour parler de paix.

Cependant, la diplomatie prussienne visait à fragiliser la Russie en appliquant ce que l'on a appelé le plan Hertzberg, nommé d'après le chancelier prussien, qui avait pour but de prendre le contrôle des villes polonaises de Thorn et Dantzig. En contrepartie, la Pologne récupérerait la Galicie aux dépens de l'Autriche et la Russie restituerait les principautés danubiennes à la Turquie. Pour cela, il fallait mettre en place une coalition contre la Russie, si bien que le sultan se vit offrir une alliance qui lui garantirait le retour de la Crimée. On promit à la Suède la Livonie et Riga. L'Autriche, alliée de la Russie, était menacée d'une invasion prussienne. La Russie elle-même fut obligée de se retirer de Pologne, laissant le champ libre à la Prusse, qui se retrouva paradoxalement à exercer le plus d'influence dans un pays qu'elle comptait dépecer. Ce n'est qu'à ce moment-là, alors que Berlin offrait à la Pologne sa réforme constitutionnelle et une alliance en échange de la cession de Thorn et Dantzig, que les Polonais comprirent qu'ils avaient été leurrés. La Prusse n'était pas seulement aussi gourmande que la Russie, elle l'était encore plus. Pourtant, ils durent accepter les avances de la Prusse et se retournèrent contre les Russes. L'Angleterre soutenait la Prusse, exigeant que la Russie et l'Autriche fassent la paix avec la Porte, sur la base du *statu quo ante bellum*. Toutes les opérations militaires russes s'en trouvèrent bouleversées : Potemkine dut déplacer un corps pour couvrir une éventuelle attaque par la Pologne et la Prusse. Le 24 décembre 1789, Catherine déclarait à son secrétaire : « Maintenant, nous sommes en crise : la paix ou une triple guerre avec la Prusse. »

L'homme choisi par Potemkine pour gérer les pourparlers de paix était un authentique intrigant levantin, un entrepreneur et un diplomate du nom d'Ivan Stepanovich Barozzi, quadruple agent grec travaillant en même temps pour la Russie, la Turquie, l'Autriche et la Prusse. À l'issue de mystérieuses et complexes conversations avec Potemkine à Jassy, où il fut choqué par le comportement lubrique du prince, Barozzi se dirigea vers le quartier général du vizir, Schoumla, porteur des conditions de Potemkine. Le Dniestr serait la nouvelle frontière. Akkerman et Bender seraient rasées. Les principautés deviendraient « indépendantes[1] ».

Barozzi arriva à Schoumla le 26 décembre 1789. Les comptes du prince montrent que les discussions de ce genre étaient généralement aidées d'une averse de bakchichs. Au moins seize anneaux d'or, des horloges, des chaînes, des tabatières furent attribués à différents responsables turcs, en particulier une « bague ornée d'un rubis bleu et de diamants pour le premier secrétaire de l'ambassadeur turc Ovni Esfiru », tandis que Barozzi lui-même récoltait une « bague avec une grande émeraude », à offrir ou à porter lors de ses discussions avec le vizir. Potemkine proposa même de construire une mosquée à Moscou. Aussi séduisants qu'aient été ces brillants, les conditions de Potemkine furent loin de plaire au « renégat algérois ». Le Sérénissime, peu intéressé par les contre-propositions turques, fit connaître ses nouvelles conditions le 27 février 1790. « Mes propositions sont brèves, dit-il, il n'est pas nécessaire de beaucoup parler. » Il n'y aurait pas

1. Potemkine suggéra également que, si les Turcs soutenaient un candidat russe au trône de Pologne, la Russie pourrait envisager que la frontière s'arrête au Boug. En d'autres termes, la Russie ferait appel à l'aide des Ottomans pour reprendre la Pologne et, dans les deux cas, Potemkine aurait potentiellement une couronne à portée de main – la Pologne ou la Dacie. Néanmoins, même pour la Pologne, il est difficile de croire que Potemkine aurait accepté une frontière sur le Boug, pour laquelle il aurait dû abandonner Otchakov.

d'armistice : « Plus un désir de gagner du temps que de faire la paix, pour ce que je sais des artifices turcs. » Et il eut cette phrase typique : « Les Turcs aiment prendre une charrette pour chasser le lièvre. » Le prince préférait encore être vaincu que trompé.

Potemkine avait raison de ne pas s'engager totalement dans les pourparlers de Barozzi. Le prince savait par les Autrichiens et ses espions à Constantinople que le sultan Sélim considérait les négociations de paix du grand vizir comme secondaires sur le plan politique, parallèlement à ses négociations avec l'envoyé prussien, Dietz, à Constantinople. Si les Turcs parvenaient à obtenir l'aide de la Prusse et de la Pologne, ils pourraient continuer à se battre. Le temps que Potemkine réponde, le sultan avait déjà conclu une alliance offensive avec la Prusse, le 20 janvier 1790, qui obligeait Frédéric-Guillaume à aider à la reconquête de la Crimée et à entrer en guerre contre Catherine.

Tandis que le nœud coulant se resserrait autour de la Russie, « la santé de l'empereur [était] la plus grave de toutes les tempêtes qui mena[çai]ent le ciel politique », dit Potemkine à Kaunitz en janvier. Joseph II fut frappé, physiquement par la tuberculose, et politiquement par les révoltes qui secouaient son empire de la Hongrie aux Pays-Bas. Il semblait se rétablir quand il dut subir une opération douloureuse sur un abcès anal qui le priva de ses forces. La scène de son trépas fut tragique. « Quelqu'un m'a-t-il pleuré ? » demanda-t-il. On lui dit que Ligne était en larmes. « Je ne pense pas mériter une telle affection », répondit l'empereur. Il proposa sa propre épitaphe : « Ci-gît un prince dont les intentions étaient pures, mais qui eut le malheur de voir tous ses plans s'effondrer. » Catherine était « désolée pour [s]on allié », qui était « en train de mourir, détesté de tout le monde ». Quand Joseph décéda le 9/20 février 1790, Kaunitz aurait murmuré : « Ce fut bien bon de sa part. »

Ce fut peut-être bon pour la monarchie des Habsbourg, mais c'était un nouveau coup dur pour la Russie. Le 18/29 mars, la Prusse resserra un peu plus son étau en concluant une alliance militaire avec la Pologne. Frédéric-Guillaume déploya quarante mille hommes vers la Livonie au nord et quarante mille autres en Silésie, rassemblant dans le même temps des réserves de cent mille hommes. Le nouveau monarque des Habsbourg, Léopold, roi de Hongrie (jusqu'à ce qu'il soit élu empereur), s'en alarma et écrivit aussitôt à Potemkine : « Vous avez perdu un ami en la personne de mon frère Sa Majesté l'empereur, vous en avez trouvé un autre en moi qui honore plus que quiconque votre génie et votre noblesse. » Le Sérénissime et

Léopold coordonnèrent leur défense de la Galicie contre les Polonais – mais la véritable préoccupation du roi de Hongrie était d'empêcher une invasion prussienne « de concert avec la Pologne » et de sauver la monarchie des Habsbourg. Il supplia Potemkine de faire la paix, alors qu'il était déjà trop tard.

Au milieu de ces bouleversements, le prince apprit qu'un Anglais admirable était en train de mourir de la fièvre près de Kherson. John Howard était un réformateur désintéressé, qui avait osé dénoncer la misère des prisons et des hôpitaux lors de ses voyages à travers le monde, notamment dans la vice-royauté de Potemkine. Le Sérénissime envoya son médecin pour le soigner, mais Howard décéda. Le duc de Leeds, le ministre britannique des Affaires étrangères, écrivit pour dire que la « nation britannique n'oubliera[it] jamais » une telle *sensibilité** et Potemkine répondit : « M. Howard méritait mes attentions. Il était le célèbre ami de l'humanité et un citoyen britannique et c'est là, *monsieur le duc**, bien assez pour acquérir mon estime. » Howard devint un héros russe, et soviétique.

Le prince de Tauride braqua alors ses canons et son imagination sur l'éternel ennemi de la Russie, la Pologne. Les prétendus « patriotes », transportés de joie à la perspective d'obtenir une Constitution forte, de chasser les Russes et de reprendre la Galicie à l'Autriche, tenaient Varsovie. L'inquiétude face à la situation en Pologne commençait à coûter cher à Catherine et à Potemkine – il se rongeait les ongles et souffrait de rhumatismes. Catherine lui envoya gentiment « toute une pharmacie de médicaments » et un « manteau de fourrure de renard avec un chapeau de zibeline ». « Je prendrai le commandement en personne », dit Potemkine à Léopold, en cas de guerre avec la Prusse et la Pologne. Tandis que les Autrichiens paniquaient et réclamaient l'aide de la Russie, les opérations militaires contre les Turcs furent suspendues.

Catherine considérait la Pologne comme un ennemi à qui il faudrait régler son compte dès qu'elle en aurait l'occasion, mais l'imagination protéiforme de Potemkine caressait depuis quelque temps la possibilité d'introduire un cheval de Troie au sein de la République nobiliaire. Le cheval de Troie n'était autre que lui-même, soutenu par ses coreligionnaires orthodoxes dans l'est de la Pologne et par sa nouvelle force cosaque. Il soulèverait les orthodoxes de Pologne dans les palatinats de Bratslav, Kiev et de Podolie (où s'étendaient ses gigantesques domaines) contre le centre catholique, au nom de la Russie, dans la tradition cosaque de l'hetman Bogdan Khmelnitski.

Ainsi, après la prise de Bendery, il demanda à Catherine de lui accorder un nouveau titre à la résonance historique particulière : grand hetman.

« Votre plan est excellent », répondit l'impératrice, tout en se demandant si l'hetmanat ne susciterait pas encore plus de haine que la Diète polonaise. Néanmoins, en janvier, elle le nomma « grand hetman des Cosaques de la mer Noire et d'Ekaterinoslav ». Potemkine était ravi de son hetmanat et conçut un nouvel uniforme resplendissant dans lequel il parada dans Jassy. Sa propre extravagance entrait parfois en conflit avec sa nature monastique. Il était assez sensible pour constater que ses officiers les plus pauvres ne pouvaient pas suivre, aussi imposa-t-il à tous, y compris à lui-même, des tuniques d'étoffe simple, beaucoup plus spartiates. Il se montrait plus discret dans sa façon de partager sa gloire avec l'impératrice. Quand elle le salua comme « mon hetman », il répondit : « Bien sûr que je suis à vous ! Je peux me vanter que je ne dois rien à personne, sauf à vous. »

Potemkine, qui contrôlait déjà dans les faits la politique étrangère russe vis-à-vis de l'Autriche et la Turquie, était aussi en train de s'arroger la politique polonaise. Il exigea le renvoi de l'ambassadeur de Russie à Varsovie, Stackelberg, qu'il traitait de « lapin » affolé, et Catherine nomma à sa place Boulgakov, l'allié de Potemkine. Elle savait que le prince poursuivait ses propres intérêts en Pologne et redoutait toujours qu'il ne fonde un duché indépendant sur ses terres. Il lui assura : « [Il] n'y a rien que je veuille pour moi ici. » Quant au titre d'hetman, « si [son] bien-être ne le rendait pas nécessaire », il se passerait de ce « fantôme plus comique que distingué ». Pendant ce temps, il profita du printemps pour développer ses forces cosaques – persuadant même certains de ses Zaporogues célibataires de se marier.

L'hetmanat de Potemkine ulcéra bel et bien les patriotes à Varsovie. Les rumeurs affirmant qu'il comptait devenir roi de Pologne se multiplièrent. Le prince, indigné, nia nourrir cette ambition devant Bezborodko : « Il est pardonnable que le roi [de Pologne] pense que je veux sa place. Quant à moi, qu'ils aillent au diable. Quel péché de croire que je pourrais avoir d'autres intérêts que ceux de l'État. » Potemkine disait probablement la vérité : la couronne de Pologne était un bonnet de bouffon. Un duché ukrainien ou moldave vaguement rattaché à la Pologne était plus réaliste. D'ailleurs, il s'était depuis longtemps convaincu de cette vanité d'homme d'État – à savoir que ce qui était bon pour Potemkine était bon pour la Russie.

Les révolutions française et polonaise bouleversèrent l'atmosphère à la cour de Catherine, ainsi que sa politique étrangère. Elle s'inquiétait de la propagation des idées françaises – ce « poison », comme elle les appelait – et était bien décidée à les éradiquer en Russie. En mai 1790, alors que l'empire perdait son allié autrichien Joseph II, que la guerre suédoise entrait dans une phase critique, et que l'alliance prusso-polonaise menaçait d'ouvrir un nouveau front, un jeune noble du nom d'Alexandre Radichtchev publia un livre anonyme, *Un voyage de Saint-Pétersbourg à Moscou,* qui était une attaque voilée contre Catherine, le servage et Potemkine qui, y était-il sous-entendu, était un tyran oriental. Cependant, c'était son application des principes révolutionnaires français en Russie, plus encore que les insultes à propos de Potemkine, qui outragèrent la souveraine. Radichtchev fut arrêté, jugé pour sédition et crime de lèse-majesté, et condamné à mort.

Le prince intervint au nom de l'auteur, même si, avec les révolutions, c'était une époque dangereuse pour saper le régime, et bien qu'il ait été attaqué personnellement, et en dépit des pressions dont il faisait l'objet. « J'ai lu le livre que vous m'avez envoyé. Je ne suis pas en colère [...]. Il semble, Matiouchka, qu'il vous a calomniée vous aussi. Et vous aussi, vous ne vous fâcherez point. Vos actions sont votre bouclier. » La réponse généreuse de Potemkine et son sens de la mesure calmèrent Catherine. Elle commua la peine et Radichtchev fut exilé en Sibérie. « La miséricorde du monarque, écrivit le frère de l'écrivain, reconnaissant, le 17 mai 1790, a été obtenue par le prince Grigori Alexandrovitch. »

Le prince négociait encore avec le grand vizir. Catherine décida que l'appel à l'indépendance de la Moldavie sous la direction de son propre prince (Potemkine) était excessif, compte tenu du nouveau traité de la Porte avec la Prusse. Le prince, toujours flexible, n'eut aucun mal à réorienter sa politique et proposa à la place que la Moldavie soit accordée à la Pologne pour inciter la République nobiliaire à rentrer dans le giron russe. Il n'y perdait rien, car elle pourrait encore devenir son duché polonais. Le Sérénissime souffrait. « L'anxiété de cette incertitude m'affaiblit : privé de sommeil et de nourriture. ». Il ajouta : « Je suis pire qu'un nourrisson. » Il n'oubliait pas Zoubov non plus : Potemkine aimait « de plus en plus » le jeune amant de Catherine : « car il vous est agréable ».

Une fois que le sultan Sélim se fut engagé à poursuivre le combat, soutenu par la Prusse, la politique de paix du grand vizir devint obsolète. L'ancien Capitan Pacha était trop prestigieux pour être assassiné ouvertement, si bien que le Crocodile des batailles navales périt mystérieusement le 18 mars 1790, probablement victime du poison du sultan. Catherine s'en inquiéta. « Pour l'amour de Dieu, avertit-elle Potemkine. Soyez sur vos gardes vis-à-vis du Turc [...]. Il peut vous empoisonner. Ils ont recours à de telles ruses [...] et il est possible que les Prussiens leur donnent la possibilité » d'exterminer l'homme « qu'ils craignent le plus ». Pendant ce temps, en Moldavie, les Turcs en profitèrent pour vaincre l'armée autrichienne de Cobourg, ce qui provoqua la colère de Potemkine, qui déclara à Catherine que le feld-maréchal autrichien « avait avancé comme un idiot et s'était fait battre comme une prostituée ». Mais le roi de Prusse, personnage inconsistant, fut choqué quand il apprit que son nouveau traité avec la Porte l'obligeait à se battre contre la Russie, au point qu'il dénonça l'alliance, rappelant son ambassadeur Dietz, disgracié. Frédéric-Guillaume préférait porter le fer contre les Autrichiens. En mai, il prit personnellement le commandement de son armée.

Les Habsbourg fléchirent face à la menace prussienne. Trahissant les espoirs de Joseph, Léopold renonça à conquérir des territoires turcs afin de rétablir l'ordre dans ses propres provinces et négocia un rapprochement avec la Prusse, se retirant ainsi de la guerre contre les Turcs. Le 16/27 juillet au Reichenbach, Léopold accepta les exigences anglo-prussiennes d'un armistice immédiat sur la base du *statu quo ante bellum*. La Prusse célébra cette victoire en faisant monter les enchères : Frédéric-Guillaume se décida finalement à ratifier le traité prusso-turc de Dietz. La Russie se retrouvait seule dans la guerre froide contre la Prusse, l'Angleterre et la Pologne, et dans la guerre bien réelle contre la Turquie et la Suède.

Le 28 juin, pour la première fois, les Suédois vainquirent la flotte russe de la Baltique, alors commandée par Nassau, rattrapé par sa témérité à Svensksund. Mais Catherine, qui n'aimait guère admettre les mauvaises nouvelles, attendit trois semaines avant de le dire à Potemkine. Cependant, cette défaite n'avait pas que des mauvais côtés : la victoire suédoise arrivait à temps pour sauver la réputation de Gustave, ce qui lui permit d'obtenir une paix honorable, signée le 3/14 août à Verela et basée sur le *statu quo ante bellum*. « Nous avons extirpé une de nos pattes de la boue, jubilait Catherine dans une lettre à Potemkine. Quand nous retirerons l'autre, nous pourrons chanter *Alléluia* ! »

Le retrait de l'Autriche de la guerre avait momentanément atténué aussi la menace prussienne. Potemkine et Catherine se rendirent compte que, pendant que la Prusse et l'Angleterre préparaient leur prochain coup, il leur était possible de briser les Turcs, qui avaient augmenté leurs forces sur le Danube et dans le Caucase. Le prince était « fatigué comme un chien », ne cessant de couvrir les mille verstes entre Kherson, Otchakov et sa nouvelle base navale, Nikolaïev, pour inspecter ses navires. Cela ne l'empêcha pas de développer une stratégie amphibie visant à réduire les forteresses turques sur le Danube, ce qui lui ouvrirait la route vers Constantinople. La flotte reçut l'ordre de patrouiller en mer Noire. L'armée devait s'emparer des forteresses du Danube. La flottille – une improvisation caractéristique de Potemkine, à base de péniches impériales converties, des canonnières de Bentham, de tchaïkis zaporogues, ainsi que d'un navire marchand de Marseille camouflé en navire de guerre, commandé par Ribas et son équipage hétéroclite « de brigands grecs, de renégats de Corfou et de comtes italiens » – aurait pour mission de se frayer un chemin sur le Danube pour rejoindre l'armée sous les murs de la plus puissante forteresse turque en Europe : Izmail.

Potemkine mit personnellement au point l'entraînement pour les troupes amphibies de la flottille de Ribas au cours de l'été : ses instructions montrent que les idées du prince sont antérieures au traité beaucoup plus célèbre de Souvorov, *L'Art de la victoire,* et sont la preuve de sa modernité, de son imagination et de ses compétences militaires. « Tâchez de savoir qui est le plus apte à bien tirer, qui est bon à la course et qui est qualifié en natation », demanda-t-il dans un ordre qui préfigure ce nous pourrions appeler les commandos de marines, des unités hautement qualifiées, équipées d'armes légères. En même temps, il ordonna également à ses généraux du Kouban et du Caucase de détruire l'armée de Batal Pacha, forte de quarante mille hommes, avant de marcher sur la grande forteresse ottomane d'Anapa.

En août, le prince de Tauride établit un nouveau quartier général dans la forteresse de Bendery, sur le Dniestr, un endroit idéal pour superviser ses forces armées et navales sur tous les fronts tout en restant en contact avec Varsovie, Vienne et Saint-Pétersbourg. Dans cette ville tatare à moitié détruite, environnée de steppes, il se livra à des excès dignes de Sardanapale qui éclipsèrent même sa cour de Jassy.

À nouvelle campagne, nouvelle maîtresse : sa relation avec Praskovia Potemkine, qu'il avait aimée pendant deux ans, prit fin à Jassy et elle fut envoyée rejoindre son complaisant mari sur le terrain. Alors que des armées marchaient, que des barges ramaient et que des flottes voguaient, Potemkine entretint peut-être une brève liaison avec Ekaterina Samoïlova, sa lascive nièce par alliance qui avait aimé Damas à Otchakov. Ligne écrivit pour dire qu'il « aimait tendrement » Potemkine et était jaloux car « les beaux yeux, le beau sourire et la noble indifférence de Madame Samoïlova » lui manquaient.

Cependant, elle ne tint pas longtemps sa place de « sultane favorite », qui fut ensuite occupée par la princesse Ekaterina Dolgoroukaïa, à peine âgée de vingt et un ans, dont on disait qu'elle était la plus jolie fille de Russie. « Sa beauté m'a frappée, écrivait le peintre Vigée-Lebrun. Ses traits avaient quelque chose de grec mêlé de quelque chose de juif, surtout dans le profil. Ses longs cheveux noirs, qu'elle portait négligemment défaits, lui cascadaient sur les épaules. Elle avait les lèvres pleines, des yeux bleu-gris lumineux, une peau d'ivoire et une superbe silhouette. » La vie à la cour de Potemkine fut en outre animée par l'arrivée des exilés de la Révolution française, volontaires pour se battre pour la Russie.

L'un d'eux était Alexandre, comte de Langeron, un vétéran de la guerre d'Indépendance, justement le genre d'aristocrate français plein d'une morgue nationale, et qui se moquait de ces Russes primitifs. Il fut tellement choqué par la splendeur sybarite de Potemkine que ses récits rendent tels quels tous les mensonges malveillants qu'il avait pu entendre. Les souvenirs acides qu'avait Langeron (et Ligne) de Potemkine dominent depuis l'image qu'il a laissée en Occident. Langeron finit déçu, injustement destitué par Alexandre Ier après la bataille d'Austerlitz, puis pardonné, et plus tard nommé gouverneur général du Sud, poste qu'il n'occupa que pendant un an. « Incapable de commander un corps, écrivait Wiegel, il obtint le commandement d'un pays. » Ce n'est qu'au lendemain de ces échecs qu'il fut assez mature pour reconnaître la grandeur de Potemkine et lui rendre hommage dans des écrits passionnés.

Langeron fut rejoint par un compatriote beaucoup plus doué, Armand du Plessis, duc de Richelieu, âgé de vingt-quatre ans, qui nous a laissé un récit plus impartial de la vie avec le Sérénissime. Cet aristocrate admirable, aux traits fins et graves, aux cheveux bouclés et au regard sardonique, était un arrière-petit-neveu du cardinal de Louis XIII et un petit-fils du maréchal batailleur de Louis XV. Il avait hérité de l'un sa perspicacité et son calme, et de l'autre sa tolérance et son cosmopolitisme.

Après avoir passé dix jours et dix nuits sur la route en séjournant dans des auberges chichement éclairées, Richelieu n'était pas préparé au spectacle qui l'éblouit quand il pénétra dans le salon du prince dans le palais du pacha de Bendery : « Un divan rembourré d'or sous un superbe baldaquin, cinq femmes charmantes avec tout le goût et l'élégance insouciante possible, et la sixième vêtue avec toute la magnificence du costume grec, reposent sur des canapés à la manière orientale. » Même le tapis était tissé d'or. Des fleurs, de l'or et des rubis étaient éparpillés çà et là. De boîtes de parfum montaient d'exquises senteurs d'Arabie – une « magie asiatique ». Potemkine lui-même, seulement vêtu d'un volumineux manteau de zibeline orné des étoiles en diamants des Ordres de Saint-André et Saint-Georges, était assis entre elles, mais plus proche de la princesse Dolgoroukaïa, qui était audacieusement habillée en costume turc comme une odalisque (sauf les pantalons). Elle ne le quittait jamais.

Le souper fut servi dans une salle par de grands cuirassiers portant des ceintures d'argent et des cuirasses, des capes rouges et de hauts bonnets de fourrure surmontés d'une touffe de plumes. Ils marchaient « deux par deux [...] comme les gardes dans les pièces tragiques », tandis que l'orchestre jouait. Richelieu fut présenté à Potemkine, qui l'accueillit timidement. Il fut ensuite heureux de pouvoir se perdre dans la foule et de retrouver ses amis Damas et Langeron. Le prince, écrit Richelieu, dépassait « tout ce que l'imagination peut définir comme étant absolu. Rien n'est impossible à son pouvoir – il commande aujourd'hui du mont Caucase au Danube et il partage aussi avec l'impératrice le reste du gouvernement de l'empire ».

Cinquante officiers étaient regroupés à l'extrémité du salon brillamment illuminé, gardant leurs distances et attendant le prince. « Ici, l'on vit un sultan détrôné, établi pour trois ans dans l'antichambre du prince, puis un autre souverain qui devint un colonel cosaque, là un pacha apostat, voici un Macédonien, puis plus loin des ambassadeurs perses » – et, au milieu de ce chaos, Samuel Bentham, attendant les documents qui lui permettraient de rentrer chez lui. Potemkine estimait qu'il manquait un peintre à cette cour, en particulier le seul artiste jamais autorisé à le peindre correctement : Lampi. Alors il écrivit à Kaunitz, à Vienne, en lui demandant de faire venir l'artiste à Bendery : « Cela détend mon esprit que d'avoir de bons peintres autour de moi qui travaillent sous mon regard. »

« Tout ce qui peut servir au plaisir d'une capitale, consigna Richelieu, accompagne le prince Potemkine dans les camps et le tumulte des armées. » La vie quotidienne, surréaliste, ressemblait à Saint-Pétersbourg, avec ses petits soupers, ses récitals de musique, ses jeux, ses aventures amoureuses, ses jalousies : « toute cette beauté inspire délices, cruauté et perfidie ». Le prince existait dans un monde bizarre, si unique que « le mot “impossible” devrait être supprimé de la grammaire ». On a rapporté que la magnificence avec laquelle il célébra son amour pour Dolgoroukaïa « dépassa tout ce que nous lisons dans les *Mille et une Nuits* ». Tout ce qu'elle réclamait des quatre coins du monde, elle l'obtenait. Il n'y avait plus aucune limite. La princesse dit qu'elle aimait les danseurs. Quand Potemkine entendit parler de deux capitaines qui étaient les meilleurs danseurs tziganes de Russie, il les fit mander par courrier – alors même qu'ils étaient affectés dans le Caucase. Quand ils arrivèrent enfin, ils dansèrent chaque jour, après dîner – un habillé en fille, l'autre en paysan. « Je n'ai jamais vu de meilleure danse de toute ma vie », se souvenait Engelhardt, l'aide de camp de Potemkine.

Le prince décida de construire un palais souterrain pour la princesse : il en avait assez de faire le trajet entre son palais et les demeures de ses sultanes, si bien que deux régiments de grenadiers travaillèrent pendant deux semaines pour construire cette résidence troglodyte. Quand les travaux furent terminés, Potemkine en décora l'intérieur de colonnades grecques, de canapés de velours et de « tout le luxe imaginable ». Même les Russes étaient stupéfaits d'une telle extravagance, mais toute l'armée passait l'hiver dans ses *zemliankas* et les abris des officiers étaient « aussi confortables que des maisons » aux toits de chaume. Potemkine alla bien sûr beaucoup plus loin. Il y avait une galerie pour l'orchestre, mais le son était un peu « étouffé », ce qui produisait une résonance encore plus fine. Le sanctuaire intérieur de ce palais des plaisirs était composé, comme le sérail, d'une série de pièces de plus en plus secrètes. À l'extérieur se trouvaient les généraux. Ensuite, l'appartement lui-même était divisé en deux : dans la première partie, des hommes jouaient jour et nuit, mais la seconde abritait un divan où reposait le prince, entouré de son harem, de plus en plus proche de la princesse Dolgoroukaïa.

Ignorant les règles de l'adultère civilisé, « brûlant de passion et rassuré par son excès de despotisme », Potemkine oubliait parfois qu'ils n'étaient pas seuls et caressait la princesse avec une « familiarité excessive » comme si elle était une courtisane de basse extraction, au lieu de l'une des nobles dames de Russie. La princesse le repoussait alors en riant. Lorsque son amie la comtesse Golovine arriva, elle fut horrifiée par cette passion perverse « basée sur la vanité ». La vertueuse Golovina crut d'abord Dolgoroukaïa quand elle lui affirma avec insistance qu'elle n'avait pas de rapports sexuels avec le Sérénissime, qui avait trente ans de plus qu'elle. Mais alors Dolgoroukaïa ne put se contenir plus longtemps et, tout à coup, « céda à une coquetterie si choquante » que tout fut révélé. Son mari Vassili Dolgorouki interrompait les plaisirs de Potemkine chaque fois que cela lui était possible. Langeron raconte que le Sérénissime le saisit par le col et cria : « Misérable, c'est moi qui vous ai donné toutes ces médailles, dont vous n'en avez mérité aucune ! Vous n'êtes que de la fange et je ferai de vous ce que je veux ! » Le Français commenta : « Cette scène aurait causé quelque surprise à Paris, Londres ou Vienne. »

À une occasion, peut-être au cours de la canonnade d'Otchakov de Sarti, le prince fit déployer ses grenadiers d'Ekaterinoslav avec leurs cent canons et quarante balles à blanc pour chaque soldat, formés en carré autour du palais souterrain. Les tambours roulaient. À l'intérieur, il faisait des galipettes avec la princesse et, au moment suprême, il donna le signal d'ouvrir le feu. Quand le mari entendit parler de cette salve orgasmique, il commenta avec un haussement d'épaules : « Que de bruit pour rien. »

Potemkine se surpassa pour le dîner d'anniversaire de la princesse Dolgoroukaïa. Le dessert fut servi. Les invités eurent la surprise de trouver leurs coupes de cristal remplies de diamants au lieu de *bonbons**, empilés dans de longues cuillères. Même la princesse gâtée, assise à côté de Potemkine, en fut impressionnée. « Tout cela est pour vous, lui dit-il. Quand c'est vous que je fête, pourquoi s'étonner ? »

L'indolence de Potemkine fut toujours plus apparente que réelle, mais elle conforta les étrangers dans leurs préjugés sur la barbarie russe. Pourtant, au moment même où Langeron affirmait que le prince passait son temps à batifoler avec Dolgoroukaïa, les archives attestent qu'il n'avait jamais travaillé si dur, ni à une entreprise aussi vaste. Il supervisait la construction de ses villes jusque dans les moindres détails, allant jusqu'à spécifier la forme des campaniles de Nikolaïev, la position de ses fontaines et l'angle des batteries autour de son Amirauté ; il suivait de près la construction par Faleev de canonnières et de vaisseaux de ligne dans les chantiers navals d'Ingoul ; remettait de l'ordre dans les opérations de la guerre dans le Caucase et le Kouban (limogeage de son commandant, Bibikov, pour avoir échoué devant Anapa par « incompétence et négligence », et nomination de ses successeurs) ; discutait de la stratégie de sa flottille avec Ribas, tout en lui ordonnant d'enquêter sur les abus financiers commis par certains de ses officiers. Il mit également au point un nouveau système de signalisation pour la flotte et la formation de ses canonniers.

Sur la question polonaise, il s'entendit finalement avec la princesse Loubomirska, accordant son domaine de Doubrovna en guise de paiement partiel pour Smila[1]. Il instruisait les ambassadeurs russes à Varsovie, Stackelberg puis Boulgakov, de la politique russe, et recevait les rapports secrets du baron d'Asch à Varsovie à propos de la révolution polonaise, répondant aux plaintes du roi Stanislas-Auguste au sujet de ses Cosaques qui volaient des chevaux polonais, tout en discutant de son hetmanat et de ses plans secrets pour la Pologne avec des magnats prorusses. Le Sérénissime ne cessait de réformer et de perfectionner l'armée, y ajoutant toujours plus de cavalerie légère et de Cosaques, mais il tenait aussi sciemment à affaiblir la présence de l'aristocratie dans les régiments d'élite de la garde, favorisant les étrangers, les Cosaques et les vieux-croyants, au grand dam de la haute noblesse. Il dit à Catherine que les officiers du régiment de Préobrajenski avaient été « ramollis par le luxe ». Il ne se souciait donc pas que de séduire Dolgoroukaïa. « Mes occupations sont innombrables, dit-il à la princesse Loubormirska en exagérant un peu. Elles ne me laissent pas un moment pour penser à moi-même. »

Et il y avait la situation internationale. Les Polonais s'armaient : s'ils soutenaient trop ouvertement la Prusse, « il sera[it] temps d'appliquer votre plan », dit Catherine au grand hetman Potemkine. Pire encore, les Britanniques et les Prussiens concoctaient désormais une guerre pour arrêter les Russes. Catherine et Potemkine, inquiets, voyaient que l'orage menaçait, même si tous deux avaient meilleur moral depuis la paix conclue avec la Suède. Catherine lui confia qu'elle était si « joyeuse » que ses robes la serraient et qu'il lui fallait les ouvrir. Et son consort lui manquait : « J'ai souvent le sentiment, mon ami, qu'en bien des occasions je voudrais vous parler un quart d'heure. » Lorsque le ministre prussien s'évanouit et se cogna la tête sur le trône lors des célébrations pour la paix avec la Suède, ils y virent un bon présage. Mais Catherine, « extrêmement fatiguée », tout comme Potemkine, tombait toujours malade une fois que la tension était retombée. Cette fois, elle se retrouva au bord

---

1. Doubrovna resurgit dans l'histoire de Napoléon. L'Empereur aurait dû séjourner dans le manoir de la princesse Loubomirska en novembre 1812 pendant la retraite après l'incendie de Moscou.

de l'effondrement. Elle lui avoua elle souffrait d'une « crise de forte diarrhée » et de « vents coliques ».

Le prince était désormais l'épouvantail des Prussiens et des patriotes polonais, qui contestaient ses ambitions royales. Depuis 1789, des factions s'agitaient à la Diète afin d'obtenir l'annulation de son *indigénat** et de confisquer ses domaines polonais, aussi se retrouva-t-il impliqué dans des négociations encore plus complexes. Rêvant peut-être de retraite et de sécurité, il demanda à Catherine de lui accorder des terres qu'il avait remarquées dans le Sud : « J'ai ce qu'il me faut, mais il n'y a nulle part où je pourrais plaisamment reposer ma tête. » Elle les lui accorda et lui envoya un service à café en or et une bague en diamant.

Il y eut une nouvelle série de négociations avant que Potemkine ne comprenne que seule la guerre contraindrait les Turcs à s'asseoir à la table, tant que la Prusse et l'Angleterre les encourageaient. « Je suis las des contes de fées turcs, dit Potemkine à son négociateur, Lajkarev. Expliquez-leur que s'ils veulent la paix, ils agissent plus promptement. Ou je me verrai obligé de les vaincre. » Ce serait donc la guerre.

En mars, il avait personnellement pris le commandement de la flotte de la mer Noire et pris comme adjoint le contre-amiral Fiodor Ouchakov – encore un de ses choix exceptionnels. Le 24 juin, il lui ordonna de prendre la mer et d'« affronter l'ennemi ». Après avoir inspecté la flotte lui-même, il lui redonna le même ordre le 3 juillet : « Priez que Dieu nous vienne en aide. Placez tous vos espoirs en lui, rassurez les équipages et inspirez-les pour la bataille. » Ouchakov battit les Turcs à deux reprises, le 8 juillet et le 28-29 août, au large de Tendra, détruisant leur vaisseau amiral. Il n'y avait que sept ans que le Sérénissime avait fait bâtir ces navires. « Dans le Nord, vous avez agrandi la flotte, dit Potemkine à Catherine, mais ici, vous l'avez créée à partir de rien. » Elle reconnut que c'était leur enfant à tous deux : « notre propre entreprise, donc proche de nos cœurs ». Potemkine ordonna alors à sa flottille de se frayer un chemin sur le Danube. « J'ai envoyé la flotte de Sébastopol en haute mer, dit-il à Ribas, et qu'elle se fasse connaître de vous. Votre flottille et vous devrez être prêts à vous joindre à eux à l'embouchure du Danube [...]. Informez-moi de tout. » En septembre, Potemkine se précipita jusqu'à Nikolaïev et en Crimée pour inspecter les flottes et ordonna ensuite à l'armée de progresser vers le sud et le Danube.

D'une autre rive de la mer Noire, d'autres bonnes nouvelles lui parvinrent : le 30 septembre, le général Herman écrasa une armée turque de vingt-cinq mille hommes et captura Batal Pacha. « Nous avons à peine perdu quarante hommes ! » dit Potemkine à Bezborodko. Plus près de lui, il ordonna la prise de Kilia sur le Danube, qui échoua après une première tentative sanglante, parce que Ribas n'avait pas encore réussi à détruire la flottille turque du Danube. Potemkine lança un second assaut et Kilia tomba le 18 octobre 1790. Ribas fit irruption sur le Danube deux jours plus tard et prit Tulcha et Isackcha, tout en avançant vers la puissante Izmail. Le prince avait confiance en Ribas, qu'il admirait. « Puisque vous êtes là-bas, lui écrivit-il, je vous laisse le commandement. » À la fin de novembre, tout le bas Danube jusqu'à Galati était sous son contrôle – à l'exception d'Izmail. Potemkine décida de prendre la forteresse. « Je vais attaquer Izmail, déclara-t-il, mais je ne veux pas perdre dix hommes. »

Loin à l'ouest, Richelieu, Langeron et le fils du prince de Ligne, Charles, dînaient à Vienne, où ils s'étaient rendus pour se plaindre de l'inactivité de Potemkine, quand ils apprirent la défaite de Batal Pacha et le début du siège d'Izmail. Ils partirent sur-le-champ et galopèrent pour rempiler avec Potemkine à Bendery. « Je prie Votre Altesse de me laisser rejoindre l'armée avant Izmail », lui demanda Langeron. Aucun jeune officier n'aurait voulu manquer l'assaut – l'apogée de la carrière militaire de Potemkine et l'une des journées les plus sanglantes du siècle.

30

Une mer de sang : Izmail

> « Tout ce que ferait le diable s'il tombait complètement en démence ; tout ce que la plume est impuissante à exprimer ; tout ce que peuvent les hôtes de l'enfer, ou, non moins affreux que l'enfer – ceux qui abusent de leur pouvoir ; tous ces fléaux (comme cela s'est vu et se verra) furent déchaînés à la fois. »
>
> Lord Byron,
> *Don Juan*, Chant VIII, 123

Le 23 novembre 1790, près de trente et un mille soldats russes, sous le commandement des lieutenants-généraux Ivan Goudovitch, Pavel Potemkine et Alexandre Samoïlov, et la flottille, commandée par le major-général de Ribas, investirent l'indomptable Izmail. L'hiver approchait ; la maladie décimait l'armée affamée. Seul Ribas, aussi impitoyable que doué, avait le cœur à se lancer à l'assaut. Les trois autres généraux se disputaient. Aucun n'avait, de lui-même, le prestige suffisant pour ordonner un assaut sur une forteresse quasi imprenable. Izmail avait été construite dans un amphithéâtre naturel défendu par deux cent soixante-cinq canons et une garnison de trente-cinq mille hommes, autant qu'une armée de taille moyenne. Les fortifications s'étendaient en demi-cercle, faites de puissantes murailles, de fossés profonds, de tours, de palissades perpendiculaires et de redoutes, le Danube servant de glacis. Des ingénieurs français et allemands en avaient récemment renforcé les remparts « brillamment construits ».

Potemkine observait depuis Bendery car, si Izmail ne tombait pas, il ne tenait pas à ce que le prestige de toute l'armée en soit affecté. En cet instant crucial, le prince ne voyait pas pourquoi il aurait dû mener une existence plus austère. Au contraire, il continua à n'avoir que l'embarras du choix sur le front féminin. Ses ardeurs pour la princesse Dolgoroukaïa refroidissaient. La nouvelle « sultane » en vue, Madame de Witte, se trouvait à ses côtés. La venue de la comtesse Branicka était annoncée, et « Madame L. » – l'épouse du général Lvov – était « en route, amenant une jeune fille de quinze ou seize ans, belle comme Cupidon », une courtisane et la « toute dernière victime du prince », rapportait un témoin bien informé quoique hostile. Potemkine semblait plus dissolu que jamais. Il fut « enchanté » lorsque Richelieu, Langeron et le jeune Ligne se présentèrent à Bendery, mais il ne leur dit pas s'il comptait prendre Izmail d'assaut ou non. Langeron posa la question, mais « personne n'a ouvert la bouche ». Les trois hommes rejoignirent l'armée à Izmail.

À l'insu des trois généraux et de la plupart des historiens du siège, le prince avait déjà décidé que les commandants sur place étaient incapables de prendre la ville. Il avait donc convoqué le seul homme dont il savait qu'il pourrait s'en emparer, Souvorov. « Avec l'aide de Dieu, prenez la ville », lui écrivit Potemkine le 25 novembre, ajoutant : « Il y a là-bas beaucoup de généraux de même rang et l'affaire s'est donc transformée en une sorte de parlement confus. » Le prince signala à Souvorov que les murs d'Izmail du côté du fleuve étaient les plus faibles, et il lui recommanda immédiatement deux hommes : « Ribas vous aidera [...] et vous serez heureux de Koutouzov. » Dans les deux cas, la postérité donnerait raison au jugement de Potemkine. « Prenez les mesures nécessaires et, avec une prière à Dieu, faites-le. » Souvorov partit aussitôt pour Izmail.

Sur place, le camp était l'incarnation du chaos administratif russe et des carences de la hiérarchie. Le prince avait ordonné à l'artillerie de se mettre en position avancée et exigé la prise de la ville « à tout prix ». Le 25 novembre (le jour même où Potemkine avait convoqué Souvorov), Goudovitch présida un conseil de guerre peu concluant au cours duquel Ribas réclama un assaut tandis que les autres hésitaient. Ribas en appela au prince, qui lui répondit secrètement, le 28 novembre, que Souvorov était en chemin : « Toutes les difficultés seront balayées. » Le 2 décembre, Goudovitch tint un autre conseil et ordonna la retraite. Ribas était furieux. « La comédie est terminée », écrivit un officier dégoûté à un ami. Ils remballèrent l'artillerie, les troupes commençaient à s'éloigner. Ribas s'adressa au prince alors que sa flottille revenait à la rame vers Galati.

À Bendery, Potemkine maintenait sa façade d'insouciance et de débauche, ne laissant jamais filtrer que Souvorov était en route pour prendre le commandement. On dit qu'il jouait aux cartes avec son harem quand Madame de Witte, prétendant lui lire l'avenir, prédit qu'il prendrait Izmail dans les trois semaines. Potemkine plaisanta qu'il avait un moyen plus infaillible que la divination – Souvorov –, comme si l'idée lui était venue au cours d'une partie de cartes. Le Sérénissime aimait jouer à ce genre de jeux avec ses courtisans crédules – mais il entretenait délibérément le flou. En effet, il se vanta à Catherine qu'il n'avait révélé ses véritables intentions ni à l'ennemi, ni à son propre état-major. « Le boucher ne doit jamais montrer son couteau, écrivit-il. Le secret est l'âme de la guerre. »

Quand la nouvelle du repli de Goudovitch parvint au prince, il abreuva le général de ses sarcasmes et lui confia le commandement du Caucase et du Kouban : « Je vois que vous avez eu une grande discussion au sujet d'Izmail, mais je n'y vois rien de néfaste pour l'ennemi [...]. Comme vous n'avez pas vu les Turcs de près, sauf après qu'ils furent capturés, je vous envoie le général Souvorov qui vous montrera comment faire. » Potemkine savait qu'il était impossible d'être « plus Souvorov que Souvorov ».

Le comte Souvorov-Rimnikski approcha d'Izmail, fit faire demi-tour aux troupes en retraite et rappela la flottille de Ribas. Il entra dans le camp le 2 décembre, ressemblant « plus à un Tatar qu'au général d'une armée européenne », un petit épouvantail à cheval, seul à l'exception d'une ordonnance cosaque. Malgré (ou peut-être grâce à) ses particularités, passant ses nuits à chanter, mangeant par terre à des heures inhabituelles et se roulant nu sur le sol, Souvorov insuffla de la confiance à ses forces. Il réorganisa les batteries d'artillerie, supervisa la confection d'échelles et de fascines pour combler les fossés, et entraîna les troupes à l'aide de reproductions des murs. Le Sérénissime, tendu, attendait à Bendery – tout en laissant délibérément à Souvorov une possibilité de se replier si vraiment il jugeait qu'Izmail était inexpugnable. Ce n'était pas de l'incertitude, simplement un moyen judicieux d'inviter Souvorov à ne pas risquer la vie de ses hommes et son prestige si tout assaut était effectivement impossible. Après tout, les Turcs étaient convaincus qu'Izmail était absolument imprenable.

Le 7 décembre, un clairon fut envoyé à la forteresse, porteur de lettres de Potemkine et Souvorov exigeant la reddition de la ville pour éviter de verser le « sang innocent des femmes et des enfants », selon les mots du prince. Souvorov fut plus direct : si Izmail résistait, « personne ne sera[it] épargné ». Les Turcs répondirent avec défi en défilant sur les remparts, déjà décorés de nombreux étendards – offrant, se dit Richelieu, « une vision des plus pittoresques de cette multitude d'hommes habillés magnifiquement ». Quand le seraskier demanda une trêve de dix jours, Souvorov refusa, comprenant que l'ennemi cherchait à gagner du temps. Ribas prépara l'assaut. Après un conseil de guerre le 8 décembre, Souvorov ordonna d'attaquer Izmail de tous les côtés – six colonnes par la terre et quatre par le Danube. « Demain, déclara Souvorov à l'armée, soit les Turcs, soit les Russes seront enterrés à Izmail. » Le seraskier, comme une voix déjà d'outre-tombe, proclama : « Le Danube arrêtera son cours, le ciel tombera avant qu'Izmail se rende. »

Le 11 décembre, à 3 heures, le ciel tomba effectivement. Un violent barrage d'artillerie pilonna la forteresse, puis une fusée partit en zigzag dans les nuées pour donner l'ordre d'avancer. L'artillerie turque fit des ravages dans les rangs des assaillants. Izmail fut, se souvenait Langeron, un spectacle « d'horreur et de beauté », alors que les remparts étaient couronnés de flammes. Damas, qui commandait une colonne d'assaut sur le Danube, fut l'un des premiers au sommet des remparts : comme l'avait repéré Potemkine, le côté donnant sur le fleuve était le plus faible. Par la terre, les deux premières colonnes avaient fait irruption dans la ville, mais le fer de lance de Koutouzov fut repoussé à deux reprises avec des pertes terribles. Souvorov lui aurait adressé une note le félicitant pour la prise d'Izmail et l'en nommant gouverneur. Ce qui le poussa à se jeter sur les murs une troisième fois, avec succès. Un prêtre, brandissant un crucifix sur lequel les balles ricochaient, arriva en tête des réserves. Au lever du soleil, toutes les colonnes étaient sur les remparts, mais beaucoup n'étaient pas encore descendues dans les rues. Puis les Russes déferlèrent dans Izmail comme un torrent « inondant la campagne ». Les combats au corps à corps entre soixante mille soldats atteignirent alors leur paroxysme sanglant : à midi, le sort de la bataille n'était toujours pas décidé.

Izmail se para de l'horreur rougeoyante de l'enfer de Dante. Hurlant le nom de leur impératrice, les oursomanes repoussèrent les Turcs. Et ils furent de nouveau saisis par la soif du chaos, la fièvre du sang, la folie de tuer tout ce qu'ils pouvaient trouver. « S'ensuivit le plus horrible carnage, raconta Damas, une boucherie sans égale. Il n'est pas exagéré de dire que les caniveaux de la ville furent teintés de sang. Même les femmes et les enfants succombèrent à cette rage. » Les cris des enfants n'arrêtèrent pas les Russes. Un Turc sortit en courant d'un bâtiment et pointa son arme sur Damas, mais le coup ne partit pas et le « pauvre diable » fut tué sur-le-champ par ses hommes.

Quatre mille chevaux tatars s'échappèrent des écuries souterraines et se ruèrent, affolés, sur les morts et les mourants, leurs sabots martelant la chair humaine et brisant les crânes des blessés, jusqu'à ce qu'ils soient massacrés à leur tour. Le seraskier et quatre mille hommes défendaient toujours le bastion sur lequel sa tente verte était dressée. Quand ils furent sur le point de se rendre, un marin anglais au service de la Russie tenta de capturer le général turc et l'abattit mais il fut lui-même percé de quinze baïonnettes. À ce spectacle, les Russes basculèrent dans une sinistre orgie meurtrière, se frayant méthodiquement un chemin parmi les quatre mille hommes, dont pas un ne survécut.

Les Turcs attendaient la mort avec une résignation que Richelieu n'avait jamais vue. « Je n'essaierai point de dépeindre l'horreur qui gela tous mes sens. » Mais il réussit à sauver la vie d'une fillette de dix ans, qu'il trouva trempée de sang et entourée de quatre femmes la gorge tranchée. Deux Cosaques étaient sur le point de la tuer quand il lui prit la main : « J'eus le plaisir de voir que ma petite prisonnière n'avait d'autre blessure qu'une légère coupure au visage, probablement de la même épée qui avait tué sa mère. » Un prince tatar, Kaplan Giray, et ses cinq fils, fiers descendants de Gengis Khan, se livrèrent à un baroud d'honneur dans le bastion : le père tomba le dernier entouré du cercle que formaient les corps de ses courageux fils.

Le massacre ressemblait à une pantomime macabre tandis que la résistance faiblissait. Les Russes ivres de sang se drapaient de tous les vêtements qu'ils pouvaient trouver – masculins ou féminins. Ils dépouillaient leurs victimes avant de les tuer pour préserver leurs habits. Ils pillèrent les boutiques turques, si bien qu'une délicieuse odeur d'épices imprégna l'air déchiré par les cris des mourants. Des Cosaques méconnaissables, plus terrifiants que jamais affublés de perruques et de robes, rôdaient dans les rues parfumées, s'enfonçant jusqu'aux genoux dans un marais de cadavres encroûtés de boue, fumant de sang, brandissant leurs sabres souillés et pourchassant des malheureux nus alors que des chevaux hennissaient et galopaient, que des chiens aboyaient et que les enfants hurlaient.

> Et l'échauffement du carnage, comme le limon du Nil fécondé
> par le soleil, fait naître de monstrueux spécimens de tous les crimes.

Les corps eux-mêmes furent empilés si haut que Langeron constata qu'il était impossible de ne pas marcher dessus. Richelieu, tenant toujours la main de l'enfant, rencontra Damas, et tous deux durent dégager les cadavres pour permettre à la petite fille de marcher. Le massacre continua jusqu'à 16 heures, quand les Turcs se rendirent enfin.

> La flamme des rues embrasées, comme la lune reflétée dans l'eau,
> se réfléchit dans le sang, dans une mer de carnage.

Le dernier pacha d'Izmail fit étaler des tapis sur le sol au milieu de la forteresse en ruine, entouré des corps de ses compatriotes massacrés, et fuma une pipe aussi tranquillement que s'il était encore assis dans son sérail. Ainsi fut conquise l'« une des clés de l'Empire ottoman ». Près de quarante mille personnes périrent dans ce qui fut l'un des plus grands massacres du siècle.

Sur un bout de papier, aujourd'hui jauni et qui sentirait presque encore l'odeur de la poudre, Souvorov écrivit à Potemkine : « Les nations et les murs se sont effondrés devant le trône de Sa Majesté Impériale. L'assaut fut meurtrier et long. Izmail est prise, et j'en félicite Votre Altesse. »

Le prince était « aussi heureux, aussi affectueux qu'un sultan ». Il ordonna que les canons tirent des salves pour célébrer la victoire et adressa aussitôt une lettre à Catherine, envoyant le frère du nouveau favori, Valerian Zoubov, qu'il appréciait, lui apporter la nouvelle – il y accordait tout le crédit du succès à Souvorov. « Je vous félicite de tout mon cœur », répondit Catherine. Langeron, hostile, affirma que le prince qui disait ne pas vouloir perdre dix hommes un mois plus tôt se vantait maintenant : « Que représentent dix mille-douze mille hommes au regard d'une telle conquête ? » Potemkine jouait peut-être les conquérants sanguinaires, mais le fait qu'il ne visita jamais Izmail, bien qu'il en ait eu l'intention tous les jours, est révélateur. Il tomba malade, comme il le faisait souvent quand la tension était retombée, mais il ne tint pas non plus à défiler au milieu de ce « spectacle hideux ». Il finit par envoyer Popov à sa place. Il était certainement ravi de sa victoire, mais aussi profondément bouleversé par les pertes russes, dont son petit-neveu, le colonel Alexandre Raïevski, l'un des deux frères qui étaient les « plus chers de tous ses neveux[1] ». Sans doute se disait-il plutôt que ce sale travail était fini, et qu'il se terminait bien. Il était soulagé que la ville soit tombée parce que Catherine et lui espéraient que cela pousserait les Turcs à accepter une paix généreuse. Potemkine fut également heureux d'apprendre que, quand la nouvelle atteignit Vienne, le prince de Ligne dut ravaler ses paroles ambiguës sur ses compétences de général.

On raconte que, quand Souvorov arriva à Jassy juste après la bataille, Potemkine le reçut magnifiquement et lui demanda : « Comment puis-je vous récompenser pour vos services ? » Souvorov aurait rétorqué sèchement : « Non, Votre Altesse, je ne suis pas un marchand [...]. Personne ne peut me récompenser sinon Dieu et l'impératrice ! » Ainsi la fiction devient-elle de l'histoire[2]. Les deux originaux ne se retrouvèrent pas avant février, et les notes qu'ils échangèrent étaient enthousiastes. Lorsque tous deux arrivèrent presque simultanément à Saint-Pétersbourg, Potemkine continua à louer et à promouvoir son commandant favori. Le Sérénissime fit prendre ses quartiers d'hiver à l'armée et regagna sa « capitale », Jassy. Alors que son entourage approchait, Richelieu remarqua les lueurs qui illuminaient la ville, éclairée par les torches d'une fête en l'honneur de Potemkine. Cependant, le prince hésitait à s'attarder à Jassy.

Potemkine voulait retourner à Saint-Pétersbourg avec le prestige d'un commandant suprême ayant remporté des victoires sur un théâtre « faisant presque un quart du globe, et partout avec succès ». Ce n'était peut-être pas un soudard assoiffé de sang et amateur de baïonnettes comme Souvorov, mais, en tant que stratège et commandant en chef

1. Le frère survivant, Nikolaï Raïevski, était le général héroïque de 1812 qui tint la redoute Raïevski lors de la bataille de Borodino. Beaucoup plus tard, il se lia d'amitié avec Pouchkine, qui voyageait avec lui, profitant de ses souvenirs de Potemkine et de 1812. Les Raïevski étaient les fils de la sœur de Samoïlov.

2. Presque toutes les versions historiques, qu'elles soient russes ou anglaises, contiennent ce récit de la légende de Souvorov. Ce serait là qu'aurait pris fin leur relation, le génial Souvorov ayant ainsi rendu la monnaie de sa pièce à un Potemkine jaloux. En fait, cette rencontre n'a probablement jamais eu lieu. Aucun témoin à Jassy, comme Langeron, n'en fait état. Après Izmail, Potemkine se trouvait à Bendery, pas à Jassy. Une étude récente de V. S. Lopatine, qui a totalement réfuté la plupart des récits officiels de la relation entre Potemkine et Souvorov, montre que les deux hommes ne se seraient pas revus pendant deux mois – soit pas avant la première semaine de février.

de l'armée et de la marine, il n'avait pas perdu une seule bataille. Dans une lettre à Catherine, il ne put s'empêcher de comparer ses victoires à celles du prince Eugène de Savoie et de Frédéric le Grand, mais il affirma qu'il échappait au péché d'orgueil, suivant son « conseil maternel lors de la dernière campagne ». Il considéra ses accomplissements et remercia Catherine pour ses faveurs, « dont vous m'avez fait preuve depuis ma première jeunesse ». Et il concluait : « Depuis que je vous appartiens, tous mes succès merveilleux vous appartiennent aussi. »

Catherine et Potemkine n'étaient pas vieux, mais ils n'étaient plus jeunes. Ils étaient sur les nerfs et les années de pouvoir les avaient rendus à la fois plus impérieux et plus sensibles. Pourtant, ils se souciaient encore l'un de l'autre, gentiment et amoureusement. Le siège d'Izmail leur avait coûté cher. Les partenaires se donnèrent des nouvelles de leurs maladies. « Ma santé s'améliore, écrivit Catherine. Je pense que c'est la goutte qui a atteint mon estomac et mes intestins, mais je la soigne avec du poivre et un verre de vin de Malaga que je bois chaque jour. » Lui était malade à Jassy, mais, quand il eut vent de sa maladie, il approuva son vin de Malaga et le poivre, ajoutant qu'elle devait « toujours garder [son] estomac au chaud ». « Je vous baise les mains, Mère nourricière. » Il était parti de Saint-Pétersbourg depuis près de deux ans et demanda à Catherine s'il ne pouvait rentrer. « Il m'est tout à fait nécessaire de vous retrouver pour un court instant », lui écrivit-il de Jassy le 11 janvier 1791. Il voulait sans doute avant tout discuter avec elle directement de la Pologne. « Laissez-moi poser les yeux sur vous. »

Elle voulait le voir – « parler vaut mieux que l'écriture », reconnaissait-elle –, mais elle lui demanda d'attendre un peu. Cela fut interprété comme le début de sa disgrâce et le signe qu'elle avait peur qu'il ne revienne à Saint-Pétersbourg pour tenter de supprimer Zoubov. Mais ce n'est pas ce qui ressort de ses lettres, bien qu'il y ait certainement eu des tensions entre eux. Il était frustré par son entêtement à vouloir apaiser la Prusse. Il savait aussi que, dans la capitale, les Prussiens, les Polonais et leurs amis, le grand-duc Paul et les diverses loges maçonniques, s'efforçaient de lui porter tort, affirmant qu'il voulait être roi de Pologne. Il soupçonnait Zoubov aussi de comploter contre lui. Mais il demeurait convaincu de son éternel lien « sacré » avec l'impératrice : « Je ne doute pas de votre faveur permanente. »

Catherine n'agissait pas en tout cas comme si elle ne ressentait plus la tendresse qui avait été la leur tout au long de leur vie. Au contraire, elle le couvrait de cadeaux et lui acheta même une fois de plus le palais de Tauride – pour 460 000 roubles – afin de payer ses dettes. Mais Potemkine, amusé, remarqua que les diamants qui ornaient l'Ordre de Saint-André, que l'impératrice lui avait envoyé, étaient des faux, en cristal – sans doute le symbole d'une cour de plus en plus sclérosée. Elle lui avait simplement demandé de patienter quelques semaines dans le Sud afin de ne pas manquer la chance de conclure la paix avec les Turcs après le triomphe d'Izmail. La chute de la ville avait en effet brisé Constantinople.

Si la paix pouvait être négociée avec la Porte, la Russie pourrait s'occuper du problème de la Pologne : la Diète de quatre ans travaillait à la rédaction d'une Constitution censée en faire un royaume fort et viable et donc une menace pour la Russie. Potemkine, qui contrôlait la politique de la Russie en ce qui concernait la Pologne et la Porte, proposa à Catherine de contraindre les Turcs à céder la Moldavie à la Pologne et ainsi retourner les Polonais contre les Prussiens. Mais tout dépendait des Turcs. Alors, la Grande-Bretagne et la Prusse vinrent involontairement à leur rescousse – ce fut la « crise d'Otchakov ».

Même avant la chute d'Izmail, la Triple Alliance avait prévu d'endiguer l'expansion russe. Jusqu'à présent, la Prusse avait mené la coalition contre la Russie et c'était surtout grâce à la diplomatie inepte, incohérente de Frédéric-Guillaume, que les dégâts avaient été limités. La Grande-Bretagne, dégagée de la crise de la baie de Nootka avec l'Espagne, prit alors la tête de la coalition contre la Russie pour des raisons commerciales et politiques. La déterioration des relations entre la Grande-Bretagne et la Russie remontait à la neutralité armée de Catherine et à la fin du traité commercial anglo-russe en 1786, suivie de la signature d'un accord franco-russe l'année suivante. La Grande-Bretagne estimait qu'elle dépendait trop des approvisionnements navals russes et qu'elle devrait davantage commercer avec la Pologne. Londres s'inquiétait de l'ascendant pris par la Russie en Europe orientale, en particulier maintenant que la chute d'Izmail semblait annoncer une paix victorieuse avec les Turcs. William Pitt, le Premier ministre, avait donc pour but de créer un « système fédératif » d'alliances avec la Pologne et la Prusse, entre autres, pour forcer la Russie à accepter une paix fondée sur le *statu quo ante bellum*. Si la Russie n'acceptait pas de renoncer à Otchakov et à ses autres gains, elle serait attaquée par la Royal Navy sur mer et par la Prusse sur terre. On avait un peu l'impression que la Grande-Bretagne voulait faire la guerre simplement pour « arracher une plume du chapeau de l'impératrice ».

Sélim III serait peu enclin à faire la paix avec la Russie alors que la Grande-Bretagne armait une flotte pour bombarder Pétersbourg. Le sultan exécuta son dernier grand vizir, reconduisit dans ses fonctions le faucon Youssouf Pacha et rassembla une autre armée. Pitt et les Prussiens préparèrent leur ultimatum, leurs armées et leurs navires de guerre. Le prince était plus qu'espéré à Saint-Pétersbourg : il était temps pour lui de rentrer.

Le 10 février 1791, il partit de Jassy. On dit qu'il plaisantait, qu'il allait à Saint-Pétersbourg pour éliminer Zoubov et « extraire la dent » – *zoub* voulant dire dent en russe – même si, en pleine crise d'Otchakov, il avait des choses plus importantes à discuter. Saint-Pétersbourg attendait son arrivée avec une plus grande appréhension que jamais. « Tous les ministres sont pris de panique », redoutant le prince, écrivit l'ambassadeur suédois, le comte Curt Stedingk, au roi Gustave III le 8 février : « Tout le monde est en proie à l'agitation » à la perspective de l'« apparition de ce phénomène ». Le gouvernement cessa de fonctionner : « Personne n'ose, et nul ne peut, décider quoi que ce soit avant [son] arrivée. »

« Madame, demanda Stedingk à l'impératrice à la cour, faut-il croire les rumeurs qui disent que le prince Potemkine apportera la paix ?

— Je ne sais rien de cela, mais c'est possible », répondit Catherine, ajoutant que le Sérénissime était original et très intelligent, qu'il ferait tout ce qu'il pouvait et qu'elle le laisserait faire. Puis elle dit, d'un air songeur et révélateur : « Il adore me préparer des surprises. »

Les voitures de la cour furent envoyées pour attendre son arrivée, les routes éclairées par des torches en pleine nuit pendant une semaine. Le comte Bruce présidait le comité d'accueil, attendant dans une cabane au bord de la route de Moscou, n'osant même pas se déshabiller. Bezborodko partit rejoindre Potemkine pour mieux réfléchir à leurs prochaines manœuvres tactiques. Frédéric-Guillaume regroupa quatre-vingt-huit mille hommes en Prusse-Orientale, Lord Hood rassembla un « armement » de trente-six vaisseaux de ligne et vingt-neuf navires plus petits à Spithead – et le prince de Tauride, avec dans son sillage une nouvelle maîtresse éblouissante, se prépara à la guerre, et au bal le plus extravagant de toute l'histoire de la Russie.

VIII

LA DERNIÈRE DANSE

1791

31

La belle Grecque

> « Tout d'abord, mettez-vous à l'épreuve pour voir si vous êtes un lâche ; si vous ne l'êtes pas, fortifiez votre bravoure innée en passant beaucoup de temps avec vos ennemis. »
>
> Conseils du prince Potemkine à son petit-neveu Nikolaï Nikolaïevitch Raïevski, futur héros de 1812 et ami de Pouchkine

Le 28 février 1791, lorsque Potemkine fit son entrée dans Saint-Pétersbourg – accueilli par une haie de flambeaux –, l'impératrice se hâta d'aller à sa rencontre. La menace de guerre que faisait planer la coalition anglo-prussienne était la plus grave crise que connût la Russie depuis l'époque de Pougatchev et les deux partenaires de longue date se retrouvaient tous les jours, tandis que l'aristocratie et les diplomates rivalisaient d'imagination pour fêter le retour du Sérénissime. « En dépit de la grande espérance que j'avais placée dans cet événement et tout ce que j'avais entendu dire sur l'importance et la puissance de cet homme, le train, le fracas, l'excitation qui l'accompagnaient me stupéfièrent et j'en ai toujours les effets sous les yeux, écrivit le diplomate suédois Jean-Jacob Jennings. Depuis que ce prince est arrivé, il n'y a d'autre sujet de conversation que lui dans toute la société, dans toutes les grandes maisons ou les plus modestes – que fait-il ou que fera-t-il ? Dîne-t-il, dînera-t-il ou a-t-il dîné ? Le public n'a plus d'intérêt que pour lui ; tous les hommages, respects, offrandes de citoyens de toutes classes – seigneurs, artisans, marchands, écrivains –, les voilà tous assis à sa porte et emplissant ses antichambres. »

Le prince de Tauride semblait avoir conquis tout le monde : « Son crédit et son autorité n'ont jamais été aussi grands, remarqua l'émissaire suédois Stedingk. Tout ce qui brillait avant son arrivée est éclipsé et la Russie entière est à ses pieds. » Il suscitait l'admiration de tous – mais aussi la jalousie de certains magnats. Le « public » russe, si tant est qu'il existât – c'est-à-dire la petite noblesse et la classe des marchands –, le vénérait. Les dames arboraient son portrait en sautoir. « L'image d'un héros anime son sein de perle soulevé par des soupirs », écrivit Derjavine. Dans les réceptions, on récitait l'*Ode* aux victoires de Potemkine, composée pour l'occasion. Pendant cette période que l'on appela le « carnaval du prince Potemkine », chaque grand personnage se devait de donner un bal.

Catherine elle-même semblait soulagée et ravie de revoir le Sérénissime après une si longue séparation. « La victoire l'a embelli », confia-t-elle à Grimm. Potemkine était maintenant « beau comme le jour, gai comme un pinson, brillant comme une étoile, plus spirituel que jamais, il ne se rongeait plus les ongles et donnait des fêtes tous les jours. Tout le monde [était] enchanté, en dépit des envieux ». De fait, le prince ne s'était jamais montré plus charmant. Même Augustin Deboli, l'émissaire de la Pologne révolutionnaire, qui pourtant ne le portait pas dans son cœur, rapporta que Potemkine était si courtois qu'il demandait malicieusement à tout le monde s'ils avaient remarqué combien ses manières avaient changé.

C'est ainsi que Potemkine apparut au plus haut de sa gloire en mars 1791. « J'ai vu pour la première fois cet homme extraordinaire dimanche dernier dans le cercle du grand-duc, s'enthousiasma Jennings. On m'avait dit qu'il était très laid. Je ne trouve pas. Au contraire, il a une présence imposante et ce défaut dans l'œil ne le défigure pas autant que l'on s'y attendrait. » Potemkine portait son uniforme blanc de grand amiral de la flotte de la mer Noire, étincelant de diamants et de médailles. Dès que le grand amiral paraissait, « le cercle qui entourait le grand-duc se dispersait pour aussitôt se reformer autour du prince Potemkine, exactement comme si l'on voyait en lui la personne de notre maître ». Même les princes du Württemberg se redressaient et, immobiles « comme des statues, les yeux fixés sur le grand homme, attendaient qu'il daigne les gratifier d'un regard ».

Durant le « carnaval de Potemkine », il y avait une fête chaque soir. Parmi les courtisans – Nikolaï Saltykov, Zavadovski, Ivan Tchernichev, Bezborodko, Osterman, Stroganov et Bruce –, c'était à qui donnerait le bal le plus extravagant. Certains, à vouloir imiter les Stroganov, frôlèrent la faillite. Mais ils ne savaient plus trop bien qui était la dernière maîtresse en date du prince. Alors qu'ils s'apprêtaient à donner des bals en l'honneur de sa « sultane », la princesse

Dolgoroukaïa, ils constatèrent qu'il n'allait plus la voir. Quand elle l'informa qu'elle était souffrante, il ne vint pas pour autant lui rendre visite, pas même une seule fois. Alors, les lâches courtisans annulèrent leurs bals et la princesse humiliée en fut réduite à se retirer à Moscou. Le 18 mars, le prince de Nassau-Siegen organisa une fête des plus somptueuses, présentant des plats débordants d'esturgeon et de sterlet, les mets préférés de Potemkine. Le Sérénissime, vêtu de son superbe uniforme de grand hetman incrusté de joyaux – dont Deboli prétendait qu'il ne coûtait pas moins de 900 000 roubles –, révéla une autre de ses gourmandises préférées : Madame de Witte, aventurière et intrigante de haut vol.

L'apparition au bal de Nassau de « cette beauté de grand renom » fit la « plus grande sensation », raconta Jennings, lui-même époustouflé par ce spectacle. Quand Potemkine eut terminé sa partie de cartes, il se précipita vers elle et ne parla plus qu'avec elle. Ils étaient la cible de tous les regards : « Toutes les dames frétillaient, et ces messieurs avec elles – les premières de désespoir, d'exaspération et d'une bonne dose de curiosité, les seconds de désir et d'espérance. »

Avec ses boucles blondes encadrant un beau visage grec et ses yeux violets, Sophie de Witte, vingt-cinq ans, était la « plus jolie femme d'Europe à cette époque ». Courtisane à Constantinople dans son adolescence, elle était devenue l'une des plus riches comtesses de Pologne : pendant quarante ans, elle étonna et scandalisa l'Europe par « sa beauté, son vice et ses crimes ». Elle était née dans un village grec des environs de la « ville du désir du monde » et on la surnommait « la belle Grecque » ou « la belle Phanariote », en référence au quartier grec du Phanar. À l'âge de douze ans, elle avait été vendue par sa mère, marchande de légumes, à l'ambassadeur de Pologne qui fournissait des filles au roi Stanislas-Auguste. (Sa sœur, tout aussi jolie qu'elle, avait quant à elle été cédée à un vieux pacha ottoman.) Depuis lors, chaque fois qu'elle trouvait preneur, un autre homme tombait éperdument amoureux d'elle et surenchérissait sur le premier acquéreur. Ainsi, alors qu'elle rejoignait la Pologne dans les bagages de l'ambassadeur, celle qui ne s'appelait encore que Sophie de Tchelitche fut remarquée par le commandant de Witte, fils du gouverneur de la forteresse polonaise de Kamianets-Podilskyï, qui l'acheta pour 1 000 ducats et l'épousa en 1779. Elle avait quatorze ans. De Witte l'envoya parfaire son éducation à Paris et apprendre les bonnes manières – et le français – auprès de la princesse Nassau-Siegen.

*La belle Phanariote** ensorcela Paris. Langeron l'y rencontra et fit l'éloge des « yeux les plus tendres et les plus beaux que la nature ait jamais créés », mais il ne se faisait aucune illusion sur ses habiles manipulations et sur la « froideur de son cœur ». Elle devait en partie son charme fascinant à une « sorte d'originalité provenant soit d'une fausse naïveté, soit de l'ignorance ». Le tout-Paris se répandait en louanges sur ses « beaux yeux ». Lorsque quelqu'un s'enquérait de son état de santé, elle répondait : « Mes *beaux yeux** me font mal », ce qui amusait énormément tout le monde. Pendant ce temps-là en Pologne, où Potemkine engageait sa guerre, son mari, devenu à son tour gouverneur de Kamenets, était la cheville ouvrière du réseau d'espionnage du prince dans le sud de la Pologne : c'était lui qui faisait entrer des espions à Khotine, les cachant dans les livraisons de beurre. Mais c'était probablement sa femme qui lui fournissait des renseignements : sa sœur était mariée au pacha de Khotine, tandis que Sophie elle-même était l'amante du général en charge du siège, Nikolaï Saltykov. Mais Ribas, auquel rien n'échappait, la repéra et la présenta à Potemkine à Otchakov. Les gens qui se rendaient à Jassy et Bendery remarquaient son costume grec et la voyaient prendre des poses mélodramatiques et « s'affaler lascivement » pour impressionner le Sérénissime. Elle devint sa confidente sur sa liaison avec la princesse Dolgoroukaïa, qu'elle évincerait bientôt. Potemkine nomma le mari complaisant au poste de gouverneur de Kherson et il profita très probablement de la position de sa nouvelle maîtresse parmi les Polonais et les Turcs pour en faire son agent secret.

L'impératrice, habituée aux frasques de son consort, offrit à la belle Grecque une paire de boucles d'oreilles en diamant. L'époux de Sophie fut si fier de ce présent qu'il assura haut et fort qu'elle resterait dans l'histoire comme l'amie de la royauté, ajoutant : « Le prince n'est pas l'amant de ma femme, mais simplement un ami, car s'il était son amant, je romprais tout lien avec lui. » Ce syllogisme dut soulever quelques ricanements. La courtisane espionne avait manifestement bien des atouts pour subjuguer Potemkine : c'était une Orientale, une intrigante, une Vénus et une Grecque. Que demander de plus ? « Vous êtes la seule femme qui me surprend », lui avoua Potemkine. À quoi la friponne répliqua : « Je le sais. Si j'étais votre maîtresse, vous m'auriez déjà oubliée. Je ne suis que votre amie et le resterai toujours. » (C'était là le genre de choses que les dames se devaient de dire en public. Bien sûr, personne dans son entourage ne la crut.) Sans doute en vint-elle à enfreindre ses propres principes car, quinze jours plus tard, des diplomates remarquèrent que Potemkine commençait à se désintéresser d'elle. Avait-elle donc succombé, en dépit de sa prescience ?

Le Sérénissime décida d'organiser un bal afin de défier la coalition anglo-prussienne et de fêter la prise d'Izmail. Il était censé négocier les subventions que la Russie verserait à Gustave III dans le cadre d'une alliance russo-suédoise. Il était dans son intérêt de peser de tout son poids dans cette affaire, car la Grande-Bretagne proposait également des fonds à la Suède qui, en échange, l'autoriserait à utiliser ses ports dans une guerre contre la Russie. La menace était suffisamment grave pour que, le 25 avril, Potemkine envoie Souvorov commander les unités cantonnées face à la Suède, en guise d'avertissement à Gustave. Celui-ci essayait de faire monter les enchères : la Grande-Bretagne lui offrait 200 000 livres mais, la crise d'Otchakov passée, cette somme diminuerait. Potemkine laissa donc délibérément traîner les négociations en obligeant l'émissaire suédois, Stedingk, à assister aux répétitions de son bal au palais de Tauride.

Stedingk en retira bien des enseignements en matière de théâtre, mais aucune satisfaction diplomatique. Le Sérénissime ne semblait s'intéresser qu'aux diamants – couvert de diamants, il regardait des diamants, admirait les énormes diamants que portait Catherine sur le portrait miniaturisé qu'il avait d'elle, jouait avec des diamants, et bientôt il ne parlait plus que de ces cailloux. Il obligea Stedingk à « parcourir cinquante appartements, à tout y regarder et admirer, puis [le] fit monter dans sa voiture, ne parlant que de lui-même, de la Crimée et de la flotte de la mer Noire ». Il y eut ensuite d'autres répétitions. Quand enfin le prince en eut assez de ces chorégraphies spectaculaires, son visage révéla « le dégoût, l'ennui, la lassitude [...] propres à la satisfaction de tous les caprices, lorsque l'on est blasé de tout et qu'il ne reste rien à désirer ».

« Deux cents musiciens, placés dans la galerie de la grande salle, jouent [...] avec nous deux pour tout public. Le prince est au septième ciel. Cent personnes arrivent, dansent, exécutent une autre quadrille. » Les répétitions commençaient à 3 heures de l'après-midi et se terminaient à 9 heures, « ne laissant pas un instant pour fixer l'attention du prince sur la Suède », rapporta tristement Stedingk à son roi. « Tel est l'homme, Sire, qui gouverne l'empire. » Potemkine disait à qui voulait l'entendre qu'il ne s'occupait pas d'affaires extérieures, mais ne pensait qu'à son divertissement.

Les affaires sérieuses se déroulaient dans les appartements de Catherine, où les partenaires s'efforçaient de contrer une guerre anglo-prussienne imminente. Après deux ans de séparation, leur relation devait trouver un nouvel équilibre entre l'autoritarisme dominateur de Potemkine et l'obstination lasse de l'impératrice. Le 16/27 mars, Pitt envoya son ultimatum à Saint-Pétersbourg, par l'intermédiaire de Berlin. C'était là une initiative téméraire de la part du Premier ministre britannique, généralement prudent, mais il ne pouvait prendre à la légère la menace que constituaient trente-neuf vaisseaux de ligne et quatre-vingt-huit mille Prussiens. Pour l'impératrice, il était hors de question de faire la moindre concession aux Prussiens et aux Anglais.

Cherchant désespérément une issue à ce piège, Potemkine et Catherine allèrent jusqu'à s'adresser à la grande figure de l'odieuse Révolution française, Honoré-Gabriel Riqueti, comte de Mirabeau. « La France a perdu la raison », pensait Potemkine ; Catherine estimait pour sa part que Mirabeau méritait d'être pendu, non à une seule potence, mais à plusieurs – puis, « écartelé sur la roue ». Or, il se trouvait que Potemkine entretenait des contacts secrets avec Mirabeau, qui était le seul Européen qui l'égalât par son génie excentrique, sa stature physique et son extraordinaire dépravation. (Comme par un fait exprès, le père de Mirabeau avait un jour marmonné à propos de son fils : « Mis à part l'impératrice de Russie, je ne vois personne pour qui cet homme ferait un parti convenable. ») Le prince versa de généreux dessous-de-table à celui qu'il surnommait « Mirabobtcha » dans l'espoir de convaincre la France de s'allier à la Russie contre l'Angleterre (alors qu'en fait Mirabeau préconisait une entente avec Londres). Le comte, qui se faisait déjà grassement rémunérer par un Louis XVI aux abois, dépensa tout bonnement l'argent de Potemkine pour financer son train de vie somptuaire, puis tomba malade. Il décéda à Paris le 19 mars/2 avril 1791 – le lendemain du bal que Nassau avait donné en l'honneur de Potemkine.

Le Sérénissime savait que la Russie ne pouvait pas affronter en même temps la Triple Alliance, la Pologne et les Turcs. Ainsi, alors qu'il préparait son armée à une guerre plus vaste, plaçant sur la Dvina et à Kiev des unités prêtes à traverser la Pologne pour marcher sur la Prusse, il envisageait d'écarter Frédéric-Guillaume – par des arguments sonnants et trébuchants – afin de laisser à la Russie les mains libres pour s'occuper des Turcs et des Polonais. Mais Catherine ne voulait pas participer à la coalition. Ce différend mit leur amitié à rude épreuve. Stedingk pensait que « même Sa Majesté l'impératrice » était « secrètement jalouse » du Sérénissime. C'était peut-être la raison pour laquelle elle disait que Potemkine faisait « tout ce qu'elle l'autorisait à faire ». Mais, rapporta l'émissaire suédois, « l'impératrice n'est plus la même. [...] L'âge et les infirmités l'ont rendue moins capable ». Il était désormais plus facile de la tromper, de flatter sa vanité et de l'induire en erreur. Comme le disait Lord Acton, le pouvoir absolu corrompt, et tous deux avaient dégénéré – tel était le destin des dirigeants qui ne quittent jamais le pouvoir. Potemkine se faisait toutefois encore fort de traiter Catherine en dame. « Que voulez-vous, fit-il fièrement remarquer au Suédois. C'est une femme, et il faut savoir la manier. On ne peut rien précipiter. »

Le problème était en fait bien moins personnel que cela. Catherine était inquiète car une réelle divergence de vues les séparait, ce qui n'était jamais arrivé. Elle craignait sans doute qu'il remporte la partie et, du même coup, qu'il sape son autorité. Potemkine, lui, s'exaspérait de voir que l'orgueil et l'obstination de l'impératrice menaçaient tout ce qu'ils avaient bâti. Finirait-elle par se rendre aux arguments du prince, qui connaissait après tout bien mieux la situation militaire ?

Il tenait également à se débarrasser du favori de l'impératrice, Platon Zoubov, qui était de plus en plus impliqué dans les intrigues qui se tramaient contre lui – ce qui ne fut certainement pas sans accroître les tensions. Un homme politique n'est jamais aussi exposé que lorsqu'il paraît invincible, car il ligue contre lui ses ennemis et Potemkine était la cible de nombreux complots. Deboli se souvint que Zoubov, Saltykov et Nassau-Siegen conspiraient déjà contre lui, alors même que « de nombreuses tentatives contre [...] Potemkine avaient déjà échoué ». Zoubov bénéficiait pourtant de l'appui de son bienfaiteur, Nikolaï Saltykov, précepteur du jeune grand-duc Constantin et, de ce fait, proche de Paul, de son cercle proprussien basé au domaine de Gatchina, et des loges maçonniques, plus particulièrement des rosicruciens, liées à Berlin[1]. Certaines de ces loges devinrent des points de ralliement pour critiquer le régime de

1. Ce n'était pas un hasard si la première biographie de Potemkine (et la plus féroce), écrite avant même l'ouvrage de Helbig, *Panslavin Fürst der Finsternis* (*Panslavin, prince des Ténèbres*), était l'œuvre d'un franc-maçon, J.F.E. Albrecht, probablement rosicrucien. La franc-maçonnerie mystique était étonnamment à la mode parmi les amateurs de défilés prussiens : le bruit courait que le gros, terne et sombre Frédéric-Guillaume passait ses soirées à communiquer avec les esprits de Marc-Aurèle, de Leibniz et du Grand Électeur, dont il espérait apprendre l'art d'afficher sa grandeur. Si tel était le cas, les leçons ne portèrent guère.

Catherine et Potemkine, d'autant plus que, contrairement au prince, nombre des magnats étaient maçons. Paul lui-même, qui détestait cordialement Potemkine, entretenait une correspondance compromettante avec Berlin.

Catherine et Potemkine n'avaient plus beaucoup de temps pour se complaire dans les marques d'affection : ils se disputaient régulièrement, pour aussitôt se réconcilier, comme ils le faisaient depuis qu'ils étaient tombés amoureux, dix-sept ans plus tôt. À cette époque, Catherine se disait convaincue que leurs querelles portaient toujours « sur le pouvoir et non l'amour », et c'était maintenant vrai. Quand il ne parvenait pas à la persuader, Potemkine la rudoyait jusqu'à la contraindre à changer de politique. Elle résistait jusqu'à ce que les larmes lui viennent aux yeux, mais c'était là une stratégie, au même titre que les crises de colère du prince. Son refus d'adresser des signes de conciliation à une puissance sur le point d'envahir une Russie exsangue confinait au ridicule. Potemkine, qui connaissait la situation sur le terrain, ne proposait pas de se rendre mais simplement de neutraliser Frédéric-Guillaume en attendant de conclure une paix avec les Turcs. Il confia au valet de Catherine, Zakhar Zotov, qu'à force de différer sa décision, l'impératrice finirait par provoquer une levée de boucliers. Elle ne daignait même pas prendre sa plume pour écrire à Frédéric-Guillaume. Le Sérénissime pestait désormais contre Zoubov : pourquoi Mamonov avait-il été assez idiot pour laisser sa place au lieu d'attendre que Potemkine arrange les choses ? Si la guerre éclatait d'un jour à l'autre, Potemkine protégerait ses conquêtes turques et donnerait satisfaction à la Prusse en orchestrant une partition de la Pologne – ce qu'il ne se résoudrait à faire qu'en dernier ressort, car une partition ruinerait les subtils projets qu'il nourrissait pour ce pays.

Les querelles de Catherine et Potemkine duraient des jours. Elle pleurait, il piaffait de rage. Il se rongeait les ongles. Elle en avait des crampes d'estomac. Le 22 mars, elle se retrouva alitée avec « des spasmes et une forte colique ». En dépit de leurs désaccords, ils continuaient à se comporter comme un vieux couple : il insistait pour qu'elle prenne des médicaments pour les intestins, mais elle tenait à « laisser faire la nature ». Le prince ne relâchait pas la pression.

Un petit garçon, le fils du valet de Potemkine, assista à l'une de ces chamailleries suivies d'une réconciliation telles qu'il en survenait dans tous les couples : le prince cogna du poing sur la table et sortit en claquant si fort la porte derrière lui que les verres tremblèrent. Catherine éclata en sanglots. Puis, elle remarqua le garçonnet effrayé qui aurait sans doute préféré ne pas se trouver là. Elle sourit à travers ses larmes et, indiquant de la main l'homme absent, elle dit au garçon : « Va voir comment il va. » L'enfant obéit et courut vers les appartements du Sérénissime et le trouva dans son bureau, assis à sa table.

« C'est elle qui t'envoie ? demanda le prince.

— Oui, répondit le petit avec le courage sincère de l'innocence. Le Sérénissime devrait peut-être aller réconforter Sa Majesté Impériale, car elle pleurait et demandait pardon.

— Qu'elle pleure donc tout son saoul ! » répliqua cyniquement Potemkine.

Mais il avait le cœur trop tendre pour l'abandonner longtemps à son sort. Quelques minutes plus tard, calmé, il alla se rabibocher avec elle. Telles étaient leurs relations personnelles et politiques vers la fin de leur vie.

« L'obstination conduit à une nouvelle guerre », nota le secrétaire de Catherine dans son journal le 7 avril. Mais, à l'idée d'avoir à mener un conflit sur plusieurs fronts – puisque, selon toute vraisemblance, la Pologne et la Suède rejoindraient l'Angleterre, la Prusse et la Turquie –, Catherine réagit. Elle annonça à son personnel qu'il n'y aurait désormais plus « ni bière ni *porters* » – des produits anglais – mais, le 9 avril, Potemkine et Bezborodko rédigèrent un mémorandum afin d'apaiser suffisamment Frédéric-Guillaume pour le détourner de la guerre. « Comment voulez-vous que nos recrues affrontent les Anglais ? avait grommelé Potemkine. Les canonnades des Suédois n'ont donc fatigué personne, ici ? » S'il en était une qui en avait assez de se battre, c'était bien Catherine : elle céda et accepta secrètement de reconduire le vieux traité avec la Prusse, d'encourager la Pologne à céder Thorn et Dantzig à celle-ci et de faire la paix avec la Porte, s'assurant d'Otchakov et son arrière-pays. Mais ils se préparaient à la guerre. « Vous aurez de mes nouvelles s'ils attaquent sur la terre ou sur les mers », écrivit Catherine à un ami de Berlin, faisant délibérément passer son message en clair et sans offrir la moindre concession.

Les deux partenaires ignoraient que la coalition était en train de s'effondrer. La proposition de Catherine n'avait pas eu le temps de parvenir à Berlin que la Grande-Bretagne avait jeté l'éponge. Le gouvernement Pitt avait techniquement remporté les trois débats parlementaires sur la crise d'Otchakov, mais il perdit la bataille. Le 18/29 mars, Charles James Fox prononça un discours enflammé dans lequel il démonta un à un les fragiles arguments en faveur d'une expédition navale contre la Russie et demanda quels intérêts britanniques il y avait à défendre à Otchakov, tandis qu'Edmund Burke reprocha vertement à Pitt de protéger les Turcs – « une horde de barbares asiatiques ». L'envoyé de Catherine, Simon Vorontsov, rallia le « lobby » des marchands russes de Leeds à Londres, et mit en ordre de bataille ses propres spécialistes de la propagande. L'encre et le papier eurent davantage d'effet que l'acier prussien et que la poudre britannique. Même la Marine était contre le plan de Pitt : Horatio Nelson se demandait « comment [ils] pourr[aient s']emparer de la flotte [de Catherine]. Des mers étroites et pas de ports amis augurent mal ». En quelques jours, un slogan faisait son apparition sur tous les murs du royaume : « Pas de guerre avec la Russie ! » Le soutien du Cabinet s'effilocha. Le 5/16 avril, Pitt retira son ultimatum et dépêcha à Saint-Pétersbourg un émissaire secret, William Fawkener, le chargeant de trouver une issue à la débâcle qui avait bien failli lui coûter son poste.

Le prince et l'impératrice étaient aux anges. Catherine fêta l'événement en installant la statue de Fox dans sa galerie Cameron, entre celles de Démosthène et de Cicéron. Potemkine marqua le coup en faisant joyeusement remarquer à Charles Whitworth, l'envoyé britannique déconfit, que Catherine et lui-même étaient les « enfants gâtés de la Providence ». Avec la crise d'Otchakov, les Britanniques étaient pour la première fois confrontés à la question d'Orient, mais ils ne s'inquiétaient pas encore de la survie de l'« homme malade de l'Europe ». Le Grand Jeu était encore loin. Potemkine avait eu tort de forcer Catherine à négocier – mais cela n'apparaîtrait que plus tard. Les conseils qu'il lui avait prodigués étaient sensés. Ils avaient simplement eu de la chance. Le prince était d'ailleurs persuadé qu'il partageait une bonne étoile avec l'impératrice : « Pour réussir, ils n'ont qu'à en former le désir », confiat-il à l'émissaire anglais.

Son bal masqué, qu'il répétait jour et nuit depuis son retour, devait marquer le triomphe de la Russie sur les Turcs, les Prussiens et les Britanniques – une fête à la gloire de la Providence en forme de pied de nez. Ses domestiques parcoururent au galop les environs de Saint-Pétersbourg en criant l'invitation suivante[1] :

1. L'auteur a retrouvé dans les archives du Musée d'État d'histoire locale d'Odessa ce qui est sans doute l'unique copie de ce carton qui nous soit parvenue, adressé à la comtesse Osterman.

Le feld-maréchal Potemkine, prince de Tauride, vous prie de lui faire l'honneur de répondre à son invitation le lundi 28 avril à 6 heures en son palais de l'avenue de la Garde à cheval pour le grand bal masqué que Sa Majesté Impériale et Leurs Altesses Impériales honoreront de leur présence.

32

Carnaval et crise

> « Le maréchal-prince Potemkine nous a donné hier une fête somptueuse, à laquelle je suis restée depuis 7 heures du soir pour ne rentrer qu'à 2 heures du matin. [...] Maintenant, je vous écris pour soulager mon mal de tête. »
>
> Catherine II au baron Grimm

Le 28 avril à 7 heures du soir, la voiture impériale arriva sur l'avenue de la Garde à cheval et s'arrêta devant la colonnade classique du palais de Tauride, illuminé de centaines de flambeaux. L'impératrice, vêtue d'une robe longue dont les manches lui couvraient les bras, coiffée d'un magnifique diadème, descendit lentement sous la pluie. Potemkine alla à sa rencontre. Il portait un frac écarlate et, jetée sur les épaules, une cape de dentelle noir et or constellée de diamants. Il était paré d'« autant de diamants qu'un homme pouvait porter ». Derrière lui, un adjudant tenait un coussin sur lequel était déposé son chapeau, si lourd de diamants qu'il était impossible à porter. Potemkine avançait entre une haie de laquais vêtus de la livrée de leur maître – jaune pâle galonnée de bleu et d'argent. Chacun portait un candélabre. Baigné de cette splendeur impériale, Potemkine mit un genou à terre devant Catherine. Elle le fit relever. Il lui prit la main.

Une clameur sourde retentit lorsque les cinq mille invités, plus soucieux de faire ripaille que de regarder l'Histoire s'écrire sous leurs yeux, se précipitèrent vers les tables surchargées de plats et de boissons. Il y avait des balançoires, des manèges et même des échoppes où l'on distribuait gratuitement des costumes mais, pour l'heure, c'était le banquet qui les intéressait. Le prince avait demandé qu'il ne soit dressé qu'après l'entrée de l'impératrice, mais un intendant avait pris le carrosse d'un courtisan pour la voiture impériale et avait donné trop tôt le signal. La ruée faillit tourner à l'émeute. L'espace d'une seconde, Catherine qui, à l'heure où la Révolution française donnait le coup de grâce à la monarchie, redoutait le peuple, pensa que l'« honorable assistance » allait s'en prendre à elle. À son grand soulagement, elle comprit qu'ils ne faisaient que remplir leurs poches de nourriture pour en ramener autant que possible chez eux.

Le prince conduisit son impératrice vers l'entrée du palais qui prendrait par la suite le nom de palais de Tauride, et constituait une nouvelle référence en matière de simplicité classique et de munificence. « Tout était gigantesque. » Sa façade sobre et colossale avait été conçue par l'architecte Ivan Starov pour symboliser la puissance et la splendeur de Potemkine. Deux longues ailes s'étiraient de part et d'autre d'un portique coiffé d'un dôme et soutenu par six colonnes doriques. À l'intérieur, le couple traversa une antichambre et emprunta un corridor qui menait sous la coupole, dans la salle des Colonnes où, déguisés, le grand-duc Paul et son épouse attendaient Catherine avec les milliers d'invités.

« Imaginez cela si vous le pouvez ! » rapporta Catherine à Grimm. Avec 21 mètres de hauteur, 74,5 mètres de long et 14,9 mètres de large, cette sale ovale était la plus grande d'Europe, reposant sur deux rangées de trente-six colonnes ioniques – une « poésie des colonnes » qui, par leur taille, écrasaient les milliers d'invités. (Elle pouvait aisément accueillir cinq mille personnes.) Sur les planchers marquetés d'essences précieuses, trônaient des vases de marbre blanc « étonnamment énormes » et aux plafonds étaient suspendus des lustres en cristal noir à plusieurs niveaux – des trésors achetés à la duchesse de Kingston. À chaque extrémité de la pièce, une double rangée de portes-fenêtres. La salle étincelait tant qu'on l'eût dite en feu, éclairée par les énormes lustres et cinquante-six autres, plus petits, portant chacun six bougies. Cinq mille torches flamboyaient. Un orchestre à vents de trois cents musiciens et un orgue, accompagné par des chœurs – tous dissimulés dans les deux galeries latérales –, explosa dans un fracas d'œuvres chorales composées spécialement pour l'occasion.

Droit devant elle, l'impératrice avait une vue imprenable sur le célèbre jardin d'hiver. Couvrant une superficie de soixante mille cinq cents mètres carrés, soit autant que le reste du palais, c'était également le plus grand d'Europe. L'immense orangerie se dressait sur des colonnes en forme de palmier par lesquelles passaient des canalisations d'eau chaude. C'était le chef-d'œuvre de William Gould, une jungle maîtrisée de plantes exotiques, « de fleurs, de jacinthes et de narcisses, de myrtes et d'orangers en abondance », dont les murs étaient habillés de miroirs et dissimulaient d'immenses chaudières[1]. Des lampes et des diamants cachés dans des grappes de raisins, des bouquets de poires et d'ananas factices achevaient d'incendier le décor de lumière. Des poissons écarlates et argentés évoluaient dans des globes de verre. Un ciel était peint sur la coupole. Des sentiers et de petites buttes quadrillaient ces tonnelles menant vers des statues de déesses. Catherine fut surtout impressionnée par la « perspective infinie » où, par-delà la luminosité de la salle des Colonnes, le regard portait jusqu'à la légèreté tropicale du jardin d'hiver et, à travers ses parois de verre, jusqu'au jardin anglais où « des sentiers de sable serpent[ai]ent, des collines s'élèvent, des vallées se creus[ai]ent, des clairières rév[élai]ent des bosquets, des étangs étincel[ai]ent », ses folies et ses reliefs, encore couverts de neige, dévalant jusque sur les rives de la Neva. Une forêt tropicale jouxtant des collines enneigées – lesquelles étaient réelles ?

Dans ce jardin d'hiver, sur une pyramide sertie de diamants, s'élevait un temple à l'impératrice. Au pied de la statue de Catherine II en législatrice, œuvre de Fedot Choubine, Potemkine avait fait graver une plaque : « Pour la mère de la Patrie et ma bienfaitrice. » Le prince escorta Catherine jusqu'à un dais surélevé couvert de tapis persans qui se trouvait sur la gauche de la salle des Colonnes, face au jardin. Des jardins tropicaux surgirent deux quadrilles, de douze paires d'enfants chacun, les « plus beaux de Saint-Pétersbourg », selon Catherine, vêtus de bleu ciel et de rose, et parés de la tête aux pieds de « tous les joyaux de la ville et des faubourgs » – les garçons en costume espagnol, les filles en habit grec. Le grand-duc Alexandre, futur empereur et vainqueur de Napoléon, exécuta dans le premier quadrille une subtile contredanse chorégraphiée par le célèbre maître de danse Le Picq. Le grand-duc Constantin se produisit dans le second. « Il est inconcevable de voir plus beau, plus varié ou plus brillant », écrivit par la suite Catherine. Puis, Le Picq en personne dansa un solo.

Tandis que la nuit s'installait, Potemkine mena la famille impériale et, à sa suite, tous les invités dans la salle des Gobelins dont les tapisseries racontaient l'histoire d'Esther. Parmi les divans et les fauteuils se dressait une de ces merveilles dont Potemkine avait le secret : un éléphant doré, grandeur nature, couvert d'émeraudes et

1. William Gould, le tsar des jardiniers de Potemkine, « vivait dans le faste » dans la villa palladienne (encore appelée la « maison du jardinier ») que Catherine lui avait fait construire sur la propriété du palais de Tauride, où il « recevait la noblesse ». Il décéda en 1812 dans sa luxueuse retraite d'Ormskirk, dans le Lancashire.

de rubis, cachant une horloge dans son socle, monté par un cornac nègre drapé de soies persanes ; à son signal, les rideaux se levèrent sur la scène d'un amphithéâtre flanqué de loges. On joua d'abord deux pièces comiques françaises puis, après un ballet, on fit défiler tous les peuples de l'empire, parmi lesquels des pachas ottomans capturés à Izmail, dans la splendeur asiatique de leurs costumes nationaux. Tandis que l'assistance se régalait du spectacle, dans les autres salles, les domestiques allumaient quatorze mille lampes et vingt mille bougies supplémentaires. Quand l'impératrice revint, la salle des Colonnes resplendissait d'un formidable flamboiement.

Le prince prit Catherine par la main et la conduisit au jardin d'hiver. Devant la statue du temple, il s'agenouilla à nouveau à ses pieds et la remercia. Elle le releva et l'embrassa tendrement sur le front, lui disant sa gratitude pour ses actes de bravoure et son dévouement. On récita l'hymne triomphal de Derjavine aux victoires de Potemkine : « Tonnerre de la victoire, retentis ! Réjouis-toi, valeureux Russe ! »

Potemkine fit un signe à l'orchestre. Enfin, le bal était ouvert. Catherine joua aux cartes avec sa bru dans la salle des Gobelins, puis alla se reposer. Tout comme Potemkine avait ses appartements dans les palais de l'impératrice, elle avait une chambre dans le sien. L'agencement de ces pièces témoignait de leur intimité : la chambre de Catherine était dans l'aile de Potemkine et son plafond était orné de chèvres et de bergers, symboles classiques de la volupté. Une porte dérobée derrière un tapis donnait sur l'antichambre, la chambre et le bureau du prince, de sorte que chacun avait accès aux appartements de l'autre. La chambre de Potemkine, tendue de soie unie, était simple, douillette et claire[1]. (Lorsqu'il résidait dans son palais, il arrivait que Catherine s'y installe ; elle y organisait très certainement des soupers.)

À minuit, Catherine redescendit pour le souper. Elle était de si belle humeur que les quarante-huit enfants revinrent danser leur quadrille. La table de l'impératrice, placée dans l'amphithéâtre où l'orchestre avait joué, était recouverte d'or. Quarante-huit magnats prirent place à ses côtés. Quatorze tables entouraient la sienne. Il y en avait d'autres encore, et des buffets à foison, dans les différentes salles. Chacune était éclairée par un globe de verre bleu et

1. Quand, après le décès de sa mère, l'empereur Paul entreprit de défigurer le palais, ces petites pièces lui inspirèrent tant de répugnance qu'il ne les saccagea pas. Il les fit simplement condamner et ce sont les seules qui demeurent à ce jour dans leur état d'origine.

blanc. Sur une table, une immense coupe d'argent se dressait entre deux autres gigantesques vases de la duchesse de Kingston. Tandis que des laquais en livrée faisaient le service, le prince se tenait derrière la chaise de l'impératrice, se dressant dans son dos comme un cyclope étincelant de diamants, et la servit jusqu'à ce qu'elle le prie de s'asseoir et de se joindre à elle. Après le dîner, il y eut d'autres concerts et le bal reprit. À 2 heures, soit quatre heures après le moment où elle quittait généralement les fêtes, l'impératrice se leva pour prendre congé. Le prince de Tauride la raccompagna comme il l'avait accueillie.

Dans l'entrée, il tomba à genoux – rituel de soumission de ce géant vêtu d'écarlate face à son impératrice, sous le regard de tous les grands de l'empire et des ministres d'Europe. Il avait fait préparer sa chambre au cas où elle souhaiterait rester. C'était peu probable, mais il voulait être en mesure le lui proposer. Elle était trop fatiguée pour s'attarder davantage. On avait donné à l'orchestre deux partitions différentes – l'une si l'impératrice restait, et une autre si elle partait. Dans ce second cas, Potemkine avait prévu de porter la main sur son cœur, et à peine eut-il esquissé ce geste que l'orchestre entonna les accords mélancoliques d'une complainte amoureuse écrite, bien des années auparavant, par le prince en personne. « La seule chose qui compte en ce monde, c'est vous », disait la cantate. La magnificence du bal, la tristesse de la chanson et le spectacle de ce géant borgne et gauche agenouillé émurent Catherine. Les amants qui s'aimaient depuis si longtemps sentirent le poids des ans. Tous deux fondirent en larmes. Il baisa à maintes reprises sa main et ils sanglotèrent ensemble, puis elle monta dans son carrosse et s'éloigna.

Voilà qui ressemblait fort à une scène d'adieux. Beaucoup ont d'ailleurs voulu y voir un signe prémonitoire de la mort de Potemkine. Avec le recul, de nombreux détails de ce dernier séjour à Saint-Pétersbourg ont été déformés[1]. Toujours est-il que ce fut une soirée émouvante, qui signa le moment le plus fort de leur aventure commune. Potemkine s'attarda parmi les reliefs de la fête, envahi par la mélancolie et la nostalgie, presque en transe.

Lorsqu'il raccompagna la comtesse Natalia Zakrevskaïa, cette dernière remarqua combien il avait l'air triste et fut prise de pitié pour lui. Elle le connaissait assez bien pour se permettre de lui dire : « J'ignore

1. Certains ouvrages d'histoire prétendent que ce fut la dernière fois qu'ils se virent. En fait, Potemkine resta à Saint-Pétersbourg trois mois de plus, au cours desquels il se passa bien des choses.

ce qu'il adviendra de vous. Vous êtes plus jeune que la tsarine. Vous lui survivrez. Que deviendrez-vous, alors ? Vous ne consentirez jamais à jouer un rôle de second plan. » Potemkine médita rêveusement cette réflexion : « Ne vous en faites pas. Je mourrai avant la tsarine. Je mourrai bientôt. » Elle ne le revit jamais.

« Cette fête était somptueuse, et aucun autre homme n'aurait pu la donner », écrivit Stedingk qui comptait parmi les invités. Elle avait aussi été d'une irresponsable extravagance : durant ces trois mois, Potemkine avait dépensé entre 150 000 et 500 000 roubles. Chacun savait que c'était le Trésor qui payait ce bal, comme il payait toutes ses factures, mais, comme le rapporta Stedingk, le bruit courut bientôt que « cette prodigalité dépla[isait] à l'impératrice ».

Cette nuit-là, en rentrant chez elle, Catherine était dans un tel état de surexcitation qu'elle ne parvint pas à trouver le sommeil. Pour soulager son « léger mal de crâne », elle prit sa plume et raconta à Grimm cette « fête superbe » avec l'enthousiasme d'une jeune fille au lendemain de son premier bal. Elle alla jusqu'à dessiner un plan pour montrer à son correspondant où elle avait été placée, soulignant qu'elle était restée jusqu'aux petites heures du jour. Elle ne semblait guère désapprouver tout ce luxe ! Puis, elle lui exposa l'objectif politique de ce qui était de toute évidence une mise en scène préparée conjointement avec Potemkine : « Voyez-vous, monsieur, c'est ainsi que, en pleins troubles, face à la guerre et aux menaces de dictateurs [elle parlait de Frédéric-Guillaume de Prusse], nous nous conduisons à Saint-Pétersbourg. » Bien que rien ne le prouve, elle tiqua probablement sur les dépenses colossales et excessives de Potemkine. Comme tout un chacun, elle eut très certainement un choc en recevant la facture.

Au moment même où elle écrivait à Grimm, une lettre lui apporta des nouvelles inattendues de Pologne, signifiant que Potemkine devrait rester bien plus longtemps que prévu à Saint-Pétersbourg.

Le 22 avril/3 mai 1791, l'Union de Pologne-Lituanie avait adopté une nouvelle Constitution au terme de débats houleux à la Diète : un député avait même tiré son épée en pleine séance et menacé de tuer son fils comme Abraham avait voulu sacrifier Isaac. La révolution polonaise « du 3 mai » aboutit à la création d'une monarchie héréditaire, où la succession devait être offerte à l'Électeur de Saxe ou à sa fille, avec un exécutif fort, disposant presque d'autant de pouvoirs que la couronne britannique et la présidence américaine, et une armée. Varsovie fêta l'événement en scandant le refrain : « Le roi avec la nation, la nation avec le roi ! » Tous ceux qui avaient cru que rien plus ne pouvait être fait pour la Pologne étaient impressionnés. « Heureux peuple, heureux prince », écrivit Burke.

L'événement tombait à point nommé pour les Russes mais très mal pour les Polonais, car la coalition anglo-prussienne s'apprêtait à laisser les mains libres à la Russie pour s'occuper de son satellite aussi encombrant que récalcitrant. Catherine partageait avec Potemkine une profonde aversion pour la Révolution française : le républicanisme était à son sens une « maladie de l'esprit » et elle réprimait déjà les idées progressistes à l'intérieur de la Russie. La révolution polonaise était en fait conservatrice, en ce sens où elle renforçait la monarchie plus qu'elle ne l'affaiblissait, et limitait plus qu'elle n'étendait les libertés. Mais Catherine voulut y voir une pénétration des idées jacobines de la Révolution française dans sa sphère d'influence. « Nous sommes parfaitement préparés et, malheureusement pour lui, nous ne cédons pas au diable en personne ! » s'enflamma-t-elle dans un courrier à Grimm.

Potemkine, qui recevait des rapports presque quotidiens de Boulgakov, Branicki et d'espions postés à Varsovie, suivait également de près ce qu'il se passait en Pologne. Et ce qu'il voyait ne lui plaisait pas. Il décida donc de prendre en main la politique vis-à-vis de ce pays et mit à exécution ses plans secrets. Il n'avait pas encore réussi à limoger Zoubov, mas il sentait probablement qu'une paix ottomane et un succès en Pologne lui suffiraient à subjuguer ses détracteurs. Il resta donc bien plus longtemps que prévu avec Catherine, afin de discuter de la Pologne, ce qui mit leur complicité à rude épreuve. Mais, avant de se concentrer sur ce problème, ils devaient extorquer un accord aux Turcs et négocier une issue à la crise d'Otchakov avec l'émissaire de Pitt, Fawkener, qui était sur le point d'arriver.

« Si vous voulez soulager mon cœur du poids qui l'accable, si vous voulez calmer mes convulsions, annonça Catherine à Potemkine au début du mois de mai, alors envoyez rapidement des messagers aux armées et demandez aux forces terrestres et maritimes de lancer les opérations » – sans quoi, ils n'obtiendraient jamais la paix à laquelle tous deux tenaient. Dans un accès de créativité euphorique, le prince envoya ses consignes à ses armées, tout en fondant de nouvelles colonies dans toute la région du Sud. Le 11 mai, il ordonna à l'amiral Ouchakov de prendre la mer et de se lancer à la poursuite de l'ennemi ; Repnine, qui commandait l'armée principale en son absence, devait pour sa part traverser le Danube et, par une action décisive, anéantir toute concentration des forces turques ; et Goudovitch, à la tête de l'armée du Kouban, était chargé de prendre Anapa, la forteresse ottomane la plus irréductible de la région. Entre-temps, les partenaires affinaient leurs plans pour la Pologne.

Le 16 mai, alors que la crise anglo-prussienne était encore en suspens, Catherine signa son premier rescrit à Potemkine sur la Pologne. Le prince ne pourrait intervenir que si les Prussiens évacuaient le pays, auquel cas Potemkine pourrait offrir aux Polonais la principauté ottomane de Moldavie s'ils acceptaient d'annuler leur révolution. S'ils ne mordaient pas à l'appât, Potemkine pourrait recourir à des « mesures extrêmes » selon les méthodes conventionnelles, c'est-à-dire créer une confédération placée sous l'autorité de ses alliés polonais, Branicki et Potocki. Catherine prit le soin de préciser que, parmi les « mesures extrêmes », elle approuvait son « plan secret » consistant à soulever les orthodoxes à Kiev, en Podolie et à Bratslav, sous la bannière du « grand hetman » des Cosaques. On prétend généralement que Potemkine n'avait pas été investi des pouvoirs qu'il voulait. Il disposait au contraire de vastes pouvoirs, mais ils dépendaient de la possibilité certes faible mais non moins réelle d'une offensive de la Prusse et de l'Angleterre contre la Russie. (Les négociations avec Fawkener n'avaient pas encore commencé[1].) Potemkine ne reçut par ailleurs pas les rescrits comme un écolier aurait reçu sa copie corrigée d'une maîtresse d'école : le couple y avait travaillé ensemble, chacun apportant des corrections au texte préparatoire de l'autre, comme ils l'avaient toujours fait. On constate à la lecture des rescrits et de la correspondance que Catherine était d'accord depuis plus de deux ans avec les projets de Potemkine sur les Cosaques et la Moldavie.

Les plans de Potemkine pour la Pologne demeurent en revanche le mystère qui plane sur la dernière année de sa vie : il tissa une tapisserie de fils superposés que personne n'a jamais réussi à démêler. Ses propositions semblent protéiformes, mouvantes et exotiques, mais le prince ne vit jamais la nécessité d'en choisir une plutôt qu'une autre jusqu'au dernier moment. Entre-temps, il les appliquait toutes

---

1. Certains historiens polonais considèrent cette condition comme une manœuvre visant à tromper Potemkine, Catherine sachant déjà qu'il n'y aurait pas de guerre avec la Prusse. Or ce n'est manifestement pas le cas. L'Angleterre avait fléchi mais ne s'était pas rendue. Les conditions imposées à l'intervention de Potemkine étaient tout à fait raisonnables. Les documents annexes traitant de la création de forces polonaises pour appuyer une confédération montrent qu'ils ont travaillé de concert avant le bal de Tauride : lui avait rédigé une proposition qui passait par la levée d'une armée polonaise, et elle avait ajouté ses commentaires en marge.

en même temps. Il avait envisagé la question polonaise depuis son arrivée au pouvoir et il menait une politique polonaise à plusieurs niveaux, mais il est impossible de séparer ses initiatives du besoin qu'il éprouvait de créer une principauté par-delà les frontières de la Russie. Dans aucun de ces plans il n'oublia son propre fief. Il s'était convaincu que son duché polonais « indépendant », taillé autour de son domaine de Smila, offrirait à la Russie un moyen détourné de s'emparer de pans entiers de l'Europe centrale sans avoir à récompenser les autres puissances par un deuxième partage de la Pologne.

Il avait élaboré quatre plans. Le premier prévoyait une annexion de la Moldavie par la Pologne. Son duché aurait parfaitement trouvé sa place dans la Pologne qu'avait imaginée son allié, Félix Potocki, dans une lettre de mai 1791 : une république fédérale d'hetmanats semi-indépendants. Parallèlement, il envisageait une confédération, dirigée par Branicki et Potocki, qui invaliderait la nouvelle Constitution et la remplacerait par la version précédente ou une nouvelle Constitution fédérale, encouragé en ceci par la cession de la Moldavie. Potemkine avait commencé à circonvenir Potocki dès le mois de février, l'invitant, flatteur, à assister à une réunion « sur le véritable bien-être de [leur] pays commun ».

Potemkine songeait également à envahir la Pologne pour se proclamer grand hetman des Cosaques de la mer Noire, afin de libérer les orthodoxes de Pologne orientale. Ce plan flattait ses origines polonaises et présentait en outre l'avantage de satisfaire tout à la fois ses ambitions régaliennes, son goût de l'action, son instinct russe qui le poussait à démanteler la révolution polonaise – et sa « passion pour les Cosaques ». Avant même de constituer l'hetmanat, il avait envisagé de confier aux Cosaques de la mer Noire un rôle particulier en Pologne, en les recrutant sur place. Le 6 juillet 1787, par exemple, Catherine l'avait laissé créer quatre escadrons de ce type dans ses propres villages polonais, où il disposait déjà de ses propres unités : les milices d'infanterie et de cavalerie de Smila. Alexandra Branicka expliqua par la suite qu'il « voulait unir les Cosaques à l'armée polonaise et se proclamer roi de Pologne ».

Ce projet nous paraît aujourd'hui du plus invraisemblable, mais il était en fait réalisable. Les provinces orthodoxes de Podolie et de Pologne orientale, dirigées par des magnats comme Félix Potocki armé de sa vision désuète de la liberté pour la Pologne, étaient à des années-lumière de l'idéal complexe des patriotes catholiques qui, à Varsovie, avaient imposé à la Diète de quatre ans leur nouvelle conception de la liberté à la française (et qui détestaient Potemkine).

Or, pour bien la comprendre, il faut replacer cette poussée cosaque dans son contexte : Catherine et Potemkine y voyaient tous deux très clairement un moyen de mobiliser la population orthodoxe afin de briser l'influence de la révolution à Varsovie, tout en permettant au Sérénissime d'obtenir son propre fief dans une Pologne fédérée, dominée par la Russie.

La quatrième possibilité était le deuxième partage de la Pologne : c'était là une option que Potemkine ne craignait jamais d'évoquer et une menace qu'il agitait souvent au nez des émissaires prussiens. Quoi qu'en pensent les historiens nationalistes polonais, c'était néanmoins là une solution qu'il envisageait en dernier recours. Il aurait pu contraindre la Pologne à céder Thorn et Dantzig pour éviter d'avoir à mener une guerre sur deux fronts supplémentaires en avril, mais ce moment était passé. Du haut de sa grandeur, cet enfant de la szlachta savait que la partition aurait détruit son ancienne patrie – « *notre* pays » – et qu'elle compromettrait en outre l'établissement de sa base personnelle hors de Russie. Stratégiquement, elle profitait plus à la Prusse qu'à tout autre pays, en ceci qu'elle rapprochait les possessions des Hohenzollern de la Russie. Il était favorable à la stratégie de Pierre le Grand qui consistait à maintenir une Pologne indépendante comme zone tampon impuissante et excentrique. Loin de préconiser un partage, la plupart des plans de Potemkine, comme l'option de la Moldavie, visaient au contraire à agrandir la Pologne et non à l'amputer de ses territoires. S'il avait vécu plus longtemps, il aurait peut-être réussi à éviter le partage. Si Catherine était morte avant lui, il est probable qu'il aurait fini par devenir un magnat polonais.

Potemkine resta à Saint-Pétersbourg pour élaborer une politique polonaise, tandis que les histoires de ses plans sinistres circulaient dans une Varsovie révolutionnaire enfiévrée. L'émissaire polonais Deboli fit monter la tension d'un cran en répercutant à Stanislas-Auguste les moindres rumeurs sur les ambitions royales de Potemkine. Tandis que ses ennemis se liguaient à la cour pour enfin le destituer, tous les éléments étaient réunis pour déclencher la crise la plus amère de sa longue amitié avec Catherine.

« Nous gérions très bien les affaires sans vous, n'est-ce pas ? » aurait répondu Catherine à Potemkine, si l'on en croit le très hostile Deboli. Le ton de cette réplique paraît authentique, mais c'est davantage celui d'une épouse qui chapitre son mari que celui d'une femme prête à divorcer. William Fawkener, l'émissaire de Pitt, était arrivé le 14 mai, mais les interminables négociations pour régler la crise d'Otchakov ne débutèrent réellement que début juin, lorsque Catherine et Potemkine eurent de longues conversations avec lui. Dans ses dépêches inédites, Fawkener souligna qu'en dépit de leurs approches différentes ils parlaient d'une seule voix : au cours d'une audience avec l'Anglais, Catherine se félicitait de l'humeur étonnamment bonhomme de Potemkine lorsqu'elle fut interrompue par l'un de ses lévriers qui aboyait après un enfant. Elle rassura le petit garçon et, se tournant ostensiblement vers Fawkener, ajouta : « Chien qui aboie ne mord pas toujours. »

Potemkine invita pour sa part le bouledogue britannique intimidé à dîner et l'accabla littéralement d'un monologue exubérant et drôle – « étrange et truffé d'incohérences ». Le Sérénissime, raconta-t-il, « m'a dit qu'il était russe et aimait son pays, mais qu'il aimait aussi l'Angleterre ; et qu'étant moi-même insulaire, j'étais donc égoïste et n'aimais que mon île ». Il lui fit une proposition dont il avait le secret : la Grande-Bretagne pourrait s'adjuger la Crète (Candie), en Méditerranée, après le démantèlement de l'Empire ottoman. Ce « pied-à-terre » lui permettrait de contrôler le commerce de l'Égypte et du Levant. Sur ce, il s'extasia sur ses territoires du Sud, son sol, son peuple, sa flotte – de « grands projets » dont le succès ne dépendait « que de lui ». À l'issue de cette entrevue, Fawkener, encore tout abasourdi, dut avouer à Londres qu'il n'avait pas eu le temps de placer un mot, mais son rapport confirma à Pitt que la Russie ferait tout pour garder la mer Noire et refuserait tout compromis sur Otchakov. Début juillet, l'Angleterre et la Prusse comprirent qu'elles n'auraient d'autre choix que de céder aux exigences de Catherine.

Fawkener essuya une nouvelle humiliation avec l'arrivée à Saint-Pétersbourg de Robert Adair, un émissaire de vingt-huit ans habilement – voire traîtreusement – dépêché par Charles James Fox comme représentant officieux de l'opposition. Simon Vorontsov veilla à ce que le jeune homme soit bien reçu en confiant à Potemkine que même la duchesse du Devonshire, reine du bon ton, « l'honor[ait] de son amitié ». Adair eut effectivement droit à un « magnifique accueil » de la part de l'impératrice et du prince. Avant de le laisser repartir, Potemkine lui remit un cadeau au nom de Catherine : une bague ornée d'un portrait d'elle.

Le prince, à l'apogée de sa dignité, ressemblait désormais à un ours assailli par une meute de chiens. Zoubov avait compris que le comportement dominateur de Potemkine gênait Catherine, et il n'hésita pas à en profiter, lui suggérant que le prince risquait de devenir une menace pour elle. « L'impératrice cachait au fond de son cœur une méfiance secrète à l'égard du feld-maréchal », rappela le poète néoclassique et fonctionnaire Gavril Derjavine. Le Sérénissime s'exaspérait de la voir entourée par ses ennemis. Quand Catherine passait l'été à Tsarskoïé Selo, Potemkine lui rendait moins souvent visite qu'à l'accoutumée et ne restait jamais très longtemps. Alors qu'un accord avec les Anglo-Prussiens était imminent et que la question polonaise se faisait plus urgente, des ambassadeurs remarquèrent que Catherine semblait lui témoigner une certaine froideur – chose qui, comme si souvent par le passé, raviva les espoirs des ennemis de Potemkine.

Zoubov ne se contenta pas de discréditer le prince auprès de Catherine : il réussit d'abord à retourner Souvorov contre son ancien protecteur en lui offrant des faveurs que Potemkine lui avait déjà fait miroiter. Souvorov se brouilla ainsi avec Potemkine, non à cause de la jalousie de ce dernier, mais en raison des grossières intrigues de Zoubov. Après quoi, celui-ci conseilla à Derjavine, « au nom de l'impératrice », de ne pas solliciter les faveurs de Potemkine, mais de s'adresser directement à lui, Zoubov, qui lui fournirait tout ce qu'il voulait.

Derjavine s'était fait un nom avec une *Ode à la princesse Felitsa*, dans laquelle il s'était amusé à qualifier le procureur général Viazemski de « colérique » et Potemkine d'« indolent », mais depuis toutes ces années le prince le protégeait contre Viazemski et d'autres ennemis. Derjavine remercia Potemkine de sa bienveillance par une trahison mesquine – et des poésies poignantes. (Son chef-d'œuvre, *La Cascade*, qui inspira Pouchkine, était un hommage posthume à Potemkine.) Zoubov lui offrit le poste de secrétaire de l'impératrice. Le poète accepta et atténua les éloges de Potemkine dans ses poèmes.

Lorsqu'il déclama l'une de ses compositions, Potemkine sortit précipitamment de sa chambre, fit appeler sa voiture et fila « Dieu sait où » sous un ciel sillonné d'éclairs. Derjavine, tout penaud, revint le voir quelques jours plus tard et Potemkine, qui savait exactement comment Zoubov avait dressé son protégé contre lui, le reçut froidement mais sans lui manifester de rancune.

Dans les moments de tension politique, le prince perdait toute maîtrise de lui-même. Il se rongeait les ongles et se jetait à corps perdu dans la luxure. Derjavine et certains étrangers comme Deboli assuraient qu'il était devenu fou – laissant entendre qu'il souffrait de la folie associée au stade tertiaire de la syphilis, ce qu'absolument rien ne permet de prouver. Une nuit, prétendit Deboli, Potemkine arriva chez la comtesse Pouchkine dans un état avancé d'ébriété et lui caressa les cheveux. Elle menaça de le mettre à la porte, à quoi il répondit d'une voix traînante qu'il n'avait pas renoncé à l'idée d'être roi de Pologne. Cette anecdote n'est pas très crédible. D'ailleurs, même ses ennemis reconnaissaient qu'il n'avait jamais séduit plus de femmes qu'à cette époque. « Les femmes désirent l'attention du prince Potemkine comme les hommes désirent des médailles », fit remarquer le comte Fédor Rostopchine. Le Sérénissime donna une fête de trois jours dans l'une de ses résidences des environs de Tsarskoïé Selo, cependant qu'en ville on ne parlait que de « sa dispute avec une femme, son faible manifeste pour une autre et son réel attachement à une troisième », comme s'empressa de le rapporter Fawkener à Londres.

Le piège semblait se refermer sur Potemkine. La plupart des ouvrages historiques affirment qu'à la fin juillet, lorsque le prince quitta enfin Saint-Pétersbourg, il avait été ruiné par Zoubov, rejeté par Catherine et terrassé par ses ennemis, et se mourait de chagrin. Rien ne pourrait être plus éloigné de la vérité.

En juillet, alors que le comte se trouvait au palais d'été de Peterhof, Zoubov pensait avoir suffisamment semé le doute dans l'esprit de Catherine pour que son travail en sous-main porte ses fruits. Mais qui remplacerait Potemkine ? Personne n'avait sa stature militaire ou politique – à une exception près. Le 24 juin, le comte Alexis Orlov-Tchesmenski arriva mystérieusement. Depuis 1774, il venait toujours à la capitale au moment même où un complot se tramait pour renverser Potemkine. Il se plaisait à dire que quand il entrait par la porte, Potemkine sortait par la fenêtre. Mais cette fois-ci, lorsqu'il se présenta à Tsarskoïé Selo, Catherine en informa Potemkine par écrit – ce qui ne ressemble guère à la réaction d'une impératrice sur le point de se défaire de son conseiller. En juin et juillet, Potemkine, qui se trouvait en ville, entretint sa correspondante de Tsarskoïé Selo des affres que lui faisait subir une petite peau qu'il avait arrachée en se rongeant les ongles. Ce qui parut émouvoir assez l'impératrice pour qu'elle lui réponde, achevant ses lettres par la formule « Adieu papa ». Elle joignait systématiquement à ses courriers les lettres mielleuses de Zoubov. Potemkine lui envoya également une robe en cadeau. Deboli lui-même rapporta qu'elle avait catégoriquement interdit à Orlov-Tchesmenski de s'en prendre à « son grand ami ».

L'influence de Potemkine ne s'était par ailleurs aucunement érodée. Lorsque Fawkener laissa enfin entendre que l'Angleterre se plierait aux conditions de la Russie, Potemkine accepta tout bonnement lui-même l'accord, sans même en référer à Catherine. Deboli nota que cela ne manqua pas d'irriter les ministres russes mais, à en juger par cet épisode, le prince n'avait rien perdu de son pouvoir. Après quoi, Potemkine marqua toute une série de victoires : le 19 juin, il annonça que Koutouzov avait suivi ses ordres à la lettre pour attaquer Badadag – et avait vaincu vingt mille Turcs. Le 22 juin, Goudovitch prit d'assaut la forteresse d'Anapa où, pour ne rien gâcher, il fit prisonnier le héros tchétchène, le cheikh Mansour, qui était venu s'y réfugier[1]. « C'est la clé qui a ouvert la voie aux actions d'éclat, déclara Potemkine à Catherine le 2 juillet. Vous serez ravie de constater combien ils rugissent en Asie ! » Ce jour-là, peut-être pour se réconcilier avec Potemkine, l'impératrice, accompagnée des deux Zoubov, quitta Peterhof et se rendit à Saint-Pétersbourg pour dîner avec le prince au palais de Tauride, où elle trinqua à la gloire de son consort. La chute de Potemkine n'était donc pas aussi imminente que d'aucuns ont bien voulu le dire.

Le 11 juillet, la crise d'Otchakov prit fin : les Britanniques et les Prussiens signèrent le compromis qui permit à Catherine de garder Otchakov et tous les territoires situés entre le Boug et le Dniestr – à la condition que les Turcs fassent immédiatement la paix. Dans le cas contraire, la Russie était libre de continuer de se battre pour décrocher des conditions plus favorables.

Ce même jour, un messager arriva, annonçant que Repnine, qui avait scrupuleusement suivi les ordres de Potemkine et attaqué les troupes ennemies massées par-delà le Danube, avait remporté une victoire éclatante à Manchin le 28 juin : il avait anéanti l'armée du grand vizir, forte de quatre-vingt mille hommes, et empêché la jonction des deux armées turques. « Merci pour ces bonnes nouvelles, mon ami, écrivit Catherine à Potemkine. Deux jours de fête en un seul, mon ami, et d'autres merveilleux événements par ailleurs. Je viendrai en ville demain pour fêter cela. » Les *Te Deum* furent célébrés en la cathédrale de Kazan, en présence de l'impératrice.

---

1. Mansour fut envoyé à Saint-Pétersbourg et mourut trois ans plus tard dans les cachots de Chlisselbourg.

Catherine donna des dîners et les bals en l'honneur de Fawkener, et le prince y assista.

Varsovie et Saint-Pétersbourg attendaient maintenant la réaction de Potemkine à la Constitution du 3 mai. Le prince, tel un énorme obusier rouillé, se tournait lentement vers la Pologne, mais qu'avait-il derrière la tête ? Il ne manquait pas de projets. Deboli était convaincu qu'il prévoyait de devenir roi de Pologne en déclenchant une « guerre civile » – soit par le biais de la Confédération, soit par celui de l'invasion cosaque. À Varsovie, Branicki se pavanait, préparant déjà sa Confédération et se payant de discours patriotiques suggérant d'accroître la taille de la Pologne. Alexandra Branicka souhaitait que Potemkine devienne l'héritier de Stanislas-Auguste. Depuis des années, Varsovie était inondée de brochures proclamant que Potemkine ferait des enfants d'Alexandra les héritiers du trône. Dans ce climat lourd de menaces, il y eut quelques intermèdes comiques. Au cours d'une soirée, le prince ne résista pas au plaisir de taquiner l'émissaire polonais, Deboli, lui faisant remarquer que les Polonais étaient si attachés à la Sublime Porte qu'ils portaient même des pantalons turcs. Piqué au vif, Deboli répliqua que les Polonais « n'avaient pas besoin des pantalons des autres car ils avaient les [leurs] ».

Potemkine était tiraillé entre son devoir qui lui disait de rejoindre au plus vite le Sud pour négocier une paix avec les Turcs, et son instinct qui lui criait de rester à Saint-Pétersbourg, où il serait certes en butte aux malveillances de Zoubov, mais pourrait batailler avec Catherine pour décider du sort de la Pologne. Cela raviva les tensions entre ces deux fins connaisseurs du pouvoir qui, sous l'empire de « petites jalousies mutuelles », s'exaspéraient désormais l'un l'autre. Catherine voulait qu'il se concentre sur la paix.

Dans l'empoignade qui ne manqua pas de suivre, les femmes occupaient autant de place que la politique : était-elle encore jalouse, alors qu'elle aimait son « Noiraud », ou bien en avait-elle simplement assez de ses étalages de débauche ? Potemkine lui proposa de nommer le prince Mikhaïl Golitsyne à l'un des postes d'inspecteur militaire nouvellement créés pour éliminer les abus au sein de l'armée. « Ne comptez pas sur lui pour redorer votre blason auprès de l'armée », s'emporta Catherine qui songeait surtout à l'épouse de Golitsyne. Tout Saint-Pétersbourg savait à présent que Potemkine, qui s'était lassé de sa belle Grecque, s'était entiché de la princesse Praskovia Andreïevna Golitsyna (née Chouvalova), femme de lettres impétueuse qui était devenue la « dernière passion » du prince. « Permettez-moi de dire que le minois de sa femme, aussi séduisant qu'il soit, ne vaut pas que vous vous encombriez d'un homme pareil, le morigéna Catherine. Sa femme est peut-être charmante, mais vous n'avez absolument rien à gagner à lui faire la cour. » De fait, la famille Praskovia protégeait si bien la vertu de la dame que Potemkine risquait de se retrouver avec le mari sur les bras sans avoir la femme. Catherine n'y alla pas par quatre chemins : le couple Golitsyne le menait par le bout du nez. « Mon ami, j'ai pour habitude de vous dire la vérité. Vous devriez en faire de même. » Elle le supplia de partir pour le Sud afin de « conclure la paix ». Après quoi, poursuivit-elle, « vous reviendrez ici et vous vous amuserez autant qu'il vous plaira. [...] Quant à cette lettre, déchirez-la après l'avoir lue ». Mais le prince garda la lettre la plus féroce que Catherine lui eût jamais écrite[1].

Catherine laissa exploser toute sa colère, comme si souvent, à la fin d'une de leurs disputes. Elle venait de signer son deuxième rescrit à Potemkine, le 18 juillet, mettant un point final à leur désaccord en l'enjoignant de partir sur-le-champ pour le Sud. Les historiens russes, polonais et occidentaux débattent de sa signification depuis deux siècles. La difficulté provient du fait que les extraordinaires pouvoirs que conférait ce document à Potemkine sont peu cohérents avec l'idée bien ancrée selon laquelle il tombait alors en disgrâce. La légende voudrait que le prince fût un homme brisé qui voyait le pouvoir lui échapper et « ne supporta pas l'idée de sa déchéance » lorsqu'« il apprit que Platon Zoubov semblait régner en maître absolu sur l'esprit de l'impératrice ». C'était ce que l'on racontait aux étrangers qui, après la mort de Potemkine, se rendaient à Saint-Pétersbourg à l'époque où Zoubov exerçait tout son ascendant sur l'impératrice. Mais, si Catherine et Zoubov s'apprêtaient à limoger Potemkine, comment comprendre qu'elle lui ait confié l'immense pouvoir de décider de la paix ou de la guerre avec les Turcs et les Polonais ? Il n'y avait qu'une explication possible : Catherine avait sans doute signé un faux document pour se débarrasser de lui. Cette interprétation se fondait sur une analyse a posteriori et non sur la réalité.

En 1791, *pas un seul contemporain* ne pensait que Potemkine était sur le point d'être démis de ses fonctions. Bien que ses prises de bec avec l'impératrice fussent de notoriété publique, même les étrangers qui lui étaient le moins favorables, tels Deboli et l'envoyé britannique Whitworth, rapportaient que le pouvoir du Sérénissime, loin de

1. Il est possible mais peu probable que certaines lettres de Potemkine à « Praskovia » citées plus haut aient été adressée à Praskovia Golitsyna et non à Praskovia Potemkina.

s'affaiblir, ne faisait que s'accroître : « Il bénéficie d'une telle confiance, confia Whitworth à Grenville, qu'il a toute latitude » pour faire la guerre ou la paix avec les Turcs. Quant aux intrigues de Zoubov, « elles n'ont aucune chance d'aboutir tant l'affection que lui porte l'impératrice est inexplicable ». Longtemps après, Zoubov lui-même reconnaissait qu'il n'avait remporté qu'une « demi-victoire » en résistant aux tentatives d'éviction de Potemkine : « Je ne parvins jamais à l'écarter de mon chemin ; et il était essentiel de me débarrasser de lui car l'impératrice satisfaisait toujours à moitié ses désirs et le craignait tout bonnement comme elle aurait redouté un mari inflexible. Elle n'aimait que moi, mais elle me citait souvent Potemkine comme un exemple à suivre. » Zoubov révéla alors la véritable raison pour laquelle il tenait tant à l'amour de l'impératrice : « C'est de la faute de Potemkine si je ne suis pas deux fois plus riche que je le suis. »

À partir du moment où l'on comprend qu'il n'était absolument pas sur le point d'être limogé, il devient évident que le rescrit fut pour Potemkine un triomphe qui compensait très largement le fait qu'il n'avait pas réussi à se débarrasser de Zoubov. Lorsqu'il eut signé la paix avec la Porte, il fut investi de pouvoirs considérables pour engager une guerre contre la Pologne, mettre ses plans à exécution et même décider de la forme à donner à la Constitution polonaise. Le prince fut en mesure de négocier les détails avec Potocki, mais il était essentiel que les Polonais donnent l'impression d'inviter les Russes et non le contraire : « nos propres intérêts exigent que cela soit exécuté au plus vite, afin que le mal [...] ne prenne pas racine ». Le rescrit indique que Potemkine avait convaincu l'impératrice que ses plans pouvaient permettre d'avoir un voisin soumis tout en faisant l'économie d'un partage territorial. Mais Catherine expliqua clairement que si les projets du prince échouaient, le partage serait la seule solution.

Pour sa dernière soirée à Saint-Pétersbourg, le Sérénissime dîna chez sa nièce Tatiana en compagnie de la comtesse Golovina, qui le considérait comme l'homme le plus méprisable qui fût. Mais, ce soir-là, il l'émut. Il lui répéta maintes fois qu'il ne l'oublierait jamais. Il était certain qu'il n'en avait plus pour longtemps.

Potemkine quitta Tsarskoïé Selo le matin du 24 juillet 1791, à 4 heures. Alors qu'il lançait sa voiture vers le Sud, l'impératrice envoya après lui un messager, porteur d'un petit mot débordant de la tendre chaleur de leur longue amitié : « Au revoir mon ami, je vous embrasse. » Ils ne se revirent jamais.

33

La dernière chevauchée

« Sa nièce voulait savoir...
— Quelles nouvelles apportez-vous ?
— Je vous apporte une grande tristesse
Vêtez-vous de noir
Votre oncle est mort
Allongé sur une couche au milieu de la steppe. »

Chanson de marche des soldats,
La Mort de Potemkine

Durant son voyage vers le Sud, Potemkine fut accueilli à Moguilev par une volée de cloches, une salve d'artillerie et l'énorme nuage de poussière soulevé par son cortège. Il était attendu à la maison du gouverneur par des fonctionnaires et des nobles venus des coins les plus reculés de la province, et les dames étaient parées de leurs plus belles robes. Quand sa voiture s'arrêta, la foule se précipita au pied de l'escalier : le prince de Tauride apparut dans une ample robe d'été, couvert de poussière, et fendit la foule sans un regard pour personne. Ce soir-là au dîner, le Sérénissime invita un patriote polonais de l'aristocratie, Michel Oginski, à rejoindre son entourage et lui fit son numéro de virtuose, lui parlant de la Hollande « qu'il connaissait comme s'il y avait passé toute sa vie ; de l'Angleterre, dont il n'ignorait rien du gouvernement, des coutumes et des mœurs », puis il l'entretint de musique et de peinture, « ajoutant que les Anglais ne connaissaient rien ni à l'une ni à l'autre ». Lorsqu'ils parlèrent de l'art de la guerre, le prince déclara que le secret de la victoire était d'enfreindre les règles, mais qu'il ne suffisait pas d'étudier la stratégie : « Il faut être né avec. » Ce n'était guère là le genre d'accueil que réservait un homme politique déchu et moins encore le comportement d'un homme brisé.

Tandis que Potemkine approchait de la Moldavie, le prince Repnine avait déjà amorcé les négociations avec le grand vizir à Galati. Potemkine annonça joyeusement à Catherine qu'un accord avait été conclu le 24 juillet sur les préliminaires, mais le 31 juillet, alors qu'il n'était plus qu'à une journée de route, Repnine signa une trêve. À ce que l'on disait, Potemkine était furieux de s'être ainsi laissé voler la vedette. Les rapports de Repnine indiquent cependant que le prince ne voyait aucun inconvénient à le laisser négocier les préliminaires, mais pas nécessairement les signer. La colère de Potemkine s'expliquait autant par des motifs personnels que politiques, mais n'avait rien à voir avec la jalousie. Neveu de feu le général Panine, Repnine, que Catherine jugeait « pire qu'une vieille femme », était un franc-maçon d'obédience martiniste qui fréquentait la cour prussophile de Paul, ce qui ne l'avait pas empêché de devenir l'homme à tout faire de Potemkine, auquel il était totalement soumis. « La Bible les unit », expliquait le prince de Ligne – le martinisme de l'un et les superstitions de l'autre « se complètent merveilleusement ». Ce n'était plus le cas. Repnine avait sans doute été encouragé à couper l'herbe sous le pied de son maître par des lettres de la capitale lui assurant que Zoubov le protégerait de la fureur de Potemkine. Selon une version de l'incident, Potemkine se serait écrié : « Vous, petit martiniste ! Quelle impudence ! »

Repnine avait signé le mauvais traité au mauvais moment : ignorant tout du dernier accord avec Fawkener, il avait accepté un armistice de huit mois, donnant ainsi aux Turcs tout le temps de reconstituer leurs forces et d'exiger de la Russie qu'elle s'abstienne de fortifier les territoires cédés. Repnine ne savait pas non plus que Potemkine attendait des nouvelles de l'amiral Ouchakov et de sa flotte : s'ils réussissaient, la Russie serait en droit d'exiger des conditions plus avantageuses. Or, il se trouvait qu'Ouchakov avait battu la flotte ottomane le jour même où Repnine signait le traité. La panique s'empara de Constantinople. Catherine fut ravie lorsque Potemkine lui annonça que la paix était signée, mais Bezborodko et elle dénoncèrent immédiatement les grossières erreurs de Repnine. Lorsqu'elle apprit le triomphe d'Ouchakov, sa désapprobation se mua en colère. Potemkine aurait pu utiliser cette victoire pour contraindre les Turcs à reprendre les armes et ainsi dégager la Russie de l'accord avec Fawkener. C'était encore possible, mais les concessions de Repnine compliquaient singulièrement la chose.

Le Sérénissime s'empressa d'aller inspecter ses nouveaux cuirassés et son palais à Nikolaïev et parcourut les cinq cents verstes qui le ramenèrent à Jassy en moins de trente heures. Puis, il tomba malade, comme cela lui arrivait souvent après des mois de tension accumulée, de débauche éreintante, de surmenage et de déplacements épuisants. Il y avait la peste à Constantinople et une épidémie de fièvre dans tout le Sud. « Je n'ai jamais rien vu de tel », confia-t-il à Catherine qui, comme au bon vieux temps, se rongeait les sangs en attendant des nouvelles de sa santé. Jassy grouillait de « putrides miasmes des marais ». Tout le monde tombait malade.

Le grand vizir Youssouf Pacha concentra une armée ottomane supplémentaire de cent cinquante mille hommes sur le Danube. Son émissaire amorça les négociations en testant la détermination de Potemkine, demandant s'il y avait une chance de garder le Dniestr. Le prince mit fin aux pourparlers. Le vizir lui présenta ses excuses et proposa d'exécuter l'émissaire. Potemkine exigeait l'indépendance de la Moldavie, la cession d'Anapa et réclamait en outre que la Russie ait son mot à dire sur la nomination des hospodars de Valachie. Il faisait monter les enchères, mettant les Turcs au défi de reprendre le combat afin de se libérer de l'accord Fawkener. Ce fut alors que se produisit un événement de mauvais augure.

Le 13 août 1791, l'un de ses officiers, le prince Charles-Alexandre de Württemberg, beau-frère du grand-duc Paul, fut emporté par la fièvre. Potemkine, qui s'était lié d'amitié avec l'épouse de Paul, organisa pour son frère des funérailles royales. Déjà hanté par la certitude de sa fin proche, il luttait lui-même contre la maladie. Il suivit le cortège à pied sur plusieurs kilomètres dans une chaleur étouffante et, parvenu au site de la tombe, il but deux verres d'eau glacée. Pendant l'enterrement, voyant passer le corbillard devant lui, Potemkine, déjà en proie au délire, crut que c'était son carrosse et essaya d'y monter. Pour un homme pétri de superstitions, c'était un sinistre présage. « Dieu m'est témoin, je suis tourmenté ! » Il s'effondra et quitta Galati sur une civière, ordonnant à Repnine de faire évacuer l'armée de cette ville pestilentielle.

Potemkine se reposait dans la ville voisine de Goucha, où Popov finit par le convaincre de prendre ses remèdes, sans doute de l'écorce de quinine. Il retrouva suffisamment de forces pour élever Samoïlov, Ribas et Lajkarev au rang de plénipotentiaires russes – mais Catherine sentait qu'elle risquait de perdre son indispensable consort : « Je prie le Seigneur pour qu'Il détourne le malheur de toi et m'épargne pareille épreuve », lui écrivit-elle. Elle pleura pendant plusieurs jours. Le 29 août, elle pria même pour la vie de Potemkine à l'office du soir du monastère Nevski, auquel elle offrit de l'or et des diamants.

Alexandra Branicka fut appelée au chevet de son oncle. Mais, dix jours plus tard, il était à nouveau sur pieds : « Je vais mieux, assura-t-il à Catherine. Je n'espérais plus te revoir, chère Matiouchka. » Il repartit pour Jassy – mais la fièvre le tenaillait encore.

« Je ne comprends pas comment tu peux faire tant de route d'une ville à l'autre dans un tel état de faiblesse », le gronda Catherine, ajoutant que Zoubov était « très inquiet » : « pendant une journée il n'a pas su comment apaiser mon chagrin ». Aussi malade qu'il fût, Potemkine dut lever les yeux au ciel en lisant cela, mais jusqu'à son dernier souffle il ne manqua jamais d'envoyer ses salutations à la « dent » qu'il n'avait pas réussi à extraire. La fièvre et les migraines le reprirent pendant quatre jours, et relâchèrent leur étreinte le 10 septembre. « Je suis entre les mains du Seigneur, mais vos affaires n'en souffriront pas jusqu'à la dernière minute », jura-t-il à l'impératrice.

Il disait vrai : il supervisa les pourparlers de paix, envoya des cadeaux au vizir, déploya l'armée au cas où la guerre reprendrait, et rapporta que la flotte était rentrée à Sébastopol. Il ne renonçait pas davantage à ses intrigues polonaises. Il convoqua en secret ses alliés polonais, le général de l'artillerie polonaise Félix Potocki et l'hetman de la couronne polonaise Seweryn Rzewuski : « J'ai l'honneur de vous proposer un entretien personnel », au cours duquel il les informerait des « intentions sincères » et des « dispositions spécifiques » de l'impératrice. Ils se mirent aussitôt en route. Tout au long de l'été, il ne négligea jamais sa colonisation, ses chantiers navals ni ses propres divertissements. Il voulait de la musique harmonieuse et une compagnie pleine de vie, et le 27 août il écrivit à l'historien et homme politique français Sénac de Meilhan, lui assurant que ses opinions sur la Révolution française et la Grèce ancienne étaient « des choses si plaisantes qu'elles mérit[ai]ent d'être discutées de vive voix ». « Venez me voir en Moldavie. »

La musique l'accompagnait dans sa convalescence, et il écrivait des hymnes, tel son *Canon au Sauveur* : « À présent, mon âme, craintive et plaçant ses espoirs dans les abîmes de sa noirceur, cherche secours mais n'en trouve pas. Donne-lui ta main, Vierge pure… » Il envisageait également d'embaucher un nouveau compositeur, plus accompli. « Je veux vous envoyer le premier pianiste et l'un des meilleurs compositeurs d'Allemagne », lui proposa Andrei Razoumovski, ambassadeur russe à Vienne. Il avait déjà offert le poste à un compositeur, qui l'avait accepté : « Il n'est pas satisfait de sa position ici et serait désireux d'entreprendre ce voyage. Il est maintenant en Bohême, mais ne devrait pas tarder à rentrer. Si Votre Altesse le souhaite, je l'engagerai pour une brève période, le temps de l'écouter et de le garder un moment. » La réponse de Potemkine ne nous est pas parvenue. Ce compositeur s'appelait Mozart[1].

L'état de Potemkine empirait. L'inextricable labyrinthe de ses intérêts était désormais réduit à l'unique relation constante de sa vie, qui tenait depuis vingt ans. Catherine et le Sérénissime échangeaient des lettres d'amour simples, comme s'ils ne voulaient surtout pas perdre la moindre occasion d'exprimer la profonde affection qui les unissait. La ville de Jassy, où la fièvre régnait en maître, était un « véritable hôpital ». La plupart des malades, dont Repnine et Faleev, se remettaient lentement au bout de quatre jours de délire et de grelottements, mais en dépit des soins de Sachenka Branicka et de Sophie de Witte Potemkine ne guérissait pas.

Catherine voulait suivre sa maladie et surveiller son rétablissement comme s'il se trouvait dans ses appartements du Palais d'hiver mais, les messagers mettant entre sept et douze jours pour livrer le courrier, ses missives pleines de bienveillance et d'inquiétude étaient toujours en décalage sur le cours des événements : lorsqu'elle pensait que le prince allait mieux, il allait en fait plus mal. Si la première lettre annonçait une amélioration, la deuxième parlait d'une détérioration rapide. Elle se réjouit ainsi de la première lettre du 16 septembre : « J'ai compris que tu allais mieux, mais la deuxième n'a fait qu'aggraver mon angoisse parce que j'ai vu que tu as été en proie à la fièvre et aux migraines pendant quatre jours. Je prie le Seigneur pour qu'Il te donne de la force. [...] Au revoir, mon ami, le Christ te bénisse. »

Catherine n'avait jamais assez de nouvelles de lui. Elle ordonna à Popov d'envoyer des rapports quotidiens et en appela à Branicka : « Je vous en conjure, comtesse, écrivez-moi pour me dire comment il se porte et faites de votre mieux pour qu'il prenne autant de précautions que possible pour éviter une rechute, ce qui est le pire qui puisse arriver à quelqu'un qui est déjà affaibli. Je ne sais que trop combien il néglige sa santé. » Branicka et Popov veillèrent sur la chambre du malade, mais les trois médecins – le Français Massot et deux confrères russes – ne pouvaient pas faire grand-chose. Nous suivons donc le déchirant déclin à travers les lettres des deux amants – Catherine, de plus en plus inquiète à mesure que les jours passaient,

1. Mozart mourut peu après, le 24 novembre/5 décembre 1791.

et Potemkine, de plus en plus faible –, jusqu'à ce que les rapports de Popov prennent le relais.

Quand les lettres de Catherine arrivaient, Potemkine les lisait en sanglotant. Il pensait aller mieux, malgré ces « bourdonnements d'oreilles qui [le] tourment[ai]ent ». Alors même que son état ne cessait de se dégrader, il s'inquiétait encore de ses huit mille soldats malades. « Dieu merci ils ne meurent pas », disait-il. Les plénipotentiaires turcs arriveraient dans quatre jours. « Je m'attends à beaucoup de ruse, mais je me tiendrai sur mes gardes. » Puis, on l'évacua de Jassy pour l'installer dans une maison de campagne.

Le prince arrêta tout excès et mangea modérément : la faim fit tomber la fièvre : « Son Altesse se porte mieux d'heure en heure. » Il profita de l'occasion pour tracer l'itinéraire que l'armée russe prendrait en se retirant de Moldavie, car le passage par la Pologne était toujours bloqué. Les négociations avançaient, sous l'œil attentif du monde : les Autrichiens avaient désormais conclu leur paix avec la Porte à Sistova. Les gazettes viennoises, informées presque quotidiennement par des messagers, suivaient l'évolution en dents de scie de la maladie du prince. Si la guerre éclatait, Potemkine prendrait personnellement le commandement, mais en attendant il réclamait une part d'influence en Valachie et en Moldavie. Les pourparlers de paix seraient « orageux ». Le prince était attendu à Vienne à l'automne, dès que la paix serait signée.

De son propre aveu, il était « fatigué comme un chien », mais il rassura l'impératrice par l'intermédiaire de Bezborodko : « Je ne me ménage pas. » Trois jours plus tard, la fièvre le reprit, deux fois plus forte. Il grelottait et s'affaiblissait. Branicka le veillait jour et nuit[1]. Il refusait de prendre sa quinine. « Nous essayons de convaincre Son Altesse de la prendre, au nom de Votre Majesté Impériale, malgré la grande aversion que lui inspire ce remède », signala Popov. Le Sérénissime demanda à Bezborodko de lui trouver une « robe de chambre chinoise » : « [...] J'en ai absolument besoin. » Catherine s'empressa de lui en faire parvenir une, avec un manteau de fourrure. Le prince dictait encore ses petits mots à Catherine pour la tenir au courant de l'état de santé de ses troupes le jour où il écrivit ces lignes émouvantes : « Je suis à bout de forces et je ne sais pas quand la fin viendra. »

1. Potemkine n'avait sans doute plus besoin de la belle Grecque, qui disparut au moment où son état s'aggravait. Branicka lui avait probablement ordonné de divertir les magnats polonais venus voir le prince.

Il souffrait « sans cesse et gravement ». Le 25 septembre, ses gémissements et ses pleurs désespéraient son entourage. Lorsqu'il comprit que la fièvre ne le lâcherait plus, on eût dit qu'il avait décidé de profiter de ses dernières heures. La légende prétendit qu'il « se détruisait » ; il est vrai que sa gloutonnerie ne contribua pas beaucoup à son rétablissement. Le « sultan » fébrile dévora « un jambon, une oie salée et trois ou quatre poulets », le tout arrosé de *kvas*, de « toutes sortes de vins » et d'alcools. Il fit venir du sterlet et de l'oie fumée d'Astrakhan et de Hambourg. « Il cherchait à dessein les moyens d'éviter de se rétablir. » Lorsqu'il était trempé de sueur, il se versait « dix bouteilles d'eau de Cologne sur la tête ». Il mourrait de façon aussi excentrique qu'il avait vécu. Il était trop malade pour se soucier encore de bienséance.

Potemkine parlait « de la vie sur un ton de désespoir », écrivit tristement Popov à Catherine : « et il a fait ses adieux à tous, sans rien écouter de ce que nous lui disions pour le rassurer ». Le prince était assisté de l'évêque Ambroise et du métropolite Iona, un Géorgien qui le conjura de manger convenablement et de prendre ses médicaments. « Je ne me rétablirai pas beaucoup. Mais le Seigneur décidera », répliqua le prince. Puis il se tourna vers Ambroise pour débattre du sens de sa vie et démontra que, malgré toutes ses superstitions russes, il était aussi un homme des Lumières : « Vous, mon confesseur, savez que je n'ai jamais voulu de mal à quiconque. La seule chose que je désirais était de rendre tous les hommes heureux[1]. » Entendant la noble confession de Potemkine, tous ceux qui se trouvaient dans la chambre éclatèrent en sanglots. Les prêtres sortirent et le Dr Massot leur confia que la situation était désespérée. « Une grande affliction s'empara de nous, mais nous ne pouvions rien faire », écrivit l'un d'entre eux.

Le lendemain, 27 septembre, le prince reprit des forces. Rien ne le réconfortait davantage qu'un mot de l'impératrice, dont les lettres arrivèrent avec le manteau de fourrure à longs poils et la robe de chambre, mais elles lui firent penser à ce qu'il avait vécu avec elle et à son avenir. « Les larmes coulent toujours en abondance à la simple évocation du nom de Votre Majesté. » Il parvint à lui écrire de sa main la note suivante : « Chère Matiouchka, la vie est encore plus dure pour moi quand je ne te vois pas. »

1. Jeremy Bentham qui, par sa théorie utilitariste, mesurait la réussite d'un monarque au bonheur qu'il assurait à ses sujets, aurait apprécié cette réflexion. On se demande si Samuel, le frère du philosophe, avait discuté de cette idée avec le prince durant l'un de leurs longs voyages en carrosse dans le Sud.

Le 30 septembre, il eut cinquante-deux ans. Tout le monde tenta de le réconforter mais, quand le souvenir de Catherine se présenta à son esprit, il « pleura amèrement » car il savait qu'il ne la reverrait jamais. Ce jour-là, à des milliers de verstes de là, l'impératrice lut tous les rapports de Popov et prit sa plume pour s'adresser à son « cher ami » : « Je me fais un souci infini pour toi. Pour l'amour de Dieu, l'implora-t-elle, prends donc tes remèdes. Et, après les avoir pris, je t'adjure de t'abstenir des repas et des boissons qui annulent les effets des médicaments. » Elle réagissait à un rapport de Popov qui remontait à une dizaine de jours mais, tandis que sa lettre partait de Saint-Pétersbourg, Potemkine se réveillait et avait beaucoup de mal à respirer. C'était sans doute un symptôme de la pneumonie. La fièvre remonta et il perdit connaissance. Le 2 octobre, il reprit ses esprits et se sentit un peu mieux. On essaya de le convaincre de prendre sa quinine, mais il refusa. Puis, désirant ardemment revoir la steppe, l'éternel Bédouin eut envie de reprendre la route et de sentir le vent de la mer Noire. « Son Altesse désire que nous l'emmenions loin d'ici, mais je ne sais pas comment nous pourrions le déplacer tant il est épuisé », rapporta Popov à Catherine.

Son entourage se concerta tandis que le prince écrivait de sa propre main sa dernière lettre à l'impératrice – une expression simple et courtoise de son dévouement pour la femme qu'il aimait :

> Matiouchka, Dame de miséricorde ! Dans mon état actuel, si fatigué par la maladie, j'implore le Très-Haut pour qu'Il te conserve ta précieuse santé et je me jette à tes pieds sacrés.
>
> Le très fidèle et très reconnaissant sujet de Votre Majesté Impériale,
>
> Prince Potemkine de Tauride.
>
> Oh Matiouchka, je suis si malade !

Puis il s'effondra, ne reconnut plus personne et sombra dans le coma. Les médecins s'acharnèrent pendant neuf heures à trouver son pouls. Ses mains et ses pieds étaient froids comme la glace.

À Saint-Pétersbourg, Catherine était précisément en train de lire ses lettres du 25 et du 27 – « la vie est encore plus dure quand je ne te vois pas ». Elle pleura. Elle étudia même l'écriture, essayant d'y trouver quelque espoir. « J'avoue qu'elles m'inquiètent terriblement, mais je constate que tes trois dernières lignes sont un peu mieux écrites, lui dit-elle dans sa dernière lettre à son ami. Et tes médecins m'assurent que tu vas mieux. Je prie le Seigneur... » Elle envoya également un courrier à Branicka : « Je vous en prie, restez avec lui. [...] Au revoir chère âme, que Dieu vous bénisse. »

Dans l'après-midi, Potemkine se réveilla et donna l'ordre de partir. Il pensait que, s'il arrivait jusqu'à Nikolaïev, il guérirait. Il ne ferma pas l'œil de la nuit, mais il était calme. Le lendemain matin, son impatience monta. « Quelle heure est-il ? Est-ce que tout est prêt ? » demandait-il sans cesse. Il y avait trop de brouillard, mais il ne voulut rien savoir. Ils le firent asseoir dans un fauteuil et le portèrent jusque dans le carrosse à six places, où ils essayèrent de l'installer confortablement. Il dicta sa dernière lettre pour dire à Catherine qu'il était épuisé. Popov la lui apporta pour la lui montrer et il réussit à griffonner au bas de la page : « La seule issue est de partir. » Mais il n'eut pas la force de la signer.

À 8 heures du matin, accompagné de ses médecins, de ses Cosaques et de sa nièce, son carrosse s'éloigna dans la vaste steppe, filant vers les collines de Bessarabie.

Épilogue

LA VIE APRÈS LA MORT

« Foule-t-on les héros aux pieds ? – Non ! – Leurs
[exploits
Brillent à travers l'obscurité des temps.
Leurs tombes, telles des collines au printemps, fleurissent.
L'œuvre de Potemkine sera gravée. »

Gavril Derjavine, *La Cascade*

Le lendemain de la mort de Potemkine, le corps fut solennellement ramené à Jassy pour y être autopsié et embaumé. La dissection s'effectua dans les appartements du prince au palais Ghika[1]. Le Dr Massot et ses assistants ouvrirent le ventre adipeux et majestueux, examinèrent les organes, puis les retirèrent un à un, déroulant les boyaux comme un tuyau. Les intestins étaient très « humides » et inondés de liquide bilieux. Le foie était enflé. Ces symptômes portaient à conclure à une « attaque bilieuse ». Il y eut naturellement des rumeurs d'empoisonnement, que rien ne corroborait. Il est bien plus probable que Potemkine avait été affaibli par la fièvre – le typhus ou le paludisme –, les hémorroïdes, l'excès de boisson et un épuisement général, mais ce n'étaient pas nécessairement les causes de la mort. Ses acouphènes, sa toux grasse et ses difficultés respiratoires semblaient indiquer qu'il avait succombé à une broncho-pneumonie. Quoi qu'il en fût, l'odeur pestilentielle de bile était insupportable. Rien, pas même les techniques de conservation du corps, ne pourrait la faire disparaître.

Les médecins embaumèrent le corps : armé de sa scie, Massot pratiqua une ouverture triangulaire à l'arrière du crâne et en vida

1. Comme par un fait exprès, il abrite aujourd'hui la faculté de médecine de l'université de Iasi, mais selon d'autres sources l'autopsie fut réalisée au palais Cantacuzène.

le cerveau. Puis, il remplit la boîte crânienne d'herbes aromatiques et de potions afin de faire sécher et de conserver le célèbre visage. Les viscères furent déposés dans une boîte, le cœur dans une urne en or. On recousit le cadavre comme un sac et on l'habilla de son plus bel uniforme.

Il régnait autour du défunt un indescriptible chaos. Les généraux de Potemkine se disputaient le commandement de l'armée. Tout – un cadavre, une fortune, les lettres d'amour impériales, la guerre et la paix d'un empire – était suspendu à la réaction de l'impératrice. Quand, sept jours plus tard, la nouvelle parvint à Saint-Pétersbourg, l'impératrice s'évanouit, sanglota, fut saignée, souffrit d'insomnie et se cloîtra dans ses appartements. Son secrétaire nota qu'elle passa des journées entières « dans les larmes et le désespoir », mais elle se calma en écrivant un panégyrique au défunt, chantant son

> excellent cœur [...] sa rare intelligence et son inhabituelle largeur d'esprit ; ses opinions étaient toujours ouvertes et généreuses ; il était extrêmement humain, riche de connaissances, exceptionnellement gentil et débordant toujours de nouvelles idées ; personne n'avait plus de talent que lui pour trouver le mot juste et formuler des remarques perspicaces. Ses qualités militaires pendant cette guerre ont dû marquer tout le monde, car il n'a jamais failli, ni sur terre ni sur les mers. Personne en ce monde ne se laissait moins conduire par les autres. [...] En un mot, c'était un homme d'État, tant dans le conseil que dans l'exécution.

Mais elle chérissait surtout leur relation personnelle : « Il m'était passionnément et fidèlement attaché, me grondant lorsqu'il pensait que j'aurais pu mieux faire. [...] Sa qualité la plus précieuse était la force de cœur et d'âme qui le distinguait du reste de l'humanité et qui faisait que nous nous comprenions parfaitement et laissions les moins éclairés babiller à leur guise. » Ce bel hommage était mérité.

Le lendemain, elle se réveilla à nouveau en larmes. « Comment puis-je remplacer Potemkine ? demandait-elle. Qui aurait pensé que Tchernichev et d'autres lui survivraient ? Oui, je suis vieille. C'était un vrai grand seigneur, un homme intelligent, il ne m'a pas trahie, il ne pouvait pas être acheté. » Les larmes succédèrent aux larmes. Catherine porta le deuil comme les membres de la famille de Potemkine, avec lesquels elle correspondait. Ensemble, ils noyaient leur chagrin dans une sorte de graphomanie. « Notre douleur est universelle, dit-elle à Popov, mais mon cœur est tellement à vif que je ne puis même en parler. » Les nièces, qui firent le voyage à Jassy pour les obsèques, étaient dans le même état d'esprit. « Mon père est mort et je verse des larmes de chagrin, écrivit à Catherine Katinka Skavronskaïa, le "chaton" de Potemkine. Je m'étais habituée à attendre mon bonheur de lui... » Elle venait de recevoir de sa part une lettre pleine de tendresse quand elle apprit qu'elle était orpheline. Varvara Golitsyna, que Potemkine avait passionnément aimée juste après Catherine, rappela combien « il fut tendre, affable et bon pour elles ».

Mais les affaires devaient continuer de tourner. Catherine, avec l'égoïsme propre aux monarques, pestait contre ce contretemps autant que contre son chagrin : « Le prince Potemkine m'a joué un tour bien cruel en mourant ! C'est sur moi que retombe maintenant tout le fardeau. » Le Conseil se réunissait précisément le jour où la nouvelle était tombée et Bezborodko fut dépêché à Jassy pour achever les pourparlers de paix. À Constantinople, le grand vizir poussait Sélim III à relancer les hostilités, tandis que les ambassadeurs étrangers lui assuraient fort justement que la paix était plus probable maintenant que le futur roi de Dacie était mort.

Catherine chargea « saint » Mikhaïl Potemkine d'aller récupérer ses lettres à Jassy et de mettre de l'ordre dans les finances embrouillées du prince. Les missives impériales étaient les plus saintes reliques de l'héritage de Potemkine. Mikhaïl Potemkine et Vassili Popov se disputèrent le privilège de les remettre à l'impératrice et ce dernier remporta la bataille, de sorte que Mikhaïl repartit les mains vides[1].

Il fallut en revanche vingt ans et trois empereurs pour régler la question délicate de sa fortune, qui ne fut jamais totalement résolue. Depuis 1783, Potemkine avait apparemment reçu un total de cinquante-cinq millions de roubles – dont 51 352 096 roubles et 94 kopeks de l'État pour payer ses armées, constituer ses flottes et bâtir ses villes, les quelque quatre millions restants lui appartenant en propre. Il avait dépensé plusieurs millions dont personne

1. Mikhaïl Potemkine décéda dans des circonstances mystérieuses dans le carrosse qui le ramenait de Jassy. Son frère, le comte Pavel Potemkine, fut par la suite accusé d'avoir assassiné et dévalisé un prince perse à l'époque où il était vice-roi du Caucase : il écrivit un poème pour plaider son innocence, puis fut emporté par une fièvre. Certains pensaient qu'il s'était suicidé.

ne parvint à identifier l'usage[1]. L'empereur Paul reprit l'enquête, mais son successeur Alexandre, qui dans son enfance avait dansé lors du bal de Potemkine, renonça à cette tâche impossible et le dossier fut définitivement refermé.

À Saint-Pétersbourg, on ne parlait plus que de cette extraordinaire fortune personnelle – se chiffrait-elle en millions, ou ne laissait-il que des dettes ? « Bien que son héritage soit considérable, en particulier en diamants, on devine que lorsque toutes les dettes auront été épongées, il ne restera plus grand-chose pour les sept héritiers », écrivit le comte Stedingk à Gustave III. Catherine était également partie prenante : elle aurait pu laisser les dettes aux héritiers du prince, ce qui aurait liquidé une fortune évaluée à sept millions de roubles, mais elle savait que Potemkine avait puisé dans le Trésor comme dans sa propre banque, tout en dépensant son argent personnel au bénéfice de l'État – au point que l'un et l'autre étaient indissociables. « Personne ne sait exactement combien le défunt a laissé. Il doit beaucoup au Trésor, mais le Trésor lui doit beaucoup », rapporta Bezborodko en arrivant à Jassy. Pour ne rien arranger, le banquier de la cour, le baron Sutherland, décéda à peu près en même temps que son client, ce qui déclencha un scandale financier risquant de compromettre le fragile crédit de la Russie. Potemkine devait en effet à Sutherland 762 785 roubles – et 2,1 millions de roubles rien qu'à Saint-Pétersbourg.

Catherine régla cette affaire avec sa légendaire générosité : elle acheta le palais de Tauride aux héritiers pour 935 288 roubles, ainsi que la collection de tableaux du prince, sa fabrique de verre, un million de roubles de diamants et quelques domaines. Elle apura elle-même les dettes, laissant intact l'essentiel de la fortune que se partageraient les sept cupides héritiers – et désormais très riches – issus des branches Engelhardt et Samoïlov. Pour la seule ville de Smila, chacun reçut quatorze mille âmes masculines, sans même compter les domaines russes, et pourtant, dix ans plus tard, ils en étaient encore à se disputer le butin. Et deux siècles plus tard, à l'époque soviétique, les villageois de Tchijova retournaient le cimetière dans l'espoir de déterrer le trésor perdu de Potemkine.

1. Les quelque quatre millions correspondant à ses revenus personnels semblent largement sous-estimés lorsque l'on sait que Catherine lui achetait régulièrement ses palais pour des sommes d'environ un demi-million de roubles. Les sommes issues de l'argent public dépassaient de beaucoup les recettes annuelles de l'Empire russe, qui allaient de quarante à quarante-quatre millions de roubles – même si les recettes de l'État augmentaient rapidement.

Catherine fit cesser toute vie sociale à Saint-Pétersbourg. Il n'y avait plus de réceptions à la cour, plus de fêtes au Petit Ermitage. « L'impératrice n'apparaît plus en public. » Certains admiraient sa douleur : Masson comprit que « ce n'était pas l'amant qu'elle regrettait. C'était l'ami dont le génie était assimilé au sien propre ». Stedingk pensait que la sensibilité de Catherine était un plus bel hommage au prince que n'importe quel éloge. La capitale était drapée d'un « vernis de deuil », qui cachait en réalité une certaine jubilation.

La petite noblesse et les officiers subalternes, dont les épouses portaient le portrait du prince en sautoir, pleuraient un héros, tandis qu'une partie de la vieille aristocratie et les officiers supérieurs sabraient le champagne. Rostopchine, qui considérait Zoubov comme un « crétin », n'en était pas moins « charmé » de constater que tout le monde oubliait si rapidement la « chute du Colosse de Rhodes ». Le grand-duc Paul aurait murmuré que l'empire comptait désormais un voleur de moins – mais il est vrai que Potemkine l'avait évincé de la place qui lui revenait pendant près de vingt ans. Zoubov, « sans afficher de triomphalisme », ressemblait à un homme qui pouvait enfin respirer « au terme d'une longue et difficile subordination ».

Pourtant, trois des plus grands talents de l'empire, dont deux étaient censés être ses ennemis mortels, le regrettaient. Lorsque le feld-maréchal Roumiantsev-Zadounaïski, fils naturel de Pierre le Grand, apprit la nouvelle, son entourage s'attendait à ce qu'il se réjouisse. Au lieu de quoi, il s'agenouilla devant une icône. « Qu'y a-t-il de si surprenant ? demanda-t-il à ses compagnons. Le prince était mon rival, même mon ennemi, mais la Russie a perdu un grand homme [...] immortel par ses exploits. » Bezborodko reconnut qu'il « devait beaucoup » à un « homme aussi rare que charmant ». Souvorov était triste, et déclara que Potemkine était un « grand homme, par l'esprit comme par la taille : non comme cet échalas d'ambassadeur français à Londres dont le chancelier Bacon disait qu'il avait "le grenier mal meublé" » ; mais il incarnait également l'« image de toutes les vanités de ce bas monde ». Souvorov sentait que l'époque héroïque se refermait : Potemkine l'avait utilisé comme son propre roi Léonidas de Sparte. Il alla par deux fois se recueillir sur sa tombe.

À Jassy, Engelhardt demanda aux paysans-soldats s'ils préféraient Roumiantsev ou Potemkine. Ils saluèrent l'action « terrifiante mais énergique » de Roumiantsev mais, ajoutèrent-ils, Potemkine « était notre père, il allégeait nos tâches et nous fournissait tout ce dont nous avions besoin ; nous n'aurons plus jamais un autre commandant comme lui. Que Dieu préserve éternellement sa mémoire ». À

Saint-Pétersbourg, les soldats le pleuraient. Même Rostopchine, qui pourtant ne le portait pas dans son cœur, reconnut que les grenadiers de Potemkine versaient des larmes – mais c'était selon lui parce qu'ils avaient perdu le « privilège de piller ». Bezborodko les entendit déplorer la perte de Potemkine. Lorsqu'il les interrogeait sur les privations qu'ils avaient endurées à Otchakov, ils répondaient le plus souvent : « Mais il le fallait à l'époque. » De plus, Potemkine les avait traités avec humanité. Les plus beaux hommages sont les chants de marche sur Potemkine que les soldats chantaient lors des guerres napoléoniennes.

Ici repose, célébré par plus que la guerre,
Un homme dont l'âme était encore plus grande[1]...

La personnalité scandaleuse du prince souleva tant de passions de son vivant et par la suite, qu'elle éclipsa toute analyse objective de ses réalisations et les déforma pour tout dire grossièrement. Ses ennemis l'accusaient d'être paresseux, corrompu, dépravé, indécis, extravagant, mystificateur, lui reprochant par-dessus le marché son incompétence militaire et sa vaste entreprise de désinformation. Le sybaritisme et l'extravagance sont les seuls défauts qui soient vraiment justifiés. Même ses ennemis reconnaissaient toujours son intelligence, sa force de caractère, sa vision spectaculaire, son courage, sa générosité et son œuvre remarquable. « Il est indéniable qu'il possédait l'esprit, le courage et l'énergie qui, à mesure que ses talents se révélaient, faisaient de lui un Premier ministre idéal », écrivit Castera, premier biographe de Catherine. Le prince de Ligne pensait que la nature, en créant Potemkine, avait utilisé les « matériaux qu'elle aurait habituellement utilisés pour créer cent hommes ».

En tant que conquérant et colonisateur, il n'avait pas grand-chose à envier à son héros, Pierre le Grand, qui fonda une ville et arma une flotte sur la Baltique tout comme Potemkine créa des villes et arma des flottes sur la mer Noire. Tous deux moururent à cinquante-deux ans. Les ressemblances s'arrêtent toutefois là, car Potemkine était aussi humain et indulgent que Pierre était brutal et vindicatif. Mais le prince ne peut être compris, et donc apprécié à sa juste valeur, qu'à la lumière de son partenariat unique avec Catherine, avec laquelle il traitait presque d'égal à égale : ce fut un mariage d'amour et de politique sans pareil. Dans son expression la plus simple, ce fut une liaison amoureuse tendre et une noble amitié,

1. Gavril Derjavine, *La Cascade.*

mais réduire leur relation à cela reviendrait à ignorer les immenses réalisations qu'elle a portées. Aucune des grandes histoires d'amour entrées dans la légende ne peut se prévaloir de succès politiques si nombreux et si éclatants.

Cette relation permit à Potemkine de surpasser n'importe quel autre ministre favori et de se comporter en tsar. Il affichait son statut impérial car il n'était soumis à aucune limite, mais ceci lui attira d'autant plus de rancœurs. Il multipliait les excentricités parce qu'il le pouvait. Mais ses problèmes provenaient de l'ambiguïté de sa situation unique en son genre car, bien qu'il disposât des pouvoirs d'un co-tsar, il n'en avait pas le titre. Comme tous les favoris, il était persuadé que la souveraine était sous l'emprise d'un « conseiller malfaisant » – et ce n'est pas un hasard si sa première biographie s'intitulait *Le Prince des ténèbres*. S'il avait été tsar, il aurait été jugé pour ses réalisations et non pour son mode de vie : les têtes couronnées pouvaient se comporter comme bon leur semblait, mais on ne pardonne jamais leurs faiblesses aux ersatz d'empereurs. « Ses conquêtes accrurent la renommée de l'empire, mais l'admiration qu'elles suscitèrent fut pour elle, et la haine qu'elles soulevèrent pour lui », résuma le comte de Ségur.

Le Sérénissime était un homme politique dynamique mais un soldat prudent. Il était modérément compétent dans le commandement direct, mais un remarquable stratège et commandant en chef, pour les combats terrestres comme sur les mers : il fut parmi les premiers à coordonner des opérations amphibies sur différents fronts sur un vaste théâtre. On lui a reproché le chaos et la corruption qui régnaient dans l'armée russe, failles qui sont aussi vraies aujourd'hui qu'elles l'étaient il y a deux siècles, mais il mérite que soient reconnues ses réalisations. Lorsque Bezborodko rejoignit l'armée en 1791, par exemple, il fut stupéfait de l'ordre qu'il y trouva, en dépit de ce qu'il avait entendu dire. De plus ses adversaires n'étaient pas aussi faibles qu'ils le deviendraient : les Turcs avaient à plusieurs reprises battu les Autrichiens, réputés beaucoup plus compétents que les Russes. Dans l'ensemble, l'histoire militaire a sous-estimé Potemkine : il devrait passer des rangs des commandants incompétents à ceux des chefs de guerre véritablement capables, sans toutefois surclasser les génies de son temps, tels Frédéric le Grand, Souvorov ou Napoléon. Comme le confia Catherine à Grimm, il ne donna à la Russie que des victoires. Rares sont les généraux qui peuvent se prévaloir d'un tel palmarès. Par la tolérance et l'humanité qu'il témoignait à ses hommes, Potemkine fut un cas à part dans l'histoire de la Russie, jusqu'à aujourd'hui avec la guerre de Tchétchénie. « Aucun homme n'avait jusqu'alors mis sa puissance au service d'objectifs moins mauvais », écrivit Wiegel.

Trente ans plus tard, le comte de Langeron, dont les témoignages sur Potemkine, truffés de préjugés, ont autant terni sa réputation que ceux du prince de Ligne et de Helbig, reconnaissait : « Je l'ai jugé avec une grande sévérité, et mon ressentiment influençait mes opinions. » Sur ce, il offrait de lui un portrait plus juste :

> Il avait naturellement tous les défauts des courtisans, la vulgarité des parvenus et les absurdités des favoris, mais tous ces caractères participaient de l'étendue et de la force de son génie. Il n'avait rien appris mais devinait tout. Son esprit était aussi grand que son corps. Il savait concevoir et exécuter ses merveilles et un tel homme était indispensable à Catherine. Conquérant de la Crimée, il a soumis les Tartars, intégré les Zaporogues au Kouban et civilisé [les Cosaques], fondé Kherson, Nikolaïev, Sébastopol, instauré des chantiers navals dans trois villes, créé une flotte, dominé la mer Noire. [...] Toutes ces merveilleuses initiatives devraient lui valoir reconnaissance.

Alexandre Pouchkine, qui se lia d'amitié avec Langeron à Odessa en 1824, admettait que Potemkine avait été « touché par la main de l'Histoire » : « [...] Nous lui devons la mer Noire. » Ses villes, ses navires, les Cosaques, la mer Noire elle-même, et sa correspondance avec Catherine demeurent ses plus beaux monuments.

Derjavine, ému, composa son poème épique *La Cascade* peu après la mort de Potemkine. On y retrouve de nombreux aspects des Mécène et Alcibiade dont le poète était familier. Il utilise l'image de la cascade – sa grandeur, sa vitesse, sa puissance naturelle – pour symboliser Potemkine ainsi que les remous de la vie et sa nature transitoire. Potemkine fut l'un des hommes d'État les plus remarquables de la Russie impériale, comparable uniquement à Pierre le Grand et à Catherine. Le duc de Richelieu, excellent juge des caractères et lui-même homme d'État, fut l'étranger qui comprit le mieux le Sérénissime : « La somme de ses grandes qualités surpassait tous ses défauts. [...] Presque tous ses actes publics portent la marque de la noblesse et de la grandeur », écrivit-il.

La poussière d'Alcibiade !
Les vers osent-ils grouiller sur sa tête là-bas[1] *?*

1. *Id.*

L'impératrice décréta que les funérailles du prince auraient lieu à Jassy. Potemkine avait demandé à Popov de l'enterrer dans son village de Tchijova, mais Catherine estima qu'il devait reposer dans l'une de ses villes, Kherson ou Nikolaïev. Il était étrange qu'elle ne choisisse pas de l'enterrer à Saint-Pétersbourg, mais peut-être que l'esprit rationaliste de cette femme des Lumières n'attachait au fond pas grande importance aux sépultures. Elle s'intéressait beaucoup plus aux lieux et aux gens qu'ils avaient connus ensemble de son vivant. Elle savait par ailleurs que plus le corps de Potemkine reposerait loin de la capitale, moins Paul pourrait s'en prendre à lui lorsque elle-même aurait quitté cette terre.

Le 11 octobre, le corps de Potemkine fut exposé, probablement au palais Ghika : le catafalque était dressé dans une pièce tendue de velours noir, galonné d'argent et retenu par des cordons d'argent. Le dais était décoré d'un somptueux brocart d'or. Le prince reposait dans un cercueil ouvert capitonné de velours rose sous un baldaquin de velours rose et noir soutenu par dix piliers et surmonté de plumes d'autruche.

Les décorations et les bâtons de maréchal de Potemkine étaient déposés sur des coussins de velours et sur deux pyramides de satin blanc qui s'élevaient de part et d'autre de la bière. Son épée, son chapeau et son écharpe étaient posés sur le couvercle. Dix-neuf immenses cierges vacillaient, six officiers montaient la garde. Des soldats et des Moldaves pleuraient la « perte de leur protecteur » et défilaient devant le cercueil. Devant cette magnifique mise en scène, se dressait un tableau sur lequel étaient inscrits tous les titres et toutes les victoires de Potemkine[1].

À 8 heures du matin le 13 octobre, les grenadiers d'Ekaterinoslav et les mousquetaires du Dniepr formèrent une haie d'honneur dans les rues qu'emprunterait le cortège. Des généraux portaient le cercueil, des gardes du corps le dais, tandis que les salves retentissaient et que les cloches sonnaient tristement. Un escadron de hussards et de cuirassiers ouvrait la marche. Les chevaux étaient conduits par des écuyers en livrée de cérémonie ornée de crêpe noir. Derrière eux venaient cent vingt soldats en longs manteaux noirs portant des torches, et trente-six officiers tenant des cierges. Des boyards

---

1. Celui-ci disparut quelques années après les funérailles de Potemkine. Deux cents ans plus tard, en octobre 1998, l'auteur, aidé d'un prêtre roumain et de deux professeurs, a entrepris de fouiller l'église Golia de Jassy et a retrouvé le tableau avec son hommage magnifiquement calligraphié sous un piano, derrière une pile de bréviaires ; il était couvert de poussière mais intact.

de Moldavie en costumes exotiques turcs et les princes du Caucase suivaient. Derrière les prêtres, deux généraux présentaient les attributs du pouvoir. Le portrait miniaturisé de Catherine incrusté de diamants, que Potemkine portait toujours sur lui, était plus éloquent que toutes les médailles et autres insignes.

Le corbillard noir, chargé du cercueil, attelé à huit chevaux drapés de noir, conduit par des postillons vêtus de longues capes noires et coiffés d'un chapeau noir, parcourut les rues, suivi des nièces du prince. Ses Cosaques fermaient la procession.

Le cortège approcha des tourelles en poivrière du monastère de Golia et franchit la porte fortifiée de trente mètres de haut. On transporta le cercueil à l'intérieur de l'église de l'Assomption, que Pierre le Grand était autrefois venu visiter. Le mélange d'architecture byzantine, classique et russe des piliers blancs et des flèches était une réalisation de Potemkine lui-même. Les canons tirèrent une ultime salve.

La disparition de Potemkine laissa dans la vie de Catherine un vide que rien ne comblerait jamais : après Noël, elle s'enferma pendant trois jours dans sa chambre sans en sortir. Elle parlait souvent de lui. Elle fit donner la salve de cent un canons pour la Paix de Jassy et organisa un dîner pour fêter l'événement – mais, les larmes aux yeux, elle refusait sèchement tous les toasts : « Sa douleur ne s'était pas apaisée. »

Le 30 janvier 1792, quand Samoïlov lut le texte du traité, elle s'enferma avec le neveu de Potemkine pour pleurer. Cet été-là, en rentrant de Tsarskoïé Selo, elle annonça à tout le monde qu'elle irait dorénavant habiter dans la résidence de Potemkine, qu'elle baptisa « Tauride » en son honneur, et elle vint souvent y séjourner. Elle adorait ce palais et se promenait souvent seule dans ses jardins, comme si elle cherchait son amant perdu. Un an plus tard, le jour de son anniversaire et celui de sa mort, elle passa la journée seule dans sa chambre à sangloter. Elle visita le palais de Tauride avec ses petits-fils, en présence de Zoubov. « Tout y était autrefois charmant, mais maintenant, il y manque quelque chose », dit-elle à Khrapovitski. En 1793, elle retournait régulièrement au palais de Tauride : parfois, elle s'arrangeait pour y rester en secret après dîner. « Personne ne pouvait remplacer Potemkine à ses yeux », écrivit Khrapovitski, mais elle s'entourait du cercle de Potemkine.

Popov, qui avait été l'un de ses secrétaires, était à présent l'incarnation vivante de l'héritage politique du prince. De fait, il lui suffisait de dire que Potemkine n'aurait pas approuvé telle ou telle proposition pour que Catherine refuse tout bonnement de l'étudier.

Tel était le pouvoir d'un homme mort. Quand elle venait au palais de Tauride, Popov s'agenouillait devant elle et la remerciait de daigner vivre dans la demeure de son « créateur ». À la mort du prince Wiazemski, Samoïlov devint procureur général. Ribas fonda Odessa sur le site de la forteresse turque de Haji Bey, comme l'avait voulu Potemkine, mais ce fut le duc de Richelieu qui, en sa qualité de gouverneur général de Nouvelle-Russie, en fit l'un des ports les plus cosmopolites du monde. En 1815, le même Richelieu devint Premier ministre de la France.

Deux ans après la mort de Potemkine, le prince de Ligne évoqua devant Catherine son « cher et inimitable, [son] aimable et admirable » ami. Ligne lui-même ne s'était jamais remis de ne pas s'être vu confier le commandement d'une armée et, en 1812, il supplia Metternich de le laisser rejoindre les armées de Napoléon pour participer à la campagne de Russie – indigne réponse à la générosité de Catherine et Potemkine. Il survécut et devint la vénérable attraction du congrès de Vienne, qui lui fournit l'occasion de formuler son ultime épigramme avant de rendre son dernier souffle, à l'âge de soixante-dix-neuf ans : « *Le Congrès ne marche pas mais il danse**. » Le comte de Ségur s'adapta à la Révolution française pour devenir le grand maître des cérémonies de Bonaparte et, en 1812, il conseilla à l'Empereur de ne pas envahir la Russie, puis refit surface à la Restauration avec le titre de pair. Nassau-Siegen essaya de convaincre Napoléon de le laisser attaquer l'Inde britannique mais mourut en 1806 en Prusse.

Francisco de Miranda devint le « *Precursor* » du libérateur de l'Amérique du Sud, après avoir servi en qualité de général dans les armées de la France révolutionnaire. En 1806, il échoua sur la côte du Venezuela avec deux cents volontaires, puis dut à nouveau battre en retraite. Mais, en 1811, Simón Bolivar le convainquit de revenir comme commandant en chef de l'armée patriote vénézuélienne. Un tremblement de terre et des défaites militaires obligèrent le dictateur hésitant à négocier avec les Espagnols. Quand il essaya de fuir, Bolivar le fit arrêter et le leur livra. Cet amant de la liberté mourut en 1816 dans une prison espagnole – trente ans après avoir croisé le chemin du Sérénissime. Sir James Harris, en qui Talleyrand voyait le « ministre le plus rusé de son temps », fut élevé au titre de comte de Malmesbury. Sir Samuel Bentham devint pour sa part inspecteur général des arsenaux de la Marine et fit construire la flotte qui remporta la bataille de Trafalgar. Jeremy Bentham construisit une prison panoptique, avec l'appui de Georges III, mais l'expérience échoua. Il en fit porter la responsabilité au roi.

John Paul Jones fut chargé par Washington et Jefferson de venir à bout des pirates algériens sur la côte des Barbaresques, mais il décéda à Paris le 7/18 juillet 1792 à quarante-cinq ans à peine, et eut droit à des funérailles nationales. Il resta dans les mémoires comme le fondateur de l'US Navy. Sa sépulture disparut jusqu'au jour où, en 1905, le général Horace Porter retrouva Jones parfaitement conservé dans un cercueil de plomb. Dans un geste de nécro-impérialisme, le président Theodore Roosevelt le fit ramener aux États-Unis par quatre croiseurs, et le 6 janvier 1913, cent vingt-cinq ans après que son chemin se fut séparé de celui de Potemkine et à des milliers de kilomètres de là, il fut ré-enterré dans un sarcophage, dont le modèle s'inspirait de celui de Napoléon aux Invalides, à l'Académie navale d'Annapolis, où il repose désormais.

Catherine voyait en Branicka l'héritière affective de Potemkine, et lui céda les appartements du prince dans les palais impériaux, afin qu'elles puissent passer du temps ensemble, mais elle précisa que Sachenka serait servie par d'autres domestiques car les visages des anciens laquais de Potemkine lui briseraient le cœur. Catherine promut Platon Zoubov à de nombreux postes qu'avait occupés Potemkine, mais il s'avéra totalement inapte à remplir la moindre charge. Nombreux étaient ceux qui regrettaient le Sérénissime en voyant l'insolente médiocrité des Zoubov – la « racaille de l'empire ».

Catherine, encouragée par Potemkine, avait très certainement prévu de déshériter l'« inconstant » grand-duc Paul pour transmettre directement la couronne à son petit-fils Alexandre. Sans Potemkine, elle n'eut sans doute pas le courage de le faire. Le 5 novembre 1796, Catherine II se leva à la même heure que tous les jours. Elle se retira dans son cabinet privé où elle fut frappée d'une attaque cérébrale. Ainsi, comme le roi d'Angleterre Georges II, elle tomba malade en ce lieu où, dit-on, même les rois vont à pied. Après que son valet et sa femme de chambre eurent forcé la porte, ils la portèrent dans sa chambre à coucher où le docteur Rogerson lui fit une saignée. Elle était trop lourde pour qu'ils puissent la déposer sur son lit ; ils l'installèrent donc par terre, sur un matelas. Des émissaires partirent au grand galop pour Gatchina pour informer le grand-duc Paul. Celui-ci crut qu'ils venaient l'arrêter. Il partit aussitôt pour Saint-Pétersbourg. On raconte que, dans l'après-midi, il détruisit avec Bezborodko des documents prévoyant de lui confisquer le pouvoir. Le 6 novembre, Catherine expira à 9 h 45 du soir, allongée sur son matelas à même le sol.

Paul Ier annula autant de réalisations du règne de sa mère qu'il le put. Il se vengea de Potemkine en transformant le palais de Tauride en caserne de la garde à cheval et le Palais d'hiver en écuries. Il « exila » naïvement la bibliothèque de Potemkine à Kazan – exemple unique de vengeance bibliographique. Il fit rebaptiser Grégoripol. Il remit à l'honneur la « paradomanie » prussienne de son père, traitant la Russie comme une caserne, et fit tout ce qu'il put pour détruire l'« armée de Potemkine », si tolérante, qu'il détestait de toute son âme. L'incohérence de son despotisme ligua contre lui les mêmes factions que celles qui avaient renversé Pierre III et bientôt sa peur obsédante de finir assassiné devint prémonitoire. (Platon Zoubov figurait au nombre de ses assassins.) Les Cosaques de Potemkine restèrent les piliers du régime Romanov, mais les fils de Paul, Alexandre Ier et Nicolas Ier, héritèrent de son goût prononcé pour la « paradomanie » à la prussienne, qui demeura la marque de fabrique de la monarchie pendant toute son histoire – l'anarchiste Bakounine l'appellerait l'« Empire knouto-germanique ».

Sophie de Witte épousa le plus riche des « roitelets » de Pologne, Félix Potocki, qu'elle avait séduit à Jassy après la mort de Potemkine. Elle eut une liaison incestueuse passionnée avec son beau-fils, Youri Potocki, et se livra à « tous les crimes de Sodome et Gomorrhe ». Lorsque Langeron lui rendit visite, elle lui déclara : « Vous savez qui je suis et d'où je viens. Eh bien, je ne peux pas vivre avec à peine soixante mille ducats de revenus. » Quatre ans après la mort de son vieux mari, en 1805, elle se débarrassa du fils et se bâtit une fortune tout en élevant ses enfants. La comtesse Potocka mourut en 1822, « honorée et admirée ».

Sachenka Branicka choisit quant à elle de se retirer sur ses terres et sa fortune était telle qu'elle était bien incapable de la chiffrer. « Je ne sais pas exactement, mais je devrais avoir dans les vingt-huit millions », disait-elle. Elle changea d'époque majestueusement, presque royalement. Cette femme, témoin des derniers instants de Potemkine, devint la « dépositaire de sa gloire ». Elle garda jusque dans son âge mûr sa silhouette svelte et élancée et son teint frais, mais arborait toujours les longues robes du temps de Catherine, serrées à la taille par une large boucle. Elle érigea sur son domaine un temple à Potemkine et se fit représenter par un peintre, avec le buste du prince en arrière-plan. Elle reçut par deux fois chez elle Alexandre Ier qui la nomma grande maîtresse de la cour. Vingt ans après la mort de Catherine, Wiegel s'étonnait de voir les plus grandes dames nobles lui baiser la main comme si elle était grande-duchesse, ce qu'elle semblait accepter

« sans aucune gêne ni embarras ». En 1838 – à l'ère victorienne –, lorsqu'elle décéda à l'âge de quatre-vingt-quatre ans, sa descendance avait donné à la Pologne une bonne part de son aristocratie.

La comtesse Skavronskaïa, l'« ange » de Potemkine, fut libérée par la mort de son mari mélomane et épousa par amour un Chevalier de Malte italien, le comte Giulio Litta. Tatiana, la plus jeune nièce, veuve de Mikhaïl Potemkine, épousa le descendant d'un khan tatar du nom de Youssouf, le prince Nikolaï Youssoupov, qui était beaucoup plus âgé qu'elle et dont on disait qu'il possédait tout un village de serves prostituées. La princesse Youssoupova fut malheureuse dans son couple mais, comme son oncle, elle amassa des bijoux, parmi lesquels les boucles d'oreilles de Marie-Antoinette, le diamant Polar Star et le diadème de la sœur de Napoléon, Caroline Murat, reine de Naples. Félix Youssoupov, qui assassina Raspoutine en 1916, n'était pas peu fier d'être parent par alliance avec le Sérénissime.

Deux petites nièces complètent la vie de Potemkine. La fille de Branicka, Élisabeth (dite Lise), épousa le prince Michael Vorontsov, fils de Simon, l'ennemi juré de Potemkine, qui l'avait élevé en Angleterre pour en faire un milord froid et flegmatique. Il devint vice-roi de Nouvelle-Russie et du Caucase, tout comme le grand-oncle de sa femme. Lise aurait hérité du certificat de mariage de Potemkine et de Catherine et l'aurait jeté dans la mer Noire – destination on ne peut mieux trouvée ! « Milord » Vorontsov comprit qu'il était impossible de tenir la bride haute à sa délicieuse princesse volage : elle entretenait déjà une liaison secrète avec l'un de ses cousins Raïevski, lorsqu'en 1823 elle rencontra Alexandre Pouchkine qui avait été exilé à Odessa. Sa parenté avec Potemkine contribua très certainement à séduire le poète : il fit la connaissance des nièces du prince et consigna toutes les histoires qu'elles racontaient. Ce fut ainsi qu'il tomba amoureux de la princesse Vorontsova. Dans ses œuvres, il laissa entendre qu'ils faisaient l'amour sur une plage de la mer Noire. D'aucuns pensaient qu'elle était le modèle de nombreuses femmes chantées dans ses poèmes, telle Tatiana dans *Eugène Onéguine*, et la « sorcière » de son poème *Le Talisman* : « Là où la mer toujours mouvante/Bat sur des rocs inhabités, [...] Une sorcière très câline/M'a confié un talisman. » Le cadeau en question était un anneau gravé de caractères hébraïques.

Vorontsov mit fin à cette liaison en expédiant Pouchkine dans la lointaine province de Pskov. Le poète se vengea en composant des satires de Vorontsov et en donnant (probablement) à Lise une fille,

Sophie, qui vint au monde neuf mois exactement après le départ de Pouchkine. Le sang de Potemkine était ainsi allié à celui de Pouchkine. Ce dernier portait le fameux « talisman » de sa maîtresse quand il fut tué dans un duel en 1837.

La fille de Skavronskaïa, également prénommée Ekaterina, fit scandale dans les cours d'Europe. On la surnommait l'« ange nu » en raison de son penchant pour les robes transparentes et vaporeuses, et le « chat blanc » pour sa sensualité débridée. Elle épousa l'héroïque général Pierre de Bagration. Comme sa mère, qui était l'« ange » de Potemkine, elle avait des traits d'une douceur angélique, un teint d'albâtre, des yeux d'un bleu extraordinaire et une chevelure qui lui retombait sur les épaules dans une cascade de boucles dorées. En 1802, elle devint la maîtresse de Metternich à Dresde et lui donna une fille, Clémentine, qui était ainsi parente avec Potemkine et avec le « gendarme de l'Europe ». Goethe, qui la rencontra à Karlsbad, ne tarit pas d'éloges à son propos, alors qu'elle entamait une nouvelle liaison avec le prince Louis de Prusse. Après la mort de Bagration à la bataille de Borodino, elle s'afficha en société et se piqua de politique européenne, participant au congrès de Vienne en 1814. Elle disputait âprement à la duchesse de Sagan les faveurs du tsar Alexandre Ier : chacune occupait une aile différente du palais Palm. Les agents autrichiens qui espionnaient sa chambre à coucher à Vienne signalèrent sa magnifique « expertise pratique ». Le « chat blanc » partit alors pour Paris, où elle se tailla une réputation pour sa sensualité, son fastueux carrosse et les diamants de Potemkine. En 1830, elle épousa un général et diplomate anglais, Lord Howen. Trente-cinq ans plus tard, quand la fille de Metternich rendit visite à son vieux père en exil à Richmond, elle se rappela avoir été prise d'un fou rire car, en dépit de son âge vénérable, l'« ange nu » portait toujours ses robes transparentes qui avaient autrefois affolé les princes d'Europe. Elle vécut jusqu'en 1857, mais sa fille Clémentine, qui fut élevée par les Metternich, mourut jeune.

Enfin, Sophie, la fille de Samoïlov, épousa le fils du comte Bobrinski, mêlant par sa descendance le sang de Catherine, des Orlov et des Potemkine.

La mutinerie des marins du cuirassé *Potemkine prince de Tauride* à Odessa annonçait la Révolution de 1905. Elle inspira un film à Eisenstein : paradoxalement, le nom même de Potemkine, entretenu par l'autocratie tsariste, devint ainsi le symbole du bolchevisme[1]. À Odessa, l'escalier Richelieu fut rebaptisé l'« escalier de Potemkine », de sorte qu'aujourd'hui la statue du duc français surplombe un escalier qui porte le nom de l'« homme extraordinaire » qu'il admirait tant.

Le palais de Tauride deviendrait pour sa part « le berceau, la citadelle et le cimetière de la démocratie russe[2] ». Le 6 janvier 1918, l'Assemblée constituante, premier parlement véritablement démocratique de l'histoire russe avant celui de 1991, réuni sous la surveillance de Lénine et d'une horde de Gardes rouges ivres, se tint pour la première et dernière fois dans la salle des Colonnes où Potemkine s'était agenouillé devant Catherine. Lénine partit, la Garde rouge évacua les parlementaires et le palais de Tauride fut fermé. Aujourd'hui, il abrite l'Assemblée interparlementaire des nations des États indépendants : une ironie du sort a voulu que la demeure de l'homme qui intégra tant de ces territoires dans l'Empire russe soit désormais le siège de sa désintégration.

Et, bien entendu, l'expression « Village Potemkine » entra dans la langue.

Le corps de Potemkine n'arriva pas dans son intégralité à Kherson le 23 novembre 1791. Quand de grands hommes sont embaumés, leurs viscères sont inhumés séparément. Le lieu de sépulture du cœur était particulièrement important. Quelques mois plus tôt, par exemple, lors des funérailles nationales de Mirabeau, le cœur du défunt avait été transporté dans les rues de Paris dans une boîte en plomb couverte de fleurs.

Les viscères de Potemkine étaient censés être enterrés dans l'église de l'Assomption du monastère de Golia à Jassy. Aucun repère visible ne signale le lieu de leur ensevelissement, mais, de l'époque du royaume de Roumanie jusqu'à l'ère communiste et à la démocratie, quelques intellectuels ont toujours su qu'ils reposaient dans un coffret en or sous le tapis et la dalle faisant face au trône médiéval en velours rouge de l'hospodar de Moldavie. Ainsi, le cerveau qui

1. Georges V était si inquiet qu'il défendit de projeter le film aux écoliers d'Eton : « Il n'est pas bon que ces garçons voient des mutineries, moins encore des mutineries de la Marine. »

2. En 1906, la Douma d'État, institution concédée à contrecœur par le tsar Nicolas II après la Révolution de 1905, se réunissait dans l'ancien jardin d'hiver. Après la révolution de Février, ce pavillon abrita un temps le gouvernement provisoire de Russie en même temps que le Soviet de Petrograd.

avait imaginé le royaume de Dacie reposait au pied du portrait d'un prince moldave barbu, Basile le Loup, vêtu d'un caftan or, blanc et rouge et coiffé d'une toque ornée de trois plumes.

La famille Potemkine n'avait pas oublié le lieu de décès du prince dans les collines de Bessarabie, indiqué par la lance du Cosaque Golavaty. Samoïlov y fit construire en 1792 une petite stèle carrée d'inspiration classique, et fit graver sur une face la date et l'événement : son style et sa pierre blanche ressemblent tellement à la fontaine construite au palais de Nikolaïev qu'elle dut être dessinée par le même architecte, Starov en personne. Plus tard, au début du XIXe siècle, les héritiers de Potemkine firent élever une pyramide de pierre noire de dix mètres de haut au sommet de laquelle on accédait par un escalier[1].

Quand le corps arriva à Kherson, il ne fut pas enterré mais simplement déposé dans un tombeau non scellé construit pour l'occasion dans une crypte, au centre de l'église Sainte-Catherine. L'impératrice avait demandé que fût érigé sur le tombeau un grand monument de marbre, mais au moment de sa mort, des années plus tard, le marbre n'était toujours pas prêt. Le prince, un parvenu qui appartenait en quelque sorte à la famille royale, reposait dans une sépulture inachevée. Les visiteurs et les gens du pays, parmi lesquels Souvorov, venaient prier sur sa tombe.

En 1798, Paul eut vent de ces visites et décida de se venger sur le cadavre : il ne supportait pas l'idée que, sept ans après sa mort, Potemkine pût encore parvenir à défier la tradition et les convenances. Le 18 avril, il promulgua donc un décret au prince Alexandre Kourakine, procureur général : le corps fut exhumé et, « trouvant cela obscène, Sa Majesté ordonna qu'il fût secrètement enterré dans la tombe conçue à cet effet et que la crypte soit recouverte de terre et aplanie comme si elle n'avait jamais existé ». Faire disparaître toute trace de la sépulture d'un homme de l'envergure de Potemkine était déjà suffisamment humiliant. Mais, selon certaines sources, l'empereur

1. Le site fut perdu et sans doute détruit : personne n'a signalé avoir vu cet endroit depuis le début du XIXe. Il n'était porté sur aucune carte (mis à part une carte autrichienne de 1913) et aucun historien local n'était au courant de son existence ; il paraît hautement improbable que ces monuments existent encore aujourd'hui. Il y a pourtant encore sur une colline de Bessarabie un sentier de campagne que seuls connaissent les paysans du cru qui ont eu la gentillesse d'emmener l'auteur de ces lignes au « site de Potemkine », qui a survécu aux régimes russe et ottoman, au royaume de Roumanie, à la réintégration à l'Union soviétique et à la création de la République indépendante de Moldavie.

donna également à Kourakine l'ordre oral de briser jusqu'au dernier monument à la mémoire de Potemkine et de disperser ses ossements près de la gorge du Diable. Sous le couvert de l'obscurité, le tombeau fut comblé et recouvert, mais personne ne sait si les officiers avaient obéi aux ordres de Paul. Ses restes avaient-ils été jetés dans la gorge, enterrés en secret ou bien emportés par la comtesse Branicka ? Pendant longtemps, personne ne le sut vraiment.

Le 4 juillet 1818 à minuit, présidant à une nouvelle ouverture du tombeau, l'archevêque d'Ekatarinoslav, Iov Potemkine, cousin du Sérénissime, souleva la dalle de l'église, ouvrit le cercueil et découvrit que le cadavre embaumé s'y trouvait toujours. Au bout du compte, dans cette affaire comme dans tant d'autres, les officiers n'avaient pas cédé aux caprices despotiques de l'empereur Paul. Ils lui avaient néanmoins obéi en faisant disparaître toute trace de la sépulture. En repartant, Iov Potemkine aurait emporté quelques objets funéraires dans son carrosse : était-ce un geste de pillage de tombe familial et épiscopal ? Ou bien l'urne contenait-elle une partie importante du corps ? Le prince était-il encore dans son tombeau après l'intervention de l'évêque ?

Chaque fouille nocturne semait d'autres doutes – problème propre à la clandestinité, à l'obscurité et aux tombes. En 1859, une nouvelle commission officielle décida d'ouvrir la tombe pour prouver que le prince y reposait toujours ; lorsque l'on ouvrit le tombeau, on découvrit une large crypte, un cercueil de bois à l'intérieur d'un autre en plomb, entouré d'une frange en or. Milgov, un fonctionnaire local, fit un peu de ménage dans la crypte et la referma.

Maintenant que tout le monde était sûr qu'il y avait bien une tombe dans l'église, on décida qu'il devrait y avoir également une pierre tombale grandiose. Mais, personne ne se souvenant exactement de l'emplacement originel de la tombe, on ne sut où dresser la stèle. D'autres curieux y virent un prétexte pour reprendre les fouilles. En 1873, une nouvelle commission revint ainsi creuser et trouva un cercueil de bois contenant un crâne présentant l'ouverture triangulaire pratiquée par Massot sur l'occiput, et des mèches de cheveux blonds, restes d'une coiffure dont on disait qu'elle était la plus belle de Russie, ainsi que trois médailles, des vêtements et des débris d'uniforme galonné d'or. On rescella la pierre tombale et l'on éleva au-dessus une stèle à la mesure du grand homme. Potemkine, s'il s'agissait bien de lui, pouvait enfin reposer un peu en paix.

Puis vint la Révolution : en 1918, les bolcheviks prirent un malin plaisir à retourner le cimetière de Sainte-Catherine où étaient ensevelis les officiers tués lors du siège d'Otchakov. Le pope de la paroisse conserve aujourd'hui encore des photographies jaunies d'une scène macabre qui se joua dans la ferveur révolutionnaire : une troupe de paysans montre du doigt des squelettes ratatinés au crâne encore garni de touffes de cheveux, vêtus de redingotes galonnées, de culottes et de bottes de l'époque de Catherine, tandis qu'à l'arrière-plan on devine les lourdes bottes et les manteaux de cuir des agents de la Tcheka.

Douze ans plus tard, en 1930, un jeune écrivain du nom de Boris Lavrenev revint à Kherson, sa ville natale, pour rendre visite à son père malade. Il alla se promener dans la forteresse et aperçut un panneau devant l'église Sainte-Catherine : « Musée anticlérical de Kherson. » Il entra. Dans la nef, il vit un écrin de verre pyramidal. Il y avait un « objet rond et brun » à l'intérieur. Il approcha et comprit qu'il s'agissait d'un crâne. À côté, sur une table, il lut la légende sur une pancarte : « Crâne de l'amant de Catherine II, Potemkine. » L'écrin voisin contenait un squelette auquel étaient encore attachés des muscles ratatinés – et une autre légende : « Ossements de l'amant de Catherine II, Potemkine. » Dans le troisième écrin, on pouvait admirer les restes d'une veste de velours vert, de pantalons de satin blanc et de bas et de chaussures décomposés – les vêtements de Potemkine.

Lavrenev sortit précipitamment et expédia aussitôt un télégramme au ministère chargé de la protection des œuvres d'art. De retour à Leningrad, une lettre d'un ami lui apprit que le « musée » était fermé. Les restes de Potemkine avaient été rassemblés, déposés dans un nouveau cercueil, remis dans la crypte qui fut à nouveau murée. « Ce fut ainsi qu'en 1930 à Kherson, le feld-maréchal prince Sérénissime Grigori Alexandrovitch Potemkine fut enterré une deuxième fois », écrivit Lavrenev.

Le 11 mai 1984, le mystère Potemkine intrigua à nouveau des bureaucrates locaux : le directeur du Service de médecine légale de Kherson, L. G. Bogouslavski, ouvrit le tombeau et y trouva « trente et un ossements humains appartenant au squelette d'un homme mesurant sans doute un mètre quatre-vingt-cinq [...] et âgé d'environ cinquante-deux à cinquante-cinq ans », qui était sans doute mort depuis deux cents ans. Mais il y avait apparemment aussi dans le cercueil des épaulettes que l'on attribuait à un officier britannique de l'époque de la guerre de Crimée. Le cercueil était plus moderne, mais il était orné d'une croix catholique et d'une croix orthodoxe. Les analystes conclurent qu'il s'agissait indubitablement de Potemkine.

En juillet 1986, Bogouslavski écrivit au professeur Evgeny Anisimov, éminent spécialiste du XVIIIe siècle, qui ne fut aucunement convaincu par les éléments de preuve qu'on lui présentait : si le cercueil était celui de Potemkine, pourquoi portait-il une croix catholique et des épaulettes britanniques ? Leur conclusion selon laquelle le corps était celui de Potemkine était-elle fondée sur une analyse médico-légale sérieuse, ou n'était-ce qu'une supposition ? Au-delà de la question passionnante de l'identité de l'officier britannique dont l'uniforme avait été retrouvé, s'agissait-il, oui ou non, de Potemkine ?

La taille, l'âge et la datation du cadavre étaient justes. Les vieux cercueils, plombés, dorés ou en bois, ainsi que les médailles, les icônes, les vêtements, avaient tous disparu sous la Révolution. Le cercueil catholique, qui était plus court que le squelette, avait probablement fait son apparition en 1930. Les épaulettes anglaises provenaient d'une autre tombe, et avaient certainement échoué là après le pillage des ignares bolcheviks. En 1986, le prince de Tauride fut donc enterré pour la huitième fois – si l'on compte les viscères de Jassy et toutes les autres exhumations –, pour retomber tout aussitôt dans l'oubli.

Aujourd'hui, l'église Sainte-Catherine est à nouveau emplie de fidèles. La première chose que l'on voit depuis l'extérieur lorsque l'on regarde entre les piliers classiques de Starov est une balustrade de bois et de fer entourant une unique pierre tombale plate en marbre blanc, de deux mètres de long sur un de large, trônant au centre de l'église, sous la coupole. À l'intérieur, sous de grandes armoiries dorées incrustées dans la pierre, une plaque :

Feld-maréchal
Prince Sérénissime
Grigori Alexandrovitch
Potemkine de Tauride
Né le 30 septembre 1739
Décédé le 5 octobre 1791
Enterré ici le 23 novembre 1791

Sur le rebord du marbre, on compte sept rosettes dorées, chacune gravée de ses victoires et de ses villes[1]. À l'entrée, une vieille dame vend des cierges. Potemkine ? « Vous devez attendre le prêtre, le père Anatoly », me répond-elle. Le père Anatoly, avec ses longs

1. Sur la ligne du haut, on lit : « Otchakov 1788, Crimée et Kouban 1783, Kherson 1778. » Sur les deux lignes du milieu : « Akkerman 1789 » et « Ekaterinoslav 1787 ». Enfin, sur la dernière : « Bendery 1789 » et « Nikolaïev 1788 ».

cheveux blonds et raides, ses yeux bleus et son air tranquille de pope de petite ville provinciale, incarne une nouvelle génération de jeunes orthodoxes qui ont grandi à l'époque communiste et il est ravi de montrer la tombe de Potemkine à un étranger. Personne ne l'a plus ouverte depuis plusieurs années et aucun étranger ne l'a jamais vue.

Il allume six bougies, se dirige vers le centre de l'église et soulève une trappe secrète en bois. Un escalier en raidillon se perd dans l'obscurité. Le père Anatoly passe devant moi et, laissant couler un peu de cire sur la paroi, y fixe une première bougie. Dans la faible lueur, je distingue un étroit corridor. À mesure qu'il descend, il fixe d'autres bougies pour éclairer le passage et nous arrivons devant une petite chambre : elle était autrefois tapissée d'icônes et abritait les cercueils d'argent, de plomb et de bois de Potemkine, « tous volés par les communistes ». Le simple cercueil de bois, orné d'une croix, est déposé sur un socle surélevé au centre de la crypte. Le pope dispose les dernières bougies dans la pièce afin de l'éclairer. Puis, il soulève le couvercle du cercueil : à l'intérieur, il y a un petit sac noir contenant le crâne et les os numérotés du prince Potemkine. C'est tout.

Reste toutefois un dernier mystère : le cœur. Il n'a pas été enterré à Golia avec les viscères et le cerveau, mais déposé dans une urne en or. Mais où l'avait-on emporté ? Selon Samoïlov, il avait été placé sous la chaire de l'église Sainte-Catherine, mais le père Anatoly m'assure qu'il n'y en a aucune trace. Le scénario le plus probable est que l'objet qu'avait dérobé l'archevêque Iov Potemkine en 1818 était le cœur. Qu'en avait-il fait ? L'avait-il emporté au domaine de Branicka ou bien à Tchijova, où le Sérénissime avait demandé à être enterré ? Aujourd'hui, les villageois de Tchijova sont encore convaincus que le cœur de Potemkine a été enseveli dans leur paroisse, dans l'église familiale où il avait appris à chanter et à écrire.

Il aurait ainsi trouvé sa place idéale : l'empire, que le Sérénissime contribua si bien à constituer, est aujourd'hui en ruine et la plupart des territoires conquis par Potemkine ne font plus partie de la Russie. Si les viscères du prince se trouvent en Roumanie et les restes de son squelette en Ukraine, il ne serait que justice que son cœur repose sur la terre de Russie.

Rugis, rugis, ô Cascade[1] *!*

1. Gavril Derjavine, *op. cit.*

CARTES

L'empire de Potemkine, villes et conquêtes 1774-1791
POLOGNE
AUTRICHE
EMPIRE OTTOMAN
EMPIRE RUSSE
EMPIRE PERSE
Kiev
Dniepr
Dniestr
Prout
Boug
Donetz
Don
Volga
Elisabethgrad
COSAQUES ZAPOROGUES
BESSARABIE
Jassy (Iaşi)
MOLDAVIE
Bendery 1789
Otchakov 1788
Odessa
Nikolaïev (Mykolaïv)
Kherson
Liman 1788
Kil-Bouroun 1787
Akkerman 1789
Focşani 1789
Rymnik 1789
Kilia 1790
Izmail 1790
VALACHIE
Bucarest
Danube
Silistra
KHANAT DE CRIMÉE
Mer d'Azov
Karasubazaar
Simferopol
Bakhtchissaraï
Sébastopol
Yenikale
Kertch
Anapa
Kouban
Stavropol
Mer Caspienne
Terek
Vladikavkaz
TCHÉTCHÈNES
Caucase
Mer Noire
Sinope
Constantinople
Trébizonde
GÉORGIE
Tiflis (Tbilissi)
ARMÉNIE
Gains territoriaux
Frontières russes en 1768
1774
1783-1784
1792
0
100
200 km

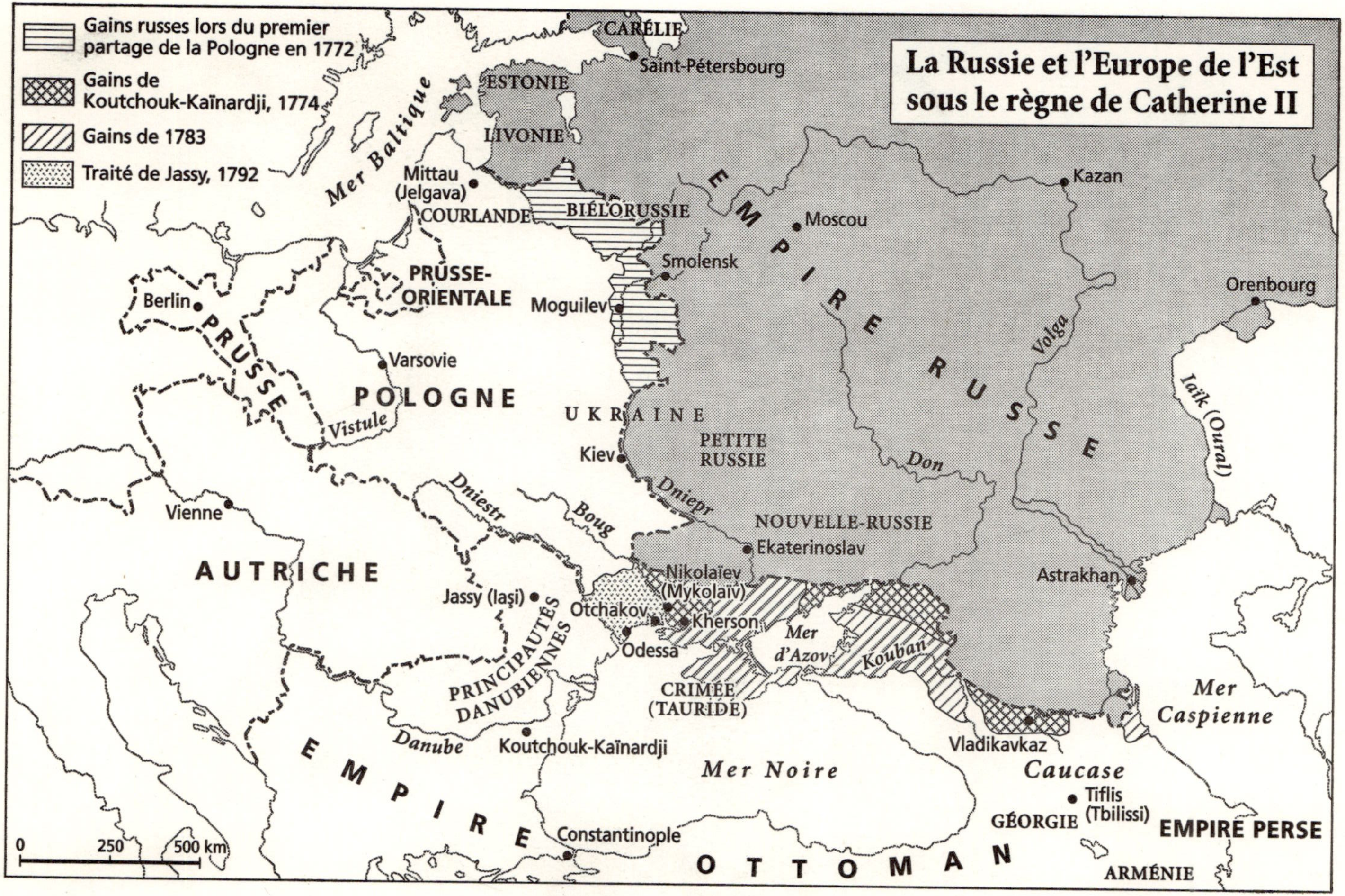
La Russie et l'Europe de l'Est sous le règne de Catherine II
Gains russes lors du premier partage de la Pologne en 1772
Gains de Koutchouk-Kaïnardji, 1774
Gains de 1783
Traité de Jassy, 1792
CARÉLIE
Saint-Pétersbourg
ESTONIE
LIVONIE
Mer Baltique
Mittau (Jelgava)
COURLANDE
BIÉLORUSSIE
Smolensk
Moguilev
PRUSSE-ORIENTALE
Berlin
PRUSSE
Varsovie
POLOGNE
Vistule
UKRAINE
Kiev
PETITE RUSSIE
EMPIRE RUSSE
Moscou
Kazan
Orenbourg
Volga
Iaïk (Oural)
Don
Dniepr
Boug
Dniestr
NOUVELLE-RUSSIE
Ekaterinoslav
Astrakhan
Vienne
AUTRICHE
Jassy (Iaşi)
Nikolaïev (Mykolaïv)
Otchakov
Kherson
Odessa
Mer d'Azov
Kouban
PRINCIPAUTÉS DANUBIENNES
CRIMÉE (TAURIDE)
Danube
Koutchouk-Kaïnardji
Mer Noire
Vladikavkaz
Mer Caspienne
Caucase
Tiflis (Tbilissi)
GÉORGIE
EMPIRE PERSE
ARMÉNIE
Constantinople
EMPIRE OTTOMAN
0
250
500 km

LISTE DES PERSONNAGES

Prince Grigori Potemkine, prince de Tauride, « mari secret » de Catherine II, homme d'État, soldat.

Catherine II la Grande, née princesse Sophie de Zerbst, impératrice de Russie, 1762-1796.

Abdülhamid Ier, sultan ottoman, 1774-1788.

Jeremy Bentham, philosophe anglais, créateur de la théorie de l'utilitarisme.

Samuel Bentham, frère du précédent, inventeur, officier de marine, architecte naval.

Alexandre Bezborodko, secrétaire de Catherine, puis ministre des Affaires étrangères.

Ksawery Branicki, courtisan polonais marié à la nièce de Potemkine, Alexandra Engelhardt.

Alexandra Branicka, nièce préférée de Potemkine, née Engelhardt, mariée au précédent.

Alexeï Bobrinski, fils naturel de Catherine et de Grigori Orlov.

Praskovia Bruce, confidente de Catherine, dont on pense qu'elle « essayait » préalablement les favoris.

Comte de Cagliostro, charlatan italien.

Zakhar Tchernichev, l'un des premiers admirateurs de Catherine, courtisan, ministre de la Guerre, allié des Orlov.

Ivan Tchernichev, frère du précédent, courtisan, ministre de la Marine.

Comte Louis Cobenzl, ambassadeur d'Autriche à Saint-Pétersbourg.

Elizabeth, comtesse de Craven, aristocrate anglaise, aventurière, voyageuse, écrivain.

Comte de Damas, aristocrate français et officier de l'armée de Potemkine.

Ekaterina Dachkova, née Vorontsova, partisane et mouche du coche de Catherine.

Ekaterina Dolgoroukaïa, épouse d'un officier russe, maîtresse de Potemkine.

Élisabeth, fille de Pierre le Grand, impératrice 1741-1761.

Mikhaïl Faleev, entrepreneur, quartier-maître, marchand, bâtisseur de Nikolaïev.

Frédéric II le Grand, roi de Prusse 1740-1786.

Frédéric-Guillaume, neveu du précédent, roi de Prusse 1786-1797.

Mikhaïl Garnovski, garde du corps de la duchesse de Kingston, homme d'affaires de Potemkine.

Varvara Golitsyna, née Engelhardt, nièce de Potemkine qui épousa le prince Sergueï Golitsyne.

Praskovia Golitsyna, épouse du prince Mikhaïl Golitsyne, « dernière maîtresse » de Potemkine.

William Gould, paysagiste anglais au service de Potemkine.

Sir James Harris, émissaire de Grande-Bretagne à Saint-Pétersbourg, plus tard comte de Malmesbury.

Henri de Prusse, frère cadet de Frédéric le Grand.

John Paul Jones, amiral américain légendaire, considéré comme le fondateur de l'US Navy.

Joseph II, empereur du Saint-Empire romain germanique, ou kaiser, 1765-1790 ; corégent, puis régent des possessions des Habsbourg 1780-1790.

Alexandre Khrapovitski, mémorialiste et secrétaire de Catherine.

Elizabeth, duchesse de Kingston, comtesse de Bristol, aventurière anglaise bigame.

Alexandre Lanskoï, favori de Catherine, 1779-1784.

Léopold, empereur du Saint-Empire romain germanique, frère et successeur de Joseph II 1790-1792.

Prince de Ligne, aristocrate européen, courtisan autrichien et feld-maréchal.

Lewis Littlepage, Américain de Virginie, courtisan polonais et officier de la flotte de Potemkine.

Alexandre (Dmitryev-) Mamonov, favori de Catherine, 1786-1789.

Marie-Thérèse, archiduchesse d'Autriche, reine de Hongrie et de Bohême 1740-1780, mère de Joseph II.

Francisco de Miranda, révolutionnaire sud-américain, puis dictateur du Venezuela.

Prince de Nassau-Siegen, aristocrate européen et soldat de fortune.

Grigori Orlov, maître d'œuvre de la conspiration de Catherine et favori, 1761-1772.

Alexeï Orlov-Tchesmenski, « le Balafré », assassin de Pierre III et vainqueur de la bataille de Tchesmé, frère du précédent.

Nikita Panine, gouverneur du grand-duc Paul, puis ministre des Affaires étrangères de Catherine.

Pierre Panine, frère du précédent, général et vainqueur de Pougatchev.

Grand-duc Paul, fils de Catherine et de Pierre III, empereur 1796-1801, assassiné.

Pierre III, neveu de l'impératrice Élisabeth, époux de Catherine II, empereur 1761-1762.

Reginald Pole Carew, gentleman anglais, voyageur et ami de Potemkine ; deviendra parlementaire britannique.

Stanislas Poniatowski, deuxième amant de Catherine ; deviendra Stanislas-Auguste, dernier roi de Pologne.

Vassili Popov, chef de la chancellerie de Potemkine.

Pavel Potemkine, cousin du prince et vice-roi du Caucase.

Praskovia Potemkina, épouse du précédent et maîtresse du prince.

Emelian Pougatchev, prétendant au trône, Cosaque, chef de la révolte paysanne 1773-1774.

Alexeï Razoumovski, choriste cosaque devenu favori d'Élisabeth.

Cyrille Razoumovski, frère du précédent, hetman d'Ukraine jusqu'en 1764, courtisan.

José (Ossip) de Ribas, aventurier napolitain, compagnon de Potemkine et amiral.

Duc de Richelieu, officier dans l'armée de Potemkine ; bâtira Odessa ; puis Premier ministre de la France.

Ivan Rimski-Korsakov, favori de Catherine 1778-1779.

Pierre Roumiantsev-Zadounaïski, héros militaire de la première guerre contre les Turcs.

Sergueï Saltykov, premier amant de Catherine.

Alexandre Samoïlov, neveu de Potemkine et général, puis procureur général.

Ekaterina Samoïlova, épouse du précédent et sans doute maîtresse de Potemkine.

Comte de Ségur, ambassadeur de France en Russie.

Sélim III, sultan ottoman 1788-1807.

Commandant James George Semple, escroc anglais – « prince des escrocs ».

Shagin Giray, allié russe, descendant de Gengis Khan et dernier khan de Crimée.

Stepan Chechkovski, agent de la police secrète – le « porte-knout ».

Ivan Chouvalov, favori de l'impératrice Élisabeth qui invita Potemkine à Saint-Pétersbourg.

Ekaterina Skavronskaïa, née Engelhardt, nièce de Potemkine (son « ange » et « chaton »).

Alexandre Souvorov, héros militaire, général préféré de Potemkine.

Alexandre Vassiltchikov, favori de Catherine 1772-1774, surnommé « Soupe à la glace ».

Alexandre Viazemski, administrateur des affaires intérieures, procureur général.

Simon Vorontsov, ambassadeur de Russie à Londres.

Alexandre Vorontsov, frère du précédent, ministre du Commerce.

Sophie de Witte, esclave, courtisane, maîtresse de Potemkine, puis comtesse Potocka.

Alexandre Yermolov, favori de Catherine 1786.

Tatiana Youssoupova, née Engelhardt, mariée à Mikhaïl Potemkine, puis au prince Youssoupov.

Alexandre Zavadovski, favori de Catherine 1776-1777, courtisan, ministre.

Joshua Zeitlin, marchand juif, érudit rabbinique, ami de Potemkine.

Semyon Zoritch, favori de Catherine favori 1777-1778, fondateur de l'École militaire.

Platon Zoubov, dernier favori de Catherine 1789-1796.

ARBRES GÉNÉALOGIQUES

Tsars et empereurs de Russie – Les Romanov

(i) Maria Dolgoroukaïa = **Michel Romanov** 1613-1645 = (ii) Eudoxie Streïkhneva

- Alexis 1645-1676

(i) Maria Miloslavskaïa = Alexis 1645-1676 = (ii) Natalia Narychkina

- (i) **Fédor** (ou Fiodor) 1676-1682
- (i) **Ivan V** 1682-1696 = Praskovia Saltykova
  - Catherine, duchesse de Mecklenburg
    - Anna = prince Anton de Brunswick
      - **Ivan VI** 1740-1741
  - **Anne,** duchesse de Courlande et impératrice (1730-1740)
- (ii) (i) Eudoxie Lopoukhina = **Pierre Ier le Grand** 1682-1725 = **Catherine Ire** 1725-1727
  - (i) Alexis
    - **Pierre II** 1727-1730
  - Anna = duc de Holstein-Gottorp
    - **Pierre III** décembre 1761-juin 1762 = **Catherine II la Grande** (Sophie d'Anhalt-Zerbst) 1762-1796
  - **Elisabeth** 1741-1761

(i) Wilhelmina de Hesse-Darmstadt (Natalia Alexeïevna) = **Paul** 1796-1801 = (ii) Sophie Dorothée du Württemberg (Maria Fiodorovna)

- **Alexandre Ier** 1801-1825
- **Nicolas Ier** 1825-1855
  - **Alexandre II** 1855-1881
    - **Alexandre III** 1881-1894
      - **Nicolas II** 1894-1917

Cet arbre généalogique présente les familles des tsars et empereurs régnants (en gras avec les dates de leurs règnes). Après 1801, seuls les empereurs sont indiqués.

La famille élargie du prince Potemkine

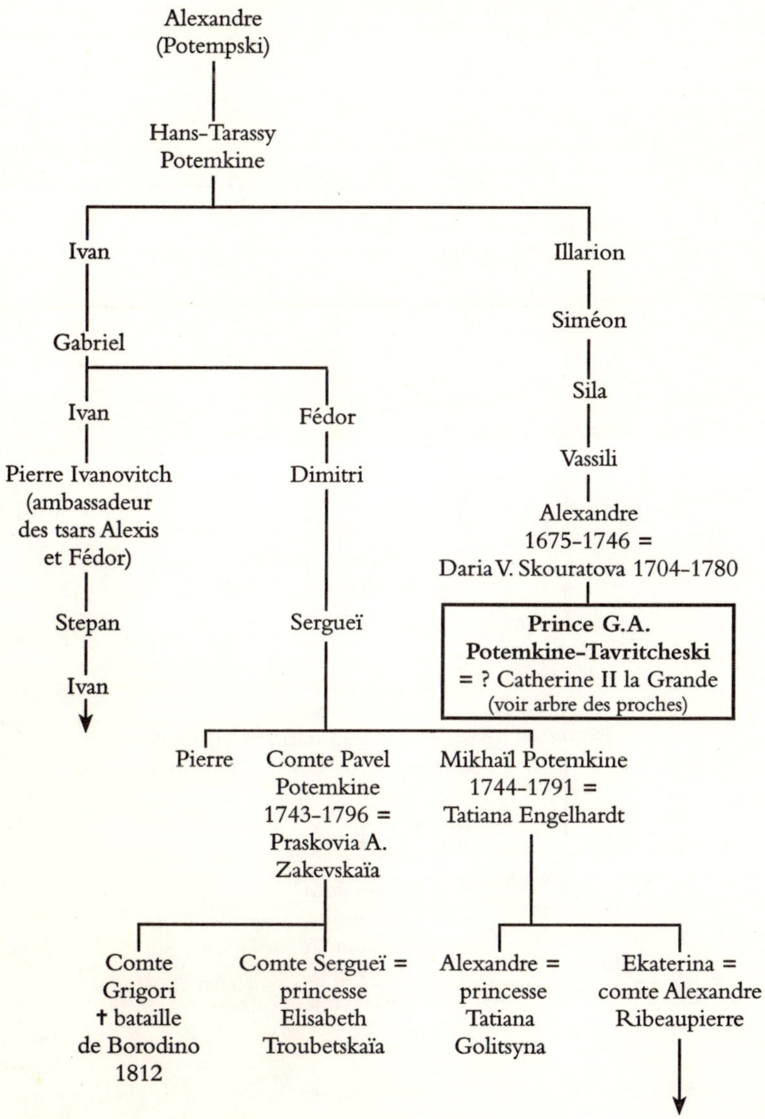

Cet arbre généalogique présente les principaux personnages du livre.
Il n'est pas censé être exhaustif.
= mariage
† décès

La famille proche du prince Potemkine, dont ses nièces et neveux favoris

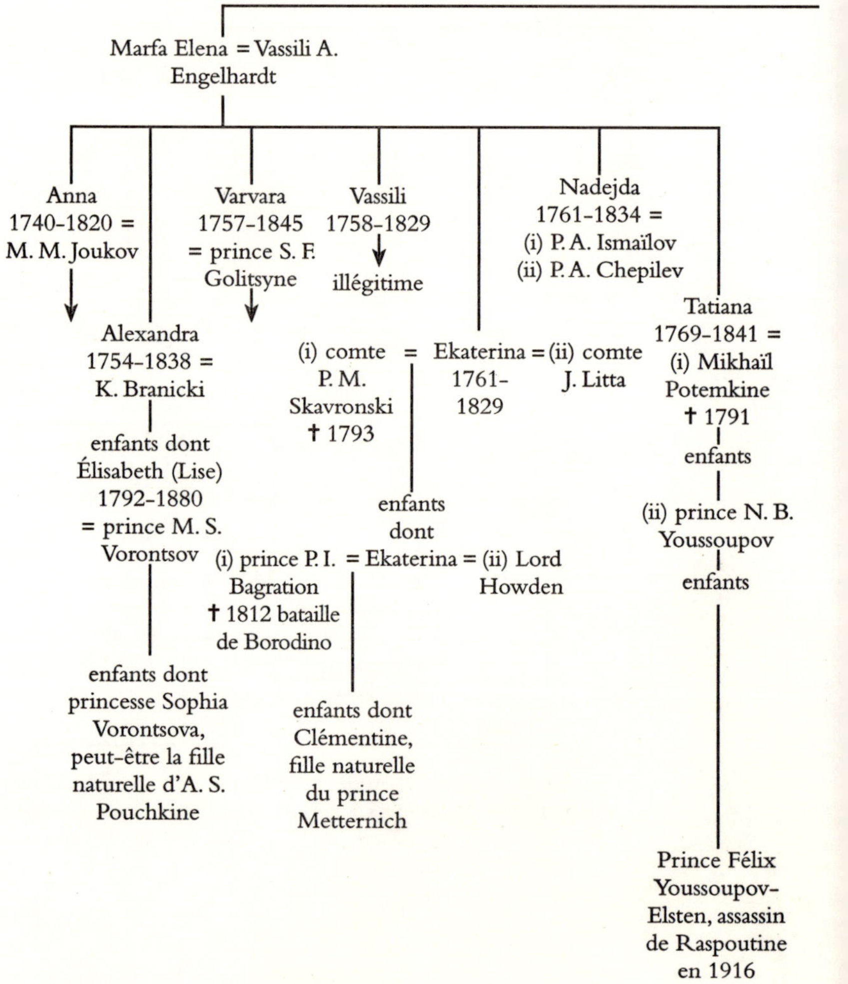

Cet arbre généalogique présente les principaux personnages du livre.
Il n'est pas censé être exhaustif.
= mariage
† décès

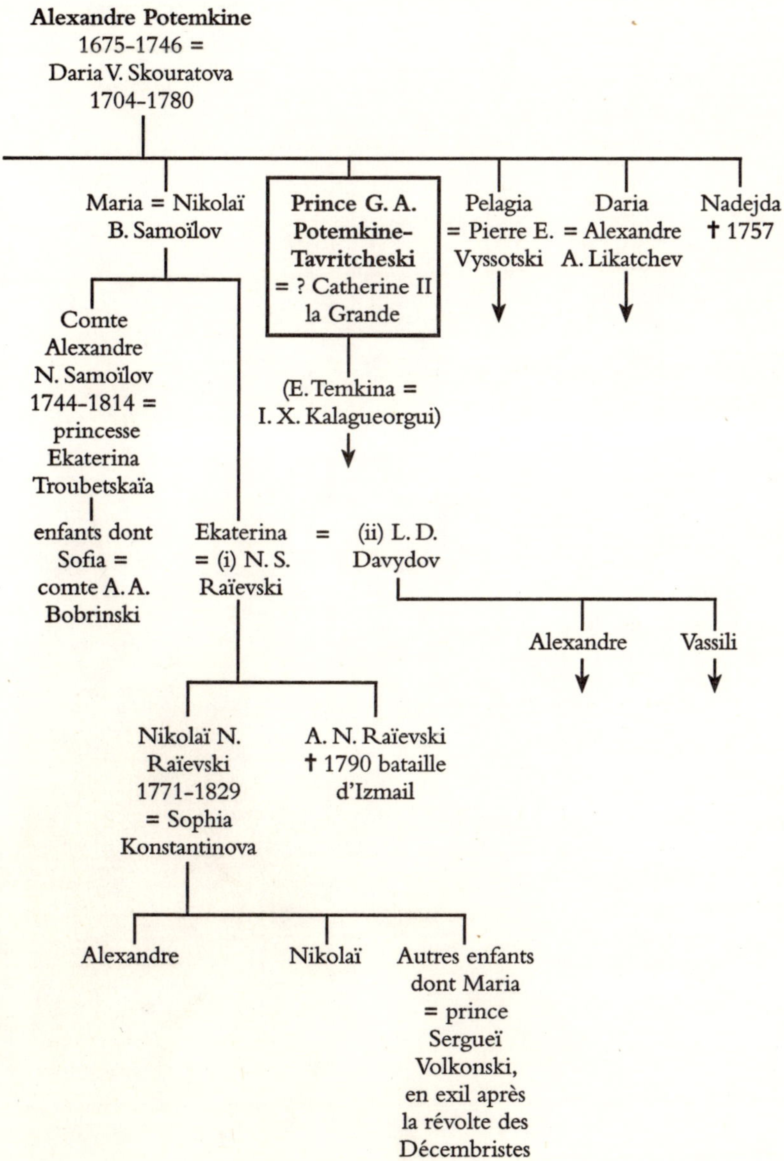
Alexandre Potemkine
1675-1746 =
Daria V. Skouratova
1704-1780
Maria = Nikolaï
B. Samoïlov
Prince G. A.
Potemkine-
Tavritcheski
= ? Catherine II
la Grande
Pelagia
= Pierre E.
Vyssotski
Daria
= Alexandre
A. Likatchev
Nadejda
† 1757
Comte
Alexandre
N. Samoïlov
1744-1814 =
princesse
Ekaterina
Troubetskaïa
(E. Temkina =
I. X. Kalagueorgui)
enfants dont
Sofia =
comte A. A.
Bobrinski
Ekaterina
= (i) N. S.
Raïevski
=
(ii) L. D.
Davydov
Alexandre
Vassili
Nikolaï N.
Raïevski
1771-1829
= Sophia
Konstantinova
A. N. Raïevski
† 1790 bataille
d'Izmail
Alexandre
Nikolaï
Autres enfants
dont Maria
= prince
Sergueï
Volkonski,
en exil après
la révolte des
Décembristes

BIBLIOGRAPHIE

Quand on travaille sur un personnage qui a fait l'objet d'une légende aussi négative, même de son vivant, il peut être utile de s'attarder sur la question des sources. J'ai eu la chance considérable de découvrir beaucoup de nouveaux documents inédits dans diverses archives. En Russie, les plus importants ont été publiés au siècle dernier par le SIRIO et le ZOOID, ainsi que dans des revues historiques comme *RA* et *RS*, et des collections comme *Bumagi Potemkina* de Doubrovine (SBVIM). Il faut également citer les archives Vorontsov, qui restent une source essentielle. Toutes recèlent des documents ignorés ou oubliés. Par exemple, le SIRIO contient des pièces comme le *Voyage en Allemagne* de Richelieu, et la description que donna personnellement Catherine du bal de Potemkine, relativement négligés en Occident. Dans l'ensemble, ce sont des sources de grande valeur et généralement exactes, même si je me suis efforcé de vérifier les originaux chaque fois que cela m'était possible.

La correspondance entre Catherine et Potemkine, récemment publiée par V. S. Lopatine, représente un formidable potentiel d'analyse et de recherche, fruit de vingt années de travail, et je m'en suis copieusement servi. Ce fonds est aujourd'hui indispensable à quiconque prétend s'intéresser à cette époque. Il recèle plus de mille lettres, mais n'est sans doute pas exhaustif, et les notes qu'ils s'échangèrent doivent quant à elles être cataloguées à leur tour. La collection de lettres entre Souvorov et Potemkine, de Lopatine, et sa présentation de leurs relations, sont là encore incontournables, car c'est grâce à ses recherches qu'il a été possible de donner une nouvelle interprétation de leurs interactions. Cela étant, Lopatine a parfois tendance à céder au romantisme – il part par exemple du principe qu'Elisaveta Temkina était bien la fille de Catherine, qui lui aurait donné naissance à Moscou en 1775 ; et que Catherine visita Tchijova à son retour de Moguilev. Il propose des datations pour les lettres qui sont toujours logiques et plausibles, mais parfois, comme dans le cas des lettres se rapportant à Cagliostro, les recherches menées en Occident prouvent que les dates doivent être ultérieures. Tout en respectant le travail monumental de Lopatine, pour lequel je lui suis extrêmement redevable, j'ai pris la liberté de rectifier ces assertions, ou à tout le moins de soulever le doute.

Les archives – en particulier les RGADA, RGVIA et AVPRI, toutes à Moscou, les RGIA, à Saint-Pétersbourg, et les AGAD, les archives historiques de l'État polonais à Varsovie – regorgent de documents inédits. Dans les RGADA, par exemple, j'ai découvert un gisement de lettres inédites de Potemkine, ou lui étant adressées, sur des questions d'État, sur ses finances personnelles et sur sa vie amoureuse, dont plusieurs lettres anonymes et d'autres d'Alexandra Branicka. Les RGVIA, les archives du ministère de la Guerre, contiennent les documents de la chancellerie de Potemkine et de nombreux autres, privés et officiels, dont je me suis servi. Les RGIA recèlent des lettres inédites de Frédéric le Grand, ainsi que des récits personnels. À Varsovie, l'immense fonds Deboli a été sous-exploité, et il abrite aussi toutes sortes de lettres de Potemkine à Stanislas-Auguste. Dans l'ensemble, la correspondance conservée dans ces quatre archives représente une masse de textes inédits, dont beaucoup ont contribué à l'élaboration de cet ouvrage : cela comprend des lettres échangées entre l'empereur Joseph et Léopold ; le prince Kaunitz ; Frédéric le Grand ; le roi Gustave III de Suède ; le roi Stanislas-Auguste de Pologne ; le prince Henri de Prusse ; les nièces de Potemkine, la comtesse Alexandra Branicka et la princesse Tatiana Youssoupova ; ses neveux, le comte Skavronski et le comte Branicki, et les alliés et agents polonais de Potemkine ; ses négociants en art, comme Lord Carysfort ; des visiteurs comme Lady Craven, Reginald Pole Carew et Sénac de Meilhan ; le comte Simon Vorontsov et d'autres hommes d'État russes ; le prince de Ligne ; le comte de Ségur ; le comte de Malmesbury ; le duc de Leeds ; Jeremy et Sir Samuel Bentham ; le prince de Nassau-Siegen ; John Paul Jones ; Lewis Littlepage ; Francisco de Miranda ; ses agents diplomatiques secrets et les ambassadeurs russes à Vienne, Paris et Constantinople ; ses banquiers, dont le baron Richard Sutherland ; et nombre de documents fascinants comme sa liste de courses à Paris. Une grande partie de ces lettres, comme la correspondance avec Stanislas-Auguste et Sutherland, sont réparties entre toutes ces sources.

Malheureusement, je n'ai pu utiliser qu'une fraction de tout ce que j'ai trouvé ; l'énorme fonds qui traite de Potemkine et de la Pologne, ou de ses décorations militaires, aurait par exemple sa place dans d'autres livres ; la correspondance de Ligne et Malmesbury ne fait en revanche qu'ajouter des péripéties à des relations déjà largement étudiées. D'autres encore sont trop détaillées, ou illisibles, pour être utiles.

Dans les musées locaux en Ukraine et en Russie, les archives contiennent souvent des copies de documents depuis longtemps transférés aux RGADA ou RGVIA de Moscou, mais j'ai eu la chance d'y dénicher malgré tout quelques raretés, comme l'original de l'invitation au bal de Potemkine, au Musée d'histoire d'État d'Odessa, peut-être le seul à avoir survécu. On y trouve également des connaissances, des faits et des légendes locales qui n'ont pas été exploités depuis un siècle, ainsi que des informations sur certains personnages, comme M. L. Faleev, qui ne sont pas accessibles ailleurs.

En Grande-Bretagne, c'est au PRO que sont conservées les dépêches inédites de Fitzherbert et Fawkener, qui nous décrivent sous un autre angle les derniers mois passés par Potemkine à Saint-Pétersbourg, et qui n'ont été que rarement utilisées. Le fonds Bentham du British Museum, s'il a été en grande partie publié, abrite encore quelques trésors inconnus. Les archives inédites de Reginald Pole Carew de la ville d'Antony, en Cornouailles, qui contiennent le journal de ses voyages en Russie et du temps qu'il passa avec Potemkine, m'ont été d'une grande utilité. À Paris, les AAE, les archives du ministère des Affaires étrangères, sont riches en documents précieux, dont beaucoup d'inédits, ainsi que du récit complet du comte de Langeron, d'une valeur inestimable. Des fragments en ont été publiés en Russie, et une publication intégrale est en préparation en Occident.

Les documents non publiés sur Potemkine se répartissent clairement entre les textes à charge et les textes à décharge, ou du moins entre ceux qui se détachent du mythe et ceux qui appartiennent à l'Histoire. J'ai bien sûr considéré tout ce qui était lié à Helbig, aux *Mémoires de la vie du prince Potemkine,* à Cerenvile (tous deux des adaptations d'Helbig) ou Saint-Jean (dont l'identité même est un mystère) comme étant hostile ou peu fiable, tandis que Castera peut s'avérer plus utile. Même quand ils rapportent des histoires a priori neutres, Charles Masson, Saint-Jean et Helbig doivent être pris comme des « auteurs de mythes », non comme des historiens. Mais la mythologie autour de Potemkine a aussi son importance, et peut être révélatrice, même si je me suis efforcé de la dissiper chaque fois que je l'ai pu en m'appuyant sur d'autres sources. Masson haïssait l'empereur Paul et ses *Mémoires secrets* firent grand bruit de son vivant, mais il rapporte certaines anecdotes sur Potemkine qui sonnent vrai. Des témoins oculaires comme Ligne, Ségur, Corberon, Richelieu, Miranda, Damas et Langeron (tous des étrangers), et Rostopchine, Tsebrikov, Ribeaupierre, Derjavine, Bezborodko, Vorontsov, Zavadovski, Wiegel, Engelhardt et Samoïlov, étaient partiaux et subjectifs, mais on a le sentiment qu'ils disaient ce qu'ils *pensaient* être la vérité. Certains sont ouvertement malveillants, comme Rostopchine et Vorontsov ; Dolgorouki est malveillant, et affabulateur. D'autres, comme Samoïlov, défendent le prince. Beaucoup se situent entre les deux. Bezborodko, par exemple, peut paraître d'une impartialité calculée. L'histoire de la révolte de Pougatchev et les notes historiques d'Alexandre Pouchkine sont là encore des sources rarement exploitées. Le poète était fasciné par Potemkine, connaissait sa famille et les membres de son cercle, et consigna soigneusement leurs témoignages, que je traite par conséquent comme des sources historiques anecdotiques de valeur, provenant de gens qui l'ont connu. Parmi les étrangers, les descriptions malveillantes des exploits militaires du prince par Ligne et Langeron ont totalement noirci sa réputation dans les travaux qui se sont succédé depuis. Pourtant, elles sont également d'une grande valeur, sachant l'hommage que rendit plus tard Langeron en toute honnêteté à Potemkine. Pour ce qui est de Ligne, ses lettres inédites, qui se trouvent dans les archives de Potemkine, nous donnent la possibilité de remettre sa partialité en perspective. Les récits beaucoup plus positifs de Richelieu, Stedingk et Miranda, pour la même période, ont souvent été négligés, alors qu'ils permettent de rétablir l'équilibre.

En ce qui concerne les travaux historiques occidentaux, mes ouvrages de référence sont ceux d'Isabel de Madariaga et de J. T. Alexander, ainsi que ceux de Marc Raeff, David Ransel, Roger Bartlett (*Human Capital),* John LeDonne (*Ruling Russia),* Anthony Cross (sur les Britanniques en Russie), Lord et Zamoyski (sur la Pologne), et Kinross et Mansel (sur Constantinople). Des biographes précédents de Potemkine, Brückner est le plus important, et Soloveutchik reste utile, bien que manquant de références.

ARCHIVES, PÉRIODIQUES ET ABRÉVIATIONS UTILISÉES DANS LES NOTES ET LA BIBLIOGRAPHIE

AAE	Archives des Affaires étrangères, Quai d'Orsay, Paris, vol. LXIX-CXXXIX
AGAD	Archiwum Glowne Akt Dawnych w Warszawie
AGS	Arkhiv Gosudarstvennogo Soveta
AHR	*American History Review*
AKV	Arkhiv Knyaza Vorontsova
AVPRI	Arkhiv Vneshnyey Politiki Rossiyskhoy Imperii
B&F	*Joseph II und Graf Ludwig Cobenzl : Ihr Briefwechsel Fontes Rerum Austriacarum*, éd. A. Beer and J. Fiedler, Vienne, 1873
BM	British Museum, Londres
CASS/CSS	*Canadian American Slavic Studies/Canadian Slavic Studies*
CHOIDR	Chteniya v Imperatorskom Obshchestve Istorii Drevnostyey Rossiyskikh
CMRS	*Cahiers du monde russe et soviétique*
CtG/CII	La Grande Catherine/Catherine II, impératrice de Russie
DVS	*Dukh Velikogo Suvorova ili Anekdoty Podlinnyye o Knyaze Italiyskoye. Grafe Alexandre Vasileviche Suvorove-Rymnikskom*, Saint-Pétersbourg, 1808
FtG/FII	Frederic le Grand/Frédéric II, roi de Prusse
GAOO	Gosudarstvenny Arkhiv Odesskoy Oblasti
GAP/GAPT	Grigori Alexandrovich Potemkine (-Tavritchesky)
GARF	Gosudarstvenny Arkhiv Rossiskoy Federatskii, Moscou
GIM OPI	Gosudarstvenny Istoricheskiy Muzyey Otdel Pismennykh Istochnikov

GPB	Gosudarstvennaya Publishnaya Biblioteka
H	(Sir) James Harris, premier comte de Malmesbury
HZ	*Historische Zeitschrift*
IRLI	Institut Russkoy Literatury Akademii Nauk SSSR
ITUAK	*Izvestiya Tavricheskoy Uchenoy Arkhivoy Komissii*
IV	*Istoricheskiye Vestnik*
IZ	*Istoricheskiy Zapiski*
JB	Jeremy Bentham
JII	Joseph II, saint-empereur romain
KD	M. I. Kutuzov, *Dokumenty*, Moscou 1950-1956, vol. I-V
KFZ	*Kamer Fureskiy Zhurnal*
L	V. S. Lopatin, éd., *Ekaterina II i G. A. Potemkin, Lichnaya Perepiska 1769-91*, Moscou, 1997
MIRF	*Materialy dlya istorii Russkogo flota*
N-S	Charles, prince de Nassau-Siegen
PRO	Public Record Office, Londres
PSZ	*Polnoye Sobraniye Zakonov*
RA	*Russkiy Arkhiv*, 1863-1917
RGADA	Rossiskiy Gosudarstvenny Arkhiv Drevnikh Aktov, Moscou
RGIA	Rossiskiy Gosudarstvenny Istoricheskiy Arkhiv, Saint-Pétersbourg
RGVIA	Rossiskiy Gosudarstvenny Voenno-Istoricheskiy Arkhiv, Moscou
RP	Grand-duc Nikolai Mikhailovich, *Russkiye Portrety xxviii i xix stoletiy (Portraits Russes)*, Saint-Pétersbourg, 1906-1913, vol. I-V
RS	*Russkaya Starina*, 1870-1918
RV	*Russkiy Vestnik*
SA	Stanislas-Auguste (Poniatowski), roi de Pologne
SB	(Sir) Samuel Bentham
SBVIM	*Sbornik Voenno-Istoricheskikh Materialov*, Saint-Pétersbourg, 1893-1895
SD	A. V. Suvorov, *Dokumenty*, éd. G. P. Mescheryakov, Moscou, 1949-1953, vol. I-IV
SeA	Severny Arkhiv
SEER	*Slavonic and East European Review*
SENA	Senatskiy Arkhiv
SIMPIK KV	*Sbornik Istoricheskikh Materialov po Istorii Kubanskoyo Kazachego Voyska 1737-1901*, éd. I. I. Dmitrenko, Saint-Pétersbourg, 1896
SIRIO	*Sbornik Imperatorskogo Russkogo Istoricheskogo Obshchestva*
TGV	*Tavricheskiye Gubernskiye Vedomosti*
VI	*Voprosy Istorii*

VIZ *Voenno-Istoricheskiy Zhurnal*
ZG *Zapiski Garnovskogo*
ZOOID *Zapiski Odesskogo Obshchestva Istorii Drevostye*

SOURCES PRIMAIRES

ALBRECHT, J. F. E., *Panslavin Fürst der Finsternis, und seine Geliebte, Prince of Darkness, a satirical tale being the History of Catherine II and Potemkin*, Germanien, 1794.

ALEXEEV, G. P., « Episode from the Life of Prince Potemkin », *IV* (1889), vol. XXXVII.

ANONYME, *General Observations Regarding the Present State of the Russian Empire*, Londres, 1787.

ANONYME, *Anecdoten zur Lebensgeschichte des Ritters und Reichs-fürstern Potemkin*, Freistadt-am-Rhein, 1792.

ANONYME, *Authentic Memoirs of the Life and Reign of Catherine II, Empress of all the Russias, collected from authentic manuscripts, translations, etc of the King of Sweden, Right Honourable Lord Mountmorres, Lord Malmesbury, Monsieur de Volney and other indisputable authorities*, seconde éd., Londres, 1797.

ANONYME, *La Cour de la Russie il y a cent ans, 1725-1783, extraits des dépêches des ambassadeurs anglais et français*, Berlin, 1858.

ANONYME, *The Memoirs of the Life of Prince Potemkin, comprehending original anecdotes of Catherine II and of the Russian court, translated from the German*, Londres, 1812-1813.

ANONYME, « Songs of the Russian army about Potemkin », *ZOOID*, 9 (1875), 459-6.

ANTOINE, M. (baron de Saint-Joseph), *Essai historique sur le commerce et la navigation de la mer Noire*, Paris, 1820.

ANSPACH, Margravine de (Lady Craven), *Journey through the Crimea to Constantinople*, Londres, 1789.

—, *Memoirs*, Londres, 1826.

ASSEBURG, A. F. von der, *Denkwürdigkeiten*, Berlin, 1842.

BANQ, J., Lettres à G. A. Potemkine, RGVIA f 52.

BARBARYKIN, A. D., « Legend about Prince Potemkin-Tavrichesky », *RA* (1907), 11.

BENTHAM, Jeremy, *Collected Works*, éd. Sir J. Bowring, Édimbourg, 1838-1843.

—, *Correspondence of*, Londres, vol. II-IV, 1968-1981.

BENTHAM, Sir Samuel, *Papers*, Archives f 33540, BM.

BEZBORODKO, A. A., « Letters to G. A. Potemkin », *RS*, 1873.

—, Letters to S. R. Vorontsov, A. R. Vorontsov, P. V. Zavadovsky etc, AKV 13, Moscou, 1879 (aussi *ZOOID*, 11 et SIRIO, 29).

—, « Pisma A. A. Bezborodka k grafu P. A. Rumiantsevu 1777-1793 », éd. P. M. Maykov, *Starina i novizna*, 1900, vol. III.
BIBIKOV, A. A., *Zapiski o zhizni i sluzhbe Alexandra Ilicha Bibikova*, Moscou, 1865.
BOLOTOV A. T., *Zhizn i priklyucheniya Andreya Bolotova 1738-1793*, Leningrad, 1931.
BRANICKA, A. V., Letters to G. A. Potemkin, RGADA f 11.
BRUCE, P. H., *Memoirs*, Londres, 1782.
BUCKINGHAMSHIRE, Comte de, *The Despatches and Correspondence of John, 2nd Earl of Buckinghamshire, Ambassador to the Court of Catherine II of Russia, 1762-1765*, éd. A. D. Collyer, Londres, 1900-1902.
BULGAKOV, Y. I., « Iz bumagy Ya. I. Bulgakova », *RA*, 1905, 7, p. 337-408.
—, « Pisma Ya. I. Bulgakova k knyazyu Potemkinu », *RA*, 1861.
BURKE, Edmund, *Collected Works*, Londres, 1826.
CASANOVA, Giacomo (chevalier de Seingalt), *Histoire de ma vie*, sous la direction de Francis Lacassin, Robert Laffont, 2013.

Catherine II

Bumagi Ekateriny 1744-1796, SIRIO, 7, 10, 13, 27, 42.
« Imperatritsa Ekaterina II i knyaz Potemkin-Tavrichesky, podlinnaya ikh perepiska », *RS*, 1876, 16.
Pisma imperatritsky ii k Grimmu 1774-1796, SIRIO, 23, Saint-Pétersbourg, 1878.
« Pisma imp. Ekateriny II k gr. P. V. Zavadovskomu 1775-1777 », éd. I. A. Barskov, *Russkiy istoricheskiy zhurnal*, 1918, vol. II, III, IV.

Catherine II : ouvrages

Correspondence of Catherine the Great when Grand Duchess with Sir Charles Hanbury Williams and Letters from Count Poniatowski, éd. et trad. par le comte d'Ilchester et Mme Langford-Brooke, Londres, 1928.
Documents of Catherine the Great, the Correspondence with Voltaire and the Instruction of 1767 in the English Text of 1768, éd. W. P. Reddaway, Cambridge, 1931.
Filosofskaya i politicheskaya perepiska Imperatritsy Ekateriny II s doctorom Zimmermanom 1785-1792, Saint-Pétersbourg, 1803.
Joseph II und Katharina von Russland. Ihr Briefwechsel, éd. Alfred Ritter von Arneth, Vienne, 1869.
Lettres de Catherine II au prince de Ligne 1780-1796, éd. G. van Oest, Paris, 1924.
Memoirs of Catherine the Great, éd. D. Maroger, Londres, 1955 ; trad. Katherine Antony, New York, 1957 ; en français, *Mémoires de l'impératrice Catherine II*, Trübner, 1859.
Œuvres complètes de Voltaire, correspondance avec l'impératrice de Russie, Lequien, vol. LIII, Paris, 1822.

Sochineniya imperatritsy Ekateriny II na osnovanii podlinnykh rukopsye c obyasnitelnmi primechaniyami, éd. A. N. Pypin, vol. I-XII, Saint-Pétersbourg, 1901-1907.

Catherine II : Articles

Catherine's Charter about the Recognition of Potemkin's Merits, GAOO, f 162.
Instruction to our Gentleman of the Bedchamber, G. A. Potemkin, RGADA, f 18.
Lettres à :
V. S. Popov, RGADA f 5.
G. A. Potemkin on Georgia, VI, 1983, n° 7, RGVIA, f 52.
A. N. Samoilov, *RA*, 1978, n° 10.
O.-M. Stackelberg, *RS*, vol. III, Saint-Pétersbourg, 1871.
Reports and Orders to G. A. Potemkin on the South, RGADA, f 16.
Rescripts to G. A. Potemkin, SIRIO, 27, Saint-Pétersbourg, 1880.
Rescripts to G. A. Potemkin about the Crimea and Development of Kherson, RGADA, f 5, d 85.
« Rescripty G. A. Potemkinu 1791 », *RA*, 1874, 2, p. 246-258.
CERENVILLE, J. E., *La Vie du prince Potemkine, rédigée par un officier français d'après les meilleurs ouvrages allemands et français qui ont paru sur la Russie à cette époque*, éd. H. Nicolle, Paris, 1808.
CHERNYSHEV, G. I., « Letters to S. F. Golitsyn during siege of Ismail », *RA*, 1791.
COOK, J., *Voyages and Travels through the Russian Empire*, Édimbourg, 1770.
CORBERON, Marie-Daniel Bourrée (chevalier de), *Un diplomate français à la cour de Catherine II, 1775-1780, journal intime*, éd. L. H. Labande, Paris, 1904.
COXE, W., *Travels into Poland, Russia, Sweden and Denmark*, Londres, 1874 ; en français, *Voyages en Pologne, Russie, Suède et Danemark*, Barbe, Manget et Cie, Genève, 1786.
CUSTINE, marquis de, *Empire of the Tsar : A Journey through Eternal Russia*, New York, 1989 ; en français, *La Russie en 1839*, Hauman & Cie, 1844.
CZARTORYSKI, Adam, *Memoirs*, Londres, 1888.
DAMAS D'ANTIGNY, J. E. R., *Mémoires du comte Roger de Damas*, Paris, 1912.
DASHKOVA, E. R., *The Memoirs of Princess Dashkov*, éd. et trad. Kyril Fitzlyon, Londres, 1958 ; en français, *Mémoires de la princesse Dashkova*, Librairie A. Franck, 1859.
DEBOLI, Augustyn, Secret despatches to King Stanislas-Augustus of Poland, AGAD, 420-1.
DERZHAVIN, G. R., Letters to V. S. Popov, Reshetilovskiy Archive.
—, *Sobraniye sochineniya*, Saint-Pétersbourg, 1867-1872.
—, *Works*, Moscou, 1985.
DIDEROT, Denis, *Mémoires pour Catherine II*, éd. P. Vernière, Garnier, Paris, 1966.

— , *Œuvres complètes*, éd. J. Assezat et M. Tourneux, Paris, 1875-1877.

DIMSDALE, Elizabeth (baronne), *An English Lady at the Court of Catherine the Great : the Journal of Baroness Elizabeth Dimsdale 1781*, éd. Anthony Cross, Cambridge, 1989.

DMITRENKO, I. I. (dir.), SIMPIK KV, Saint-Pétersbourg, 1896.

DOLGORUKY, Yury Vladimirovich, « Notes (Zapiski) », *RS*, 1889, n° 9, p. 481-517.

DUBROVIN, N. F. (dir.), *Prisoyedineniye Kryma k Rossii (reskripty, pisma, relatsii, doneseniya)*, Saint-Pétersbourg, 1885-1889.

Economic Descriptions of Russian Towns, Nikolaev, Kherson etc., RGADA, f 1355.

ENGELHARDT, L. N., *Zapiski 1766-1836*, Moscou, 1868 ; éd. I. I. Fedyukin, 1997.

ERENSTRUM, John-Albert, « Historical Notes », *RS*, 1893.

ESTERHAZY, Valentin Ladislas, *Nouvelles Lettres du comte Valentin L. Esterhazy à sa femme 1792-1795*, éd. par Ernest Daudet, Paris, 1909.

FALEEV, M. L., Reports to Potemkin, *ZOOID*, 8, 13.

« Family information about Prince Potemkin », *RS*, 1872, 5.

FREDERIC II LE GRAND (roi de Prusse), Lettres à Potemkine, RGIA, Saint-Pétersbourg, f 1640-1641.

— , Correspondance politique, Berlin, 1879-1939.

GARNOVSKY, M., « Zapiski Mikhaila Garnovskago », 1786-1790, *RS*, 1876, 15, 16, 17.

GLINKA, S. N., *Novoye sobraniye russkikh anekdotov*, Moscou, 1829.

— , *Russkiye chteniya, izdavaemye Sergeem Glinkoyu, otechestvennye istoricheskiy pamyatniki XVIII i XIX stoleiya*, Saint-Pétersbourg, 1845.

— , *Zapiski*, Saint-Pétersbourg, 1895.

GOERTZ, J. E. von der, *Mémoire sur la Russie*, éd. W. Stribrny, Wiesbaden, 1969.

GOLOVINA, V. N., *Zapiski grafini Golovinoy*, éd. S. Shumigorsky, Saint-Pétersbourg, 1900.

— , *Souvenirs*, Paris, 1910.

— , *Memoirs*, Londres, 1910.

GRIBOVSKY, A. M., *Notes on Catherine the Great*, Moscou, 1864.

— , « Vospominaniya i dnevnkik AdrianaMoiseevicha Gribovskago », *RA*, 1899, 1.

GUTHRIE, Maria, *A Tour performed in the years 1796-1796 through the Taurida or Crimea*, Londres, 1802.

HARRIS, James, *Diaries and Correspondence of James Harris, 1st Earl of Malmesbury*, Londres, 1844.

HELBIG, Georg von, *Ein interessanter Betirang zur Regierungsgeschichte Katarina der Zweiten*, Leipzig, 1804.

— , « Potemkin der Taurier. Anecdoten zur Geschichte seines Lebens und seiner Zeit », *Minerva, ein Journal historischen und politischen Inhalts herausgegeben von J. M. von Archenholtz*, Hambourg, 1797-1800.

—, *Russische Günstlinge*, Berlin, 1917.
—, « Russkie izbrannye i sluchainye liudi », *RS*, 56 (10), 1887.
HERCULES II (Héraclius, Irakli, roi/tsar de Kartli-Kahetia, Géorgie), Lettres à Potemkin, RGVIA, f 52, *VI*, 1983, n° 7.
HOWARD, J., *The State of Prisons in England and Wales with preliminary observations and an account of some foreign prisons and hospitals*, Londres, 1792.
IONA, Jonah, « Metropolitan, Description of Potemkin's last days », *ZOOID*, 3.

Joseph II : saint-empereur romain

Lettres à Potemkine, RGVIA f 52.
Joseph II, Leopold II und Kaunitz. Ihr Briefwechsel, éd. A. Beer, Vienne, 1873.
Joseph II und Katharina von Russland. Ihr Briefwechsel, éd. Alfred Ritter von Arneth, Vienne, 1869.
Maria Theresa und Joseph II. Ihre Correspondenz, éd. Alfred Ritter von Arneth, Vienne, 1867.
Joseph II und Graf Ludwig Cobenzl. Ihr Briefwechsel, fontes rerum austriacarum, éd. A. Beer et J. Fiedler, Vienne, 1873.
Joseph II und Leopold von Toscana. Ihr Briefwechsel 1781 bis 1790, éd. Alfred Ritter von Arneth, Vienne, 1872.
DMITRIYEV-MAMONOV, A. D., Lettres à Potemkine, RGADA, f 11 et RGIA.
KEITH, Sir Robert Murray, *Memoirs and Correspondence*, Londres, 1849.
KHRAPOVITSKY, A. V., *Dnevnik 1782-1793*, Saint-Pétersbourg, 1874 ; Moscou, 1901.
KORSAKOV, N. I., Lettres et rapports à Potemkine, RGVIA, f 52.
LANGERON, Alexandre (comte de), AAE, Quai d'Orsay, Paris :
Des armées russes et turques
Détails sur la composition et l'organisation des armées turques et sur la manière actuelle des Russes de faire la guerre
Journal de campagne faites au service de la Russie par le comte de Langeron : résumés de campagnes de 1787, 1788, 1789 des Russes contre les Turcs en Bessarabie, en Moldavie et dans le Kouban
Deuxième campagne en Bessarabie et en Moldavie en 1790
Événements politiques de l'hiver de 1790-1791 en Russie et fêtes de Petersbourg
Troisième campagne en Moldavie et en Bulgarie 1791 – événements de la campagne en 1791 des Russes contre les Turcs
LANSKOÏ, A. D., Lettres à Potemkine, RGADA, f 11.
LEOPOLD II (saint-empereur romain), Lettres à Potemkine, RGVIA, f 52.
Leopold II, Franz II und Katharina, ihre Correspondenz, nebst eine Einleitung zur Geschichte der Politik Leopold II, éd. A. Beer, Leipzig, 1874.
LIGNE, C. J. E. (prince de), *Fragments des mémoires de prince de Ligne*, Paris, 1880.

—, *Letters and Reflections of the Austrian Field Marshal*, éd. baronne de Staël-Holstein, Philadelphie, 1809.

—, Lettres à Potemkine, RGVIA, f 52 et RGADA, 11.

—, *Les Lettres de Catherine II au prince de Ligne, 1780-1796*, éd. G. van Oest, Bruxelles/Paris, 1924.

—, *Lettres du prince de Ligne à la marquise de Coigny pendant l'année 1787*, éd. M. de Lescure, Paris, 1886.

—, *Lettres et pensées*, J.J. Paschoud, Londres, 1809.

—, *Mélanges militaires, littéraires et sentimentaires*, Dresde, 1795-1811.

—, *Mémoires et mélanges historiques et littéraires*, Dupont, Paris, 1827-1829.

Louis XVI and the Comte de Vergennes : correspondence, éd. J. Hardman et M. Price, Studies on Voltaire and the Eighteenth Century, Voltaire Foundation, Oxford, 1998.

MACARTNEY, George (comte), *An Account of Russia in 1767*, Londres, 1768.

MALACHOWSKI, S., *Pamietniki Stanislawa hr. Nalecz Malachowskiego wyd. Wincenty hr. Los*, Poznan, 1885.

MARIA THERESA (impératrice-reine), *Maria Theresias letzte Regierungszeit, 1763-1780*, éd. Alfred Ritter von Arneth, Vienne, 1879.

MASSON, Charles François Philibert, *Secret Memoirs of the Court of Petersburg*, Londres, 1800 ; en français, *Mémoires secrets sur la Russie pendant les règnes de Catherine II et de Paul Ier*, 1800.

Ministerstvo imperatorskago dvora, kamer-fureskiy tseremonialnyy zhurnal 1762-1796, Saint-Pétersbourg, 1853-1896.

MIRANDA, Francisco de, *Archivo del General Miranda*, 1785-1787, Caracas, 1929.

MNISZECH, Urszula, *Listy pani mniszchowej zony marszalka w. koronnego, in, rocznik towarzystwa historyczno literackiego*, Paris, 1866.

MURZAKEVICH, N., *Report on Gravestone Monuments of Kherson Fortress Church, ZOOID*, 9, 1874.

NIEMCEWICZ, Julian Ursyn, *Pamietniki czasow moich*, Paris, 1848.

OGINSKI, Michel, *Mémoires sur la Pologne et les Polonais*, Paris et Genève, 1826.

ORLOV-CHESMENSKY, A. G., Lettres à Potemkine, *RA*, vol. II, Saint-Pétersbourg, 1876.

—, « Tayna pisma Alexyey Orlova iz Ropshi », éd. O. A. Ivanov, *Moskovskiy zhurnal*, 1995, n° 9-12, 1996, n° 1-3.

PANIN, N. I., Lettres à P. I. Panine etc., SIRIO, 6.

PANIN, P. I., Lettres à N. I. Panine, *RA*, vol. II, 1876.

PARELO, Marquis de, *Despatches*, SIRIO, 26, 1879, 306-16.

PARKINSON, John, *A Tour of Russia, Siberia and the Crimea 1792-1794*, éd. William Collier, Londres, 1971.

PAUL Ier (empereur de Russie ; grand-duc Paul Petrovich et grande-duchesse Maria Féodorovna), Lettres à Potemkine, RGADA, f 5 et *RS*, 1873, 9, 12.

PISHCHEVICH, A. A., *Zhizn A. S. Pishchevicha 1764-1805*, Moscou, 1885.
POLE CAREW, Sir Reginald, *Unpublished archives on Russia*, CO/r-2 ; CAD 50 ; CO/r/3/92, 93, 95, 101, 195, 210.
PONIATOWSKI, Stanislas (prince, neveu du roi de Pologne), *Pamietniki synowca Stanislawa Augusta przekl*, éd. Jerzy Lojek, Instytut wydawniczy pax, Varsovie, 1979.
POPOV, V. S., Papers, Reshetilovskiy estate archive, *RA*, 1865 et 1878 (dont les rapports de Popov sur la mort de Potemkine à Catherine II).
—, *Papers and letters to various recipients*, dont Catherine II, Potemkine et A. A. Bezborodko, RGADA, f 11, *ZOOID*, 8, RGVIA, f 52.

G. A. Potemkine-Tavritcheski : documents

Dossier militaire du père, A. V. Potemkine, RGADA, f 286. Spisok voennym chinam 1-oy poloviny 18go stoletiya, SeA vii, 1895.
Généalogie, *Istochnik* (1995), n° 1, RGADA, f 286.
Archives de guerre du Bureau de l'héraldique, *Geroldmeysterskaya contora*, book 890, RGADA, f 268.
Pisma Potemkina, *ZOOID*, Odessa, 1844-1956.
Détails des comptes, RGIA, ff 468, 1374, 602, 1285, 899, 1640, 1088, 899, 1146.
Détails des comptes, GARF, 9.
« Ekaterina i Potemkin : podlinaya ikh perepiska 1782-1791 », *RS* (1876), 16.
Documents personnels, RGADA, f 11, (lettres diverses de femmes anonymes), *RS* (avril 1875), 12.
Documents de la chancellerie de Ptemkine, RGVIA, f 52.
Lettres à :
A. A. Bezborodko, RGADA, f 11 et *ZOOID*, 8 et *RA* (1873), n° 9 (les originaux se trouvent dans les archives de la famille Kotchoubeï dans le village de Dikanka, région de Poltava).
A. V. Branicka, RGADA, f 11, d 857.
Brzojovsky, assesseur de Smila, RGVIA, f 5.
Y. I. Bulgakov, *ZOOID*, 8, SBVIM, vol. VIII et RGVIA, f 52.
Catherine II à propos de la Géorgie, VI (1983), n° 7 ; général et personnel AVPRI, ff 1, 2, 5, RGADA, ff 1, 16, 5, RGVIA, f 52 ; à propos d'Izmaïl à Catherine et d'autres RV (1841), vol. VIII ; à propos de la Pologne, *RA* (1874), 2.
Varvara Engelhardt, *in* M. I. Semevsky, « Grigory Alexandrovich Potemkin-Tavrichesky », *RS* (1875), 3.
M. L. Faleev, *ZOOID* 2, 4, 8.
Prince Henri de Prusse, RGADA, f 5.
S. Lajkarev et I. S. Barozzi, *ZOOID*, 8, *RA* (1884), 2.
I. V. Loginov, *Istochnik* (1995), n° 6, Moscou.
N. V. Repnin, RV (1841), vol. VIII, *ZOOID*, 8.
P. A. Rumiantsev-Zadunaisky, SBVIM, vol. IV et VI.

Roi Stanislas-Auguste de Pologne, 1764-1779, AGAD, 172 ; RGADA, ff 5, 11 ; RGVIA, f 52.

A. V. Suvorov, *RS* (mai 1875), 13 ; (1839), 9. AKV 2 (1790) ; SD, vol. II et KD, vol. I (1791) ; *RA* (1877) 10 ; RGVIA, f 52 op. 1 d 586 ; SBVIM, vol. IV.

P. I. Panin, RGADA, f 1274, *RA* (1876), 2.

Paul Ier (grand-duc Paul Petrovich), *RS* (1873), 11, 12.

V. S. Popov, au sujet d'affaires personnelles et du gouvernement, documents personnels du Prince G. A. Potemkine-Tavritcheski, Reshetilovskiy archive.

Praskovia A. Potemkina 1789-1790, *RS* (juin 1875), 13.

Divers (dont des rapports sur la construction de villes à Catherine II et à des officiels), *ZOOID*, 2, 4, 8, 10, 11, 12, 13, 15, 1872. Ordres à des officiels portant sur la construction de Kherson et le développement du Sud, *ZOOID* 11 et ITUAK, 3, 8, 10. RGADA, ff 14, 16, et *ZOOID*, 2. Ordres du Prince Sérénissime G. A. Potemkine-Tavritcheski au sujet de la fondation de la région de Tauride 1781-1786, archives familiales de M. S. Vorontsov, AKV, 13. Aux gouverneurs de province, GAOO, f 150, en particulier sur la Crimée GIM OPI, f 197. Également OOIKM, dd 651, 7, 652.

Divers members de familles royales européennes (dont Frédéric-Guillaume, duc de Württemberg ; Charles, prince de Courlande ; le prince d'Anhalt-Bernburg ; le prince de Hesse-Philipstal ; Margrave d'Anspach), RGADA, f 5.

« Knyaz Grigory Alexandrovich Potemkin-Tavrichesky 1739-1791 », biograficheskiy ocherk po neizdannym materialam, *RS* (1875).

Rasporyazheniya svetleyshego knyazya Grigoriya Alexandrovicha Potemkina-Tavricheskogo kasatelno tavricheskoy oblasti s 1781 po 1786, *ZOOID*, 1881.

« Sobstvennoruchnyye bumagi Knyazya Potemkina », *RA* (1865).

Propositions et ordres concernant l'Armurerie du Kremlin, RGADA, f 396.

Poésie sur la fondation d'Ekaterinoslav, éd. G. Vernadsky, ITUAK (1919), n° 56.

Contenu de la bibliothèque de Potemkine, RGADA, f 17, d 262 ; original à l'université de Kazan.

Annonce de la chute d'Izmaïl, GAOO, f 150.

Registre des dettes, RGADA, f 11, *ZOOID*, 8, 9.

G. A. Potemkine-Tavritcheski : ouvrages

Chtcherbatov, M. M., *On the Corruption of Morals in Russia*, éd. et trad. A. Lentin, Cambridge, 1969.

Lettres d'amour de Catherine II à Potemkine : correspondance inédite, éd. Georges Ouvrard, Paris, 1934.

Ekaterina II i G. A. Potemkin, lichnaya perepiska 1769-1791, éd. V. S. Lopatin, Moscou, 1997.

Perepiska Ekaterina II i G. A. Potemkina v period vtoroy russko-turetskoy voiny (1787-1791) : istochnkovedcheskiye issledovaniya, éd. O. I. Yeliseva, Moscou, 1997.

Bumagi Knyaza Grigoriya Alexandrovicha Potemkina-Tavricheskogo, éd. N. F. Dubrovin, SBVIM, 1774-1788 et 1790-1793, Saint-Pétersbourg, 1893 et 1895.

Pisma i bumagi A. V. Suvorova, G. A. Potemkina, i P. A. Rumiantseva 1787-1789 kinburn ochakovskaya operatsiya, éd. D. F. Maslovsky, SBVIM, Saint-Pétersbourg, 1893.

Sbornik istoricheskikh materialov po istorii kubanskogo kazachego voyska, 1737-1801, éd. I. I. Dmitrenko, Saint-Pétersbourg, 1896.

RADISHCHEV, A. N., *A Journey from Saint Petersburg to Moscow*, trad. Leo Wiener, éd. Roderick Page Thaler, Cambridge, Mass., 1958 ; en français, *Voyage de Pétersbourg à Moscou*, Rivages, 2007.

RIBAS, José de, *Letters to Potemkin*, *ZOOID*, 8, 11.

RIBEAUPIERRE, A. I. « Mémoires (Zapiski grafa Ribopera) », *RA*, 1877, vol. I.

RICHARDSON, William, *Anecdotes of the Russian Empire*, Londres, 1784 et 1968.

RICHELIEU, Armand du Plessis (duc de), *Journal de mon voyage en Allemagne*, SIRIO, 54, (1886), 111-98.

ROSTOPCHIN, Fyodor, *La Vérité sur l'incendie de Moscou*, Paris, 1823.

RUHLIÈRE, Claude Carloman de, *A History or Anecdotes of the Revolution in Russia*, Londres, 1797 ; New York, 1970 ; en français, *Histoire ou Anecdotes sur la révolution de Russie en l'année 1762*, Le Promeneur, 2006.

RUMIANTSEV-ZADUNAISKI, P. A., Lettres à Potemkine, RGADA, f 11 et SBVIM, vol. IV.

RUMIANTSEVA, E. M., *Pisma grafini E. M. Rumiantsevoy k ee muzhu feldmarshalu grafu P. A. Rumiatsevu-Zadunayskomu, 1762-1779*, Saint-Pétersbourg, 1888.

SABATIER DE CABRE, Honoré-Auguste, *Catherine II, her Court and Russia in 1772*, Berlin, 1861 ; en français, *Catherine II, sa cour et la Russie en 1772*, éd. A. Asher, 1869.

SAINT-JEAN, Sekretär des Fürsten Potemkin, *Lebensbeschreibung des Gregor Alexandrowitsch Potemkin des Tauriers*, Karlsruhe, 1888.

SAMOILOV, A. N., « Zhizn i deyaniya generala feldmarshala knyazya Grigoriya Alexandrovicha Potemkina-Tavricheskogo », *RA* (1867).

SÉGUR, Louis Philippe (comte de), Lettres à Potemkine, RGVIA f 52, *ZOOID*, 9.

—, *Mémoires ou souvenirs et anecdotes*, Eymery, Paris, 1826.

—, *Œuvres complètes de Monsieur le comte de Ségur*, Eymery, Paris, 1824-1826.

Stanislas-Auguste, roi de Pologne

Lettres à Potemkine, RGADA, f 5 ; AGAD, 172 ; RGVIA, f 52.

Mémoires du roi Stanislas-Auguste Poniatowski, Saint-Pétersbourg, 1914 ; Leningrad, 1924.

Mémoires secrets et inédits de Stanislas-Auguste, Leipzig, 1862.

STEDINGK, Curt Bogislaus Christophe (comte de), *Un ambassadeur de Suède à la cour de Catherine II ; feld-maréchal comte de Stedingk ; choix de dépêches diplomatiques, rapports secrets et lettres particulières de 1790 à 1796*, éd. comtesse de Brevern de la Gardie, Stockholm, 1919.

SUMAROKOV, P. I., *Cherty Ekateriny velikoy*, Saint-Pétersbourg, 1819.

—, *Travelling through all the Crimea and Bessarabia 1799*, Moscou, 1800.

SUTHERLAND, Richard (baron), Lettres à Potemkine, RGADA, f 11 ; RGVIA, f 52.

SUVOROV, A. V., *Dokumenty*, éd. G. P. Meshcheryakov, Moscou, 1949-1953.

—, *Pisma*, éd. V. S. Lopatin, Moscou, 1986.

—, *Pisma i bumagi A. V. Suvorova, G. A. Potemkina, i P. A. Rumiantseva 1787-1789, kinburn ochakovskaya operatsiya*, D. F. Maslovsky, SBVIM, Saint-Pétersbourg, 1893.

—, *Pisma i bumagi Suvorova*, éd. V. Alekseyev, Saint-Pétersbourg, 1916.

THIÉBAULT, D., *Mes souvenirs de vingt ans de séjour à Berlin*, F. Buisson, Paris, 1804.

TOTT, baron de, *Memoirs of the Turks and the Tartars*, Londres, 1786.

TREGUBOV, N. Y., « Zapiski », *RS* (1908), 136, p. 101-102.

TSEBRIKOV, R. M., « Vokrug ochakova 1788 god (dnevnikochevidtsa) », *RA* (1895), 84, n° 9.

VIGÉE LEBRUN, Louise-Elisabeth, *Souvenirs*, H. Fournier, Paris, 1879.

VINSKY, G. S., *Moe vremya, Zapiski*, Saint-Pétersbourg, 1914 ; Cambridge Partners, 1974.

VIZIN, D. I. von, *Sobraniye sochineniya*, éd. G. P. Makogonenko, Moscou/Leningrad, 1959.

VORONTSOV, S. R., *Lettres à Potemkine*, AKV 9.

VOLTAIRE, *Œuvres complètes de Voltaire : correspondance avec l'impératrice de Russie*, vol. LIII, Lequien, Paris, 1822.

WILLS, Richard, *A Short Account of the Ancient and Modern State of the Crim-Tartary Land*, Londres, 1787.

WIEGEL (Vigel), F. F., *Zapiski Filipa Filipovich Vigela*, Moscou, 1873, 1891 et 1928 ; *Vospominaniya F. F. Vigela*, Moscou 1864-1866 et 1891.

WRAXALL, N., *A Tour through Some of the Northern Parts of Europe*, Londres, 1776.

WRAXALL, Sir N. William, *Historical Memoirs of my own Time*, Londres, 1904.

YUSUPOV, Felix (prince), *Lost Splendour*, Londres, 1953.

ZAVADOVSKI, P. V., « Pisma grafa P. V. Zavadovskago k feldmarshalu grafu P. A. Rumiantsevu 1775-1791 », éd. P. M. Maykov, *Starina i novizna* (1901), vol. IV.

SOURCES SECONDAIRES

ADAMCZYK, T., *Fürst G. A. Potemkin : Untersuchungen zu seiner Lebensgeschichte*, Emsdetten, 1936.

ALDEN, John R., *Stephen Sayre, American Revolutionary Adventurer*, Baton Rouge, 1983.

ALEXANDER, J. T., *Autocratic Politics in a National Crisis : The Imperial Russian Government and Pugachev's Revolt 1773-1775*, Bloomington, 1969.

—, *Catherine the Great : Life and Legend*, Oxford, 1989.

—, *Emperor of the Cossacks : Pugachev and the Frontier Jacquerie of 1773-1775*, Lawrence, 1973.

ALEXEEVA, T. V., *Vladimir Lukich Borovikovskii i russkaia kultura na rubezhe 18-19 vekov*, Moscou, 1875.

ALLEN, W. E. D., *A History of the Georgian People*, Londres, 1932.

ANDERSON, M. S., *The Eastern Question 1774-1923*, New York, 1966.

—, *Europe in the Eighteenth Century 1713-1783*, Londres, 1961.

—, « Samuel Bentham in Russia, 1779-1791 », *American Slavic and East European Review* (1956), 15, n° 2.

ANDERSON, R. C., *Naval Wars in the Levant*, Londres, 1952.

ANDREEVSKY, I., *On the Place Where Potemkin's Body was Buried*, *ZOOID*, 5.

ANISIMOV, E. V., *Empress Elizabeth : Her Reign and Her Russia 1741-1761*, éd. J. T. Alexander, Gulf Freeze, Fla, 1995.

—, *Rossiya v seredine xviii vek ; borba za nasledie petra*, Moscou, 1986.

—, *Zhenshchina na rossiyskom prestole*, Saint-Pétersbourg, 1997.

ANNENKOV, I., *History of the Cavalry Guards Regiment 1738-1848*, Saint-Pétersbourg, 1849.

ANONYMOUS, *Persons on the Staff of Prince Potemkin*, *ZOOID*, 11, 506-8.

ANONYMOUS, « Potemkin's household and staff », *RA* (1907), 2.

ANONYMOUS, « A Short Biography of Anton Golovaty », *Odessky vestnick*, 31, octobre 1995.

ARAGON, L. A. C. (marquis d'), *Un paladin au XVIIIe siècle. Le prince Charles de Nassau-Siegen*, E. Plon, Nourrit et Cie, Paris, 1893.

ARETZ, Gertrude, *The Empress Catherine*, Londres, 1947.

ASCHERSON, Neal, *Black Sea : The Birthplace of Civilisation and Barbarism*, Londres, 1996.

ASKENAZY, S., *Die letzte polnische Königswahl*, Göttingen, 1894.

ASPREY, Robert B., *Frederick the Great : The Magnificent Enigma*, New York, 1986.

AYLING, Stanley, *Fox : The Life of Charles James Fox*, Londres, 1991.

BADDELEY, John F., *The Russian Conquest of the Caucasus*, Londres, 1908.

BAIN, R. Nisbet, *Peter III : Emperor of Russia*, Londres, 1902.

BARON, S.W., *The Russian Jew under Tsar and Soviets*, New York, 1964.

BARSUKOV, A. R., *Razskazy iz russkoi istorii xviii veka*, Saint-Pétersbourg, 1885.

—, « Knyaz Grigory Grigorevich Orlov », *RA* (1873), vol. I-II.

BARTENEV, P. B., « Biografi generalissimov i general-feld-marshalov Rossiyskoy Imperatorskoy armii », *Voenno-istoricheshesheskiy sbornik*, Saint-Pétersbourg, 1911.

—, « On Catherine and Potemkin's Marriage : a Book of Notes of the Russki Arkhiv », *RA* (1906), n° 12.

BARTLETT, Roger P., *Human Capital : The Settlement of Foreigners in Russia 1762-1804*, Cambridge, 1979.

BATALDEN, Stephen K., *Catherine II's Greek Prelate : Eugenios Voulgaris in Russia 1771-1806*, New York, 1982.

BAYLEN, Joseph A. et WOODWARD, Dorothy, « Francisco Miranda and Russia : Diplomacy 1787-1788 », *Historian* xiii (1950).

BEALES, Derek, *Joseph II : In the Shadow of Maria Theresa 1741-1780*, Cambridge, 1987.

BEGUNOVA, A., *Way through the Centuries*, Moscou, 1988.

BELAN, Y. I., MARCHENKO, M. I. et KOTOV, V. N., *Istoria USSR*, Kiev, 1949.

BELYAKOVA, Zoia, *The Romanov Legacy : The Palaces of Saint Petersburg*, Londres, 1994.

BENNIGSEN BROXUP, Maria (éd.), *The North Caucasus Barrier : the Russian Advance towards the Moslem World*, Londres, 1992.

BENTHAM, M. S., *The Life of Brigadier-General Sir Samuel Bentham*, Londres, 1862.

BILBASOV, V. A., « Prisoedineniye Kulyandii k Rossii », *RS* (1895), 83.

—, *Istoricheskiye Monografia*, Saint-Pétersbourg, 1901.

—, *Istoriya Ekateriny II*, Berlin, 1900.

BLANNING, T. C.W., *Joseph II and Enlightened Despotism*, Londres, 1970.

—, *Joseph II : Profiles in Power*, Londres, 1994.

BLUM, K. L., *Ein russischer Staatsmann : Des Grafen Jakob Johann Sievers Denkwürdigkeiten zur Geschichte Russlands*, Lepizig/Heidelberg, 1857.

BOLOTINA, N. Y., *Degree thesis on Potemkin's work in the south*, RSUH, Moscou, 1991.

—, « Grigory Alexandrovich Potemkin », *Children's Encyclopaedia*, Moscou, 1996.

—, « The Private Library of Prince G. A. Potemkin-Tavritchesky », *Kniga issledovaniya i materialy* (1995), n° 71.

—, *Sebastopol has to be the main fortress : documents on the foundation of the Black Sea fleet*, Istoricheskiy arkhiv (1997), n° 2.

—, *Ties of Relationship between G. A. Potemkin and the Vorontsov Family : The Vorontsovs – two Centuries in Russian History*, Petouchki, 1996.

—, *Ties of Relationship between Prince G. A. Potemkin and the Family of the Princes Golitsyn, Conference of Golitsyn Studies*, Bolshiye vyazemy, Moscou, 1997.

Bolshoya Sovetskaya Enziklopediya, Moscou, 1940.

BROWNING, Reed, *The War of Austrian Succession*, Londres, 1994.

BRUESS, Gregory I., *Religion, Identity and Empire : A Greek Archbishop in the Russia of Catherine the Great*, New York, 1997.

BRÜCKNER, A. G., *Istoriia Ekateriny vtoroi*, Saint-Pétersbourg, 1885.

—, *Katharina die Zweite*, Berlin, 1883.

—, *Potemkin*, Saint-Pétersbourg, 1891.

BUGOMILA, Alexander, *The History of Government of New Russia by G. A. Potemkin*, Dniepropetrovsk, 1905.

BYRON, Lord, *Don Juan*, Penguin Classics, Londres, 1977.

CASTERA, Jean-Henri, *Vie de Catherine II, impératrice de Russie*, Paris, 1797.

CATE, Curtis, *War of the Two Emperors : The duel between Napoleon and Alexander, Russia 1812*, New York, 1985.

CHRISTIE, I. R., *The Benthams in Russia*, Oxford/Providence, 1993.

—, « Samuel Bentham and the Russian Dnieper Flotilla », *SEER* (avril 1972), 50, n° 119.

—, « Samuel Bentham and the Western Colony at Krichev 1784-1787 », *SEER* (avril 1970), 48, n° 111.

CLARDY, Jesse V., *G. R. Derzhavin : A Political Biography*, Mouton, 1967.

COUGHLAN, Robert, *Elizabeth and Catherine, Empresses of All the Russias*, New York, 1974.

CRANKSHAW, Edward, *Maria Theresa*, Londres, 1969.

CRONIN, Vincent, *Catherine, Empress of All the Russias*, Londres, 1978.

CROSS, Anthony, *By the Banks of the Neva : Chapters from the Lives and Careers of the British in Eighteenth-Century Russia*, Cambridge, 1997.

—, *By the Banks of the Thames : Russians in Eighteenth Century Britain*, Newtonville, Mass., 1980.

—, « The Duchess of Kingston in Russia », *History Today* (1977), 27.

—, « John Rogerson : Physician to Catherine the Great », *CSS* (1970), 4.

CROSS, Anthony (dir.), *Great Britain and Russia in the Eighteenth Century : Contacts and Comparisons, Proceedings of an International Conference*, Newtonville, Mass., 1979.

DAVIES, Norman, *Europe : A History*, Oxford, 1996.

DAVIS, Curtis Carroll, *The King's Chevalier : A Biography of Lewis Littlepage*, Indianapolis, 1961.

DEMMLER, Franz, *Memoirs of the Court of Prussia*, Londres, 1854.

DMITRENKO, I. I. (dir.), *Sbornik istoricheskikh materialov po istorii kazacheskogo voyska 1737-1901*, Saint-Pétersbourg, 1896.

DORNBERG, John, *Brezhnev*, Londres, 1974.

DOSTYAN, I. S., *Russia and the Balkan Question*, Moscou, 1972.

DRUZHININA, E. I., *Kyuchuk-Kaynardzhiyskiy mir 1774 goda*, Moscou, 1955.

—, *Severnoye prichernomorye v 1775-1800*, Moscou, 1959.

DUBNOW, S. M., *History of the Jews in Russia and Poland*, Philadelphie, 1916-1920.

DUBROVIN, N. F. (dir.), *Istoriya voyny i vladychestva russkih na Kavkaze*, Saint-Pétersbourg, 1886.

—, *Pugachev i ego soobshchniki*, Saint-Pétersbourg, 1884.

DUFFY, Christopher, *Frederick the Great : A Military Life*, Londres, 1985.

—, *Russia's Military Way to the West : Origins and Nature of Russian Military Power 1700-1800*, Londres, 1981.

DUKES, Paul, *Catherine the Great and the Russian Nobility : A Study Based on the Materials of the Legislative Commission of 1767*, Cambridge, 1967.

DULICHEV, V. P., *Raskazy po istorii Kryma*, Simferopol, 1997.

DUMAS, F. Ribadeau, *Cagliostro*, Arthaud, 1966.

DURAN, James A., « Catherine, Potemkin and Colonization », *Russian Review* (janvier 1969), 28, n° 1.

—, « The Reform of Financial Administration in Russia during the Reign of Catherine II », *CSS* (1970), 4.

DVOICHENKO-MARKOV, Demetrius, « Russia and the First Accredited Diplomat in the Danubian Principalities 1779-1808 », *Slavic and East European Studies* (1963), 8.

DYACHENKO, L. I., *Tavricheski Dvorets*, Saint-Pétersbourg, 1997.

DZHEDZHULA, K. E., *Rossiya i velikaya Frantzuzskaya burzhuaznaya revolyutsiya kontsa XVIII veka*, Kiev, 1972.

EHRMAN, John, *The Younger Pitt*, vol. II : *The Reluctant Transition*, Londres, 1983.

Eighteenth Century Studies in Honor of Donald F. Hyde, New York, 1970.

ELLIOTT, J. H., *The Count-Duke of Olivares : The Statesman in an Age of Decline*, New Haven/Londres, 1986.

ELLIOTT, J. H. et BROCKLISS, L. W. B., *The World of the Favourite*, New Haven/Londres, 1999.

FADYEV, V., *Vospominaniya 1790-1867*, Odessa, 1897.

FATEYEV, A. M., *Potemkin-Tavrichesky*, Prague, 1945.

FELDMAN, Dmitri, *Svetleyshiy Knyaz G. A. Potemkin i Rossiskiye Evrei*, Materials of the Seventh International Conference on Jews, Moscou, 2000.

FIGES, Orlando, *A People's Tragedy : The Russian Revolution 1891-1924*, Londres, 1996.

FIGES, Orlando et KOLONITSKII, Boris, *Interpreting the Russian Revolution : The Language and Symbols of 1917*, New Haven/Londres, 1999.

FISHER, Alan W., *The Crimean Tartars*, Studies in Nationalities of USSR, Stanford, 1978.

—, « Enlightened Despotism and Islam under Catherine II », *Slavic Review* (1968), 27.

—, *The Russian Annexation of the Crimea 1772-1783*, Cambridge, 1970.

FISHMAN, David E., *Russia's First Modern Jews, The Jews of Shklov*, New York/Londres, 1996.

FOREMAN, Amanda, *Georgiana, Duchess of Devonshire*, Londres, 1998.

FOTHERGILL, Brian, *Sir William Hamilton, Envoy Extraordinary*, Londres, 1969.

FOURNIER-SARLOVEZE, M., *Artistes oubliés*, Paris, 1902.

FOX, Frank, « Negotiating with the Russians : Ambassador Ségur's Mission to Saint Petersburg 1784-1789 », *French Historical Studies* (1971), 7.

FRASER, David, *Frederick the Great*, Londres, 2000.

FUKS, E. B., *Istoria generalissimusa knyazia italikogo graf Suvorova-Rymniksogo*, Moscou, 1811.

GARRARD, J. G. (dir.), *The Eighteenth Century in Russia*, Oxford, 1973.

GAY, Peter, *The Enlightenment : An Interpretation, the Science of Freedom*, Londres, 1969.

GHANI, Cyrus, *Iran and the Rise of Reza Shah – Qajar Collapse to Pahlavi Power*, Londres/New York, 1999.

GILBERT, O. P., *The Prince de Ligne : A Gay Marshal of the Old Regime*, Londres, 1923.

GOLDER, Frank, *John Paul Jones in Russia*, Garden City, NY, 1927.

GOLITSYNE, Emmanuel (prince), *Récit du voyage de Pierre Potemkin : la Russie du XVIIe siècle dans ses rapports avec l'Europe occidentale*, Paris, 1855.

GONCHARENKO, V. S. et NAROZHNAYA, V. I., *The Armoury, State Museum Preserve of History and Culture, the Kremlin : A Guide*, Moscou, 1995.

GOODEN, Angelica, *The Sweetness of Light : A Biography of Elisabeth Vigée Lebrun*, Londres, 1997.

GOODWIN, Frederick K. et JAMISON, Kay Redfield, *Manic-Depressive Illness*, Oxford, 1990.

GRAHOV, J., *Potemkin's Military Printing House*, *ZOOID*, 4, 1855.

GRAVE, B., *Vosstaniye Pugacheva*, Leningrad, 1936.

GREENBERG, Louis, *The Jews in Russia*, vol. I : *The Struggle for Emancipation*, New Haven, 1944.

GRIBBLE, Francis, *The Comedy of Catherine the Great*, Londres, 1932.

GRIFFITHS, David M., « The Rise and Fall of the Northern System : Court Politics in the First Half of Catherine's Reign », *CSS* (1970), p. 547-569.

GRIGOREVICH, N., *Kantsler knyaz A. A. Bezborodko v svyazi s sobytiyami ego vremeni*, SIRIO, 26 et 29.

GROB, G. N. (dir.), *Statesmen and Statecraft of theModernWest : Essays in Honor of Dwight E. Lee and H. Donaldson Jordan*, Barr, Mass., 1967.

GRUNDY, Isobel, *Lady Mary Wortley Montagu : Comet of the Enlightenment*, Oxford, 1999.

HARVEY, Robert, *Clive : The Life and Death of a British Emperor*, Londres, 1998.

HAUPT, G., « La Russie et les Principautés Danubiennes en 1790 : Le prince Potemkine-Tavritcheski et le *Courrier de Moldavie* », *CMRS* (janvier-mars 1966), vol. VII, n° 1.

HÉRODOTE, *L'Enquête*, Folio Classique, Paris, 1990.

HORWOOD, D. D. (dir.), *Proceedings of the Consortium on Revolutionary Europe*, Tallahassee, 1980.

HOSKING, Geoffrey, *Russia : People and Empire 1552-1917*, Londres, 1997.

HUGHES, Lindsey, *Russia in the Age of Peter the Great*, New Haven/Londres, 1998.

IORGA, N., *Histoires des relations russo-roumaines*, Jassy, 1917.

Istoriia SSSR, s drevnyeyshikh vremen do kontsa XVIII v. (various authors), Moscou, 1939.

IVANOV, P. A., *Fabre's Summer Residence*, *ZOOID*, 22.

—, *The Management of Jewish Immigration from Abroad to the Novorossisky Region*, archives d'Ekaterinoslav, *ZOOID*, 17.

JAMISON, Kay Redfield, *The Unquiet Mind*, Londres, 1996.

JENKINS, Michael, *Arakcheev, Grand Vizier of the Russian Empire*, New York, 1969.

JONES, Robert E., *Provincial Development in Russia : Catherine II and Jakov Sievers*, New Brunswick, 1984.

—, « Urban Planning and the Development of Provincial Towns in Russia 1762-1795 », *in* J. G. Garrard (éd.), *The Eighteenth Century in Russia*, Oxford, 1973.

JOSSELSON, Michael et JOSSELSON, Diana, *The Commander : A Life of Barclay de Tolly*, Oxford, 1980.

KABUZAN, V. M., *Narodonaseleniye rossii v XVIII-pervoy polovine XIX veka*, Moscou, 1976.

KARABANOV, P. F., « Istoricheskiye rasskazy i anekdoty, zapisannyye so slov imenityh lyudey P. F. Karabanovym », *RS* (1872), 5.

KARNOVICH, E. P., *Zamechatchyye bogatstva chastnykh lits v Russii*, Saint-Pétersbourg, 1885.

KARPOVA, E. V., *Cultural Monuments, New Discoveries*, Leningrad, 1984.

KEEN, B. et WASSERMAN, M., *A History of Latin America*, Boston, 1998.

KEEP, John L. H., *Soldiers of the Tsar : Army and Society in Russia 1462-1874*, Oxford, 1985.

KELLY, Laurence (dir.), *Moscow : A Travellers' Companion*, Londres, 1938.

—, *Saint Petersburg : A Travellers' Companion*, Londres, 1981.

KINROSS, Lord, *The Ottoman Centuries : The Rise and Fall of the Turkish Empire*, New York, 1979.

KLIER, John Doyle, *Russia Gathers her Jews : The Origins of the Jewish Question in Russia 1772-1825*, Dekalb, Ill., 1986.

KLIUCHEVSKY, V. O., *A Course in Russian History : The Time of Catherine the Great*, trad. et éd. Marshall S. Shatz, New York, 1997.

KOROLKOV, K., *Hundredth Anniversary of the Town of Ekaterinoslav 1781-1887*, Ekaterinoslav, 1887.

KORSAKOV, A. N., « Stepan Ivanovich Sheshkovsky 1727-1794 : Biograficheskiy Ocherk », *Storicheskiy vestnik* (1885), 22.

KRAMER, Gerhard F. et MCGREW, Roderick E., « Potemkin, the Porte and the Road to Tsargrad : The Shumla Negotiations 1789-1790 », *CASS* (hiver 1974), 8.

KRASNOBAEV, B. I., *Russian Culture in the Second Part of the Eighteenth Century and at the Start of the Nineteenth*, Moscou, 1983.

KRUCHKOV, Y. S., *Istoria Nikolaeva*, Nikolaïev, 1996.

KUKIEL, M., *Czartoryski and European Unity 1770-1861*, PrincetonWestport, Conn., 1955.

LANG, D. M., *The Last Years of the Georgian Monarchy, 1658-1832*, New York, 1957.

—, *A Modern History of Georgia*, Londres, 1962.

LASHKOV, F. F., *Prince G. A. Potemkin-Tavrichesky as Crimean Builder*, Simferopol, 1890.

LAVRENEV, B. A., « Potemkin's Second Burial », *Pamyatniki otechestva* (1991), n° 2, p. 154-155.

LEBEDEV, P., *Studies of New Russian History from Unpublished Sources*, Saint-Pétersbourg, 1863.

LEDONNE, John P., *Ruling Russia : Politics and Administration in the Age of Absolutism 1762-1796*, Princeton, 1984.

LENTIN, A., *Russia in the Eighteenth Century from Peter the Great to Catherine the Great*, Londres, 1973.

LEVITATS, I., *The Jewish Community in Russia 1722-1844*, New York, 1970.

LINCOLN, W. Bruce, *The Romanovs : Autocrats of All the Russias*, New York, 1981.

LISKE, X., « Zur polnischen Politik Katharina II 1791 », *HZ* (1873), 30.

LOCKYER, Roger, *Buckingham*, Londres, 1981.

LOJEK, J., « Catherine's Armed Intervention in Poland : Origins of the Political Decisions at the Russian Court in 1791 and 1792 », *CSS* (automne 1970), vol. IV, n° 3.

LOJEK, J., « The International Crisis of 1791 : Poland between the Triple Alliance and Russia », *East Central Europe* (1975), 2, n° 1.

LONGWORTH, Philip, *The Art of Victory : The Life and Achievements of Field Marshal Suvorov 1729-1800*, New York, 1965.

—, *The Cossacks*, Londres, 1969.

—, *The Three Empresses – Catherine I, Anne and Elisabeth of Russia*, Londres, 1972.

LOPATINE, V. S., *Potemkin i Suvorov*, Moscou, 1992.

LORD, Robert H., *The Second Partition of Poland*, Cambridge, Mass., 1915.

LOUDON, J. C., *An Encyclopaedia of Gardening*, Londres, 1822.

LOUIS, Victor et LOUIS, Jennifer, *Complete Guide to the Soviet Union*, New York, 1991.

LUKOWSKI, Jerzy, *The Partitions of Poland 1772, 1793, 1795*, Londres, 1999.

MACCONNELL, A., *A Russian Philosophe : Alexander Radishchev 1749-1802*, La Haye, 1964.

MACDONOGH, Giles, *Frederick the Great*, Londres, 1999.

MCGREW, Roderick E., *Paul I of Russia 1754-1801*, Oxford, 1992.

MCKAY, Derek et MCKAY, Scott H. M., *The Rise of the Great Powers 1648-1815*, Londres, 1983.

MACKAY, James, *I Have Not Yet Begun to Fight : A Life of John Paul Jones*, Édimbourg/Londres, 1998.

McNeill, William H., *Europe's Steppe Frontier 1500-1800*, Chicago, 1964.
Madariaga, Isabel de, *Britain, Russia and the Armed Neutrality of 1780 : Sir James Harris's Mission to Saint Petersburg during the American Revolution*, New Haven, 1962.
—, *Catherine the Great : A Short History*, New Haven/Londres, 1990.
—, *Introduction to G. S. Vinsky, Moe vremya, Zapiski*, Cambridge, 1974.
—, *Politics and Culture in Eighteenth-Century Russia : Collected Essays*, Londres/New York, 1998.
—, *Russia in the Age of Catherine the Great*, Londres, 1981.
—, « The Secret Austro-Russian Treaty of 1781 », *SEER* (1959), 38, p. 114-145.
—, *The Travels of General Francesco de Miranda in Russia*, Londres, 1950.
—, « The Use of British Secret Service Funds at Saint Petersburg 1777-1782 », *SEER* (1954), 32, n° 79.
Mansel, Philip, *Constantinople : City of the World's Desire 1453-1924*, Londres, 1995.
—, *Le Charmeur de l'Europe : Charles-Joseph de Ligne, 1735-1814*, Paris, 1992.
—, *Louis XVIII*, Londres, 1981.
—, *Pillars of Monarchy*, Londres, 1984.
Markova, O. P., *O nevtralnoy sisteme i franko-russkikh otnosheniyakh (Vtoraya polovina xviii v)*, Istoriya SSSR (1970), n° 6.
—, *O proiskhozhdenii tak nazyvayemogo Grecheskogo Proekta (80e gody XVIII v.)*, Istoriya SSSR (1958), n° 4.
Maslovsky, D. F., *Zapiski po istorii voiennogo iskusstva v rossii, tsarstvovaniye Ekateriny velikoy 1762-1794*, Saint-Pétersbourg, 1894.
Massie, Robert, *Pierre le Grand : sa vie, son univers*, Le Grand Livre du Mois, 1999.
Masters, John, *Casanova*, Londres, 1969.
Mavrodin, V. V., *Krestyanskaya voyna v rossiya*, Leningrad, 1961, 1966, 1970.
Mellikset-Bekov, L., *From the Materials for a History of the Armenians in the South of Russia*, Odessa, 1911.
Menning, B.W., « G. A. Potemkin and A. I. Chernyshev : Two Dimensions of Reform and the Military Frontier in Imperial Russia », *in* D. D. Horwood (dir.), *Proceedings of the Consortium on Revolutionary Europe*, Tallahassee, 1980.
Mikhailovich, Nikolai (grand-duc), *Russkiye Portrety XVIII i XIX stoletiy*, Saint-Pétersbourg, 1906-1909 ; réédité sous le titre *Famous Russians*, Saint-Pétersbourg, 1996.
Mitford, Nancy, *Frederick the Great*, Londres, 1970.
—, *Madame de Pompadour*, Londres, 1954.
—, *Voltaire in Love*, Londres, 1957.
Mooser, R. Aloys, *Annales de la musique et des musiciens en Russie au XVIIIe siècle*, Genève, 1948-1951.

MORANE, P., *Paul Ier de Russie*, Paris, 1907.

MORISON, Samuel Eliot, *John Paul Jones : A Sailor's Biography*, Boston, 1959.

MOSKVITYANIN ZHURNAL, *O privatnoy zhizni Knyazya Potemkina (Potemkinskiy prazdnik)* (1852), 3, éd. M. P. Pogodin, nouvelle éd. Moscou, 1991.

—, *Verbal Chronicle of Catherine's visit to Tula and Potemkin* (1842), 2.

MOUROUSY, Prince, *Potemkine mystique et conquérant*, Paris, 1988.

MUFTIYZADE, I., *Essays on Crimean Tartars' Military Service from 1783-1889*, ITUAK (1889).

MURRAY, Venetia, *High Society in the Regency Period*, Londres, 1998.

MURZAKEVICH, N. N., *The materials for a history of the principal town of a province – Kherson, ZOOID*, 11.

NICOLSON, Harold, *The Congress of Vienna*, Londres, 1948.

NIRSHA, A. M., *Anton Golovaty*, Odessa State Local Historical Museum.

NOLDE, B., *La Formation de l'Empire russe : études, notes et documents*, Paris, 1953.

NORMAN, Geraldine, *The Ermitage : The Biography of a Great Museum*, Londres, 1997.

NOVITSKY, G. A., *Istoriya USSR (XVIII vek)*, Moscou, 1950.

OGARKOV, Vasily V., *Grigory Alexandrovich Potemkin*, Saint-Pétersbourg, 1892.

OLDENBOURG, Zoë, *Catherine the Great*, Londres, 1965.

ORLOVSKY, I. I., *In the Motherland of His Highness*, Smolensk, 1906.

OTIS, James, *The Life of John Paul Jones, together with Chevalier Jones' own account of the campaign of the Liman*, New York, 1900.

PALMER, Alan, *Alexander I, Tsar of War and Peace*, Londres, 1974.

—, *Metternich, Councillor of Europe*, Londres, 1972.

—, *Napoleon in Russia*, Londres, 1967.

PANCHENKO, A. M., *Potemkinskie derevni kak kulturlnyy mif, XVIII Vek* (1983), 14.

PAPMEHL, K., « The Regimental School Established in Siberia by Samuel Bentham », *Canadian Slavonic Papers*, XVIII, 1966.

PASTEUR, Claude, *Le Prince de Ligne : l'enchanteur de l'Europe*, Paris, 1957.

PETROV, A., *Voyna rossii s turetskiey i polskimi konfederatami*, Saint-Pétersbourg, 1866-1874.

—, *Vtoraya turetskaya voyna v tsarstvovaniye imperatritsy Ekateriny II 1787-1791*, Saint-Pétersbourg, 1880.

PETROVICH, M. B., « Catherine II and a Fake Peter III in Montenegro », *Slavic Review* (avril 1955), 14, n° 2.

PETRUSHEVSKY, A., *Generalissimus Knyazi Suvorov*, Saint-Pétersbourg, 1884.

PEVITT, Christine, *The Man Who Would Be King : The Life of Philippe d'Orléans, Regent of France*, Londres, 1997.

PFLAUM, Rosalynd, *By Influence and Desire : The True Story of Three Extraordinary Women – the Grand Duchess of Courland and her Daughters*, New York, 1984.

PIKUL, V. S., *Favurit : roman-khroniki vremen Ekateriny II*, Moscou, 1985.

Pilaev, M. I., *Staryy Peterburg*, Saint-Pétersbourg, 1889, Moscou, 1997.
Pipes, R., « Catherine II and the Jews », *Soviet Jewish Affairs*, 5, n° 2.
Plumb, J. H., *Sir Robert Walpole*, Londres, 1956.
Porphiry, Bishop, *Information about Prince Potemkin's service in the Synod*, Moscou, 1882, *ZOOID*, 13.
Preedy, George R., *The Life of Rear-Admiral John Paul Jones*, Londres, 1940.
Pouchkine, A. S., *La Fille du capitaine*, Le Livre de Poche, 2006.
—, *Œuvres en prose*, L'Âge d'homme, 1998.
—, « Istoriya Pugacheva », *in Polnoye Sobraniye Sochineniya*, vol. XII, Moscou/Leningrad, 1937-1949.
—, *Notes on Russian History of the Eighteenth Century*, Istoricheskiye Zametki, Leningrad, 1984.
—, *Polnoye Sobraniye Sochineniya*, Moscou/Leningrad 1937-1949.
Radzinsky, Edvard, *Rasputin*, Londres, 2000.
Raeff, Marc (dir.), *Catherine the Great : A Profile*, New York, 1972.
—, « The Style of Russia's Imperial Policy and Prince G. A. Potemkin », *in* G. N. Grob (dir.), *Statesmen and Statecraft of the Modern West : Essays in Honor of Dwight E. Lee and H. Donaldson Jordan*, Barr, Mass., 1967.
Raffel, Burton, *Russian Poetry under the Tsars*, New York, 1971.
Ragsdale, Hugh (dir.), *Imperial Russian Foreign Policy*, Woodrow Wilson Center Series, Cambridge, 1993.
Rakhamatullin, M. A., *Firm Catherine*, Otechestvennaya Istoriya (1997).
Ransel, David L., « Nikita Panin's Imperial Council Project and the Struggle of Hierarchy Groups at the Court of Catherine II », *CSS* (décembre 1971), 4, n° 3.
—, *The Politics of Catherinian Russia : The Panin Party*, New Haven, 1975.
Reid, Anna, *Borderland : A Journey through the History of Ukraine*, Londres, 1997.
Rhinelander, Anthony L. H., *Prince Michael Vorontsov, Viceroy to the Tsar*, Montréal, 1990.
Robb, Graham, *Balzac*, Londres, 1994.
Roider, Karl A., *Austria's Eastern Question 1700-1790*, Princeton, 1982.
—, « Kaunitz, Joseph II and the Turkish War », *SEER* (octobre 1976), 54, n° 4.
Rose, Kenneth, *George V*, Londres, 1983.
Rotikov, K. K., *Drugoy Peterburg*, Saint-Pétersbourg, 1998.
Rulikowski, Edward, *Smila*, Slownik geograficzny krolestwa polskiego I innych krajow, slowianskich (éd. Filip Sulimierski, Bronislaw Chlebowski et Wladyslaw Walewski), vol. X, Varsovie, 1889.
Russkiy Biographicheskiy Slovar (incluant les biographies de Varvara Golitsyna, vol. V, 1916 ; Ekaterina Skavronskaya, vol. XVIII, 1904 ; I. A. Hannibal, vol. IV, 1914 ; P. S. et M. S. Potemkin, vol. XIV, 1904), vol. I-XXV, A. A. Polovtsev, Saint-Pétersbourg, 1896-1916.

RUUD, Charles A. et STEPANOV, Sergei A., *Fontanka 16 : The Tsars' Secret Police*, Québec, 1999.
SEGAL, Harold G., *The Literature of Eighteenth-Century Russia*, New York, 1967.
SEMEVSKY, M. I., « Grigory Alexandrovich Potemkin-Tavritchesky », *RS* (1875), 3.
—, *Vosemnadtsatyy vek, istoricheskiye sbornik*, Russkaya Starina, vol. XII-XIV, Saint-Pétersbourg, 1875.
SHAHMAGONOV, N. R., *Hrani Gospod' Potemkina*, Moscou, 1991.
SHAW, Stanford J., *Between the Old and New : The Ottoman Empire under Selim III 1789-1807*, Cambridge, Mass., 1971.
SHILDER, N. K., *Imperator Aleksandr I*, Saint-Pétersbourg, 1890-1904.
—, *Imperator Pavel Pervyy*, Saint-Pétersbourg, 1901.
SHUGOROV, M. F., « Prince Potemkin's Tomb », *RA* (1867).
SHVIDKOVSKY, Dimitri, *The Empress and the Architect : British Architecture and Gardens at the Court of Catherine the Great*, New Haven/Londres, 1996.
SKALKOVSKY, A., *Chronological Review of New Russia 1730-1823*, Odessa, 1836.
—, *The History of the New Sech or the Last Zaporogian Kosh*, Odessa, 1886.
SOLDATSKY, A., *Secret of the Prince*, *ZOOID*, 9.
SOLOVEYTCHIK, George, *Potemkin : A Picture of Catherine's Russia*, Londres, 1938.
—, *Potemkin : Soldier, Statesman, Lover and Consort of Catherine of Russia*, New York, 1947.
SOLOVIEV, S. M., *Istoriya padeniya polshi*, Moscou, 1863.
—, *Istoriya rossii s drevneyshikh vremyon*, Moscou, 1959-1966.
STORCH, H. von, *Annalen der Regierung Katharina der Zweyten, Kaiserin von Russland*, Leipzig, 1798.
—, *Tableau historique et statistique de l'Empire de Russie*, Paris/Bâle, 1801.
SUNY, Ronald Grigor, *The Making of the Georgian Nation*, Bloomington/Indianapolis, 1988/1994.
TEMPERLEY, Harold, *Frederick the Great and Kaiser Joseph*, Londres, 1968.
TILLYARD, Stella, *Aristocrats*, Londres, 1995.
TIKTOPULO, Y. A., *The Mirage of Tsargrad : On the Destiny of Catherine's Greek Project*, Rodina, 1892.
TIMOSHEVSKY, G. I., *Mariupol and its Environs*, Marioupol, 1892.
TOLSTOÏ, Alexis, *Pierre le Grand*, Gallimard, 1937.
TOLSTOÏ, Léon, *Hadji Mourat*, Folio, 2004.
TOURNEUX, M., *Diderot et Catherine II*, Paris, 1899.
TROWBRIDGE, W. R. H., *Cagliostro : The Splendour and Misery of a Master of Magic*, Londres, 1910.
TROYAT, Henri, *Catherine la Grande*, J'ai Lu, 2001.
—, *Pouchkine*, Paris, 1946 ; New York, 1970.
USTINOV, V. I., « Moguchiy velikoross » (1991), n° 12.
VALLENTIN, Antonina, *Mirabeau, Voice of the Revolution*, Londres, 1948.

VASSILCHIKOV, A. A., *Semeystvo Razumovskikh*, Saint-Pétersbourg, 1880.
VERNADSKY, G. V., *History of Russia*, New Haven, 1954.
—, *Ocherk istorii prava russkogo gosudarstva XVIII-XIX v*, Prague, 1924.
—, *Russkoye masonstvo v tsarstvovovaniye Ekateriny II*, Saint-Pétersbourg, 1917.
—, *Imperatritsa Ekaterina II i Zakonodatclnaya Komissiya 1767-1768*, Perm, 1918.
VINOGRADOV, V. N., *The Century of Catherine II*, Novaya i noveyshaya istoriya, n° 4, Moscou, 1996.
VITALE, Serena, *Pushkin's Button : The Story of the Fatal Duel that Killed Russia's Greatest Poet*, Londres, 1999.
VYBORNY, P. M., *Nikolaev*, Odessa, 1973.
WALISZEWSKI, K., *Autour d'un trône*, Paris, 1894.
—, *The Romance of an Empress : Catherine II of Russia*, New York, 1894 ; Paris, 1893.
WEIDLE, Wladimir, *Russia : Absent and Present*, Londres, 1952.
WHEATCROFT, Andrew, *The Habsburgs*, Londres, 1995.
WHITE, T. H., *The Age of Scandal*, Londres, 1950.
WILSON, Arthur M., *Diderot*, New York, 1972.
WYNDHAM-LEWIS, D. B., *Four Favourites*, Londres, 1948.
YAVORNITSKIY, D. I., *Istoriya goroda Ekaterinoslava*, Dniepropetrovsk, 1996.
YELISEEVA, O. I., G. *A. Potemkin's Geopolitical Projects, Associates of Catherine the Great*, conférence à Moscou, 22-23 septembre 1997 ; publication Moscou, 1997.
—, *Lubenzy moy pitomez : Catherine II and G. A. Potemkin in the Years of the Second Russo-Turkish War*, Otechestvennya Istoriya (1997), 4.
—, *Noble Moscow, from the History of the Political Life of Eighteenth-Century Russia* (incluant *Red Coat*), Moscou, 1997.
ZAGOROVSKY, E. A., *Organisation of the Administration in New Russia under Potemkin 1774-1791*, Odessa, 1913.
—, *Potemkin's Economic Policy in New Russia*, Odessa, 1926.
ZAKALINSKAYA, E. P., *Votchinye khozyaystva Mogilevskoy gubernii vo vtoroy polovinye XVIII veka*, Moguilev, 1958.
ZAMOYSKI, Adam, *HolyMadness : Romantics, Patriots and Revolutionaries 1776-1871*, Londres, 1999.
—, *The Last King of Poland*, Londres, 1992.
ZAYEV, L., Motherland of Prince Potemkin, IV, Saint-Pétersbourg, 1899.
ZHELUDOV, Victor M., « Favurit russiski [Le Favori russe] », « Pero istorii soyedinilo ikh [Écrits par la plume de l'Histoire] », « Serdtse knyazya Potemkina [Le cœur de Potemkine] », « Zdes rodilsia Potemkin [Ici naquit Potemkine] » et « Tsarski kolodets [Le Puits de la tsarine] », *in Rayonnay Gazeta* of the Dukhovshchina Region of Smolensk Oblast, 6 mai 1996, 14 décembre 1995, 12 octobre 1993, 6 août 1992.
ZIEGLER, Philip, *The Duchess of Dino*, Londres, 1962.

Zotov, V., « Cagliostro : His Life and Visit to Russia », *RS* (1875).
Zoubov, P. A., « Knyaz Platon Alexandrovich Zubov 1767-1822 », *RS*, 16 et 17.
Zuev, V., *Travel Notes*, Istoricheskiy i geographicheskiy mesyazeslov, Saint-Pétersbourg, 1782-1783.

REMERCIEMENTS

Pendant des années et sur des milliers de kilomètres, bien des gens me sont venus en aide, du couple de paysans qui élève des abeilles sur le lieu de naissance de Potemkine, près de Smolensk, aux professeurs, archivistes et conservateurs de Saint-Pétersbourg, Moscou, Paris, Varsovie, Odessa et Iaşi en Roumanie.

Je suis particulièrement redevable à trois remarquables érudits. L'inspiration de ce livre m'est venue d'Isabel de Madariaga, professeur émérite des Études slaves à l'université de Londres et plus grande spécialiste du règne de Catherine en Occident. Son œuvre fondatrice, La Russie à l'époque de la Grande Catherine, a bouleversé l'approche de ce siècle. Elle a également pris conscience de la remarquable personnalité de Potemkine et de sa relation avec l'impératrice, et a déclaré qu'il lui fallait un biographe. Tout au long de ce projet, elle m'a apporté des idées, des suggestions et des conseils. Avant tout, je tiens à la remercier pour son travail de relecture et de correction sur ce livre, dont elle s'est acquittée avec l'autorité amusée et la rigueur intellectuelle de l'impératrice en personne, à qui elle ressemble à bien des égards. C'était toujours moi qui me retrouvais épuisé à la fin de ces sessions, pas elle. Si ce livre contient quelque sagesse, c'est à elle qu'il la doit ; les folies sont de mon seul fait. Je suis heureux d'avoir pu déposer une gerbe en son nom sur la tombe oubliée de Potemkine à Kherson.

Je me dois également de remercier Alexandre B. Kamenskii, professeur d'histoire russe prémédiévale et médiévale au département des Sciences humaines de l'université d'État de Moscou et autorité respectée sur Catherine, sans la sagesse, le charme et l'aide pratique duquel ce livre n'aurait pas été écrit. Je suis profondément reconnaissant à V. S. Lopatine, dont la connaissance des archives est sans égale et qui me l'a si généreusement fait partager. Lopatine et son épouse Natacha ont été d'une merveilleuse hospitalité lors de mes séjours moscovites. Lui aussi a lu le livre et m'a fait profiter de ses commentaires.

Je tiens à remercier aussi le professeur J. T. Alexander pour avoir répondu à mes questions et le professeur Evguéni Anissimov, qui m'a tant aidé pendant mon séjour à Saint-Pétersbourg. Les conseils de George F. Jewsbury sur les exploits militaires de Potemkine ont été très instructifs. Merci au professeur Derek Beales, qui a été d'une grande aide sur les questions liées à l'empereur Joseph, en particulier le mystère des esclaves circassiennes. Je dois souligner que le professeur Tim

Blanning et lui, tous deux de Sidney Sussex, Cambridge, étaient les responsables de département dont les enseignements convaincants sur le despotisme éclairé, alors que j'étais étudiant de premier cycle, ont posé les jalons de ce livre. Je tiens également à souligner ce que je dois à trois œuvres récentes dans lesquelles j'ai largement puisé – Ekaterina i Potemkin Litchnaïa Perepiska, *de Lopatine, le livre précité d'Isabel de Madariaga, et* La Grande Catherine *de J. T. Alexander.*

Je tiens à remercier les personnes suivantes, sans qui ce livre n'aurait pu voir le jour : Son Altesse Royale le prince de Galles, pour son aide dans le cadre de son travail pour la restauration de Saint-Pétersbourg et le Bicentenaire de Pouchkine. Sergueï Degtiarev-Foster, ce champion de l'histoire de Russie qui a rendu bien des choses possibles de Moscou à Odessa, Ion Florescu qui a fait de l'expédition roumano-moldave un tel succès. Merci aussi à Lord Rothschild, au professeur Mikhaïl Piotrovski et à Geraldine Norman, respectivement président du conseil d'administration, président et directrice du Fonds de développement de l'Ermitage, qui travaillent à la création d'une exposition permanente des trésors de la Grande Catherine, dont le célèbre portrait de Potemkine par Lampi, à Somerset House à Londres.

J'ai une dette envers Lord Brabourne pour avoir lu ce livre en entier et, pour en avoir lu des parties, au docteur Amanda Foreman, à Flora Fraser, et surtout à Andrew Roberts pour ses conseils détaillés et ses encouragements. William Hanham a relu les parties traitant d'art, le professeur John Klier ce qui concernait les Juifs, et Adam Zamoyski la Pologne.

À Moscou, je remercie les directeurs et le personnel des archives RGADA et RGVIA, Natacha Bolotina, avec sa connaissance particulière de Potemkine, sa mère Svetlana Romanovna, Igor Fedyoukine, Dmitri Feldman, Ioulia Tourtchaninova et Ernst Goussinski, professeurs de pédagogie, tous m'ont énormément aidé. Galina Moïseenko, un des plus brillants chercheurs du département d'histoire de l'université d'État russe des sciences humaines, a été un soutien inestimable dans le choix et la recherche des documents et son analyse historique et sa précision ont été d'un aide incomparable.

Merci aux personnes suivantes : à Saint-Pétersbourg, mon amie le professeur Zoïa Belyakova, qui a tout rendu possible, le Dr Sergeï Kouznetsov, directeur de la recherche historique du département du palais Stroganov du musée de l'État russe, et le personnel de la RGIA. Je suis reconnaissant au professeur Mikhaïl Piotrovski, directeur du musée de l'Ermitage (une fois encore), à Vladimir Guessev, directeur du musée de l'État russe du palais Mikhaïlovski ; Lioudmilla Kourenkova, adjointe au directeur du musée de l'État russe, U. N. Goussanov du musée de l'État russe du palais de Pavlovsk, le Dr V. Elana Karpova, directrice du département des Sculptures du XVIIIe *siècle-début du* XXe *du musée de l'État russe, Maria P. Garnova du département d'Europe occidentale de l'Ermitage, et G. Komelova, également de l'Ermitage. Ina Lokotnikova m'a montré le palais Anichkov et L. I. Diyatchenko a eu la gentillesse de m'offrir une visite privée, grâce sa connaissance exhaustive, du palais de Tauride. Merci à Léonid Bogdanov d'avoir pris la photo de couverture* de Potemkine. À Smolensk : Anastasia Tikhonova, chercheur au Musée d'histoire de Smolensk, Elena Samoloubova, et Vladimir Golitchev, sous-directeur du Département régional de l'éducation de Smolensk, responsable des sciences. À Tchijova, l'instituteur et expert du folklore local Victor Jeloudov et ses collègues de l'école de Petrishchevo, le village le plus proche de Tchijova, avec tous mes remerciements pour la fête Potemkine qu'ils ont gentiment organisée.

Pour le voyage vers le sud de l'Ukraine, je remercie Vitaly Sergueytchik de la compagnie maritime UKMAR et Misha Cherokov. À Odessa : Natalia Kotova, le professeur Semyon J. Apartov, professeur d'études internationales, université d'État d'Odessa. Au Musée régional d'histoire d'Odessa, Leonila A. Lestchinskaïa, directrice, Vera V. Solodova, sous-directrice et, en particulier, le savant et charmant maître des archives elles-mêmes, Adolf Nikolaïevitch Malikh, chef de la section de Felikieteriya, qui m'a beaucoup aidé. Le directeur du musée d'Odessa de la flotte marchande de l'Ukraine, Petro P. Klichevski, et le photographe local, Sergueï D. Bereninytch. À Otchakov : le maire, M. Youri Ichenko. À Kherson : le père Anatoli de l'église Sainte-Catherine. À Dniepropetrovsk : Olga Pitsik, et le personnel des musées de Mykolaïv et Simferopol ; Anastas Viktorevitch du musée naval de Sébastopol. Mais par-dessus tout, au palais Aloupka, Anna Abramovna Galitchenko, auteur de Aloupka, un palais dans un parc, a été pour moi une mine de savoir.

En Roumanie, merci au professeur Razvan Magureanu, professeur de Génie électrique à l'Université polytechnique de Bucarest, et Ioan Vorobet qui nous a conduits à Iaşi, s'est occupé de nous et nous a permis d'entrer en République de Moldavie. À Iaşi : le professeur Fanica Ungureanu, autorité sur le monastère de Golia, et Alexander Ungureanu, professeur de géographie à l'université de Iaşi, sans l'aide desquels je n'aurais jamais retrouvé le site de la mort de Potemkine. À Varsovie, en Pologne : Peter Martyn et Arkadiusz Bautz-Bentkowski et le personnel d'AGAD. À Paris : le personnel des AAE au Quai d'Orsay. Karen Blank a étudié et traduit des textes allemands. Imanol Galfarsoro a traduit de l'espagnol le journal de Miranda. À Telavi, en Géorgie : Levan Gachechiladze, qui m'a présenté à Lida Potemkina.

En Grande-Bretagne, j'ai beaucoup de gens à remercier pour de grandes et de petites choses : mon agent Georgina Capel, le président d'Orion, Anthony Cheetham, l'éditeur de Weidenfeld & Nicolson, Ion Trewin, et Lord et Lady Weidenfeld. Merci à John Gilkes pour avoir créé les cartes. Un grand merci à Peter James, mon éditeur légendaire, pour avoir usé de sa sagesse pour ce livre. Le personnel de la British Library, du British Museum, du Public Records Office, la London Library, la bibliothèque de l'École des études est-européennes et slaves, les Cornwall and Winchester Records et la Fondation Antony. Je remercie mon père, le Dr Stephen Sebag Montefiore MD, pour le diagnostic des maladies et de la psychologie particulière de Potemkine, et ma mère, Avril Sebag Montefiore, pour ses idées sur les relations personnelles du prince. Un merci très spécial à Galina Oleksiouk, mon professeur de russe ; sans ses leçons, ce livre n'aurait pas pu être écrit. Je tiens également à remercier les personnes suivantes pour leur aide ou leurs gentilles réponses à mes questions : Neal Ascherson, Vadim Benyatov, James Blount,

Alain de Botton, le Dr John Casey, the Honourable LHL (Tim) Cohen, le professeur Anthony Cross, Sir Edward Dashwood, Ingelborga Dapkunaite, le baron Robert Dimsdale, le professeur Christopher Duffy, Lisa Fine, la princesse Katya Galitzine, le prince Emmanuel Galitzine, David Henshaw, le professeur Lindsey Hughes, Tania Illingworth, Anna Joukovskaïa, Paul et Safinaz Jones, Dmitri Khankine, le professeur Roderick E. McGrew, Giles MacDonogh, Noel Malcolm, le comte de Malmesbury, Neil McKendrick recteur du Gonville & Caius College, Cambridge, le Dr Philip Mansel, Sergueï Alexandrovitch Medvedev, Charles et Patty Palmer-Tomkinson, le Dr Monro Prix, Anna Reid, Kenneth Rose, the Honourable Olga Polizzi, Hywel Williams, André Zaluski. C'est à eux que revient tout le crédit des connaissances contenues dans ce livre ; toutes les erreurs me sont entièrement imputables.

Enfin, je tiens à remercier ma femme, Santa, pour avoir supporté notre ménage à trois avec le prince Potemkine pendant si longtemps.

TABLE DES MATIÈRES

IV

UN PARTENARIAT PASSIONNEL

1776-1777

V

LE COLOSSE

1777-1783

VI

CO-TSAR

1784-1786

VII

L'APOGÉE

1787-1790

VIII
LA DERNIÈRE DANSE
1791

Photocomposition Nord Compo

Impression réalisée par
CPI Brodard et Taupin
La Flèche

pour le compte des Éditions Calmann-Lévy
*31, rue de Fleurus, Paris 6e*
en septembre 2013

calmann-lévy s'engage
pour l'environnement en réduisant
l'empreinte carbone de ses livres.
Celle de cet exemplaire est de :
1,8 kg éq. CO_2
Rendez-vous sur
www.calmann-levy-durable.fr

PAPIER À BASE DE
FIBRES CERTIFIÉES

N° d'éditeur : 5186549/01
N° d'imprimeur : 3001389
Dépôt légal : septembre 2013
Imprimé en France